了不起的教育学系列

333 教育综合 1000 题

（试题册）

丹丹老师　编著

中国教育出版传媒集团
高等教育出版社 · 北京

图书在版编目（CIP）数据

333教育综合1000题. 试题册 / 丹丹老师编著.
北京 ：高等教育出版社，2024. 8. -- ISBN 978-7-04-062688-9

Ⅰ. G40-44

中国国家版本馆CIP数据核字第2024TW4960号

333 JIAOYU ZONGHE 1000 TI (SHITI CE)

策划编辑 李笑雪　　责任编辑 李笑雪　　封面设计 贺雅馨　　版式设计 徐艳妮
责任校对 刘娟娟　　责任印制 耿 轩

出版发行	高等教育出版社	网　　址	http://www.hep.edu.cn
社　　址	北京市西城区德外大街4号		http://www.hep.com.cn
邮政编码	100120	网上订购	http://www.hepmall.com.cn
印　　刷	鸿博昊天科技有限公司		http://www.hepmall.com
开　　本	787mm×1092mm 1/16		http://www.hepmall.cn
本册印张	14		
本册字数	310千字	版　　次	2024年 8月第 1 版
购书热线	010-58581118	印　　次	2024年 8月第 1 次印刷
咨询电话	400-810-0598	总 定 价	92.00元

本书如有缺页、倒页、脱页等质量问题，请到所购图书销售部门联系调换

物 料 号　62688-00

前 言

各位备考教育硕士的同学，大家好！

我是丹丹老师，很开心《教育硕士1000题》跟大家见面。

2023年是教育专硕统考的第一年，我们投入极大精力研究命题和考纲。在这里，请允许我向你说明，我们教育学考研的一些基本规律。

教育学考研分为教育学学硕和教育专硕两种类型。教育学学硕的统一考试时间较长，试题覆盖范围广泛，具有较大的参考价值。而教育专硕的统一考试考纲与教育学学硕的考纲有着极高的重合率，这意味着两者在考试内容和要求上有很大的相似性。

因此，对于准备教育学考研的考生来说，无论是学硕还是专硕，都可以借鉴学硕的历年真题和备考经验，以提高备考效率和应对考试挑战。

首先，这本书主要由两部分构成：一是311学硕的历年真题，二是模拟练习题。

311教育学硕的历年真题，按照章节排列，包括精心挑选地单项选择题和分析论述题，具有极大的参考价值和意义。题目的难度适中，考场再现率高，能够帮助你熟悉教育学的知识点。

模拟练习题部分，包括单项选择题、论述题和材料分析题，严格按照333教育硕士统考的命题规律和题型设计。每道题目都配有详尽的答案解析，帮助你理解解题思路、提高解题效率。

其次，本书的使用方法：

这本书适合那些基本熟悉333教育硕士大纲考点的考生。建议考生在练习完一章节的题目后，回顾背诵资料，如我们的《333教育综合大纲速记表》，巩固复习，加深对知识点的理解。

您可以根据自己的学习进度和需求，有针对性地选择章节进行练习，确保全面复习。

最后，本书使用后的目标：

通过多刷多练，我们希望考生能将选择题全部熟练解答，正确率达到90%以上。

对于论述题和材料分析题，建议你在第一遍阅读时掌握答题思路，第二遍刷题时，可以尝试手写一些经典题目，特别是教育学原理和教育心理学部分，同时尽量熟悉教育史的内容，这样有助于你在考场上更好地发挥所学知识。

通过不断地练习和复习，相信大家将更加自信地迎接考试，取得优异成绩。

祝大家考试顺利！

丹丹老师

目录

第一部分

教育学原理

第一章　教育及其产生与发展 / 2
第二章　教育与社会发展 / 6
第三章　教育与人的发展 / 19
第四章　教育目的与培养目标 / 25
第五章　教育制度 / 30
第六章　课程 / 34
第七章　教学 / 45
第八章　德育 / 59
第九章　教师与学生 / 66

第二部分

中国教育史

第一章　官学制度的建立与“六艺”教育的形成 / 74
第二章　私人讲学的兴起与传统教育思想的奠基 / 77
第三章　儒学独尊与读经做官教育模式的初步形成 / 84
第四章　封建国家教育体制的完善 / 89
第五章　理学教育思想和学校的改革与发展 / 93
第六章　近代教育的起步 / 100
第七章　近代教育体系的建立 / 103
第八章　近代教育体制的变革 / 107
第九章　国民政府时期的教育和中国共产党领导下的革命根据地教育 / 115
第十章　现代教育家的教育理论与实践 / 119

第三部分

外国教育史

第一章　东方文明古国和古希腊的教育 / 128
第二章　古罗马的教育 / 134
第三章　西欧中世纪的教育 / 137
第四章　文艺复兴与宗教改革时期的教育 / 139
第五章　欧美主要国家和日本的近代教育 / 142
第六章　西欧近代教育思想与教育思潮 / 149
第七章　19 世纪末至 20 世纪前期欧美教育思潮和教育实验 / 158
第八章　欧美主要国家和日本的现代教育制度 / 161
第九章　现代欧美教育思想 / 169

第四部分

教育心理学

第一章　心理发展与教育 / 174
第二章　学习及其理论解释 / 182
第三章　学习动机 / 193
第四章　知识的建构 / 201
第五章　技能的形成 / 207
第六章　学习策略及其教学 / 209
第七章　问题解决能力与创造性的培养 / 213
第八章　态度与品德的学习 / 216

第一部分

教育学原理

第一章　教育及其产生与发展

教育概述

真题典例

一、单项选择题

1.【2007 年 311 真题 8】按照美国教育哲学家谢弗勒对教育定义的分类，作者自己创制的、其内涵在作者的某种话语情境中始终是同一的定义属于（　　）

A. 描述性定义　　B. 纲领性定义　　C. 解释性定义　　D. 规定性定义

2.【2008 年 311 真题 2】某班教师为了激发和保持学生的学习动机，开展了一系列学习竞赛活动。结果如教师所料，学生的学习热情高涨，成绩明显提高。但没有想到的是，学生之间相互猜忌、隐瞒学习资料等现象日趋严重。上述事实表明，教育（　　）

A. 既有正向显性功能，又有正向隐性功能

B. 既有负向显性功能，又有负向隐性功能

C. 既有正向隐性功能，又有负向隐性功能

D. 既有正向显性功能，又有负向隐性功能

3.【2010 年 311 真题 2】“教育是与种族需要、种族生活相适应的、天性的，而不是获得的表现形式；教育既无须周密的考虑使它产生，也无须科学予以指导，它是扎根于本能的不可避免的行为。”这种教育起源说属于（　　）

A. 神话起源说　　B. 生物起源说　　C. 心理起源说　　D. 劳动起源说

4.【2012 年 311 真题 2】如下现象属于教育范畴的是（　　）

A. 爸爸针对小明懦弱的个性设法训练小明如何以牙还牙报复欺侮者

B. 妈妈指导小明在与他人冲突中如何保护自己

C. 老师严格管理以保护小明等弱小学生不再受欺负

D. 小明在与同学的多次冲突中逐渐学会了如何与人和睦相处

5.【2014 年 311 真题 2】按照美国教育哲学家谢弗勒对教育陈述的分类，“教育是对人心灵的陶冶”属于（　　）

A. 教育的描述性定义　　B. 教育的纲领性定义

C. 教育口号　　D. 教育隐喻

6.【2015 年 311 真题 2】杜威在《我的教育信条》中说:“我相信唯一的真正教育是通过对儿童能力的刺激而来的,这种刺激是由儿童自己感觉到的社会情景的各种要求所引起的。”这种对教育的定义属于(　　)

A. 描述性定义　　B. 纲领性定义　　C. 操作性定义　　D. 解释性定义

7.【2015 年 311 真题 12】结构功能主义者认为,结构良好的教育有助于社会流动,是实现社会公平的平衡器,因此学校是社会进步和改革最基本和最有效的工具。这种观点强调的是教育的(　　)

A. 正向显性功能　　B. 正向隐性功能　　C. 负向显性功能　　D. 负向隐性功能

8.【2018 年 311 真题 3】对人力资本理论提出质疑,认为教育并不提高人的能力,只是用来区别不同人的能力的手段,这种观点属于(　　)

A. 冲突论　　B. 文凭理论

C. 结构功能论　　D. 劳动力市场理论

9.【2019 年 311 真题 1】苏格拉底对学生说,我并没有教你们知识,我只不过是你们知识的产婆而已。根据谢弗勒关于教育陈述的分类,这种说法属于(　　)

A. 描述性陈述　　B. 定义性陈述　　C. 口号性陈述　　D. 隐喻性陈述

10.【2018 年 311 真题 2】某家长认为目前学校课业负担过重,担心会影响孩子创造性和批判反思能力的发展,决定在家亲自给孩子上课。该事例说明学校教育具有(　　)

A. 正向显性功能　　B. 负向显性功能

C. 正向隐性功能　　D. 负向隐性功能

11.【2020 年 311 真题 2】联合国教科文组织为了便于统计和比较各国教育事业的发展状况,对“教育”及其相关变量进行了操作性界定。根据谢弗勒有关教育定义的分类,这种界定属于(　　)

A. 描述性定义　　B. 纲领性定义　　C. 功能性定义　　D. 规定性定义

12.【2020 年 311 真题 4】振兴中学王老师为促进全班学生努力学习,提高学业成绩,组织开展了一系列学习竞赛活动。结果发现,该班同学的学习积极性和学业成绩虽得以提高,但是他们对班级事务关心变少,同学之间的友爱互助关系也不如从前。上述现象表明教育具有(　　)

A. 正向显性功能和正向隐性功能　　B. 负向显性功能和负向隐性功能

C. 正向隐性功能和负向隐性功能　　D. 正向显性功能和负向隐性功能

13.【2021 年 311 真题 2】习近平总书记指出,广大青年要自觉践行社会主义核心价值观,勉励青年“人生的扣子从一开始就要扣好”。从教育语言上说,这一生动的表述属于(　　)

A. 教育术语　　B. 教育隐喻　　C. 教育概念　　D. 教育定义

二、分析论述题

【2016 年 311 真题 54】阅读以下材料,按要求回答问题。

(1) 结合材料 1,分析学校教育日趋制度化带来的影响。

(2) 针对材料 1、材料 2 所反映的问题,现代教育制度应作哪些改进?

材料 1: 我们真的需要学校吗？不是指教育，而是指强制上学：六节课一天，一周五天，一年九个月，十二年。这个死规矩是否真有必要？如果真有必要，原因何在？不要以阅读、写作、算术来搪塞，因为两百万“在家上学的学生(homeschooler)”对这种老生常谈早已置之不理。如果这还不算数，有一大批美国名人，从来没有像我们的孩子这样，受过十二年一贯制学校的修理，仍然出类拔萃，独领风骚。乔治·华盛顿、本杰明·富兰克林、托马斯·杰斐逊、亚伯拉罕·林肯？没错，的确有人教过他们，可他们绝不是学校制度的产品，其中没有一个人曾经中学毕业。在大部分美国史中，孩子一般不上中学，可是没上过学的人成为海军上将，如法拉格特；成为发明家，如爱迪生；成为工业巨擘，如卡内基和洛克菲勒；成为作家，如梅尔维尔、马克·吐温、康拉德；甚至成为学者，如玛格丽特·米德。

材料 2: 美国学者亚历山大·英格利斯认为，学校具有以下六种功能：① 修正或调节的作用。学校应当建立固定的、反射性的服从权威的习惯，这需要完全摒除批判性的判断。有人主张学校应教授有趣、有用的内容，这当然不予采纳。因为，只有让学生学做无聊、愚蠢的事情，才能检验出学生是否具有条件反射式的服从。② 整合的作用。或许也可称为协同的作用，因为它的目的在于尽量使儿童彼此相像。协同一致的人是可以预期的，因而容易控制。对于那些想要驾驭和操纵劳动力大军的人来说，这是求之不得的。③ 分析和指导的作用。学校意味着测定学生的社会角色，通过统计数字及事件记录就可以达到这个目的。④ 分拣的作用。一旦社会角色被分析出来，孩子们就被分类，按照他们对社会机器的价值而加以训练。所谓“发挥个人的最大作用”，仅止于此。⑤ 选拔的作用。这与人的选择无关，而是达尔文式的自然选择，所谓的物竞天择。总之，这意味着有意识地改良物种。学校会给不合竞争的品种贴上标签：低分、补习班，以及其他种种处罚。这些足以使同龄人对他们另眼相看，视之为劣等，有效地将他们逐出牌局。所有种种小羞辱自一年级起就开始实行，它的目的在于：将泥沙冲入下水道。⑥ 预备教育的作用。以种种规则限制的社会体系需要一个精英管理集团，为了达到这个目的，只有一小部分儿童被悄悄地传授以如何管理这个社会的知识，学习如何监视、控制一群被故意愚化的、拔去爪牙的民众。如此这般，政府不会遇到挑战，而公司永不缺乏听话的劳动力。

（根据约翰·泰勒·盖托著、汪小英译《上学真的有用吗？》改编。）

模拟练习

一、单项选择题

1. 下列著作，哪一个是西方教育史上第一本教学论著作（　　）
   A.《雄辩术原理》　　B.《理想国》
   C.《民主主义与教育》　　D.《大教学论》
2. 根据谢弗勒教育陈述的分类，“教育是农业而不是工业”属于（　　）
   A. 规定性定义　　B. 描述性定义　　C. 教育口号　　D. 教育隐喻
3. 根据谢弗勒教育陈述的分类，“教育要摆在优先发展的战略地位”属于（　　）
   A. 规定性定义　　B. 描述性定义　　C. 教育隐喻　　D. 教育口号

4. 在甲骨文中，“教”的甲骨文整个字合起来表示成人手拿着鞭子督促孩子的学习行为；“学”的甲骨文整个字合起来的意思是孩子在一所房子里学习有关占卜的知识。据此可以推断（　　）

A. 从词源上看，“学”与“教”是统一的，是从成人和儿童两个不同的角度来描述同一种社会活动

B. 从教育者和受教育者的角度来看，教育必须有成人的督促

C. 从学习内容来看，学生所学的知识必须和实际生活有关

D. 从学习方法来看，有效的学习方法必须包含惩罚

5. 依据谢弗勒对教育陈述的分类，“教育是带动各项事业发展的先手棋”属于（　　）

A. 描述性陈述　　B. 定义性陈述　　C. 口号性陈述　　D. 隐喻性陈述

二、材料分析题

阅读下列材料并按要求回答问题。

学英语、学奥数、练书法、下围棋，孩子课外补课、培训已成为许多家庭的常态。在“不甘人后”的焦虑下，家长不断给孩子加码，这种给孩子“打鸡血”的教育方式如今在网络上有一个专属名词——“鸡娃”。一段时间以来，“鸡娃”成为社会热议的话题。过度参加校外培训是“鸡娃”的主要手段，而功利化追求短期分数提升，忽视长远发展成为“教育内卷”的典型特征。

“您来，我们培养你孩子；您不来，我们培养你孩子的竞争对手”。某校外培训机构的广告语露骨地煽动群体性焦虑。校外培训成为很多家庭的巨大负担。在家长焦虑背后，是唯分数论的指挥棒。以考试代替评价、以分数代表能力，唯分数、唯升学情况严重，导致从学生、家长到学校的普遍焦虑。

中央全面深化改革委员会第十九次会议指出，“减轻学生负担，根本之策在于全面提高学校教学质量，做到应教尽教，强化学校教育的主阵地作用”“鼓励支持学校开展各种课后育人活动，满足学生的多样化需求”。一系列举措背后，是对教育领域顽瘴痼疾病理的深刻把握。

习近平总书记指出，教育是提高人民综合素质、促进人的全面发展的重要途径，是民族振兴、社会进步的重要基石，是对中华民族伟大复兴具有决定性意义的事业。

化解教育焦虑，需要学校、家长、社会共同理性看待这个问题。整个社会对育人导向还得达成更多的共识。

（1）结合材料，谈谈“鸡娃”现象出现的原因。

（2）结合教育功能知识，评价“鸡娃”现象的影响。

（3）结合实际，谈谈你对如何破除“鸡娃”现象的看法。

第二章　教育与社会发展

第一节　关于教育与社会关系的主要理论

真题典例

一、单项选择题

1.【2009 年 311 真题 3】人力资本理论认为,人力资本是经济增长的关键,教育是形成人力资本的重要力量。这一理论的主要缺陷是(　　)

A. 忽视了教育的其他社会功能

B. 有教育万能论的倾向

C. 忽视了劳动力市场中的其他筛选标准

D. 夸大了教育对人力资本的作用

2.【2008 年 311 真题 4】涂尔干说:“教育是成年一代对社会生活尚未成熟的年轻一代所实施的影响。其目的在于使儿童的身体、智力和道德状况都得到激励与发展,以适应整个政治社会在总体上对儿童的要求,并适应儿童将来所处的特定环境的要求。”这种论断正确地指出了(　　)

A. 教育具有社会性　　B. 教育是社会复制的工具

C. 教育要促进人的个性化　　D. 儿童对成人施加的影响不是教育

3.【2011 年 311 真题 11】20 世纪 60 年代以来,许多国家推行“教育先行”改革,以促进国民经济快速发展。这种政策的理论基础是(　　)

A. 教育万能论　　B. 劳动力市场理论

C. 筛选假设理论　　D. 人力资本理论

4.【2014 年 311 真题 3】以下判断不能说明教育相对独立性的是(　　)

A. 教育是个体向社会上层流动的助推器

B. 教育具有自身的特点和规律

C. 教育发展具有连续性和继承性

D. 教育具有自我复制和自我更新的功能

5.【2014 年 311 真题 5】美国教育家帕克认为,“一切教育的真正目的,是人,即人的身体、思想和灵魂的和谐发展。”这种教育目的观属于(　　)

A. 个体本位论　　B. 社会本位论　　C. 文化本位论　　D. 生活本位论

6.【2017年311真题2】我国社会主义教育目的的理论基础是(　　)

A. 社会本位论　　　　B. 个人本位论

C. 国家本位论　　　　D. 人的全面发展理论

二、分析论述题

【2020年311真题54】阅读材料,并按要求回答问题。

2014年3月,教育部印发《完善中华优秀传统文化教育指导纲要》,要求加强对青少年学生的中华优秀传统文化教育,开展以天下兴亡、匹夫有责为重点的家国情怀教育,以仁爱共济、立己达人为重点的社会关爱教育,以正心笃志、崇德弘毅为重点的人格修养教育。

2017年1月,中共中央办公厅、国务院办公厅印发《关于实施中华优秀传统文化传承发展工程的意见》,指出为建设社会主义文化强国,增强国家文化软实力,实现中华民族伟大复兴的中国梦,迫切需要深化对中华优秀传统文化重要性的认识,进一步增强文化自觉和文化自信。《意见》强调,传承发展中华优秀传统文化,必须以社会主义核心价值观为引领,牢牢把握社会主义先进文化的前进方向;必须坚持创造性转化和创新性发展,坚持交流互鉴、开放包容;必须坚守中华文化立场、传承中华文化基因,不忘本来、吸收外来、面向未来,不断增强中华优秀传统文化的生命力和影响力,创造中华文化新辉煌。

2018年9月,教育部下发《关于认真学习贯彻全国教育大会精神的通知》,要求深入学习领会习近平总书记关于教育的重要论述,深刻理解和把握坚持扎根中国大地办教育的自觉自信,扎根中国、融通中外、立足时代、面向未来,发展具有中国特色、世界水平的现代教育。

请回答:

(1) 阐述教育与文化的关系。

(2) 结合材料,分析和阐述教育的"民族性"与"世界性"的关系。

(3) 结合材料,从课程开发与实施的角度,阐述如何落实中华优秀传统文化教育。

模拟练习

一、单项选择题

1. 批判文凭理论,认为教育和人的工资之间没有显著正相关的理论是(　　)

A. 人力资本理论　　　　B. 教育独立论

C. 筛选假设理论　　　　D. 劳动力市场理论

2. 提出学历是富裕阶层获取最佳工作机会的手段,进一步说,教育是一种表示个体能力的工具,揭示了内含于人的未来的生产特征,表明一个人固有的生产力,从而为雇主识别、选拔不同能力的求职者提供依据的理论是(　　)

A. 筛选假设理论　　　　B. 劳动力市场理论

C. 教育独立论　　　　D. 人力资本论

3. 提出“教育作为经济发展的源泉,其作用是远远超过被看作实际价值的建筑物、设施、库存物资等物力资本”的观点的理论是(　　)

A. 筛选假设理论　B. 劳动力市场理论　C. 教育独立论　D. 人力资本理论

4. 批评人力资本理论,认为教育投资并不能增加人的能力,只是通过文凭反映个人已有能力的理论是(　　)

A. 劳动力市场理论　B. 筛选假设理论　C. 再生产理论　D. 教育独立论

5. 突破了传统物质资本的束缚,开辟了人类生产能力的崭新思路的理论是(　　)

A. 人力资本理论　B. 筛选假设理论

C. 教育独立论　D. 劳动力市场理论

6. 关于教育与经济发展的理论,以下说法不正确的是(　　)

A. 人力资本理论认为教育投资对经济增长具有重要作用

B. 筛选假设理论认为筛选作用是教育的主要经济价值

C. 劳动力市场理论认为教育和个人收入之间不直接相关

D. 人力资本理论注重教育文凭的重要性,又被称为文凭理论

二、材料分析题

阅读材料,并按要求回答问题。

自党的十四大提出“把教育摆在优先发展的战略地位”起,在很长的时间阶段,我国教育优先发展战略的现实逻辑都等同于增加教育投入。但是随着经济社会发展水平的提升,面向提高教育质量、促进教育公平的迫切要求,教育优先发展亟须具备更加丰富的内涵,即要坚持把优先发展教育事业作为推动党和国家各项事业发展的重要先手棋,不断使教育同党和国家事业发展要求相适应、同人民群众期待相契合、同我国综合国力和国际地位相匹配。

从投入优先到全局优先,用先手棋来定位教育在党和国家各项事业发展全局中的地位和作用,不是片面静止地考虑教育事业在党和国家各项事业发展中前后次序问题,而是把教育作为全局和整体中的决定因子,强调做好先行官、下好先手棋来获取全局和整体的胜利,充分体现了系统思维和战略思维在教育事业布局中的具体应用与创新发展。

(1) 结合所学,指出教育优先发展的理论基础。

(2) 结合所学,谈谈如何促进教育的优先发展?

第二节　教育的社会制约性

真题典例

单项选择题

1. 【2009 年 311 真题 2】人的发展总是受到社会的制约,这意味着(　　)

A. 教育要坚持社会本位的价值取向　　B. 教育要充分考虑社会发展的需要

C. 教育目的的确定不应从个人出发　　D. 教育要为社会生活做准备

2.【2016 年 311 真题 13】有学者强调,教育要根据一个民族的固有特性来进行。这种观点体现了(　　)

A. 生产力对教育的影响和制约　　B. 政治制度对教育的影响和制约

C. 文化对教育的影响和制约　　D. 经济制度对教育的影响和制约

3.【2018 年 311 真题 5】农耕时代的教育目的强调培养具有一定文化素养的统治者,工业时代兼顾脑力劳动者和体力劳动者的培养,信息时代则更加注重创新型人才的培养。这说明教育目的在根本上受制于(　　)

A. 文化传统　　B. 生产方式　　C. 教育政策　　D. 教育理论

4.【2018 年 311 真题 11】随着我国城镇化的发展,在一些农村小学就读的适龄学童越来越少,甚至出现学校难以维持的状况。导致这种局面的直接原因是(　　)

A. 人口结构　　B. 人口波动　　C. 人口流动　　D. 人口质量

5.【2022 年 311 真题 3】下列选项中,可以说明社会发展对教育发展起制约作用的是(　　)

A. 乡村学校教育规模日趋缩小而城市学校教育规模不断扩大

B. 新冠疫情促使世界各地的学校纷纷采取混合式教学

C. 教育公平与教育质量良性互助

D. 学业竞争中学生关系日趋紧张

模拟练习

一、单项选择题

1. 蒸汽时代要求工人具有初等教育水平,电气时代要求工人具有中等教育水平,自动化时代要求工人具有高中和专科以上水平。这说明影响教育培养规格的因素是(　　)

A. 生产力　　B. 生产关系　　C. 上层建筑　　D. 政治经济制度

2. 西周作为奴隶社会,教育特色是“学在官府,官师不分”,这体现了制约教育的主要因素是(　　)

A. 生产力　　B. 社会政治经济制度

C. 文化　　D. 环境领域

3. 下列关于文化与教育的关系,描述错误的是(　　)

A. 文化是学校教育的基础　　B. 学校教育要“以文化人”

C. 文化传统越悠久对教育的制约越小　　D. 文化知识水平制约着教育的发展水平

二、材料分析题

阅读材料,并按要求回答问题。

传统教学改革在高考“指挥棒”下,总摆脱不了片面追求升学的误区。“唯分数是从"，大幅度提高学生的分数，似乎才是成功的教学改革。传统课堂大部分采用"填鸭式"教学，追求所谓的教学效率，忽视了教学的创新性和学习的自主性，使得学生产生厌学情绪，反而导致低效率的课堂。21世纪以来，新课程改革声势浩大，伴随着新技术追求现代高效的课堂。但如今课堂中，效率更高了吗？现代课堂的一节课真的比传统的一节课更有效率吗？其实不尽然，大量的低效课堂，过分依赖技术的低效、无效教学，学生的被动、应付学习，依然屡见不鲜。

过分技术化也是目前课堂教学的突出问题。部分教师把现代教育技术设备当成提高课堂教学效率的"法宝"，过分追求课堂信息多元化，借助信息技术过分加快教学进程，使学生在课堂学习中应接不暇，严重影响学生的学习兴趣，降低了学习积极性，最终影响教学的质量和效果。更有甚者，部分教师在课堂教学中使用"炫酷"的信息技术，忽视实的教学内容，使得教学内容流于形式，为了运用技术而教学，而不是为了教学使用技术辅助，不但没有真正提高课堂效率，反而本末倒置影响教学质量。

还有过分设计化的课堂，即课堂中充斥着大量提前"精心设计"的教学活动。教师为了体现课堂的现代性，体现对学生自主能力发展的尊重，设计了各式各样的探究活动，有些起到很好的效果，可有些则并不如意。有些学校为应付上级领导的检查，硬性规定教师的课堂教学中必须有活动，如探究活动、小组合作活动以及任务单等。教师为达到要求，设计的教学活动往往缺少"灵魂"，只有形式内容，没有实质意义，纯粹为了活动而活动。这导致大量教学时间被浪费，学生并没有真正从教学活动中得到成长。学生的学习只是为了配合教师或学校的需要，生搬硬套，完成各种小组合作学习单、自主探究单等。真正有效率的课堂教学，必须设计贴合的探究活动，让学生在自主探究或合作探究中，自然而然地增长知识，自主发展各种能力。

(1) 阅读材料，概括材料中的观点。

(2) 结合材料，分析教育和技术的关系。

(3) 结合材料，从教学设计的角度，谈谈如何设计有效的教学活动？

第三节 教育的社会功能

真题典例

一、单项选择题

1. 【2012年311真题3】下列现象中，可以说明教育对社会发展起促进作用的是（ ）

A. 班级授课制为普及义务教育提供了便利

B. 普及义务教育在一定程度上满足了机器大生产对劳动力的要求

C. 僵化的制度化教育导致社会拒绝学校毕业生

D. 学生发展指导制度促进了学生学业、生涯、个性及社会性的发展

2. 【2013年311真题2】教师帮助和指导学生学会身份认同和角色定位，使其自觉按照

角色要求为人处世。这体现了教育的（　　）

A. 个体社会化功能　　B. 个体个性化功能

C. 个体谋生功能　　D. 个体享用功能

3.【2013 年 311 真题 3】有西方学者研究发现，美国大多数教师出身于中产阶级，习惯于用中产阶级的价值观作为奖惩的标准，即合乎他们要求的就受到奖励，否则就受到处罚。这实质上是教师在利用教育对文化进行（　　）

A. 传递　　B. 选择　　C. 创造　　D. 传播

4.【2022 年 311 真题 13】2018 年 9 月 10 日，中共中央总书记、国家主席、中央军委主席习近平在全国教育大会上提出"坚持把优先发展教育事业作为推动党和国家各项事业发展的重要先手棋。"这个战略要求强调了（　　）

A. 教育重构社会秩序的功能　　B. 教育促进社会发展的功能

C. 教育是确定社会发展方向的灯塔　　D. 教育是解决社会问题的最终钥匙

二、分析论述题

1.【2010 年 311 真题 54】美国经济学家桑德伯格（L.G.Sandberg）曾经对经济增长与教育的关系进行跨国的动态比较。他以欧洲各国 1850 年的成人识字率表示人力资本存量，然后动态比较 1913 年和 1970 年人均国民收入的变化。其统计结果如下表所示。

(1) 根据表中数据说明教育对经济发展的影响及其特点。

(2) 运用相关原理分析产生这种教育影响及其特点的原因。

欧洲国家识字率与收入水平

国家	1850 年		人均国民生产总值（1960 年价格，美元）	
	识字率	收入位次	1913 年	1970 年
瑞典	超过 70%	很低	680	3 411
丹麦		低	862	2 716
挪威		低	749	3 495
瑞士		高	964	2 661
德国		中等偏下	743	2 873
苏格兰		高	965	2 284
芬兰		很低	520	2 797
荷兰		高	754	3 334
英格兰和威尔士	约 50%	很高	965	2 284
比利时		高	894	2 654
法国		中等	689	3 029
奥地利		中等	498	2 168

续表

国家	1850 年		人均国民生产总值（1960 年价格，美元）	
	识字率	收入位次	1913 年	1970 年
西班牙	低于 50%	中等偏下	367	1 179
意大利		低	441	1 694
匈牙利		低	498	1 851
罗马尼亚		很低	292	1 247
葡萄牙		低	336	1 360
希腊		很低	263	1 755
俄罗斯		很低	326	1 887

改编自：赖德胜，教育与收入分配，北京师范大学出版社，2001：40.

2.【**2017 年 311 真题 54**】20 世纪中期以来，学校教育受到来自多个方面的批评、质疑和挑战，或明或暗地主张“学校消亡”的观点不时出现。例如：

(1) 1971 年，伊凡·伊里奇发表《非学校化社会》，引起巨大反响。伊里奇认为，学习原本是个人的一种自主的活动，是自律、自助、自我实现的过程，它本身就是一种价值，不必非得与别的东西交换才有价值。他批评学校“把学习从一种活动变成了一种商品”，把知识证书（文凭）变成了一种财富形式，这不但从根本上剥夺了人独立自主的学习动机和能力，而且通过文凭、学历对人的社会地位进行分层，导致更深刻的社会两极分化，给整个社会都带来了灾难性的后果。因此，“学校的废除已不可避免”。

(2) 从 20 世纪 70 年代中期开始，越来越多的美国家长不再让孩子进入学校上学，而是“在家上学（home schooling）”，主要由父母直接教育孩子。进入 21 世纪，全美已经有数以百万计的儿童“在家上学”。家长不送子女去学校接受教育的理由很复杂，包括：家长认为学校不能提供他们认为重要的教育内容（如宗教信仰），家长不赞成学校和教师的教育理念，家长认为教师的教育方式不适合自己孩子的特点，等等。

根据以上材料，回答以下问题：

(1) 从教育功能的角度，评析伊里奇的观点。

(2) 结合学校在促进人的身心发展方面的作用，评析“在家上学”现象。

模拟练习

单项选择题

1. 中国古代以儒家为核心的“伦理型文化”，将崇善作为最高范畴，强调君子人格的培养，古希腊文化将哲学家作为最高范畴，这体现的是（　　）

A. 文化类型影响教育目标　　B. 文化传统影响教育方法

C. 文化观念影响教育观念　　　　D. 文化内容影响教育交流

2.《学记》中提出“古之王者，建国君民，教学为先”这体现了（　　）

A. 教育具有促进经济发展的功能

B. 教育具有文化传承的功能

C. 教育具有维系社会政治稳定和促进社会变革的功能

D. 教育具有创新功能

3. 不论时代如何变化，社会的经济、政治文化如何变迁，符合儿童、青少年认识规律的教学原则、方法、教学组织形式在任何时候都是适用的，这体现了（　　）

A. 教育不受社会变迁的影响　　　　B. 教育具有自身的独立性

C. 教育是不断更新变化的　　　　D. 社会对教育有重要的影响

4. “美国从1900年到1959年，由人力资本获得的利润增长了17.5倍，而由物质资本获得的利润只增长了3.5倍。”这主要体现了教育的（　　）

A. 文化功能　　B. 政治功能　　C. 生态功能　　D. 经济功能

5. 教师在教学过程中结合教学内容讲授垃圾分类的知识，这属于教育的（　　）

A. 经济功能　　B. 政治功能　　C. 生态功能　　D. 文化功能

6. 习近平总书记认为“治贫先治愚”，体现了教育的（　　）功能

A. 文化功能　　B. 生态功能　　C. 政治功能　　D. 经济功能

7. 下列关于生产力发展对教育制约的说法，错误的是（　　）

A. 生产力的发展水平制约教育的性质与领导权

B. 生产力的发展制约教育事业发展的规模和速度

C. 生产力的发展水平制约人才培养的规格和教育结构

D. 生产力的发展制约教学内容、教学方法和教学组织形式的发展和改革

8. 教育可以保留有价值的文化，剔除文化中的糟粕，这体现了教育对文化的（　　）

A. 传递功能　　B. 选择功能　　C. 更新功能　　D. 创造功能

9. “一般而言，劳动者的劳动生产率与其知识、技能以及生产技能成正相关关系，越高的知识技能，越会促使劳动生产率提高。”这一说法体现了教育的（　　）

A. 文化功能　　B. 经济功能　　C. 科技功能　　D. 人口功能

10. 从教育的社会功能来看，一个人通过自学，从一名普通工人晋升为管理层，这体现了（　　）

A. 社会变迁功能中的经济功能

B. 社会变迁功能中的政治功能

C. 社会流动功能中的横向流动功能

D. 社会流动功能中的纵向流动功能

11. 某学校在课后服务中，把当地的一些非物质文化遗产传承人引进学校，给学生示范传统“粽子”“香囊”等的制作，学生也掌握了要领。这主要体现了教育对文化的（　　）

A. 选择功能　　B. 保存功能　　C. 融合功能　　D. 创造功能

第四节 当代社会对教育的需求与挑战

真题典例

一、单项选择题

1.【**2008 年 311 真题** 3】联合国教科文组织在《学会生存——教育世界的今天和明天》中主张，建设学习化社会的关键在于(　　)

A. 改革正规教育　B. 发展成人教育　C. 实施终身教育　D. 推行回归教育

2.【**2009 年 311 真题** 4】联合国教科文组织在《教育——财富蕴藏其中》中提出面向 21 世纪教育的四大支柱是学会认知、学会做事、学会共同生活和(　　)

A. 学会关心　B. 学会生存　C. 学会创造　D. 学会交往

3.【**2011 年 311 真题** 2】世界近代教育发展的重要成就之一是实施了(　　)

A. 补偿教育　B. 义务教育　C. 终身教育　D. 回归教育

4.【**2012 年 311 真题** 6】随着我国高中教育大众化、普及化，普通高中的性质发生了改变，在教育任务上兼顾(　　)

A. 普通教育与职业教育　B. 普通教育与基础教育
C. 升学预备教育与就业预备教育　D. 基础教育与预备教育

5.【**2012 年 311 真题** 13】联合国教科文组织国际教育发展委员会曾对世界各地的教育制度进行调查，发表《学会生存——教育世界的今天和明天》，这份报告指出各国的教育目的存在一些共同倾向，其中包括“走向科学的人道主义”“培养创造性”“培养承担社会义务的态度”以及(　　)

A. “培养完人”　B. “培养独立个性”
C. “培养国际理解”　D. “培养终身学习能力”

6.【**2013 年 311 真题** 12】当代中等教育发展的总体趋势是(　　)

A. 普通教育与职业教育相融合　B. 普通教育与通用技术教育相融合
C. 与初等教育贯通　D. 与高等教育贯通

7.【**2015 年 311 真题** 3】《学会生存——教育世界的今天和明天》指出，第二次世界大战结束以来各国教育面临社会发展的新需求与新挑战，存在三种普遍流行的现象，即(　　)

A. “教育先行”“终身教育”“为未知社会培养新人”
B. “教育先行”“终身教育”“社会拒绝使用学校毕业生”
C. “终身教育”“为未知社会培养新人”“社会拒绝使用学校毕业生”
D. “教育先行”“为未知社会培养新人”“社会拒绝使用学校毕业生”

8.【**2015 年 311 真题** 11】《国家中长期教育改革和发展规划纲要(2010—2020 年)》指出，在普通高中深入推进课程改革，积极开展研究性学习、社区服务和社会实践，建立科学的教育质量评价体系，建立学生发展指导制度。采取这些措施最主要的目的是(　　)

A. 普通高中教育多样化　　B. 普通高中教育特色化
C. 全面普及普通高中教育　　D. 全面提高普通高中学生综合素质

9.【2016 年 311 真题 2】下列说法中有悖终身教育理念的是（　　）
A. 家庭学习贯穿于人的一生
B. 学校教育不再享有教育的垄断权
C. 终身教育从正规学校教育结束时开始
D. 当地社会在终身教育体系中起着重要作用

10.【2019 年 311 真题 3】"教育机会均等" 涉及诸多实践议题，其中包括（　　）
A. 补偿教育、多元文化教育、全纳教育
B. 多元文化教育、全纳教育、国际理解教育
C. 全纳教育、国际理解教育、补偿教育
D. 国际理解教育、补偿教育、多元文化教育

二、分析论述题

1.【2007 年 311 真题 56】阅读下列材料，分析其中蕴含的教育思想，并围绕这种思想论述教育应如何主动回应现代社会发展与个人成长需求的挑战。

仅从数量上满足对教育的那种无止境的需求(不断地加重课业负担)既不可能也不合适。每个人在人生之初积累知识，而后就可无限期地加以利用，这实际上已经不够了。他必须有能力在自己的一生中抓住和利用各种机会，去更新、深化和进一步充实最初获得的知识，使自己适应不断变革的世界。

2.【2021 年 311 真题 54】阅读材料，并按要求回答问题。

教育当局常常宣称，他们希望学校有助于使人人得到平等的机会。情况确实如此。诸多原因助长了人们要求教育更加民主化，而且也有许多迹象表明已经取得相当的进展。现代社会创造了许多条件，使更多的人能够上学。几乎所有的学校都在努力延长就学的时间。工业化国家都在继续不断地扩充中等教育和高等教育。人们已经开始采用普通考试、竞争性测验和统一的评分方法评定学习的结果，这从事实上废除了某些传统特权。这是不可否认的进步，表明民主有力量改进教育的结构、范围和实践。

然而，可能平等地受教育只是求得公平的必要条件，而不是它的充分条件。人们有可能同样受到教育，但并不是说他们都有同等的机会。同等的机会必须包括同样成功的机会，而这种成功的机会是很不平等的。家庭的经济、社会和文化地位与接受各类教育的机会以及以后的成功的机会之间相互关联。穷人的孩子或者受歧视群体的孩子，要么由于缺乏儿童早期所需要的身体上或心理上的适当照顾，要么由于缺乏学前教育，从一开始就处于困难的地位。他们同那些比较富裕阶级的孩子相比，或者同那些生长在较为有利于正常成长与发展的背景中的孩子相比，都处于不利地位。

因此，教育民主并不仅仅表现在增加学校、扩充不同阶段的人的入学机会、延长学习的期限等方面，还表现在人们可以找到其他的办法来发展他们的才能，找到他们今后的道路。这意味着尽可能地清除教育内部的障碍。如果我们成功地摆脱了传统教育学的教条，如果在教育过程中允许自由地和持久地交换意见，如果交换意见之后又提高了个

人对生活的领悟,如果学习者被引导走上自我教育的途径,简言之,如果学习者从学习客体变成了学习主体,教育的民主化才是可能的。当教育采取了自由探索、征服环境和创造事物的方式时,它就更加民主化了,而不是像往常一样是一种给予或灌输了。

给每一个人平等的机会,并不像目前许多人所认为的那样是指名义上的平等,即对每一个人一视同仁。机会平等不等于把大家拉平。机会平等不是不惜任何代价否认个人的基本自由,攻击一个人的完整性或者滥用专家统治的、官僚主义的权力。机会平等是要确保每一个人都能受到适当的教育,而这种教育的进度和方法又适合个人的特点。教育上的平等要求一种个人化的教育学,要求对个人的潜在才能进行详细的调查研究。(选编自《学会生存》)

请回答:

(1) 概述材料中的教育公平观。

(2) 分析材料中提出的实现教育公平的主张。

(3) 阐述这种主张对我国教育改革的启发。

模拟练习

一、单项选择题

1. 教育民主化首先指的是(　　)

A. 教育机会均等　　B. 师生关系民主化

C. 教育方式民主化　　D. 教育内容民主化

2. 旨在促进不同社会文化背景的国家和人们之间的相互了解和尊重,促进人类合作和和平,涉及公民意识教育、特别强调外语教学的当代教育思潮是(　　)

A. 终身教育思潮　　B. 国际理解教育思潮

C. 全纳教育思潮　　D. 后现代主义教育思潮

3. “教育,如果像过去一样,局限于按照某些预定的组织规划、需要和见解去训练未来社会的领袖,或想一劳永逸地培养一定规格的青年,这是不可能的了。教育已不再是某些杰出人才的特权或某一特定年龄的规定活动”。这段话表明(　　)

A. 制度化的教育才能培养出优秀的人才

B. 未来社会不再需要制度化的教育

C. 未来教育可以直接培养出优秀的青年

D. 终身教育和学习化社会是当代教育的发展方向

4. 联合国教科文组织在《学会生存》中指出“教育,如果像过去一样,局限于按照某种预定的组织规划、需要和见解去训练未来社会的领袖,或想一劳永逸地培养一定规格的青年,这是不可能的了。教育已不再是某些杰出人才的特权或某一特定年龄的规定活动:教育正在日益向着包括整个社会和个人终身的方向发展”,这表明(　　)

A. 制度化教育完全无法满足人们的需要

B. 终身教育和学习化社会是当代教育的发展方向

C. 开放的学校体系应逐渐封闭化

D. 学校教育具有统一性和有序性

5. 关于终身教育制度，说法不正确的是（　　）

A. 终身教育的目的是发展人的职业能力

B. 实现终身教育，要求建设学习型社会

C. 终身教育包含学校教育在内

D. 终身教育不局限于学历教育

6. 不属于信息社会教育的主要特征的是（　　）

A. 学校教育网络化　　B. 学校类型进一步多样化

C. 学校教育与生产劳动分离　　D. 教育目的是满足人们的多种需要

7. 工业社会教育的突出特征是（　　）

A. 阶段性　　B. 封闭性　　C. 生产性　　D. 个别化

8. “百年大计，教育为本”，体现了教育在社会主义现代化建设中的（　　）地位

A. 全局性　　B. 先导性　　C. 基础性　　D 限制性

9.《学记》中说：“一年视离经辨志，三年视敬业乐群，五年视博习亲师，七年视论学取友，谓之小成；九年知类通达。”这句话体现的我国古代教育的特点是（　　）

A. 德智并重　　B. 官师合一　　C. 脑体分离　　D. 学在官府

10. 下列教育起源论和倡导者匹配正确的是（　　）

A. 教育的心理起源说—斯宾塞　　B. 教育的本能起源说—孟禄

C. 教育的需要起源说—杨贤江　　D. 教育的劳动起源说—沛西·能

11. 教育信息化是 21 世纪世界教育发展的重要趋势，下列选项不属于信息技术给教育带来的挑战的是（　　）

A. PPT 或电子白板可以多角度呈现解题思路

B. 部分年龄较长的教师面临技术培训问题

C. 家境贫寒的学生在使用电脑、互联网时呈现出数字鸿沟

D. 学生在课堂上滥用手机、平板等通信设备所造成的分心

二、材料分析题

1. 阅读材料，并按要求回答问题。

目前人们过分重视选拔、考试和文凭。这种制度奖励强者、幸运者和顺从者，而责备和惩罚弱者、不幸者、迟钝者、不能适应环境者以及那些与众不同者和感到与众不同者。教育中的竞争和选拔制度从历史上来看是民主的，从现象上来看也是平等的。因为它是以成绩优劣取得权利去代替过去那种以出生和幸运取得权利。这就是“分数面前人人平等”形成的基本根源。但是这种貌似民主和平等的竞争制度，掩盖了实践中的不公平。

阅读材料，结合所学，评析“分数面前人人平等”的说法。

2. 阅读下列材料并按要求回答问题。

教育民主化是 20 世纪 60 年代以来世界教育改革的主流。米亚拉雷（G.Mialaret）指出：“教育民主化现已成为几乎所有教育革新和教育改革的一项固有的目标。教育民主

化是目前全球教育系统演变的一个基本趋势。”教育民主化已成为许多国家主要的教育政策。

教育民主化包括教育的民主与民主的教育两个侧面。前者是民主的外延扩大，即把政治的民主扩展到教育领域，使受教育成为公民的权利和义务；后者是教育内涵的加深，即把专制的、不民主的、不充分民主的教育改造成为民主的教育。前者是后者的前提，后者是前者的引申。概言之，教育民主化是指全体社会成员享有越来越多的教育机会，受到越来越充分的民主教育。人人有受教育的权利，在教育机会面前人人平等，人人成为民主化教育的主体。教育民主化的中心内容之一是实现教育平等。教育机会平等是教育平等的基础。《学会生存》一书指出：“可能平等地受教育，这只是求得公平的必要条件，而不是它的充足条件……平等的机会必须包括同样成功的机会。”“机会平等是要肯定每一个人都能受到适当的教育，而且这种教育的进度和方法是适合个人的特点的。”机会是包括一组对教育有影响的变量。从教育机会均等概念的历史演变看，最初只是强调入学机会的均等，或者是初等教育义务的均等；稍后就扩展到受教育的年限、学校类型、课程性质；最后，直至教育的全过程包括入学机会、过程条件、结果的均等。教育机会平等的主要要求是，每个人都有机会享受最基本的教育，每个人都有相等机会接受符合其能力发展的教育。

(1) 从教育功能的角度，谈谈教育民主化的必要性。

(2) 谈谈在教育领域，应如何实现教育民主化？

第三章　教育与人的发展

第一节　人的身心发展特点及其对教育的制约

真题典例

单项选择题

1.【**2007年311真题6**】在一个人的发展过程中，有的方面在较低的年龄阶段就达到了较高的水平，有的方面则要到较高的年龄阶段才能达到成熟的水平。这反映人的身心发展具有（　　）

A. 顺序性　B. 阶段性　C. 差异性　D. 不均衡性

2.【**2007年311真题9**】"个人怎样表现自己的生活，他们自己就是怎样。因此，他们是什么样的，这同他们的生产是一致的——既和他们生产什么一致，又和他们怎样生产一致。因而，个人是什么样的，这取决于他们进行生产的物质条件。"马克思的这段话说明个体的发展具有（　　）

A. 顺序性和阶段性　B. 社会性和历史性

C. 相似性和差异性　D. 现实性和潜在性

3.【**2008年311真题5**】一些事例显示，对"兽孩"进行的补救教育都不是很成功。这表明人的发展具有（　　）

A. 顺序性　B. 可逆性　C. 模仿期　D. 关键期

4.【**2010年311真题4**】历史上有各种关于人的发展动因的理论和假设。下列学说中，支持"外铄论"观点的是（　　）

A. 成熟论　B. 性善论

C. 人本主义心理学　D. 行为主义心理学

5.【**2012年311真题4**】把教育隐喻为"园艺"，把学生比作"祖国的花朵"，称教师为"园丁"，持这种观点的人在人的身心发展影响因素问题上倾向于（　　）

A. 遗传决定论　B. 成熟论

C. 环境决定论　D. 内因与外因交互作用论

6.【**2013年311真题4**】教育之所以能够促进儿童发展，根本在于儿童在发展上具有（　　）

A. 阶段性　B. 顺序性　C. 不平衡性　D. 可塑性

7.【2014 年 311 真题 12】我国致力于促进普通高中发展的多样化和特色化，一方面是为了满足社会对人才的多元化需求，另一方面是为了适应高中学生发展的（　　）

A. 顺序性　　B. 阶段性　　C. 差异性　　D. 不平衡性

8.【2015 年 311 真题 4】根据加德纳的多元智能理论，教育和评价要充分尊重、利用人的发展的（　　）

A. 顺序性　　B. 阶段性　　C. 差异性　　D. 不平衡性

9.【2016 年 311 真题 4】有人把教育隐喻为"塑造"，称教师是"人类灵魂工程师"。这种观点在人的身心发展影响因素问题上倾向于（　　）

A. 遗传决定论　　B. 成熟论

C. 外铄论　　D. 内因与外因交互作用论

10.【2018 年 311 真题 4】教育工作需要循序渐进，主要依据的是儿童身心发展的（　　）

A. 差异性和阶段性　　B. 差异性和顺序性

C. 不均衡性和差异性　　D. 阶段性和顺序性

11.【2019 年 311 真题 6】人的感知、思维、记忆、想象等方面发展存在着不同的关键期，这表明个体的身心发展具有（　　）

A. 差异性　　B. 阶段性　　C. 顺序性　　D. 不平衡性

12.【2020 年 311 真题 5】苏格拉底用反讽术使自以为知者自觉到无知，又用产婆术使自以为无知者发现知识。他所开创的这种教育传统，在影响人的发展主要因素的问题上倾向于（　　）

A. 内发论　　B. 外铄论　　C. 遗传决定论　　D. 环境决定论

13.【2021 年 311 真题 4】布拉特等人研究发现，在同辈群体交流中，儿童倾向于拒斥低于自己道德发展阶段的同伴的道德推理，能够理解和同化高于自己一个发展阶段的同伴的道德推理，但不能接受高于自己两个或多个发展阶段的同伴的道德推理。这个发现说明儿童的道德认知发展具有（　　）

A. 不平衡性、阶段性、差异性　　B. 阶段性、顺序性、差异性

C. 顺序性、不平衡性、阶段性　　D. 差异性、顺序性、不平衡性

14.【2022 年 311 真题 4】基于夏山学校的实践，尼尔认为在自然生长状态下，当孩子的自利需求得到充分满足，其自我中心就会变成利他观念以及对别人的自然关心。这种观念涉及个体身心发展的（　　）

A. 顺序性　　B. 阶段性　　C. 差异性　　D. 不平衡性

模拟练习

单项选择题

1.《学记》有云"当其可之谓时""时过然后学，则勤苦而难成"，体现了人身心发展的（　　）

A. 差异性　　B. 阶段性　　C. 顺序性　　D. 不平衡性

2. 教育不能把小学生当作中学生对待，把中学生当作成人对待，这是因为人的发展具有（　　）

A. 差异性　　B. 互补性

C. 阶段性　　D. 不平衡性

3. 面对不同的认知风格，如场独立型的学生更适合开展独立学习，场依存型的学生更适合开展合作学习。教师了解不同的学习风格才能采取对应的教学策略。这体现了人的身心发展的（　　）

A. 不平衡性　　B. 差异性

C. 阶段性　　D. 顺序性

4.《学记》指出“学者有四失……或失则多，或失则寡，或失则易，或失则止……教也者，长善而救其失者也”，体现了人的身心发展具有（　　）

A. 顺序性　　B. 差异性

C. 不平衡性　　D. 阶段性

5. 教育的目的在于“使人成为他自己”，表示教育要尊重人身心发展的（　　）

A. 差异性　　B. 顺序性

C. 不平衡性　　D. 阶段性

6. 有的人记忆力强，有的人感知力强，有的人语言表达能力强，有的人写作能力强。这说明人的发展具有（　　）

A. 顺序性　　B. 阶段性

C. 不平衡性　　D. 个别差异性

7. 小明同学上初中后，身高迅速增长，爸爸甚至须仰头才能和他说话，但小明的很多思想和行为依然孩子气十足。这种现象反映了个体身心发展具有（　　）

A. 个别差异性　　B. 不均衡性

C. 顺序性　　D. 阶段性

8. 幼儿园教育既应杜绝“小学化”，又要注意幼小衔接，这体现了个体身心发展的（　　）

A. 互补性　　B. 阶段性　　C. 差异性　　D. 整体性

9. 研究发现，3~4 岁是口语表达能力关键发展的时期，6 岁以前是智力发展最迅速的时期，10 岁以前发展运动技能最佳，这表明个体身心发展具有（　　）的特点

A. 个体差异性　　B. 方向性与顺序性

C. 连续性与阶段性　　D. 不均衡性

第二节　人的身心发展对教育的需求与挑战

真题典例

无

模拟练习

一、单项选择题

1. 美国心理学家格塞尔曾经做过一个著名的实验：被试者是一对出生 46 周的同卵双生子 A 和 B。格赛尔先让 A 每天进行爬梯子训练，6 周后，也就是第 52 周，A 爬 5 级梯只需 26 秒。而在第 53 周时，没有经过任何训练的 B，爬梯还需要 45 秒，格赛尔再对 B 连续进行两周爬梯训练，到第 55 周，结果 B 爬上 5 级梯只需要 10 秒。尽管 A 比 B 早训练了 7 周，训练时间也是 B 的三倍，但是格塞尔发现，在 56 周和 3 岁时，A 和 B 的爬梯成绩惊人的相似。据此可以得出（　　）

   A. 后天训练对人的发展起到重要的作用
   B. 遗传素质的成熟在人的发展中起到重要的作用
   C. 练习次数影响练习结果
   D. 教育在人的发展中起主导作用

2. 教师是学生发展的一面镜子，帮助学生看清自己、了解自己，这属于（　　）

   A. 内发论　　B. 外铄论
   C. 内外因交互作用论　　D. 教育决定论

3. 《学会生存》里提到："人类生下来就是早熟的，他带着一堆潜能来到这个世界。这些潜能可能半途流产，也可能在一些有利的或不利的生存条件下成熟起来……所以从本质上讲，他是能够受教育的。"这段话表明（　　）

   A. 人的遗传素质决定人发展的高度　　B. 人无法通过后天环境更改先天素质
   C. 人的未完成性提供教育的可能性　　D. 学生是迅速发展的人

4. 让 4 岁的儿童学习立体几何，很难成功，背后反映的是何种因素对人的影响（　　）

   A. 遗传　　B. 环境　　C. 教育　　D. 主观能动性

5. "蓬生麻中，不扶而直；白沙在涅，与之俱黑"，这句话反映了以下哪一因素对个体发展有影响？（　　）

   A. 遗传因素　　B. 环境因素　　C. 学校因素　　D. 个体因素

6. 同一堂课中，有的学生专心听讲，有的学生心不在焉，长此以往，学生之间的学习成绩有了很大差异。这主要体现了（　　）对人的发展的作用

   A. 遗传　　B. 学校环境
   C. 社会环境　　D. 个体主观能动性

7. 关于遗传素质在人的发展中的作用，以下说法错误的是（　　）

   A. 是人的发展的生理前提　　B. 是决定人的发展的终极条件
   C. 其差异性对人的发展有一定影响　　D. 其成熟程度制约着人的发展过程

8. 子曰："与善人居，如入芝兰之室，久而不闻其香，即与之化矣；与不善人居，如入鲍鱼之肆，久而不闻其臭，亦与之化矣。"以上说法体现了（　　）

   A. 遗传决定论　　B. 环境决定论　　C. 教育决定论　　D. 交互作用论

9. 王安石笔下的方仲永，很小就能读书写诗，后来其父带着他“走穴”赚钱，长大后却“泯然众人”。方仲永的成长体现了哪一因素对个体发展的影响？（　　）

A. 遗传　　B. 环境　　C. 个体成熟　　D. 自我意识

10. 与“孟母三迁”内涵一致的选项是（　　）

A. 龙生龙，凤生凤，老鼠生儿会打洞　　B. 师傅领进门，修行在个人

C. 一龙生九子，九子各不同　　D. 染于苍则苍，染于黄则黄

二、材料分析题

材料 1：王安石写的《伤仲永》中的方仲永 5 岁时就能作诗，但后来由于他父亲没有及时教育，使他到十二三岁时写的诗就不如以前了，到 20 岁左右，便“泯然众人矣”。

材料 2：达尔文小时候十分调皮，不好好学习，后来他爸爸把他关进教会学校，结果遇到了他的一个启蒙老师，然后他的启蒙老师就带他一块儿去自然界感受生物……最后他写出来了《物种起源》。

结合材料，分析影响个体身心发展的因素有哪些？

第三节　学校教育在人的身心发展中的作用

真题典例

单项选择题

1.【2012 年 311 真题 12】现代学校作为一种社会机构，除了具有教育功能外，还派生出许多社会功能，其中包括（　　）

A. 社会交往与照看功能　　B. 个体个性化与个体社会化功能

C. 选拔与社会分层功能　　D. 自我保存与自我更新功能

2.【2013 年 311 真题 13】从 20 世纪 50 年代开始，挪威各地用了将近 20 年的时间陆续将义务教育的结束年龄从 14 岁延长到 16 岁。有研究者根据 20 世纪 50 年代末、60 年代初挪威征兵时的智力测验数据，对那段时期 10.7 万名应征入伍的 19 岁青年男子的智商得分进行研究。统计分析发现，上学 9 年者的智商平均得分比上学 7 年者高出 7 分，比上学 8 年者高出 4 分；经检验，差异显著。这项研究成果表明（　　）

A. 学校教育能够提高人的智商　　B. 当时测定智商的工具和方法相当完善

C. 学校教育并不能显著提高人的智商　　D. 智商的高低影响受教育年限的长短

3.【2019 年 311 真题 4】下列教育主张中，符合教育“外铄论”的是（　　）

A. 柏拉图认为教育即灵魂的转向

B. 卢梭主张让儿童通过实地探究明白知识是有用的

C. 荀子认为“人之性恶，其善者伪也”

D. 孟子主张“凡有四端于我者，知皆扩而充之矣”

4.【2019 年 311 真题 8】某国招募新兵，除体检之外，还用韦氏量表进行智力测验。有学者对所得数据进行统计分析，发现获得中学文凭的新兵智力测验的平均得分，比未获得中学文凭的新兵高将近 3 分，经检验差异显著。这项研究结果说明（　　）

A. 军营比学校更有可能提高人的智商

B. 受教育水平高的新兵在军营里的智力表现更优秀

C. 学校教育可以促进个体的智商不断提高

D. 个体智商通过学校教育可以实现一定幅度的提升

5.【2021 年 311 真题 5】赫尔巴特认为，卢梭要求一个成年人长久地陪伴一个孩子，献出自己全部的时间和精力，这种教育的代价太昂贵了。这表明赫尔巴特不赞成（　　）

A. 个别教育　　B. 学校教育　　C. 家庭教育　　D. 国民教育

模拟练习

材料分析题

阅读下列材料，按要求回答问题。

学校要取得哪怕是微小的成功，也都需要两个重要的先决条件。第一，学校教育体制的各级人员和学校的服务对象都必须清楚地了解学校的使命。第二，必须建立一个与发展和支持现有的学校体制的联盟相似的新联盟，而且这个联盟所支持的要超出学校的范围。它必须包括社区里提供和支持教育的所有单位，这不仅包括家庭、学校和教会，也包括商业、企业、电视、新的信息加工手段和所有其他新兴的通讯技术以及那些教育潜力还没有得到开发利用的文化资源。教育如此重要，涵盖面如此之广，教育的任务不能只留给学校。

——《一个被称作学校的地方》

(1) 结合所学知识，谈谈你对“学校使命”的认识。

(2) 如何理解“教育的任务不能只留给学校”？

第四章　教育目的与培养目标

第一节　教育目的

真题典例

一、单项选择题

1.【2009 年 311 真题 5】马克思主义经典著作关于人的全面发展的基本含义是（　　）

A. 人的劳动能力的全面发展　　B. 德、智、体全面发展

C. 人的独立个性全面发展　　D. 人的身心全面发展

2.【2010 年 311 真题 5】“教育的目的在于使个人能够继续他们的教育，或者说，学习的目的和报酬，是继续不断的生长能力。”持这种观点的人，在教育目的上主张（　　）

A. 教育准备生活说　　B. 教育适应生活说

C. 教育超越生活说　　D. 教育改造生活说

3.【2011 年 311 真题 4】把教育方针规定为“教育必须为社会主义现代化建设服务，必须与生产劳动相结合，培养德、智、体等方面全面发展的社会主义事业的建设者和接班人”的文献是（　　）

A.《中华人民共和国义务教育法》　　B.《中共中央关于教育体制改革的决定》

C.《中华人民共和国教育法》　　D.《中国教育改革和发展纲要》

4.【2012 年 311 真题 5】在课程内容选择上，斯宾塞认为科学知识最有价值，其判断依据是他的（　　）

A. 社会本位教育目的论　　B. 外在教育目的论

C. 教育准备生活说　　D. 教育适应生活说

5.【2016 年 311 真题 5】20 世纪 50 年代末我国确立的教育方针强调（　　）

A. 教育必须与生产劳动相结合　　B. 教育必须与社会实践相结合

C. 教育必须为人民服务　　D. 教育必须为现代化建设服务

6.【2015 年 311 真题 5】集中体现杜威教育目的价值取向的观点是（　　）

A. 儿童是教育的中心，教育的各种措施都要围绕儿童加以组织

B. 教育过程在它之外没有终结，它终结于它自身

C. 社会是教育的目的，儿童是教育的起点和手段

D. 教育的目的就是获得更多的生长

7.【2016 年 311 真题 12】“小学 1~2 年级认识常用汉字 1600 个左右，其中 800 个左右会写。”这项要求属于教育目的层级中的（　　）

A. 教育目的　　B. 培养目标　　C. 课程目标　　D. 教学目标

8.【2018 年 311 真题 12】杜威所谓教育的内在目的是指（　　）

A. 教育过程中的目的　　B. 学校系统中的目的

C. 教育以人格发展为目的　　D. 教育以知识掌握为目的

9.【2019 年 311 真题 5】中共中央总书记、国家主席、中央军委主席习近平在 2018 年 9 月 10 日召开的全国教育大会上强调，我国是中国共产党领导的社会主义国家，决定了我国教育必须把培养社会主义建设者和接班人作为根本任务。这表明，国家确立教育目的的首要依据是（　　）

A. 教育理论　　B. 文化传统　　C. 社会舆论　　D. 政治制度

10.【2019 年 311 真题 10】依据布卢姆教育目标分类学框架，下列认知目标中属于最高层次的是（　　）

A. 口头解释各种几何概念后，学生能正确画出相应的几何图形

B. 面对一份污染报告，学生能提出检验其中结论的方法

C. 学生能推测出容器中的空气全部抽出后会对容器产生什么样的影响

D. 学生阅读所给文章时，能区别出文中的观点和事实

11.【2020 年 311 真题 6】中华人民共和国的教育目的有一以贯之的基本价值取向，在表述上又因应形势需要而有所变化。新时代我国教育目的在于培养（　　）

A. 德智体几方面都得到发展有社会主义觉悟的有文化的劳动者

B. 德智体等方面全面发展的社会主义事业建设者和接班人

C. 德智体美等全面发展的社会主义事业建设者和接班人

D. 德智体美劳全面发展的社会主义事业建设者和接班人

12.【2022 年 311 真题 5】中华人民共和国成立以来，各时期教育目的的表述虽然有所不同，但始终坚持（　　）

A. 培养“四有”新人　　B. 德智体美全面发展

C. 发展核心素养　　D. 社会主义性质

二、分析论述题

【2013 年 311 真题 54】阅读以下材料，并按要求回答问题。

(1) 从“教育的社会功能”角度，分析下述材料中观点的合理性；

(2) 根据相关理论分析下述材料中的教育目的价值取向；

(3) 联系学校德育实际阐述下述材料中观点的现实意义。

夫教育目的不能仅在个人。当日多在造成个人为圣为贤，而今教育之最要目的，在谋全社会的进步。……若不骂人、不偷、不怒、不谎、不得罪于人等事，先时多谓此道德很高，然而此为消极的，于今不能谓此为道德。盖彼者，不过无疵而已，于社会虽有若无。今因于社会进步上着想，吾等当另定道德标准，谓“凡人能于社会公共事业，尽力愈大者，其道德愈高。否则，无道德可言。易言之，即凡于社会上有效劳之能力者……，则有道

德。否则无道德。”若斯数语，包含无限道理。愿诸生用为量人量己之尺，相染成风，使社会上渐渐均用此尺，度己亦用此尺。（节选自张伯苓：《以社会之进步为教育之目的》，1919 年。）

模拟练习

单项选择题

1. 杜威在提到自己的芝加哥实验学校的经历时，说“尽管没有成功，在意图上，实验学校是‘社会中心’的。我们认为，心理发展的过程主要是一个社会的过程，一个参与的过程。……目的在于培养个人和别人共同生活和合作共事的能力。”这表明，杜威在教育目的上（　　）

   A. 试图调和个人与社会之间的矛盾　　B. 坚持个人中心的观点

   C. 认为社会是唯一的目的　　D. 主张为完满的社会生活做准备

2. 把成年期当作一个固定的标准来看待儿童期，这种观点忘记了儿童与成人都属于发展中的个体，都在不断地生长。他们之间不是生长和不生长的区别，而是各有适合于不同情况的不同生长方式。这属于（　　）

   A. 教育准备生活说　　B. 教育适应生活说

   C. 社会本位论　　D. 成人本位论

3. 涂尔干指出“教育对社会而言只是一种工具，只是社会为了在儿童内心形成自身存在所必需的基本条件而准备的工具”，在教育目的价值取向上，这体现了（　　）

   A. 社会本位的价值取向　　B. 个人本位的价值取向

   C. 文化本位的价值取向　　D. 制度本位的价值取向

4. 白尔格门认为“教育除造就每个人，使其乐于为社会而生活，并乐于贡献其最优力量于人类生活的保存和改善以外，不能有别的目的”。这种说法体现了教育目的的价值取向是（　　）

   A. 个人本位　　B. 社会本位　　C. 经济本位　　D. 文化本位

5. 以下关于马克思主义人的全面发展的内涵，说法错误的是（　　）

   A. 人的自由发展指的是人作为主体的自觉发展

   B. 人的自由发展指的是人的天性，而不是社会关系中的自由发展

   C. 全面而自由的发展不排斥个体形成独特的素质结构和个性特点

   D. 全面发展指的是每个人的全面、自由、个性的发展

6. “在教育的目的决定方面，个人不具有任何价值，个人不过是教育的原料，个人不可能成为教育的目的。”这表达的教育的价值取向是（　　）

   A. 社会本位　　B. 个人本位　　C. 团体本位　　D. 虚无主义

7. 明确规定教育“为谁（哪个社会、哪个阶层）培养人”，体现了教育目的对教育活动的（　　）

   A. 定向功能　　B. 调控功能　　C. 评价功能　　D. 指导功能

8. 教育是培养人的社会活动,教育目的常常带有社会不同时期的特点,这体现了教育目的的(　　)

A. 时代性　　B. 社会性　　C. 继承性　　D. 规定性

9. “书中自有颜如玉”“书中自有黄金屋”“书中自有千钟粟”反映的教育目的价值取向是(　　)

A. 个人本位论　　B. 社会本位论

C. 国家本位论　　D. 能力本位论

10. 教育内容的确定、教育活动形式和教育方法的选择都必须以教育目的为最高准则。这体现了教育目的的(　　)

A. 导向功能　　B. 调控功能　　C. 评价功能　　D. 反馈功能

11. 以下不属于教育目的个人本位论的主张是(　　)

A. 个人价值高于社会价值

B. 个人的一切发展都有赖于社会

C. 教育的职能是发展人的潜在本能

D. 要根据个人发展的需要制定教育目的

12. 能在 10 分钟内正确完成 3 道四则混合运算题,这一表述属于(　　)

A. 培养目标　　B. 教育目标　　C. 教学目标　　D. 课程目标

13. 我国全面发展教育的基本内容始终强调把(　　)放在最优先位置

A. 德育　　B. 智育　　C. 体育　　D. 美育

14. 进入信息化时代后,很多单位把会使用电脑作为招聘的基本要求,而学校也越来越重视培养学生的电脑技能,这主要体现了教育目的(　　)

A. 受社会交往范围的制约　　B. 受社会文化传统的制约

C. 受社会政治制度的制约　　D. 受社会生产力发展水平的制约

第二节　培养目标

真题典例

无

模拟练习

材料分析题

义务教育是国家依法统一实施的所有适龄儿童、少年必须接受的教育,旨在保障每位适龄儿童、少年接受教育的权利,提高国民素质。

义务教育课程坚持以习近平新时代中国特色社会主义思想为指导，全面贯彻党的教育方针，落实立德树人根本任务，反映时代特征，体现中国特色，遵循教育规律和学生身心发展规律，突出全纳性、全面性和基础性，发展素质教育，培养时代新人，为全面建成社会主义现代化强国、实现中华民族伟大复兴奠定人才基础。

谈谈为落实培养目标，义务教育课程应遵循哪些基本原则。

第五章　教育制度

第一节　教育制度

真题典例

单项选择题

1.【**2008 年 311 真题** 8】教育制度的核心部分是(　　)

A. 教育管理制度　B. 国民教育制度　C. 义务教育制度　D. 学校教育制度

2.【**2009 年 311 真题** 6】小明的爷爷当年就读于半工半读学校,半天读书,半天劳动,既学到了系统的文化知识,又掌握了劳动技能。他接受的教育属于(　　)

A. 正规教育　B. 半正规教育　C. 非正规教育　D. 业余教育

3.【**2009 年 311 真题** 7】18—19 世纪的欧洲,在社会政治、经济发展及特定历史文化背景下,逐渐形成了带有等级特权痕迹的双轨学制。其“双轨”是指(　　)

A. 公立学校系统与私立学校系统

B. 职业学校系统与普通学校系统

C. 大学—中学系统与小学—初等职业学校系统

D. 义务教育系统与非义务教育系统

4.【**2010 年 311 真题** 3】根据《中华人民共和国教育法》,我国学校教育制度包括(　　)

A. 家庭教育、学校教育、社会教育、成人教育

B. 学前教育、初等教育、中等教育、高等教育

C. 普通教育、特殊教育、专业教育、职业教育

D. 初等教育、中等教育、高等教育、终身教育

5.【**2013 年 311 真题** 6】根据《中华人民共和国教育法》的规定,下列属于我国基本教育制度的是(　　)

A. 社区教育制度　B. 成人教育制度

C. 教师教育制度　D. 教师资格制度

6.【**2016 年 311 真题** 6】双轨学制形成于 18、19 世纪的欧洲。其中一轨是“学术性”的,另一轨是“职业性”的。以下关于这种学制形成方式的描述中,正确的是(　　)

A. 两条轨道均发端于高等教育,是自上而下形成的

B. 两条轨道均发端于初等教育,是自下而上形成的

C. “学术性”轨道是自上而下形成的，“职业性”轨道是自下而上形成的

D. “学术性”轨道是自下而上形成的，“职业性”轨道是自上而下形成的

7. **【2017 年 311 真题 13】**系统阐述了“学习化社会”的研究报告是(　　)

A.《科尔曼报告》

B.《一个称作学校的地方》

C.《学会生存——教育世界的今天和明天》

D.《国家处在危险之中：教育改革势在必行》

8. **【2020 年 311 真题 3】**近代以来欧洲教育逐渐世俗化，这种发展特征在学校教育制度中表现为(　　)

A. 教育对象扩大到平民阶层　　B. 公立学校与宗教组织分离

C. 教育与生产劳动相结合　　D. 义务教育的普及

9. **【2020 年 311 真题 8】**学制的基本构成要素是(　　)

A. 学校的类型、级别和数量　　B. 学校的类型、级别和性质

C. 学校的类型、级别和结构　　D. 学校的类型、性质和结构

10. **【2021 年 311 真题 7】**根据中共中央、国务院《关于学前教育深化改革规范发展的若干意见》的规划，到 2020 年我国学前三年毛入园率达到 85%，普惠性幼儿园覆盖率达到 80%。这里的“学前教育”不属于(　　)

A. 国民教育　　B. 终身教育　　C. 义务教育　　D. 基础教育

11. **【2022 年 311 真题 6】**联合国教科文组织在《学会生存》中指出“教育先行”“教育预见”“社会拒绝使用学校的毕业生”三种现象。其中，“社会拒绝使用学校的毕业生”现象的产生根源在于(　　)

A. 制度化教育的弊端　　B. 非正规化教育的弊端

C. 学校教育的过度发展　　D. 学习化社会的来临

模拟练习

无

第二节　我国学制和学制改革

真题典例

单项选择题

1. **【2007 年 311 真题 4】**下列文件中，最早提出“把发展基础教育的责任交给地方，有步骤地实行九年义务教育”的是(　　)

A.《中共中央关于教育体制改革的决定》

B.《中国教育改革和发展纲要》

C.《中共中央、国务院关于深化教育改革,全面推进素质教育的决定》

D.《国务院关于基础教育改革与发展的决定》

2.【2008 年 311 真题 7】义务教育的基本内涵是:国家与社会有义务确保全体适龄儿童接受法定年限的学校教育,家长有义务送适龄子女接受法定年限的学校教育和(　　)

A. 学校有义务为适龄儿童提供公平的教育

B. 适龄儿童有义务接受法定年限的学校教育

C. 公共机构有对适龄儿童开放并进行教育的义务

D. 企事业单位和个人不得雇用学龄儿童

3.【2010 年 311 真题 6】为适应改革开放和社会主义现代化建设的需要,1985 年中共中央颁发《关于教育体制改革的决定》,下放教育管理权,其中高等教育实行三级办学体制,这三级是指(　　)

A. 中央、省(自治区、直辖市)、市县　　B. 中央、中心城市、市县

C. 中央、省(自治区、直辖市)、中心城市　　D. 省(自治区、直辖市)、中心城市、市县

4.【2010 年 311 真题 7】2008 年,我国高等教育的毛入学率为 23.3%。根据美国学者马丁·特罗的观点,我国高等教育处于(　　)

A. 精英化阶段　　B. 大众化阶段　　C. 普及化阶段　　D. 全民化阶段

5.【2011 年 311 真题 6】学制规定了各级各类学校的性质、任务、入学条件、教育年限以及学校之间的(　　)

A. 主导与辅助关系　　B. 领导与从属关系

C. 合作与竞争关系　　D. 衔接与分工关系

6.【2013 年 311 真题 11】20 世纪 80 年代以来,我国教育改革逐渐由外延式发展转向内涵式发展。鲜明反映这种转型努力的标志性文献是(　　)

A.《中共中央关于教育体制改革的决定》

B.《中国教育改革与发展纲要》

C.《中共中央、国务院关于深化教育改革,全面推进素质教育的决定》

D.《国家中长期改革和发展规划纲要(2010—2020 年)》

7.【2014 年 311 真题 6】我国现行学制是(　　)

A. 单轨制　　B. 双轨制　　C. 三轨制　　D. 分支型学制

8.【2014 年 311 真题 11】20 世纪末,为应对知识经济的挑战,我国开始特别重视(　　)

A. 培养学生创新精神和实践能力　　B. 学生全面掌握基础知识和基本技能

C. 发展职业教育　　D. 义务教育均衡发展

9.【2014 年 311 真题 13】关于终身教育,以下说法不正确的是(　　)

A. 终身教育是学习化社会的基本特征

B. 终身教育主要是为了发展人的职业能力和素质

C. 终身教育涵盖了人的一生,不限于儿童和青少年时期

D. 终身教育既包括正规教育,也包括非正规教育和非正式教育

10. 【2015年311真题6】在我国现代学制中，根据培养目标的不同，一般把中学区分为（　　）

A. 普通中学、职业中学、综合中学　　B. 文科中学、理科中学、实科中学

C. 文科中学、实科中学、职业中学　　D. 普通中学、重点中学、特色中学

11. 【2017年311真题6】我国1958年确立的教育方针强调（　　）

A. 教育必须与生产劳动相结合　　B. 全面实施素质教育

C. 坚持立德树人　　D. 培养社会主义建设者和接班人

12. 【2018年311真题6】以下关于终身教育的说法不正确的是（　　）

A. 终身教育是现代社会民主化的要求

B. 终身教育的原则是连续性、整体性

C. 终身教育是基础教育、高等教育的延续

D. 终身教育将学校化教育转变为社会化教育

13. 【2019年311真题7】根据《中华人民共和国教育法》，国家实行学校教育制度。以下说法中正确的是（　　）

A. 职业教育不是学校教育制度的组成部分

B. 学前教育是学校教育制度的组成部分

C. 学校教育制度不属于国家基本教育制度

D. 学校教育制度由全国人民代表大会颁布实施

14. 【2020年311真题7】《国家中长期教育改革和发展规划纲要（2010—2020年）》提出在普通高中建立学生发展指导制度，并且根据现状和需求，特别强调对高中生加强（　　）

A. 学业、心理和就业指导　　B. 学业、就业和理想指导

C. 学业、心理和理想指导　　D. 心理、就业和理想指导

模拟练习

单项选择题

1. 下列选项不属于现代学制的是（　　）

A. 单轨制　　B. 双轨制　　C. 多轨制　　D. 分支型学制

2. 以下不属于终身教育特征的是（　　）

A. 民主性　　B. 民族性　　C. 连贯性　　D. 自主性

第六章　课程

第一节　课程与课程理论

真题典例

单项选择题

1. 【**2007 年 311 真题 1**】赫尔巴特所代表的传统教育思想的核心一般被概括为：教材中心、课堂中心和（　　）

A. 教师中心　　B. 学校中心　　C. 学生中心　　D. 活动中心

2. 【**2007 年 311 真题 2**】强调知识的内在逻辑和系统性，主张分科教学的是（　　）

A. 经验主义课程论　　B. 学科中心课程论

C. 存在主义课程论　　D. 后现代主义课程论

3. 【**2008 年 311 真题 9**】按照美国学者古德莱德的观点，课程可以分为五个层面，除理想的课程、正式的课程、领悟的课程之外，还有（　　）

A. 生活的课程和经验的课程　　B. 运作的课程和经验的课程

C. 隐性的课程和运作的课程　　D. 隐性的课程和生活的课程

4. 【**2011 年 311 真题 7**】布鲁纳说："任何学科的任何知识，都可以用智力上诚实的方式，教给任何阶段的任何儿童。" 这种观点属于（　　）

A. 结构主义课程论　　B. 经验主义课程论

C. 要素主义课程论　　D. 社会改造主义课程论

5. 【**2012 年 311 真题 7**】学生必须接受 "自由教育（liberal education）"，受过这种教育的人因为有广博的知识和理性的能力，将来也是适应力最强的、对未来做了最充分准备的优秀公民和劳动者。秉持这种观点的人在课程类型上倾向于（　　）

A. 学科中心课程　　B. 学生中心课程

C. 社会中心课程　　D. 活动中心课程

6. 【**2021 年 311 真题 8**】博比特在课程理论上的建树在于（　　）

A. 从人的完满生活中识别出五种活动类型，为之遴选最有价值的知识作为课程内容

B. 区分了理想的课程、正式的课程、领悟的课程、操作的课程、经验的课程的层级

C. 建立了从课程目标、课程内容选择与组织到课程实施、课程评价的课程开发模型

D. 运用活动分析法将社会生活领域分为十大类，并据此确定教育目标作为课程基础

7.【2022 年 311 真题 7】李老师习惯用更加精确的语言重述学生不甚清晰或不甚完整的发言，引得学生频频点头，表示那就是自己的意思。根据古德莱德的观点，这属于（　　）

A. 正式的课程　　B. 教师理解的课程

C. 理想的课程　　D. 学生经验的课程

模拟练习

单项选择题

1. “课程的生成和发展，根本依据在于人的学习本性和潜能，课程作为进入教育领域的特殊文化，实质就是人的学习生命存在及其优化活动”。这种观点是把课程看为（　　）

A. 社会文化的再生产　　B. 教学科目

C. 有计划的教学活动　　D. 社会改造的过程

2. 教师以审视的眼光看待课程理论和课程实践中遇到的各种问题，对自身的行为进行反思，对出现的课程问题进行探究，对经验进行总结，体现了教师是课程的（　　）

A. 实施者　　B. 设计者　　C. 研究者　　D. 评价者

3. 20 世纪 50 年代末以美国教育家布鲁纳为代表所提的课程理论是（　　）

A. 学科课程理论　　B. 结构主义课程论

C. 实用主义课程论　　D. 综合课程论

4. 杜威认为教育的手段与目的是同一过程不可分割的部分，他把课程看作是（　　）

A. 知识的传授　　B. 经验的获得

C. 文化再生产　　D. 社会改造

5. 以下选项不属于经验主义课程论观点的是（　　）

A. 课程组织应心理学化

B. 课程应以儿童活动为中心

C. 课程内容不能超出儿童生活的范围

D. 课程应给儿童提供分化的、有组织的经验

6. 根据古德莱德的课程分类理论，“有关课程应该如何设计，应该达到什么样的水平和标准的想法”属于（　　）

A. 经验的课程　　B. 理想的课程

C. 理解的课程　　D. 文件课程

7. 强调学生的兴趣，注重探究，把课程资源作为解决问题的工具，这种观点属于（　　）

A. 经验主义课程论　　B. 学科中心主义课程论

C. 社会主义课程论　　D. 后现代主义课程论

8. 我国古代“六艺”和欧洲中世纪的“七艺”，所体现的课程定义是（　　）

A. 课程即学习经验　　B. 课程即文化再生产

C. 课程即教学科目　　D. 课程即社会改造的过程

第二节 课程类型

真题典例

单项选择题

1.【2009 年 311 真题 9】学科课程分科过细，偏重书本知识，同实际生活距离较远，不能照顾到儿童的需要和兴趣，难以发挥学生的主动性。立足于克服这些缺陷的课程是（　　）

A. 综合课程　B. 核心课程　C. 选修课程　D. 活动课程

2.【2011 年 311 真题 8】把两门或两门以上的学科内容整合在一门课程中，加强学科联系，但不打破学科界限。这种课程属于（　　）

A. 活动课程　B. 核心课程　C. 相关课程　D. 融合课程

3.【2013 年 311 真题 7】某类课程的组织形式如下图所示，这类课程是（　　）

A. 相关课程　B. 融合课程　C. 广域课程　D. 核心课程

4.【2016 年 311 真题 7】教育界尝试以综合课程加强学科之间及学科知识与现实生活之间的联系。典型的综合课程按照综合程度从高到低排列，其顺序为（　　）

A. 相关课程、广域课程、核心课程　B. 广域课程、相关课程、核心课程

C. 核心课程、相关课程、广域课程　D. 核心课程、广域课程、相关课程

5.【2020 年 311 真题 9】下列选项中，属于按同一分类维度划分的课程相关概念是（　　）

A. 相关课程、融合课程、广域课程　B. 基础型课程、拓展型课程、研究型课程

C. 学科课程、活动课程、综合课程　D. 必修课程、选修课程、活动课程

模拟练习

单项选择题

1. 以下没有打破学科界限的课程是（　　）

A. 活动课程　B. 核心课程　C. 相关课程　D. 融合课程

2. 下列选项中,不属于观念性隐性课程的是(　　)

A. 校风　　B. 学风

C. 班级管理方式　　D. 教师的教育理念

3. 校本课程的优点有(　　)

① 能体现学校的办学特色　　② 有利于通识性知识的学习

③ 能调动教师参与课程建设的积极性　　④ 有助于学生掌握系统性知识

⑤ 能据实际情况,及时修订课程内容

A. ①②③　　B. ②③④　　C. ①③⑤　　D. ②④⑤

4. 隐性课程有多种表现形式,以下不属于隐性课程的是(　　)

A. 教育理念　　B. 学校建筑　　C. 班级管理方式　　D. 教科书

5. 以直接经验为主的课程,其典型的表现形式是(　　)

A. 学科课程　　B. 活动课程　　C. 综合课程　　D. 融合课程

6. 某小学借助该地特有的"醒狮、龙形拳"等非遗项目,由该校体育教研室集体开发了"醒狮表演"和"龙形拳"的课程,并每年定期在校开展"我是小小传承人"系列活动。该课程属于(　　)

A. 校本课程　　B. 隐性课程　　C. 国家课程　　D. 地方课程

7. 某藏区学校为保护和传承民族文化,在学校开设了民族文化课程。这种课程属于(　　)

A. 国家课程　　B. 学科课程　　C. 隐性课程　　D. 校本课程

8. 某地区教育局组织中小学教师和高校专家团队编写了一套基于当地人文资源的读本,这属于(　　)

A. 国家课程教材　　B. 学校课程教材　　C. 地方课程教材　　D. 校本课程教材

9. 2022 年版《义务教育课程方案》指出,三至七年级的艺术课程以音乐、美术为主,融入舞蹈、戏剧、影视相关内容。这表明艺术课程是一门(　　)

A. 综合课程　　B. 分科课程　　C. 核心课程　　D. 经验课程

第三节　课程开发

真题典例

单项选择题

1. **【2007 年 311 真题 7】**泰勒认为,课程评价是为了找出结果与目标之间的差距,并利用这种反馈信息作为修订课程计划的依据。据此提出的课程评价模式是(　　)

A. 目标评价模式　　B. 目标游离评价模式

C. 背景、输入、过程、结果评价模式　　D. 差距评价模式

2. **【2009 年 311 真题 11】**泰勒的课程编制原理主要强调(　　)

A. 课程目标的主导作用　　B. 教师对课程的再开发

C. 管理者对课程的监控　　D. 学生对课程的评价

3.【**2009 年 311 真题 12**】按照布卢姆目标分类学的基本要求，下列选项中，不宜作为教学目标的表述是(　　)

A. 培养学生的思维能力

B. 培养学生区别事实与假设的能力

C. 培养学生运用特定信息检验假设一致性的能力

D. 培养学生领会一个段落中各种观念之间的相互关系的能力

4.【**2010 年 311 真题 8**】主张课程评价的重点从"课程计划预期的结果"转向"课程计划的实际结果"的课程评价模式是(　　)

A. 目标评价模式　　B. 目标游离评价模式

C. 外观评价模式　　D. CIPP 评价模式

5.【**2011 年 311 真题 12**】关于如何组织课程内容的问题，泰勒在《课程与教学的基本原理》中提出的三条影响至今的基本原则是(　　)

A. 基础性、顺序性和整合性　　B. 连续性、顺序性和整合性

C. 基础性、连续性和整合性　　D. 基础性、连续性和顺序性

6.【**2015 年 311 真题 7**】强调"教学过程作为课程开发的过程"的课程实施取向是(　　)

A. 忠实取向　　B. 相互适应取向　　C. 创生取向　　D. 目标中心取向

7.【**2017 年 311 真题 4**】某语文教师在古诗单元教学结束时，给学生布置了写七律诗的作业。根据布卢姆 20 世纪 60 年代提出的教育目标分类学框架，该作业在认知目标的分类中属于(　　)

A. 分析　　B. 理解　　C. 评价　　D. 综合

8.【**2018 年 311 真题 7**】泰勒原理由两条密切相关的基本原理组成，一条是课程编制原理，另一条是(　　)

A. 课程实施原理　　B. 课程设计原理　　C. 课程评价原理　　D. 课程组织原理

模拟练习

单项选择题

1. 我国中小学，除了道德与法治、语文、历史三科使用统编教材外，其他学科不同程度存在各地版本不同的问题，这给中考省级统一命题带来了一定的阻力。在这种情况下，(　　)对命题更具有参考价值

A. 课程标准　　B. 教材　　C. 课程方案　　D. 课程目标

2. 在新一轮义务教育课程修订过程中，要求有机融入社会主义先进文化、革命文化和中华优秀传统文化，全面落实有理想、有本领、有担当的时代新人培养要求，强化课程思想性，这体现了义务教育课程修订的(　　)

A. 问题导向　　B. 创新导向　　C. 目的导向　　D. 成果导向

3. 泰勒提出，组织学生的学习经验要注意课程经验的横向关系，经验的组织应有助于学生逐渐获得一种统一的观点，并把自己的行为与所学习的课程要素统一起来，这体现了课程组织时的何种原则（　　）

A. 连续性　　B. 顺序性　　C. 整合性　　D. 基础性

4. 在道德与法治课程中，以“独立和相互依赖”为主题，在初始单元呈现家庭成员间的相关内容；随着学习的深入，依序拓展到学校、社区、国家和国际情境中的相关内容，并不断深化探讨的深度，体现的是何种课程组织形式（　　）

A. 直线式组织　　B. 螺旋式组织　　C. 纵向组织　　D. 逻辑组织

5. 义务教育阶段道德与法治课程以“成长中的我”为原点，将学生不断扩大的生活和交往范围作为构建课程的基础，依据我与自身，我与自然、家庭、他人、社会，我与国家和人类文明的主题编制课程，这属于何种课程组织形式（　　）

A. 螺旋式　　B. 直线式　　C. 单一式　　D. 活动式

6. “学生能够用一节课的时间完成一篇 800 字的议论文”体现了课程目标设计时的何种取向（　　）

A. 行为目标取向　　B. 生成性目标取向

C. 表现性目标取向　　D. 结果目标取向

7. 课程实施的过程并不是预定课程计划径直实现的过程，而是课程计划与班级或学校实践情境在课程目标、内容、方法、组织模式等方面相互调整、改变的过程。这种观点属于课程取向中的（　　）

A. 相互适应取向　　B. 创生取向　　C. 忠实取向　　D. 批判取向

8. 主张用集体审议的方式解决课程问题，同时把教师和学生视为课程的主体和创造者的课程模式是（　　）

A. 目标模式　　B. 过程模式　　C. 实践模式　　D. 文化模式

9. 通过确定人类生活的十大活动领域，再分析儿童完成这些活动需要的能力，进而确定课程目标的教育家是（　　）

A. 泰勒　　B. 斯宾塞　　C. 布卢姆　　D. 博比特

10. 在课程内容组织中，强调保持各种课程内容之间的横向关系，以便学生获得一种统一的观念，并把行为与所学课程内容统一起来，这体现了课程逻辑规则的（　　）

A. 连续性　　B. 顺序性　　C. 整合性　　D. 发展性

11. 泰勒课程设计的四个步骤包括确定教育目标、选择学习经验，组织学习经验和（　　）

A. 研究学生　　B. 评价学习结果

C. 安排课程内容　　D. 诊断学习需要

12. 刘老师上课时，一位同学突然提出了一个很有意思的问题，引起了全班同学的探索兴趣，刘老师后半节课就围绕这个问题而展开了教学。此后半节课的教学目标属于（　　）

A. 行为性目标　　B. 生成性目标　　C. 表现性目标　　D. 普遍性目标

第四节 课程改革

真题典例

一、单项选择题

【2017年311真题9】2003年教育部颁布的《普通高中课程方案(实验)》规定,我国普通高中课程改革由学习领域、科目和模块三个层次构成,这属于(　　)

A. 课程管理的改革　　B. 课程结构的改革

C. 课程内容的改革　　D. 课程组织的改革

二、分析论述题

1.【2012年311真题54】下文是叶圣陶先生在20世纪30年代发表的一篇教育评论,请阅读并按要求回答问题:

(1) 简要概括此文的基本观点与主张。

(2) 试运用教育学的基本理论分析指出“变相的语文教学”的局限性。

(3) 当前我国基础教育领域正在进行哪些与“变相的语文教学”这种现象相关联的课程改革?

变相的语文教学(有删改)

有人说现在中学课程太多,五花八门,使学生应接不暇。我说现在中学课程并不多,除了英文,只有一门,便是国文。从中学往下,小学的课程似乎也不少;然而也只有一门,便是国语。从中学往上,大学的课程真可谓五花八门了;然而除了英文以及第二外国语,也只有一门,便是国文。

一个小学上自然课。课本摊在书桌上,学生看到“常绿树是四季常绿的,落叶树是秋冬落叶的”这样的文句。教师讲解了,“常”是什么意思,“绿”是什么意思,“落”是什么意思,“四季”是什么意思,“秋冬”是什么意思,一一说明,不厌其详;然后贯穿起来说:“一年四季总是生着绿叶子的那种树,叫作常绿树;到了秋天或冬天落掉叶子的那种树,叫作落叶树。”的铃……的铃……下课了。

一个中学上劳作课,教师受了学生的敬礼,回转身去就写黑板,一面写,一面看手里的“脚本”。最先写上六个大字:“书架子的制造”。接着是个小标题:“书架子的材料”。随后便是木与竹都可以做书架子,从价值方面说,竹比木便宜,从效用方面说,木比竹坚实;以及什么木什么木都可以做书架子,哪一种木最好,可是价贵,哪一种木最差,可是便宜,诸如此类。写完了一段,再来个小标题:“书架子的制法”。随后便是书架子的大小,视需要而定;假定它五尺高,分作六层,每层该多少高,横里该多少宽,诸如此类。第二段没有写完,下课铃响了。教师这才面对学生开口道:“今天来不及讲了,下一回再给你们讲吧。”

一个大学上教育学的课。教师先在黑板上抄了满板的英文，教学生抄在笔记本上；然后用国语讲解这满板的英文，教学生记录在笔记本上；待学生记录完毕，便抹掉第一板，再抄第二板。在第三板还没有抹掉的时候，下课铃声就由远而近，渐渐地清朗起来了。

坐在位子上，听教师讲解课本或讲义上的文句；拿起笔杆来，抄写教师的板书，记录教师的讲解。这就是各级学生在教室里所做的全部工作。不问是社会或自然，是公民或理化，是什么学或什么研究，科目虽不同，工作的方法却并无二致，都与上国语课、国文课、英文课的情形差不多。

这是个很朴素的想头：学生犹如一个空瓶子，胸中没有什么；现在给他们一本书，一篇文字，逐字逐句给他们讲一遍，又写一点注释或表解在黑板上，他们听过一遍，抄过一遍，书中的文字中的内容与方法便一齐装进去了。这又是个很省事的办法：要学生预习，就得给他们一些指导或暗示；要学生讨论，就得给他们一些纠正或补充；要学生复习与练习，就得给他们做许多督察与订正的工作；——那多麻烦！现在不要学生做什么，让他们光是听，光是抄，岂不干脆得多？这就是一般语文教学所以如现在情形的原因。

我在这里并不想讨论语文教学如现在情形的效果是好是坏。我只是说明现在的语文教学是这样的情形：大家根据一个很朴素的想头，采用一个很省事的办法。而其他各科的教学，教材尽管五花八门，实际都如现在的语文教学一样，解字文，讲文句，作注释，立表解，下课铃响，一了百了。这不是可以看出我们的教育学有如下的共通认识吗？他们以为一切的知识与技能，非通过文字无法授与；一切的训练和陶冶，非通过文字无法着手。所以必须有书为凭，给学生讲明文句，实作“教书”。他们又以为只要通过了文字，一切知识、技能、训练、陶冶，便化为学生的血肉，使他们渐渐充实起来。所以学生除了静听讲书，抄写黑板上的文字，记录教师口头的讲解而外，不用再做别的。

从这种认识推想开来，自然见得教学的对象是书本，而不是具体的事物。“为学”两字并不包含广多的意义，不过等于“读书”而已。什么设计教学法，什么道尔顿制，以事物为中心，以多方研究为学习门径，那只是一些富于幻想的好事者的玩意儿，标新立异，无俾实际。我们的教育家只要守着个最简要的办法——拿书来教，便抵得那些好事者的全部努力了。

在这样的教学情形之下当学生，虽然科目繁多，样样都要学习，其实却是简单不过的事儿：只要像准备去上国语课、国文课与英文课一样，带一双耳朵，一双眼睛，一本教本，一本笔记本，一支铅笔或钢笔，保证你没有错儿了。你将欣幸你没有遇到那些想出设计教学法与道尔顿制之类来的好事者；否则你得去搜集、观察、比较、综合、试验、实习，那是多么辛苦的一串工作啊！除了听讲、抄写和记录，你一样都不用做；教师偶尔在讲解中间添一个笑话，插一个故事，你就情不自禁地笑一笑；上物理化学之类功课的时候，教师偶尔揭示几张挂图，做一个实验，你就如新年间看了年画与戏法那样开一开心：今天如此，明天也如此，这个学期如此，下个学期也如此，不是太舒服的生活吗？通常说，学生时代是黄金时代，就不必费太多的心思与功力在功课上的那种舒服而言，的确不是夸张的话。

但是，假如有一个人，绝对不熟悉现在的教育的实况，他跑进无论哪一级的学校参观一天两天，必将惊讶地想道：“平常人听了两个钟头的平铺直叙的演说，就会打呵欠，伸懒腰,用鞋底擦地板,给演讲者暗示,让他赶快把演讲结束;这班学生天天听讲,年年听讲,某字什么意义,某句怎么讲法,无非那一套,他们怎么忍受得住呢?”他或许还有奇怪的想头:“看他们一声不响,谁知道他们的心思在哪儿?说不定会如《孟子》上说的‘一心以为有鸿鹄将至’吧?或者无思无虑,空空洞洞,像禅家的入定吧?”他如果是一个慈悲的人,更将往深处去想:“‘游心外骛’是训练清楚头脑的障碍,‘心无着处’是趋向槁木死灰的途径,而他们的情形恰正如此。太可怜了!太可怜了!让他们多做一点儿事吧,用他们的心,用他们的手,用他们的口,无论怎样都是好的。退一步说,让他们跑出教室来种一方地,锯一根木头,甚至跑跳一阵,争论一阵,也是好的。只要不再教他们听讲那变相的语文功课,以至陷入‘游心外骛’或‘心无着处’的魔境,他们就有福了。”

2.【**2019年311真题54**】阅读材料,并按要求回答问题。

刚开学几周,我在去办公室的路上遇见了大一新生小李同学。她看起来有点紧张,我问她这几周过得怎么样。她说:“上了大学之后,我发现很多课程都是采用课堂讨论、口头报告、小组辩论之类方法。这跟高中时老师讲得多差别很大,感觉很不适应。我其实更喜欢老师在课堂上讲,把知识直接教给我们。”我又问她:“像你这样感觉不适应讨论课的同学是不是很多?”她说很多同学都不适应。

小李同学的话,让我不禁想到自己首次在专业课上尝试运用案例教学法的情形。我本以为,采用案例组织课堂讨论,一定会深受学生欢迎,但事实证明我有点一厢情愿。这些年来,在我主持的案例讨论课上,尽管有少数学生积极参与,但是大多数学生参与的热情似乎不高。一些学生根本不发言,只顾埋头看英语或计算机之类的书,或者低头看手机;还有一些学生甚至连课堂讨论的材料都不带来。对此,我感到十分困惑。

为了改进教学,弄清学生究竟是怎么想的,我找了几位学生到我办公室座谈。一位同学对我说:“老师,我们希望您多讲,让我们在最短的时间内掌握本专业学科理论知识,接近学科前沿。您每次课都让我们讨论,可我们不习惯讨论,即使讨论,也只是说出一些很肤浅的观点。而且,讨论来、讨论去,大家的看法貌似都有些道理,我不知道该听谁的,更不清楚什么才是正确的答案。”还有一位同学说:“我们来大学读书,是交了学费的,是想从老师那里学习理论知识,不是听一帮同学在那里瞎扯。我觉得讨论课没多大意义,太浪费时间了,还不如您多讲讲。”另外,我还曾听说有个别学生直接打电话向学校教务部门投诉,说我的课很“水”,因为我很少直接讲课,总是让学生看材料、讨论、写评论。

面对如此的窘境,我不禁陷入了沉思:为什么学生一方面抱怨教师满堂灌、不给他们参与课堂的机会,而另一方面当教师提供大量案例讨论的机会时,他们却又害怕或逃避呢?原因究竟在哪儿?讨论课究竟还有没有必要继续开下去?让学生自主探究真的行得通吗?该如何处理讨论课与传统课程的关系?看来,问题没那么简单……

请回答:

(1) 从社会发展对教育的需求角度,分析设置讨论课的必要性。

(2) 从现行课堂教学方式的角度,分析导致学生不适应讨论课的可能性成因。

(3) 从学校课程改革的角度,提出帮助学生适应课堂讨论的建议。

模拟练习

一、单项选择题

1. 新版《义务教育课程方案》中指出，劳动课程要避免停留在表层的、泛化的活动设计，要注重活动过程中的思想教育，强调通过活动引导学生感悟劳动价值，进而培育劳动精神，这体现了劳动教育（　　）

A. 鲜明的思想性　　B. 突出的社会性　　C. 显著的实践性　　D. 独特的科学性

2. 2022 年新版《义务教育课程方案和课程标准》中将劳动课程独立为新的科目，进一步强调了劳动课程的地位和价值。以下哪项不属于劳动课程的特点（　　）

A. 鲜明的思想性　　B. 突出的社会性　　C. 显著的实践性　　D. 严密的理论性

3. 以下哪一项不属于我国新课程改革带来的教学观的变革（　　）

A. 从关注学科转向关注人

B. 从重理论学习转向重实践操作

C. 从教会学生知识转向教会学生学习

D. 从以教育者为中心转向以学习者为中心

4. 根据新课程改革的理念，教师应该是学生学习活动的（　　）

① 合作者　② 控制者　③ 支配者　④ 管理者

A. ①②　　B. ②③　　C. ③④　　D. ①④

5. 某市教育局下达了“在全市小学开展国学经典诵读系列活动的实施意见”，该举措在于培养学生核心素养中的（　　）

A. 健康生活　　B. 实践创新　　C. 人文底蕴　　D. 学会学习

6. 21 世纪初，我国开展了新一轮基础教育课程改革。关于此次改革的具体目标，下列表述不正确的是（　　）

A. 改变学科本位的课程结构　　B. 改变过于注重知识传授的倾向

C. 改变过于强调接受学习的现状　　D. 改变课程管理过于松散的状况

二、材料分析题

阅读以下材料，按要求回答问题：

材料 1：多年来，应试教育尽管备受口诛笔伐，却“打而不倒”，而且仍“根深蒂固”。原因究竟在哪？在中国很多老百姓心目当中，读书的目的从来就是“学而优则仕”，这已经变成为一种集体无意识，从不会有“学而优则工”等其他想法。德国教育专家卢旺克进一步指出：“中国的教育不是为了孩子，而是为了满足一种被社会承认的标准”。难怪有人感叹：上至数十年从事教育的著名专家、神通广大的有权之人，下至普通公民，大多在我们自己创造出来的应试教育这个怪物面前俯首称臣，敢言而不敢怒，不敢越雷池半步。于是，人们一边诅咒应试教育，一边顺应应试教育，全然不顾诅咒落在了自己和孩子身上。（根据王新伟《教育变革需要文化自觉》改编）

材料2：北京大学钱理群教授在武汉大学老校长刘道玉召集的“《理想大学》专题研讨会”上，说了一段备受热议的话：“我们的一些大学，包括北京大学，正在培养一些‘精致的利己主义者’，他们高智商，世俗，老到，善于表演，懂得配合，更善于利用体制达到自己的目的。这种人一旦掌握权力，比一般的贪官污吏危害更大。”钱先生的话，针对的压根就不是北大学生，也不是名校学生，他针对的是整个中国教育。（根据《理想的大学离我们有多远，北大清华再争状元就没有希望》改编）

材料体现了教育中存在的什么问题，如何解决这一问题？

第七章　教学

第一节　教学及教学理论

真题典例

单项选择题

1.【2014年311真题7】20世纪60年代初美国课程改革代表人物布鲁纳的《教育过程》一书面世。下列对该书基本主张的概括中，不正确的是（　）

A. 强调学术标准，注重教学内容的现代化

B. 强调学科基本结构的学习和发现教学法的运用

C. 强调中小学教师和课程专家在课程改革中的作用

D. 主张任何学科都能以某种方式教给任何年龄阶段的任何儿童

2.【2014年311真题8】倾向于废除直接教学、废除考试的教学理论流派是（　　）

A. 行为主义教学理论　　B. 认知主义教学理论

C. 人本主义教学理论　　D. 建构主义教学理论

3.【2016年311真题8】布鲁纳认知主义教学理论提出的教学原则有（　　）

A. 动机原则、结构原则、程序原则、强化原则

B. 高速度原则、高难度原则、理论知识起主导作用原则

C. 直观性原则、量力性原则、巩固性原则、彻底性原则

D. 及时反馈原则、“小步子”原则、自定步调原则、积极反应原则

模拟练习

单项选择题

1. 张老师在教学过程中注重发展学生的思维、想象和记忆能力，而不在于灌输知识，张老师的教学主要体现的教育理念是（　　）

A. 实质教育　　B. 生涯教育　　C. 形式教育　　D. 实用教育

2. 提出教学过程以解决学生的情感问题为目标的教学理论是（　　）

A. 皮亚杰的认知结构发展理论　　B. 维果茨基的“文化－历史”理论

C. 罗杰斯的非指导性教学理论　　D. 赫尔巴特的传统教学理论

第二节　教学原则和教学方法

真题典例

单项选择题

1. 【**2007 年 311 真题 10**】教学的内容、方法、分量和进度要适合学生的身心发展，是他们能够接受的，但又要有一定的难度，需要经过努力才能掌握，以促进学生的身心发展。这条原则是（　　）
   A. 因材施教原则　　B. 启发性原则　　C. 巩固性原则　　D. 量力性原则
2. 【**2016 年 311 真题 9**】学生出现下列哪种情形，教师可以考虑采用惩罚来教育（　　）
   A. 认知错误　　B. 明知故犯　　C. 作业错误　　D. 情绪失控
3. 【**2021 年 311 真题 1**】某化学老师在讲授元素周期表时，还与学生分享了门捷列夫发现化学元素周期律的故事，鼓励学生勇于探索真理、发现化学的奥秘。该老师遵循的教学原则是（　　）
   A. 理论联系实际原则　　B. 启发性原则
   C. 思想性与科学性统一的原则　　D. 直观性原则
4. 【**2022 年 311 真题 10**】毛老师在道德与法治课中将学生分组，组织各组围绕课本里描述的同伴冲突事件编写同伴调解剧的脚本；学生轮流扮演事件中的当事人和旁观者，反复演练调解过程，不断完善脚本；最后，各组登台演出，相互评议，形成了一个最佳调解方案。这堂课使用的教学方法有（　　）
   A. 角色扮演法、实践锻炼法、情境模拟法　　B. 角色扮演法、讨论法、情境模拟法
   C. 实践锻炼法、讨论法、角色扮演法　　D. 实践锻炼法、讨论法、情境模拟法

模拟练习

一、单项选择题

1. 张老师讲《钱塘江大潮》时，利用多媒体播放钱塘江涨潮的壮观景色，为学生创设真实、具体、生动的场景，其教学方法是（　　）
   A. 演示教学法　　B. 现场教学法　　C. 情境教学法　　D. 示范教学法
2. 张老师在讲授散文《落花生》一课时，用多媒体播放作者及其姐弟几个买种子、翻地、播种、浇水、施肥等过程，为学生创设了真实、具体、生动的场景，还让学生谈谈做人该做花生这样的人，还是做苹果、石榴这样的人，大家各抒己见，张老师此处运用的教学法是（　　）

A. 讨论法、示范教学法
B. 讨论法、情境教学法
C. 启发法、示范教学法
D. 启发法、情境教学法

3. 王老师在语文课上组织学生围绕课文《少年闯天下》中的人物形象，分组讨论该人物的性格特征和行为动机，通过角色扮演模拟人物之间的对话情景，最后各组上台表演，全班评议各组的表演效果。这堂课王老师使用的教学方法是（　　）

A. 情境教学法、讨论教学法、实践扮演法
B. 讲授教学法、实践教学法、讨论教学法
C. 讨论教学法、角色扮演法、实践教学法
D. 讨论教学法、情境教学法、角色扮演法

4. 某小学老师每天下午都会带着同学们去附近散步，看见花，就告诉他们如何区分雄蕊和雌蕊；看见蜜蜂，就告诉他们蜜蜂是如何帮助花朵授粉的。该老师采用的教学方法是（　　）

A. 实验法　B. 演示法　C. 练习法　D. 参观法

5. 数学课上，张老师在教“圆周率”时，向学生介绍了祖冲之的成长过程以及他与圆周率的故事。张老师遵循的教学原则是（　　）

A. 直观性原则
B. 巩固性原则
C. 循序渐进原则
D. 科学性与思想性统一原则

6. 小学数学老师在教除法时是这样设计的：“如果有 12 个馒头，每人吃了 3 个，能够分给几个人吃？每人吃 2 个呢？每人吃 1 个呢？每人吃半个呢？”该数学老师的做法体现的教学原则是（　　）

A. 科学性与思想性相统一原则
B. 理论联系实际原则
C. 巩固性原则
D. 量力性原则

7. 在小学数学“长方体”的教学中，教师让学生对一些长方体包装盒进行不同角度的反复观察，以理解“棱”“长”“宽”“高”等相关概念。这位教师的做法主要体现的教学原则是（　　）

A. 循序渐进原则　B. 启发诱导原则　C. 直观性原则　D. 量力性原则

8. 语文老师在讲生字“灭”的时候，在一个透明的玻璃杯里点燃一根蜡烛，然后在杯口盖上一块玻璃，火渐渐地熄灭了。这样的教学方法是（　　）

A. 讲授法　B. 实验法　C. 演示法　D. 练习法

9. 孟子提出“盈科而进”，体现的教学原则是（　　）

A. 因材施教
B. 循序渐进
C. 理论与实践相结合
D. 科学性与思想性相结合

10. 中学生物老师在讲到“遗传与进化”这一部分时，讲述了袁隆平面对当时社会的严重饥荒，立志用农业科学技术帮助世界人民不再受饥饿威胁，培育杂交水稻的事迹，同学们深受教育。这体现的教学原则是（　　）

A. 直观性原则
B. 启发性原则
C. 理论联系实际的原则
D. 科学性与思想性相结合的原则

二、材料分析题

阅读下面案例，回答问题。

秋季开学以后，李老师开始寻找更加积极的方式在课堂上调动学生的积极性。李老师想到了一个“画廊漫步”的方法，孩子们一边漫步，一边保持课堂上的专注性。

这样的做法源自李老师在使用传统教学方法中产生的挫败感。李老师经常会看到学生被动地讲述他们的作业。例如，站在教室前面对着海报或者是幻灯片，干巴巴地向全班同学讲述他们学到的东西。这些做法不仅占据了大量的教师讲解时间，相对而言也没有效率。不论这个学生的演说能力多么强，坐在那里听着一个又一个的演讲都容易让人——包括老师，感到无聊。

给学生机会展示他们的学习成果固然很重要，但李老师想，如果这个做法不足以号召学生们积极投入，就不值得提倡。所以，李老师发明了“画廊漫步”的游戏。他们是这样做的：孩子们把他们的演讲内容贴到教室或者走廊的墙上，就像他们在画廊开画展一样。每个作品都有自己的编号，所有的学生能够有序地逐一了解那些作品，在每个作品前面停留 1~2 分钟仔细研究。为了让这个体验更有意义，学生们要对看到的每个作品写出反馈意见。在“画廊漫步”开始之前，李老师会给他们两种颜色的背胶贴纸：一个颜色用来写下学生希望作品展示人去思考的问题，另一个颜色写下学生自己的积极观察。

虽然学生在画廊漫步时都很开心，能认真地审阅每一个作品，写出他们的反馈，但最棒的部分还是发生在漫步结束以后。他们会急忙取回自己的作品，回到桌子前，仔细读来自同学们的反馈。李老师自然会给他们足够的时间修改他们的作品。让李老师最高兴的是，学生总是会改善他们的作品，而不需要她的半点督促。

有一次，在六年级学生的“画廊漫步”进行到一半的时候，李老师抬手看了一下手表，20 分钟已经过去了，但她感觉才刚刚开始。

请回答：

(1) 教例中李老师的“画廊漫步”和传统的教学方法有何不同？

(2) 评析教例中李老师的“画廊漫步”方法起到的效果。

第三节 教学模式

真题典例

单项选择题

1.【2007 年 311 真题 3】只要提供了足够的时间和帮助，每一个学生都能达成学习目标，依据这种思想建构的教学模式是（　　）

A. 程序教学模式　　B. 发现教学模式

C. 掌握学习教学模式　　D. 非指导性教学模式

2.【2010 年 311 真题 9】教学过程由四个阶段组成：阐明“个”的阶段，阐明“类”的阶段，掌握规律与范畴的阶段，获得世界经验与生活经验的阶段。这种教学模式属于（　　）

A. 发现教学模式　　B. 掌握学习模式

C. 范例教学模式　　D. 非指导性教学模式

3.【2017 年 311 真题 8】学习者中心课程理论的拥护者，在教学模式上更倾向于选择（　　）

A. 程序教学模式　　B. 掌握教学模式　　C. 探究教学模式　　D. 范例教学模式

4.【2020 年 311 真题 10】让学生从选择出来的有限例子中主动获得本质的、结构性的、原则性的、典型的知识、能力和态度，这种教学模式是（　　）

A. 发现教学模式　　B. 掌握学习教学模式

C. 范例教学模式　　D. 非指导性教学模式

模拟练习

单项选择题

1. 研究表明，在学习新的内容时，人的左右脑并用，比只用一边的效果好。以下哪种教学模式应用了这样的规律（　　）

A. 暗示教学模式　　B. 发现教学模式　　C. 掌握教学模式　　D. 逆向教学模式

2. 目标教学法是教师围绕教学目标展开一系列教学活动，并以此来激发学生的学习兴趣与积极性，激励学生为实现教学目标而努力学习的方法。目标教学法体现的思想观点是（　　）

A. 哲学取向　　B. 认知主义　　C. 行为主义　　D. 建构主义

3. 布卢姆主张，以一定的学习目标为依据，通过诊断性评价把握学生的个别差异，开发个性化的教学材料和手段促进学习，通过形成性评价掌握学习进展，配合矫正学习满足不同学生的学习需要的学习类型是（　　）

A. 发现学习　　B. 掌握学习　　C. 认知学习　　D. 意义学习

4. 以问题为重心，将知识抛锚在一定的问题情境中，以激发学生的好奇心的教学模式是（　　）

A. 情景教学　　B. 认知学徒式教学

C. 随机进入教学　　D. 自上而下的教学

5. 发现教学模式倡导学生独立发现问题、解决问题、实现认知的过程，强调学生是学习的主体，这一教学模式的提出者是（　　）

A. 奥苏伯尔　　B. 布鲁纳　　C. 苛勒　　D. 瓦·根舍因

6. 教英语的方老师在教学前都会给学生下达学习任务，并就任务进行书面和口头测试，要求学生达到 80% 以上的正确率。对于没有达到要求的学生，他还会为其提供额外的练习。方老师的做法属于个别化教学模式中的（　　）

A. 个别辅导　　B. 掌握学习　　C. 程序教学　　D. 适应性教学

第四节 教学过程

真题典例

一、单项选择题

1.【2010 年 311 真题 10】为了达到一定的教学目的,对教学内容、组织、方法及媒体的使用等所进行的系统规划称为( )

A. 教学策略 B. 教学模式 C. 教学目标 D. 教学设计

2.【2017 年 311 真题 11】“形式教育论”认为,教育应发展人的能力。这个“能力”是指( )

A. 实践能力 B. 创新能力

C. 理性思维能力 D. 解决实际问题能力

二、分析论述题

【2015 年 311 真题 54】阅读以下材料,按要求回答问题。

(1) 从文中可以看出当前部分中小学校的作业主要存在哪些问题?

(2) 分析上述问题可能导致的后果。

(3) 针对文中所反映的问题,提出相应的改进建议。

过元旦时,女儿的语文作业中有一项是把综合练习作业本重抄一遍,从题到答案一字不落地抄,大概有一万来字。此为三项作业中的一项,女儿学会了熬夜,元旦那天写到凌晨 3 点。女儿才六年级。

昨日看到一幅画,题目是《陪读》。儿子深夜在写作业,父亲在叠高的椅子上,发悬于梁,满地是烟蒂,苦熬等孩子作业写完,是个好父亲。现在某些教师的能力已经深入到了家庭。听一朋友说,家中电视从不敢看,因曾遭过孩子老师的批评,说孩子苦学,家长看电视,不是为父之道。这样的老师大概能使整个家庭都笼罩在苦读的氛围中。

我不是个好父亲,我先是没有头悬梁,陪女儿深夜写作业的精神;再有,她的作业,我也大多不会,陪也帮不上忙。我没想到语文的教法已经深入细致到字典词典内部去了。女儿的作业要花很多时间来分析字,如“瓮”是什么部首,它的第七划是点还是折,它的声母是什么,它的韵母是什么,它有多少义项……。这很像修辞学家的活儿,我不知道学得好的同学是否已经是半个文字学家了。也许我们需要全民族都成为文字学家,把一部部字典都装进心里。我曾对女儿说这没用,你学会查字典就够了,字典是工具,而你不必成为工具。女儿不听,她尊师敬道。

有一天,她问我“灰溜溜”怎么解释。我想了一会儿,问干吗解释这个词。她说是作业。我说这个词你会用吗?她说会,很快造了句子。我说这就可以了,关键是会用。解释“灰溜溜”这种词毫无必要,就像解释“馒头”这个词没有必要一样。女儿不屑,她认为我从没有学好过语文，连小学的问题都答不出来。

每临考试，回家的作业，大多是做卷子。卷子很长，女儿她们称其为“哈达卷”，挺准确，像一条长长的哈达，从桌子上拖了下去。她吃完晚饭就俯在上边写，一条“哈达”写完了还有一条。有时我路过她的房间，她的影子借台灯的光投在天花板上，那影子没有什么光彩。我从没有借这个影子想象出过什么杰出的人物来，没有爱因斯坦，也没有惠特曼。我的感觉是一个作坊里的小工在干她最厌烦的活。我曾看过她的数学作业，对格式和步骤要求十分严格，不厌其烦，明明可以综合列式子的，也要求分步；一个式子之后还要有语言阐述。

有次经我检查过的语文卷子错了很多，不仅是家人，我也开始对我的语文程度怀疑起来。有两条错误是这样的：题目要求，根据句子意思写成语。有一条是“思想一致，共同努力”，女儿填“齐心协力”，老师判错；还有一条“刻画描摹得非常逼真”，女儿填“栩栩如生”，老师也判错。我仔细看了，不知错在哪里。女儿说第一条应是“同心协力”，第二条应是“惟妙惟肖”。这真让人吃惊，我不知道“齐”与“同”在这儿有什么区别。按新华字典“齐”字第三个义项就是同时、同样、一起的意思，并举例用了“同心”一词。该用“同心协力”时，用“齐心协力”谁能说这是错了。女儿说，标准答案是“同心协力”，其他当然就错。真可怕，语文什么时候变得比数学还要精确了。这样的例子非常多。

最奇怪的是，语文学到这程度，女儿的作文反而越来越差。她的作文几乎成了一些儿童八股的翻版。我的曾写过“圆珠笔在纸上快乐地蹭痒”这样句子的女儿，开始为作文编造她的故事，她非常熟悉表扬稿和思想汇报那类的文体。她的作文几乎是假话、假感想、假故事大全。她的同学几乎都写过扶老婆婆过街、给老师送伞、借同学橡皮那类的故事。他们快乐地共同编着一样的故事，然后套了时间、地点、人物三要素这样的格式，去到老师那儿领一个好分。我在书店看到过《儿童作文经典》这类的书，摆了一架又一架，我不知道“经典”这词现在已经变得这么随便。这些书的最终目的并不是为了提高你的写作能力，它向你提供些应付考试的，可以改头换面的模本。女儿说她们班的同学，写作文常找来相应的一篇，改个名字抄上去。这类的书在我家附近的一间新华书店占了有几张柜台，买者踊跃。那些父母并不知道真写好作文的人，并不是买这些书看的。

学生讨厌作业，讨厌考试。他们也厌学。我也讨厌这样的学习法，我一直把家里深夜了还有一个在写作业的学生，当成是这个家庭的灾难。我真是对她的那些毫无意义的作业深恶痛绝。我已经多次怂恿她不写那些东西，就是不写！那实在是对人的智力的污辱。

（据邹静之《女儿的作业》删改）

模拟练习

单项选择题

1. “心何以知？曰：虚壹而静”体现的是教学中哪一对基本关系（　　）

   A. 间接经验和直接经验之间的关系　　　B. 掌握知识和发展智力之间的关系

C. 智力因素和非智力因素之间的关系　　D. 掌握知识和提升品质之间的关系

2. 教师在进行教学设计时，先确定预期结果，即学生在学习后达到的标准和目标，再进行教学设计的模式是（　　）

A. 发现教学模式　　B. 掌握学习教学模式

C. 范例教学模式　　D. 逆向设计教学模式

3. 赫尔巴特说："我想不到有任何无教学的教育，正如在相反的方面，我不承认有任何无教育的教学。"这体现的是（　　）

A. 掌握知识与发展智力相统一　　B. 间接经验与直接经验相统一

C. 教学是知、情、意统一的过程　　D. 教师主导与学生主体相结合

4. 教师在编写教学目标时，要求学生"通过学习，能够辨别所给的一段文字是否符合逻辑"，这属于布卢姆认知目标中的（　　）

A. 知识水平　　B. 领会水平　　C. 分析水平　　D. 创造水平

第五节　教学组织形式

真题典例

一、单项选择题

1. 【**2011 年 311 真题 5**】某校将全体学生分成两批，一批上午在教室里上课，另一批上午在学校的图书馆、体育馆、工厂、商店等场所进行有组织的活动，下午对调。这种做法属于（　　）

A. 二部制　　B. 工读制　　C. 复式教学　　D. 合作教学

2. 【**2011 年 311 真题 9**】将一个班的学生按能力分组，各组以不同的进度完成相同的课业。这种能力分组属于（　　）

A. 作业分组制　　B. 活动分组制

C. 异质分组制　　D. 混合能力分组制

3. 【**2011 年 311 真题 13**】某山区小学，每个年级数学、语文等科的教学均由一名教师担任。这些教师属于（　　）

A. 兼任教师　　B. 主任教师　　C. 级任教师　　D. 科任教师

4. 【**2013 年 311 真题 8**】学生围绕自己和教师订立的学习契约开展自学和独立作业的教学组织形式是（　　）

A. 文纳特卡制　　B. 道尔顿制　　C. 特朗普制　　D. 曼海姆制

5. 【**2015 年 311 真题 13**】研究表明，人的发展存在个体差异，充分尊重和利用这种发展特点的教育措施有（　　）

A. 个别辅导、分层教学、小组合作学习　　B. 个别辅导、分层教学、班级授课

C. 分层教学、班级授课、小组合作学习　　D. 班级授课、小组合作学习、个别辅导

6.【2018年311真题8】近代以来,人们设计出一些力图克服班级授课制局限性,同时保持其优越性的新型教学组织形式,主要有(　　)

A. 分层教学、个别教学、小队教学　　B. 个别教学、小组合作学习、分层教学

C. 小组合作学习、小队教学、个别教学　　D. 分层教学、小组合作学习、小队教学

二、分析论述题

1.【2008年311真题55】分析下列材料所揭示的问题及其原因,并论述如何通过课堂教学组织形式的改进促进教学过程中的机会均等。

每个教师都意识到应努力为班内的所有学生提供均等的学习机会,然而,群体教学中的实际情况与这种理想相差甚远。对师生在课堂里相互作用所进行的观察表明:教师(十分无意识地)针对某些学生进行教学与讲解,而忽视了其他学生。教师给予了某些学生更多的积极强化与鼓励,鼓励他们积极参与课堂讨论以及回答问题,对待其他学生就并非如此。一般说来,教师对班内三分之一或四分之一的优秀生最为关注并给予最多的鼓励,班内半数较差的学生所得到的关注与帮助最少。师生之间关系的这些差异使得一些学生得到了(其他学生所得不到的)更多的机会与鼓励。

2.【2014年311真题54】阅读以下材料并按要求回答问题。

(1) 分析教例中的教学组织形式;

(2) 评析教例中的教育效果;

(3) 结合教例阐述教学与德育的关系。

卡洛斯是个墨西哥裔美国小男孩,英语说得不怎么顺溜。他用英语讲话时,经常会被同学取笑。长期的学校生活使他逐渐学会了在教室里保持沉默。在这个问题上,他甚至跟老师达成了某种默契。他一言不发,把自己埋在课堂活动的喧嚣中,再也不会因为回答不出问题而尴尬;反过来,老师也不会抽他回答问题了。老师下这样的决心,其动机相当单纯:她不想看到其他孩子取笑卡洛斯,不想让他蒙羞。但是,老师忽视卡洛斯的存在,实际上就把他给"勾销"了。她的行为是在暗示自己不值得为卡洛斯烦心,也给其他孩子传递了这样一种信息:既然老师都不叫卡洛斯回答问题,那一定是因为他笨。久而久之,连卡洛斯本人都觉得自己确实有点笨。

卡洛斯终于在拆拼课堂(jigsaw classroom)中发现了自我,找回了自信。他所在的阅读小组和班上别的小组一样,正在阅读约瑟夫·普利策的传记。读完之后,全班同学马上就要迎来一场有关这位著名报人一生经历的测验。普利策的传记太厚了,任何人都不可能在如此短的时间之内读完它。所以,各个阅读小组都采取了分工策略——每个组员各读一部分,再将自己了解到的重要信息告诉给小组其他成员。

卡洛斯的任务是了解普利策的中年生活经历,并将所得信息告知本组成员。他发现,其他阅读小组也有同学承担了跟他一样的阅读任务。于是,他们围坐在一张课桌旁,认真地研究普利策先生在中年时代经历了哪些重大事件。在共同学习中,卡洛斯顺利地掌握了这部分阅读内容,回到了自己原来的阅读小组。

小组同伴报告完普利策的儿童和青少年时期的经历之后,就轮到卡洛斯发言,报告普利策的中年时代的重大生活经历了。他结结巴巴,犹犹豫豫,紧张得要命。组里其他

同学不帮忙,反而像早已习惯的那样奚落他,嘲笑他:“啊,你根本就不了解。”“你可真是个大笨蛋!”“你太笨了,都不知道自己在干嘛!”……

每当听到这种嘲讽,在一旁观察的老师和助手就会插嘴,提些建议,例如:“好吧,要是你愿意,要是你觉得有趣,那就尽管取笑他好了。但是,这么做没法让你了解普利策的中年生活经历。你得记住,再过一小时,考试就要开始了!”这种提醒让全组成员意识到,羞辱卡洛斯得不到任何好处,相反还可能遭受更大的损失。几天之后,经历几次这样的情形,孩子们逐渐明白,要想学到卡洛斯掌握的那部分知识,就只能留心听懂他所讲的东西。

孩子们逐渐变成了非常友好的采访员。他们不再取笑和忽视卡洛斯,而是想方设法让他把话讲出来,问一些更方便他大声加以解释的问题。卡洛斯也变得更放松了,而放松又改善了他的沟通能力。卡洛斯越来越顺利的发言,让小组中每个成员都在接下来的测验中受益。过了几个星期,孩子们得出结论——卡洛斯并不像他们想的那么笨,他们从这位同伴身上看到了一些以前没有看到的东西。大家喜欢上了卡洛斯。卡洛斯也更喜欢上学了,他不再把白人同学当成噩梦,而把他们当成朋友了。

3.【**2018 年 311 真题 54**】阅读下列材料并按要求回答问题。

最近,三(2)班品德与社会课的话题是“维护公共秩序”。倪老师先让学生们说一说去过哪些公共场所、在那里干什么,进而指导他们根据功能的不同概括出七类公共场所,最后从每种类型中挑选出一个方便调查的场所。每个学习小组都要从这七种场所的调查中概括出公共场所的一般生活规则,作为集体作业提交,并在班级里交流。

小明所在的小组恰好有七位同学,经商量决定每人调查一种场所。小明就住在剧院附近,还有亲戚在剧院上班。他自告奋勇,承担剧院调查的任务。小刚说他周末恰好会跟爸爸去看球赛,顺便可以了解体育馆的观众守则。另外五位同学则分别负责调查社区服务中心、公交车站、超市、医院和图书馆。

小明发现其他小组采取了类似的分工,他把各组去剧院调查的同学叫到一起,组队进行调查。小明的姑妈接待了调查小组,她告诉孩子们:观众来剧院观看演出要准时入场,不能迟到,也不能早退。万一迟到早退,必须在演出间歇进场退场。观看演出时要保持安静,不能说话,不能随便鼓掌叫好,不能吃东西,不能拍照,不能接打电话,手机必须静音……剧院宣传与推广部的负责人还邀请同学们观看了一出儿童剧,让他们现场体会看戏规则的道理何在。出了剧院,小明发现剧票的背面就写有《观众守则》,但是没有提到姑妈所说的“坐中间的观众尽可能先入座,坐两旁的观众稍后入座”之类的礼仪。一位同学说,幸亏有小明姑妈的介绍,让大家了解到书面规定之外的一些公共生活礼俗。大家你一言我一语,总结出维护剧场秩序必须遵守的行为规则。

小明带着调查结果回到自己的学习小组,和调查其他公共场所的同学一道交流,总结公共场所一般都要遵行的行为规范。大多数情况下,小组成员都能迅速达成共识,但在“保持安静”上发生了争论。小刚说:在体育馆看球赛时不一定要保持安静,反倒可以呐喊鼓掌吹号击鼓,为球队加油助威。小刚的异议令人不快,但是大家不得不承认他说的是实话,所以在小组研究报告中,除了陈述一般规则之外,还讲到了一些例外。

这份研究报告获得了全班最高分。倪老师在班上表扬这组同学对公共场所的行为规则认识更全面、更深刻。全组欢呼雀跃,一一跟小刚击掌相庆。在以往的小组活动中大家多少有些嫌弃小刚,因为他调皮捣蛋,老是给小组制造麻烦。这一回,大家对小刚刮目相看。没有想到小刚不同寻常的发现,他在讨论中坚持的不同意见,居然有如此重要的意义。

小刚兴奋得满脸通红,心里乐开了花,他突然意识到今后可以用不同以往的方式赢得同学的尊重。他的父母听了他的讲述,为他的进步感到欣喜,鼓励他改正缺点,用良好的表现在班上树立威信。

小刚妈妈悄悄地给倪老师打电话,讲述自己的发现和想法。倪老师放下电话,陷入沉思。她终于明白小刚在学校里调皮捣蛋原来是为了博取大家的关注,一个帮助小刚的改善计划在她脑海中迅速酝酿……

请回答:

(1) 分析教例中小组合作学习的程序与方法。

(2) 评论教例所显示的教育效果。

(3) 结合教例论述教育概念的内涵和外延。

模拟练习

一、单项选择题

1. “君子深造之以道,欲其自得之也。自得之,则居之安;居之安,则资之深;资之深,则取之左右逢其原”说明了(　　)的重要性

A. 自主学习　　B. 合作学习　　C. 小组学习　　D. 实践学习

2. 以下关于大班教学说法正确的是(　　)

A. 有利于尊重个性,发展个性　　B. 能体现以学习者为中心的理念

C. 符合现代教育开放的潮流　　D. 学生与教师交流的时间与次数有限

3. 在班级组织改革尝试中有一种特朗普制,其特点是(　　)

A. 小班上课,大班讨论,个人独立研究　　B. 大班上课,小班讨论,个人独立研究

C. 大班上课,小班讨论,小组合作研究　　D. 小班上课,大班讨论,小组合作研究

4. 将学生按照智力测验或学业成绩,分成不同水平的班级,教师根据不同班级的实际水平进行教学的组织形式是(　　)

A. 复式教学　　B. 小组合作学习　　C. 分层教学　　D. 小班教学

二、材料分析题

阅读材料,并按要求回答问题

课程组织形式是多样的,有直线式的,也有螺旋式的。某小学以传统节日“我们的节日——端午节”为主题,设计与实施了三个活动方案。

(1) 低年级方案

活动目标:学生直观地体验端午节文化,增进对端午节的初步了解。

活动内容:认识粽叶、感知粽子的形状、品种;向家长了解端午节的习俗;给自家门

口插上艾条；朗读有关端午节的诗词、儿歌。制作一份剪贴小报。

活动方式：在父母的陪同下参观、感知端午节，开展品尝粽子、朗读诗歌等活动，获得端午节体验。

活动评价：形象化评价，如奖励一颗五角星、一朵小红花，或者给一个大拇指点赞等。

(2) 中年级方案

活动目标：尝试提出自己好奇的问题，通过调查研究，养成一定的考察探究能力。

活动内容：走进街巷感受端午节的氛围，调查节日民俗；参与家庭包粽子、编织鸭蛋网等活动；制作一份手抄小报。

活动方式：收集资料，参观寻访，动手操作，制作端午作品。

活动评价：活动照片、日记，产品展示，鼓励自我评价、相互评价。

(3) 高年级方案

活动目标：在充分了解端午节的基础上，制作粽子、咸鸭蛋，传承文化、创新产品，陶冶工匠精神。

活动内容：查阅资料，探究端午节的文化意义；制作香囊，设计并与家长共同烹制端午“十二红”；动手制作低能量的粽子，送给社区的孤寡、空巢老人；集体诵读屈原的诗作；课本剧表演；制作一份电子小报。

活动方式：独立运用电脑网络查找资料，小组设计调查问卷并实施，撰写调查报告，戏剧表演，志愿服务，制作小报，运用多种手段展示成果。

活动评价：采用多种方式进行综合评价，如活动成果展示、量表评价、成长记录袋、个人反思等。

请回答：

(1) 结合所学，简要评述案例中的课程组织形式的效果。

(2) 结合所学，谈谈如何在综合实践活动课程中更好地使用此种组织形式。

第六节 教学评价

真题典例

单项选择题

1. 【2009年311真题8】班主任在与小明谈话时说：“根据前段时间你的表现，虽然学习效果不是很理想，但非常努力，如果注意改进学习方法，相信成绩会不断提高。”其中的评价属于(　　)

   A. 配置性评价　　B. 形成性评价　　C. 终结性评价　　D. 鉴定性评价

2. 【2012年311真题8】发生在教学过程之中，旨在发现学生学习中存在的问题，帮助教师调整和改进教学的评价是(　　)

   A. 初始性评价　　B. 诊断性评价　　C. 终结性评价　　D. 形成性评价

3.【2015 年 311 真题 8】主要用来描述和反映学生的进步状况，强调学生对作品的自我评估与反思，适合对学生长程学习、深层学习结果进行评价的是（　　）

A. 纸笔测验　　B. 表现性评价　　C. 真实性评价　　D. 档案袋评价

4.【2017 年 311 真题 5】形成性评价与终结性评价的主要差异在于（　　）

A. 评价目的不同　　B. 评价方法不同　　C. 评价内容不同　　D. 评价主体不同

5.【2022 年 311 真题 9】罗伯特·斯莱文教授倡导过多种形式的小组合作学习，其中“学生小组成绩划分法（STAD）”在学业评价上采取的主要措施是（　　）

A. 与前次成绩相比较计算学生的提高分，以全组提高分总和作为小组学习成绩

B. 将学生测验的原始成绩转化为标准分，以全组标准分总和作为小组学习成绩

C. 各组之间开展一对一的学习竞赛，根据胜负场次对各组进行排名

D. 各组各自合作完成一份作业，据此评定各组学习成绩

模拟练习

一、单项选择题

1. 教育评价更直接地指向方案的活动而非方案的内容，满足评价能听取人对信息的需求，在反映方案得失长短的评价报告中反映人们不同的价值观念，这种评价模式为（　　）

A. CIPP 评价模式　　B. 目标游离评价模式

C. 应答模式　　D. 反对者模式

2. 不属于教学评价的教育性功能的是（　　）

A. 具有鉴别质量、区分优劣、选拔安置的作用

B. 为教学活动的有序进行提供反馈信息

C. 可以激发教师和学生的行为动力

D. 本身具有教学和发展性

3. 王老师告诉陈浩妈妈，陈浩期中语文测试成绩在班上属于中等水平，这种评价属于什么（　　）

A. 绝对评价　　B. 相对评价

C. 内部评价　　D. 个体内差异评价

4. 高一新生入学时一般会进行摸底分班测验，这种测验属于（　　）

A. 诊断性评价　　B. 形成性评价　　C. 总结性评价　　D. 过程性评价

5. 期中考试后，吴老师在分析试卷时发现学生在某一知识点上失分比较多，于是对自己的教学进行了反思，并作出调整。这说明教育评价具有（　　）

A. 导向功能　　B. 选择功能　　C. 反馈功能　　D. 强化功能

6. 小明期末考试数学没考好，妈妈批评了他，他对妈妈说：“我比上次考得好，上次我都没有及格，这一次我及格了。”小明对自己这次数学考试的评价属于（　　）

A. 绝对评价　　B. 综合评价

C. 诊断性评价　　D. 个体内差异评价

7. 在二年级数学“元、角、分”单元的教学后，杨老师布置的课后作业是“到文具店买文具”。关于杨老师的做法，下列说法错误的是(　　)

A. 有助于学生运算能力的培养

B. 有悖于“双减”政策的具体要求

C. 帮助学生体会数学与生活之间的联系

D. 符合《义务教育数学课程标准》的要求

二、材料分析题

阅读下列材料，并按要求回答问题。

目前人们过分重视选拔、考试和文凭，在这一点上就最清楚地显示出人们彼此缺乏了解的这种情况。这种制度奖励强者、幸运者和顺从者，而责备和惩罚不幸者、迟钝者、不能适应环境者以及那些与众不同的和感到与众不同的人们。

记分制很少考虑一个人的成绩和他开始时的水平相比到底进步了多少。从理论上来讲，考试的目的第一在于测量过去的成绩，第二在于评价一个人未来的才能，学校自然有资格担任第一个任务。但是，学校是否应该担负起决定谁去参加专业生活这个重要的责任呢？在学校和学校在选择过程中所进行的活动的各个方面，两者之间时常是没有什么关系的，这一事实对于学校能否有效地选拔人才，就更加可疑了。

尽管呆板的、形式主义的和丧失个性的考试制度在教育过程的每一阶段上都造成了损害，但除了极少的例外和一些临时性的实验以外，这种考试制度仍然到处都在采用。这种考试制度所产生的问题，只有遵循终身教育的路线，把教育过程的结构进行彻底改造时，才能得到真正的解决。

当教育一旦成为一个连续不断的过程时，人们对于成功与失败的看法也就不同了，如果一个人在他一生的教育的过程中在一定年龄和一定阶段上失败了，他还会有别的机会。他再也不会终身被驱逐到失败的深渊中去了。

请回答：

(1) 阐述教育评价的功能。

(2) 分析终身教育和教育评价改革之间的关系。

(3) 阐述教师在教育过程中如何正确评价学生？

第八章　德育

第一节　德育与德育过程

真题典例

单项选择题

【2017 年 311 真题 12】科尔伯格主张用"道德两难法"来促进学生的(　　)

A. 道德认知发展　　B. 道德情感发展

C. 道德意志发展　　D. 道德品格发展

模拟练习

单项选择题

1. 胖虎是学校初二年级的学生,老师发现他在学校里偷偷吸烟。经过老师的教育,胖虎认识到了吸烟的坏处,表示再也不吸烟了。后来老师又多次发现他在学校厕所或校园周围吸烟,每次询问他,胖虎都说自己确实不想吸烟但就是忍不住。针对这种情况,老师最应该对其从哪方面进行教育?(　　)

A. 道德认识　　B. 道德行为

C. 道德意志　　D. 道德情感

2. 古人云"唯仁者能好人,能恶人"。这属于德育过程中的(　　)

A. 道德认识　　B. 道德情感

C. 道德意志　　D. 道德作为

3. 王守仁明确提出,"今教童子"必须"讽之读书,以开其知觉"。这表明,在德育过程中,教师要重视学生(　　)

A. 道德认识的提高　　B. 道德情感的发展

C. 道德意志的锻炼　　D. 道德行为的训练

第二节 德育原则与德育方法

真题典例

单项选择题

1. 【2008 年 311 真题 10】小明目睹欺负弱小的同学经常受到老师的严厉批评、处罚，而那些爱护弱小的同学则受到大家的喜爱。久而久之，他也变成了一个乐于助人、不欺负弱小的学生。这种学习属于（　　）

   A. 亲历学习　　B. 观察学习　　C. 迁移学习　　D. 试误学习

2. 【2018 年 311 真题 9】在"海因茨偷药"的道德两难问题上，某儿童认为："不管妻子过去对他好不好，他都要对妻子负责。为救妻子去偷药，只不过做了丈夫该做的事。如果他不这样做，别人会骂他的。"根据科尔伯格道德认知发展阶段理论，该儿童道德判断的特点是（　　）

   A. 以人际和谐或"好孩子"为定向　　B. 以工具理性的相对主义为定向
   C. 以惩罚与服从为定向　　D. 以法律的秩序为定向

3. 【2021 年 311 真题 12】下列格言中，体现了自我教育法的是（　　）

   A. 省察于将发之际，省察于已发之后　　B. 纸上得来终觉浅，绝知此事要躬行
   C. 染于苍则苍，染于黄则黄　　D. 桃李不言，下自成蹊

模拟练习

一、单项选择题

1. 对中小学生来说，通过群体规定比个别劝说更有助于其培养良好的态度和品质，这体现的德育方法是（　　）

   A. 集体教育法　　B. 榜样示范法　　C. 自我教育法　　D. 说服教育法

2. 德育的知行统一原则要求（　　）

   A. 理论重于实践　　B. 实践重于理论
   C. 学习与理论相结合　　D. 理论与实践相结合

3. 古代学者朱熹认为"论先后，知为先；论轻重，行为重"，这体现的德育原则是（　　）

   A. 一致性原则　　B. 正面引导原则　　C. 知行统一原则　　D. 严格要求原则

4. 《论语》中记载的"夫子循循然善诱人，博我以文，约我以礼，欲罢不能。"反映的德育原则是（　　）

   A. 疏导原则　　B. 集体教育原则
   C. 理论与生活相结合原则　　D. 教育影响一致性和连贯性原则

5. 阿亮痴迷网络无法自拔,李老师找阿亮谈心,聊互联网和比尔·盖茨,并肯定他上网学习电脑技术的积极性,借此了解了阿亮的内心世界,在此基础上采取了一系列措施,改变了阿亮。李老师的做法最能体现的德育原则是(　　)

A. 疏导原则

B. 在集体中教育的原则

C. 理论与生活相结合的原则

D. 严格要求与尊重学生相结合的原则

6. 晚自习中,李老师发现学生林林在座位上偷偷看课外书,于是一边快步上前收书,一边批评道:"成绩那么差,课内的都还没消化,有什么资格看课外书!"林林与其争辩起来,拉扯中,书被撕碎了。李老师的做法主要违背的教学德育原则是(　　)

A. 发扬积极因素,克服消极因素原则　B. 严格要求与尊重学生相结合原则

C. 理论和实践相结合原则　D. 疏导原则

7. "长善救失"体现的德育原则是(　　)

A. 疏导原则　B. 理论与实践相结合原则

C. 严格要求与尊重学生相结合原则　D. 发扬积极因素、克服消极因素原则

8. 小张在放学回家路上将摔倒昏迷的老人送进医院,及时挽救了老人生命。为此,班主任在班上公开表扬小张的行为,号召大家向他学习。这是运用了教育方法中的(　　)

A. 说理教育法　B. 榜样示范法　C. 实际锻炼法　D. 陶冶教育法

9. 利用校园的花坛、草坪影响学生的品德,这种德育方法是(　　)

A. 品德评价法　B. 榜样示范法　C. 情境陶冶法　D. 说服教育法

10. 为了提醒幼儿便后冲水,秦老师在每一个马桶盖上都贴上了一张特别漂亮且富有提示意义的卡通画,效果很好。秦老师的这一做法运用的教育方法是(　　)

A. 榜样示范法　B. 说服教育法　C. 情境陶冶法　D. 品德评价法

11. "身教重于言教"体现的德育方法是(　　)

A. 说理教育法　B. 榜样示范法　C. 情境陶冶法　D. 实践锻炼法

12. 班主任根据学生的认知发展特点,选出有针对性的人物和事例鼓励学生,不断提高学生修养,该教师采用的德育方法是(　　)

A. 品德修养法　B. 实践锻炼法　C. 榜样示范法　D. 制度育德法

13. 小学二年级的娜娜帮助同学打扫卫生,老师奖励了她一朵小红花。此后她更乐于助人了。该老师运用的德育方法是(　　)

A. 情感陶冶法　B. 说服教育法　C. 榜样示范法　D. 品德评价法

14. 我国古代教育提倡"论学取友""择其善者而从之"。这体现的德育方法是(　　)

A. 说服教育法　B. 自我修养法　C. 榜样示范法　D. 情境陶冶法

15. 杨老师带领全班同学开展红色寻访活动,拜访抗美援朝老兵,老兵爷爷为大家讲述了自己站在齐腰深的河水中为战友架桥,为了打仗连续五天不吃饭的事迹。同学们深受教育,纷纷对老兵爷爷表达了崇高的敬意。杨老师采用的德育方法是(　　)

A. 说服教育法　B. 实际锻炼法　C. 自我修养法　D. 榜样示范法

二、材料分析题

阅读材料，并按要求回答问题。

一个上小学三年级的小男孩，有一天上学迟到了，老师很生气，罚他当天打扫教室。放学后，老师盯着小男孩，在同学们“幸灾乐祸”的讥笑扫完了教室，他感到很委屈。从小到大，老师一直说，劳动是最光荣的，可今天，他觉得劳动是一种耻辱。回到家里，小男孩躲在房间里写了一篇题为《劳动可耻吗》的日记，他想以日记的形式向老师表达他心中的疑惑与苦恼。第二天，日记本交到老师手里，这下可惹怒了老师！老师在课堂上狠狠地批评他没有一点“师道尊严”，并命令他当着全班同学的面撕掉这篇日记。小男孩噙着眼泪，慢慢地，慢慢地将日记撕得粉碎……

(1) 阅读材料，分析材料反映出了现存教育中的哪些问题？

(2) 从德育原则的角度，为此种情境下老师如何正确引导学生提供合理的建议。

第三节 德育途径与德育模式

真题典例

一、单项选择题

1.【2007年311真题5】按照科尔伯格的理论，以人际关系和谐或“好孩子”为定向的道德发展阶段处于(　　)

A. 前习俗水平　　B. 习俗水平　　C. 后习俗水平　　D. 准习俗水平

2.【2009年311真题10】发现并重视团体生活对个人道德思维方式深刻影响的德育模式是(　　)

A. 集体教育模式　　B. 道德认知发展模式

C. 社会学习模式　　D. 体谅模式

3.【2010年311真题11】根据体谅模式，下述教例中对情境问题做出了成熟反应的学生是(　　)

教师：如果你同别人说话时，一个你认识的人不停地插嘴并且试图改变话题，你怎么办？

学生甲：躲开他，然后继续我们的谈话。

学生乙：让他加入我们的谈话，看看他到底是什么意思。

学生丙：告诉老师，老师会批评他。

学生丁：也许是我们冷落了他，既然他想加入进来，就一起聊好了。

学生戊：也许我们的话题使他不安，既然他想改变话题，就别当着他的面说这个话题了。

A. 甲和乙　　B. 乙和丙　　C. 丙和丁　　D. 丁和戊

4.【2011 年 311 真题 10】通过对道德两难问题的深入讨论，儿童倾向于拒斥低于自己道德发展阶段的同伴的道德推理，并且能够理解和同化高于自己一个阶段的同伴的道德推理，但难以理解和接受高于自己两个或两个以上阶段的同伴的道德推理。这种现象被科尔伯格等人称为（　　）

A. 皮格马利翁效应　　B. 俄狄浦斯效应

C. 布莱特效应　　D. 布朗效应

5.【2012 年 311 真题 9】体谅模式与其他德育模式的区别在于（　　）

A. 把道德情感的培养放在中心地位　　B. 把道德认知发展放在中心地位

C. 把道德行为学习放在中心地位　　D. 把道德价值观念的获得放在中心地位

6.【2012 年 311 真题 11】道德认知发展模式采取"道德两难法"和"公正团体法"促进学生道德发展，其依据是人的道德发展具有（　　）

A. 阶段性、顺序性、差异性　　B. 阶段性、差异性、不平衡性

C. 顺序性、差异性、不平衡性　　D. 阶段性、顺序性、不平衡性

7.【2013 年 311 真题 9】为避免灌输与说教而大量使用道德问题情境激发学生角色认取（role taking）和主动思考的德育模式，除道德认知发展模式外，还有（　　）

A. 体谅模式　　B. 价值澄清模式

C. 社会学习模式　　D. 集体教育模式

8.【2014 年 311 真题 9】体谅模式使用诸如"有人在乘车时不停地跟司机说笑话，接着可能发生什么？"之类的人际互动情境问题，组织学生交流经验，续写故事或画连环画，分组合作编写和表演情景剧，其直接目的在于引导学生（　　）

A. 置身事外，从旁观者的立场客观评价他人的处境和需求

B. 设身处地，从参与者的立场感受他人的处境和需求

C. 设身处地，从参与者的立场预估人际行为后果

D. 置身事外，从旁观者的立场预估人际行为后果

9.【2015 年 311 真题 9】麦克费尔的体谅模式中所使用的人际或社会问题情境教材是（　　）

A.《学会关心》　　B.《生命线》

C.《中学道德教育》　　D.《社会与道德教育》

10.【2016 年 311 真题 11】体谅模式创立者围绕学生普遍感到困惑的人际与社会问题，编制了一套《生命线》情境教材，发展青少年的人际与社会技能。这套教材包括三个部分，分别是（　　）

A."敏感性""证明规则""你怎么办"

B."敏感性""证明规则""你期望什么"

C."敏感性""你期望什么""你怎么办"

D."证明规则""你期望什么""你怎么办"

11.【2017 年 311 真题 3】以下道德教育模式中，将"学会选择"作为核心理念的是（　　）

A. 价值澄清模式　　B. 认知发展模式

C. 体谅模式　　D. 社会学习模式

12.【2019 年 311 真题 12】谢老师在班会上问学生：有个同学在上课时对老师说了不敬的话，接下来可能会发生什么？学生们自由发言，说出了各种可能的师生互动方案。谢老师把学生分成多个小组，每个小组表演其中一种方案，全班学生边看边评议各组演得像不像。谢老师这一做法属于（　　）

A. 认知发展模式　B. 体谅模式　C. 价值澄清模式　D. 社会学习模式

13.【2020 年 311 真题 12】育才中学通过组织学生模拟市政和模拟法庭活动开展法治教育，这种方法属于（　　）

A. 说服教育法　B. 情感陶冶法　C. 实践锻炼法　D. 榜样示范法

14.【2021 年 311 真题 9】小丁不怎么懂得拒绝别人。有一天，小丁和爸爸正高兴地打着羽毛球，小红过来说也要玩。小丁把球拍让给了小红，可是一脸不情愿的样子。回家的路上，爸爸对小丁说："你如果还想玩，可以对小红说，我再玩一会儿就给你。"从德育途径上说，爸爸的做法属于（　　）

A. 指导育人　B. 环境育人　C. 活动育人　D. 管理育人

二、分析论述题

【2022 年 311 真题 54】阅读材料，并按要求回答问题。

小马是高中二年级的学生，对第二次世界大战感兴趣，读过《秘密战争》一书，还在语文课外作业中提交过该书的读书报告。此书系斯蒂文森所作，记叙了第二次世界大战中的许多秘密事件。在历史课上，当郝老师提及战争一结束丘吉尔就失去了英国人民的拥戴时，小马举手发言："英国人民抛弃丘吉尔，这好像不公平。他在战争期间，做过了不起的决定，大家都不知道。"

郝老师问道："什么样的决定？"

小马答道："喔，有一次，英国刚刚破译德国人的密码，丘吉尔就得知希特勒要轰炸考文垂市。他不得不决定，是向考文垂市民示警还是默不作声。示警的话，就会让德国人知道他们的密码已经被破译；不示警的话，就可以利用掌握的密码早日结束战争。丘吉尔保持沉默没有示警，后来盟军利用破译的密码在欧洲反攻成功。"

"可是，考文垂市许多居民因为没有得到丘吉尔的示警都死在了德军的空袭下。"小马的好友小贾说，"这跟杜鲁门下令轰炸广岛没有什么两样。"

"可是，丘吉尔和杜鲁门都认为他们这样做能救更多人的生命。"小马回答说。

郝老师问道："为了救一些人的命而牺牲另一些人的生命，对吗？"教室里一片安静。足足过了一分钟，郝老师重述了他提的问题："小马说丘吉尔和杜鲁门关心的是拯救人的生命，可是，他们俩为了救一些人的命而有意让另一些人死去。为了救一些人的命牺牲另一些人的生命，对吗？"

学生们依然沉默不语，但有几位学生肯定地点了点头。得到这种无言的回答之后，郝老师追问道："为什么？"

小苏首先开口："如果从长远来说你可以救更多的人的命，这样做就是对的。"

小费说："战争就是这么回事。"

"只要你救的是自己的同胞，这么做就对了。"小艾补充道。

郝老师立即反问:“小艾,自己的同胞是不是比其他人更有生存权?”

(改编自郝什等《促进道德发展》)

请回答:

(1) 试析上述课堂讨论在道德认知发展模式中的作用。

(2) 结合材料谈一谈“课程思政”的特点。

模拟练习

1. 历史、地理等课要利用课程中传统文化、历史地理等丰富的思想道德因素,潜移默化地对学生进行世界观、人生观和价值观的引导,这体现的是德育的何种育人途径( )

A. 活动育人　　B. 课程育人　　C. 实践育人　　D. 协同育人

2. 小明和妈妈一起去公园玩滑梯,这时隔壁班的小菲也过来说要一起玩。慷慨的小明把滑梯让给了小菲,但是自己一脸郁闷的样子。回家时,妈妈对小明说:“你也想玩的话,不妨告诉小菲,我再玩一会儿就把滑梯让给你。”从德育途径看,妈妈的做法属于( )

A. 环境育人　　B. 活动育人　　C. 管理育人　　D. 指导育人

3. 基于人本主义和行为主义的观点,明确提出反对在道德教育中运用高度理性化的方法,认为这可能会对学生情感与行为的发展产生影响,因此主张道德教育应运用个性模式而非推理的道德教育模式是( )

A. 道德认知发展模式　　B. 体谅模式

C. 价值澄清模式　　D. 社会学习模式

第九章　教师与学生

第一节　教　　师

真题典例

单项选择题

1.【**2009 年 311 真题 13**】下列选项中,属于《中华人民共和国教师法》明确规定的教师专业权利的是(　　)

A. 指导学生学习与发展的权利

B. 对学校进行管理与领导的权利

C. 选择教材教法开展教学工作的权利

D. 检查与评价学生品行、学业、身体的权利

2.【**2010 年 311 真题 13**】下列选项中,能够体现教师劳动具有专业性的是(　　)

Ⅰ. 教师工作是基于专门知识和技能的智力劳动

Ⅱ. 教师在工作中必须遵循一套独特的职业道德要求

Ⅲ. 教师劳动的成效具有滞后性

Ⅳ. 教师的工作时间和业余时间没有明显的界线

A. Ⅰ、Ⅱ　　B. Ⅱ、Ⅲ　　C. Ⅲ、Ⅳ　　D. Ⅰ、Ⅳ

3.【**2012 年 311 真题 10**】强调教师文化建设和教师之间的沟通交流的教师专业发展模式是(　　)

A. 知识取向模式　　B. 实践取向模式

C. 生态取向模式　　D. 自我更新取向模式

4.【**2015 年 311 真题 10**】教师在长期压力的体验下,会出现情感、态度和行为的衰竭状态,消极应对工作。这种问题属于(　　)

A. 职业倦怠　　B. 职业迷茫

C. 职业逃避　　D. 职业道德失范

5.【**2016 年 311 真题 10**】某教师在作文教学中运用“过程作文教学法”。根据舒尔曼(Lee S.Shulman)“教学的知识基础”理论,该教师运用的是(　　)

A. 学科教学知识　　B. 教育情境知识

C. 课程知识　　D. 关于学生的知识

6.【2018 年 311 真题 10】傅老师在执教中极为关心“同学们如何看我？”“他们喜欢我吗？”“校长是否觉得我干得不错？”诸如此类的问题。根据富勒的教师专业成长理论，傅老师处于（　　）

A. 关注生存阶段　　B. 关注情境阶段

C. 关注学生阶段　　D. 关注自我阶段

7.【2019 年 311 真题 11】教师专业地位的提高，既取决于教师专业水平的提升，还取决于（　　）

A. 向教师赋权　　B. 提高教师待遇

C. 加强教师培训　　D. 全社会尊师重教

8.【2019 年 311 真题 13】某校推行教学改革，提倡精讲多练，规定所有教师一堂课讲授不得超过 15 分钟。这项规定侵犯了教师的（　　）

A. 教育教学权　　B. 管理与指导学生权

C. 参与学校管理权　　D. 评价学生权

9.【2020 年 311 真题 13】优秀教师不仅具备扎实的学科知识、学科教学法知识，还具备丰富的实践性知识。下列关于教师“实践性知识”的描述错误的是（　　）

A. 教学实践性知识是教师群体独享的知识类型

B. 实践性知识属于应用科学的范畴

C. 反思性实践是教师获得实践性知识的主要途径

D. 实践性知识难以通过直接教授而获得

10.【2021 年 311 真题 11】某师范院校为师范生开设“20 世纪数学思想史”课程。按照舒尔曼的教师知识分类框架，这门课程的核心功能是要增进未来教师的（　　）

A. 教育脉络知识　　B. 学科教育知识　　C. 课程知识　　D. 内容知识

11.【2022 年 311 真题 11】宋老师除了给学生上语文课之外，还经常对学生进行生活与心理指导，组织学生开展课外活动和社会实践。这表明他扮演的职业角色不仅是知识的传授者、学生心灵的培育者，也是（　　）

A. 学习者　　B. 教学管理者　　C. 研究者　　D. 家长代理人

12.【2022 年 311 真题 12】2017 年，教育部颁布了中学教育、小学教育、学前教育专业认证标准。下列选项中，列入师范生“毕业要求”的是（　　）

A. 学会创新、学会发展、学会育人　　B. 学会创新、学会发展、学会教学

C. 学会教学、学会育人、学会发展　　D. 学会教学、学会育人、学会创新

模拟练习

单项选择题

1. 教师应争做“有理想信念、有道德情操、有扎实学识、有仁爱之心”的四有好教师，体现了教师劳动的（　　）

A. 创造性　　B. 示范性　　C. 复杂性　　D. 专业性

2. 随着时代的发展、技术的进步，教师不再可能以传统的"一支粉笔、一张黑板、一张嘴巴打天下"，教师要不断关注自己的教学、学生，不断反思，努力提高教育教学效果和水平。这体现了新时代的教师除了承担教书育人的角色外，还要承担的角色是（　　）

A. 研究者　B. 家长代理人　C. 管理者　D. 示范者

3. 2011 年 12 月教育部颁布了《中学教师专业标准(试行)》，其中"教师能与家长进行有效沟通合作，共同促进中学生发展"，属于对教师哪方面的要求（　　）

A. 专业知识　B. 专业能力　C. 专业理念　D. 专业道德

4. 苏霍姆林斯基说"教师的教育劳动独特之处是为未来工作的"，这体现了教师劳动的（　　）

A. 示范性　B. 创造性　C. 复杂性　D. 长期性

5. 在教师知识结构中，关于缄默知识的理解，正确的是（　　）

A. 它是显性知识　B. 可以被明确地传授

C. 可以用词语表达　D. 可以通过实践活动而习得

6. "孩子是由一百组成的，孩子有一百种语言，一百只手，一百个念头，一百种思考方式、游戏方式及说话方式。"这句话反映了教师劳动的（　　）

A. 复杂性　B. 示范性　C. 持续性　D. 长期性

7. 当学生遇到成长的烦恼时，经常能得到老师的指导和帮助，这说明老师是（　　）

A. 社会的代言人　B. 知识的传播者

C. 学生的领路人　D. 教学的主体

8. 教师节当天，李老师收到了孩子们亲手制作的贺卡，大家纷纷称赞李老师是"人类灵魂的工程师""辛勤的园丁""照亮他人的蜡烛"等。可是有一封贺卡里却画了一个大眼睛的怪物，并写有"这就是我的班主任"几个字。李老师并没有因为孩子的恶作剧而生气，而是拿着贺卡自嘲道："老师如果真有一双这样的大眼睛就好啦。"顿时全班同学都笑作一团。这一举动主要体现了李老师的（　　）

A. 表达能力　B. 教育机智　C. 移情体验　D. 专业知识

第二节　学　生

真题典例

单项选择题

1. 【**2010 年 311 真题 12**】下列选项中，属于《中华人民共和国教育法》(1995 年)明确规定的学生义务是（　　）

A. 团结同学，关心集体　B. 尊敬师长，孝敬父母

C. 热爱祖国，履行公民职责　D. 努力学习，完成规定的学习任务

2.【2013 年 311 真题 10】根据《中华人民共和国教育法》,学生受教育权的具体内涵是(　　)

A. 学生有参加教育教学计划安排的各种活动,使用教育教学设施、设备、图书资料的权利

B. 学生有对学校给予的处分不服向有关部门提出申诉的权利

C. 学生有按照国家规定获得奖学金、贷学金或助学金的权利

D. 学生有毕业或结业时获得学业证书、学位证书的权利

3.【2014 年 311 真题 10】某校在实施一项帮助问题学生的特殊教育计划时,泄露了一些学生的家庭困难和个人生理缺陷的信息,导致这些学生的尴尬和不安,甚至有学生再也不愿意上学。根据联合国《儿童权利公约》,这所学校的做法违背了(　　)

A. 儿童最大利益原则　　B. 尊重儿童权利与尊严原则

C. 无歧视原则　　D. 尊重儿童观点原则

4.【2021 年 311 真题 10】赫伯特·科尔对自己教授的学生的表现进行了长期的观察和记录,在其著作《36 个小孩》中总结道:"学校里所有重要的事情,都发生在课与课之间。"这表明(　　)

A. 学生正式群体影响巨大　　B. 学生非正式群体影响巨大

C. 教师正式群体影响巨大　　D. 教师非正式群体影响巨大

模拟练习

一、单项选择题

"教育是农业而不是工业"隐含的意思中,不包括下面哪一项(　　)

A. 学生是具有生命活力的人　　B. 教育要发挥学生的主体性

C. 教育要尊重学生的独特性　　D. 教育是对学生的加工改造

二、材料分析题

阅读下面的案例,按要求回答问题

张老师新接的六(3)班,班级纪律松散,班干部威信不高,大多数学生的集体意识淡薄,责任心、荣誉感都比较差。针对这种情况,张老师曾采取多种方法抓班风建设,均收效不大。

是什么原因呢?张老师走访了原班主任、科任教师,又进行了"学生家庭情况调查",并对全班学生的学习、交际情况做了细致的观察分析,发现班上有许多"友谊小群体"。他们三个一伙,五个一群,有的是有共同的兴趣爱好,有的是气味相投,有的是邻居邻座,几乎每个学生都有自己的"圈子"。

这种"友谊小群体"在心理学上称之为"非正式群体",张老师针对班上存在分散"小群体"的实际情况,顺水推舟,号召全班同学自由组合成十个学习小组,变"小群体"为名正言顺的"班级小组",以达到通过小组建设过渡到班集体建设的目的。小组很快建

设起来了。于是，张老师便深入到各小组去，了解他们的组合原因，分析他们的活动、兴趣特点，支持他们的合理要求，发展他们的正当兴趣，并针对各小组特点，提出不同的期待要求，以此引导各小组走上正轨。之后，开始引导他们开展“谈心活动”。从谈对同学的看法、对小组或班级的建议开始，谈到作为班级的一员应该怎样遵守纪律、进行批评和自我批评，帮他们建立起互相帮助、关心集体、团结一致、共同进取的优良学风。

各小组的建设达到一定程度后，张老师就利用“小群体”向心力大，组员对群体有一种义务感、责任感以及少年儿童争强好胜的特点，在小组之间开展了多种竞赛活动；及时表彰先进小组，使竞赛活动像磁石一样紧紧地吸引住全班学生。很快，班级中形成了你追我赶的热潮，班上的纪律、卫生、学习状况都有了可喜的进步。

在培养了学生的责任感、荣誉感的基础上，张老师又利用“小群体”核心人物威信较高、影响力较大的特点，重点做好十个小组长的思想转化工作，以他们为基础，成立了新的班委会和队委会，制订出班集体的奋斗目标。在他们的带动下，加强了小组间的团结，协调了各小组和班集体的目标一致性，各组同学之间水到渠成地打破了“小群体”的界限。经过一个多学期的努力，该班年终被评为学校的先进班集体。

(1) 阅读上述材料，概括张老师引导班级“非正式群体”发展的三个阶段，并指明张老师使用的德育方法。

(2) 评析上述案例所显示的教育效果。

第三节 师生关系

真题典例

一、单项选择题

【2017 年 311 真题 10】在师生关系上倾向于“学生中心说”的教育家是（　　）

A. 帕克　　B. 布拉梅尔德　　C. 赫钦斯　　D. 梅伊曼

二、分析论述题

【2009 年 311 真题 54】评析下述案例中的教育内容、教育方法和师生关系。

某班有个名叫张亮的 9 岁小男孩，患有轻度小儿麻痹症，是全班捉弄的对象。他拉不开夹克衫拉链，课间休息在操场上做游戏动作不协调，诸如此类的事情常使他遭到同学的取笑。每当张亮遭到嘲笑和捉弄，就会非常伤心，甚至上课时也会哭泣。

有一天，张亮没来上学。班主任华老师抓住这个机会，要求全班学生讨论一下班级里存在的这个严重问题。学生们听到老师说这是一个“问题”时，都感到十分惊讶，但他们还是围在一起展开了讨论。

华老师解释说：“有的人得过某些病后，就不能像正常人那样行动自如。我不知道，如果你们自己做不了一些事情，还被其他小朋友取笑，你们会是什么样子？”

教室里一片安静。华老师说话的语气不温不火，充满了关爱。

有个女孩开始说话了：“小明和小刚取笑张亮的时候，我感到非常难过。”

小明马上应道：“我不是想伤害他呀。”

讨论继续进行着，几乎每个学生都发了言。有些学生站在张亮的立场上看问题。冬冬说：“如果有人那样取笑我，我会很生气，很难过。”丽丽提出了“公平”问题：“那不公平——就像我们做游戏时那样，故意跑得那么快，而张亮没有办法跑快，我们是在作弊。”

这是一场充满感情的讨论，但华老师没有做任何总结就结束了。第二天，张亮回到学校，有好几个学生主动上前帮他拉夹克拉链。课间休息时，张亮和大家玩游戏，竟然赢了三回。日子一天天过去，取笑人的现象再没有发生。

模拟练习

单项选择题

1. 良好师生关系的基本特征不包含（　　）

A. 尊师爱生，相互配合　　B. 共享共创，教学相长

C. 民主平等，和谐亲密　　D. 突出权威，强调服从

2. 影响师生关系的核心因素是（　　）

A. 教师的素养　　B. 学校的管理　　C. 国家的政策　　D. 学生的认识

3. 教师对学生的期望有时会或明或暗地传递给学生，并对其产生影响，这种效应是（　　）

A. 从众效应　　B. 罗森塔尔效应　　C. 马太效应　　D. 晕轮效应

4. 王老师在教学中善于发现学生的优点，并经常发自内心地表扬他们并提出期望，受到王老师的鼓励和赞扬，学生们的表现也越来越好。学生的变化体现的是（　　）

A. 首因效应　　B. 光环效应　　C. 罗森塔尔效应　　D. 马太效应

第二部分

中国教育史

第一章 官学制度的建立与“六艺”教育的形成

第一节 西周的教育制度

真题典例

单项选择题

1.【2008 年 311 真题 11】在古代文献记载中,我国西周时期设在王都的小学和大学,总称为( )

A. 都学 B. 乡学 C. 国学 D. 官学

2.【2012 年 311 真题 14】西周时期贵族家庭的儿童教育体现了循序渐进的要求,在其最初阶段更为注重( )

A. 学习计数和练习写字 B. 训练基本的生活技能

C. 培养坚强的意志品质 D. 养成端正的道德品行

3.【2014 年 311 真题 14】据《礼记·王制》记载,西周天子和诸侯所设大学分别称为( )

A. 成均、泮宫 B. 辟雍、庠序

C. 辟雍、泮宫 D. 辟雍、泽宫

4.【2023 年 311 真题 14】《礼记·内则》记载了西周贵族家庭对儿童教育的要求,其中“能言,男唯女俞”强调要培养儿童从小形成( )

A. 男外女内意识 B. 男尊女卑意识

C. 男女性别意识 D. 男女防嫌意识

模拟练习

单项选择题

1. 西周时期,教射、比射选士的场所是( )

A. 辟雍 B. 成均 C. 序 D. 庠

2.《礼记·文王世子》曰:“凡学,世子及学士必时,春夏学干戈,秋冬学羽籥”,表明( )

A. 西周时期的大学教学已经具有一定的计划性

B. 西周时期的小学教学内容较为丰富
C. 六艺教育是西周时期的主要教育内容
D. 西周时期的教育以礼乐为主

3. 关于西周时期的教育，下列说法不正确的是（　　）
A. 西周时期贵族的礼制是不用于奴隶的
B. 西周文化教育的历史特征是“学在官府”
C. 西周家庭教育能按儿童年龄的发展提出不同要求，家庭教育的过程有明显计划性
D. 西周家庭教育首先强调的是德行教育

4. 关于西周时期的大学教育，下列说法正确的是（　　）
A. 以礼乐为重，射御次之
B. 以射御为重，书数次之
C. 六艺教育内容占比同等重要
D. 以书数为重，礼乐次之

5. 以下关于西周时期的辟雍建制，说法正确的有（　　）
A. 南面为上庠，是教书的地方，由诏书者主持
B. 北面为瞽宗，是教乐的地方，由大司乐主持
C. 西边为瞽宗，是教礼仪的地方，由礼官主持
D. 东边为东序，是教射箭的地方，由乐师主持

6. 西周时期，教师还未成为独立的社会职业，由（　　）来兼任
A. 政府职官　　B. 乡中长者
C. 邻里朋辈　　D. 家中父母

第二节 六艺教育

真题典例

单项选择题

1. **【2015 年 311 真题 14】**西周学校以“六艺”为课程，根据程度分别安排在小学或大学学习，其中，被称为“小艺”、安排在小学学习的是（　　）
A. 诗书　　B. 礼乐　　C. 射御　　D. 书数

2. **【2021 年 311 真题 14】**六艺是西周的教育内容，包括礼乐射御书数。下列关于六艺教育的陈述中正确的是（　　）
A. 乡学和国学对六艺教育的要求在层次上有所不同
B. 射御教育是六艺教育的中心
C. 礼乐和射御教育分别面向不同等级的奴隶主子弟
D. 乡学侧重书数教育，国学侧重礼乐教育

模拟练习

单项选择题

1. 关于西周六艺,下列说法不正确的是(　　)

   A. 礼乐是六艺教育的核心

   B. 射御是必不可少的军事训练项目

   C. 西周不论国学还是乡学,都以六艺为基本学科

   D. 西周国学和乡学对六艺的要求层次是相同的

2. 中国历史上记载最早的儿童识字课本,现已失传的是(　　)

   A.《史籀篇》　　B.《劝学篇》　　C.《三字经》　　D.《千字文》

第二章　私人讲学的兴起与传统教育思想的奠基

第一节　私人讲学的兴起与诸子百家私学的发展

真题典例

单项选择题

【**2022 年 311 真题 14**】战国时期，齐国稷下学宫最突出的特点是（　　）

A. 学术自由　　B. 待遇优厚　　C. “不治而议论”　　D. 政教合一

模拟练习

单项选择题

关于春秋时期私学和官学的对比，下列说法不正确的是（　　）

A. 官学是政教合一，教育无独立的组织机构。私学是政教分设，有独立的组织机构

B. 官学的入学受到贵族身份的限制，私学的入学则以自由受教为原则

C. 官学没有思想自由，私学则是学术繁荣、百家争鸣的摇篮

D. 官学和私学的教学内容都局限于传统的六艺

第二节　孔丘的教育实践与教育思想

真题典例

一、单项选择题

1.【**2008 年 311 真题 12**】孔子重视启发式教学，主张“不愤不启，不悱不发”。朱熹对“愤”的解释是（　　）

A. “达其辞”　　B. “口欲言而未能之貌”

C. “开其意”　　D. “心求通而未得之意”

2.【2014 年 311 真题 15】下列引语最符合孔子关于教育对象主张的是（　　）

A. “唯上智与下愚不移”　　B. “民可使由之，不可使知之”

C. “仕而优则学”　　D. “自行束脩以上，吾未尝无诲焉”

3.【2023 年 311 真题 13】孟懿子问孝。子曰：“无违。”孟武伯问孝。子曰：“父母唯其疾之忧。”子夏问孝。子曰：“色难。有事，弟子服其劳；有酒食，先生馔，曾是以为孝乎？”（节选自《论语》）上述孔子与其弟子对话蕴含的教学原则是（　　）

A. 学思结合　　B. 因材施教　　C. 启发诱导　　D. 循序渐进

二、分析论述题

【2018 年 311 真题 55】请分别阐述孔丘、荀况和韩愈的教师观，并结合时代背景分析其侧重点的变化。

模拟练习

单项选择题

1. 关于孔子的六本教材，下列说法不正确的是（　　）

A.《春秋》是现存的第一部编年史

B.《书》为《尚书》，是古代历史文献的汇编

C.《乐》是音乐教育的总称

D.《诗》是中国最早的诗歌选集

2. 在德育修养上，提出“过则勿惮改”“过而不改，是为过矣”的思想家是（　　）

A. 孔子　　B. 朱熹　　C. 王充　　D. 王阳明

3. 以下关于孔子六经的说法，正确的是（　　）

A. 孔子编纂六经，显示了其极大的创造精神

B.《春秋》是历代历史文献的汇编

C. 孔子认为“乐”是立国之本

D.《诗》是中国最早的诗歌选集，类型分为风、雅、颂

4. 孔子的办学方针是（　　）

A. 有教无类　　B. 因材施教　　C. 启发诱导　　D. 循序渐进

5. 以下哪一个属于孔子的六艺（　　）

A.《诗》《书》《礼》《乐》《易》《春秋》　　B. 礼乐射御书数

C.《诗》《书》射御礼乐　　D. 礼乐射御《易》《春秋》

6. 在孔子的六本教材中，在其看来可以使人恭敬严肃，知道道德规范，而不至于做事没有节制的是（　　）

A.《诗》　　B.《礼》　　C.《书》　　D.《乐》

7. 以下哪项不属于孔子教学内容的特点（　　）

A. 偏重社会人事　　B. 偏重文事

C. 注重军事知识技能教学　　D. 轻视科技和生产劳动

8. 以下哪项不属于孔子教学方法的主张（　　）

A. 学而不思则罔，思而不学则殆

B. 不愤不启，不悱不发，举一隅不以三隅反，则不复也

C. 君子博学于文，约之以礼

D. 尽信《书》，则不如无《书》

第三节　孟轲的教育思想

真题典例

单项选择题

1. 【**2007 年 311 真题 11**】"学问之道无他，求其放心而已矣。"此观点的提出者是（　　）

A. 孔子　　B. 孟子　　C. 荀子　　D. 庄子

2. 【**2019 年 311 真题 15**】孟轲认为人先天具有恻隐之心、羞恶之心、恭敬之心和是非之心，其中恻隐之心是（　　）

A. 仁之端　　B. 义之端　　C. 礼之端　　D. 智之端

3. 【**2023 年 311 真题 15**】孟子认为教育是扩充"善性"的过程，其所依据的人性论主张是（　　）

A. "食色，性也""涂之人可以为禹"

B. "恻隐之心，人皆有之""人皆可以为尧舜"

C. "牛之性犹人之性""圣人之性，不可以名性"

D. "凡性者，天之就也""名性者，中民之性"

模拟练习

单项选择题

1. "君子深造之以道，欲其自得之也。自得之，则居之安；居之安，则资之深；资之深，则取之左右逢其原"，这句话体现了哪位思想家的学习观（　　）

A. 孟子　　B. 荀子　　C. 孔子　　D. 墨子

2. 以下关于孟子的人性论，说法正确的是（　　）

A. 孟子认为人性本善，所以教育不起作用

B. 孟子的人性善是一种可能性，教育是将其转为现实性的重要因素

C. 孟子认为人性中本无善无恶

D. 孟子认为人性可以划分为上智、中人、下愚三个等级

3. 在五伦中，孟子尤其注重(　　)两种关系

A. 父子、兄弟　B. 君臣、夫妇　C. 夫妇、朋友　D. 君臣、朋友

4. 主张“不以文害辞，不以辞害志，以意逆志，是为得之”的思想家是(　　)

A. 孟子　B. 荀子　C. 孔子　D. 墨子

5. 提出“君子之所以教者五：有如时雨化之者，有成德者，有达财者，有答问者，有私淑艾者”的思想家是(　　)

A. 孟子　B. 荀子　C. 孔子　D. 墨子

6. 认为“人皆可以为尧舜”的思想家是(　　)

A. 孟子　B. 荀子　C. 孔子　D. 墨子

第四节　荀况的教育思想

真题典例

单项选择题

【**2016 年 311 真题 15**】“君子之学也，入乎耳，箸乎心，布乎四体，形乎动静。”这一关于学习过程的论述出自(　　)

A.《论语》　B.《墨子》　C.《孟子》　D.《荀子》

模拟练习

一、单项选择题

1. “凡性者，天之就也，不可学、不可事。”的提出者是(　　)

A. 荀子　B. 孟子　C. 墨子　D. 孔子

2. 荀况把当时的儒者划分为几个层次，其中言行符合《诗》《书》的精神，懂得取法后王，不侈谈先王的是(　　)

A. 俗儒　B. 雅儒　C. 大儒　D. 鸿儒

3. 在荀子看来，教育培养的人才中，能被称为“国器”的是(　　)

A. 言行俱佳者　B. 拙于言而擅于行者

C. 长于言而拙于行者　D. 口言善，身行恶者

4. 认为“知通统类，如是则可谓大儒矣”的思想家是(　　)

A. 荀子　B. 孟子　C. 墨子　D. 孔子

5. 提出“解蔽”，主张学习要“兼陈万物而中悬衡”的思想家是(　　)

A. 荀子　B. 孟子　C. 墨子　D. 孔子

二、论述题

1. 论述荀子的学习过程。
2. 比较孟荀教育思想的异同。

第五节 墨翟与墨家的教育思想

真题典例

单项选择题

1. 【2010 年 311 真题 14】春秋战国之际,儒墨两家并称“显学”,在教育问题上,墨家不同于儒家的主张是(　　)
   A. 重视道德教育　　B. 重视文史教育
   C. 轻视礼乐教育　　D. 轻视科技教育
2. 【2011 年 311 真题 14】先秦墨家所倡导的最具特色的教育内容是(　　)
   A. 政治教育　　B. 科技教育　　C. 艺术教育　　D. 军事训练
3. 【2020 年 311 真题 14】与儒家相比,墨家教育内容的特色除体现为重视科技教育外,还体现在重视(　　)
   A. 政治教育　　B. 文史教育　　C. 道德教育　　D. 思维训练

模拟练习

一、单项选择题

1. 春秋战国时期,与儒家并称为显学的是(　　)
   A. 阴阳家　　B. 墨家　　C. 道家　　D. 法家
2. 以下哪个不属于墨家兼士或贤士的培养标准(　　)
   A. 博乎道术　　B. 厚乎德行　　C. 辩乎言谈　　D. 布乎四体
3. 墨家科技教育中,最出色的部分是(　　)
   A. 光学　　B. 数学　　C. 力学　　D. 心理学
4. 以下哪个不属于墨家判断人的认识与言谈是否正确的标准(　　)
   A. 有本之者　　B. 有利之者　　C. 有原之者　　D. 有用之者
5. 注重形式逻辑,提出“察类明故”这一命题的思想流派是(　　)
   A. 阴阳家　　B. 墨家　　C. 道家　　D. 法家
6. 认为教师的职责是主动、积极地上说下教的思想流派是(　　)
   A. 阴阳家　　B. 墨家　　C. 道家　　D. 法家

7. 以下哪个属于墨家关于实践的看法（　　）

A. 行有余力，则以学文　　B. 合其志功而观焉

C. 听其言而观其行　　D. 志重于功

8. 在中国教育史上首先明确提出“量力”这一教育方法的思想流派是（　　）

A. 阴阳家　　B. 墨家　　C. 道家　　D. 法家

二、论述题

1. 简单论述下列三句话涉及的人性论及教育作用：

(1)“少成若天性，习贯之为常。”

(2)“仁义礼智，非由外铄我也，我固有之，弗思耳矣。”

(3)“凡性者，天之就也，不可学、不可事。礼义者，圣人之所生也，人之所学而能，所事而成者也。不可学、不可事而在人者，谓之性。可学而能，可事而成之在人者，谓之伪，是性伪之分也。”

2. 试比较儒墨教育思想的异同。

第六节 战国后期的教育论著

真题典例

一、单项选择题

1.【**2011 年 311 真题** 15】被朱熹称为“为学之序”的“博学之，审问之，慎思之，明辨之，笃行之”出自（　　）

A.《大学》　　B.《中庸》

C.《论衡》　　D.《白鹿洞书院揭示》

2.【**2013 年 311 真题** 14】《学记》将大学教育的年限划分为两个阶段：第一阶段从第一年到第七年，第二阶段从第八年到第九年，第九年考试合格，称之为（　　）

A. 博士　　B. 大成　　C. 翰林　　D. 大儒

3.【**2015 年 311 真题** 15】《学记》所阐述的循序渐进教学原则，早在孟轲就已提出，他将其表述为（　　）

A.“不陵节而施”　　B.“学不躐等”　　C.“当其可”　　D.“盈科而后进”

4.【**2017 年 311 真题** 16】《大学》是儒家学者论述大学的一篇文章，它提出大学的终极目标是（　　）

A.“明明德”　　B.“止于至善”　　C.“化民成俗”　　D.“明人伦”

二、分析论述题

【**2012 年 311 真题** 55】有观点认为，春秋战国时期的教育思想体现出平等精神。请

依据实例，对这种观点进分析。

模拟练习

一、单项选择题

1.《大学》篇中，能概括先秦儒家学习起点思想和知识来源的是（　　）

A. 格物、致知　　B. 诚意、正心　　C. 修身、齐家　　D. 治国、平天下

2. 在《学记》中，第五年考察的内容是（　　）

A. 视离经辨志　　B. 视博习亲师　　C. 视论学取友　　D. 视敬业乐群

3.《学记》中“杂施而不孙，则坏乱而不修”体现的教学原则是（　　）

A. 循序渐进原则　　B. 预防性原则　　C. 及时施教原则　　D. 教学相长原则

4. 以下哪个不属于《学记》对教师提出的要求（　　）

A. 君子既知教之所由兴，又知教之所由废，然后可以为人师也

B. 记问之学，不足以为人师

C. 君子知至学之难易，而知其美恶，然后能博喻，能博喻然后能为师

D. 天地君亲师

二、论述题

1. 简述《学记》的教育教学原则及其含义。
2. 论述《中庸》的基本思想。
3. 论述《大学》中的主要教育思想。
4. 评述《学记》的教育理论贡献及历史地位。

第三章　儒学独尊与读经做官教育模式的初步形成

第一节　汉代的文教政策

真题典例

单项选择题

【2011 年 311 真题 16】随着“独尊儒术”的文教政策的施行，中国经学教育制度正式建立，其标志是（　　）

A. 设置博士　　B. 守师法家法

C. 建立察举制　　D. 创办太学

模拟练习

单项选择题

1. 关于汉代的文教政策，下列说法错误的是（　　）

A. 汉初注重知识分子的作用，设立了太学

B. 汉武帝时期设置五经博士

C. 汉武帝时期，察举制科目除了贤良之外，还增加了孝廉、秀才等科目

D. 汉初废除了挟书律

2. 以下哪个选项体现了董仲舒“推明孔氏，抑黜百家”的说法（　　）

A. 诸不在六艺之科、孔子之术者，皆绝其道，勿使并进

B. 养士之大者，莫大乎太学；太学者，贤士之所关也，教化之本原也

C. 量材而授官，录德而定位

D. 正其义不谋其利，明其道不计其功

第二节 汉代的学校教育制度

真题典例

单项选择题

1.【2019年311真题16】汉代书馆常用的识字教材有(　　)

A.《仓颉篇》《凡将篇》《千字文》

B.《仓颉篇》《凡将篇》《三字经》

C.《仓颉篇》《凡将篇》《急就篇》

D.《急就篇》《三字经》《千字文》

2.【2021年311真题15】按发生时间的先后顺序,下列关于文化教育事件的排序中正确的是(　　)

A. 建立鸿都门学,召开白虎观会议,设立太学

B. 召开白虎观会议,设立太学,文翁兴学

C. 文翁兴学,召开白虎观会议,建立鸿都门学

D. 设立太学,文翁兴学,建立鸿都门学

模拟练习

一、单项选择题

1. 公元前124年,汉武帝采纳董仲舒的建议,为博士置弟子,标志着(　　)

A. 以经学教育为基本内容的中国封建教育制度的正式确立

B. 科举制度的正式形成

C. 九品中正制度的正式发展

D. 学制的正式确立

2. 以下哪个不属于太学的教学形式(　　)

A. 个别教学　　B. 小组教学　　C. 次第相传　　D. 班级授课

3. 以下哪个不属于东汉汉灵帝时期,鸿都门学的教学内容(　　)

A. 尺牍　　B. 书画　　C. 辞赋　　D. 经书

4. 汉代私学中,书馆教育可以分为两个阶段,其中第二阶段的教育重心是(　　)

A. 读写算的训练　　B. 思想观念和伦理道德培养

C. 科举备考　　D. 身体训练

5. 汉代私学中,慕老师之名而来,留下名字,老师承认其为弟子,可在有需要的时候来请教的学生被称为(　　)

A. 及门弟子　　B. 授业弟子
C. 著录弟子　　D. 博士弟子

6. 关于今文经学的说法,不正确的是(　　)
A. 多为汉初凭经学大师的记忆、背诵,采用当时流行的隶书记录下来的六经旧典
B. 认为六经为孔子本人的创作,依靠政治的需要来解释经学,迎合统治者的意志
C. 后来走向了谶纬化
D. 在统治者中不受重视

7. 注重师法、家法是汉代经学教育中,特别是(　　)传授的特点之一
A. 今文经学　　B. 古文经学　　C. 章句之学　　D. 儒家经学

8. 两汉皇帝召集一些著名学者对儒学进行讨论,借此达到的目的是(　　)
A. 统一思想　　B. 制造石经　　C. 规范教材　　D. 学术研讨

二、论述题

评述汉朝经学教育的基本特点。

第三节　汉代的选士制度

真题典例

单项选择题

1. 【2010 年 311 真题 15】汉代察举注重考察德行的科目是(　　)
A. 孝廉　　B. 达于教化
C. 贤良方正　　D. 茂材

2. 【2015 年 311 真题 16】汉代实施察举制度,贯彻儒家“量材而授官,录德而定位”的用人思想。其所谓“材”是指(　　)
A. 经术之材　　B. 吏治之材
C. 辞章之材　　D. 货殖之材

3. 【2019 年 311 真题 17】按照唐代礼制规定:学生初入学,约定时日,身着礼服,隆重举行拜师礼。同时还要求向学官敬献礼物等,以示尊师。这一学礼制度被称为(　　)
A. 束脩礼　　B. 释奠礼
C. 释菜礼　　D. 乡饮酒礼

模拟练习

无

第四节 汉代的教育思想

真题典例

单项选择题

1. 【2008 年 311 真题 13】在中国教育史上，提出对知识要坚持“效验”“有证”，对师长要敢于质疑问难的教育家是（　　）

A. 墨翟　　B. 孟轲　　C. 王充　　D. 韩愈

2. 【2009 年 311 真题 14】对于先秦儒家学者所概括出的五种人伦关系，董仲舒最为强调的三种是（　　）

A. 君臣、父子、兄弟　　B. 君臣、父子、夫妇

C. 君臣、父子、朋友　　D. 父子、兄弟、夫妇

3. 【2014 年 311 真题 16】“人有知学，则有力矣。”这句强调知识作用的话出自（　　）

A. 荀况　　B. 王充　　C. 王安石　　D. 颜元

4. 【2016 年 311 真题 16】王充认为教育的最高目标是培养鸿儒，其有别于儒生、通人、文人的显著特征是（　　）

A. 博览古今　　B. 讲授章句　　C. 兴论立说　　D. 上书奏记

5. 【2020 年 311 真题 15】中国古代通常用“志”表达行为动机，用“功”表达行为效果。关于行为的动机与效果在道德评价中的地位问题，董仲舒的基本看法是（　　）

A. “功”重于“志”　　B. “志”重于“功”

C. “合其志功而观”　　D. 孰轻孰重酌情而定

模拟练习

单项选择题

1. 具有强烈的批判精神，撰写《论衡》一书的思想家是（　　）

A. 墨子　　B. 颜之推　　C. 王充　　D. 颜元

2. 在王充看来，人类区别于其他物种的标志是人性中的（　　）

A. 正性　　B. 随性　　C. 遭性　　D. 善性

3. 中国教育史上首先强调胎教的思想家是（　　）

A. 墨子　　B. 颜之推　　C. 王充　　D. 颜元

4. 认为不仅儒家学说有益于政治，诸子百家的学说同样是“治国肥家之术，刺世讥俗之言”，同样需要学习的思想家是（　　）

A. 王充　　B. 颜之推　　C. 颜元　　D. 董仲舒

5. 主张“是非者,不徒耳目,必开心意”的是(　　)

A. 王充　　B. 董仲舒　　C. 颜元　　D. 颜之推

6. 主张“师弟子相诃难”,打破唯师是从、唯书是从的心理的思想家是(　　)

A. 王充　　B. 董仲舒　　C. 颜元　　D. 颜之推

第四章　封建国家教育体制的完善

第一节　魏晋南北朝时期的教育

真题典例

单项选择题

【2010 年 311 真题 16】国子学始立于（　　）

A. 西晋　　B. 东晋　　C. 南朝　　D. 北朝

模拟练习

单项选择题

西晋专门创办的培养贵族子弟的学校是（　　）

A. 国子学　　B. 太学　　C. 四门学　　D. 书学

第二节　隋唐时期的文教政策和学校教育

真题典例

单项选择题

1. 【2009 年 311 真题 15】魏晋南北朝时期，南朝宋在学校制度方面的一大改革是分科设学，设立（　　）

   A. 玄、儒、文、史四馆　　B. 玄、儒、律、算四馆

   C. 文、史、律、算四馆　　D. 文、史、书、算四馆

2. 【2012 年 311 真题 15】唐代国子学、太学、四门学和崇文馆、弘文馆，属同类性质的学校，其设立体现了当时学校教育的（　　）

   A. 系统性　　B. 等级性　　C. 制度化　　D. 专门化

3.【2013年311真题16】广文馆的设立表明唐代政府(　　)

A. 重视来唐留学生的教育　　B. 加强教育的等级性

C. 重视科举考试　　D. 加强博通人才的培养

4.【2013年311真题24】日本大化革新时期所建立的贵族学校教育制度仿照于中国的(　　)

A. 汉代教育制度　　B. 唐代教育制度

C. 宋代教育制度　　D. 元代教育制度

5.【2015年311真题17】唐代中央官学体系中实施儒学教育的学校主要为(　　)

A. 国子学、太学、四门学　　B. 国子学、太学、中书学

C. 太学、四门学、中书学　　D. 国子学、四门学、中书学

6.【2016年311真题17】下列唐代中央官学中,对学生入学年龄限制最为宽松的是(　　)

A. 国子学　　B. 太学　　C. 四门学　　D. 广文馆

7.【2020年311真题16】句短押韵、朗朗上口是我国蒙学教材的编写特点之一,如“天地玄黄,宇宙洪荒。日月盈昃,辰宿列张。寒来暑往,秋收冬藏”便是出自识字教材(　　)

A.《急就篇》　　B.《千字文》　　C.《历代蒙求》　　D.《笠翁对韵》

8.【2021年311真题16】唐代专门面向备考进士科者设立的学校是(　　)

A. 四门学　　B. 国子学　　C. 弘文馆　　D. 广文馆

模拟练习

一、单项选择题

1. 以下关于唐代的官学管理制度,说法不正确的是(　　)

A. 中央官学实行等级入学制度,贵族和官僚的子弟有优先入学的特权,学生按出身门第的高低、父祖官位的品级入学

B. 通过定期性的隆重礼仪活动,使学生受到崇儒尊师、登科从政的教育

C. 无论中央官学还是地方官学,学习内容都为单一的儒家经典

D. 有严格的考核制度、惩罚制度和休假制度等

2. 唐代的广文馆,以进士科考试的(　　)为学习内容

A. 帖经、杂文、时务策　　B. 帖经、口试、策问

C. 诗赋、口试、策问　　D. 帖经、杂文、诗赋

3. 唐代中央附设的学校中,管理部门对应错误的是(　　)

A. 崇文馆—东宫　　B. 弘文馆—门下省

C. 医药学—国子监　　D. 崇玄馆—尚书省

4. 以下哪个不属于唐代地方官学的类型(　　)

A. 医学　　B. 经学　　C. 崇玄学　　D. 律学

5. 从(　　)代开始,中央官学由附属机构转为独立机构,从太常寺分离,国子学后来改称为国子监

A. 隋　　B. 唐　　C. 宋　　D. 汉

二、论述题

隋唐时期教育发展的特点是什么?

第三节　隋唐时期的选士制度

真题典例

单项选择题

【**2015年311真题18**】科举制度区别于察举制度的根本之处在于(　　)

A. 开设繁多的考试科目　　B. 建立完备的防弊措施

C. 自愿报名,逐级考选　　D. 地方推荐,中央考试

模拟练习

单项选择题

1. 在科举考试中,最具代表性,声望最隆,得人最盛,不少登科者因才能出众,步步升迁至卿相的科目是(　　)

A. 进士科　　B. 明经科　　C. 秀才科　　D. 明书科

2. 以下哪个属于科举考试选官的标准(　　)

A. 出身门第　　B. 道德品质　　C. 文艺才能　　D. 实用技能

第四节　魏晋南北朝与隋唐时期的教育思想

真题典例

单项选择题

1. 【**2010年311真题17**】韩愈说:“师者,所以传道、授业、解惑也。”其所谓“道”具体是指(　　)

A. 礼乐　　B. 礼法　　C. 仁义　　D. 天理

2. 【2013 年 311 真题 15】在儿童学习语言的问题上,颜之推认为应该(　　)

A. 重视学习通用语言　　B. 重视学习本地方言

C. 尽可能掌握多种方言　　D. 尽可能掌握不同阶层的语言

3. 【2014 年 311 真题 17】以下选项中,不属于韩愈《师说》中论及的"相师"理由的是(　　)

A. 学无常师　　B. 三人行则必有我师

C. 术业有专攻　　D. 青出于蓝而胜于蓝

模拟练习

一、单项选择题

1. "上智不教而成,下愚虽教无益,中庸之人,不教不知也"选自(　　)

A.《颜氏家训》　　B.《原性》

C.《论衡》　　D.《白鹿洞书院揭示》

2. 颜之推认为教育的目标在于培养(　　)

A. 佛老　　B. 治国人才　　C. 章句博士　　D. 清谈家

3. 以下哪个不属于颜之推的教育内容(　　)

A. 道德规范　　B. 广博知识　　C. 农业知识　　D. 科举应试

4. 在颜之推看来,教育的最佳期为(　　)

A. 幼儿期　　B. 青年期　　C. 成人期　　D. 老年期

5. 提出父母应严肃对待儿童教育,树立威严,严加督训,使为则为,使止则止的思想家是(　　)

A. 王充　　B. 韩愈　　C. 颜之推　　D. 朱熹

6. 在学习方法方面,提出勤学、切磋、眼学的主张,认为钝学者如果下功夫,也是可以达到精通和熟练程度的思想家是(　　)

A. 王充　　B. 韩愈　　C. 颜之推　　D. 朱熹

7. 提出"必须眼学,勿信耳受",认为耳听为虚、眼见为实,主张"眼学"的思想家是(　　)

A. 王充　　B. 韩愈　　C. 颜之推　　D. 朱熹

8. 在韩愈看来,教师最主要的任务是(　　)

A. 传道　　B. 授业　　C. 解惑　　D. 质疑

二、论述题

论述颜之推的儿童教育思想及启示。

第五章　理学教育思想和学校的改革与发展

第一节　科举制度的演变和文教政策的发展

真题典例

单项选择题

1.【2008 年 311 真题 14】科举考试中偏重测试考生综合运用知识、分析和解决问题的能力的考试方式是（　　）

A. 帖经　　B. 策论　　C. 诗赋　　D. 经义

2.【2011 年 311 真题 17】从唐代到清末，科举考试中最常用的考试方法是（　　）

A. 帖经和诗赋　　B. 墨义和策论

C. 策论和诗赋　　D. 经义和帖经

3.【2016 年 311 真题 18】北宋“熙宁兴学”强调实用人才的培养，在教学内容方面的改革是编写和颁行《三经新义》。所谓“三经”，包括《诗》《书》和（　　）

A.《仪礼》　　B.《周礼》　　C.《礼记》　　D.《大戴礼记》

4.【2019 年 311 真题 19】明代洪武初年，朝廷明确规定上了在考试中对经文的解读必须依据（　　）

A. 汉儒传注　　B. 唐人传注　　C. 宋儒传注　　D. 明人传注

模拟练习

一、单项选择题

1. 在太学中推行胡瑗创立的分斋教学制度的为北宋的哪次兴学（　　）

A. 庆历兴学　　B. 熙宁兴学　　C. 崇宁兴学　　D. 以上都有

2. 以下哪项不属于崇宁兴学的内容（　　）

A. 编订《三经新义》为教材

B. 建县学、州学、太学三级相联系的学制系统

C. 新建辟雍，发展太学

D. 恢复设立医学，创立算学、书学、画学等专科学校

3. 将实用学科正式纳入官学教学体系，取得和儒家经学同等地位的教学制度是（　　）

A. 苏湖教法　　B. 三舍法　　C. 监生历事　　D. 六等黜陟法

4. 科举考试除按照常例录取正奏名外，还增设特奏名或恩科及第，即特赐连续多年应省试而不第的年老举子以本科出身的朝代是（　　）

A. 唐代　　B. 宋代　　C. 元代　　D. 明代

5. 在唐代进士科考试中，凡考生与主考官礼部侍郎有亲戚故旧关系的，另由吏部考功员外郎主持考试，称为（　　）

A. 别头试　　B. 锁院制　　C. 糊名法　　D. 誊录制

6. 规定从《四书》中出题，以《四书章句集注》为答题标准的朝代是（　　）

A. 宋代　　B. 元代　　C. 明代　　D. 清代

7. 恢复和创设武学、律学和医学的是北宋三次兴学中的（　　）

A. 庆历兴学　　B. 熙宁兴学　　C. 崇宁兴学　　D. 以上都有

8. 明朝科举，乡试录取者成为（　　）

A. 举人　　B. 秀才　　C. 会员　　D. 进士

9. 清代科举制科中，影响最大的是（　　）

A. 博学鸿词科　　B. 经济特科　　C. 孝廉方正科　　D. 翻译科

二、论述题

1. 论述科举制度对学校教育的影响。
2. 结合所学，谈谈你认为应如何正确评价科举制度的影响。

第二节　学校教育制度的发展

真题典例

单项选择题

1. 【2007 年 311 真题 12】书院教学的基本精神是（　　）

A. 分斋教学　　B. 自由讲学　　C. 注重考试　　D. 藏书读书

2. 【2008 年 311 真题 15】下列传统蒙学教材中，重在培养儿童道德行为习惯的是（　　）

A.《蒙求》　　B.《名物蒙求》　　C.《童蒙须知》　　D.《三字经》

3. 【2009 年 311 真题 16】"熙宁兴学"之后，宋代太学中曾经普遍实施的一种将学生平时品行、学业表现与考试成绩结合考察的教学评价和管理制度，称为（　　）

A. "苏湖教法"　　B. "三舍法"

C. "积分法"　　D. "六等黜陟法"

4. 【2010 年 311 真题 18】随着书院发展而出现的教学方式是（　　）

A. 大都授　　B. 下帷讲学　　C. 讲论讲会　　D. 转相授受

5.【2013 年 311 真题 17】以下传统识字教材按编写时间顺序排列，正确的是（　　）

A.《急就篇》《千字文》《三字经》《百家姓》

B.《千字文》《三字经》《百家姓》《急就篇》

C.《三字经》《百家姓》《急就篇》《千字文》

D.《急就篇》《千字文》《百家姓》《三字经》

6.【2015 年 311 真题 20】明朝各地设立数量最多、范围最广的学校是（　　）

A. 武学　　B. 医学　　C. 阴阳学　　D. 社学

7.【2015 年 311 真题 21】《三字经》《百家姓》《千字文》是我国古代较为流行的蒙学教材。这类教材在编写上除文字简练、通俗易懂外，还有一个重要特点是（　　）

A. 联系儿童生活　　B. 采用韵语形式

C. 图文并茂　　D. 内容生动有趣

8.【2017 年 311 真题 18】明代在城乡广泛设立了一种对儿童进行教育的机构，它在招生择师、学习内容和教学活动等方面形成了较为完备的制度。这种教育机构是（　　）

A. 书馆　　B. 精舍　　C. 社学　　D. 私塾

9.【2017 年 311 真题 19】清朝地方官学实施严格的“六等黜陟法”，其基本特点是对生员进行（　　）

A. 思想控制　　B. 动态管理　　C. 分类教学　　D. 身份限制

10.【2020 年 311 真题 18】按发生时间的先后顺序，下列选项中关于教育事件排序正确的是（　　）

A. “苏湖教法”创立，专门画学设立，监生历事制实行

B. 专门画学设立，监生历事制实行，“苏湖教法”创立

C. 监生历事制实行，“苏湖教法”创立，专门画学设立

D. “苏湖教法”创立，监生历事制实行，专门画学设立

模拟练习

一、单项选择题

1. 明朝国子监分为六堂三级，正义、崇志、广业三堂为初级，修道、诚心二堂为中级，率性一堂为高级。其中积分法是在（　　）级中使用

A. 初级　　B. 中级　　C. 高级　　D. 三级都使用

2. 明朝社学属于（　　）

A. 初级私学　　B. 中央官学　　C. 地方官学　　D. 高级私学

3. 清代设在云南边疆地区的学校为（　　）

A. 社学　　B. 儒学　　C. 义学　　D. 井学

4. 清朝书院的类型中，反对学习理学和帖括的书院是（　　）

A. 关中书院　　B. 漳南书院　　C. 诂经精舍　　D. 学海堂

二、论述题

1. 论述中国古代书院的产生发展及其特点。
2. 北宋“三次兴学”的具体内容是什么？宋朝官学制度有哪些特点？

第三节 宋明时期的教育思想

真题典例

单项选择题

1.【2007 年 311 真题 13】朱熹把教育分为“小学”和“大学”两个阶段,其中“小学”以(　　)

A. 识字为主　　B. 读书为主　　C. 学事为主　　D. 穷理为主

2.【2009 年 311 真题 17】王守仁的修养方法强调“事上磨炼”,其所谓“事”是指(　　)

A. 家事　　B. 农事　　C. 人事　　D. 心事

3.【2010 年 311 真题 19】王守仁“致良知”这个命题创造性地综合自(　　)

A.《论语》和《孟子》　　B.《论语》和《中庸》

C.《孟子》和《中庸》　　D.《孟子》和《大学》

4.【2010 年 311 真题 20】在人性与教育作用关系的问题上,王夫之提出“性日生日成”和“习与性成”的观点,旨在强调(　　)

A. 人性如素丝　　B. 人性无善无恶

C. 人性具有生成变化性　　D. 人性具有稳定性

5.【2015 年 311 真题 19】在道德修养方法上,认为无须外求,只须发明内在良知的古代教育家有(　　)

A. 孟轲、王守仁　　B. 孟轲、朱熹　　C. 荀况、王守仁　　D. 荀况、朱熹

6.【2017 年 311 真题 14】“物理不外于吾心”“吾辈用功只求日减,不求日增,减得一分人欲,便是复得一分天理”。持这种观点的教育家是(　　)

A. 孟轲　　B. 荀况　　C. 朱熹　　D. 王守仁

7.【2017 年 311 真题 15】“虚心涵泳”是朱熹的读书法。此处的“涵泳”是指读书时应(　　)

A. 细心玩味　　B. 融会贯通　　C. 敬守此意　　D. 收敛此心

8.【2018 年 311 真题 15】朱子读书法“中有”居敬持志“一条,其中”居敬”的确切含义是(　　)

A. 对书中的观点要敬畏　　B. 保持读书场所安静、肃穆的气氛

C. 精神专一,注意力集中　　D. 读书时保持恭敬的姿态和表情

9.【2019 年 311 真题 18】“切己体察”是朱熹“朱子读书法”的主要内容之一,其意思是

指(　　)

A. 精神专一,集中注意力　　B. 量力而行,计划安排

C. 不可先入为主,牵强附会　　D. 不停留在书本上,要身体力行

模拟练习

一、单项选择题

1. 在朱熹看来,学校教育的目的在于(　　)
   A. 备科举　　B. 明人伦　　C. 上书院　　D. 存其心
2. 首创以“须知”“学则”形式来培养儿童道德行为习惯的思想家是(　　)
   A. 王充　　B. 颜元　　C. 朱熹　　D. 王阳明
3. 以下哪个不属于朱子读书法中循序渐进的要求(　　)
   A. 读书要按照一定次序,不要颠倒
   B. 读书可以按照自己的想法,随心去读
   C. 根据自己的实际情况和能力,安排读书计划,并切实遵守它
   D. 读书要扎扎实实打好基础,不可囫囵吞枣,急于求成
4. 提出读书需经过“无疑—有疑—解疑”的过程,以达到精熟的思想家是(　　)
   A. 朱熹　　B. 王阳明　　C. 工充　　D. 颜元
5. 提出“六经者非他,吾心之常道也。……故六经者,吾心之记籍也,而六经之实,则具于吾心”的思想家是(　　)
   A. 朱熹　　B. 王阳明　　C. 王充　　D. 颜元
6. 提出“大抵童子之情,乐嬉游而惮拘检,如草木之始萌芽,舒畅之则条达,摧挠之则衰痿”,主张儿童教育必须顺应儿童性情的思想家是(　　)
   A. 朱熹　　B. 王阳明　　C. 王充　　D. 颜元
7. 以下哪个不属于王阳明的教育内容(　　)
   A. 歌诗　　B. 读书　　C. 习礼　　D. 学艺
8. 认为儿童教学“授书不在徒多,但贵精熟”,主张教育要随人分限所及,量力施教的思想家是(　　)
   A. 朱熹　　B. 王守仁　　C. 黄宗羲　　D. 颜元
9. 朱熹认为读书“不可只专就纸上求义理,须反来就自家身上推究”,这体现的是(　　)的重要性
   A. 切己体察　　B. 虚心涵泳　　C. 着紧用力　　D. 熟读精思

二、论述题

1. 论述朱子读书法及其启示意义。
2. 试论王守仁的儿童教育思想的内容及其意义。

第四节 理学教育思想的批判与反思

真题典例

单项选择题

1.【**2008 年 311 真题 16**】明代教育家王守仁认为,读书求学的目的在于(　　)

A. 去除人欲　　B. 获取天理　　C. 博通百家　　D. 求得功名

2.【**2011 年 311 真题 18**】颜元主持的漳南书院在性质上属于(　　)

A. 理学书院　　B. 实学书院　　C. 制艺书院　　D. 考据书院

3.【**2017 年 311 真题 17**】颜元特别强调学校应该培养(　　)

A. “实才实德之士”　　B. “读书明理之人”

C. “博学笃行之士”　　D. “明体达用之才”

4.【**2019 年 311 真题 20**】颜元抨击宋明教育陷于“训诂、清谈、禅宗、乡愿”,提出“习行”的教学方法。下列选项中最符合颜元“习行”观点的是(　　)

A. 轻视书本知识　　B. 强调躬行实践

C. 重视习惯培养　　D. 注重功课复习

5.【**2021 年 311 真题 17**】将“存天理,灭人欲”作为教育基本任务的教育家是(　　)

A. 朱熹、王阳明　　B. 朱熹、黄宗羲

C. 王阳明、颜元　　D. 朱熹、颜元

6.【**2022 年 311 真题 15**】王守仁主张“心即理”,但并不忽视儒家经书的学习。体现这一主张的经典原文是(　　)

A. 不以文害辞,不以辞害志;以意逆志,是为得之

B. 入乎耳,箸乎心,布乎四体,形乎动静

C. 夫所以读书学问,本欲开心明目,利于行耳

D. 六经者,吾心之记籍也,而六经之实,则具于吾心

模拟练习

一、单项选择题

1. 提出“学而必习,习又必行”的思想家是(　　)

A. 颜之推　　B. 荀子　　C. 王充　　D. 颜元

2. 颜元的“艺能斋”教育内容为(　　)

A. 八股举业　　B. 程、朱、陆、王之学

C. 水学、火学、工学、象数等科　　D. 礼、乐、书、数、天文、地理等科

3. 主张“必破一分程、朱,始入一分孔、孟”的思想家是(　　)

A. 颜元　　B. 王阳明　　C. 董仲舒　　D. 颜之推

4. 反对董仲舒的义利观,主张“正其谊以谋其利,明其道而计其功”的思想家是(　　)

A. 颜元　　B. 王阳明　　C. 黄宗羲　　D. 颜之推

二、论述题

颜元的“真学”“实学”以及“习行”的具体内容有什么?有何积极意义?

第六章　近代教育的起步

第一节　教会学校在中国的举办

真题典例

单项选择题

【2018 年 311 真题 16】中国近代早期教会学校中开设儒学经典课程是为了(　　)

A. 满足在校士大夫子弟的要求

B. 执行中国政府的相关文教政策

C. 提高学生对儒家学说的批判能力

D. 便于学生在中国文化环境中立足

模拟练习

单项选择题

1. 关于教会学校,以下说法不正确的是(　　)

A. 教会学校最早招收女学生,统一编订教科书

B. 教会学校是从教会大学的开办开始的

C. 教会学校是半殖民地半封建性质最集中的体现

D. 教会学校中曾采用班级授课制的方式

2. 早期教会学校办学的目的是(　　)

A. 传播宗教信仰　　B. 发展教育事业

C. 促进文化交流　　D. 争夺经济利益

3. 以下关于教会学校的贡献和评价,说法不正确的是(　　)

A. 教会学校的毕业生成为洋务时期乃至维新时期、清末新政新式学堂教师的重要来源

B. 教会学校推动了近代女子教育、学前教育的发展

C. 教会学校促进了西学在中国的传播

D. 教会学校整体办学规模小于洋务教育,是中国人学习西方教育的“样本”

第二节 洋务运动时期的教育

真题典例

一、单项选择题

1.【2007 年 311 真题 14】近代中国第一所实施班级授课制的官办新式学堂是（　　）

A. 京师同文馆　　B. 湖南时务学堂

C. 福建船政学堂　　D. 上海广方言馆

2.【2008 年 311 真题 17】中国近代最早设立于企业中旨在培养技术人才的教育机构是（　　）

A. 江南制造局操炮学堂　　B. 福建船政学堂

C. 湖北矿务局工程学堂　　D. 福州电报学堂

3.【2011 年 311 真题 21】下列选项中，不属于中国近代洋务学堂特点的是（　　）

A. 以造就专业人才为唯一培养目标

B. 以“西文”“西艺”为唯一教学内容

C. 以理论联系实际为基本教学原则

D. 以班级授课制为基本教学组织形式

4.【2012 年 311 真题 22】我国近代最早制定分年课程计划，采用班级授课制进行教学的新式学堂是（　　）

A. 京师同文馆　　B. 京师大学堂　　C. 上海广方言馆　　D. 湖北自强学堂

5.【2014 年 311 真题 18】中国近代最早以半工半读形式有计划地培养生产和技术骨干的学校是（　　）

A. 福建船政学堂　　B. 江南制造局操炮学堂

C. 北洋大学　　D. 南洋公学

6.【2014 年 311 真题 20】下列选项中，最能体现中国近代教育半封建半殖民地性质的是（　　）

A. 洋务学堂　　B. 教会学校　　C. 清末学制　　D. 幼童留美

7.【2017 年 311 真题 20】张之洞是中国近代教育发展中的重要人物，以下有关他的表述，正确的是（　　）

A. 最早提出了“中学为体，西学为用”的主张

B. 系统阐述了“体用一致”的文化教育观

C. 组织草拟了《京师大学堂章程》

D. 主持制定了“癸卯学制”

8.【2020 年 311 真题 19】将西方近代教育明确概括为“无事不学，无人不学”的早期改良派人物是（　　）

A. 王韬　　B. 马建忠　　C. 容闳　　D. 郑观应

9.【2021 年 311 真题 18】冯桂芬在《校邠庐抗议》中说:“如以中国之伦常名教为原本,辅以诸国富强之术,不更善之善者哉?”这段话阐明的思想是(　　)

A. 洋为中用　　B. 中体西用

C. 经世致用　　D. 师夷长技以制夷

10.【2022 年 311 真题 16】从 19 世纪 70 年代四批留美幼童的籍贯看,留学意愿受本地区对外开放程度的影响。当时留美幼童来源最多的两个省份是(　　)

A. 福建、广东　　B. 江苏、浙江　　C. 浙江、福建　　D. 广东、江苏

二、分析论述题

【2010 年 311 真题 55】试从指导思想和改革措施两方面比较中国洋务教育与日本明治维新教育改革。

模拟练习

一、单项选择题

爱国诗人黄遵宪曾写下“亡羊补恐迟,蹉跎一失足,再遣终无期。目送海舟返,万感心伤悲”,这是对哪一事件的描述(　　)

A. 庚款兴学　　B. 幼童留美　　C. 派遣留欧　　D. 留日教育

二、论述题

简要介绍洋务学堂的发展概况并评析其特点。

第七章 近代教育体系的建立

第一节 维新派的教育活动

真题典例

一、单项选择题

1. 【**2013 年 311 真题** 19】为了对民众进行思想启蒙，维新教育所采取的区别于洋务教育的一项重要举措是（　　）
   A. 改革科举　　B. 发行报刊　　C. 兴办学堂　　D. 译介西书
2. 【**2016 年 311 真题** 19】中国近代科举考试改革过程中，清政府正式提出设立“经济特科”是在（　　）
   A. 太平天国时期　　B. 洋务运动时期
   C. 百日维新时期　　D. 清末新政时期
3. 【**2022 年 311 真题** 17】中日甲午战争后，维新运动蓬勃发展。维新人士通过开办学堂培养维新人才、传播维新思想。下列选项中不属于维新派开办的学堂是（　　）
   A. 经正女学　　B. 南洋公学　　C. 广雅书院　　D. 通艺学堂

二、分析论述题

【**2019 年 311 真题** 55】维新派相对于洋务派提出了哪些新的教育主张？产生了哪些影响？

模拟练习

单项选择题

1. 近代第一所国人自办的正规女子学校是（　　）
   A. 经正女学　　B. 爱国女学　　C. 金陵女子学校　　D. 宁波女塾
2. 以下哪个属于维新派创立的学校（　　）
   A. 经正女学　　B. 爱国学社　　C. 爱国女校　　D. 京师同文馆

第二节 维新派的教育思想

真题典例

单项选择题

1.【2007 年 311 真题 15】在教育宗旨问题上，梁启超主张通过教育培养（　　）

A. 政治家　　B. 学术人才　　C. 新国民　　D. 实业人才

2.【2012 年 311 真题 17】严复在教育作用问题上，受斯宾塞“三育论”的影响，主张鼓民力、开民智和（　　）

A. 新民德　　B. 移民风　　C. 增民财　　D. 强民体

3.【2014 年 311 真题 21】中国近代教育史上第一次专门讨论师范教育问题的著述是（　　）

A. 张之洞的《劝学篇》　　B. 康有为的《大同书》

C. 梁启超的《变法通议》　　D. 严复的《救亡决论》

4.【2021 年 311 真题 19】梁启超十分重视女子教育，并积极推动女子教育实践，他参与创办了（　　）

A. 振华女学　　B. 爱国女学　　C. 经正女学　　D. 务本女学

模拟练习

单项选择题

1. 梁启超十分重视儿童教育，认为应从（　　）入手对儿童教育进行改革

A. 教儿童阅读　　B. 编写儿童教科书　　C. 鼓励儿童读书　　D. 培养儿童品格

2. 我国最早系统介绍和倡导根据学生身心发展的阶段来确定学制这一理论的思想家是（　　）

A. 康有为　　B. 梁启超　　C. 严复　　D. 张之洞

3. 提出“形神相资，志气相动，有最胜之精神而后有最胜之智略”的思想家是（　　）

A. 康有为　　B. 梁启超　　C. 严复　　D. 张之洞

4. 在康有为看来，“人生学问之通否，德性之成否”皆要看（　　）

A. 小学院　　B. 中学院　　C. 大学院　　D. 慈幼院

5. 关于康有为所提的小学教育应遵循的原则，下列说法正确的是（　　）

A. 以德育为先　　B. 以开智为主　　C. 德智体并重　　D. 以养体次之

6. 在严复看来，中国所面临的“愚、贫、弱”问题中，最基本的问题是（　　）

A. 愚　　B. 弱　　C. 贫　　D. 以上都是

7. 以下哪个不属于严复认为的八股教育的三大弊端(　　)

A. 锢智慧　　B. 滋游手　　C. 坏心术　　D. 磨热情

第三节　清末新政时期的教育

真题典例

单项选择题

1.【**2007 年 311 真题 16**】近代中国政府颁布的第一个法定学制是(　　)

A. 壬寅学制　　B. 癸卯学制

C. 壬子癸丑学制　　D. 壬戌学制

2.【**2008 年 311 真题 18**】下列选项中,属于清末新政时期教育变革的重要举措是(　　)

A. 颁布壬子癸丑学制　　B. 确立男女同校制度

C. 设立学部　　D. 创设京师大学堂

3.【**2009 年 311 真题 18**】下列选项中,不属于清末“百日维新”中教育改革措施的是(　　)

A. 废除八股考试　　B. 颁布近代学制

C. 设立京师大学堂　　D. 书院改学堂

4.【**2009 年 311 真题 19**】在中国教育制度发展史上,中学阶段最早兼顾升学和就业双重需要的学制是(　　)

A.“癸卯学制”　　B.“壬子癸丑学制”

C.“壬戌学制”　　D.“戊辰学制”

5.【**2012 年 311 真题 18**】我国最早规定义务教育阶段的学制是(　　)

A. 壬寅学制　　B. 癸卯学制

C. 壬子癸丑学制　　D. 壬戌学制

6.【**2016 年 311 真题 20**】1900 年八国联军入侵北京,次年强迫清政府签订了不平等的《辛丑条约》,向中国勒索战争赔款四亿五千万两白银。出于在华长远利益考虑,后来部分国家退回了部分赔款。1911 年成立的清华学堂,其经费主要来源于(　　)

A. 英国退回的部分赔偿　　B. 美国退回的部分赔偿

C. 法国退回的部分赔偿　　D. 德国退回的部分赔偿

7.【**2021 年 311 真题 20**】蒙学堂和寻常小学堂共 7 年,规划为义务教育性质,“无论何色人等皆应受此七年教育”。做出这种规定的学制是(　　)

A. 壬戌学制　　B. 壬子癸丑学制

C. 癸卯学制　　D. 壬寅学制

模拟练习

一、单项选择题

1. 将蒙养院纳入学制系统,标志我国学前幼儿教育进入国家规划发展的新阶段的学制是( )

A. 壬子癸丑学制　B. 癸卯学制　C. 壬寅学制　D. 壬戌学制

2. 建立了五年的通儒院,以“能发明新理以著成新书,能制造新器以利民用”为宗旨的学制是( )

A. 壬戌学制　B. 壬子—癸丑学制

C. 癸卯学制　D. 壬寅学制

3. 关于清末学制的特点,下列说法不正确的是( )

A. 清末学制中,癸卯学制最早涉及了义务教育

B. 班级授课制是清末学制的基本教学组织形式

C. 清末学制禁止对 13 岁以上儿童施行重于罚站之类的体罚

D. 清末学制中,西学占据主导地位

4. 中国近代史上第一次提出德、智、体、美四育并重的教育宗旨,在《教育世界》上发表《论教育之宗旨》一文,从受教育者的基本素质要求出发,提出以体育培养人的身体之能力,智、德、美三育培养人的精神之能力,相应发展真善美的理想的人物是( )

A. 康有为　B. 王国维　C. 严复　D. 梁启超

5. 以下哪个属于中国教育会创办的著名革命学校( )

A. 爱国女校和爱国学社　B. 经正女学和爱国女校

C. 格致书院和爱国女校　D. 经正女学和爱国学社

6. 中国教育会为南洋公学罢学学生组建、开我国近代学生罢学并另行设校的先河的学校是( )

A. 爱国学社　B. 爱国女校　C. 经正女学　D. 京师大学堂

二、论述题

1. 清末新政教育改革的基本内容有哪些?请评价其历史地位。
2. 如何认识清末学制的性质和特点?

第八章　近代教育体制的变革

第一节　民国初年的教育改革

真题典例

单项选择题

1.【2008 年 311 真题 19】为体现资产阶级民主精神，南京临时政府教育部明确规定中小学校课程中必须（　　）

A. 废止读经课　　B. 废止修身课　　C. 开设公民课　　D. 开设法制课

2.【2013 年 311 真题 18】在中国近代教育史上，基本消除受教育权上的性别差异，规定小学可以男女同校的学制是（　　）

A. 壬寅学制　　B. 癸卯学制　　C. 壬子癸丑学制　　D. 壬戌学制

3.【2013 年 311 真题 22】1928 年 5 月，中华民国大学院第一次全国教育会议提出《整理中华民国学校系统案》，颁行“戊辰学制”。该学制颁定后经过多次局部的增改和调整，越来越重视（　　）

A. 乡村教育　　B. 普通教育　　C. 师范教育　　D. 职业教育

4.【2022 年 311 真题 18】我国最早将手工、图画、音乐（唱歌）列入中小学课程的学制是（　　）

A. 癸卯学制　　B. 壬子癸丑学制　　C. 壬戌学制　　D. 戊辰学制

模拟练习

一、单项选择题

1. 1912—1913 年学制参照的国家是（　　）

A. 日本　　B. 美国　　C. 欧美　　D. 德国

2. 取消对毕业生奖励科举出身的是以下哪个学制（　　）

A. 戊辰学制　　B. 癸卯学制　　C. 壬子癸丑学制　　D. 壬戌学制

3. 提出“大学以教授高深学术、养成硕学闳材、应国家需要为宗旨”的学制是（　　）

A. 壬寅学制　　B. 壬戌学制　　C. 壬子癸丑学制　　D. 戊辰学制

4. 专为女子设立女子师范学校的近代学制是(　　)

A. 壬寅学制　　B. 壬戌学制　　C. 壬子癸丑学制　　D. 戊辰学制

5. 废止了“读经讲经”课,突出近代学科和资本主义文化在教育中的地位,同时对传统文化采取批判继承态度的学制是(　　)

A. 壬寅学制　　B. 壬戌学制　　C. 壬子癸丑学制　　D. 戊辰学制

二、论述题

1. 论述晚清学堂发展的阶段。
2. 评述如何正确看待清末“废科举、兴学堂”的主要措施及影响。
3. 评述壬子癸丑学制的内容、性质和特点。

第二节　蔡元培的教育思想

真题典例

一、单项选择题

1.【2007 年 311 真题 17】“大学者,‘囊括大典,网罗众家’之学府也”,这体现了蔡元培主张(　　)

A. 教育独立　　B. 教授治校　　C. 思想自由　　D. 文理沟通

2.【2009 年 311 真题 20】蔡元培对大学精神的解释是(　　)

A. “大学者,非谓有大楼之谓也,有大师之谓也”

B. “大学之道,在明明德,在亲民,在止于至善”

C. “大学者,‘囊括大典,网罗众家’之学府也”

D. “学术独立,思想自由,政罗教纲无羁绊之学府也”

3.【2010 年 311 真题 21】蔡元培认为教育的最终目的是(　　)

A. 涵养道德　　B. 开发“民智”

C. 发展人的个性　　D. 造就“完全人格”

4.【2012 年 311 真题 16】“与其守成法,毋宁尚自然;与其求划一,毋宁展个性。”提出这种主张的教育家是(　　)

A. 张之洞　　B. 康有为　　C. 蔡元培　　D. 晏阳初

5.【2015 年 311 真题 23】1927 年经蔡元培等人提议试行的大学院和大学区制,是借鉴国外教育行政制度的结果。所借鉴的国家是(　　)

A. 法国　　B. 德国　　C. 日本　　D. 美国

6.【2018 年 311 真题 17】1912 年蔡元培在《对于教育方针之意见》中提出“五育并举”的教育方针,其中超轶政治的教育为(　　)

A. 实利主义教育、世界观教育　　B. 实利主义教育、军国民教育

C. 世界观教育、美感教育　　　　D. 军国民教育、美感教育

二、分析论述题

【2017 年 311 真题 55】1918 年，蔡元培在《新教育与旧教育之歧点》一文中指出："夫新教育所以异于旧教育者，有一要点焉，即教育者非以吾人教育儿童，而吾人受教于儿童之谓也。吾国之旧教育以养成科名仕宦之材为目的，……是教育者预定一目的，而强受教者以就之；……新教育则否，在深知儿童身心发达之程序，而择种种适当之方法以助之。"

请回答：

(1) 蔡元培所说的"教育者非以吾人教育儿童，而吾人受教于儿童之谓也"，反映了什么样的教育观念？

(2) 试从学校制度、教学内容和教学方法三个方面，说明蔡元培所说的"新教育"在 20 世纪 20 年代前后中国教育变革中的表现。

模拟练习

一、单项选择题

1. 以下关于蔡元培的实践活动，说法不正确的是（　　）

A. 曾参与发起成立中国教育会　　B. 曾组建爱国女学、爱国学社

C. 曾组织勤工俭学会　　D. 曾参与创办京师大学堂

2. 蔡元培提出"以人民生计为普通教育之中坚"，为密切教育与国民经济生活的关系，加强职业技能的培训而进行的教育是（　　）

A. 军国民教育　　B. 实利主义教育　　C. 公民道德教育　　D. 世界观教育

3. 为蔡元培所独创并将其称作"教育的最高境界"的教育是（　　）

A. 军国民教育　　B. 实利主义教育　　C. 公民道德教育　　D. 世界观教育

4. 在蔡元培看来，世界观教育有效的进行方式是（　　）

A. 军国民教育　　B. 实利主义教育　　C. 公民道德教育　　D. 美感教育

5. 提出要使教育科学化、劳动化、艺术化的方针，影响了全国教育会议的教育宗旨的思想家是（　　）

A. 黄炎培　　B. 蔡元培　　C. 陶行知　　D. 陈鹤琴

6. 蔡元培认为大学应成为研究高深学问之地，这表明在他看来改革北京大学的第一步是（　　）

A. 明确大学宗旨　　B. 改革管理体制　　C. 改革学科体系　　D. 坚持教育独立

7. 蔡元培对北京大学学生的三点要求中，放在首位的是（　　）

A. 砥砺德行　　B. 抱定宗旨　　C. 敬爱师长　　D. 同等重要

8. 在蔡元培看来，教师聘任上应采取的原则是（　　）

A. 身份优先　　B. 地位尊崇　　C. 学诣第一　　D. 政见第一

9. 蔡元培改革北京大学时,全校最高的立法机构和权力机构是(　　)

A. 评议会　　B. 教务会议　　C. 总务处　　D. 行政会议

10. 以下哪个不属于蔡元培学科与教学体制改革的内容(　　)

A. 在基础学科和应用学科中,主张加强应用学科的地位

B. 主张清除人为的科际障碍,废科设系

C. 改年级制为选科制

D. 选修科目可以跨系进行

二、论述题

1. 结合所学知识,对比洪堡和蔡元培教育思想的共同点。
2. 论述蔡元培教育思想和教育实践。

第三节　新文化运动时期和20世纪20年代的教育思潮与教育改革运动

真题典例

一、单项选择题

1. 【**2007年311真题20**】集中体现我国新文化运动民主追求的教育思潮是(　　)

A. 平民教育思潮　　B. 国家主义教育思潮

C. 科学教育思潮　　D. 职业教育思潮

2. 【**2010年311真题22**】1913年,黄炎培发表《学校教育采用实用主义之商榷》一文,深刻反思"癸卯学制"颁行以来中国教育发展的问题,提出必须(　　)

A. 改革普通教育　　B. 发展师范教育

C. 扩大高等教育　　D. 推进社会教育

3. 【**2012年311真题19**】最早输入中国的西方近代教学法是(　　)

A. 德克乐利教学法　　B. 蒙台梭利教学法

C. 设计教学法　　D. 五段教学法

4. 【**2013年311真题20**】不是教育了一切人,才可以改造社会,而是改造了社会,才可以有好的教育。这一主张出自"五四"新文化运动时期(　　)

A. 倡导工学主义的知识分子　　B. 倡导国家主义的知识分子

C. 具有共产主义思想的知识分子　　D. 具有平民主义思想的知识分子

5. 【**2013年311真题21**】20世纪20年代的教育独立思潮,除要求教育经费独立、教育行政独立、教育脱离宗教而独立之外,还要求(　　)

A. 教育立法独立　　B. 教育教学权独立

C. 教育内容独立　　D. 教育督导独立

6.【2014 年 311 真题 19】20 世纪 20 年代,从以输入西方资本主义文明为指导思想、以教育和实业救国为追求、以工读结合为手段的教育运动,转变为寻求革命救国道路的运动是(　　)

A. 平民教育运动　　B. 勤工俭学运动

C. 工读互助运动　　D. 劳工教育运动

7.【2015 年 311 真题 22】中国近现代教育史上政府通令国民学校废止文言文教材,代之以现代语体文是在(　　)

A. 清末新政时期　　B. 南京临时政府时期

C. 北洋政府时期　　D. 国民政府时期

8.【2016 年 311 真题 21】“五四”新文化运动期间,中国兴起了工读主义教育思潮,并形成不同派别。以李大钊为代表的初步具有共产主义思想的知识分子有别于其他派别的主张是(　　)

A. 靠自己的辛勤工作去获取教育经费

B. 工学并立,扫除“贵学贱工”的千年旧见

C.“人人做工,人人读书,各尽所能,各取所需”

D. 知识青年与工农打成一片,创造“真正人的生活”

9.【2018 年 311 真题 18】20 世纪 20 年代的“工读主义”思潮中有一派认为,“工读”只是用自己的劳动换一些求学经费而已,不必去理会什么主义。这一派的代表人物是(　　)

A. 周予同　　B. 胡适　　C. 李大钊　　D. 王光圻

10.【2018 年 311 真题 19】1928 年南京国民政府制定“戊辰学制”的指导原则,对 1922 年“新学制”的标准进行了调整,特别提出(　　)

A.“多留各地伸缩余地”　　B.“使教育易于普及”

C.“根据本国国情”　　D.“谋个性之发展”

11.【2019 年 311 真题 21】20 世纪 20 年代,舒新城将美国一种个别教学制度引入中国,率先在上海吴淞公学中学部试验,以自由、合作与时间预算为原则,培养学生自主学习的能力。这种教学制度是(　　)

A. 道尔顿制　　B. 设计教学法　　C. 文纳特卡制　　D. 葛雷制

12.【2021 年 311 真题 21】早期马克思主义者恽代英对中学教育颇有研究,曾专门撰文批评当时中学教育中存在的注入式教学,主张实施(　　)

A. 自学辅导法　　B. 适应个性教学法

C. 设计教学法　　D. 单元教学法

二、分析论述题

【2014 年 311 真题 55】试从教育思想、制度、实践三个方面,举例说明新文化运动时期民主思想在当时中国教育领域里的体现。

模拟练习

一、单项选择题

1. 新文化运动时期,不同思想派别的知识分子共同推动了平民教育思潮的发展,但他们的目的、方法并不相同,其中持马克思主义立场的知识分子强调将教育与(　　)

A. 政治斗争相结合　　B. 生活实践相结合

C. 生产劳动相结合　　D. 改良社会相结合

2. 以下哪个不属于新文化运动影响下的学校教学内容改革(　　)

A. 中等教育开始注重实用　　B. 高师破格升为师范大学

C. 学校中推行白话文和国语　　D. 中学阶段停止实行选科制

3. 关于新文化运动推动下的教育改革,不包括(　　)

A. 在学校中推行白话文和国语　　B. 高师改制,升级为师范大学

C. 推动教育普及　　D. 主张读经,恢复民国初年的教育宗旨

4. 幼稚园被纳入初等教育阶段,确立了幼儿教育在学制中的地位的学制是(　　)

A. 壬子癸丑学制　　B. 壬寅学制　　C. 壬戌学制　　D. 癸卯学制

5. 在小学阶段规定,“得于较高年级,酌量地方情形,增设职业准备性教育”,在初中兼设各种职业科的学制是(　　)

A. 壬寅学制　　B. 壬戌学制　　C. 癸卯学制　　D. 壬子癸丑学制

6. 近代学制中,哪一个学制阶段的划分,首次考虑到了儿童身心发展的规律(　　)

A. 1922 年新学制　　B. 1912—1913 年学制

C. 壬寅学制　　D. 癸卯学制

7. (　　)学制颁布后的课程标准规定小学取消修身课,增加公民、卫生课,初小的卫生、历史、公民、地理合为社会科,体操改为体育

A. 壬戌　　B. 壬寅　　C. 壬子癸丑　　D. 戊辰

8. 在高级中学设普通、农、工商、师范、家事等科的学制是(　　)

A. 壬寅学制　　B. 癸卯学制　　C. 壬戌学制　　D. 戊辰学制

二、论述题

1. 简述新文化运动影响下的教育思想和教育实践变革。

2. 简述近代中国学制变迁的历史脉络。

3. 从时代背景的角度分析概括近代中国向西方学习的历程,并说明在教育领域中的变化。

4. 新文化运动时期和 20 世纪 20 年代中国先后出现过哪些教育思潮和教育改革运动?

5. 评述 1922 年“新学制”。

第四节 收回教育权运动与教会教育的变革

真题典例

单项选择题

1. 【**2011 年 311 真题 19**】为了收回教育权,1925 年中国政府公布了(　　)
   A.《外人捐资设立学校请求认可办法》　　B.《请求力谋收回教育权》
   C.《教育实行与宗教分离》　　D.《取缔外人在国内办理教育事业》
2. 【**2019 年 311 真题 22**】1925 年,在收回教育权运动的推动下,北洋政府教育部颁布了相关法令,规定(　　)
   A. 禁止外国人在华办学　　B. 学校不得开设宗教课程
   C. 外国人所办学校收归国人办理　　D. 外国人在华办学须向中国政府立案
3. 【**2020 年 311 真题 22**】1925 年 11 月,北洋政府教育部颁布《外人捐资设立学校请求认可办法》,其中规定(　　)
   A. 学校校长须为中国人,校长原系外国人者应以中国人换之
   B. 学校不得以传布宗教为宗旨,不得以宗教科目列入必修科
   C. 学校名称上应冠以私立字样,须向地方行政官厅请求认可
   D. 学校设有董事会者,中国人占董事会名额不少于三分之二
4. 【**2022 年 311 真题 19**】1921 年,巴顿教育调查团对中国基督教教育开展调查活动,提出了所谓"更有效率、更基督化和更中国化"的建议。其中,"更基督化"是指(　　)
   A. 增加宗教必修课程　　B. 强化礼拜等宗教仪式
   C. 以宗教精神影响学生　　D. 非信教学生不得入学

模拟练习

一、单项选择题

1. 收回教育权运动后,下面关于教会教育本土化和世俗化的表现,说法不正确的是(　　)
   A. 教会学校开始向中国政府立案注册
   B. 教会学校的课程中取消了宗教课程
   C. 教会学校开始注重职业训练和专业技术课程
   D. 教会学校教科书逐渐采用国立编译馆出版的教材
2. 以下哪个不属于教会教育本土化和世俗化的表现(　　)
   A. 向政府立案注册　　B. 宗教课由必修改为选修
   C. 不使用外文教科书　　D. 加强社会服务

3. 率先提出“收回教育权”口号的是（　　）

A. 蔡元培　　B. 余家菊　　C. 李大钊　　D. 陶行知

二、论述题

论述20世纪20年代收回教育权的主要措施及其影响。

第九章 国民政府时期的教育和中国共产党领导下的革命根据地教育

第一节 国民政府时期的教育

真题典例

单项选择题

1. 【**2007 年 311 真题** 19】抗日战争时期，为保存国家教育实力，国民政府将一些著名大学西迁并进行合并。组成西南联合大学的是北京大学、清华大学和（　　）

A. 浙江大学　　B. 复旦大学　　C. 天津大学　　D. 南开大学

2. 【**2009 年 311 真题** 21】抗日战争时期，为强化学校训育，国民政府规定在中等以上学校中推行（　　）

A. 专任制　　B. 导生制　　C. 导师制　　D. 辅导制

3. 【**2010 年 311 真题** 23】1932 年，国民政府教育部以"系统混杂，目标分歧"为由整顿全国中学教育，其主要举措是（　　）

A. 中学分设初级中学和高级中学　　B. 高中分设普通科和职业科

C. 高中分设文科和理科　　D. 中学分设普通学校和职业学校

4. 【**2011 年 311 真题** 20】1927 年 6 月，南京国民政府接受蔡元培等人的提案，试行大学院和大学区制，以实现教育行政机构的（　　）

A. 科学化　　B. 集权化　　C. 学术化　　D. 法制化

5. 【**2017 年 311 真题** 21】在中国近现代学制发展过程中，取消大学预科始于（　　）

A. 壬寅学制　　B. 壬子癸丑学制

C. 1922 年新学制　　D. 戊辰学制

6. 【**2018 年 311 真题** 20】1929 年南京国民政府公布了《大学组织法》《大学规程》，规定大学的办学目标是（　　）

A. 研究高深学问，培养专门人才　　B. 教授应用科学，培养专门人才

C. 教授应用科学，培养技术人才　　D. 研究高深学问，培养技术人才

7. 【**2021 年 311 真题** 22】抗战时期我国一批大学迁往西南、西北，调整重组，其中组成西北联合大学的学校是（　　）

A. 国立北平师范大学、北洋工学院、中央大学

B. 国立北平大学、北洋工学院、中央大学

C. 国立北平大学、国立北平师范大学、北洋工学院

D. 国立北平大学、国立北平师范大学、中央大学

8.【2022 年 311 真题 23】20 世纪 30 年代前后，国民政府对中学教育制度进行了改革，其重要举措有(   )

A. 高中不分文理，废止综合中学

B. 高中不分文理，建立综合中学

C. 高中文理分科，建立综合中学

D. 高中文理分科，废止综合中学

模拟练习

单项选择题

1. 抗战时，为保护教育的有生力量，国民政府将一批重点大学迁往西南西北，以下哪个不属于西北联合大学的组成院校(   )

A. 国立北平大学　　B. 国立北平师范大学

C. 北洋工学院　　D. 国立中央大学

2. 20 世纪 30 年代前后，国民政府对高等教育制度进行了改革，其重要举措有(   )

A. 规定大学办学目标为“教授应用科学，养成技术人才”

B. 30 年代提出大学教育“以注重自然科学和实用科学为原则”

C. 规定全国大专院校不得开办私立性质的学校

D. 提出大专院校的办学目标为“研究高深学术，培养专门人才”

第二节　中国共产党领导下的革命根据地教育

真题典例

单项选择题

1.【2007 年 311 真题 18】抗日民主根据地实行的教育工作政策是(   )

A. 国民教育第一　　B. 群众教育第一

C. 干部教育第一　　D. 儿童教育第一

2.【2008 年 311 真题 20】中国共产党领导下的抗日根据地中，以“团结、紧张、严肃、活泼”为校训的学校是(   )

A. 陕北公学　　B. 延安大学

C. 华北联合大学　　D. 抗日军政大学

3.【2011 年 311 真题 23】中国共产党领导下的抗日民主根据地发展教育的基本精神是（　　）

A. 教育为长期的战争服务　　B. 群众教育第一

C. 注重教育的正规化建设　　D. 生产教育第一

4.【2012 年 311 真题 23】中国共产党领导下的抗日民主根据地在发展群众教育过程中采取的办学政策是（　　）

A. 公有民办　　B. 公有公办　　C. 公办民助　　D. 民办公助

5.【2016 年 311 真题 23】1938 年 3 月，毛泽东为“抗大”题写办学方针，放在教育工作首位的是（　　）

A. 坚定正确的政治方向　　B. 坚持不懈的抗战信念

C. 艰苦朴素的工作作风　　D. 灵活机动的战略战术

6.【2017 年 311 真题 22】抗战时期，国民政府实行“战时须作平时看”的教育政策，在中等教育阶段采取的主要措施是（　　）

A. 设置国立中学　　B. 实施毕业会考

C. 中学西迁　　D. 实行军训制度

7.【2018 年 311 真题 23】中国共产党领导下抗日民主根据地的社会教育以成人教育为重心，其最广泛、最普遍的教育形式是（　　）

A. 工读校　　B. 半日校　　C. 列宁学校　　D. 冬学

8.【2020 年 311 真题 20】中国人民抗日军事政治大学是中国共产党领导下创立和发展起来的一所干部学校，创立初期在课程设置的规划上提出（　　）

A. 军事、政治、文化并重　　B. 军事、政治、生产并重

C. 军事技术为主　　D. 政治理论为主

9.【2022 年 311 真题 20】1922 年，中国共产党第二次全国代表大会制定了新民主主义革命纲领，在教育方面提出了（　　）

A. 实行教育普及化　　B. 推动教育实用化

C. 提倡教育科学化　　D. 促进教育法治化

10.【2022 年 311 真题 22】1940 年，毛泽东在《新民主主义论》中提出了新民主主义文化教育方针，即（　　）

A. 民主的、大众的、科学的文化教育　　B. 民主的、科学的、革命的文化教育

C. 民族的、科学的、大众的文化教育　　D. 民族的、科学的、革命的文化教育

模拟练习

一、单项选择题

1. 以下哪项不属于抗日战争时期中国共产党的教育政策（　　）

A. 群众教育第一　　B. 教育与生产劳动相结合

C. 民办公助　　D. 文化教育中的统一战线

2. 以下哪项不属于中国共产党领导的革命根据地的教育经验（　　）

A. 教育为政治服务　　B. 教育与生产劳动相结合

C. 依靠群众办学　　D. 始终坚持教育第一，斗争第二

二、论述题

论述革命根据地教育的基本经验。

第十章　现代教育家的教育理论与实践

第一节　杨贤江与马克思主义教育理论

真题典例

单项选择题

1.【2009年311真题23】在教育本质的问题上，杨贤江认为教育是（　　）

A. 社会的经济基础　　B. 劳动力再生产手段

C. 不偏不倚的公正事业　　D. 观念形态的劳动领域之一

2.【2020年311真题21】杨贤江的《新教育大纲》在教育本质问题上，提出（　　）

A. 教育为观念形态的劳动领域之　　B. 教育为经济活动的领域之一

C. 教育为再生产劳动的领域之一　　D. 教育为生产劳动的领域之一

模拟练习

一、单项选择题

1. 以下哪项不属于杨贤江的全人生指导思想（　　）

A. 指导青年树立正确的人生观

B. 主张青年要投身学习，不参与政治革命

C. 主张青年要过好健康生活、劳动生活、公民生活、文化生活

D. 主张青年应具有活动性、奋斗性、多趣性、认真性的生活态度

2. 杨贤江青年教育思想的核心是（　　）

A. 指导青年树立正确的人生观　　B. 指导青年干预政治、投身革命

C. 指导青年投身学习　　D. 指导青年过好完满的生活

3. 以下哪项不属于杨贤江的教育批判（　　）

A. 批判教育独立论　　B. 批判教育神圣说

C. 批判教育中正观　　D. 批判教育阶级说

4. 根据所学，推断以下哪个观点可能是杨贤江所赞成的（　　）

A. 教育是神圣不可侵犯的　　B. 教育是公平的

C. 教育是独立的　　D. 不能只讲教育，不问政治

二、论述题

述评杨贤江对中国马克思主义教育理论的贡献。

第二节　黄炎培的职业教育思想与实践

真题典例

单项选择题

1.【2012年311真题21】黄炎培认为，职业道德教育是职业教育的重要内涵，其基本要求是(　　)

A. “博爱互助”　　B. “谋生济人”

C. “敬业乐群”　　D. “爱国崇实”

2.【2014年311真题22】20世纪20年代中后期，黄炎培提出“大职业教育主义”的观念，其核心思想是解决(　　)

A. 职业学校与职业教育的关系问题　　B. 职业界与职业教育的关系问题

C. 职业教育与外部环境的关系问题　　D. 职业教育内部的关系问题

3.【2016年311真题22】黄炎培的职业教育思想有一个发展过程。20世纪20年代后，他将职业教育目的概括为(　　)

A. 使动手的读书，使读书的动手

B. 使无业者有业，使有业者乐业

C. 联络和沟通教育界与职业界，参与全社会发展

D. 为个人谋生、社会服务、国家和世界发展做准备

模拟练习

一、单项选择题

1. 以下哪项不属于黄炎培职业教育社会化的内容(　　)

A. 以教育为方法，而以职业为目的

B. 在知识技能和道德方面培养适合社会生产和合作的各行业人才

C. 学校的专业、程度、年限、课时、教学安排均需依据社会需要和学员的志愿

D. 率先运用心理测验的手段进行职业学校招生

2. 在中国率先利用心理测验的手段进行招生的教育家是(　　)

A. 黄炎培　　B. 陶行知　　C. 陈鹤琴　　D. 蔡元培

3. 以下哪项不符合黄炎培职业教育的教学原则(　　)
   A. 要求职业学校要附设工厂、农场、商店等,为学生提供实习场所
   B. 招收学生在确定其学科专业时,要考虑家长有相应的职业背景
   C. 课程的安排充分考虑实习时数,要求理论课与实习数各半
   D. 选择教师时要更注重选择理论性强的教师

二、论述题

论述黄炎培的职业教育思想及其对我国教育的启示。

第三节　晏阳初的乡村教育实验

真题典例

单项选择题

【**2020 年 311 真题** 23】在乡村教育运动中,晏阳初提出解决“愚、穷、弱、私”四方面问题的对策是实施“四大教育”,其中最为根本的是(　　)

A. 文艺教育　　B. 卫生教育　　C. 生计教育　　D. 公民教育

模拟练习

单项选择题

在河北定县开展实验,从事过国际平民教育运动的思想家是(　　)

A. 晏阳初　　B. 梁漱溟　　C. 陶行知　　D. 陈鹤琴

第四节　梁漱溟的乡村教育建设

真题典例

一、单项选择题

1. 【**2009 年 311 真题** 22】立足于文化传统来思考中国乡村改造和乡村教育的教育家是(　　)

   A. 晏阳初　　B. 梁漱溟　　C. 黄炎培　　D. 陶行知

2. 【**2018 年 311 真题** 22】20 世纪 30 年代初期,梁漱溟在山东邹平、菏泽两县设立乡农学

校，开展乡村教育试验。这种乡农学校性质上属于（　　）

A. 农业职校　　B. 农民夜校

C. 教育与行政合一机构　　D. 教育与军事合一机构

3.【2021 年 311 真题 23】梁漱溟期望通过乡村重建探索出拯救中国的“第三条道路”，其教育改革设想强调（　　）

A. 伦理本位，职业分途　　B. 工以养生，学以明生，团以保生

C. 使无业者有业，使有业者乐业　　D. 农民科学化，科学简单化

二、分析论述题

【2008 年 311 真题 56】请以下述材料为背景，叙述晏阳初和梁漱溟所提出的乡村教育方案，并比较他们乡村教育理论的异同。

20 世纪二三十年代，中国在全国范围内广泛兴起了以改造农村和农民现状为宗旨的乡村教育运动，不少学者纷纷提出自己的主张。晏阳初认为，中国乡村存在四大基本问题，即愚、穷、弱、私。“愚”指人民绝大多数是文盲；“穷”指人民生活的极度贫困；“弱”指缺乏医疗保障，人民健康水平低下；“私”指人民缺乏合作精神和公民意识。梁漱溟则认为，上述问题只是中国社会的表面病象，其深层原因是文化失调。中国文化的根在乡村，解决中国问题必须从乡村建设入手，从中国旧文化里转变出一个新文化来，以创造新文化来救活旧乡村。

模拟练习

单项选择题

1. 在梁漱溟看来，中国社会的特点是（　　）

A. 意欲向前　　B. 翻转向后　　C. 理性早启，文化早熟　　D. 形而上学

2. 以下哪项不属于梁漱溟认为的乡农学校的组织原则（　　）

A. 政教养卫合一　　B. 学校式教育和社会式教育融合归一

C. 以教统政　　D. 文化第一

第五节　陈鹤琴的“活教育”探索

真题典例

单项选择题

1.【2014 年 311 真题 23】“五指活动”是陈鹤琴对其“活教育”课程组织形式的形象表述，它体现了儿童生活的（　　）

A. 差别性　　B. 整体性　　C. 实践性　　D. 创造性

2.【2017 年 311 真题 23】陈鹤琴"活教育"教学的四个步骤是实验观察、阅读思考、创作发表和(　　)

A. 行动实践　　B. 批评研讨　　C. 更新改进　　D. 指导提高

3.【2018 年 311 真题 21】下列选项中符合陈鹤琴"活教育"课程思想的是(　　)

A. 直接的知识要优于书本知识,故书本知识应予以摒弃

B. 打破学科组织体系,采取活动中心和活动单元的形式

C. 儿童经验虽然是重要的,但学科课程体系也不可破坏

D. 打破知识的学科界限,按照儿童的兴趣组织课程内容

4.【2019 年 311 真题 23】陈鹤琴提出"活教育"的目的是"做人,做中国人,做现代中国人",对"现代中国人"的要求除健全的身体、建设的能力、能够合作、服务的精神之外,还包括(　　)

A. 反思的能力　　B. 自治的能力　　C. 创造的能力　　D. 批判的能力

模拟练习

一、单项选择题

1. 陈鹤琴提出的儿童"五指活动"不包括(　　)

A. 健康活动　　B. 社会活动　　C. 科学活动　　D. 职业活动

2. 认为儿童在学习中得到的结论不可能完全正确,需要通过集体和小组讨论的方式共同研究,以便互相启发和鼓励的教育家是(　　)

A. 黄炎培　　B. 陶行知　　C. 陈鹤琴　　D. 晏阳初

3. 批评传统教育一味注重读书,而不去读大自然、大社会这本"真正的书"的思想家是(　　)

A. 陈鹤琴　　B. 梁漱溟　　C. 陶行知　　D. 黄炎培

二、论述题

论述陈鹤琴"活教育"思想及其意义。

三、材料分析题

在课程设置上,他认为"我们不能把幼稚园里的课程像大学的课程那样独立,什么音乐是音乐、故事是故事的,相互间不发生影响。我们应当把幼儿园的课程打成一片,成为有系统的组织。"因为生活是整个的、互相联接的,不能是四分五裂的。因此,他提出用"整个教学法"来进行教学,即"把儿童所应该学习的东西整个地、有系统地教儿童去学。"主张根据儿童身心发展特点去编制活动单元,提出儿童健康活动、儿童社会活动、儿童科学活动、儿童艺术活动、儿童文学活动的"五指活动"新课程方案,进行相互关联的活动课程教学。

结合所学,指出材料中的“他”为哪位近代教育家,并概述其课程观的主要特点。

第六节 陶行知的“生活教育”思想与实践

真题典例

一、单项选择题

1.【**2011 年 311 真题 22**】在陶行知看来,教育与生活两者的关系是( )

A. 生活可以取代教育　　B. 教育是生活的中心

C. 教育不能改造生活　　D. 生活是教育的中心

2.【**2012 年 311 真题 20**】陶行知创立“小先生制”的主要目的在于( )

A. 解决普及教育的师资问题　　B. 培养学生的创造精神

C. 发挥优秀学生的帮扶作用　　D. 尽早完成儿童的社会化

3.【**2013 年 311 真题 23**】陶行知为了改变农村教育的落后面貌,探索了乡村师范教育的新模式。他提倡的教师培养模式是( )

A. 艺友制　　B. 小先生制　　C. 学徒制　　D. 实习制

4.【**2022 年 311 真题 21**】称老百姓和儿童为“两位最伟大的老师”的教育家是( )

A. 晏阳初　　B. 梁漱溟　　C. 陶行知　　D. 陈鹤琴

二、分析论述题

【**2015 年 311 真题 55**】试析陶行知“生活教育”理论与陈鹤琴“活教育”理论的共同特点。

模拟练习

一、单项选择题

1. 主张将南京高师全部课程的“教授法”改为“教学法”,以突出教和学的联系和教的服从、服务于学的思想家是( )

A. 陈鹤琴　　B. 梁漱溟　　C. 陶行知　　D. 黄炎培

2. 开展“科学下嫁”运动的思想家是( )

A. 陈鹤琴　　B. 梁漱溟　　C. 陶行知　　D. 黄炎培

二、论述题

1. 试述陶行知的生活教育理论,结合实际谈谈生活教育的价值和意义。

2. 试述陶行知“生活即教育”和杜威“教育即生活”的基本内涵,并比较其异同。

三、材料分析题

20世纪20年代的乡村教育运动可谓形态迥异，但又殊途同归。中国农村的贫穷、愚昧、落后，使人们都认识到乡村教育的重要性。由于从事乡村改造和建设的有识之士来自不同的社会阶层，有着不同的政治、经济、文化背景，因而，他们在提出改造乡村的方法和手段上也有着迥异的特色。

结合所学知识，谈谈如何理解20世纪20年代乡村教育运动“形态迥异，但又殊途同归”？

第七节 恽代英和李大钊的教育思想

真题典例

无

模拟练习

一、单项选择题

1. 以下哪项不属于早期共产党人李大钊的教育思想（　　）
   A. 教育具有阶级性　　B. 教育不能脱离政治
   C. 反对尊孔读经　　D. 主张教育救国
2. 主张在中学阶段推行“自学辅导法”的早期共产党人是（　　）
   A. 李大钊　　B. 恽代英　　C. 杨贤江　　D. 赵世炎

二、论述题

早期马克思主义教育家，如杨贤江、李大钊、恽代英等人，教育思想有何共同点？试举例说明。

第三部分 外国教育史

第一章　东方文明古国和古希腊的教育

第一节　东方文明古国的教育

真题典例

单项选择题

1.【2009 年 311 真题 24】在公元前 8 世纪以后出现于古印度的婆罗门学校中，教师被称为(　　)

A. "拉比"　　B. "古儒"　　C. "书吏"　　D. "校父"

2.【2017 年 311 真题 24】下列关于古代东方国家巴比伦、埃及、印度教育特点的表述中，正确的是(　　)

A. 教育内容以军事体育为主

B. 教师社会地位低下

C. 教育具有鲜明的等级性和阶级性

D. 教育发展具有较强的连续性

3.【2019 年 311 真题 24】开设宫廷学校、寺庙学校、职官学校和文士学校以培养各类人才的文明古国是(　　)

A. 巴比伦　　B. 古代印度　　C. 古代埃及　　D. 希伯来

4.【2020 年 311 真题 24】古代印度婆罗门教育与佛教教育的主要区别是(　　)

A. 婆罗门教育具有贵族性，佛教教育具有平民性

B. 婆罗门教育的目的在于道德陶冶，佛教教育在于信仰教育

C. 婆罗门教育的主要实施场所是"古儒学校"，佛教教育主要在寺院

D. 婆罗门教育的内容大多是积极的、入世的，佛教教育大多是消极的、避世的

5.【2021 年 311 真题 24】下列有关古希伯来学校教育实践的表述中正确的是(　　)

A. 儿童在"泥板书舍"中练习楔形文字的书写

B. 儿童在"文士学校"跟随教师在纸草上练习书写

C. 教师经常体罚儿童以提高儿童学习《吠陀》经的效果

D. 教师教儿童学习《塔木德》时鼓励儿童发问

6.【2022 年 311 真题 24】古代印度教育等级色彩鲜明，其主要表现是(　　)

A. 首陀罗种姓享有教育权

B. 吠舍种姓被剥夺了学习《吠陀》经的特权

C. 刹帝利种姓被剥夺了受教育权

D. 婆罗门种姓享有接受当时最完备、最高级教育的特权

模拟练习

一、单项选择题

1. 下列有关古埃及的教育实践,说法正确的是(　　)

A. 在僧侣学校中学习科学技术知识

B. 在古儒学校中学习《吠陀》经

C. 在文士学校中学习《塔木德》

D. 在泥板书舍中用纸草写字

2. 公元8世纪前后,古印度办在家庭中的婆罗门学校,通称为(　　)

A. 泥板书舍　　B. 古儒学校

C. 职官学校　　D. 文士学校

3. 古埃及哪类学校可以被视为学术交流中心(　　)

A. 僧侣学校　　B. 文士学校

C. 职官学校　　D. 宫廷学校

4. 古希伯来的教师被称为(　　)

A. 古儒　　B. 校父　　C. 拉比　　D. 文士

5. 下列有关古印度婆罗门教育和佛教教育的说法,不正确的是(　　)

A. 婆罗门教育以维持种姓压迫和培养宗教意识为核心任务

B. 婆罗门教育以学校教育为主

C. 佛教教育有平民性

D. 佛教教育把教授、讲解和个人钻研经典相结合

6. 使用泥板书、楔形文字的东方文明古国是(　　)

A. 古巴比伦　　B. 古印度　　C. 古希伯来　　D. 古埃及

7. 考古挖掘发现的最早的学校在(　　)

A. 古巴比伦　　B. 古印度　　C. 古希伯来　　D. 古埃及

8. 古巴比伦中,以下哪类人不能接受教育(　　)

A. 奴隶　　B. 官吏　　C. 僧侣　　D. 职官

二、论述题

1. 与斯巴达相比,雅典教育的基本特点是什么?

2. 智者在古希腊教育发展中的贡献是什么?

第二节 古希腊的教育阶段

真题典例

单项选择题

1.【2009 年 311 真题 25】在古希腊教育史上，首次将算术、几何、天文、音乐四门课程(即“四艺”)列入教学科目的教育家是(　　)

A. 毕达哥拉斯　　B. 苏格拉底　　C. 柏拉图　　D. 亚里士多德

2.【2010 年 311 真题 25】在西方古代教育史上，提出教育目的在于实现个人的“灵魂转向”，主张“寓学习于游戏”“学习即回忆”的教育家是(　　)

A. 苏格拉底　　B. 柏拉图　　C. 亚里士多德　　D. 奥古斯丁

3.【2011 年 311 真题 24】在古代斯巴达，城邦为满 18 周岁的公民子弟接受正规军事训练而设立的教育机构是(　　)

A. 体育馆　　B. 埃弗比　　C. 体操学校　　D. 角力学校

4.【2012 年 311 真题 24】古风时代雅典青少年一边继续在文法学校和弦琴学校学习，一边为了接受体育训练进入(　　)

A. 斯多葛学校　　B. 体操学校　　C. 埃弗比　　D. 体育馆

5.【2013 年 311 真题 25】在古希腊罗马教育中，雅典教育与斯巴达教育、古罗马教育的主要区别是(　　)

A. 重视军事教育　　B. 重视女子教育

C. 倡导身心和谐发展的教育　　D. 加强国家对教育的控制

6.【2014 年 311 真题 24】古代斯巴达人为年轻一代所提供的教育主要是(　　)

A. 文雅教育　　B. 文体教育　　C. 职业教育　　D. 军体教育

7.【2016 年 311 真题 24】作为西方最早的职业教师，智者派对古希腊教育做出的主要贡献是(　　)

A. 扩大了教育对象的范围　　B. 确立了“七艺”课程体系

C. 形成了自由教育理论体系　　D. 提出了遵循自然的教育原则

8.【2019 年 311 真题 26】作为西方最早的职业教师，智者派对古希腊教育实践产生了诸多影响，其中包括(　　)

A. 确立了“四艺”　　B. 创办了学园

C. 扩大了教育对象　　D. 强化了教育的等级性

9.【2020 年 311 真题 25】古希腊时期，斯巴达城邦教育有别于同时期其他城邦教育的主要表现是(　　)

A. 通过立法发展教育事务

B. 重视实施“五项竞技”教育

C. 女子接受与男子同样的军事和体育训练

D. 公民子女 7 岁以前在家庭中接受教育

模拟练习

单项选择题

1. 雅典教育相对于斯巴达教育而言（　　）

A. 更注重军事体育的训练　　B. 具有更高的制度化水平

C. 更注重对女子进行教育　　D. 更强调对自由民的教育

2. 关于斯巴达教育，说法不正确的是（　　）

A. 完全由国家管理　　B. 实行严格的体检制度

C. 主要学习骑士七技　　D. 重视女子教育

3. 以下哪项不属于雅典教育学校的类型（　　）

A. 体操学校　　B. 角力学校　　C. 文法学校　　D. 修辞学校

4. 以下哪项不属于智者派的贡献（　　）

A. 确立了西方七艺中的后四艺

B. 提供了一种新型的政治家或统治者的预备教育

C. 扩大了教育对象的范围

D. 丰富了教育内容，确立了七艺中的前三艺

5. 关于希腊化时期的教育，下列说法不正确的是（　　）

A. 文化和教育的中心从雅典转移到亚历山大利亚城

B. 古希腊初级学校带有军事性质的体育首先被取消

C. 中等教育机构文法学校被体育馆取代

D. 真正得到明显发展的是高等教育，出现了雅典大学

第三节　古希腊的教育思想

真题典例

单项选择题

1. **【2007 年 311 真题 21】**在西方教育史上，古希腊智者派所确立的“三艺”是（　　）

A. 音乐、修辞学、几何学　　B. 文法、辩证法、几何学

C. 文法、修辞学、天文学　　D. 文法、修辞学、辩证法

2. **【2014 年 311 真题 25】**古希腊教育家苏格拉底向雅典青年提出的要求和期望是（　　）

A. 了解自然　　B. 熟悉社会　　C. 虔信上帝　　D. 认识自己

3.【**2015 年 311 真题 25**】将人的灵魂分为营养的灵魂、感觉的灵魂和理性的灵魂，并据此主张实施体育、德育和智育的古希腊教育思想家是(　　)

A. 苏格拉底　　B. 柏拉图

C. 亚里士多德　　D. 毕达哥拉斯

4.【**2018 年 311 真题 24**】创制文法、修辞、辩证法科目，为后来“七艺”成型奠定基础的是(　　)

A. 智者派　　B. 柏拉图

C. 亚里士多德　　D. 毕达哥拉斯学派

5.【**2019 年 311 真题 25**】亚里士多德将教育分为体育、智育和德育，其依据是(　　)

A. 灵魂论　　B. 天性论　　C. 习惯论　　D. 理性论

6.【**2021 年 311 真题 25**】关于雅典城邦教育事务，亚里士多德在《政治学》中所提出的基本主张是(　　)

A. 青少年教育的顺序是智力训练先于身体训练

B. 青少年教育应成为城邦立法者最关心的公共事务

C. 家庭教育是城邦最为适宜的教育形式

D. 城邦自由民教育要兼顾文化修养与职业技能

模拟练习

一、单项选择题

1. 不满意智者的怀疑论和相对主义，汲取自然哲学家探讨万物本原的思想方法，要求在真理、道德问题上探求普遍有效的“一般”，探究伦理概念的一般定义的思想家是(　　)

A. 苏格拉底　　B. 昆体良　　C. 亚里士多德　　D. 柏拉图

2. 苏格拉底法中，从各种具体事物中找到事物的共性、本质，通过对具体事物的比较寻求“一般”的过程是(　　)

A. 定义　　B. 归纳　　C. 讥讽　　D. 助产术

3. 认为“智慧就是最大的善……正义和其他一切德行都是智慧，因为正义的事和其他一切道德行为都是美而好的”的思想家是(　　)

A. 苏格拉底　　B. 柏拉图　　C. 亚里士多德　　D. 昆体良

4. 以下对柏拉图的描述，正确的是(　　)

A. 是“寓学习于游戏”的最早倡导者

B. 第一次将几何、天文、算术列为必须学习的科目

C. 主张实践先于理论，身体的训练应先于智力训练

D. 提出灵魂由三部分组成，分别是营养的灵魂、感觉的灵魂和理性的灵魂

5. 苏格拉底认为教育的目的是培养(　　)

A. 治国人才　　B. 军事人才　　C. 商业人才　　D. 手工业者

6. 苏格拉底认为,教育的首要任务是(　　)

A. 培养学问　　B. 培养道德　　C. 强健身体　　D. 维持正义

7. 第一次将几何、天文、算术列为必须学习的科目的思想家是(　　)

A. 亚里士多德　　B. 柏拉图　　C. 苏格拉底　　D. 奥古斯丁

8. 第一次提出以考试作为选拔人才的手段之一的思想家是(　　)

A. 亚里士多德　　B. 柏拉图　　C. 苏格拉底　　D. 奥古斯丁

9. 在西方首次提出“蜡块说”和“白板说”的思想家是(　　)

A. 亚里士多德　　B. 柏拉图　　C. 苏格拉底　　D. 奥古斯丁

10. 亚里士多德认为天性、习惯和理性之间的关系应是(　　)

A. 习惯和理性服从于天性　　B. 天性和习惯受理性的领导

C. 天性和理性服从于习惯　　D. 三者不可兼得

二、论述题

简评苏格拉底法。

第二章　古罗马的教育

第一节　古罗马的教育阶段

真题典例

单项选择题

1.【2017 年 311 真题 25】古希腊罗马时代,以培养演说家或雄辩家为目标的学校是(　　)

A. 文法学校　　B. 弦琴学校

C. 体操学校　　D. 修辞学校

2.【2022 年 311 真题 25】古罗马共和时期家庭教育的主要内容为(　　)

A. 道德与公民教育　　B. 知识与技能教育

C. 自由教育　　D. 骑士教育

模拟练习

单项选择题

1. 古罗马帝国时期的教育目的在于培养(　　)

A. 德行兼备的雄辩家　　B. 效忠帝国的官吏

C. 身强体壮的勇士　　D. 忠君敬主的骑士

2. 相对于共和时期,古罗马帝国时期的教育变化不包括(　　)

A. 教育目的由培养顺民改为培养雄辩家

B. 部分私立文法学校和修辞学校改为国立

C. 提高教师的地位和待遇

D. 教师的私人选聘改为国家委派

3. 罗马共和时期的教育主要形式是(　　)

A. 家庭教育　　B. 学校教育

C. 个别教育　　D. 集体教育

第二节 古罗马的教育思想

真题典例

单项选择题

1.【2008 年 311 真题 21】夸美纽斯提出并系统论述了班级授课制，而班级授课制思想的萌芽可以追溯到古希腊罗马时期的教育家（　　）

A. 苏格拉底　　B. 柏拉图　　C. 昆体良　　D. 西塞罗

2.【2011 年 311 真题 25】古罗马教育家西塞罗论述教育的主要著作是（　　）

A.《雄辩术原理》　　B.《论雄辩家》　　C.《忏悔录》　　D.《论灵魂》

3.【2016 年 311 真题 25】相对于古希腊教育思想而言，以西塞罗、昆体良为代表的古罗马教育思想更具有（　　）

A. 理想主义取向　　B. 相对主义取向

C. 思辨性取向　　D. 实践性取向

4.【2018 年 311 真题 25】古罗马教育家昆体良主张，在雄辩家培养中居于首要位置的是（　　）

A. 高尚品质的培养　　B. 雄辩技巧的练习

C. 优雅举止的训练　　D. 文雅风度的修习

5.【2020 年 311 真题 26】关于雄辩家的培养，古罗马教育家昆体良主张（　　）

A. 家庭是培养雄辩家的理想场所

B. 雄辩术训练是第一位的，广博知识的掌握是第二位的

C. 善良的德行是第一位的，完美的雄辩技能是第二位的

D. 雄辩家的主要任务并非致力于正义和德行的宣扬和阐释

6.【2021 年 311 真题 26】关于儿童早期教育问题，昆体良的教育建议是（　　）

A. 不要让儿童在他们还不能热爱学习的时候就厌恶学习

B. 儿童年龄小的时候记忆力强，应尽可能多地教他们学习拉丁语

C. 不要让儿童最初的教育成为一种娱乐

D. 不要教 7 岁以前的儿童学习认字

模拟练习

一、单项选择题

1. 昆体良认为，雄辩家的首要品质是（　　）

A. 身体　　B. 知识　　C. 技能　　D. 德行

2. 主张学校教育优于家庭教育的思想家是（　　）

A. 洛克　　B. 昆体良　　C. 柏拉图　　D. 卢梭

3. 以下哪项不属于昆体良的教学思想（　　）

A. 其见解成为班级授课制的萌芽

B. 认为专业教育应建立在广博的普通知识基础上

C. 主张教师应德才兼备，对学生宽严相济

D. 提出学习即回忆

二、论述题

试论昆体良的教育思想在教育史上的贡献。

第三章　西欧中世纪的教育

真题典例

单项选择题

1.【2007 年 311 真题 22】西欧中世纪的骑士教育是一种特殊形式的(　　)

A. 学校教育　　B. 家庭教育

C. 社会教育　　D. 教会教育

2.【2012 年 311 真题 25】西欧中世纪大学所设学科一般为(　　)

A. 文科、法学科、医学科、神学科　　B. 文科、理科、医学科、神学科

C. 文科、理科、法学科、医学科　　D. 文科、理科、法学科、神学科

3.【2017 年 311 真题 26】西欧中世纪主要采用家庭教育形式的是(　　)

A. 基督教教育　　B. 骑士教育　　C. 行会教育　　D. 城市教育

4.【2018 年 311 真题 26】在西欧中世纪骑士教育实践中,以“骑士七技”为主要学习内容的阶段是(　　)

A. 家庭教育　　B. 礼文教育　　C. 侍从教育　　D. 社会教育

5.【2020 年 311 真题 27】西欧中世纪教育的典型特征是(　　)

A. 以修道院、主教学校、堂区学校为代表的基督教教育的繁荣

B. 以宫廷教育和骑士教育为代表的封建世俗教育的确立

C. 以中世纪大学为代表的西方大学的崛起

D. 以城市学校为代表的新型学校的出现

模拟练习

一、单项选择题

1. 关于中世纪城市学校的说法,不正确的是(　　)

A. 城市学校强调世俗知识的学习,特别是读写算的基础知识和与商业、手工业活动有关的各科知识的学习

B. 城市学校面向的是城市里的贫民阶层

C. 城市学校主要是初等学校,同时具备一定的职业训练的性质

D. 城市学校在领导权上逐渐归市政当局接管

2. 骑士教育中，通过在贵族家庭中与主人朝夕相处，学习上流社会的礼节和规范，同时学习一些知识内容，如识字、拉丁文法，但更多的是吟诗、弈棋、唱歌、奏乐等技艺的阶段是（　　）

A. 家庭教育阶段　　B. 礼文教育阶段　　C. 侍从教育阶段　　D. 实战训练阶段

3. 西欧中世纪宫廷学校的主要教学内容是（　　）

A. 六艺　　B. 五项竞技　　C. 自由七艺　　D. 骑士七技

4. 在西欧中世纪早期的学校教育中，（　　）是全部学科的“王冠”

A. 科学　　B. 神学　　C. 哲学　　D. 数学

5. 中世纪晚期，西欧为满足手工业者和商人阶层子弟的教育需要而创设的教育机构是（　　）

A. 骑士学院　　B. 城市学校　　C. 青年学校　　D. 实科学校

6. 关于中世纪大学，下列说法不正确的是（　　）

A. 从性质上来看，是一种自治的教授和学习中心

B. 基本目的是进行职业训练

C. 学科内容为文、法、神、医等

D. 教会创建了大学

二、论述题

简述中世纪大学的产生及其在教育史上的地位与作用。

第四章　文艺复兴与宗教改革时期的教育

第一节　人文主义教育

真题典例

一、单项选择题

1.【**2010 年 311 真题 26**】15 世纪末，意大利人文主义教育实践形式主义化的标志是（　　）

A. 西塞罗主义　　B. 昆体良主义

C. 新托马斯主义　　D. 新柏拉图主义

2.【**2014 年 311 真题 27**】文艺复兴时期人文主义教育的古典主义特征主要体现为（　　）

A. 推崇绅士教育　　B. 推崇经院教育

C. 推崇文雅教育　　D. 推崇骑士教育

3.【**2016 年 311 真题 26**】文艺复兴时期人文主义教育具有鲜明的人本取向。这种特征主要表现为（　　）

A. 教育目标侧重个性发展　　B. 重视古典人文学科的学习

C. 教育对象偏重上层子弟　　D. 关注现实生活

4.【**2022 年 311 真题 26**】文艺复兴与宗教改革时期，人文主义教育与新教教育的主要区别表现为（　　）

A. 人文主义教育具有精英性，新教教育具有平民性

B. 人文主义教育具有现代性，新教教育具有古典性

C. 人文主义教育具有实践性，新教教育具有理论性

D. 人文主义教育具有职业性，新教教育具有学术性

二、分析论述题

【**2009 年 311 真题 55**】试比较 14~15 世纪意大利人文主义教育与北欧人文主义教育的异同。

模拟练习

一、单项选择题

1. 文艺复兴时期,创办"快乐之家"的是(　　)

A. 弗吉里奥　B. 莫尔　C. 维多里诺　D. 格里诺

2. 率先阐述人文主义教育思想、受益于昆体良的思想家是(　　)

A. 弗吉里奥　B. 莫尔　C. 维多里诺　D. 格里诺

3. 主张基督教与人文主义并重,人文主义基督教化,基督教人文主义化的思想家是(　　)

A. 弗吉里奥　B. 伊拉斯谟　C. 维多里诺　D. 格里诺

二、论述题

简述人文主义教育的一般特征。

第二节　新 教 教 育

真题典例

单项选择题

1.【2008 年 311 真题 22】文艺复兴与宗教改革时期,具有较强群众性和普及性特点的教育是(　　)

A. 人文主义教育　B. 新教教育

C. 天主教教育　D. 耶稣会教育

2.【2017 年 311 真题 27】宗教改革对欧洲教育发展影响的具体表现是(　　)

A. 教育管理的国家化　B. 教育内容的古典化

C. 教学语言的统一化　D. 教学目的的单一化

模拟练习

一、单项选择题

1. 以下哪项不属于宗教改革带来的教育上的变化(　　)

A. 教育世俗性的增强　B. 教育管理国家化的发展

C. 教育普及化的发展　D. 教育古典性的加强

2. 马丁·路德认为,教育的管理权应归(　　)

A. 国家　　B. 个人　　C. 教会　　D. 国家和教会

3. 普及教育之父、免费学校的创始人是(　　)

A. 加尔文　　B. 马丁·路德　　C. 柏拉图　　D. 斯图谟

二、论述题

宗教改革运动对西方教育的发展有何影响?

第三节　天主教教育

真题典例

单项选择题

【2012 年 311 真题 26】文艺复兴和宗教改革时期,人文主义教育、新教教育、天主教教育所具有的共同点是(　　)

A. 实施贵族式精英教育　　B. 重视古典人文学科

C. 实施世俗性的义务教育　　D. 重视教育的群众性和普及性

模拟练习

一、单项选择题

以下哪项不属于耶稣会学校的教育特点(　　)

A. 有完备的组织管理

B. 有高水平的师资

C. 有切实可行的教学方法

D. 有非宗教的教育目的

二、论述题

比较分析文艺复兴时期人文主义教育、新教教育和天主教教育的区别和联系。

第五章　欧美主要国家和日本的近代教育

第一节　英国近代教育

真题典例

单项选择题

1.【**2008 年 311 真题** 23】在家庭教育和学校教育孰优孰劣问题上，认为家庭教育比学校教育优越的西方教育家是（　　）

A. 夸美纽斯　　B. 洛克　　C. 赫尔巴特　　D. 第斯多惠

2.【**2008 年 311 真题** 26】19 世纪中后期，英国全日制大学以校内或校外讲座的形式，向社会中下层及女子提供更多接受高等教育的机会，史称（　　）

A. 高等教育普及化运动　　B. 新大学运动

C. 高等教育大众化运动　　D. 大学推广运动

3.【**2011 年 311 真题** 28】主张教育目的是“为完满生活做准备”，反对英国古典主义教育传统的教育家是（　　）

A. 培根　　B. 洛克　　C. 斯宾塞　　D. 赫胥黎

4.【**2012 年 311 真题** 28】17~18 世纪英国的公学采用寄宿制，以升学为主要目标，具有大学预科的性质。这种“公学”的含义是（　　）

A. 公立学校

B. 公共机构管理的学校

C. 由政府或地方使用公共税收开办的学校

D. 为培养公职人员而由公众团体资助兴办的学校

5.【**2013 年 311 真题** 26】下列表述中，体现洛克绅士教育主张的是（　　）

A. 健康之精神寓于健康之身体　　B. 身体健康重于精神健康

C. 精神健康重于身体健康　　D. 禁欲与惩罚可以促进精神健康

6.【**2015 年 311 真题** 27】在 17 世纪英国教育家洛克所设计的教育体系中，处于前提和基础地位的教育活动是（　　）

A. 身体的养育　　B. 知识的学习　　C. 德行的塑造　　D. 礼仪的培养

7.【**2015 年 311 真题** 29】19 世纪前半期，英国兴起的城市学院运动在较大程度上革新了英国高等教育传统，此类学院在教育实践中强调（　　）

A. 宗教神学知识教学与自然科学知识教学并重

B. 贵族子弟与中产阶层子弟同堂学习

C. 古典学科与现代科学并行不悖

D. 社会团体与政府合作管理

8.【2017年311真题29】17至18世纪,英国初等学校的教育对象主要是(　　)

A. 贫民子弟　　B. 贵族子弟

C. 新兴资产阶级子弟　　D. 中产阶层子弟

9.【2018年311真题27】17世纪,以爱丁堡大学为代表的苏格兰大学与牛津大学、剑桥大学相比,更重视(　　)

A. 大学自治　　B. 教授治校　　C. 科学教育　　D. 古典教育

10.【2019年311真题29】洛克的绅士教育理论认为,一位合格绅士最重要的品质是(　　)

A. 温文尔雅　　B. 学问通达　　C. 知识渊博　　D. 品德高尚

11.【2019年311真题32】1870年《福斯特法案》的颁布与实施在英国教育史上具有重大意义,标志着英国(　　)

A. 初等国民教育制度的形成

B. 中等教育双轨制的确立

C. 高等教育体系的完善

D. 以地方教育当局为主的教育行政体制的建立

12.【2021年311真题29】相对于17~18世纪的牛津大学和剑桥大学而言,同一历史时期以爱丁堡大学、格拉斯哥大学等为代表的苏格兰大学更为重视(　　)

A. 自由教育的开展　　B. 神学人才的培养

C. 自然科学和实用学科教育　　D. 古典人文学科的教学

13.【2022年311真题29】19世纪上半期,英国新大学运动开始的标志是(　　)

A. 剑桥大学国王学院的改革　　B. 伦敦大学学院的成立

C. 曼彻斯特学院的创设　　D. 伯明翰学院的开办

模拟练习

一、单项选择题

1. 重视家庭教育,否定学校教育,认为教育发挥其正面作用的场所并不在学校的是(　　)

A. 昆体良　　B. 洛克　　C. 西塞罗　　D. 斯宾塞

2. 高度评价教育在人的形成中的重大作用,认为人的好坏或者有用无用,“十之八九都由他们所受的教育决定”的思想家是(　　)

A. 爱尔维修　　B. 洛克　　C. 培根　　D. 斯宾塞

3. 洛克在《教育漫话》中,第一次加以论述的问题是(　　)

A. 体育　　B. 德育　　C. 智育　　D. 劳动教育

二、论述题

试分析 17~18 世纪欧美主要国家教育发展的不同特点和共同特征。

第二节 法国近代教育

真题典例

单项选择题

1.【2008 年 311 真题 24】在法国启蒙教育思想的影响下,18 世纪后期德国出现了采用“适应自然”的教学方式,注重实用性和儿童兴趣的新式学校。这类学校被称为(　　)

A. 泛爱学校　　B. 文科学校　　C. 实科学校　　D. 国民学校

2.【2009 年 311 真题 27】下列选项中,不属于法国大革命时期教育改革计划所体现的教育观念是(　　)

A. 建立国家教育制度　　B. 人人享有接受教育的机会和权利

C. 教育内容的世俗化　　D. 教育实施的终身化

3.【2011 年 311 真题 29】近代法国中央集权式教育管理体制确立的标志是拿破仑第一帝国时期设立的(　　)

A. 帝国大学　　B. 教育部　　C. 大学区　　D. 索邦大学

4.【2012 年 311 真题 29】拿破仑执政时期所建立的帝国大学实质上是(　　)

A. 帝国的最高教育领导机构　　B. 由帝国建立的大学

C. 帝国高等教育机构的总称　　D. 由帝国统辖的大学

5.【2014 年 311 真题 28】法国资产阶级革命时期,雷佩尔提提出的为接受所有适龄儿童入学受教而创设的教育机构是(　　)

A. 儿童之家　　B. 青年之家　　C. 国民教育之家　　D. 劳作教育之家

6.【2015 年 311 真题 28】法兰西第一帝国时期拿破仑十分重视技术教育和专门学校的发展,曾被其喻为“能下金蛋的母鸡”的教育机构是(　　)

A. 巴黎机械与化学工艺学校　　B. 圣苏尔特种军事学校

C. 巴黎高等师范学校　　D. 巴黎理工学校

7.【2015 年 311 真题 30】教育思想表现出鲜明的民主性,认为天才、才能和美德出自茅舍的可能要比出自宫廷的多得难以计算的法国教育家是(　　)

A. 爱尔维修　　B. 狄德罗　　C. 拉夏洛泰　　D. 卢梭

8.【2019 年 311 真题 30】拿破仑第一帝国政府重视发展中等教育以培养帝国官吏和行政管理人员,其实施中等教育的主要机构是(　　)

A. 国立中学与市立中学　　B. 文科中学与实科中学

C. 古典中学与现代中学　　D. 综合中学与职业中学

9.【2020 年 311 真题 29】1896 年法国《国立大学组织法》的颁布与实施标志着(　　)

A. 法国传统“大学”的复办

B. 法国现代“大学校”的诞生

C. 法国高等教育国立化进程的开端

D. 法国中央集权式高等教育管理体制的确立

模拟练习

单项选择题

1. 法国大革命中哪一个法案提出建立“国家科学与艺术研究协会”,影响了拿破仑时期的帝国大学(　　)

A.《康多塞方案》　　B.《塔列兰方案》

C.《雷佩尔提方案》　　D.《拉瓦锡方案》

2. 认为人人都是通过感官获得知识,从而获得精神的发展,人人都有获取同样知识、达到同样成就的能力,人人都有享受中高等教育的权利,并同时提出“教育万能论”口号的思想家是(　　)

A. 爱尔维修　　B. 狄德罗　　C. 拉夏洛泰　　D. 洛克

3. 深刻揭露封建专制剥夺人民受教育的机会、利用教育愚弄人民、扼杀人民中大量天才的事实的思想家是(　　)

A. 爱尔维修　　B. 狄德罗　　C. 拉夏洛泰　　D. 洛克

4. 设想了按照年龄划分的三级教育制度:5~10 岁、10~16 岁、16 岁以上,提出各阶段的学习都要注重本国语和科学学科的思想家是(　　)

A. 爱尔维修　　B. 狄德罗　　C. 拉夏洛泰　　D. 洛克

第三节　德国近代教育

真题典例

单项选择题

1.【2007 年 311 真题 27】1810 年,洪堡创办的对德国高等教育具有重要影响的大学是(　　)

A. 哈勒大学　　B. 柏林大学　　C. 哥廷根大学　　D. 慕尼黑大学

2.【2013 年 311 真题 28】19 世纪德国教育家洪堡推动新大学运动,创建了柏林大学办学

模式，为大学增添了（　　）

A. 人才培养功能　　B. 科学研究功能　　C. 社会服务功能　　D. 文化传播功能

3.【**2014 年 311 真题 29**】受卢梭自然主义教育思想的影响，18 世纪后期在德国出现的注重教学内容的实用性、寓教学于游戏和活动之中的新式学校是（　　）

A. 劳动学校　　B. 泛爱学校　　C. 实科学校　　D. 文科学校

4.【**2022 年 311 真题 28**】19 世纪后半期，德国中等教育改革与发展的主题是大力发展（　　）

A. 皇家中学　　B. 文实中学　　C. 实科中学　　D. 综合中学

模拟练习

单项选择题

1. 1694 年建立的欧洲第一所新式大学是（　　）

A. 哥廷根大学　　B. 哈佛学院　　C. 哈勒大学　　D. 牛津大学

2. 提出教育的最高目的在于激发学生为真善美服务的主动性的思想家是（　　）

A. 第斯多惠　　B. 乌申斯基　　C. 福禄培尔　　D. 赫尔巴特

3. 以下关于德国 17~18 世纪“骑士学院”的说法错误的是（　　）

A. 面向上层贵族子弟设立

B. 在这类学校中，现代外语和自然科学占首要地位

C. 不学拉丁文、希腊文

D. 是一种特殊的家庭教育

4. 19 世纪德国主要负责传授自然科学知识和历史科学知识的中等教育机构是（　　）

A. 文科中学　　B. 文实中学　　C. 技术中学　　D. 实科中学

5. 较早由世俗政权掌握教育事业的国家是（　　）

A. 德国　　B. 英国　　C. 法国　　D. 美国

6. 18 世纪后期，在夸美纽斯、卢梭等人的教育思想影响下出现的德国新式学校是（　　）

A. 泛爱学校　　B. 文实学校　　C. 技术学校　　D. 实科学校

第四节　俄国近代教育

真题典例

单项选择题

1.【**2010 年 311 真题 32**】“如果现在在大学里有医学系甚至有财经系，而没有教育系，那么这只是表明，直到现在人对他的身体和荷包的健康的珍惜还是甚于对他的精神健康

的珍惜，他对后代的物质财富的关心，超过对他们的优良教育的关心。”做此表述的教育家是（　　）

A. 乌申斯基　B. 苏霍姆林斯基　C. 凯洛夫　D. 赞科夫

2. 【2022 年 311 真题 30】关于教育学的学科性质，乌申斯基的基本看法是（　　）

A. 教育学是一门探讨个人生理学和心理学知识的科学

B. 教育学是一门探讨人类教育问题的科学

C. 教育学是一门探讨如何了解人和培养人的高级艺术

D. 教育学是一门探讨学校教学科目的高级艺术

模拟练习

单项选择题

1. 以下哪项不属于彼得一世改革时创立的学校（　　）

A. 实科专门学校　B. 科学院

C. 俄语学校、计算学校　D. 文实中学

2. 以下哪项不符合乌申斯基的教育观点（　　）

A. 教育应十分注重道德教育的作用　B. 教育的最终目的在于满足社会的要求

C. 教育是一门艺术，而不是科学　D. 课程设置上，应该开设实科课程

第五节　美国近代教育

真题典例

单项选择题

1. 【2007 年 311 真题 29】在美国公立学校发展史上做出杰出贡献，并被誉为“美国公立学校之父”的教育家是（　　）

A. 约翰·杜威　B. 本杰明·富兰克林　C. 贺拉斯·曼　D. 亨利·巴纳德

2. 【2008 年 311 真题 25】《美国宪法修正案》第 10 条规定：“凡是宪法未曾给予联邦而又未曾限制给予各州的权力，都是保留给各州或人民的。”在此规定基础上确立的美国教育管理体制是（　　）

A. 学区制　B. 中央集权制　C. 地方分权制　D. 混合制

3. 【2008 年 311 真题 27】1862 年，美国林肯总统批准了《莫雷尔法案》，要求各州开办或资助农业和机械工艺类学院。这类学院被称为（　　）

A. 初级学院　B. 社区学院　C. 赠地学院　D. 技术学院

4. 【2011 年 311 真题 26】19 世纪 30 年代，美国公立学校运动的主要内容之一是兴办

(　　)

A. 公立小学　　B. 公立中学　　C. 公立职业学校　　D. 州立大学

5.【2015 年 311 真题 31】下列表述中,不符合贺拉斯·曼关于美国公立学校教育目的与作用理解的是(　　)

A. 社会机器的平衡轮　　B. 社会人才的锻造炉

C. 社会差异的复印机　　D. 社会境况的均衡阀

6.【2016 年 311 真题 30】美国公立初等教育在 19 世纪上半叶发展与进步的主要表现是(　　)

A. 进步教育运动的开展

B. 地方教育税与强迫入学制度的确立

C. "回归基础"与"生计教育运动"的开展

D. 赫尔巴特教学法在小学教育实践中得以推广

模拟练习

单项选择题

1. 以下哪个属于美国 18 世纪中等教育的学校类型(　　)

A. 文实中学　　B. 文法学校　　C. 国立中学　　D. 公学

2. 将师范教育看作提高公立学校教育的重要手段,倡议创设师范学校来培养教师的教育家是(　　)

A. 杜威　　B. 贺拉斯·曼　　C. 福禄贝尔　　D. 富兰克林

第六节 日本近代教育

真题典例

单项选择题

【2009 年 311 真题 29】1886 年,日本明治政府颁布的《中学校令》中,将中学分为(　　)

A. 职业中学和普通中学　　B. 私立中学和公立中学

C. 文科中学和实科中学　　D. 寻常中学和高等中学

模拟练习

无

第六章 西欧近代教育思想与教育思潮

第一节 夸美纽斯的教育思想

真题典例

单项选择题

1.【**2007 年 311 真题** 23】贯穿在夸美纽斯整个教育体系中的指导性原则是（ ）

A. 直观性原则 B. 教育性教学原则

C. 循序渐进原则 D. 教育适应自然原则

2.【**2009 年 311 真题** 28】提出“把一切事物教给一切人”“一切儿童都可以教育成人”“一切男女青年都应该进学校”的欧洲近代教育家是（ ）

A. 卢梭 B. 夸美纽斯 C. 乌申斯基 D. 福禄培尔

3.【**2010 年 311 真题** 27】被 17 世纪捷克教育家夸美纽斯视为教学的“金科玉律”、18 世纪瑞士教育家裴斯泰洛齐视为基础性教学原则的是（ ）

A. 量力性原则 B. 直观性原则 C. 巩固性原则 D. 系统性原则

4.【**2011 年 311 真题** 27】夸美纽斯依据教育适应自然的原则将母育学校比喻为（ ）

A.“春季” B.“夏季” C.“秋季” D.“冬季”

5.【**2014 年 311 真题** 26】在道德教育问题上，捷克教育家夸美纽斯主张（ ）

A. 道德教育等同于宗教教育

B. 德行培养应成为学校教育的重要任务

C. 道德教育应戒绝使用斥责或鞭挞一类惩罚手段

D. 道德教育应以《圣经》有关诫命的学习为主

6.【**2017 年 311 真题** 28】夸美纽斯提出直观性教学，其依据是（ ）

A. 泛智论 B. 感觉论 C. 天赋论 D. 性善论

7.【**2018 年 311 真题** 13】夸美纽斯 1632 年发表的《大教学论》，是教育学形成过程中一个重要的里程碑。但此书尚不足以标志教育学作为一门学科的诞生，原因是此书（ ）

A. 宣扬教育为现世生活做准备

B. 只谈教育实务，不谈教育理论

C. 并非教育理论著作，而是教学理论著作

D. 以自然类比教育,理论论证尚未达到学科成熟的水平

8.【2019 年 311 真题 27】在夸美纽斯看来,学校不幸变成儿童“才智屠宰场”,其根本原因在于教学工作违背了(　　)

A. 直观性原则　　B. 系统性原则

C. 适应自然原则　　D. 激发学生求知欲望原则

9.【2020 年 311 真题 28】下列表述中,具体反映夸美纽斯教育理论主张或教育实践贡献的是(　　)

A. 国家应赋予教会管理教育的责任和权力

B. 面向一切男女青年实施无目的和程度差别的教育

C. 系统论述了班级授课制,为提高教学效率提供了理论基础

D. 抛弃引证《圣经》的传统做法,运用类比自然的方法论述自己的教育观点

10.【2021 年 311 真题 28】集中体现夸美纽斯“泛智教育思想”的表述是(　　)

A. 人是所有造物中最崇高、最完善和最美好的

B. 儿童天生具有博学、道德和虔信的种子

C. 改良学校的基础应当是万物的严谨秩序

D. 将一切事物教给一切人类

模拟练习

一、单项选择题

1. 以下对于夸美纽斯泛智教育思想的说法,不正确的是(　　)

A. 主张教授一切事物,丰富了教育内容

B. 主张教授给一切人,扩大了教育对象

C. 主张普及教育,受到莫尔和路德思想的影响

D. 主张男女平等,具有民主色彩

2. 在道德问题上,捷克教育家夸美纽斯主张(　　)

A. 道德教育等同于宗教教育

B. 德性培养应成为学校教育的首要任务

C. 道德教育应戒绝使用斥责或鞭挞一类的惩罚手段

D. 道德教育应以《圣经》有关诫命的学习为主

3. “不强迫智力接受任何它的自然爱好所不喜爱的东西”体现了夸美纽斯的(　　)教学原则

A. 巩固性　　B. 系统性和循序渐进

C. 量力性　　D. 直观性

4. 提出“寻求一种教学的方法,使教员因此可以少教,但是学生可以多学;使学校因此可以少些喧嚣、厌恶和无益的劳苦,多具闲暇、快乐和坚实的进步”的思想家是(　　)

A. 夸美纽斯　　B. 赫尔巴特　　C. 杜威　　D. 裴斯泰洛齐

5. 世界观具有两面性，一方面具有民主主义观念，认为“人是造物中最崇高、最纯粹、最卓越的”，另一方面又强调感觉是认识的起点和基础，认为《圣经》是认识的源泉的思想家是(　　)

A. 卢梭　　B. 夸美纽斯　　C. 裴斯泰洛齐　　D. 洛克

6. 认为“人是造物中最崇高、最纯粹、最卓越”的，一方面肯定人的创造力，另一方面又有根深蒂固的基督教观念的思想家是(　　)

A. 夸美纽斯　　B. 赫尔巴特　　C. 裴斯泰洛齐　　D. 卢梭

7. 教育史上将劳动教育纳入德育内容，要求儿童学会从事一切诚实的劳动，不做寄生虫的教育家是(　　)

A. 莫尔　　B. 卢梭　　C. 裴斯泰洛齐　　D. 夸美纽斯

二、论述题

1. 比较卢梭和夸美纽斯的自然主义教育思想。

2. 论述夸美纽斯提出教育适应自然原则的历史背景、主要特征及其重要意义。

3. 试评述夸美纽斯的普及教育思想与班级授课制理论的历史贡献及二者之间的逻辑关系。

4. 夸美纽斯教育管理思想的主要内容和历史贡献是什么？

第二节　卢梭的教育思想

真题典例

单项选择题

1. 【2010 年 311 真题 28】18 世纪法国教育家卢梭将每个人接受的教育分为三类，即(　　)

A. 知识的教育、道德的教育和劳动的教育

B. 自然的教育、事物的教育和人为的教育

C. 社会的教育、家庭的教育和学校的教育

D. 自然的教育、社会的教育和个人的教育

2. 【2015 年 311 真题 26】在职业选择问题上，法国教育家卢梭反对的是(　　)

A. 选择适合儿童禀赋的职业　　B. 选择对社会有用的职业

C. 选择为法国政府服务的职业　　D. 选择有教育意义的职业

3. 【2016 年 311 真题 27】卢梭自然主义教育理论中的“消极教育”意指(　　)

A. 教育作用有限

B. 教育在于等待儿童的自然发展

C. 教育对儿童发展难以发挥积极作用

D. 教育需要遵循儿童天性,防范外界不良影响

4.【2018 年 311 真题 28】为 18 世纪后期德国泛爱教育运动兴起提供直接的思想启蒙和理论指导的是(　　)

A. 卢梭自然主义教育理论　　B. 凯兴斯泰纳公民教育理论

C. 夸美纽斯自然主义教育理论　　D. 裴斯泰洛齐要素教育理论

5.【2021 年 311 真题 30】卢梭将儿童所受教育分为自然的教育、事物的教育和人为的教育,主张事物的教育和人为的教育要配合我们无法控制或决定的自然的教育。此处"自然的教育"是指(　　)

A. 个人生活习惯和态度的教育　　B. 个人才能和器官发展的教育

C. 个人知识和道德素养的教育　　D. 个人劳动技能和习惯的教育

6.【2022 年 311 真题 27】关于人为的教育、事物的教育和自然的教育的实施,卢梭主张(　　)

A. 人为的教育、事物的教育要配合趋同于自然的教育

B. 自然的教育、事物的教育要配合趋同人为的教育

C. 自然的教育、人为的教育要配合趋同事物的教育

D. 人为的教育、事物的教育和自然的教育要分别独立实施

模拟练习

一、单项选择题

1. 在学习知识的问题上,卢梭把(　　)放首位

A. 实用科学　　B. 道德教育

C. 理性思考　　D. 培养兴趣和提高能力

2. 关于卢梭自然教育的实施,说法不正确的是(　　)

A. 主张 2~12 岁是儿童理性的睡眠期

B. 道德教育需要排除宗教教育

C. 在智育方法上,主张学生在实际活动中自觉自动地学习

D. 引导儿童投入活动的是欲念、兴趣和好奇心

3. 关于人的天性,卢梭没有提及的是(　　)

A. 自爱心的重要性　　B. 怜悯心的重要性

C. 良心的重要性　　D. 童心的重要性

4. 关于卢梭提出的 12~15 岁的教育,说法不正确的是(　　)

A. 这一阶段主要进行的是知识学习和劳动教育

B. 在学习知识的问题上,把培养兴趣和提高能力放到首位

C. 主张儿童既要学习自然科学,又要学习历史、哲学等社会学科

D. 基本原则是让学生在实际活动中自觉自动学习

5. 下列关于卢梭"消极教育"说法不正确的是(　　)

A. “消极教育”指的是对儿童放任自流
B. “消极教育”指的是成人的不压制、不灌输和让儿童率性发展
C. “消极教育”的人性论依据是人性本善
D. “消极教育”把成人、教师在教育中的中心位置让位于儿童的自主发展

二、论述题

1. 试分析卢梭教育思想的主要特点及其形成原因。
2. 卢梭自然主义教育理论的主要内容、意义和局限性是什么？

第三节 裴斯泰洛齐的教育思想

真题典例

单项选择题

1. 【2007年311真题25】裴斯泰洛齐认为，道德教育最基本的要素是（　　）
A. 儿童对母亲的爱　　B. 儿童对父亲的爱
C. 儿童对全人类的爱　　D. 儿童对上帝的爱
2. 【2009年311真题34】首先提出“教育心理学化”主张的学者是（　　）
A. 裴斯泰洛齐　　B. 夸美纽斯　　C. 詹姆斯　　D. 赫尔巴特
3. 【2012年311真题27】在西方近代教育中，依据教育心理学化的理念，提出初等学校教育应该从最简单要素开始，以便循序渐进地促进人的和谐发展的教育家是（　　）
A. 洛克　　B. 卢梭　　C. 夸美纽斯　　D. 裴斯泰洛齐
4. 【2019年311真题28】西方教育史上，最早将教育与生产劳动相结合的思想付诸实践的教育家是（　　）
A. 柏拉图　　B. 夸美纽斯　　C. 卢梭　　D. 裴斯泰洛齐

模拟练习

单项选择题

1. 裴斯泰洛齐认为教育的最终目的是（　　）
A. 推进社会的改良和进步　　B. 培养至高无上的道德
C. 培养科学家　　D. 促进人的发展
2. 以下哪项不属于裴斯泰洛齐关于道德教育的看法（　　）
A. 道德教育任务的实现，首先是学校教育，然后是家庭教育
B. 儿童对母亲的爱，是道德教育最基本的要素

C. 单纯的以慈爱办教育没有用,道德教育需要慈爱和威严结合
D. 道德教育要重视道德说理和道德行为的练习

3. 关于裴斯泰洛齐初等学校各科教学法,说法错误的是(　　)
A. 语言教学应从发音教学开始,然后进行单词教学,最后是语言教学
B. 数字“0”是数目的最简单的要素,计数是算术能力的要素
C. 直线是构成各种形状的最简单的要素
D. 地理教学应由近及远的原则进行,从儿童熟悉的自然环境开始

第四节　赫尔巴特的教育思想

真题典例

一、单项选择题

1. 【2009 年 311 真题 26】赫尔巴特提出教学形式阶段理论,认为任何教学活动都必须经历的四个阶段是(　　)
A. 注意、期待、要求、行动　　B. 明了、联想、系统、方法
C. 注意、期待、相关、集中　　D. 明了、联想、提示、巩固

2. 【2013 年 311 真题 27】赫尔巴特把教育过程分为相互联系、前后衔接的三个部分,即(　　)
A. 统觉、教学和训育　　B. 兴趣、教学和训育
C. 联想、教学和训育　　D. 管理、教学和训育

3. 【2016 年 311 真题 28】赫尔巴特认为教育目的包括“可能的目的”和“必要的目的”,其中“必要的目的”指(　　)
A. 与儿童未来所从事的职业有关的目的
B. 与儿童奠定必要的文化知识基础有关的目的
C. 与儿童养成内心自由、完善、仁慈、正义、公平等道德观念有关的目的
D. 与儿童形成经验、思辨、同情、审美、社会、宗教等多方面兴趣有关的目的

4. 【2017 年 311 真题 31】依据赫尔巴特的教学形式阶段理论,学生的兴趣表现为注意,思维状态处于专心,通过教师讲解和提示的方式,获得清晰的表象。这一教学阶段是(　　)
A. 明了　　B. 联合　　C. 系统　　D. 方法

5. 【2018 年 311 真题 29】依据统觉原理,赫尔巴特提出教学科目设置和教学内容组织的两项基本原则是(　　)
A. “相关”与“集中”　　B. “平行”与“分配”
C. “均衡”与“差异”　　D. “连续”与“顺序”

6. 【2020 年 311 真题 11】作为教育学诞生的重要标志,赫尔巴特《普通教育学》创建了

教育“目的—手段”理论框架，并以心理学说明教育的（　　）

A. 目的、手段和途径　　B. 目的、手段和障碍

C. 途径、障碍和目的　　D. 途径、手段和障碍

二、分析论述题

【2011年311真题55】论述赫尔巴特的兴趣观及在其教育理论体系中的作用。

模拟练习

一、单项选择题

1. 赫尔巴特主张道德教育的基本途径是（　　）

A. 教学　　B. 家庭教育　　C. 实践活动　　D. 劳动教育

2. 以下哪项不符合赫尔巴特对儿童管理的看法（　　）

A. 儿童的管理也是一种道德教育

B. 儿童管理的目的是培养一种守秩序的精神

C. 儿童管理依附于教育，不具有独立的价值

D. 儿童管理的主要意义在于对某些恶行的预防

3. 赫尔巴特认为，教学工作的最高目的在于（　　）

A. 养成德行　　B. 发展智慧　　C. 发展兴趣　　D. 为职业做准备

4. 根据统觉的原理，赫尔巴特提出把（　　）视为所有学科的中心

A. 历史和数学　　B. 历史和外语　　C. 历史和政治　　D. 科学和数学

二、论述题

1. 简评赫尔巴特关于道德和知识的看法。
2. 论述赫尔巴特的道德教育理论。
3. 赫尔巴特心理学与其教育思想的关系是什么？
4. 赫尔巴特教育性教学原则的主要内容和意义是什么？
5. 赫尔巴特教学形式阶段理论的主要内容和意义是什么？

第五节　福禄培尔的教育思想

真题典例

单项选择题

1.【2016年311真题29】福禄培尔重视发挥游戏在幼儿教育中的价值，他将游戏理解为

(　　)

A. 儿童的外部肢体活动

B. 儿童创造性自我活动的表现

C. 对儿童实施基础知识教育的最佳形式

D. 促进儿童身体发育和健康成长的手段

2. 【2017 年 311 真题 30】将游戏理解为儿童创造性的自我教育活动，主张为儿童建设公共游戏场所的教育家是(　　)

A. 第斯多惠　　B. 乌申斯基　　C. 蒙台梭利　　D. 福禄培尔

模拟练习

一、单项选择题

1. 以下哪项不属于福禄培尔设定的幼儿园的课程体系(　　)

A. 恩物游戏　　B. 手工作业　　C. 运动游戏　　D. 纸笔工作

2. 教育史上第一次把手工训练作为学校正式科目的教育家是(　　)

A. 福禄培尔　　B. 蒙台梭利　　C. 亚里士多德　　D. 柏拉图

二、论述题

试述福禄培尔的学前教育理论。

第六节　马克思和恩格斯的教育思想

真题典例

单项选择题

【2013 年 311 真题 5】马克思主义经典作家认为，实现人的全面发展的基本途径是(　　)

A. 发展生产力　　B. 消灭社会分工

C. 普及教育　　D. 教育与生产劳动相结合

模拟练习

无

第七节　西欧近代教育思潮

真题典例

分析论述题

【**2013 年 311 真题 55**】试析近代西方自然主义教育思想的历史意义与局限性。

模拟练习

论述题

1. 教育科学化思想产生于16、17世纪。培根认为科学知识是"为人的幸福最有价值的知识",他提出"知识就是力量"的口号,被誉为"科学教育之父"。19世纪中后期,随着自然科学的进一步发展以及进化论的提出,强调科学知识、重视自然科学教育已成为时代的精神。经过英国教育家斯宾塞、生物学家赫胥黎等人的宣传和倡导,科学教育思想逐渐为各国政府所重视,科学进入学校课程,成为学校教育内容的主要组成部分,从而兴起了一场影响广泛的科学教育运动。

阅读材料,结合所学,评述教育科学化思想的内容及意义。

2. 西方不同时代的众多教育家、心理学家基于各自的哲学观、人性观、心理观和教育观对教育心理学化问题提出了各种有关的论述并进行了实践。从总体上看,它们表明:教育心理学化的主旨和诉求实质上包含两个方面:一是祈望和建议一切教育和教学活动必须真正切实地依据和遵循儿童的身心特点及其发展规律,以达到最佳、有效的教育和教学目标,促进人的完美发展;二是祈求将教育学建立在心理学的基础上,使教育学成为真正全面反映教育规律的科学。

阅读材料,结合所学,论述西方教育心理学化思潮究竟是要"化"什么。

第七章　19 世纪末至 20 世纪前期欧美教育思潮和教育实验

第一节　新教育运动

真题典例

单项选择题

1. 【2010 年 311 真题 29】20 世纪意大利学前教育家蒙台梭利教育方法的主要特点是强调(　　)
   A. 自然后果　　B. 作业的作用　　C. 感官教育　　D. 游戏的作用
2. 【2011 年 311 真题 30】19 世纪末 20 世纪初在欧美流行的劳作教育思潮的主要代表人物和推动者是(　　)
   A. 拉伊　　B. 凯兴斯泰纳　　C. 蒙台梭利　　D. 克里斯曼
3. 【2020 年 311 真题 30】19 世纪末 20 世纪初欧洲新教育运动开启的标志是(　　)
   A. 法国教育家德默林开办罗歇斯学校
   B. 英国教育家雷迪创办阿博茨霍尔姆学校
   C. 德国教育家利茨创办德国第一所乡村教育之家
   D. 瑞士教育家费利耶尔在日内瓦组建国际新学校局

模拟练习

一、单项选择题

1. 以下哪项不属于新教育运动的原则(　　)
   A. 增进儿童内在精神力量
   B. 鼓励儿童自治
   C. 培养儿童为社会服务的合作精神
   D. 培养热爱和平的公民
2. 凯兴斯泰纳认为劳作学校的三项任务不包括(　　)
   A. 职业陶冶的准备　　B. 职业陶冶的伦理化
   C. 团体的伦理化　　D. 职业的个性化

3. 打破传统的分科体系，把课程分为关于个人的知识和关于环境的知识两大类，以个人生活中的需要为中心，再与属于环境的知识如家庭、学校、社会、动物、植物、矿物、天时和气象等联系在一起，组成教学单元的思想家是（　　）

A. 克伯屈　　B. 帕克赫斯特　　C. 赫尔巴特　　D. 德可乐利

二、论述题

1. 简要对比新教育运动和进步教育运动。
2. 对比蒙台梭利和福禄培尔的教育思想。

第二节 进步教育运动

真题典例

单项选择题

1. 【2007 年 311 真题 24】针对班级授课制的弊端，美国进步主义教育家帕克赫斯特所提出的个别教学制度被称为（　　）

A. 道尔顿制　　B. 葛雷制　　C. 昆西制度　　D. 文纳特卡制

2. 【2009 年 311 真题 31】在进步教育运动中，美国教育家克伯屈的主要贡献在于创立了（　　）

A. 葛雷制　　B. 昆西教学法　　C. 道尔顿制　　D. 设计教学法

3. 【2010 年 311 真题 30】美国进步主义教育运动期间所创立的道尔顿制的基本原则是（　　）

A. 自由与合作　　B. 活动与主动

C. 注重学生个性差异　　D. 儿童中心主义与“从做中学”

4. 【2012 年 311 真题 30】在美国进步教育运动中，为了充分利用学校设施提高办学效率，在教学中采用“分团学制”的教育改革实验是（　　）

A. 昆西制度　　B. 葛雷制　　C. 道尔顿制　　D. 文纳特卡制

5. 【2016 年 311 真题 32】美国进步教育运动因 1929—1933 年经济危机而发生明显转向，具体表现为（　　）

A. 从中等教育转向初等教育

B. 从重视集体教学转向重视个别教学

C. 从教育理论研究转向进步学校实验研究

D. 从强调儿童自由发展转向重视发挥教育的社会职能

6. 【2017 年 311 真题 32】20 世纪美国进步主义教育运动时期，明确提出以自由与合作为基本原则，实施合同式的学习的个别教学制度是（　　）

A. 葛雷制　　B. 昆西制　　C. 道尔顿制　　D. 文纳特卡制

7.【**2020年311真题31**】美国进步教育运动时期，提出废除课堂教学和课程表以及年级制，代之以“公约”或合同式的学习的教学改革实验是（　　）

A. 葛雷制　　B. 文纳特卡制　　C. 道尔顿制　　D. 昆西教学法

模拟练习

一、单项选择题

1. 主张放弃固定的课程体制，取消分科教学、取消现有的教科书，把学生有目的的活动作为所设计的学习单元的教学法是（　　）

A. 道尔顿制　　B. 文纳特卡制　　C. 设计教学法　　D. 昆西教学法

2. 被认为美国进步教育思想最卓越的例子的是（　　）

A. 葛雷制　　B. 文纳特卡制　　C. 道尔顿制　　D. 昆西教学法

二、论述题

1. 试论19世纪末至20世纪前期欧美教育思潮产生和发展的历史背景、共同特征及其意义。

2. 试比较德可乐利教学法、葛雷制、道尔顿制、文纳特卡制和设计教学法的异同。

第八章 欧美主要国家和日本的现代教育制度

第一节 英国教育的发展

真题典例

单项选择题

1. 【2008 年 311 真题 28】在英国教育史上,促成英国政府教育委员会和地方教育当局的结合,形成以地方教育当局为主体的教育行政管理体制的教育法案是(　　)

A.《福斯特教育法》　　B.《巴尔福法案》

C.《费舍教育法》　　D.《巴特勒教育法》

2. 【2009 年 311 真题 30】1944 年,英国政府通过的决定战后英国教育发展基本方针和政策的教育改革法案是(　　)

A.《巴特勒法案》　　B.《巴尔福教育法》

C.《费舍教育法》　　D.《福斯特教育法》

3. 【2010 年 311 真题 31】20 世纪六七十年代,为促进教育机会均等,英国工党政府将文法学校、技术中学和现代中学合并组建成新型中学。这种中学是(　　)

A. 完全中学　　B. 统一中学　　C. 综合中学　　D. 文实中学

4. 【2011 年 311 真题 32】在英国教育史上,第一次从国家角度阐明“中等教育面向全体儿童”的教育文献是(　　)

A.《斯宾斯报告》　　B.《哈多报告》

C.《雷沃休姆报告》　　D.《诺伍德报告》

5. 【2012 年 311 真题 32】1963 年,英国颁布教育改革法案《罗宾斯高等教育报告》,探讨高等教育如何为社会服务的问题,提出了著名的“罗宾斯原则”,其含义是(　　)

A. 为所有类型的高等学校提供无任何附加条件的国家援助

B. 为所有有能力和成绩合格并愿意接受高等教育的人提供高等教育课程

C. 高等教育分为“自治”部分(大学)和“公共”部分(大学以外的学院)

D. 建立由个人高等教育、职前专业训练、在职进修构成的“师资培训三段法”

6. 【2013 年 311 真题 29】西方在近现代教育发展中逐渐形成了不同类型的教育行政管理体制,其中,以地方教育当局为主体、中央教育行政机构与地方教育当局相结合的教育行政领导体制形成于(　　)

A. 英国　　B. 法国　　C. 美国　　D. 德国

7.【2013 年 311 真题 32】20 世纪 60 年代英国开始改革以文法中学、技术中学、现代中学为主体的“三分制”中等教育体系，试图消除不同类型学校的学生在就业和升学方面的不平等，大力推动建立（　　）

A. 统一学校　　B. 国立中学　　C. 中间学校　　D. 综合中学

8.【2014 年 311 真题 32】20 世纪 70 年代英国《詹姆斯报告》的颁布与实施，促进了（　　）

A. 英国中等教育民主化水平的提高

B. 英国高等教育普及化水平的提高

C. 英国职业教育与普通教育的融合

D. 英国师范教育非定向培养体制的确立

9.【2020 年 311 真题 33】关于英国高等教育改革，1963 年《罗宾斯报告》提出的主要建议是（　　）

A. 强化政府对高等教育经费分配的宏观管理

B. 废除高等教育的“双重制”，构建统一化的高等教育体制

C. 确立以“自治”“参与”和“多学科”为核心的大学治理与发展原则

D. 为所有在能力和成绩方面合格且愿意接受高等教育的人提供高等教育课程服务

10.【2022 年 311 真题 31】20 世纪二三十年代，英国《哈多报告》提出的教育改革目标是（　　）

A. 初等教育均衡发展　　B. 中等教育面向所有儿童实施

C. 高等教育大众化　　D. 普通教育与职业教育融合发展

模拟练习

一、单项选择题

1. 提出设立新型城市技术学校的英国法案是（　　）

A.《巴尔福法案》　　B.《福斯特法案》

C.《巴特勒法案》　　D.《1988 年教育改革法》

2. 以下哪些运动或改革的主题是类似的（　　）

A. 法国统一学校运动和英国《哈多报告》

B. 美国八年研究和法国统一学校运动

C. 美国初级学院运动和英国《哈多报告》

D. 美国初级学院运动和法国统一学校运动

3. 标志着英国高等教育“双重制”的彻底终结与新型英国高等教育大众化框架形成的法案是（　　）

A. 1944 年《巴特勒法案》　　B.《1988 年教育改革法》

C.《1992 年继续教育和高等教育法》　　D.《学习社会中的高等教育》

4. 英国于1972年发表的《詹姆斯报告》,推动该国确立的教师教育体制是(　　)

A. “定向”体制　　B. “非定向”体制

C. “双重”体制　　D. “一元”体制

5. 提出在同一所中学设立兼有文法、现代和技术学科的多科性学校设想的法案是(　　)

A.《斯宾斯报告》　　B.《哈多报告》

C.《1944年教育法》　　D.《诺伍德报告》

二、论述题

简评英国《1988年教育改革法》的基本内容及影响。

第二节　法国教育的发展

真题典例

单项选择题

1. 【2007年311真题28】在法国教育史上,有“技术教育的宪章”之称的法案是(　　)

A.《阿斯蒂埃法案》　　B.《费里法案》

C.《富尔法案》　　D.《教育改革法》

2. 【2016年311真题33】20世纪前半期法国“新大学同志会”为实现民主教育和择优录取而推行的教育改革运动是(　　)

A. 新学校运动　　B. 统一学校运动

C. 公立学校运动　　D. 大学推广运动

3. 【2017年311真题33】20世纪60年代,确立法国高等教育发展的“民主”“自治”和“多学科”原则,规定大学是享有教学、行政和财政自主权的国家机构的教育法案是(　　)

A.《富尔法案》　　B.《哈比改革法案》

C.《阿斯蒂埃法案》　　D.《郎之万—瓦隆教育改革方案》

4. 【2018年311真题32】确立法国高等教育“自主自治、民主参与、多科性结构”办学原则的教育法案是(　　)

A.《大学令》　　B.《帝国大学令》

C.《高等教育法》　　D.《高等教育方向指导法》

5. 【2021年311真题31】20世纪初期,法国“统一学校运动”的主要内容是(　　)

A. 高等教育大众化　　B. 中等教育普及化

C. 衔接中等教育和高等教育　　D. 衔接初等教育和中等教育

模拟练习

单项选择题

1. 20 世纪 90 年代,法国《课程宪章》出台,表明法国今后的教育管理体制为(　　)
   A. 地方分权制　　B. 中央集权制
   C. 地方分权和中央集权相结合　　D. 自由管理制
2. 法国二十世纪的“统一学校运动”所要解决的主要问题是(　　)
   A. 教育收费带来的教育贵族性
   B. 教育集权化带来的管理体制僵化
   C. 教育双轨制造成的教育不平等
   D. 教育内容过分古典而缺乏实用性
3. 以下哪个不属于《法国学校体制现代化建议》中提出的教学内容(　　)
   A. 工具课程　　B. 启蒙课程　　C. 体育课程　　D. 国家课程

第三节　德国教育的发展

真题典例

无

模拟练习

无

第四节　美国教育的发展

真题典例

单项选择题

1. 【**2014 年 311 真题 30**】19 世纪后半期美国研究型大学发展所借鉴的办学模式主要源于(　　)
   A. 英国大学　　B. 法国大学　　C. 德国大学　　D. 意大利大学

2. 【2015 年 311 真题 33】20 世纪 70 年代美国教育改革的主题之一是(　　)

A. 追求优异　　B. 生计教育

C. 提高效率　　D. 教育公平

3. 【2018 年 311 真题 33】20 世纪 70 年代美国教育改革的主题是(　　)

A. 返回基础　　B. 普及科学

C. 天才教育　　D. 大众教育

4. 【2020 年 311 真题 32】1994 年美国总统签署《2000 年目标:美国教育法》,该法案颁布与实施的主要目的在于(　　)

A. 实施“生计教育”

B. 加强“新三艺”教学

C. 构建美国职业教育系统

D. 确立美国中小学课程的国家标准

模拟练习

单项选择题

1. 美国教育史上,肯定六三三制和综合中学的地位,提出中学是面向所有学生并为社会服务的思想的法案是(　　)

A.《国防教育法》

B.《国家处在危机之中:教育改革势在必行》

C.《中等教育的基本原则》

D.《史密斯—休斯法案》

2. 以下哪项不属于美国“初级学院”运动的特点(　　)

A. 招收高中毕业生,传授普通教育和职业教育方面的知识

B. 由地方政府负责兴办

C. 学生无年龄限制

D. 学生毕业后可以转入四年制大学的三年级继续学习

3. 1918 年,美国教育协会“中等教育改组委员会”发布《中等教育的基本原则》,该报告就美国教育发展提出的一项重要建议是(　　)

A. 实行“六三三”学制　　B. 加强“新三艺”教学

C. 实施“八年研究”计划　　D. 推行生计教育

4. 以下哪项不属于美国《国防教育法》的内容(　　)

A. 加强数学、英语、自然科学、社会科学、计算机课程的教学

B. 加强职业教育

C. 增拨大量教育经费

D. 强调天才教育

第五节 日本教育的发展

真题典例

单项选择题

1.【2011年311真题31】1947年日本颁布的终结军国主义教育并为战后教育指明方向的划时代教育法案是(　　)

A.《学制令》　　B.《大学令》

C.《产业教育振兴法》　　D.《教育基本法》

2.【2014年311真题33】20世纪80年代,日本国会批准成立的指导日本教育改革的领导机构是(　　)

A. 临时教育审议会　　B. 中央教育审议会

C. 终身教育审议会　　D. 地方教育审议会

3.【2015年311真题32】20世纪80年代,日本国会批准成立的日本教育改革领导机构是(　　)

A. 中央教育审议会　　B. 临时教育审议会

C. 学生管理局　　D. 教学局

4.【2016年311真题31】日本明治维新时期在创办新式大学的过程中十分注意借鉴国外经验,其学习与借鉴的主要对象国是(　　)

A. 英国　　B. 法国　　C. 德国　　D. 美国

5.【2019年311真题33】1947年,日本国会颁布《学校教育法》,为日本二战后的学校教育发展指明方向。其中规定(　　)

A. 实施大学区制　　B. 废除中央集权式的教育管理体制

C. 加强学生民族意识的培养　　D. 将中学分为寻常中学与高等中学

模拟练习

单项选择题

以下哪项不属于日本战后《教育基本法》的内容(　　)

A. 教育必须以陶冶人格为目标

B. 全体国民接受九年义务教育

C. 教育机会均等,男女同校

D. 部分公立学校可以开设宗教教育

第六节 苏联及俄罗斯联邦教育的发展

真题典例

一、单项选择题

1.【2007 年 311 真题 26】20 世纪 20 年代，苏联普通学校“综合教学大纲”取消了学科界限，将全部知识按综合形式加以排列，其中心是(　　)

A. 活动　　B. 自然　　C. 社会　　D. 劳动

2.【2008 年 311 真题 29】第二次世界大战结束以前，苏联在实施教育与生产劳动相结合的过程中，曾出现把智育视为教育的中心任务、片面追求升学率、相对忽视劳动教育的现象。此现象发生于(　　)

A. 建国初期的教育改革　　B. 20 世纪 20 年代的教育改革

C. 20 世纪 30 年代的教育改革　　D. 卫国战争时期的教育改革

3.【2009 年 311 真题 32】20 世纪五六十年代，苏联教育家赞科夫在教学与发展实验中，提出教学过程就是促进学生的(　　)

A. 一般发展　　B. 特殊发展　　C. 全面发展　　D. 个性发展

4.【2012 年 311 真题 33】1966 年，受世界教育改革趋势的影响，苏联开始新一轮教育改革，矛头直指 1958 年教育改革的消极影响，即(　　)

A. 片面强调提高智力水平，忽视基础知识教学

B. 片面强调基础知识教学，忽视提高智力水平

C. 片面强调生产劳动教学，忽视理论知识教学

D. 片面强调理论知识教学，忽视生产劳动教学

5.【2013 年 311 真题 31】20 世纪五六十年代苏联教育理论界开展了一系列关于教学与发展的教育实验，形成了实验教学论体系，其代表人物是(　　)

A. 马卡连柯　　B. 赞科夫　　C. 巴班斯基　　D. 苏霍姆林斯基

6.【2014 年 311 真题 31】20 世纪 30 年代指导苏联国民教育改革和发展的纲领性文件是(　　)

A.《教育人民委员会关于国民教育的宣言》

B.《国家学术委员会教学大纲》

C.《关于小学和中学的决定》

D.《统一劳动学校规程》

7.【2018 年 311 真题 30】20 世纪 30 年代联共(布)中央颁布实施《关于小学和中学的决定》，确定该时期苏联教育发展的主要任务是(　　)

A. 实施综合教学大纲　　B. 恢复班级授课制度

C. 建立统一劳动学校制度　　D. 加强教学与生产劳动的联系

8.【2021 年 311 真题 33】20 世纪 30 年代,苏联中小学教育改革的主题是(　　)

A. 施行单元教学大纲　　B. 设立统一劳动学校

C. 强化系统知识教学　　D. 强化劳动教育

二、分析论述题

【2016 年 311 真题 55】20 世纪二三十年代苏联相继颁布实施了《国家学术委员会教学大纲》和《关于小学和中学的决定》。试述评其中有关系统知识教学与生产劳动相结合的规定及其实施结果。

模拟练习

一、单项选择题

1. 世界教育史上第一次贯彻了非宗教的社会主义教育原则的立法是(　　)

A.《统一劳动学校规程》　　B.《关于小学和中学的决定》

C.《关于苏联中小学结构的决定》　　D.《国家学术委员会教学大纲》

2. 以下关于苏联的教育任务,说法正确的是(　　)

A. 20 世纪 20 年代和 60 年代,都强调以劳动教育为中心

B. 20 世纪 30 年代和 50 年代,都注重系统知识的教学

C. 20 世纪 20 年代和 50 年代,都强调以劳动教育为中心

D. 20 世纪 30 年代和 60 年代,都强调以活动为中心

二、论述题

1. 略述苏维埃俄国建立初期(1917—1920 年)教育改革的意义。

2. 试评述 20 世纪 20 年代苏联普通教育改革的经验教训。

第九章　现代欧美教育思想

第一节　杜威的教育思想

真题典例

一、单项选择题

1. 【**2010 年 311 真题 33**】杜威教育理论成型的标志性著作是(　　)
   A.《经验与教育》　　B.《民主主义与教育》
   C.《我的教育信条》　　D.《教育与社会》
2. 【**2011 年 311 真题 33**】杜威的“思维五步法”包括经验的情境的寻求、问题的产生、资料的占有和观察的开展、解决方法的提出以及方法的运用和检验。他把这种思维称作(　　)
   A. 反省思维　　B. 情境思维　　C. 逻辑思维　　D. 形象思维
3. 【**2013 年 311 真题 30**】“教育即生活”是杜威教育本质论的基本观点之一,其主要含义是(　　)
   A. 教育是未来生活的预备,而不是儿童生活的过程
   B. 教育不是未来生活的预备,而是儿童生活的过程
   C. 教育是学校的生活,而不是儿童的生活
   D. 教育不是学校的生活,而是儿童的生活

二、分析论述题

【**2007 年 311 真题 55**】试述陶行知“生活即教育”和杜威“教育即生活”的基本内涵,并比较其异同。

模拟练习

一、单项选择题

以下对于杜威所提的“经验”的说法,正确的是(　　)
A. 经验是庞杂的,理性是高于经验的

B. 经验是通过感官被动获得的感觉印象

C. 经验只与认识有关

D. 理性寓于经验之中

二、论述题

1. 对比论述赫尔巴特的教学论和杜威的教学论的异同。
2. 试评述杜威教育本质论的内容与现实意义。
3. 如何评价杜威的课程理论？
4. 试评述杜威关于教学方法的理论。
5. 比较分析赫尔巴特和杜威的教育理论。

第二节 现代欧美教育思潮

真题典例

一、单项选择题

1.【**2007 年 311 真题 30**】现代欧美教育史上，主张古典学科在学校课程中占中心地位的是（　　）

A. 永恒主义教育　　B. 改造主义教育

C. 存在主义教育　　D. 结构主义教育

2.【**2008 年 311 真题 30**】在现代欧美教育史上，重视通过教育建设"理想社会"、教学以社会问题为中心、培养学生"社会一致"精神的教育思潮是（　　）

A. 要素主义教育　　B. 改造主义教育

C. 永恒主义教育　　D. 存在主义教育

3.【**2009 年 311 真题 33**】在现代欧美教育思潮中，主张传授学科的基本概念和原理、提倡发现学习的是（　　）

A. 改造主义教育　　B. 要素主义教育

C. 永恒主义教育　　D. 结构主义教育

4.【**2012 年 311 真题 31**】从 20 世纪 30 年代起，欧美掀起了一场主张恢复西方传统教育核心价值的取向，反对进步教育和新教育的运动，形成了"新传统教育"思潮。新传统教育主要包括（　　）

A. 要素主义教育、永恒主义教育、新托马斯主义教育

B. 改造主义教育、永恒主义教育、新托马斯主义教育

C. 永恒主义教育、要素主义教育、改造主义教育

D. 新托马斯主义教育、要素主义教育、改造主义教育

5.【**2013 年 311 真题 33**】1959 年，美国科学院召开了改进中小学自然科学教育的会议，

从而掀起20世纪60年代以加强基础学科教学、编写新教材、注重学科概念与体系为核心的课程改革运动。这场运动所体现的教育思潮是(　　)

A. 改造主义教育　　B. 要素主义教育

C. 结构主义教育　　D. 永恒主义教育

6.【2018年311真题31】运用“心理胚胎期”和“敏感期”概念表述儿童发展过程阶段性特征的教育家是(　　)

A. 福禄培尔　　B. 赫尔巴特　　C. 第斯多惠　　D. 蒙台梭利

7.【2021年311真题32】1933~1941年,“美国大学与中学关系委员会”为加强中学与大学的合作关系,推行实施了一项名为“八年研究”的高中教育改革实验研究计划,其指导思想是(　　)

A. 永恒主义教育思想　　B. 要素主义教育思想

C. 结构主义教育思想　　D. 进步主义教育思想

8.【2022年311真题32】为20世纪70年代美国“回归基础”教育改革运动提供理论指导的教育思潮是(　　)

A. 泛爱主义教育　　B. 要素主义教育

C. 进步主义教育　　D. 自然主义教育

9.【2022年311真题33】关于课程与教学内容,改造主义教育家主张(　　)

A. 编制实施以社会问题为中心的学校课程

B. 以人类文化遗产的共同要素作为学校课程的核心

C. 古典学科课程在学校课程体系中应居于中心地位

D. 学校课程内容应贯穿渗透基督教精神

二、分析论述题

【2020年311真题55】论述20世纪30年代欧美新传统教育思潮的主要观点及其影响。

模拟练习

一、单项选择题

1. 被誉为“危机时代”的教育理论,同时具有折中主义特点的教育思潮是(　　)

A. 改造主义教育思潮　　B. 人本主义教育思潮

C. 永恒主义教育思潮　　D. 存在主义教育思潮

2. 重视儿童的早期学习,主张任何一门学科的基础知识都能以一定的形式教给任何阶段的任何儿童的教育思潮是(　　)

A. 结构主义教育思潮　　B. 人本主义教育思潮

C. 永恒主义教育思潮　　D. 存在主义教育思潮

3. 强调要尽早教授学科的基础知识,重视儿童早期学习的思潮是(　　)

A. 结构主义教育思潮　　B. 改造主义教育思潮
C. 要素主义教育思潮　　D. 永恒主义教育思潮

4. 认为教育的目的在于使学生实现自我完成的教育思潮是(　　)
A. 存在主义教育思潮　　B. 要素主义教育思潮
C. 永恒主义教育思潮　　D. 实用主义教育思潮

5. 主张“要利用天才儿童和青年所拥有的人类才能的丰富资源”,大力倡导天才教育的教育思潮是(　　)
A. 要素主义教育思潮　　B. 永恒主义教育思潮
C. 改造主义教育思潮　　D. 结构主义教育思潮

6. 20 世纪前期,以巴格莱为代表的美国部分教育家强调真正的教育即理智训练,反对儿童中心主义,注重发挥教师在教学中的权威作用。这部分教育家的教育主张所体现的教育思潮是(　　)
A. 改造主义教育思潮　　B. 要素主义教育思潮
C. 存在主义教育思潮　　D. 新行为主义教育思潮

二、论述题

1. 对比要素主义教育思潮和改造主义教育思潮。
2. 论述要素主义教育思潮的观点及启示。
3. 试评述改造主义教育的主要理论观点。
4. 试论述 20 世纪西方课程论的心理学走向。

第四部分

教育心理学

第一章　心理发展与教育

第一节　心理发展的一般规律与教育

真题典例

无

模拟练习

单项选择题

学校在传统的按年龄编班的班级内，根据学习能力分组进行教学，这样的教学组织主要是考虑到儿童发展具有（　　）

A. 顺序性　　B. 阶段性　　C. 差异性　　D. 稳定性

第二节　认知发展理论与教育

真题典例

单项选择题

1.【**2007 年 311 真题 33**】按照皮亚杰的认知发展阶段理论，开始获得守恒概念的个体，其思维发展处于（　　）

A. 感知运动阶段　　B. 前运算阶段　　C. 具体运算阶段　　D. 形式运算阶段

2.【**2007 年 311 真题 34**】关于教学与发展的关系，维果茨基的基本观点是（　　）

A. 教学跟随发展　　B. 教学与发展并行

C. 教学促进发展　　D. 教学等同于发展

3.【**2008 年 311 真题 32**】幼儿往往认为所有会动的东西都是有生命的，因此当他们看到月亮会动时，就坚持认为月亮是有生命的。这种建构知识的方式是（　　）

A. 同化　　B. 顺应　　C. 图式　　D. 平衡

4.【2009年311真题35】若问小明"为什么偷东西是不对的？"他的回答是"抓住了会挨打"。据此可以判断小明的道德认知发展处于(　　)

A. 前习俗水平　　B. 习俗水平　　C. 后习俗水平　　D. 准习俗水平

5.【2010年311真题35】皮亚杰用来说明儿童认知发展的重要概念是(　　)

A. 图式、运算、同化、顺应　　B. 图式、成熟、同化、平衡

C. 图式、同化、运算、成熟　　D. 图式、同化、顺应、平衡

6.【2011年311真题3】根据皮亚杰的研究,初中生的思维处于具体运算阶段向形式运算阶段过渡的时期。针对这一发展特点,教师在教学中应加强对学生的(　　)

A. 运算能力的培养　　B. 操作能力的培养

C. 具体思维能力的培养　　D. 抽象思维能力的培养

7.【2011年311真题34】维果茨基的"最近发展区"是指(　　)

A. 最新达到的解决问题水平

B. 超出目前的解决问题水平

C. 正处于掌握边缘的解决问题水平

D. 需要在下一发展阶段达到的解决问题水平

8.【2011年311真题35】面对问题时,总是把问题考虑清楚后再做反应,看重问题解决的质量。具有这种特点的认知方式是(　　)

A. 场独立型　　B. 场依存型　　C. 冲动型　　D. 沉思型

9.【2012年311真题37】场依存型认知风格者偏好的学习方式是(　　)

A. 自主学习　　B. 合作学习　　C. 探究学习　　D. 有意义学习

10.【2013年311真题37】某学生做作业时,常常依据身边老师的面部表情来判断自己做题的对错并迅速更改答案。这位学生的认知风格很可能属于(　　)

A. 场依存型　　B. 场独立型　　C. 冲动型　　D. 沉思型

11.【2014年311真题37】埃里克森认为,6~12岁学生人格发展的主要任务是解决"勤奋与自卑"的矛盾。这对矛盾的积极解决有助于发展出的优秀品质是(　　)

A. "胜任力"　　B. "忠诚"　　C. "希望"　　D. "意志"

12.【2015年311真题35】心理学研究发现,在一段主题思想不明确的短文之前加上主题标题与未加相比,被试感到加上标题的材料更易于理解且记忆效果好。最适宜解释这一现象的理论是(　　)

A. 同化论　　B. 生成论　　C. 联想论　　D. 图式理论

13.【2015年311真题36】根据皮亚杰的观点,儿童能发现物体在水中受到的浮力与物体排开的水量有关,而与物体的质地无关。这说明儿童的认知发展水平已处在(　　)

A. 感知运动阶段　　B. 前运算阶段

C. 具体运算阶段　　D. 形式运算阶段

14.【2016年311真题34】根据埃里克森的人格发展理论,中学生人格发展的主要任务是获得(　　)

A. 勤奋感　　B. 自主性　　C. 自我同一性　　D. 亲密感

15.【2018年311真题34】在小莉眼里所有物体都有生命，她常常会对玩具、小草说话。根据皮亚杰认知发展理论，小莉处于（　　）

A. 感觉运动阶段　　B. 前运算阶段

C. 具体运算阶段　　D. 形式运算阶段

16.【2020年311真题38】知识从长时记忆中被提取到工作记忆，是通过所谓“激活扩散”的过程而发生的。对这种提取机制的合理解释是（　　）

A. 发散性思维能力在其中起到至关重要的作用

B. 聚合性思维能力在其中起到至关重要的作用

C. 知识提取的可能性与知识的自由度有关

D. 知识提取的可能性与知识所建构起来的内在关联度有关

17.【2021年311真题38】根据维果茨基的观点，下列选项中属于心理工具的是（　　）

A. 口罩　　B. 无人机　　C. 毛笔　　D. 微信表情包

18.【2022年311真题34】白居易在不同地方听到了同一种早莺的鸣叫，感受却不一样。他用优美的诗句感慨道：“鸟声信如一，分别在人情。”这说明人们对客观事物的理解具有（　　）

A. 情境性　　B. 客观性　　C. 社会性　　D. 主动性

模拟练习

单项选择题

1. 根据皮亚杰的认知发展理论，能独立解决“影响惯性的因素”这一问题的儿童处于何种发展阶段（　　）

A. 感知运动阶段　　B. 前运算阶段

C. 具体运算阶段　　D. 形式运算阶段

2. 在多次接触猫咪后，小明意识到猫是一种高冷的动物，喜欢独处，喜欢吃罐头，在遇到生人时会害怕，这表明小明形成了关于猫的（　　）

A. 直观印象　　B. 认知结构　　C. 认知地图　　D. 图式

3. 儿童能辨别自己的左右手，不能辨别他人的左右手，根据皮亚杰的认知发展理论，儿童的认知发展处于（　　）

A. 感知运动阶段　　B. 形式运算阶段

C. 前运算阶段　　D. 具体运算阶段

4. 当学生表述自己的提问时支支吾吾，教师此时提示学生用“什么”或“为什么”组织句子，这表示教师在给学生提供（　　）

A. 认知结构　　B. 图式　　C. 命题　　D. 教学支架

5. 老师问妙妙：“你有兄弟吗？”“有”“兄弟叫什么名字？”“明明”“明明有兄弟吗？”“没有”。按皮亚杰的儿童认知发展理论，妙妙的思维处于（　　）

A. 感知运动阶段　　B. 前运算阶段

C. 具体运算阶段　　D. 形式运算阶段

6. 虹虹认识并喜欢玩夹子,经常指着夹子要“夹夹”玩。第一次在机场看到飞机尾翼上的燕子图标时,他也指着说“夹夹”,按皮亚杰认知发展理论,这种现象属于(　　)

A. 同化　　B. 顺化　　C. 平衡化　　D. 自动化

7. 能够计算概率问题的学生最有可能处于(　　)

A. 前运算阶段　　B. 动作运算阶段

C. 形式运算阶段　　D. 具体运算阶段

8. 妈妈为小楠和小董榨了两杯同样容量的鲜果汁,分别装在大小不同的两个玻璃杯里,妈妈让小楠先拿,小楠说“我要这杯多的”,小董在旁边说“其实两杯是一样多的”。根据两姐妹的回答,可以判断出小楠和小董分别处于(　　)

A. 感知运动阶段和前运算阶段　　B. 前运算阶段和具体运算阶段

C. 具体运算阶段和形式运算阶段　　D. 感知运动阶段和具体运算阶段

9. 按皮亚杰的观点,学生知识结构形成的方式是(　　)

A. 适应与同化　　B. 同化与顺应

C. 顺应与复习　　D. 复习与适应

10. 王老师认为,备课时必须把握好学生的现有水平和在教师的帮助下可能达到的水平之间的差异,王老师的观点最可能受到了(　　)理论的影响

A. 皮亚杰的认知发展阶段　　B. 维果斯基的最近发展区

C. 班杜拉的观察学习　　D. 巴甫洛夫的经典条件反射

11. 皮亚杰在儿童的观察中发现了“集体的独白”现象,即在团体中每个个体都在高兴地谈论事情,但仔细听却发现他们之间并没有实际的交谈和互动的现象。出现这一现象的个体处在认知发展的(　　)

A. 前运算阶段　　B. 感知运动阶段

C. 形式运算阶段　　D. 具体运算阶段

12. 以下观点与皮亚杰的认知发展理论不符合的是(　　)

A. 知识教育不重要

B. 教学应遵循儿童认知发展的顺序来设计课程

C. 教师的主要任务是通过提问来引起学生认知的不平衡

D. 在形式运算阶段前,教师应为学生提供在现实中学习的机会

13. 合理确定教学目标对教学成功至关重要,以下对教师确定教学目标最有指导意义的理论是(　　)

A. 最近发展区　　B. 观察学习　　C. 经典条件反射　　D. 试误学习

14. 儿童在某一时刻会觉得世界上所有的事物都是有生命的,不小心撞倒了椅子,会小心翼翼地把椅子扶起来,并且挨着椅子自言自语“不痛,不痛,伤口快好”,打碎了杯子,会可怜兮兮地问妈妈“妈妈,杯子死掉了吗?”根据皮亚杰的认知发展理论这一阶段的儿童可能处于(　　)

A. 感知运动阶段　　B. 前运算阶段

C. 具体运算阶段　　D. 形式运算阶段

15. 亮亮第一次来到田野，非常兴奋，指着地里的麦苗叫韭菜。妈妈告诉他那是麦苗，并从手机里搜出韭菜和麦苗的图片，耐心地给他讲解了两者的不同，从这以后，亮亮学会了区分麦苗和韭菜。根据皮亚杰的认知发展理论，亮亮的认知图式发生了（　　）

A. 同化　　B. 迁移　　C. 顺应　　D. 成熟

16. 丽丽看到奶奶不太高兴，她赶快从罐子里拿了自己最喜欢的巧克力给奶奶，她还说："奶奶，我每次不高兴的时候，妈妈给我吃了巧克力我就高兴了，您吃了巧克力也会高兴的。"由此可见，丽丽的认知发展处在（　　）阶段

A. 感知运动　　B. 前运算　　C. 具体运算　　D. 形式运算

17. 根据皮亚杰的认知发展阶段理论，一般不可能出现在小学三年级学生身上的行为是（　　）

A. 能够进行假设命题，并验证假设
B. 能够从"A=B，B=C"推出"A=C"
C. 在体育课上能够按老师说的"高矮顺序"自行列队
D. 知道两杯 400mL 的水即使放在不同大小的容器内，体积也是一样的

18. 妈妈看到东东把皮球往墙上踢，便对他说："墙壁爱干净，你把它的脸弄花了。"东东听了妈妈的话就不再把球往墙上踢，还用抹布一边擦墙壁一边说："对不起，让我给你洗个脸吧。"以上现象说明东东的认知处于（　　）

A. 具体运算阶段　　B. 前运算阶段
C. 感知运动阶段　　D. 形式运算阶段

19. 付老师在学生们第一次学习较难的文言文时，会给他们提供大量注释，后面会慢慢减少注释量，让学生逐渐独立完成文言文的阅读，付老师的教学方式符合（　　）

A. 皮亚杰的认知发展理论　　B. 布鲁纳的认知发现理论
C. 维果茨基的认知发展理论　　D. 奥苏伯尔的认知同化理论

第三节　社会化与人格发展理论与教育

真题典例

单项选择题

1. 【**2007 年 311 真题 32**】根据埃里克森的心理社会发展理论，小学儿童的主要发展任务是（　　）

A. 获得自主感，克服羞怯感，体验意志的实现
B. 获得主动感，克服内疚感，体验目的的实现
C. 获得勤奋感，克服自卑感，体验能力的实现
D. 获得同一感，克服混乱感，体验忠诚的实现

2.【2008 年 311 真题 31】埃里克森认为,青少年期人格发展的主要任务是获得(　　)

A. 勤奋感　　B. 亲密感　　C. 自我完善感　　D. 自我同一感

3.【2020 年 311 真题 34】小星在家里很任性,上学后常与同桌为座位发生纠纷。根据布朗芬布伦纳的儿童心理发展生态系统理论,他在家中养成的习性对其在校与同学相处的影响,可归属于生态系统中的(　　)

A. 微系统　　B. 中系统　　C. 外系统　　D. 宏系统

4.【2021 年 311 真题 35】根据科尔伯格的道德发展阶段理论,学生最有可能出现创造性行为减少的阶段是(　　)

A. 社会契约定向阶段　　B. 遵守法规和秩序定向阶段

C. 相对功利定向阶段　　D. 惩罚与服从定向阶段

模拟练习

单项选择题

1. 根据科尔伯格的道德发展阶段理论,学生认为“海因兹应该不应该偷药,要看他妻子平时对他好不好”,这表明此儿童的道德发展属于(　　)

A. 前习俗阶段　　B. 准习俗阶段

C. 习俗阶段　　D. 后习俗阶段

2. 若问小明“为什么偷东西是不对的?”他的回答是“抓住了会挨打”。据此可以判断小明的道德认知发展处于(　　)

A. 前习俗水平　　B. 习俗水平

C. 后习俗水平　　D. 准习俗水平

3. 在海因兹偷药的问题中,认为海因兹应该去偷药,因为海因兹是为了救命才不得不去偷药,如果有什么需要改变的话,那应该是法律没有考虑到稀有药品应按照公平原则加以调控,法律才是需要修改的。这表明此儿童的道德认知属于(　　)

A. 好孩子定向阶段　　B. 维护法律权威和秩序定向阶段

C. 社会契约定向阶段　　D. 工具性的相对主义定向阶段

4. 根据埃里克森的人格发展理论,三岁至六七岁儿童所要解决的主要矛盾有(　　)

A. 自主感对羞怯感　　B. 主动感对内疚感

C. 勤奋感对自卑感　　D. 自我同一性对角色混乱

5. 两三岁的儿童常常会要求自己独立完成一些任务,如吃饭、穿衣等,这时候家长应该给儿童提供这样的机会,即使他们失败了也不要责备,因为根据埃里克森的心理社会发展理论,这一阶段儿童的主要任务是形成(　　)

A. 勤奋感　　B. 自主感　　C. 信任感　　D. 角色同一性

6. 有的人对他人充满怀疑,对世界缺乏信任;有的人有很好的安全感,能够相信周围的人。根据埃里克森的发展理论,这更有可能是由于哪一阶段的发展差异造成的?(　　)

A. 婴儿期　　B. 幼儿期　　C. 儿童期　　D. 青年期

7. 某生近段时间常被“我是谁？”“我将来要做什么？”等问题困扰，依据埃里克森的理论，该生心理处于(　　)发展阶段

A. 自主对羞愧　　B. 信任对怀疑

C. 角色同一性对角色混乱　　D. 勤奋对自卑

第四节 心理发展的差异与教育

真题典例

单项选择题

1. 【**2008 年 311 真题 33**】兼具敏感、细心、情感体验深刻等积极品质和多疑、孤僻等消极品质的气质类型是(　　)

A. 胆汁质　　B. 多血质　　C. 黏液质　　D. 抑郁质

2. 【**2009 年 311 真题 36**】下列各种个别差异中，不属于认知方式差异的是(　　)

A. 场依存型与场独立型　　B. 冲动型与沉思型

C. 内控型与外控型　　D. 分析型与综合型

3. 【**2009 年 311 真题 37**】下列术语中，含义不同于“认知结构”的是(　　)

A. 统觉团　　B. 认知地图　　C. 学科基本结构　　D. 编码系统

4. 【**2017 年 311 真题 34**】学生根据已知信息、利用熟悉的规则解决问题的思维方式是(　　)

A. 直觉思维　　B. 聚合思维　　C. 抽象思维　　D. 发散思维

5. 【**2018 年 311 真题 37**】“曹冲称象”反映了曹冲的(　　)

A. 抽象思维　　B. 聚合思维　　C. 动作思维　　D. 发散思维

模拟练习

一、单项选择题

1. 根据加德纳的多元智能理论，教育和评价要充分尊重、利用人的发展的(　　)

A. 顺序性　　B. 阶段性　　C. 差异性　　D. 不平衡性

2. 课堂上，老师提问的话音未落，有的学生就急忙举手回答，但回答常常不够全面。这类学生所对应的认知加工方式为(　　)

A. 深层加工　　B. 表层加工　　C. 冲动型加工　　D. 沉思型加工

3. 在认知风格研究中，“镶嵌图形测验”最能区分哪一类认知风格？(　　)

A. 内倾与外倾　　B. 场独立与场依存

C. 聚合式与发散式　　D. 整体性与系列性

二、材料分析题

阅读材料,并按要求回答问题。

课堂教学实际是一种提问和回答的循环,但并不是教师的每个问题都提得那么恰当,真正有效的问题是那些能够使学生积极回答并因此而积极参与学习过程的问题,教师应学会根据学生发展的不同差异进行因材施教式的提问。

玛丽·罗(Mary Rowe)的研究发现,教师问一个问题和学生做出回答的时间间隔平均为1秒。问—答间隔时间增加到3~4秒对学生的反应有几个益处:回答长度增加;主动回答且合适的回答增加;失败的回答减少;自信增加;推理回答增加;学生—学生回答增加;证据—推理回答增加;学生问题增加。尽管如此,教师在教学实践中却趋向于等待很短时间,且不愿向低成就学生提问。当一个学生的回答不正确或不合适时,教师不能就此提供答案,而是变换问题让别的学生回答,或者与这个学生共同探讨。通常认为,真诚的表扬、肯定的反应(简单地微笑、点头)或表示赞同、接受的简短的评论(好、正确、不错等)都能增加成就动机。除此之外,学生要成为积极理解和独立思维的主体,就必须能够自己发现问题并提出解决问题的策略。

阅读上述材料,结合所学的教育心理学知识,谈谈教师应根据学生哪些方面的差异来进行"因材施教"式的提问?

第二章　学习及其理论解释

第一节　学习的概述

真题典例

单项选择题

1.【2007 年 311 真题 35】根据加涅对学习的分类,识别多种刺激的异同并对之做出不同的反应,这种学习是(　　)

A. 连锁学习　　B. 辨别学习　　C. 概念学习　　D. 规则学习

2.【2008 年 311 真题 41】按照加涅对学习结果的分类,下列选项中,不属于智慧技能的是(　　)

A. 言语信息　　B. 具体概念　　C. 定义概念　　D. 问题解决

3.【2009 年 311 真题 42】学生在了解了长方形面积公式、三角形面积公式及面积的可加性原则后,生成了梯形面积的计算公式。按照加涅的学习分类标准,这种学习属于(　　)

A. 辨别学习　　B. 概念学习　　C. 规则学习　　D. 高级规则学习

4.【2010 年 311 真题 34】下列选项中,由学习引起的行为变化是(　　)

A. 视觉适应　　B. 望梅止渴

C. 青春期男孩变声　　D. 服用兴奋剂提高成绩

5.【2012 年 311 真题 34】根据加涅的学习层次分类观点,儿童学习游泳主要属于(　　)

A. 连锁学习　　B. 信号学习

C. 规则或原理的学习　　D. 解决问题的学习

6.【2013 年 311 真题 36】下列尚未发生学习的现象是(　　)

A. 杯弓蛇影　　B. 蜜蜂采蜜　　C. 望梅止渴　　D. 老马识途

模拟练习

单项选择题

1. 比概念学习的复杂程度高的是(　　)

A. 连锁学习　　B. 信号学习　　C. 辨别学习　　D. 规则学习

2. 萌萌原来见了陌生人就躲避,上幼儿园一个月后,萌萌的这种行为消失了。根据加涅的学习结果分类,这里发生的是(　　)学习

A. 言语信息　　B. 态度　　C. 智慧技能　　D. 认知策略

3. 按照认知心理学的观点,机械学习与有意义学习划分的主要依据是(　　)

A. 新旧知识间是否建立非人为的实质性联系

B. 学生是否主动学习、反复学习

C. 要学习的主要内容是教师呈现还是由学生发现

D. 学习的目的是解决问题还是获得知识

4. 李教授参观一所中学时,翻了翻学生课桌上的课本,问道:"地下一千米比地面冷还是热?"学生面面相觑,默不作声。旁边的任课老师急了,马上问学生:"地球深层是什么地质结构?"全班学生马上回答:"是熔岩。"以上案例中,学生对地球结构的学习属于(　　)

A. 机械学习　　B. 意义学习　　C. 发现学习　　D. 模仿学习

5. 小林在中学实习两周后,学会了使用电子白板上课。根据加涅对学习结果的分类,小林的学习内容属于(　　)

A. 智力技能　　B. 认知策略　　C. 言语信息　　D. 运动技能

6. 下列哪种学习属于有意义的接受学习(　　)

A. 科学家探索新材料　　B. 儿童尝试错误走迷宫

C. 小学生编打油诗背诵圆周率　　D. 中学生听讲座,理解概念之间的关系

7. 妈妈给小童讲大灰狼的故事,大灰狼狡猾、凶残,假装兔妈妈闯进小白兔家里吃掉小白兔。故事讲了很多次以后,小童对大灰狼很讨厌。根据加涅对学习结果的分类,小童的学习属于(　　)

A. 认识策略学习　　B. 智慧技能学习　　C. 态度学习　　D. 言语信息学习

8. "教学生学习任何科目,绝不是向学生灌输一些固定的知识,而是启发学生主动去求取知识与组织知识。"这是(　　)的观点

A. 接受学习　　B. 发现学习　　C. 机械学习　　D. 顿悟学习

9. 通过教学和训练,学生掌握了"行程问题"的解题方法,之后对于"行程问题"中的"相遇问题""追赶问题"等都能很顺利地解决。根据加涅的学习分类,这一水平的学习属于(　　)

A. 连锁学习　　B. 概念学习　　C. 规则学习　　D. 问题解决学习

第二节　行为主义学习理论

真题典例

一、单项选择题

1. 【2007 年 311 真题 36】某小学生为了避免父母的斥责而认真完成家庭作业,其行为背

后的作用机制是（　　）

A. 正强化　　B. 负强化　　C. 正惩罚　　D. 负惩罚

2.【**2007 年 311 真题 37**】体现“身教重于言教”思想的学习理论派别是（　　）

A. 社会学习理论　　B. 操作条件反射理论

C. 认知学习理论　　D. 人本主义学习理论

3.【**2008 年 311 真题 38**】在间歇强化的条件下，刺激--反应联结的特点是（　　）

A. 建立快，消退也快　　B. 建立快，消退慢

C. 建立慢，消退快　　D. 建立慢，消退也慢

4.【**2009 年 311 真题 38**】某生上课害怕被点名回答问题，当他发现坐在教室后排并趴在桌上时，就不大可能被提问，于是后来就越来越多地表现出类似行为。从行为主义的观点来看，这是由于该生曾受到（　　）

A. 正强化　　B. 负强化　　C. 惩罚　　D. 塑造

5.【**2009 年 311 真题 45**】一个经常违纪的学生被调到一个风气良好的班级后，在周围学生严格守纪行为的影响下，其违纪行为暂时很少表现出来。这体现了观察学习的（　　）

A. 习得效应　　B. 情绪唤起效应　　C. 抑制效应　　D. 社会促进效应

6.【**2012 年 311 真题 36**】同概念一样，规则也有正例、反例。下列表述能体现桑代克“效果律”正例的是（　　）

A. “近朱者赤，近墨者黑”　　B. “得寸进尺”

C. “入乡随俗”　　D. “吃小亏占大便宜”

7.【**2013 年 311 真题 38**】某学生很怕猫。教师先让她看猫的照片，与她谈论猫，再让她看关在笼子中的猫，最后让她摸猫、抱猫，帮助她逐步消除对猫的恐惧反应。这种改变行为的方法属于（　　）

A. 行为塑造法　　B. 系统脱敏法　　C. 松弛训练法　　D. 认知疗法

8.【**2014 年 311 真题 36**】当儿童改正了不认真做作业的行为后，家长取消不准其看动画片的禁令。这种做法属于（　　）

A. 正强化　　B. 负强化　　C. 正惩罚　　D. 负惩罚

9.【**2015 年 311 真题 37**】研究表明，学习成功的学生往往对学习抱积极态度，而屡受挫折的学生易对学习抱消极态度。能对这种现象做出合理解释的是（　　）

A. 认知失调理论　　B. 社会学习理论　　C. 效果律　　D. 准备律

10.【**2021 年 311 真题 34**】“风声鹤唳，草木皆兵”反映的是条件作用的（　　）

A. 强化　　B. 泛化　　C. 消退　　D. 分化

二、分析论述题

1.【**2010 年 311 真题 56. Ⅰ**】对于学生在课堂上的违规行为，教师可能采用各种不同的办法进行处理。下面是 5 个实例：

例一：学生张明在课堂上对邻座做鬼脸，引起对方发笑，老师对其注视片刻后，即不再理睬，继续讲课，学生遂终止其不当行为。

例二：当学生的违规行为获得部分学生认可时，让违规学生坐到教室后边，与其他学生分开，有效地阻止了学生的违规行为。

例三：刚上课时，郭忠抽掉前座李军的椅子，李军重重地摔了一跤，老师当即严肃地批评了郭忠，并令其放学后到老师办公室写情况说明。

例四：课间有两个学生吵架，前来上课的老师厉声制止，毫无效果，围观的学生越来越多。老师于是决定用8分钟时间让两个学生吵个够，而让其他学生在一旁静观。结果两个学生很快就不再吵架了。

例五：对于平时在课堂上经常讲闲话的学生，一旦他在某节课不再讲闲话，老师就及时予以表扬。

请用行为主义学习观点，分析说明上述各实例中处置学生不当行为的教育措施的心理学依据。

2.【**2012年311真题56.Ⅰ**】某教师试图采用榜样法与当众表扬的强化方式培养儿童形成利他习惯。试回答：

(1) 这种做法最初易引起学生习得何种行为？

(2) 这一行为发展成为习惯所需要的内、外部条件及理由是什么？

(3) 这一过程需要使用到哪些强化？

模拟练习

一、单项选择题

1. 将强化分为直接强化、替代强化和自我强化的心理学家是（　　）

A. 班杜拉　　B. 马斯洛　　C. 韦纳　　D. 阿特金森

2. 小孩多次通过哭闹获得玩具，为矫正这种行为，父母不予理睬。这体现了行为主义中的（　　）原理

A. 惩罚　　B. 强化　　C. 负强化　　D. 消退

3. 小明在商场哭闹，想要玩具赛车，妈妈没有理睬他的哭闹。关于妈妈的做法，说法错误的是（　　）

A. 妈妈的做法采用了行为主义的原理　　B. 妈妈避免了对小明错误行为的强化

C. 妈妈利用了消退的原理　　D. 妈妈的做法对小明是一种负强化

4. 每次上新课前，老师都会预设问题激发学生思考，并让学生预习，这符合桑代克“学习定律”中的（　　）

A. 效果律　　B. 准备律　　C. 练习律　　D. 学习律

5. 以下不属于联结学习理论的观点的是（　　）

A. 学习的实质是形成刺激与反应的联结　　B. 联结需要通过试误而建立

C. 原有知识结构对学习十分重要　　D. 学习的成效影响后继学习

6. 狗最初对圆形和椭圆形做出同样的反应，经训练后仅对圆形做出该反应，这都是条件反射的（　　）

A. 获得　　B. 消退　　C. 泛化　　D. 分化

7. 某学生做了一件好事，老师在全班同学面前表扬他。该老师运用的是(　　)

A. 潜伏学习理论　　B. 模仿学习理论

C. 建构学习理论　　D. 观察学习理论

8. 得出学习即强化的观点的实验是(　　)

A. 经典条件反射实验　　B. 操作条件反射实验

C. 榜样学习实验　　D. 问题表征

9. 小牧是小学二年级的学生，在学校里十分调皮，上课常常故意发出一些奇怪的声响引起其他同学的注意，每次老师都要对其严厉制止，为此打断课程，这让许多老师十分头疼。为了改变小牧这一行为，班主任和其他几位任课老师商量，决定以后小牧每次发出奇怪声响时，老师都继续上课不予理睬，慢慢地小牧也就不再发出声响了。这一案例中班主任采用的方法属于(　　)

A. 正强化　　B. 负强化　　C. 消退　　D. 惩罚

10. 小芳的妈妈乐于助人，受其影响小芳在学校也常常关心帮助同学。小芳的学习属于(　　)

A. 试误学习　　B. 顿悟学习　　C. 强化学习　　D. 观察学习

11. 以下不属于班杜拉对学生行为强化的方式的是(　　)

A. 直接强化　　B. 替代强化　　C. 自我强化　　D. 榜样强化

12. 快下课了，学生们开始躁动，这时候老师说:“如果大家认真听课，我就不安排额外的作业。”学生们顿时安静下来。该老师的做法属于(　　)

A. 正强化　　B. 负强化　　C. 惩罚　　D. 消退

13. 班杜拉社会学习理论中总结的学习过程的四个基本环节是(　　)

A. 注意——保持——复制——动机

B. 注意——模仿——保持——动机

C. 注意——练习——保持——再现

D. 注意——模仿——练习——再现

14. 为了增强学生学习的投入度，教师在课程中不定期安插随堂小测验，这种强化程序属于(　　)

A. 变时强化　　B. 变比强化　　C. 定时强化　　D. 定比强化

15. 陈老师在教学过程中十分注重对学生的学习进行反馈：学生做得好时，予以表扬；做得不好时，及时指出使其改正。陈老师的做法体现了桑代克学习理论中的(　　)

A. 效果律　　B. 练习律　　C. 准备律　　D. 应用律

16. 李老师答应冯佳，如果她能在课堂上积极发言就消除她之前的违纪记录。这属于(　　)

A. 替代性强化　　B. 自我强化　　C. 正强化　　D. 负强化

17. 二(3)班小秀近期主动帮助生病的同学补课，班主任周老师在班上表扬了小秀，对其他同学来说，这是一种(　　)

A. 间接强化　　B. 直接强化　　C. 替代强化　　D. 自我强化

二、材料分析题

1. 阅读材料，并按要求回答问题。

榜样教育是学校育人过程中的常用方式，具有增强学生道德认识、陶冶道德情感和砥砺道德行为的作用。不论是从学习理论还是从教育的动机理论，都可以找到关于榜样教育的重要依据。但是在目前的学校教育中，榜样的树立却流于同质化。学生的发展是基于不同起点、速度和成熟水平的过程，各个学段学生的特征存在极大异质性。榜样教育以近似的象征意义在学生视野中反复出现。如钱学森作为榜样在教育中经常出现，被教师作为培养学生爱国精神的材料。然而，学生在9岁左右才会理解“国家”概念。对小学低年级学生而言，理解钱学森爱国的深刻意义是富有挑战性的；而对已形成国家认识的中学生而言，这种榜样教育仅停留于表层，无法让学生在深入理解的基础上模仿榜样行为。学校在树立学生身边的榜样时，也习惯于将成绩好、听老师话的同学树立为“榜样”，榜样的评价标准流于单一化。

(1) 阅读上述材料，概括指出当今学校中榜样教育存在哪两方面的问题。

(2) 2022年3月，《教育部办公厅关于在职业院校开展“技能成才 强国有我”主题教育活动的通知》中指出，要充分发挥榜样人物的引领作用，寻访职业榜样，选树朋辈榜样，争做奋进榜样。结合所学，从观察学习理论的角度，谈谈榜样树立的必要性。

(3) 如果你是某小学的班主任，举例说明你会选择哪些同学作为班级学生的榜样？并简述这样做的理论基础。

2. 阅读材料，并按要求回答问题。

李老师为了帮助班级学生养成语文课外阅读的习惯，在班级里发起“小小阅读家”的活动，设置了学生每读完2本书，可接受学生喜爱的文具的奖励，以此来强化学生阅读习惯的养成。

(1) 从强化程式的角度看，李老师使用的强化属于何种强化类型？有何特点？

(2) 一段时间后，李老师发现，按照预期，有的学生已经逐步养成阅读的习惯，但令李老师没有想到的是，有些同学为了获得想要的文具，读书囫囵吞枣，甚至欺瞒老师自己已经读过了书。这分别体现了教育的何种功能？并请你针对此种现象，从学习动机的角度，给李老师提供建议，如何更好地促进学生阅读习惯的养成？

3. 阅读下列材料，按要求回答问题。

在现行的人才选拔体系中，那些从千军万马中脱颖而出的高分考生，无疑是幸运的。但把18岁以前的“阶段性胜利”放在变幻莫测的漫漫人生长河中，这些“成就”或许真的不值得太过渲染。当我们给高分考生贴上“成功者”的标签时，实际上在无形中给低分考生传递了“失败者”的身份隐喻。学校也会根据是否有“高考状元”而论资排辈，资历深的学校似乎更能吸引优质教师，造成“良性循环”。而媒体看似关注高考“状元”，实际上却在过度消费高分考生。母校、名校、媒体和商家在这里“各取所需”，共同构筑了一条极度暧昧的利益链条，高考“状元”一跃成为注意力经济时代的“商业制造”。

(1) 根据上述材料概括过度炒作状元会带来至少哪4方面的不利影响。

(2) 2020年10月，由中共中央、国务院印发的《深化新时代教育评价改革总体方案》

要求：不得通过任何形式以中高考成绩为标准奖励教师和学生，严禁公布、宣传、炒作中高考“状元”和升学率。运用相关学习理论、动机理论谈谈这一要求的现实必要性。

第三节 学习的认知理论

真题典例

一、单项选择题

1. 【**2007 年 311 真题 38**】“先行组织者”教学策略的学习理论基础是（　　）
   A. 认知发现理论　　B. 认知接受理论　　C. 认知目的理论　　D. 认知建构理论
2. 【**2008 年 311 真题 42**】学生在理解“力”概念的基础上，再来学习“重力”的概念。这种学习属于（　　）
   A. 派生类属学习　　B. 相关类属学习　　C. 并列结合学习　　D. 总括学习
3. 【**2015 年 311 真题 38**】在上“圆柱体体积计算”这节课时，老师要求学生通过实验来确定如何测量体积。教师所采取的教学策略是（　　）
   A. 接受学习　　B. 操作性条件学习　　C. 发现学习　　D. 观察学习
4. 【**2021 年 311 真题 36**】无论是文字配上插图，还是图片配上文字，都有助于学习者回忆相关的内容。从信息加工角度看，这主要是因为（　　）
   A. 形成了信息组块　　B. 使用了双重编码
   C. 扩展了工作记忆容量　　D. 进行了有意义编码

二、分析论述题

【**2014 年 311 真题 56. I**】某小学低年级新学期开学不久，班上来了一位插班生。这天数学课学习“8 加 1”的计算，她没有学会。课后，老师对其进行个别辅导，一遍又一遍地连续重复了多个“8 加 1”的例题，她似乎会了，但当换成“7 加 1”“9 加 1”等其他计算题时她又算错了。老师越讲越生气，不知这学生到底怎么啦。

试根据加涅的学习层级理论，就如何改善这个学生的数学学习状况，给该教师提出一些建议，并思考该教例对教学的启示。

模拟练习

单项选择题

1. 奥苏伯尔将有意义学习分为（　　）
   A. 表征学习、规则学习和命题学习　　B. 表征学习、概念学习和规则学习
   C. 规则学习、概念学习和命题学习　　D. 表征学习、概念学习和命题学习

2. 加涅认为学习过程的基本模式是(　　)
A. 构造“完形”的过程
B. 主动形成认知结构的过程
C. 对获取的信息进行加工的过程
D. 形成刺激与反应之间联结的过程

3. 心理学家布鲁纳认为,不论教师教的是什么学科,都务必使学生理解该学科的(　　)
A. 目的意义　B. 方法途径　C. 基本结构　D. 发展前景

4. 小学六年级的数学课上,张老师在讲授完税率的含义和算法后,在黑板上写出了一家饭店某个月的营业额,并让同学们计算这家饭店需缴纳的营业税。根据加涅的信息加工理论,学生对饭店营业税的计算环节属于学习阶段中的(　　)
A. 动机阶段　B. 领会阶段　C. 习得阶段　D. 概括阶段

5. 美国教育心理学家布鲁纳主张教育的最终目标是(　　)
A. 促进学生理解学科的基本结构
B. 促进教师进行更优的教学设计
C. 促进学生提高学业成绩和技能
D. 促进学生理解和掌握新知识

6. 物理课上,李老师拿出两个鹌鹑蛋分别放入两个盛有液体的玻璃杯里,结果一个蛋沉了下去,另一个却浮了起来。同学们都非常好奇,热烈地讨论起来。这时李老师在黑板上写下了今天的课题——浮力。根据加涅的信息加工理论,这属于学生学习阶段中的(　　)
A. 动机阶段　B. 领会阶段　C. 习得阶段　D. 概括阶段

7. 下列不属于认知教学理论基本主张的是(　　)
A. 倡导发现学习法
B. 强调学科知识结构
C. 创设真诚与关爱的学习氛围
D. 以“动机—结构—序列—强化”为教学原则

8. 奥苏伯尔提倡在教学中采用“组织者”这一技术,其实质是(　　)
A. 强调直观教学
B. 引导学生的发现行为
C. 激励学生的学习动机
D. 强调新旧知识的相互联系

9. 吴老师在教学中,先教“地形”的概念,再教“山脉”“高原”“平原”等知识。从教学的角度来看,“地形”可看作是“山脉”“高原”“平原”的(　　)
A. 认知结构　B. 符号表征　C. 先行组织者　D. 编码

第四节　建构主义学习理论

真题典例

单项选择题

1. 【**2009 年 311 真题 39**】主张“知识是外部现实在人脑中的表征”的学习理论派别是(　　)

A. 社会建构主义　　B. 激进建构主义
C. 皮亚杰理论　　D. 信息加工理论

2.【2010 年 311 真题 36】强调复杂情景和真实学习任务的学习理论派别是(　　)
A. 联结理论　B. 认知理论　C. 建构主义理论　D. 人本主义理论

3.【2017 年 311 真题 36】在有指导的发现学习中,教师提示和指导学生思维以促进学生的理解。这种教学属于(　　)
A. 程序化教学　B. 支架式教学　C. 合作式学习　D. 讨论式教学

4.【2017 年 311 真题 37】学习需在别人的帮助下,在真实和现实的情境中发生。这种建构主义的主张属于(　　)
A. 个人建构主义　　B. 认知建构主义
C. 心理建构主义　　D. 社会建构主义

5.【2019 年 311 真题 9】小组合作学习不同于能力分组教学,它推崇不同背景、能力及倾向的学生共同学习。为其提供有力支持的理论是(　　)
A. 行为主义学习理论　　B. 认知主义学习理论
C. 人本主义学习理论　　D. 社会建构主义学习理论

6.【2021 年 311 真题 37】为了让学生理解浮力的原理,教师先要求学生把一个土豆放进盛着水的容器里,土豆沉到水底,然后让学生不断往水里放盐,直到土豆浮起来;随后又往容器里加水,直到土豆又沉到水底;如此反复多次。在这一教学案例中,教师使用了(　　)
A. 支架式教学　B. 认知学徒制　C. 随机通达教学　D. 互惠式教学

模拟练习

一、单项选择题

1. 某老师在做经验交流时,强调学生学习主动性的重要性、合作学习的重要性以及教师对学习情境创设的重要性。这位老师可能更支持(　　)
A. 联结学习理论　　B. 认知学习理论
C. 人本主义学习理论　　D. 建构主义学习理论

2. 教师与学生共同完成学习活动,并为学生提供外部支持,帮助学生完成他们无法自己独立完成的任务,这种教学方式属于(　　)
A. 支架式教学　　B. 探究式教学
C. 情境性教学　　D. 感染性教学

3. 在讲授“认识我们身边的植物和动物”一课时,孙老师带领同学们深入校园,分组观察校园里不同的植物,有的观察教学楼旁的花,有的观察操场后的大树,有的观察图书馆下的草坪,同学们认真积极,随后,孙老师让同学们组成学习小组分享自己的观察结果,孙老师的教学体现的教育理论观点是(　　)
A. 联结主义　B. 行为主义　C. 建构主义　D. 认知主义

4. 从“地心说”到“日心说”的发展，说明知识并不是绝对的真理，只是人类在现有水平上对各种现象的解释，在未来很有可能被再次推翻。以上对于知识的理解，更符合下列哪一学派的观点？（　　）

A. 人本主义　　B. 行为主义　　C. 建构主义　　D. 认知主义

二、材料分析题

1. 阅读材料，并按要求回答问题。

情境性的作业有助于激发学生的好奇心和兴趣，为有效学习创造有利的心理条件。纯粹指向知识与技能的作业属于机械学习，学生通常提不起兴趣。传统作业多指向零散、割裂、碎片化的知识，所引发的认知活动通常只停留在记忆水平，没有激活高阶思维与深度学习。而作业一旦嵌入真实情境中，因为情境是鲜活、动态和复杂的，完成作业通常需要激活目标以外的知识，也就使知识整合与综合学习成为可能。例如，数学作业要求学生解决食品营养成分表中的百分数问题，就可以引导学生整合生物的营养学知识，而不是孤立地学习百分数。有真实情境与无情境嵌套的作业，唤起的学生活动和能培养的核心素养存在很大不同。依托真实情境的作业通常将解决问题的条件隐含在实践中，需要学生在分析问题性质的基础上识别工具与条件，激活已学，必要时还须整合更多知识——包括跨学科的知识乃至教材中没有学习的知识，探寻解决问题的办法，从而提高问题解决能力。相反，脱离情境的作业，牵涉的主要是孤立的知识和机械的技能。当学生走进真实世界，未必就能将知识迁移到现实生活，解决真实情境中的问题。

(1) 阅读上述材料，概括情境性作业和传统作业相比的三个优点。

(2) 2022年新颁布的《义务教育课程方案》中，跨学科学习受到前所未有的重视，要求各门课程用于跨学科主题学习的课时不少于总课时量的10%。基于跨学科学习理念设计综合性作业是加强综合课程建设的重要手段，可以促进学生的深度学习。结合相关的学习理论，分析此种做法的合理性。

(3) 结合具体科目，设置一份情境性作业。

2. 阅读材料，并按要求回答问题。

基于问题的教学又称抛锚式教学或课题式教学，是一种教师促使学生积极主动地解决实际情境或接近实际情境中的复杂问题的教学策略。它是当代建构主义理论提出的一种有效教学策略。

在作为一个小组探索问题前，学习者和促进者分别自我介绍，互通姓名，形成毫无偏见的氛围。促进者用少量的信息给学习者提供一个复杂的问题，这个问题应该尽量与其在现实世界中的情况相接近，能够吸引学习者。学习者要选一个人作记录员，负责在“白板”上记录解决问题的过程，包括问题中的事实信息、学习者的想法和假设以及所确定的学习要点和活动计划。学习者和促进者要对问题解决的目标形成共同的理解。学习者要确定对解决问题而言很重要而他们又不太理解、需要进一步学习的概念，即学习要点。起初，促进者可能会更多地引导。随着学习的进行，学习者能更多地管理他们的学习要点，促进者就要慢慢地“隐退”。小组成员再次集合，沟通他们所学的东西，基于他们新学习的东西生成新的解决问题的假设。各小组成员利用各种不同形式来报告自己的结论以及得出结论的过程，如数学分析、图表、口头报告、戏剧表演等。促进者引导学习者有意反思问题解决的过程，要求考虑这个问题与之前遇到的问题的共同点和不同点，帮助他们概括和理解新知识的应用情境。

(1) 阅读上述材料，概括材料中反映的基于问题教学的五个基本步骤。

(2) 2022 年 3 月，教育部出台了我国义务教育的纲领性文件《义务教育课程方案(2022 年版)》，方案中指出要深化教学改革，强化学科实践。注重引导学生经历发现学习、解决问题、建构知识、运用知识的过程。增强学生认识真实世界、解决真实问题的能力。结合所学，从相关的学习理论角度分析加强问题教学的理论依据。

第五节 学习的人本主义理论

真题典例

无

模拟练习

单项选择题

1. 强调教学要完全以儿童为中心的教育理论偏向于采用的教学模式为（　　）

   A. 掌握教学模式　　B. 非指导性教学模式

   C. 范例教学模式　　D. 逆向教学模式

2. 以下不属于人本主义学习理论观点的是（　　）

   A. 教学目标中注重情感与认知的统一　　B. 教学过程中强调学生的中心地位

   C. 教学内容以知识为主　　D. 教育内容要针对学生的生活需求

3. 在实际的教育活动中，强调学生中心忽视了教师的指导作用。这是以下哪个学习理论的明显不足（　　）

   A. 观察学习理论　　B. 人本主义学习理论

   C. 行为主义学习理论　　D. 掌握学习理论

第三章　学习动机

第一节　学习动机的概述

真题典例

单项选择题

1.【2007 年 311 真题 39】“知之者不如好之者，好之者不如乐之者。”这一论述强调的学习动机类型是(　　)

A. 内部动机　B. 外部动机　C. 社会交往动机　D. 自我提高动机

2.【2008 年 311 真题 43】根据阿特金森的研究，在面临不同难度的任务时，成就动机高者一般会选择的任务难度是(　　)

A. 最高　B. 最低　C. 中等　D. 最高或最低

模拟练习

单项选择题

1. 数学课堂上，李老师在教“分数的基本性质”时，让学生在一个蛋糕模型上分别拿走1/4、2/8、4/16，结果发现它们其实是一样多的。学生对此产生浓厚的兴趣，想知道为什么。这说明学习动机对学习有(　　)

A. 引发作用　B. 定向作用　C. 维持作用　D. 调节作用

2. 某小学低年级教师喜欢用“真棒”“真行”表扬学生，学生往往得到激励。但随着年龄的增加，学生对其表扬不再感兴趣。这一现象说明(　　)

A. 随着年龄的增加，学生对语言激励不感兴趣

B. 随着年龄的增加，学生对物质激励更感兴趣

C. 随着年龄的增加，学生的认知内驱力有所减弱

D. 随着年龄的增加，学生的附属内驱力有所减弱

3. 杨艺最近对食物吃到胃里是如何消化、转化为身体所需养料并被身体吸收的过程十分感兴趣。因此她在生物课上十分认真，并感受到生物老师的表扬。之后一段时间，杨艺对生物课学习的积极性更高了。根据奥苏伯尔的分类，杨艺的学习动机是(　　)

A. 内部动机，附属内驱力　　B. 认知内驱力，附属内驱力
C. 内部动机，自我提高内驱力　　D. 认知内驱力，自我提高内驱力

4. 下列关于外部动机的表述，正确的是（　　）
A. 外部动机与成绩和环境刺激无关
B. 减少学生的外部动机会削弱学生的内在需求
C. 外部动机有可能在一开始会激发学生主动参与某些活动
D. 教师对课堂掌控能力提高后应该更多地促进外部动机而非内部动机

第二节　学习动机的主要理论

真题典例

一、单项选择题

1.【**2008 年 311 真题 44**】以掌握为目标定向的学生倾向于将学业成败归因于（　　）
A. 能力　　B. 努力　　C. 运气　　D. 任务难度

2.【**2011 年 311 真题 37**】认为学业求助是缺乏能力的表现，是对自我价值构成威胁的学生，其成就目标定向类型是（　　）
A. 掌握目标　　B. 学习目标　　C. 任务目标　　D. 表现目标

3.【**2012 年 311 真题 38**】某学生因对“必须坚持每天一定量运动达半年以上”的要求感到自己落实困难而放弃了瘦身计划。根据班杜拉的理论，这表明其对瘦身的（　　）
A. 结果期望低　　B. 结果期望高　　C. 效能期望低　　D. 效能期望高

4.【**2013 年 311 真题 34**】根据马斯洛的需要层次理论，下列选项属于缺失性需要的是（　　）
A. 自我实现的需要　　B. 自尊的需要　　C. 认知的需要　　D. 审美的需要

5.【**2014 年 311 真题 35**】奥苏伯尔认为，学生的附属内驱力在学校表现最突出、易见的时期是（　　）
A. 小学低年级　　B. 小学中年级　　C. 小学高年级　　D. 初中

6.【**2014 年 311 真题 38**】某学生将自己某学科的学业失败归结为“自己不是学这科的料”。他的这种归因属于（　　）
A. 内部、稳定性的归因　　B. 外部、稳定性的归因
C. 内部、不稳定的归因　　D. 外部、不稳定的归因

7.【**2016 年 311 真题 35**】丽丽是个害羞的女生，即将参加演讲比赛。如果她是内控型的人，她很可能将演讲的成功归因于（　　）
A. 自己具有这个能力　　B. 认真的准备
C. 运气好　　D. 任务要求简单

8.【2017年311真题38】“对做好一份工作的奖励，就是这份工作已圆满完成。”这句话隐含着（　　）

A. 负强化　　B. 替代强化　　C. 内在强化　　D. 外在强化

9.【2018年311真题36】有的学生愿意为他所喜欢的老师努力学习，而面对不喜欢的老师则不愿意努力学习。此时影响学习的主要因素是（　　）

A. 成就动机　　B. 认知动机　　C. 交往动机　　D. 自我提高动机

10.【2019年311真题34】马斯洛将人的五种基本需要划分为成长性需要和缺失性需要两大类。下列选项中属于成长性需要的是（　　）

A. 自我实现需要　　B. 安全需要　　C. 归属需要　　D. 尊重需要

11.【2019年311真题38】在学习某一技能几次都失败后，最容易放弃这一学习任务的是（　　）

A. 具有掌握学习目标取向的学生　　B. 具有表现目标取向的学生

C. 具有趋于表现目标取向的学生　　D. 具有逃避表现目标取向的学生

12.【2020年311真题36】具有掌握学习目标取向的学生对智力往往持（　　）

A. 增长观　　B. 实体观　　C. 多元观　　D. 三元观

13.【2022年311真题35】根据动机的自我决定理论，下列选项中，反映学生自主需要的是（　　）

A. 小张希望得到同学们的认可和尊重　　B. 小王希望自己规划假期活动

C. 小赵希望自己的英语发音越来越好　　D. 小李希望得到最新款手机

二、分析论述题

1.【2007年311真题57. Ⅰ】试述韦纳（B.Weiner）的成败归因理论，并阐述如何根据这一理论来激发学生的学习动机。

2.【2009年311真题56. Ⅰ】阅读下述案例，请分别用3种学习动机理论，对小明厌学、弃学的行为做出解释。

小明在初中学习阶段，成绩一直居于班级前列。中考时发挥得不太理想，考分比重点高中录取分数线低5分。父母设法让小明进入一所市重点高中就读。进入高中学习的前几个月，小明心想不能辜负父母的期望，铆足了劲，刻苦学习，成绩也一直居于班级平均线以上。可是，在第一学期期末的两次年级统考中，小明成绩的总分排名却落到班级第37名。寒假中小明没有休息，希望通过加班加点复习，迎头赶上。但第二学期开学后的几次测验中，小明的成绩一直没有起色，上课的时候，老师也很少让他回答问题。特别是数学成绩经常在班级倒数十名的圈子里徘徊。小明开始怀疑自己的头脑是不是缺乏数学细胞。原来语文一直是小明的优势学科，现在也开始明显退步。自此以后，小明就提不起精神，不想看书。有时放学回家连书包也不动。近来已经有一个多月没有上学了。父母对小明也批评过，也骂过，都无效果。

3.【2013年311真题56. Ⅰ】信息加工模型是以心理结构以及对这些结构执行的运作（即所谓的认知过程）来描述人的学习与记忆的。阅读下图，并按要求答题：

（1）在答题卡上写出图中各字母所代表的术语；

(2) 按照图中的字母次序，分别对所写出的术语作出解释；

(3) 阐述这一信息加工模型对知识学习的主要启示。

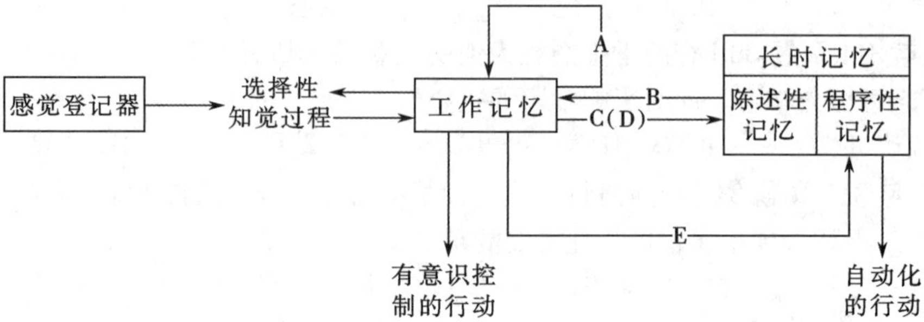

4.【**2015年311真题56.Ⅰ**】同认知信息加工理论以及认知发展理论一样，社会认知理论也很重视发展学生对学习做出自我调节的能力。例如，1993年班杜拉就曾谈到：“正规教育的一个主要的目标是使学生具备智慧工具、自我效能、自我调节的能力，使其一生能够进行自我教育”。请回答：

(1) 班杜拉的自我效能的基本含义。

(2) 提升学生的自我效能，可以有哪些有效的切入点？

(3) 从社会认知的观点来看，自我调节的学习要涉及哪些活动？

5.【**2016年311真题56.Ⅰ**】为激励学生努力学习，提高成绩，某学校规定：今后每次考试都将根据前次考试成绩，给全年级学生安排考场。成绩前50名的学生在第一考场，51~100名的学生在第二考场，依次类推。

(1) 这种做法试图通过影响哪种心理需求来激发学生的学习动机？

(2) 试述学习动机与学习效果的关系。

(3) 从学习动机与学习效果关系的角度对这种做法的有效性做出分析。

6.【**2018年311真题56.Ⅰ**】阅读下列材料，按要求回答问题。

路易斯是一个性格文静的初三学生。他有好几门课程的成绩不及格。现在，他有时来校，有时不来校。他有几个哥哥姐姐都没有读完中学，父母也没有中学毕业。

学校的心理辅导老师戴莎找路易斯谈话，问他为什么不来上学。他说，自己在四年级时学习便碰到了麻烦，感觉很无助。他觉得自己很“蠢”，而且越认为自己笨，付出的努力也就越少，因为反正付出了努力也没有作用。由于不努力，成绩落后得更厉害，这使得老师也认为他很笨，对他要求很低甚至不作要求，把他安置在“差”生班里。路易斯感觉难受，干脆就不来学校了。而学校除了把这些事情告诉他父母之外，什么也没做。

戴莎老师问他：如果辍学了你会做什么？路易斯说：辍学的哥哥姐姐都找到了工作，一个做招待，一个在建筑工地做工。他们既有钱花，在工作中也没有人会因为他们没完成学业而刁难他们。自己也想去打工，有钱后就可以四处游玩。看来，以前总认为辍学可能会带来许多麻烦的说法都是谎话，学校无法帮助自己得到想要的东西，只是浪费时间。

在仔细倾听了路易斯的看法后，戴莎老师告诉他：“我觉得你很聪明，而且实际上你非常了解自己和其他人。但我提醒你，政府法律不允许你现在辍学。”戴莎老师还告诉他，学校有一些专门的计算机程序和辅导老师旨在帮助学生赶上学业。戴莎老师找来了一些曾经接受过这种帮助，现在发展很不错的学生和他交流，并告诉他，可以选修一些职业技能课程，参加职业培训、实习等。这样一来，在完成学业后，比起那些没有经过培训的人，就可以拥有更多的机会、更好的工作和更高的收入。然而，要想获得这些，必须现在回学校。戴莎老师还告诉他："我们只关心下星期，你的目标是下周每天都要来上学，接下来的几周以后再说。"路易斯认为这有点困难，自己可能坚持不了一周。戴莎老师说："我们一天天来，我们做一个日程表，每来一天学校就在上面做个标记。"

请回答：

(1) 阅读第二自然段，指出路易斯的自我效能感水平，并根据社会认知学习论的互动观，分析这种水平与他在校经历之间的关系。

(2) 阅读第三、四自然段，分析"榜样"对其辍学的影响。

(3) 阅读第四自然段，分析戴莎老师主要采用哪些策略来帮助路易斯改变自我效能感，实现对学习与行为的自我调节。

7.【2020 年 311 真题 56.Ⅰ】阅读材料，并按要求回答问题。

即便在当下有关动机引发的更为整合的"预期—价值论"中，韦纳的归因理论也占据着重要的地位。所谓归因是指个体对造成自己学业成败的原因做出解释。在韦纳看来，个体一般会将自己的学业行为结果解释为由能力、努力、任务难度及运气四类原因所致。在对这四类原因作进一步分析时，他发现，对每一类原因均可按三种特征来理解：第一，这种原因是源于自身内部还是外部环境（即归因控制点）；第二，这种原因是稳定的还是不稳定的（即归因稳定性）；第三，这种原因是可控制的还是不可控制的（即归因可控性）。韦纳归因理论的贡献在于他指出，归因一旦形成，不仅影响到学生当下的情绪，更重要的是还会影响他对自身日后学习的期待和学习行为，乃至今后的学习成就。

请回答：

(1) 指出上述四类归因所具有的特征。

(2) 指出当学生的学习出现失败后，若他做出上述四种不同的归因，那么在情绪反应、对未来的期待、对行为的影响上可能会产生的各种效果。

(3) 根据(2)的分析结果，在韦纳的归因理论框架内，对教师如何塑造学生理想的归因做出推论，并就实现这一推论提出合理建议。

8.【2022 年 311 真题 56.Ⅰ】阅读材料，并按要求回答问题。

大量证据表明，反馈是影响学生学业表现的最为重要因素之一。然而研究也发现，教师提供的反馈往往没有被学生很好地接收，也很少被学生用于改进自己的学习。教师的书面反馈常常伴有等级或分数，而呈现等级、分数会影响学生对反馈的充分理解。教师的口头反馈大多面向学生群体，而学生往往不认为这种反馈与自己有关。研究还显示，与学生相比，教师把自己的反馈看得更有价值；而学生们则经常抱怨老师的反馈令人困惑、不够合理。有时，学生并没有理解教师的反馈却自认为已经理解了；即使理解了，他们也不知道如何将反馈意见运用到学习中。尽管教师非常重视反馈的作用，但是在如下方面还需要做更多的工作：探索与学生个体特征相关的有效反馈策略；根据认知、元认知和动机变量来主动地为学生提供反馈；澄清反馈的性质、频率和时间安排。

请回答：

(1) 根据上述材料，概括教师反馈效果不理想的五方面原因。

(2) 2021 年 7 月，中共中央办公厅、国务院办公厅印发的《关于进一步减轻义务教育阶段学生作业负担和校外培训负担的意见》要求："教师要认真批改作业，及时做好反馈，加强面批讲解，认真分析学情，做好答疑辅导。"结合上述材料，运用相关的学习理论、动机理论，谈谈这一要求的现实必要性。

(3) 假定你是一位中学数学老师，面对一名内向、对数学缺乏自信的学生，你该如何更为有效地对其数学作业情况提供反馈？

模拟练习

一、单项选择题

1. 我们对优秀学生进行奖励，不仅可以激励优秀学生也可以激励一般学生，是因为一般学生受到了（　　）

A. 直接奖励　　B. 直接强化　　C. 替代性强化　　D. 替代性惩罚

2. 与追求成功者相比较，害怕失败者倾向于选择（　　）

A. 比较难的任务　　B. 比较容易的任务

C. 难度适中的任务　　D. 非常难或非常容易的任务

3. 学生经历了长时间的学习失败，做了多种努力也不能改变这种失败的现状后，表现出不听课、不做作业、成绩极差、不遵守纪律的行为特征，这种称为（　　）

A. 习得性无助　　B. 自我归因感

C. 期望效应　　D. 学习困难

4. 学生把自己考试成绩差的原因归为试题太难太偏，这种归因属于（　　）

A. 内部、不稳定、可控的　　B. 外部、稳定、不可控的

C. 内部、稳定、可控的　　D. 外部、不稳定、不可控的

5. 自我效能感不受以下哪一因素的影响（　　）

A. 成功体验　　B. 失败体验　　C. 观察学习　　D. 焦虑水平

6. 小峰认为输掉学校秋季篮球比赛是因为他们班运气不好，这种归因属于（　　）

A. 内部、不可控和不稳定的归因　　B. 外部、可控和稳定的归因

C. 外部、不可控和稳定的归因　　D. 外部、不可控和不稳定的归因

7. 小羽很想知道为什么钉子、铁块会沉入海底，而用钉子与铁块等原材料做成的轮船却可以浮在海面上。为此，小羽在学习浮力这一章内容时十分专注。根据学习动机的分类，小羽的动机属于（　　）

A. 认知内驱力　　B. 自我提高内驱力

C. 附属内驱力　　D. 普遍内驱力

8. 在一次英语考试中，小果考得很不好。班主任陈老师找她谈话时，小果说："陈老师，我前段时间看到星座书上说我的星座最近几周都会很倒霉，果然这次就考砸了。"另一

个学生彤彤这次考试取得了很大的进步，她兴高采烈地告诉陈老师："我前段时间特别努力，这次总算有回报了。"对此下列说法正确的是（　　）

A. 小果的归因属于外部、稳定、不可控因素

B. 彤彤的归因属于内部、不稳定、可控因素

C. 小果的归因方式会避免她有过大的学习压力，值得提倡

D. 彤彤和小果的归因方式虽然不同，但对学习行为并不会有影响

9. 下列说法中属于内控特征的归因是（　　）

A. 由于我没有充分准备，导致考试成绩不理想

B. 由于不熟悉考场环境，导致我这次考试发挥失常

C. 由于老师命题超纲，导致我做不出那些难题怪题

D. 由于老师突然安排考试，因此我对成绩好坏不能把控

10. 对有自卑心理的学生，当其通过努力取得好成绩时，教师应引导他作（　　）

A. 外部、可控、稳定的归因　　B. 内部、可控、不稳定的归因

C. 内部、不可控、稳定的归因　　D. 外部、不可控、不稳定的归因

11. 小张竞选学生会主席失败后说："竞选演讲那天我生病了，状态不好。"小张把竞选失败归因于（　　）

A. 不稳定的不可控因素　　B. 稳定的可控因素

C. 稳定的不可控因素　　D. 不稳定的可控因素

12. 叶老师是某小学一年级的数学老师，他在发给学生的奖状上写着"祝贺你，通过你的努力取得了本次口算比赛的一等奖"。这是引导学生将口算比赛的成功归因于（　　）

A. 内部的稳定因素　　B. 外部的稳定因素

C. 内部的不稳定因素　　D. 外部的不稳定因素

二、材料分析题

1. 阅读材料，并按要求回答问题。

奖励是否真的是万能的？对于奖励的功过，越来越多的教育学家提出了不同观点。他们认为，奖励使学生把注意力放在了奖励上而不是任务本身上，他们的表现越来越应付了事，他们做事越来越斤斤计较，总在绞尽脑汁用最少的努力赢得最大的奖励，而不是想方设法创造高质量的产品。

莱泊尔等人也就此类现象做过研究。他让学前儿童使用特制的画笔画画。许多儿童对此热情甚高。然后，研究者将儿童随机分成 3 组：第一组儿童被事先告知，如果他们给参观者画一幅画，就会受到奖励（优秀画家奖）；第二组儿童虽未事先告之，但在画完之后也会意外得到同样的奖励（但不是每次都能得到奖励）；第三组儿童不接受任何奖励。4 天后，研究者记录儿童的自由活动情况。结果发现，受到奖励的第一组儿童用于绘图的时间是第二、三组儿童所用时间的一半。

（1）根据上述材料，阐述奖励和学习动机之间的关系。

（2）教师应如何正确使用奖励？

2. 张老师是个新来的老师，这个学期担任初中班级的老师，她的班级有个让她很头疼学生叫张海，张海幼年父母离异，跟着奶奶生活，学习习惯不好，经常上课开小差，或者睡觉。并且好高骛远，老师让他做作业，他不做基础题非去做附加题，张老师多次催促他多做练习，他以“自己笨，学不会”为借口不做。

(1) 请用学习动机的理论分析上述案例。

(2) 结合案例说明影响学习动机的因素有哪些？

第四章　知识的建构

第一节　知识及知识建构

真题典例

单项选择题

1.【2007 年 311 真题 40】说明“做什么”和“怎么做”、反映活动的具体过程和操作步骤的知识属于(　　)

A. 描述性知识　　B. 陈述性知识

C. 程序性知识　　D. 条件性知识

2.【2007 年 311 真题 41】学生一旦在新信息与原有认知经验之间建立了逻辑联系，就可以利用相关的背景知识对新信息做出进一步的推理和预期，从而“超越给定的信息”，生成更丰富的理解。这一知识建构的心理机制是(　　)

A. 同化　　B. 顺应　　C. 平衡　　D. 重组

3.【2009 年 311 真题 40】在多次遇到邻居家的狗之后，儿童形成了对“狗”的基本理解，包括狗的一般体型特征、生活习性、典型行为等。儿童关于狗的知识的表征方式是(　　)

A. 图式　　B. 命题　　C. 表象　　D. 产生式

模拟练习

单项选择题

1. 学生在掌握金属的一般特性之后，再学习金属铜和铁的具体特征，这种学习称作(　　)

A. 并列结合学习　　B. 总括学习

C. 类属学习　　D. 重复学习

2. 学生将新学的概念“橡皮擦”归到“文具”这一总的概念中，这种学习属于(　　)

A. 下位学习　　B. 同位学习

C. 上位学习　　D. 并列学习

3. 按照信息加工心理学的观点，学生能够回答“第二次世界大战的原因是什么”“人的心脏结构和血液循环有什么关系”等问题需要的是（　　）

A. 陈述性知识　　B. 程序性知识

C. 策略性知识　　D. 默会知识

4. 如果识记某材料 10 遍刚好能背诵，那么一般情况下，识记多少遍效果最好？（　　）

A. 12　　B. 15　　C. 18　　D. 20

5. 以下关于引发和促进陈述性知识学习的描述，不正确的是（　　）

A. 提问可引发学习的多种认知过程

B. 学习是要记住教学和课本中呈现的内容

C. 原有的知识能促进学生对新知识的学习

D. 学习的认知过程主要由教师来引发和促进

6. 学生在掌握蔬菜的一般特性之后，再学习白菜、萝卜、黄瓜等蔬菜的具体特性，这类学习属于（　　）

A. 上位学习　　B. 组合学习　　C. 并列学习　　D. 下位学习

7. 关于陈述性知识和程序性知识的区别，以下表述错误的是（　　）

A. 就改变难度而言，陈述性知识改变较易，程序性知识改变较难

B. 就习得速度而言，陈述性知识习得较慢，程序性知识习得较快

C. 就知识的内涵而言，陈述性知识是静态的，程序性知识是动态的

D. 就意识控制程度而言，陈述性知识意识控制程度较高，程序性知识意识控制程度较低

8. 下列选项中，属于上位学习的是（　　）

A. 先学习三角形的概念，再学习三角形的性质

B. 先学习长方形的概念，再学习正方形的概念

C. 先学习“蚂蚁”“松鼠”“鲸鱼”等，再学习“动物”的概念

D. 先学习“质量与能量”的关系，再学习“需求与价格”的关系

第二节　知识的理解

真题典例

无

模拟练习

无

第三节 知识的整合与应用

真题典例

一、单项选择题

1.【2008年311真题45】学生因“凹透镜”知识掌握不好而影响了“凸透镜”知识的学习。这种迁移现象是(　　)

A. 纵向迁移　　B. 横向迁移　　C. 一般迁移　　D. 普遍迁移

2.【2009年311真题41】形式训练说所涉及的迁移本质上是(　　)

A. 水平迁移　　B. 垂直迁移　　C. 特殊迁移　　D. 一般迁移

3.【2013年311真题35】学习单词basket(篮子)有助于学习单词basketball(篮球)。这里所产生的迁移是(　　)

A. 顺应性迁移　　B. 低路迁移　　C. 水平迁移　　D. 特殊迁移

4.【2015年311真题34】下列不属于迁移的是(　　)

A. 吃一堑,长一智　　B. 近墨者黑　　C. 因噎废食　　D. 温故知新

5.【2019年311真题36】在掌握了“心理过程”概念后,再学习“认知过程”这一概念,前一学习对后一学习的影响属于(　　)

A. 水平迁移　　B. 垂直迁移　　C. 一般迁移　　D. 逆向迁移

6.【2020年311真题37】某学生数学基础好,学习教育统计课程时,感觉学习很顺利。这种学习现象属于(　　)

A. 横向迁移　　B. 纵向迁移　　C. 逆向迁移　　D. 重组迁移

二、分析论述题

【2017年311真题56.Ⅰ】阅读以下材料并按要求回答问题。

通常,迁移可被界定为先前的学习结果影响新情境中的学习或表现的过程。当今的认知心理学家将学生习得的知识区分为陈述性知识和程序性知识两大类,因此迁移发生的情况可能会有:(1) 陈述性知识向陈述性知识的迁移;(2) 陈述性知识向程序性知识的迁移;(3) 程序性知识向程序性知识的迁移;(4) 程序性知识向陈述性知识的迁移。

尽管预期迁移发生的种类如此广泛,但迁移不会自然发生。吉克和霍利约克(Gick & Holyoak,1983)曾用实验证明了这一点。在实验中他们使用了如下材料:

第一则材料:涉及医生治疗恶性肿瘤患者的材料。一位恶性肿瘤患者已无法采用手术治疗方案,但如不摧毁肿瘤便无法挽救其生命。有一种射线,如以足够高的强度照射肿瘤,可将其摧毁,但当以这样的强度照射肿瘤时也将摧毁肿瘤周围的健康组织;采用低强度的射线虽对健康组织不构成伤害,但对肿瘤也不产生任何作用。要使用射线摧毁肿瘤同时又不伤及健康组织,若您是医生,将采用何种办法?(正确的方案是,可从不同的

方向同时向肿瘤发出射线,从而使到达肿瘤部位的射线有足够摧毁它的剂量,又不伤及周围的健康组织。)

第二则材料:涉及具有同类结构的军事材料。守敌在通往自己据点的所有道路上都埋设了地雷,一旦道路受到过重的负荷便会自行引爆,而较轻的负荷则不会引爆。如要歼敌,攻方该如何进攻?

第三则材料:涉及具有同类结构的火灾救援材料。即如何使用来自不同方向的水源扑救大火。

鉴于在无任何准备的情况下很少有人能正确解决这类问题,吉克等人让大学生阅读其中的第一则或前两则材料。对读完第一则材料的学生要求写出故事的梗概。读完前两则材料的要求写出它们在各方面的相似之处,实验人员再根据他们写出的内容做出好、中、差的评判。然后让参与实验的所有大学生阅读第三则材料并提出解决方案。

实验结果表明:只读第一则材料的学生,之后问题的正确解决率仅为21%,读了前两则材料且评判为“好”的学生正确率为90%,评判为“中”的学生正确率为40%,评判为“差”的正确率为30%。

请回答:

(1) 本实验中,实验者通过其干预措施试图让学生形成哪种认知结构?由此产生了上述4种迁移类型中的哪种迁移?

(2) 实验者采用了类比的方法来促进学生的学习迁移。请阐述类比教学的要义。

模拟练习

一、单项选择题

1. 小学语文识字教材《日月明》一课中,有这样几句表述:“日月明,鱼羊鲜,小土尘,小大尖”这种教学策略运用的迁移方式是(　　)
   A. 强调概括总结　　B. 注重共同要素
   C. 强调形式训练　　D. 注重结构转化
2. 关于专家和新手,说法不正确的是(　　)
   A. 专家解决问题时,通常把新问题划归为某一特定的问题类型
   B. 专家解决问题时,更容易在头脑中形成问题的直观表征
   C. 专家解决问题时,倾向于利用问题图式解决问题
   D. 专家解决问题时,注意更多的中间过程
3. 在训练学生射击水下靶子之前,先给学生讲水的折射原理有利于提高训练成绩。可以用来解释这种现象的迁移理论是(　　)
   A. 关系理论　　B. 共同要素说　　C. 形式训练说　　D. 概括化理论
4. 教师在教学中教会学生“going”的“ing”,再教学生学习playing,coming就能达到事半功倍的效果,可以解释这种学习现象的是(　　)
   A. 共同要素说　　B. 形式训练说　　C. 概括化理论　　D. 实质训练说

5. 孔子说:“举一隅,不以三隅反,则不复也”这句话说明的学习现象是(　　)

A. 学习定势　　B. 学习迁移　　C. 学习兴趣　　D. 学习习惯

6. 训练学生估计不同大小的长方形的面积,一段时间后,测试结果发现学生估计长方形面积的能力提高,而估计圆形面积的能力并未提高。这个实验可以支持(　　)

A. 形式训练说　　B. 共同要素说　　C. 概括化理论　　D. 关系转换理论

7. 某老师认为学生对三角形定义的学习和总结,有助于正方形定义的学习。那么这位老师更多受到以下哪种理论的影响?(　　)

A. 共同要素说　　B. 形式训练说　　C. 元认知理论　　D. 情境性理论

8. 小兰利用寒假自学了几种高效学习方法,这使得她加深了对之前学过的知识的理解,从迁移的角度看,这属于(　　)

A. 顺向正迁移　　B. 顺向负迁移　　C. 逆向正迁移　　D. 逆向负迁移

9. 某老师认为,通过做大量的应用题可以提高学生的思维能力,从而提高学生在考试中应用题的作答正确率。该老师的观点主要受以下哪一迁移理论影响(　　)

A. 关系转化理论　　B. 共同要素说　　C. 概括化理论　　D. 形式训练说

10. 根据学习迁移理论中的垂直迁移的定义,下列选项中,能体现垂直迁移的实例是(　　)

A. 对“石”字的学习可能影响“磊”字的学习

B. 汉语拼音的学习会影响英语音标的学习

C. 校内形成的热爱劳动的良好习惯会影响校外的劳动表现

D. “三角形”概念的学习会影响“直角三角形”“锐角三角形”等概念的学习

11. 周昕学习了1块等于10角、1厘米等于10毫米之后,推算1分钟等于10秒。这属于(　　)

A. 顺向正迁移　　B. 逆向正迁移　　C. 顺向负迁移　　D. 逆向负迁移

12. 小刘在日常生活中既能驾驶自己的汽车,也能驾驶其他不同型号的小轿车。小刘对不同类型汽车驾驶技术的迁移属于(　　)

A. 高路迁移　　B. 中路迁移　　C. 低路迁移　　D. 下路迁移

13. 下列最可能产生负迁移的是(　　)

A. 学习拼音后,学习英语　　B. 学习武术后,学习跆拳道

C. 学习修摩托车后,学习修汽车　　D. 学习平面几何后,学习立体几何

二、材料分析题

1. 阅读以下材料,并按要求回答问题。

麻省理工学院的佩珀特在《智力风暴》一书中介绍了他依据皮亚杰理论所开发的LOGO语言(一种程序设计语言),并提出儿童通过学习LOGO语言可以“改变他们学习任何别的东西的方式”。

LOGO语言的教学“除了是可以教学生基本的数学、物理和语言学的概念的有效方法外,还可以是提高儿童思维和发展解决问题技能的一种强有力的手段”。他的观点一发表便在国际上引起了巨大的反响。全世界都有其追随者,并且建立了LOGO语言教学

的国际组织。人们纷纷把LOGO语言当作培养思维技能、解决问题能力以及发展创造性的重要手段,进行了多方面的实验并且大加宣传。

经过数年对程序设计语言教学的综合研究,以加利福尼亚大学伯克利分校的林教授和银行街教育学院的皮教授为代表,人们对佩珀特的论断提出了疑问,引起了美国教育界的轰动。林教授的研究指出,表面上看,程序设计课能促进学生解决问题的能力。但是,这些能力是不是一般能力,能否迁移到其他领域的学习值得怀疑。

皮教授则更加明确地指出,银行街教育学院经过5年关于儿童学习LOGO语言的研究,尚未能证明LOGO语言的学习能发展一般的解决问题能力,只有当教学强调某一方面时,学生在该方面才能有所进步。佩珀特的反对者们还认为,强调程序设计对一般解决问题能力的迁移,犹如20世纪初的官能心理学的翻版:试图通过某一门学科的学习而去发展某种高级的心理机能只是一种空想,一种奇闻轶事,已经通过研究证明是不可行的。然而,佩珀特的反对者们并没有全部否认LOGO语言学习对认知能力可能发生的影响。林教授认为,LOGO语言学习可以培养的认知成果可能是一个连续体,这种认知连续体存在不同的等级。程序设计课所达到的目标可以是连续体上的不同部位。仅仅通过一门几十小时的课的学习是不能达到连续体的高级部位——问题解决的一般技能的,它只能是一个开端,经过一个漫长的过程才能培养解决问题的能力。

(1) 根据材料,概括说明材料中不同学者对LOGO语言学习,分别持何种态度。

(2) 从学习迁移的角度来看,LOGO语言类似于何种迁移?结合所学知识谈谈,教师应如何促进学生的迁移能力?

2. 阅读以下材料并按要求回答问题。

知识迁移在人们的日常生产和学习活动中,都有较为广泛的应用。教育过程也不例外。可是迁移在日常教育中好像很难发生。教师的确在强调学生要具有迁移意识,但是往往这些“强调”流于了口号。因为看上去强调迁移的重要性,却忽视了某些学生学习的基本情况。只出现过一次两次的知识点,教师就默认为这些零散的、呈点状的知识点足够被学生吸收。新旧知识之间的辨别性似乎也没有那么强。让一些学习上从未具有主动性和创造精神的学生去进行知识迁移,面对他们觉得甚是枯燥和乏味的知识,迁移就变得很难发生。

(1) 阅读上述材料,概括迁移很难发生的4个方面的原因。

(2) 结合所学,概括说明影响知识迁移的因素有哪些?

(3) 结合具体学科例子,说明如何促进学生的知识迁移?

第五章 技能的形成

第一节 技能及其作用

真题典例

单项选择题

1.【2007 年 311 真题 42】阅读、写作、运算等技能主要是(　　)

A. 运动技能　　B. 动作技能

C. 策略技能　　D. 心智技能

2.【2008 年 311 真题 36】下列选项中,属于运动技能的是(　　)

A. 摇头　　B. 系鞋带

C. 心算　　D. 作文

3.【2010 年 311 真题 38】运动技能的表征方式是(　　)

A. 命题　　B. 语义网络

C. 命题网络　　D. 产生式系统

4.【2011 年 311 真题 36】心智技能区别于运动技能的主要特点是(　　)

A. 流畅性、简缩性和适应性　　B. 简缩性、展开性和流畅性

C. 简缩性、内潜性和展开性　　D. 观念性、内潜性和简缩性

5.【2019 年 311 真题 35】根据加里培林对技能的分类,阅读属于(　　)

A. 操作技能　　B. 运动技能　　C. 心智技能　　D. 学习技能

模拟练习

单项选择题

1. 下列选项中,属于心智技能的是(　　)

A. 看到风景　　B. 分析问题　　C. 打字　　D. 洗衣服

2. 下列属于心智技能的是(　　)

A. 书法技能　　B. 打字技能　　C. 写作技能　　D. 刺绣技能

第二节 技能的形成与培养

真题典例

单项选择题

1. 【**2007 年 311 真题 43**】在操作技能的学习过程中,主要依靠视觉控制,各个动作要素之间的协调性差,常常出现顾此失彼现象的阶段是(　　)

   A. 操作定向阶段　　B. 操作模仿阶段

   C. 操作整合阶段　　D. 操作熟练阶段

2. 【**2016 年 311 真题 37**】某学生在体操技能训练中表现为:整体动作趋于协调连贯,多余动作有所减少,视觉控制逐渐让位于动觉控制,但动作技能尚未达到自动化。该学生的体操技能处于(　　)

   A. 操作定向阶段　　B. 操作模仿阶段

   C. 操作熟练阶段　　D. 操作整合阶段

模拟练习

单项选择题

1. 就动作技能的学习而言,“见者易,学者难”这句话强调的是(　　)对动作技能学习的重要性

   A. 言语指导　　B. 示范　　C. 反馈　　D. 练习

2. 晓川在学习蛙泳时,首先在泳池边观察教练如何游泳,紧接着开始在教练的指导下分别练习手部的划水和腿部的蹬腿动作。晓川的学习属于动作技能形成阶段中的(　　)

   A. 认知阶段　　B. 自动化阶段　　C. 运动阶段　　D. 联结阶段

3. 小文同学在上课时可以一边快速记笔记一边听老师的讲授,小文记笔记的动作处于技能形成的(　　)

   A. 联结阶段　　B. 巩固阶段　　C. 认知阶段　　D. 自动化阶段

第六章　学习策略及其教学

第一节　学习策略概述

真题典例

无

模拟练习

无

第二节　学 习 策 略

真题典例

一、单项选择题

1. 【**2007 年 311 真题 44**】学生用“一巴掌一巴掌打得资本主义呜呜地哭”来记忆马克思是“1818 年 5 月 5 日”出生的这一历史事实，其所使用的学习策略属于（　　）
   A. 注意策略　　B. 复述策略　　C. 编码组织策略　　D. 精细加工策略
2. 【**2008 年 311 真题 37**】在学习过程中，通过自我监控、自我调节等方式来促进学习的策略是（　　）
   A. 元认知策略　　B. 资源管理策略
   C. 精细加工策略　　D. 组织策略
3. 【**2009 年 311 真题 43**】“学会如何学习”的实质是（　　）
   A. 学会在适当条件下使用适当策略　　B. 掌握科学概念与原理
   C. 掌握大量言语信息　　D. 形成学习兴趣
4. 【**2009 年 311 真题 44**】研究表明，专家棋手在扫视实战棋局 5 秒之后，能准确再现 20 多个棋位，而新手仅能记住 4 到 5 个棋位。对于这一事实的合理解释是（　　）

A. 专家的观察力敏锐　　B. 专家的记忆力敏捷
C. 专家有较高的智力水平　　D. 专家贮存了大量有关棋局的知觉模式

5.【2010 年 311 真题 37】在学习“gas—煤气”这一单词时，学生加入了中介词，成了“gas—该死—煤气”。该学生使用的策略是（　　）
A. 精加工策略*　　B. 组织策略　　C. 复述策略　　D. 计划监控策略

6.【2012 年 311 真题 35】在期末复习时，学生采用将课文内容以列结构提纲、画网络图的方法来帮助记忆。这种学习策略属于（　　）
A. 复述策略　　B. 精加工策略　　C. 组织策略　　D. 资源管理策略

7.【2016 年 311 真题 36】某学生花 20 分钟学习一首短诗刚好成诵。为了防止遗忘，他又继续学习了 10 分钟。这种学习属于（　　）
A. 适度学习　　B. 过度学习　　C. 掌握学习　　D. 意义学习

8.【2016 年 311 真题 38】学生采用画图表或列提纲的方式整理所学知识。这种学习策略属于（　　）
A. 资源管理策略　　B. 元认知策略　　C. 精加工策略　　D. 组织策略

9.【2017 年 311 真题 35】学生学习时用简洁的语词写出材料中的主要观点、次要观点以及各观点之间的关系。这种学习策略属于（　　）
A. 精加工策略　　B. 计划策略　　C. 调节策略　　D. 组织策略

10.【2018 年 311 真题 35】根据过度学习原则，如果一个学生经过 4 次复述刚好可记住某个英语单词，那么他学习该词最适宜的复述次数应该是（　　）
A. 5 次　　B. 6 次　　C. 7 次　　D. 8 次

11.【2018 年 311 真题 38】将电话号码 8585885 编成“帮我帮我帮帮我”以帮助记忆，这种方法可称之为（　　）
A. 语义复述　　B. 精加工　　C. 组织策略　　D. 情景性复述

12.【2020 年 311 真题 35】为了顺利背诵课文，某学生在理解课文各个段落意义的基础上，认真整理了各段落之间的关系。这种学习策略是（　　）
A. 监督策略　　B. 复述策略　　C. 精致策略　　D. 组织策略

13.【2022 年 311 真题 36】在学习英语单词时，某同学特别注重单词运用的语境。这种学习策略属于（　　）
A. 复述策略　　B. 组织策略　　C. 精细加工策略　　D. 资源管理策略

二、分析论述题

【2019 年 311 真题 56. I】阅读材料，并按要求回答问题。

学习过程中有许多方式可以应用，其中一种被称为精细加工策略，即人在学习某一新的知识时，会想起一些与其有关的旧知识，或想起属于这一观念范畴的某个例证，或再现与其有关的表象，甚至由此会引起对这些知识作出某种新的推断。学习过程中也可以对新知识作出逻辑上的组织，即按照学习材料的特征或类别进行整理、归类等。心理学

* 311 真题中又将精细加工策略称为精加工策略，在不同年份的真题中表述可能不同，两种表述皆正确。

家加涅称:“组织是将信息分成若干子集,并标明各子集关系的过程。”心理学家约翰·安德森则进一步补充道:“这种有层级的组织能够使人在搜寻自己的记忆时表现出结构化,使人能更有效地提取信息。”

请回答:

(1)“精细加工策略”何以会有助于个体日后对所学知识的回忆?

(2)“精细加工策略”与“组织策略”有何区别?

(3)根据你对以上两种认知策略的理解,对当下流行的碎片化学习现象作出评析。

模拟练习

单项选择题

1. 学生在阅读学习过程中,当遇到困难或不熟悉的材料时,能放慢阅读速度和重复阅读,这主要属于元认知策略中的(　　)

A. 计划策略　　B. 反馈策略　　C. 调节策略　　D. 资源管理策略

2. 为了准备两个月后的高考,小轩从寝室搬了出来,在学校附近一个安静的小区里租了一个单间,认真备考。小轩的行为属于学习策略中的(　　)

A. 组织策略　　B. 计划策略　　C. 调节策略　　D. 资源管理策略

3. 在记忆二十四节气时,有人将节气的首字连成诗句“春雨惊春清谷天,夏满芒夏暑相连,秋处露秋寒霜降,冬雪雪冬小大寒”进行记忆。这里使用的学习策略属于(　　)

A. 复述策略　　B. 组织策略　　C. 调节策略　　D. 精加工策略

4. 杨毅在学习过程中,将自己的笔记本划分成两半,一半记录老师上课时所讲的内容,另一半记录自己不懂的地方或重要的地方。杨毅在这一过程中使用的学习策略属于(　　)

A. 精加工策略　　B. 计划策略　　C. 组织策略　　D. 监视策略

5. 乒乒在阅读过程中,发现有一段特别难懂,他先是再次阅读该段落,并在阅读完全文之后又回过头来对这一段进行理解,乒乒采用的学习策略更符合(　　)

A. 精加工策略　　B. 计划策略　　C. 组织策略　　D. 监视策略

6. 为了记住“帽子”“雪山”“房屋”“猫”“信封”等词语,而进行“你戴上帽子去爬雪山,雪山上有间房屋,里面有一只猫在抓信封”这样的联想。所运用的学习策略是(　　)

A. 复述策略　　B. 组织策略

C. 精加工策略　　D. 计划和监控策略

7. 王老师能根据学生的学习活动判断学生使用的是什么样的学习策略,这说明学习策略具有(　　)

A. 主动性　　B. 迁移性　　C. 外显性　　D. 内隐性

8. 思维导图属于陈述性知识学习策略中的(　　)

A. 复述策略　　B. 精加工策略　　C. 组织策略　　D. 元认知策略

9. 高三下学期学习任务重、作业多。为了有更多的学习时间，林林总是把给妈妈打电话、看教育新闻等活动安排在食堂排队打饭、吃饭的时候。林林的这种安排属于学习策略中的（　　）

A. 计划策略　　B. 组织策略　　C. 调节策略　　D. 资源管理策略

10. 小彤自己一个人学习时老是会分心，一会儿摸摸笔，一会儿又看看手机，学习效率低。为了提高学习效率，她找到一个学习小组，每个周末都和学习小组的同学一起学习，大大提高了学习效率。小彤使用的学习策略是（　　）

A. 组织策略　　B. 精加工策略　　C. 调节策略　　D. 资源管理策略

11. 一位化学老师为了帮助学生理解记忆，把化学学科用语填进《青花瓷》歌曲中，该老师使用的是（　　）

A. 复述策略　　B. 组织策略　　C. 调节策略　　D. 精加工策略

12. 小明每次在做语文阅读理解时，会主动想“我有没有读懂这句话的意思？我的阅读速度是不是太快了？”这体现了元认知的（　　）

A. 监控功能　　B. 计划功能　　C. 调节功能　　D. 评价功能

13. 孙老师上语文课时，要求学生用自己的话写出注释。孙老师使用的教学策略是（　　）

A. 复述策略　　B. 精加工策略　　C. 组织策略　　D. 联想策略

第七章　问题解决能力与创造性的培养

第一节　问题解决的实质与过程

真题典例

一、单项选择题

1.【**2014 年 311 真题 34**】下列选项中属于结构良好任务的是(　　)

A. 写命题作文　　B. 为班级设计网页

C. 诊断电脑故障　　D. 完成考试单选题

2.【**2019 年 311 真题 37**】根据问题的构成要素特点,“如何培养学生的责任感”属于(　　)

A. 结构不良问题　　B. 结构良好问题

C. 一般性问题　　D. 认知性问题

3.【**2022 年 311 真题 37**】下列选项中,属于解决结构不良问题的是(　　)

A. 根据背景推测照片中人物的真实身高

B. 预测神舟飞船返回地面的时间和地点

C. 测算某一形状不规则物体的体积

D. 评价某位年轻老师的课堂教学效果

二、分析论述题

【**2008 年 311 真题 57. I**】试述问题解决的基本过程及主要影响因素,并就其中某个因素举例说明。

模拟练习

无

第二节 问题解决的训练

真题典例

单项选择题

【2011 年 311 真题 38】人在解决一系列相似的问题之后,常常出现一种以习以为常的方式方法解决新问题的倾向。这种现象被称为(　　)

A. 学习准备　　B. 思维定势　　C. 功能固着　　D. 思维阻抑

模拟练习

单项选择题

1. 科学家通过观察蜻蜓飞行而发明了直升机,其中促进科学家问题解决的主要因素(　　)

A. 定势　　B. 迁移　　C. 原型启发　　D. 问题表征

2. 将学期报告分解成一个个小任务,如选择题目、查阅资料、制定纲要等来逐步解决,这种方法属于问题中的(　　)

A. 类比思维法　　B. 手段—目的分析法　　C. 爬山法　　D. 逆推法

3. 关于影响问题解决的因素,下列描述正确的是(　　)

A. 思维定势和功能固着会妨碍问题解决

B. 思维策略是影响个体解决问题效率的最直接因素之一

C. 在学科问题上,掌握的知识总量越多,解题效率越高

D. 原型与要解决的问题在特征上有相似性,就具有启发作用

4. 小英在解答“笼中一共 5 个头,16 条腿,请问在笼子里有几只鸡,几只兔”这一问题时,采用如下思考:

5 鸡 0 兔　$5\times2+0\times4=10<16$

4 鸡 1 兔　$4\times2+1\times4=12<16$

3 鸡 2 兔　$3\times2+2\times4=14<16$

2 鸡 3 兔　$2\times2+3\times4=16=16$

1 鸡 4 兔　$1\times2+4\times4=18>16$

0 鸡 5 兔　$0\times2+5\times4=20>16$

答:2 鸡 3 兔

这里小英采用的问题解决策略是(　　)

A. 算法式　　B. 启发式

C. 逆向搜索法　　D. 手段—目的分析法

5. 小明在完成论文时，思考了很久都没有写作思路，休息两天后他再次看到论文题目，突然有了写作思路，这属于问题解决中的（　　）

A. 功能固着　　B. 反应定势　　C. 酝酿效应　　D. 迁移效应

第三节 创造性及其培养

真题典例

一、单项选择题

【2008 年 311 真题 39】创造性思维的显著特征是（　　）

A. 严密性、流畅性、准确性　　B. 敏捷性、严密性、独特性

C. 准确性、变通性、敏捷性　　D. 流畅性、变通性、独特性

二、分析论述题

【2021 年 311 真题 56. I】阅读材料，并按要求回答问题。

看上去促进学生学习的教育实践，可能会压制学生的创造性。因为这些实践不鼓励创造性，不奖赏创造性，而且还会剥夺学生从事创造性思维的机会。传统上大规模使用的标准化测验，是最为有效的——尽管可能是无意的——压制创造性的工具。教师自己编制的测验，在这方面的情况也好不了多少。这并不是说测验本身是个坏东西，问题的关键在于我们使用了什么样的测验。当前流行的课堂教学实践，看上去也不利于培养学生的创造性。有利于学生发展创造性的教学，要求教师不仅要支持和鼓励创造性，而且要身体力行地示范创造性，要奖赏学生的创造性；有利于学生发展创造性的教学，意味着要鼓励学生：(1) 创造；(2) 发明；(3) 发现；(4) 想象；(5) 假设；(6) 预测。（编译自 Sternberg，R.，Teaching for creativity，2016.）

请回答：

(1) 根据上述材料，阐述促进学生创造性发展的 4 个基本途径。

(2) 2020 年 1 月发布的《中国高考评价体系》提出了“基础性、综合性、应用性、创新性”4 方面学业考查要求。结合上述材料，谈谈这些考查要求对于培养学生的创造性有何积极意义。

(3) 围绕材料中提到的 6 种教学策略，以某一学科（如语文）为例，设计一项有助于激发学生创新思维的教学活动方案。要求：① 至少用到两种教学策略；② 方案要包含目标和操作步骤。

模拟练习

无

第八章　态度与品德的学习

第一节　态度与品德

真题典例

单项选择题

1.【2008 年 311 真题 40】在社会规范学习过程中，个体不仅在行为上遵守社会规范，而且在一定程度上意识到规范的必要性和规范对个人的价值。此时其社会规范学习处于(　　)

A. 服从水平　　B. 依从水平　　C. 认同水平　　D. 内化水平

2.【2022 年 311 真题 38】中国共产党第十九次全国代表大会的报告要求："把社会主义核心价值观融入社会发展各方面，转化为人们的情感认同和行为习惯。" 这要求社会主义核心价值观的学习应达到(　　)

A. 接受水平　　B. 组织水平　　C. 性格化水平　　D. 反应水平

模拟练习

无

第二节　品德的形成与培养

真题典例

单项选择题

【2007 年 311 真题 45】在社会规范学习与道德品质发展的研究中，班杜拉等心理学家的研究重点是(　　)

A. 道德认识　　B. 道德情感　　C. 道德意志　　D. 道德行为

模拟练习

单项选择题

1. 如果某学生认为，凡是遭到批评的行为都是坏行为，而不会受惩罚的行为都是好行为，这个学生的道德发展应该处在科尔伯格所说的（　　）

A. 前习俗水平　　B. 后习俗水平　　C. 习俗水平　　D. 超习俗水平

2. 如果某学生将“人人平等、尊重他人的尊严与权利”等原则作为道德判断的标准，那么该学生处于道德发展的（　　）

A. 前习俗水平　　B. 习俗水平　　C. 后习俗水平　　D. 超习俗水平

3. 如果问小朋友“偷东西对不对？”小朋友的回答是“偷东西不对，因为偷东西妈妈要打。”那么该小朋友的道德认知发展水平处于（　　）

A. 惩罚与服从定向阶段　　B. 工具性的相对主义定向阶段

C. 人际协调的定向阶段　　D. 维护权威的定向阶段

4. “路遥知马力，日久见人心”，这表明衡量一个人品德的主要标准是（　　）

A. 知　　B. 情　　C. 意　　D. 行

5. 按科尔伯格的观点，划分儿童的道德发展阶段主要看其（　　）

A. 心理冲突情况　　B. 人格发展情况

C. 道德行为发展情况　　D. 道德判断能力发展情况

6. 一位出租车司机为了及时将一名有生命危险的病人送到医院抢救，闯了红灯，警察依法对出租车司机进行处罚。学生王明认为，出租车司机违反了交通法规，理应受到处罚。按科尔伯格道德发展阶段理论，王明的道德发展水平最可能处于（　　）

A. 前习俗水平　　B. 中习俗水平　　C. 后习俗水平　　D. 习俗水平

7. 根据科尔伯格道德发展理论，下列取向中属于习俗水平的是（　　）

A. 社会契约取向　　B. 惩罚和服从取向

C. 工具性的相对主义取向　　D. 好孩子取向

8. 学生李明在上学的路上，因帮助突然生病的路人而迟到。老师征询大家的意见，是否按班规对李明进行处罚。张阳认为，李明帮助别人是对的，不应该处罚他。张阳的道德发展水平最可能处于（　　）

A. 前习俗水平　　B. 习俗水平　　C. 后习俗水平　　D. 中习俗水平

9. 小青在看完电影《我不是药神》之后，认为电影中的男主角即使是为了病友能够减轻病痛也不能私自购买盗版药，因为如果人人都去买卖盗版药，社会就会变得很混乱。根据科尔伯格的道德认知发展理论，她此时的道德发展处于（　　）

A. 寻求认可取向阶段　　B. 社会契约取向阶段

C. 遵守社会秩序取向阶段　　D. 普通伦理取向阶段

了不起的教育学系列

333 教育综合 1000 题

（答案解析册）

丹丹老师　编著

中国教育出版传媒集团
高等教育出版社·北京

图书在版编目（CIP）数据

333教育综合1000题：答案解析册 / 丹丹老师编著.
北京：高等教育出版社，2024. 8. -- ISBN 978-7-04-062688-9

Ⅰ. G40-44

中国国家版本馆CIP数据核字第2024R25J54号

333 JIAOYU ZONGHE 1000 TI (DA'AN JIEXI CE)

策划编辑 李笑雪　　责任编辑 李笑雪　　封面设计 贺雅馨　　版式设计 徐艳妮
责任校对 张 薇　　责任印制 耿 轩

出版发行	高等教育出版社	网　址	http://www.hep.edu.cn
社　址	北京市西城区德外大街4号		http://www.hep.com.cn
邮政编码	100120	网上订购	http://www.hepmall.com.cn
印　刷	鸿博昊天科技有限公司		http://www.hepmall.com
开　本	787mm×1092mm 1/16		http://www.hepmall.cn
本册印张	19		
本册字数	420千字	版　次	2024年8月第1版
购书热线	010-58581118	印　次	2024年8月第1次印刷
咨询电话	400-810-0598	总定价	92.00元

本书如有缺页、倒页、脱页等质量问题，请到所购图书销售部门联系调换

物 料 号 62688-001

目 录

第一部分

教育学原理

第一章　教育及其产生与发展 / 2
第二章　教育与社会发展 / 6
第三章　教育与人的发展 / 20
第四章　教育目的与培养目标 / 27
第五章　教育制度 / 31
第六章　课程 / 35
第七章　教学 / 48
第八章　德育 / 64
第九章　教师与学生 / 72

第二部分

中国教育史

第一章　官学制度的建立与“六艺”教育的形成 / 80
第二章　私人讲学的兴起与传统教育思想的奠基 / 82
第三章　儒学独尊与读经做官教育模式的初步形成 / 95
第四章　封建国家教育体制的完善 / 99
第五章　理学教育思想和学校的改革与发展 / 105
第六章　近代教育的起步 / 115
第七章　近代教育体系的建立 / 119
第八章　近代教育体制的变革 / 125
第九章　国民政府时期的教育和中国共产党领导下的革命根据地教育 / 141
第十章　现代教育家的教育理论与实践 / 144

第三部分

外国教育史

第一章　东方文明古国和古希腊的教育 / 160
第二章　古罗马的教育 / 165
第三章　西欧中世纪的教育 / 168
第四章　文艺复兴与宗教改革时期的教育 / 170
第五章　欧美主要国家和日本的近代教育 / 175
第六章　西欧近代教育思想与教育思潮 / 183
第七章　19世纪末至20世纪前期欧美教育思潮和教育实验 / 201
第八章　欧美主要国家和日本的现代教育制度 / 206
第九章　现代欧美教育思想 / 214

第四部分

教育心理学

第一章　心理发展与教育 / 228
第二章　学习及其理论解释 / 239
第三章　学习动机 / 260
第四章　知识的建构 / 274
第五章　技能的形成 / 282
第六章　学习策略及其教学 / 285
第七章　问题解决能力与创造性的培养 / 290
第八章　态度与品德的学习 / 295

第一部分

教育学原理

第一章　教育及其产生与发展

教育概述

真题典例

一、单项选择题

1.【答案】D　本题选 D 选项，“规定性定义”是作者自己所下的定义，其内涵在作者的话语情境中始终同一。

A 选项“描述性定义”是对被定义对象的适当描述或如何使用定义对象的适当说明。例如，苹果是一种红色的、圆形的水果。

B 选项“纲领性定义”是有关定义对象应该是什么的界定。例如，教育是有目的地促进人的活动。

C 选项“解释性定义”不属于谢弗勒教育定义的分类。

2.【答案】D　本题解题的关键在于“结果如教师所料，学生的学习热情高涨”，此为学习竞赛活动的正向显性功能；“但没有想到的是，学生之间互相猜忌”，此为学习竞赛活动的负向隐性功能。

3.【答案】B　判断教育的起源时，可以通过关键词来推断。生物起源说的关键词是“本能”。心理起源说的关键词是“模仿”。题干中“是扎根于本能的不可避免的行为”属于生物起源说。

4.【答案】B　教育的本质是向善，教育是有目的地培养人的活动。A 选项不具备教育性，C 选项属于管理，D 选项是自学。

5.【答案】D　注意题干是指对教育陈述的分类，而不是对教育定义的分类。“教育是对人心灵的陶冶”属于教育隐喻。

6.【答案】B　谢弗勒把教育定义分为描述性定义、规定性定义和纲领性定义。杜威的教育定义是对教育应该是什么的定义，属于纲领性定义。有同学会认为这是规定性定义，严格来说也不能算错，但本题没有规定性定义的选项，故选 B。

7.【答案】A　结构良好的教育有助于社会流动，是实现社会公平的平衡器，学校是社会进步和改革的最基本和最有效的工具，这强调的是教育对社会的正向显性功能。

8.【答案】B　把教育当作区别不同人的能力的手段，是文凭理论（筛选假设理论）的观点。

A 选项冲突论是现代西方社会学理论之一，与结构功能主义相左，其着重探讨社会冲突的本质和根源，冲突的类型、预防及其在社会生活中的作用等。

C 选项结构功能论由社会有机体论和早期功能主义发展而来，主张用功能分析方法认识和说明整个社会体系和社会制度之间的关系。该理论认为社会生活之所以能维持下去，是因为社会找到了一种手段(结构)去满足人类的需要(功能)。其最重要的理论是社会均衡论。

D 选项劳动力市场理论指工资并不和文凭高低唯一挂钩，而是取决于在哪个劳动力市场。而是否能进入高级劳动力市场和人的种族、受教育程度、性别、年龄等多种因素有关。

9.【答案】D “产婆”比喻帮助学生自己得到问题的答案，属于教育隐喻。

10.【答案】D “影响孩子创造性和批判反思能力的发展”说明学校教育具有负向隐性功能。

11.【答案】D 本质上各国都有自己关于“教育”的定义和变量指标。所谓的“操作性界定”是为了让定义更清晰、实用，更具可衡量性，便于在实践中进行使用和验证。联合国进行操作性界定是为了让各国之间能加强沟通和理解，属于规定性定义的范畴。

12.【答案】D 根据题干中王老师为促进全班学生努力学习，提高学业成绩，组织开展了一系列学习竞赛活动，结果该班同学的学习积极性和学业成绩提高，这是教育的正向显性功能。但是同学对班级事务关心变少，同学之间的友爱互助关系也不如从前，这是教育的负向隐性功能。所以选 D 选项。

13.【答案】B 根据谢弗勒对教育陈述的划分，习近平总书记把青少年自觉践行社会主义核心价值观比喻为从一开始就要扣好的人生扣子，这属于教育隐喻。

二、分析论述题

【参考答案】

(1) 制度化教育促进了教育的普及，能最大程度地培养大量人才。人才再生产对社会经济的发展、生产力的提高都具有重要的积极作用；具有高政治素养的人才对于促进政治的民主化也有重要的作用。但是，随着大规模、强制性、划一性、组织化学校教育的日益加强，学校教育逐渐暴露出僵化与刻板的一面，如学制僵化、缺乏足够的弹性。制度化教育一般采用班级授课制的教学组织形式，很难照顾到个体差异性；师生关系表面化、功利化；课程内容与教学方式高度划一；教学评价死板、教条化等。

(2) 建立正规教育和非正规教育、学校教育和家庭教育、儿童教育和成人教育相互结合、沟通、互补的全民化、终身化教育体系。如社区教育、在家上学教育制度的建立。

在学校内部建立灵活、开放、弹性的教育制度，如实行学分制和选课制；在高中提供大学预修课程，创建多样化的高中。

改革并完善教育评价制度，使得教育评价由甄别和选拔向改进和导向转变，重视学生能力的提升与综合素质的培养。

改变学校教育中“繁、难、偏、旧”的教育内容，强调学生间的合作交流，重视发展学生多方面的兴趣以及经验，帮助学生在个体差异性的基础上获得最佳发展。

模拟练习

一、单项选择题

1.【答案】A 昆体良的《雄辩术原理》是西方教育史上第一本教学论著作。

2.【答案】D 美国分析教育哲学家谢弗勒在其著作《教育的语言》一书中将教育陈述分为定义性陈述(教育定义)、口号性陈述(教育口号)以及隐喻性陈述(教育隐喻)。其中,教育隐喻是指运用比喻的手法说明教育中的某些现象。“教育是农业而不是工业”属于教育隐喻。

3.【答案】D 根据谢弗勒教育陈述的分类,可以将教育陈述分为教育定义、教育隐喻和教育口号。“教育要摆在优先发展的战略地位”属于教育口号。

4.【答案】A 根据题目表述,“教”和“学”的甲骨文是分别从成人和学生两个角度描述的教育活动。“学”的甲骨文体现不出 B 选项和 D 选项,“教”的甲骨文体现不出 C 选项,故本题选 A。

5.【答案】D “教育是带动各项事业发展的先手棋”属于教育隐喻,即隐喻性陈述。将教育比作带动各项事业发展的先手棋,突出教育的重要地位。

二、材料分析题

【参考答案】

(1) 出现“鸡娃”现象的原因是多方面的。

① 家庭内部因素:

家长的教养方式、家长的焦虑,导致孩子过度参加校外培训,过度追求考试分数,唯升学情况严重。

② 学校因素:

在升学上,以分数为评价导向,学校升学存在选拔和淘汰机制,渲染了家长的焦虑。

学校教育还不能充分满足每个孩子个性化的教育需求,在对孩子不同特点的针对性教育上仍有欠缺。随着家长素质的普遍提高,对孩子教育愈发重视,对学校教育的要求也越来越高,对教育优质均衡的期盼也越来越强。

③ 社会因素:目前,优质教育资源供给仍不充分。

(2) 教育具有对个体和社会的功能,既有正向功能,也有负向功能;既有隐性功能,也有显性功能。

“鸡娃”现象对个体会产生负面的隐性功能。无形中增加了孩子的焦虑,使孩子形成不正确的竞争意识。

“鸡娃”现象对社会会产生负向功能。“鸡娃”造成年轻一代的片面发展,违背立德树人的初心,违背全面发展的教育理念。所培养出来的人无法对社会起到积极的导向作用。

(3) 破除鸡娃现象,需要家庭、学校乃至全社会形成对育人导向、教育规律的全新认识。

① 通过有序扩大城镇学位供给，推进城乡一体化办学，推行集团化办学等方式，扩大供给新渠道。与此同时，提升教育资源配置效率，发挥优质学校及优秀师资的辐射引领作用；引入社会教育力量，培育服务新业态，大力发展“互联网＋教育”，促进各类教育资源互联共享。

② 明确家庭教育与学校教育的不同定位，家校协同发挥作用是减轻负担、化解焦虑的关键。对于家庭，家长可以根据自己孩子的发展特点，一方面补短板，引导学生全面发展、均衡发展，另一方面强优势，在家庭教育中找到学生的兴趣和个性优长。

③ 对于学校，应统筹作业时长，减少学科类作业，特别是针对考试的重复性、机械化训练的作业，适当增加开放性、创新性、探究类、拓展类活动作业。

第二章　教育与社会发展

第一节　关于教育与社会关系的主要理论

真题典例

一、单项选择题

1.【答案】C　本题属于对识记性知识的考查。20世纪60年代，以美国的舒尔茨为代表的经济学家创立了人力资本理论。

A选项错误，人力资本理论认为，教育是一种投资，能够增加人力资本，提高劳动者的生产力和收入水平。虽然这一理论关注教育对个人经济发展的作用，但并没有完全忽视教育的其他社会功能。实际上，人力资本理论认为教育除了提高个人的经济发展水平外，还有其他社会功能。例如，教育能够促进社会发展和进步，提高社会文化素质，促进社会凝聚力和稳定性。教育还可以培养人们的社会责任感和良好的价值观念，从而帮助人们更好地融入社会生活，建立良好的社会关系，更好地实现自身价值。

B选项错误，人力资本理论并不支持教育万能论，因为它也考虑到其他因素的影响，如企业和政府的投资、市场需求和竞争等。

D选项人力资本理论是否夸大了教育对人力资本的作用本身尚未有定论。一方面，有人认为人力资本理论夸大了教育对人力资本的作用。他们认为，教育只是人力资本的一部分，而许多其他因素，如经验、技能、社会网络等也对人力资本的发展和应用具有重要作用。此外，只有获得适当的工作机会，个人才能真正实现其潜力，因此教育与就业机会之间的联系也很重要。另一方面，也有人认为人力资本理论并没有夸大教育在人力资本中的作用。他们认为，教育不仅可以提高个体的专业技能和知识水平，还可以培养个体的人际交往能力，增强解决问题和创新的能力等。这些能力和技能可以使个人在劳动市场上获得更好的工作机会和更高的收入，从而增加了人力资本的价值。

2.【答案】A　涂尔干是社会学家。从题干来看，教育目的是使儿童适应整个政治社会的总体要求，适应将来特定环境的要求，这反映了教育具有社会性。B选项和D选项表述本身存在问题，C选项不符合题意。

3.【答案】D　20世纪60年代美国经济学家舒尔茨提出了人力资本理论，这是“教育先行”政策的理论基础。

4.【答案】A　教育受一定的经济、政治和文化的影响，但是教育又有一定的独立性，表现在：① 教育具有自身的特点和规律；② 教育发展具有连续性和继承性；③ 教育具有自我复制和自我更新的功能。A 选项不属于教育独立性的体现。

5.【答案】A 教育目的的取向有个人本位论和社会本位论。“一切教育的真正目的，是人”属于个人本位论。

6.【答案】D 马克思的人的全面发展理论是我国社会主义教育目的的理论基础。

二、分析论述题

【参考答案】

(1) 教育与文化相互影响、相互制约，互为辩证关系。

教育的文化功能具体如下。① 传递文化：教育对文化的作用，首先表现在对文化的传递作用上。教育通过传递文化，继承和传播人类文明。② 选择文化：教育对文化的选择功能十分重要，它体现了教育对文化发展的积极引导和自觉规范。③ 发展文化：文化的生命不仅在于它的保存与积累，更在于它的更新与创造。

文化对教育的影响和制约具体如下。① 文化知识制约教育的内容和水平：文化是教育的基础，教育的本质是“以文化人”，它通过传承和创新文化来培养人才。② 文化模式制约教育的背景与模式：以传统东、西方文化模式为例，传统东方文化模式的核心是追求和谐、崇尚德性、关注整体；西方文化模式的核心是追求征服、崇尚理性、关注个性。比如：古代中国强调的是修身治人之学，是“格物、致知、诚意、正心”，进而达到“修身、齐家、治国、平天下”。而西方更追求个人的自由和价值。③ 文化传统制约教育传统与变革：文化传统越久，对教育传统变革的制约性越大。比如：我国儿童性教育进展缓慢是和我国文化传统中对“性”的避讳密不可分的。

(2) 教育的民族性可以理解为在教育的国际学术交流中以本国国情和民族特性为基点，以促进教育现代化为目标，对外来文化进行精心地鉴别、选择和改造，同时发扬我国传统文化的优势。

教育的世界性即在全球化浪潮中，不同背景下的教育彼此借鉴对方的概念、理论和方法，国际教育交流与合作日益加强，各国重新审视自己的教育。

① 正确把握世界性与民族性的关系，明确教育发展的定位。教育民族性可以理解为全球教育思想与中国教育实际的融合，它是使全球教育思想转化为我国教育实际，并进而体现出本土特征的过程。

② 辨识世界性对教育带来的影响，有意识地抵御全球化的风险。要认清全球化进程产生的消极影响和风险。我们必须认识到全球教育规范或标准的相对性，在这一前提下寻求教育多元发展的框架。即在某些情况下注意摒弃同质化趋势，尊重教育的多样性，承认教育发展目标和组成部分的多样性。

③ 拓展全球视野，加强国际理解和全球意识教育。要鼓励和支持教育的国际化和办学主体的多元化。

(3) 落实中华优秀传统文化教育要通过具体的课程开发与实施来进行。

① 课程目标。树立三维目标观，强调知识与技能、过程与方法、情感态度与价值观。尤其是在情感方面，要加强爱国主义教育，培养学生对优秀文化的热爱之情。

② 课程结构。改变学科本位的课程,增加活动课程的比重。将传统文化融入活动课程中,激发学生学习的兴趣。

③ 课程内容。课程内容要与学生的实际生活相结合,改变传统文化教育说教、脱离学生生活的现状,将传统文化与学生的实际生活相联系,才能落实传统文化教育。

④ 改变课程实施。改变课程实施过于强调接受学习、死记硬背、机械训练的现状。倡导学生主动参与、乐于探究、勤于动手,培养学生搜集和处理信息的能力、获取新知识的能力、分析和解决问题的能力以及交流与合作的能力。突出传统文化的重要性,加强学生对传统文化的认识。

⑤ 改变课程评价。改变课程评价过分强调甄别与选拔的功能,发挥评价促进学生发展、教师提高和改进教学实践的功能,加强对传统文化的重视和评价。

模拟练习

一、单项选择题

1.【答案】D 本题为对识记性知识的考查,劳动力市场理论认为教育和人的工资之间没有显著正相关。劳动力市场理论认为:(1) 劳动力市场由主要劳动力市场和次要劳动力市场组成;(2) 教育与个人收入之间不直接相关,工资水平取决于在哪个劳动力市场工作;(3) 在哪个劳动力市场工作和人的性别、年龄、种族、教育程度有显著关系。

2.【答案】A 筛选假设理论认为文凭是人身上的标签,是帮助雇主选拔合适劳动力的依据。

3.【答案】D 人力资本理论突破了传统物质资本的束缚,看到了人力资源对于经济增长的重要性。

4.【答案】B 题干的意思是突出教育代表人的“文凭”,而不是提高人的能力。突出文凭的重要性,为筛选假设理论。劳动力市场理论不重视教育文凭。

5.【答案】A 人力资本理论突破了传统物质资本的束缚,认为在经济增长中,人力资源的优势大于物力资源。

6.【答案】D D 选项应为筛选假设理论注重教育文凭的重要性,又被称为文凭理论。

二、材料分析题

【参考答案】

(1) 从教育和经济的关系角度来看,20 世纪 60 年代,美国经济学家舒尔茨创立了人力资本理论。人力资本是体现在人身上的资本,表现为人的知识、技能及其能力的总和。人力资源是一切资源中最主要的资源。在经济增长中,人力资本的作用大于物质资本的作用。教育投资是人力投资的主要部分。坚持教育优先发展,可以提升人力资源质量,促进经济社会的发展。

从马克思主义关于人的全面发展的理论来看,教育优先发展是促进社会进步和人的全面发展的根本手段。马克思讲人的“异化”,即人对物质利益的追求、享受和占有欲望急剧膨胀，使人逐渐异化，人被物所奴役。而我们要追求的是“人的全面发展”，包括人的能力的全面发展和人的自由发展。坚持教育优先发展，有利于促进“人的全面发展”。

(2) ① 坚持目标导向，确保教育优先发展的方向性。

社会主义核心价值观和思想政治教育被视为决定教育成功的关键。教育战线应该全面坚持习近平新时代中国特色社会主义思想，全面推进大中小学社会主义核心价值观教育和思想政治理论建设。

② 将教师队伍作为教育发展的第一资源优先建设。

百年大计，教育为本。教师是立教之本、兴教之源，承担着让每个孩子健康成长、办好人民满意教育的重任。要将教师队伍建设摆在突出位置，坚持把教师队伍建设作为基础工作，作出一系列重大决策部署，各地区各部门和各级各类学校采取有力措施认真贯彻落实，教师队伍建设取得显著成就。

③ 将教育作为阻断贫困代际传递的最重要手段优先保障。

治贫先治愚，扶贫必扶智。在脱贫攻坚行动中，教育发挥了至关重要的作用。在学生资助方面，各教育阶段实现了从入学到毕业的全程全部资助，保障不让一个学生因家庭困难而失学。国家加大对义务教育投入，重点向农村义务教育倾斜，持续改善当地办学条件。

④ 将教育作为推进科技创新的最强动力优先规划。

科技创新事关国家未来，人才是创新的根基，是创新的核心要素。培养人才，根本要依靠教育。国家科技创新力的根本源泉在于人。十年树木，百年树人。要把教育摆在更加重要位置，全面提高教育质量，注重培养学生的创新意识和创新能力。

⑤ 将教育作为促进共同富裕的重要基础优先部署。

共同富裕是社会主义的本质要求，是中国式现代化的重要特征。党中央把握发展阶段新变化，把逐步实现全体人民共同富裕摆在更加重要的位置，而教育则是促进共同富裕的重要引擎和关键支撑。

第二节 教育的社会制约性

真题典例

单项选择题

1.【答案】B 本题的逻辑是人受到社会制约——所以教育要充分考虑社会发展的需要。其余三个选项本身表述是有问题的。A 选项坚持社会本位的价值取向容易忽略个人需求。C 选项教育目的的确定需要同时考虑个人和社会。D 选项教育的价值追求除了要为社会生活做准备，还要适应当下。

2.【答案】C 教育要根据民族的固有特性来进行，这属于文化对教育的影响和制约。

3.【答案】B 农耕时代、工业时代和信息时代最大的不同在于生产力发展水平的不同。

4.【答案】C 城镇化的发展导致许多人离开农村到城镇生活，发生了人口流动，从而影响了农村受教育人口的数量。

5.【答案】A 本题需要认真审题,关键词是"社会发展"对教育的"制约作用"。制约指限制、约束或阻碍某事或某人的行动或发展,使其不能自由发挥。它通常是一种外在的或内在的限制性因素,对某个事物或某个人的发展和变化产生一定的影响力。

B 选项不属于制约作用,而是一种促进作用,反映的是教育在面对社会问题时的能动作用。C 选项不属于制约作用,也不属于社会和教育之间的作用。D 选项体现的是制约作用,但不是"社会"对教育的制约,而是教育内部的制约。故本题选 A。

A 选项表示的是城镇化发展,导致城市学校范围扩大、农村学校规模缩小,符合题意。

模拟练习

一、单项选择题

1.【答案】A 生产力的发展制约人才的培养规格和教育结构。蒸汽时代、电气时代、自动化时代的生产力发展水平不同,对工人的要求也不同。这说明不同的生产力发展水平对教育所培养的人提出了不同层次的要求。故 A 选项正确。

2.【答案】B 社会政治经济制度是指一定的社会生产关系的总和。题目指出西周时期是奴隶社会,奴隶主占有生产资料、学术资料,形成学在官府的局面,说明了社会政治经济制度对教育的影响,故 B 选项正确。

3.【答案】C 本题选择的是描述不正确的选项,文化传统越悠久,对教育的影响就越大,C 选项的说法不成立。

二、材料分析题

【参考答案】

(1) 材料指出在传统教学中,追求分数至上,灌输教学导致课堂效率低下。而新课程改革以来,由于过分技术化、过分设计化,也导致了课堂教学的低效。

(2) 1)教育和技术是相互影响、相互促进、协同发展的关系。

技术的发展水平会影响人们对教育目的、教育价值和教育意义的认识,也会影响人们对教育规律的理解和教育能力的提升。

① 技术之于教育:现代技术具有的大科学、高科技、国际化等特点必然使现代教育呈现出大教育、大系统、国际化的特点,其对我国教育结构提出的最重要的要求就是创新型人才的培养。技术的迅猛发展渗透到教育活动的各个环节之中,引发课程体系不断改革,促进教学内容不断更新,带来教学方法的不断变化,推动教育技术的不断完善。

② 教育之于技术:教育为技术发展提供知识积累、培养所需人才、为技术转化为生产力创造条件。

2)教育不可以过于依赖技术。

教育如果过于依赖技术,学习过程难以得到有效监控,学习目标的导向作用会因此而大大降低。过于依赖技术，过分强调发散性思维，不适当地否定权威，可能导致公认价值标准的丧失。

(3) 为了使教学活动不流于表面，需要根据教学目标、教学内容、教学环节的需要设置有效的教学活动。

① 围绕教学目标，追求教学活动的价值性。

任何一个教学活动不是为了"活动"而活动，是为了达成教学目标，才开设相应的教学活动，活动的组织要考虑知识、技能、情感价值观的落地。

② 考虑学生实际需求，确保教学活动的必要性。

教学活动应建立在学生需求之上。如学习内容需要采用合作学习、讨论学习、自主学习的方式时，再设计对应的教学活动。

③ 结合教学内容，追求教学活动的恰当性。

在情境和活动的创设过程中应充分考虑活动的内涵，活动的设置要精细化。

④ 注重教学反思，追求教学活动的有效性。

教师要注意形成研究和反思思维，追求每一堂课活动的有效性，通过反思补足活动的不足，优化活动的实施。

第三节 教育的社会功能

真题典例

一、单项选择题

1.【答案】B A 选项是在教育领域中，教学组织形式对教育的作用。C 选项僵化的制度化教育导致社会拒绝学校毕业生，是《学会生存——教育世界的今天和明天》一书中提到过的现象，涉及的是教育的负向功能。D 选项是教育对个体发展的促进作用。题干考查的是教育对"社会发展"的促进作用，本题选 B 选项。

2.【答案】A 帮助学生学会身份认同和角色定位，属于个体化功能，使其自觉按照角色要求为人处世，属于个体社会化功能。

3.【答案】B 教育对文化的作用有选择、传递、创造和传播。题干涉及的是教育对文化的选择功能。

4.【答案】B 本题可采用排除法。选项 A、C、D 具有教育万能论的倾向，夸大了教育的作用。选项 B 是对教育作用的合理表述，突出了教育对社会发展所起到的正向促进作用。

二、分析论述题

1.【解析】本题作答不仅要说明教育对经济的影响，还要以表中数据作为支撑。解读图表时需要从横向和纵向两方面进行观察比较。

【参考答案】(1) 识字率越高的国家，其人均国民生产总值增长越快；且识字率高的国家，其人均国民生产总值逐步超过识字率低的国家。这是人力资本差异所导致的结果，同时也表明教育对经济发展的影响深远，其经济功能具有滞后性。从横向来看，表中1913 年和 1970 年的人均国民生产总值表明，识字率高的国家，其人均国民生产总值增长较快。纵向比较，1913 年，一些人均国民生产总值低，但是识字率高的国家，如瑞典，其1970 年的人均国民生产总值超过了识字率低的国家的人均国民生产总值，如英格兰和威尔士。

(2) 20 世纪 60 年代，舒尔茨提出人力资本理论，指出人力资本是经济增长的关键，而教育是形成人力资本的重要因素。教育通过提高劳动者的总体素质来增加对经济的影响。具体表现在：缩短劳动者掌握新技术的时间，形成解决复杂生产技术问题的能力，增强创造发明、参与生产管理、革新技术的意愿和能力。

同时，表中显现出教育对经济的影响具有滞后性的特点，教育对经济的发展没有在当下就显现出来。原因是：首先，上一代人的教育水平影响下一代人的素质；其次，教育水平起点高的国家，在国际劳动分工中占据更有利的地位，时间越久，由教育所带来的经济优势就越明显；最后，随着经济发展对科学技术的依赖性越来越强，教育水平起点越高的国家，其经济发展的速度就越快。

2.【参考答案】(1) 教育功能指教育对个体和社会的作用。根据默顿的划分，教育功能可以划分为正向功能和负向功能、显性功能和隐性功能。

伊里奇认为学校“剥夺了人独立自主的学习动机和能力”，这体现了教育对个体的负向功能。学校教育追求制度化和标准化，没有考虑到个体的需求，限制了个体的创造力和主动性。伊里奇认为学校通过分层扩大了社会差距，带来了灾难性后果，这体现了教育对社会的负向隐性功能。学校并不是促进社会公平的一种手段，反而通过文化资本的占据，再生产了社会不公平，复制了现有的社会生产关系。

伊里奇的观点具有一定的合理性，看到了学校教育的弊端。但是，学校教育对个体与社会的作用仍以正向功能为主导。如学校教育对个体而言，可促进其对系统知识的掌握和学习，培养其形成良好的学习习惯、道德品质，加速其个性化与社会化的过程。另外，学校教育通过培育合格的人才促进社会的发展。这些正向功能是不可忽视的。所以伊里奇主张废除学校的观点是偏激的，要做的是尽可能减弱学校的负向功能。

(2) 影响人的身心发展的因素是多方面的，如遗传、环境、个体主观能动性和学校教育等。其中学校教育在人的身心发展中起主导作用，学校教育提供系统知识的传授，有专门的教师和专职人员，通过集体的作用促进学生的发展，促进个体的个性化和社会化。

但是学校在对人的身心发展方面也存在一些不利影响。如标准化考试限制学生的创造力，抹杀个性；班级授课制难以兼顾每个学生的学习需要。所以“在家上学”的出现是有其必然性的。

即便如此，“在家上学”也不能超越学校教育的主导地位。首先，“在家上学”在对父母提出更高要求的同时，也可能会导致学生丧失自主性。其次，我国目前还没有相关的法律法规为其提供合理性依据。最后，“在家上学”不可避免地使学生失去了更多与同辈交流的机会。所以，我们必须理性对待“在家上学”这种现象。

模拟练习

单项选择题

1.【答案】A 君子和哲学家体现的是培养目标。中国古代强调道德修养，古希腊强调理性发展，这更直接体现了文化类型的差异影响了教育目标的差异。

2.【答案】C 《学记》这句话的意思是古代的王，建立国家教化百姓，用的是教育的方式。这体现的是当权者通过教育来维护社会政治稳定、促进社会变革。其他选项也属于教育的功能，但和“古之王者”的关系不大。相对而言，C 选项更符合题意。

3.【答案】B 这句话强调了教育具有自身的规律，因此体现了教育的独立性。选项 A 说法错误，社会变迁确实会对教育产生影响，不能说教育完全不受社会变迁的影响。选项 C 和选项 D 不符合题意。

4.【答案】D 题干中表述的人力资本和物质资本的利润增长比较，反映了教育对社会经济发展所起的作用，故选 D。

5.【答案】C 题干中，教师在教学过程中讲授垃圾分类的知识，提高学生的环保意识，能够规范学生的环保行为，体现的是生态功能。故答案为 C。

6.【答案】D 贫困属于经济方面的内容，通过提高教育质量来摆脱贫困，这体现的是教育的经济功能。

7.【答案】A 生产力对教育的制约作用表现在：(1) 生产力的发展制约教育事业发展的规模和速度；(2) 生产力的发展水平制约人才培养的规格和教育结构；(3) 生产力的发展制约教学内容、教学方法和教学组织形式的发展和改革。因此，B、C、D 三选项均表述正确。

选项 A 应改为政治经济制度制约着教育的性质和领导权。

8.【答案】B 题干强调要保留有价值的文化，剔除文化中的糟粕，属于对文化的选择。选项 A、C、D 均与题意不符，故本题答案选择 B。

9.【答案】B 题干涉及劳动生产率、生产技能等与经济相关的词语，描述的是教育的经济功能，故选项 B 说法正确。

10.【答案】D 教育的纵向流动功能是指社会成员因受教育的培养与筛选，能够在社会阶层、科层结构中做纵向的提升，包括职称晋升、职务升迁、薪酬提级等，以提高其社会地位及作用，亦称垂直流动。题目中一个人从普通工人晋升到管理层，体现的是社会流动功能中的纵向流动功能。

11.【答案】B 题干中传承和保护非遗文化，体现的是教育对文化的保存功能。

第四节 当代社会对教育的需求与挑战

真题典例

一、单项选择题

1.【答案】C 《学会生存——教育世界的今天和明天》里提出，建设学习化社会的关键是实施终身教育。

2.【答案】B 本题属于对教育学名著的考查。《教育——财富蕴藏其中》和《学会生存——教育世界的今天和明天》的主题和中心词是终身学习。联合国教科文组织在《教育——财富蕴藏其中》中提出面向21世纪教育的四大支柱是学会认知、学会做事、学会共同生活和学会生存。

3.【答案】B 世界近代教育发展的重要成就之一是实施了义务教育。A选项补偿教育是针对在经济上和社会地位上处于不利地位的、没有机会享受正规教育的、丧失了良好教育权利的儿童进行的教育。C选项终身教育是20世纪60年代提出的。D选项回归教育，主张教育不要一次完成，而要根据个人的兴趣、职业、社会经济状况等因素，在一生中选择最需要学习的时候接受灵活有效的教育。

4.【答案】D 普通高中教育是在义务教育基础上进一步提高国民素质、面向大众的基础教育，主要任务是促进学生全面而有个性地发展，为学生适应社会生活、高等教育和职业发展做准备，为学生的终身发展奠定基础。所以普通高中需要承担基础教育和预备教育的任务。

5.【答案】A "培养完人"是《学会生存——教育世界的今天和明天》一书中的原话。

6.【答案】A 普通教育是以升学为主要目标、以基础知识为主要教学内容的教育；职业教育是以就业为主要目标，以从事某种职业或生产劳动所需要的知识和技能为主要教学内容的教育。第二次世界大战以后，各国逐渐重视普通教育与职业教育的综合化，呈现出普通教育职业化和职业教育普通化的趋势。

7.【答案】D 本题属于对教育名著的考查。《学会生存——教育世界的今天和明天》提出各国教育存在"教育先行""为未知社会培养新人""社会拒绝使用学校毕业生"三种普遍流行的现象。

8.【答案】D 普通高中开设各种实践性的课程是为了全面提高普通高中学生综合素质。普通高中教育多样化、特色化是形式，不是目的。现阶段我国还未能全面普及高中教育。

9.【答案】C 本题可使用排除法。选项A、B、D皆符合终身教育的理念。终身教育并非从正规学校教育结束时开始，正规学校教育也属于终身教育的一部分。

10.【答案】A 国际理解教育是让各国及其人民之间相互理解和关心的教育，不涉及教育机会均等，故排除B、C、D选项。

二、分析论述题

1.【解析】首先,判断出材料中蕴含的思想是终身教育思想。然后,按题干要求去分析其内涵,即说明终身教育是什么。最后,论述教育如何应对挑战,即在现代社会如何实现终身教育。

【参考答案】

这段文字所蕴含的是终身教育思想。终身教育指人们在一生各阶段中所受各种教育的总和,是人所受不同类型教育的统一和综合。

现代社会发展与个人成长需求对教育的挑战是多方面的,如社会变革的加速、大众传媒的迅速发展带来的社会信息化、科学知识和技术的进步、人口增长及人的寿命的延长、人们拥有越来越多的闲暇时间、个人需要和生活方式的多样化等对教育的挑战。

为了应对这些挑战,可以从以下几方面着手:

(1) 转变教育观念:改变过去将人的一生截然划分为学习期与工作期的传统观念。

(2) 转变教育目的:培养具有终身学习能力的全面发展的人。

(3) 改变教育环境:建设学习型社会,如建立配套的老年大学、职业技术学校。

(4) 丰富教育内容:学习有利于学生获得终身需要的知识和技能,获得广博的知识。

(5) 改进教育手段:利用互联网等现代科技拓宽学习的途径。

(6) 发展教育方法:自主探究,开展研究性学习。

(7) 建立新型教师观:教师要终身学习,促进专业发展。

(8) 推动教育立法:确立相关法律,推动终身教育的实施。

2.【参考答案】(1) 材料中的教育公平观认为,平等地受教育只是公平的必要条件,而不是它的充分条件。同等的机会必须包括同样成功的机会,并且应该在尊重个人基本自由和完整性的前提下个性化地展开。教育公平不仅仅表现在学校增加、学段扩充、学习期限延长等方面,还应该尽可能清除教育内部的障碍,将学习者从学习客体变成学习主体。

(2) 材料中提出了以下实现教育公平的主张:给予每个人适当的教育,让其进步和发展;尊重个人基本自由和完整性,并且在这个前提下进行个性化的教育;尽可能清除教育内部的障碍,将学习者从学习客体变成学习主体;平等应该是实实在在的机会平等,而不是名义上的平等,机会平等不是要把所有人拉平;教育应采取自由探索、征服环境和创造事物的方式,让学习者自我教育。

(3) 启发:在中国教育改革中,应倡导个性化的教育,促进教育公平。

首先,应该给每个学生提供适合他们需要的教育。

其次,应该清除教育内部的障碍,使学生不再是被教育的客体,而是变成自我教育的主体。

最后,应该让学生根据自己的兴趣和需求自主选择自己的课程,并且建立起更自由、更开放、更富有探究精神的学习环境,从而促进学生的全面发展。

模拟练习

一、单项选择题

1.【答案】A 教育民主化首先指的是教育机会的均等,其他选项都不符合首要地位。

2.【答案】B 旨在促进不同社会文化背景的国家和人们之间的相互了解和尊重的教育思潮应为国际理解教育思潮。A 选项的终身教育强调人一生各个阶段接受各种教育。C 选项的全纳教育指的是特殊儿童可以正常随班就读,涉及的是教育公平。D 选项的后现代主义是在批判现代社会基础上提出的。A、C、D 选项均不符合题意,故本题选择 B 国际理解教育思潮。

3.【答案】D A 选项和 B 选项本身表述错误,制度化教育和非制度化教育都可以培养优秀人才,都不可或缺。C 选项题干没有体现。题干表达的是教育墨守成规地培养人是不可行的,突出发展终身教育,建设学习型社会,D 选项符合题目要求。

4.【答案】B 联合国教科文组织在《学会生存》中强调了以下几个观点:(1) 教育不能仅仅局限于训练未来社会的领袖或培养某种规格的青年;(2) 教育不再只是少数人的特权或仅限于某一年龄段;(3) 教育应该面向整个社会和个人的终身发展。这表明当代教育的发展方向是终身教育和学习化社会,即教育应该突破时间和空间的限制,面向全民并贯穿个人的终生。B 选项终身教育和学习化社会是当代教育的发展方向符合题意。

5.【答案】A 终身教育不等于职业教育,它包含学校教育在内,发展职业能力只是其中的一个环节。

6.【答案】C 本题考查的知识点是 20 世纪以后教育的特点。在古代社会(奴隶社会和封建社会),学校教育与生产劳动分离,C 选项属于古代社会教育的特点,在信息社会中教育和生产劳动是紧密结合在一起的。

7.【答案】C 工业时代,教育的生产性特征非常突出,起到促进工业大生产的作用。

8.【答案】C 该题考查的是教育在社会主义现代化建设中的地位。教育在社会主义现代化建设中处于全局性、先导性、基础性的地位。

题干的“百年大计,教育为本”意思是指国家的长远发展需要以教育作为基础,所以 C 选项更为合适。

9.【答案】A “一年视离经辨志,三年视敬业乐群,五年视博习亲师,七年视论学取友,谓之小成;九年知类通达”既有对学业的考查,又有对德行如敬业、亲师等方面的考查,体现了我国古代教育德智并重的特点。

10.【答案】C 选项 A,教育的心理起源说,认为教育起源于儿童对成人无意识的模仿,其代表人物是孟禄。斯宾塞是教育预备生活说的代表人物。

B 选项,教育的本能起源说即生物起源说,认为教育起源于动物界的生存本能活动,其代表人物是利托尔诺、桑代克、沛西·能等。孟禄是心理起源学说的代表人物。

C 选项,教育的需要起源说认为教育起源于社会生活实际的多方面的需要,其代表人物为杨贤江,前后相匹配。

D 选项，教育的劳动起源说认为教育起源于人类所特有的生产劳动，其代表人物为米丁斯基、凯洛夫等马克思主义者。沛西·能是生物起源学说的代表人物，前后不匹配。

综上所述，A、B、D 三选项前后都不匹配，匹配正确的是 C 选项，故本题选 C。

11.【答案】A　A 选项，PPT 或者电子白板如果可以充分地运用于教学，可以更好地多角度呈现解题思路，不属于信息技术给教育带来的挑战，而属于带来的益处。

二、材料分析题

1.【参考答案】

(1) 何谓“分数面前人人平等”

分数是通过考试评价而得到的学习成绩、效果、结果达到某种程度、水平的级别标志。分数面前人人平等是指在一般性和选拔性、晋级性等考试评价中，从命题到评分不论人的性别年龄、种族籍贯、地位贫富等都以一种尺度对待，没有特殊、不徇私情，优者则优，劣者则劣的客观公正的考试评价方式。选拔性、晋级性考试评价将考试分数从高到低依次排队，然后依次录取、任用和晋级。

在近现代社会，除了一些国家的非正常特殊时期外，分数面前人人平等是每个国家的学校和政府、社会普遍采用的考试选拔评价制度。除义务教育外，现代社会普遍认同人人都有平等地受教育的权利，其实就是在分数面前人人具有平等地受教育的权利。义务教育既是国家、社会的义务，也是每个适龄儿童及其家庭的义务。义务教育并不存在选拔、晋级，它的考试评价只是为了使教师了解学生的学习情况和学生了解自己的学习情况，其目的是根据学生情况进行教学，督促学生学习，提高教学质量。但分数面前人人平等也是其考试评价基本原则。

(2)“分数面前人人平等”的公平性

首先，分数面前人人平等是对世袭制的否定。古代的“学而优则仕”以及与之配套的察举制、九品中正制和科举考试等就是分数面前人人平等的学校选拔学生和国家选拔人才的考试评价制度。虽然它的“人人”和“平等”都十分有限，基本限于奴隶主和封建士大夫范围，但终究也是一种比世袭制及其等级制平等和进步的选拔、用人考试评价制度。

其次，分数面前人人平等是对男尊女卑的否定，是实现男女平等的重要和具体化措施。

再次，分数面前人人平等是对劳动的肯定，是对人的肯定，是尊重劳动、尊重知识、尊重人才、尊重创造的表现，是对好逸恶劳、不劳而获的否定。

(3)“分数面前人人平等”的局限性

分数面前人人平等是就事论事的平等，就教育论教育的平等，并未涉及造成分数差距的经济、文化、制度等根源。

从布迪厄的文化资本理论来看，“分数面前人人平等”忽略了政治、经济、文化、制度等因素对分数的影响。任何人的努力都有一定限度，都与生存条件有关。生存条件的好坏、优劣可能不影响人的努力程度，但不可能不影响人的努力成果。

分数面前人人平等是教育平等和公平的重要内容，但它只是教育平等和公平的一个方面，并非全部。因此，既要肯定、捍卫、坚守、保护、维护甚至呵护分数面前人人平等的现实性、在一定程度上的公平、公正和正义性，但又不能把分数面前人人平等绝对化。不仅不能以某个分数线或者分数段为标准的一把尺子衡量普天下所有人的学习、工作成果，还要努力消除造成分数差距的经济、文化、制度等根源，实现真正全面的教育公平。

(4) 如何改进“分数面前人人平等”

① 坚持教育公平

解决教育资源分配公平问题。公平相当于正义、至善，是不能兼顾的人类追求的最高目标，是平等和效益的统一，是在基本平等基础上的有差别的共同发展和共同富裕。现代和谐社会的教育公平应该是教育平等和教育效益的和谐统一，是全体国民德智体等素质在基本平等发展基础上的有差异的共同发展，是每个人接受基本教育的绝对平等与不同兴趣类型和能力水平的人接受不同层面教育的相对平等的结合。作为教育公平的教育正义或者教育正义的教育公平既具有互利性，更具有仁爱性，是互利和仁爱结合的共利的教育。

② 实现教育机会和教育过程的公平

全面的教育公平至少包括教育机会公平、教育过程公平和教育结果公平。机会和过程公平是结果公平的基础和手段，结果的公平是目的。没有结果和机会、过程的公平都是不全面的公平。没有结果的公平，机会和过程的公平就没有标准和追求的目标，也就无法衡量。没有机会和过程的公平，结果的平等就不能真正落实。分数面前人人平等的公平只是结果的平等和公平，经济基础和教育投资的平等和公平是教育机会和过程的平等和公平，是分数面前能否平等的根源，实现真正全面的教育公平必须首先解决这个根本问题。

③ 改变“应试教育”及其评价模式

素质教育的平等、效益和公平是以学生全面发展和共同发展为根本目的的平等、效益和公平，是能力和全面发展面前人人平等的教育平等、效益和公平，而不是重智育轻德育，重知识轻能力甚至高分低能的平等、效益和公平。实施素质教育和创新教育必须确立其平等、效益和公平的实践和评价模式，寻找素质教育和选拔性教育的结合和平衡点。

2.【参考答案】

(1) 教育民主化的必要性可以从多个角度来看：

① 对个体而言，教育民主化可以确保每个人都有平等的接受教育的机会，无论其社会背景或经济状况如何。这有助于个体潜力的发展，提高社会地位和生活质量。

② 对社会而言，教育民主化有助于减少社会不平等现象，促进社会的稳定和繁荣。通过提供平等的教育机会，社会可以培养更多有才能和技能的人才，推动整个社会的进步。

③ 从显性功能的角度看，教育民主化可以提高整体教育水平，促进知识的传播和创新。这有助于社会更好地适应不断变化的环境和需求。

④ 从隐性功能的角度看，教育民主化可以培养公民的批判性思维和社会责任感，促进民主意识和价值观的传播，从而加强社会凝聚力和民主参与。

(2) 要实现教育民主化，可以在教育领域采取以下措施：

① 提供普及的教育机会，确保每个人都能接受基本的教育，包括初等教育机会和终身学习机会。

② 推动教育内容的民主化，包括教学方法的多样化、课程的灵活性和个性化，以满足不同学生的需求和潜力。

③ 建立公平的教育制度，消除教育资源的不平等现象，包括教育经费的分配、师资队伍的建设和教育设施的改善。

④ 鼓励教育参与和民主决策，包括学生、家长、教师和社会的参与，共同推动教育改革和发展。

通过这些措施，教育民主化可以更好地实现个体和社会的发展，促进社会的公平和进步。

第三章　教育与人的发展

第一节　人的身心发展特点及其对教育的制约

真题典例

单项选择题

1.【答案】D　A 选项“顺序性”指人的身心发展是一个由低级到高级、由量变到质变的连续不断的发展过程，这一发展过程具有一定的方向性和先后顺序。比如先学会爬，再学会走。

B 选项“阶段性”指从总体上看，在个体发展的不同阶段会表现出不同的年龄特征及主要矛盾，面临着不同的发展任务，阶段性容易和不均衡性混淆。

C 选项“差异性”强调个人和其他人之间的差异。

D 选项“不均衡性”又称“不平衡性”，指人的发展并不总是按相同的速度直线前进的。从总体发展来看，幼儿期和青春发育期是两个加速发展期，童年期发展平稳，到了老年期发展速度则开始出现下降。“不均衡性”和关键期紧密联系。

2.【答案】B　题干提到个体和社会生产之间的关系，而生产力是社会领域的重要内容之一，这表明个体的发展具有社会性。在封建社会的个体发展显然不同于近代社会。个体怎样表现自己的生活，是一个动态的历史过程，所以具有历史性。A、C、D 选项本身表述没有问题，但和题意无关。

3.【答案】D　人的发展具有顺序性、阶段性、差异性和不平衡性。题干中进行补救教育不成功的原因是“兽孩”从小在野兽堆中生活，错过了言语等发展的关键期。同时，“兽孩”说明了环境因素在人的发展中具有重要作用。影响人发展的因素有遗传、教育和环境。遗传提供了人发展的可能性、差异性；环境是给定的，又是可选择的；教育在人的发展中起重要的作用。“兽孩”本身具有发展的可能性，但是环境的剥夺使其无法正常发展。

4.【答案】D　“外铄论”强调环境的重要性，“内发论”强调自身的重要性。A 选项“成熟论”指自身的成熟。B 选项“性善论”指人的天性本善。C 选项“人本主义心理学”指相信个体。只有 D 选项“行为主义心理学”是强调环境影响。

5.【答案】D　有关影响人的身心发展的观点有遗传决定论、环境决定论、成熟论、内因与外因交互作用论等。题干中“花朵”和“园丁”的比喻，意味着学生既有自我的成长，又有教师的引导作用，这属于内因与外因交互作用论。

6.【答案】D 教育能促进儿童发展,根本原因在于儿童发展的可塑性。A 选项阶段性指的是儿童发展的不同阶段有不同的特点。B 选项顺序性指儿童发展具有一定的身心发展顺序。C 选项不平衡性指儿童发展具有关键期。

7.【答案】C 人的发展特点有顺序性、阶段性、差异性和不平衡性。促进普通高中发展的多样化和特色化是为了适应高中学生发展的差异性。

8.【答案】C 加德纳的多元智能理论包括语言智力、逻辑—数学智力、空间智力、音乐智力、身体—运动智力、人际关系智力、自我认识智力。不同的人有不同的智力优势,加德纳强调的是人的智力的差异性。

9.【答案】C “塑造”“人类灵魂工程师”强调的是外界环境或者他人对个体的影响。这是典型的外铄论观点。

10.【答案】D 教育工作需要循序渐进主要依据的是儿童身心发展的阶段性和顺序性。循序渐进并没有体现个体与其他个体的差异,故有差异性的选项均排除。

11.【答案】D 关键期对应个体身心发展的不平衡性。

12.【答案】A “苏格拉底方法”又称“产婆术”,由讥讽、助产术、归纳和下定义组成。苏格拉底主张的是内在因素在人的身心发展中的作用,属于内发论。B 选项和 D 选项强调的是外界影响,和苏格拉底的主张相悖,所以排除。苏格拉底并不主张遗传因素决定一切,所以排除 C 选项。

13.【答案】B 儿童能够理解和同化高于自己一个发展阶段的同伴的道德推理,证明儿童的道德认知发展具有阶段性和差异性。但不能接受高于自己两个或多个发展阶段的同伴的道德推理,证明儿童的道德认知发展具有顺序性。不平衡性对应关键期,题干中没有体现,故排除与不平衡性有关的选项。

14.【答案】A “当孩子的自利需求得到充分满足”后,孩子的“自我中心就会变成利他观念”,体现出儿童身心发展是一个渐进的过程,强调的是个体身心发展的顺序性。

模拟练习

单项选择题

1.【答案】D 《学记》这两句话代表的是要抓住人发展的关键期,体现的是人身心发展的不平衡性。

2.【答案】C 人的发展具有阶段性,因此教育不能把小学生当作中学生对待,也不能把中学生当作成人对待。不同发展阶段的人在认知、情感、社会交往等方面有着不同的特点和需求,教育应该根据不同阶段的发展特点来制定相应的教育目标和教学方法,以促进学生全面发展。因此,正确答案是 C 选项阶段性。

3.【答案】B 题目描述的是每个学生的认知风格是不同的,面对不同的认知风格,教师应根据其中的差异采取不同的教学策略。这体现了人身心发展的差异性。

4.【答案】B 《学记》这句话的意思是每个人在学习中都有不同的特点,出现的问题也不同,老师要看到这些问题,扬长避短,体现的是人身心发展的差异性。

5.【答案】A 每个人都不一样，教育要让人成为他自己，这属于尊重人的发展的差异性。

6.【答案】D 本题考查的是人的身心发展的规律。D 选项，人的身心发展的个别差异性是指不同的群体与个体在身心诸多方面都存在着差异。题干中“有的人记忆力强，有的人感知力强，有的人语言表达能力强，有的人写作能力强”说明个体身心发展具有个别差异性。故 D 选项正确。

7.【答案】B 题干中小明同学在身高方面发展很快，但是在思想和行为上还处于比较幼稚的状态，体现了个体不同方面的发展速度不同，属于不均衡性的特点。所以，本题答案选择 B。

8.【答案】B 这种情况体现了个体身心发展的阶段性。幼儿教育需要根据幼儿的发展阶段和特点来设计教学内容和方法，既要避免过早引入小学化的教学方式，又要注意幼小衔接，确保幼儿教育与小学教育之间的顺畅过渡。这表明个体在不同发展阶段有着不同的需求和特点，教育应该根据阶段性来进行针对性的教学和指导。因此，正确答案是 B 选项。

9.【答案】D 题干展现的是人的语言系统、智力系统、运动系统等发展的关键期各不相同，体现了个体身心发展的不平衡性。

第二节 人的身心发展对教育的需求和挑战

真题典例

无

模拟练习

一、单项选择题

1.【答案】B 根据这个实验，可以得出结论——遗传素质的成熟在人的发展中起到重要的作用。尽管孩子在训练过程中有所差异，但他们的遗传素质对于爬梯的表现有着显著影响，最终导致他们在 3 岁时表现相似。这表明遗传素质在个体发展中扮演着重要的角色。

2.【答案】C 教师被比喻为学生成长的一面镜子，既突出了教育的外在作用，也暗示了学生内在发展的需要，体现了内外因素的交互作用。

3.【答案】C 这段话提到人类生下来带着一堆潜能，这些潜能可能半途流产，也可能在条件允许下成熟起来，说明人的发展是可塑的，不是生来就决定的。并且提到人具有未完成性，能够接受教育，正是人的这种未完成性提供了教育的可能性。所以这段话体现了“人的未完成性提供教育的可能性”这一观点。选项 C 符合题意。

4.【答案】A 遗传因素的成熟对儿童的发展起着制约作用。4 岁的儿童没有逻辑思维、空间感,是遗传因素的影响。

5.【答案】B 题干中“蓬生麻中,不扶而直;白沙在涅,与之俱黑”的意思是蓬草长在麻地里,不用扶持也能挺立住;白沙混进了黑土里,就再也不能变白了。这句话强调了环境对人身心发展的重要作用,因此本题选择 B 选项。

6.【答案】D 本题考查的是影响个体身心发展的因素。D 选项个体的主观能动性是指人的主观意识对客观世界的反映和能动作用。主观能动性是人的身心发展的动力,是促进个体发展的决定性因素。个体主观能动性的最高层次表现为创造性。题干中“有的学生专心听讲,有的学生心不在焉”属于个体主观能动性的表现。因此,D 选项正确。

7.【答案】B 遗传在人的发展中的作用表现为:(1) 遗传素质是人的发展的生理前提;(2) 遗传素质的成熟程度制约着人的发展过程及年龄特征;(3) 遗传素质的差异性对人的发展有一定的影响;(4) 遗传素质具有可塑性。

故 A、C、D 选项都属于遗传素质在人的发展中的作用。但是遗传素质具有可塑性,人的发展不仅受到遗传影响,还需要与环境和教育产生相互作用,故遗传是影响人发展的条件之一,不是终极条件,B 选项说法错误。

8.【答案】B 题干中古文的意思是“和品德高尚的人交往,就好像进入了摆满芳香的芝兰花的房间,久而久之就闻不到兰花的香味了,这是因为自己和香味融为一体了;和品行低劣的人交往,就像进入了卖臭咸鱼的店铺,久而久之就闻不到咸鱼的臭味了,这也是因为自己与臭味融为一体了。”这句话强调身边的环境对人的发展的决定作用,体现的是环境决定论。故本题选择 B 选项。

9.【答案】B 环境泛指个体生活中影响个体身心发展的一切外部因素,包括自然环境和社会环境。自然环境是人与动物共同赖以生存和发展的客观条件,它由天然存在的自然界构成。社会环境包括人类在自然环境基础上创造和积累的物质文明、精神文明和社会关系的总和。方仲永很小就能读书写诗,长大后却“泯然众人”,是因为缺失必要的教育和环境的影响。

10.【答案】D 本题考查影响人身心发展的因素。

“孟母三迁”:孟母为了让孟子有更好的学习环境,三次搬家,最终选择了一个适合学习的环境,使孟子能够专心学习。这个故事主要强调环境对人的巨大影响。

A 选项,“龙生龙,凤生凤,老鼠生儿会打洞”:这一说法更多地强调遗传或先天因素对个体的影响,而不是环境。因此 A 选项错误。

B 选项,“师傅领进门,修行在个人”强调个体的主观能动性。

C 选项,“一龙生九子,九子各不同”,强调个体主观能动性因素的影响。

D 选项,“染于苍则苍,染于黄则黄”:这句话的意思是,丝放在青色的染缸里就变成了青色,放在黄色的染缸里就变成了黄色。这句话直观地体现了环境对事物的决定性影响,与“孟母三迁”中强调环境对人成长的重要影响的观点是一致的。因此,D 选项正确。

二、材料分析题

【参考答案】

影响个体身心发展的主要因素有遗传、环境、学校教育和个体的主观能动性。

(1) 遗传

① 遗传素质是人的身心发展的生理前提,为个体的身心发展提供了可能性,也是身心发展的物质基础;遗传素质的差异对人的身心发展有一定的影响,但是遗传素质具有可塑性;遗传素质的成熟机制制约着人的身心发展水平及阶段,为一定年龄阶段的身心特点的出现提供了可能和限制。

② 材料中方仲永 5 岁时就能作诗,是个天才儿童,体现出遗传对人身心发展的作用,遗传是人身心发展的前提。

(2) 环境

① 环境为个体的发展提供了多种可能,包括机遇、条件和对象;环境是人的身心发展的外部的客观条件,环境使遗传提供的发展可能性变成现实;环境对个体发展的影响有积极和消极之分;人在接受环境影响和作用时,也不是消极的、被动的;人具有主观能动性,人在改造环境的实践中发展着自身。

② 材料中方仲永所处的家庭环境主要是由其父亲决定的,其父只贪图眼前利益,让方仲永错失了学习的最佳时间,影响了发展,最后泯然众人矣;而达尔文虽然小时候不好好学习,但由于启蒙老师的影响,有个好的学习环境,最后写出了《物种起源》。这体现了环境对人身心发展的影响和作用,这种影响既可能有利也可能不利。

(3) 学校教育

① 学校教育在人的发展中起主导作用:学校教育是有目的、有计划、有组织的培养人的活动;学校教育是通过专门训练的教师来进行的,相对而言效果较好;学校教育主要通过文化知识的传递来培养人,能有效地控制、影响学生发展的各种因素;学校教育能够加速人的现代化,给人的影响比较全面、系统和深刻。学校教育在人的身心发展中的主导作用表现在:学校教育按社会对个体的基本要求对个体发展方向做出社会性规范;学校教育具有加速个体发展的特殊功能;学校教育,尤其是基础教育对个体发展的影响具有即时和延时的价值;学校教育具有开发个体特殊才能和发展个性的功能。

② 材料中方仲永的父亲只贪图眼前的利益,目光短浅,并没有让方仲永接受后天教育;而达尔文接受了后天教育,在老师的带领下,去自然界观察生物。正是在老师的引导下,达尔文找到了自己的兴趣,最终写出了《物种起源》。由此可见,人的才能有赖于后天的教育,即使天赋很高的人,如果不加以教育和培养,也会变成平庸无能的人。所以后天教育对一个人是否成才至关重要,后天教育能够促进个体的发展,发挥个体的才能。

(4) 个体的主观能动性

① 主观能动性是推动人身心发展的动力。个体通过能动的活动选择建构着自我的发展。

② 材料中方仲永拥有常人所不具有的能力,在父亲没有及时教育的情况下,他自己也没有发挥主观能动性、坚持学习,最后泯然众人矣。如果他能够充分发挥主观能动性,

利用自己的先天优势，多学习，多思考，也不会从天才沦为常人；而达尔文虽然有老师的带领，但如果他自己不发挥主观能动性，进行研究、学习，是不可能写出《物种起源》的。这充分说明了个体的主观能动性在人的身心发展中的决定作用。

综上所述，影响人身心发展的因素是多方面的，遗传、环境、学校教育与个体的主观能动性相互作用、相互影响，共同作用于个体的身心发展，其中个体的主观能动性在人的身心发展中起决定作用。

第三节 学校教育在人的身心发展中的作用

真题典例

单项选择题

1.【答案】C B 选项和 D 选项是教育的个体功能，A 选项也偏向于教育的个体功能，C 选项选拔和社会分层功能体现的是教育的社会流动功能。

2.【答案】A 上学 9 年者的智商比上学 7 年和上学 8 年者的智商高，且差异显著，表明学校教育能提高人的智商，促进人的智力的发展。其他选项表述本身存在问题。

3.【答案】C 柏拉图、卢梭和孟子都是内发论的代表，荀子是外铄论的代表。

4.【答案】D 学校教育可以使个体智商实现一定幅度的提升，D 选项表述正确。A 选项表达没有依据。题目提到的是平均得分，而 B 选项表述的是个体。且不一定受教育水平高的新兵在军营里的智力表现就更优秀。C 选项错在"不断提高"。

5.【答案】A 从题干来看，一个成年人长久地陪伴一个孩子，属于个别教育。赫尔巴特推崇的是学校教育。

模拟练习

材料分析题

【参考答案】

(1) 学校的使命在于：

① 从教育目的的达成来看——学校的使命在于立德树人。

学校应明确自身的培养目标。人的全面发展是人类的崇高追求，是人的发展和社会发展的最高目标、最终价值取向。学校教育作为实现人的全面发展的重要途径，必须以学生为本，关注学生的全面发展、和谐发展、持续发展、终身发展和健康成长。在坚持德育为先的同时，全面加强和改进智育、体育、美育。全面实施素质教育，坚持文化知识学习与思想品德修养的统一、理论学习与社会实践的统一、全面发展与个性发展的统一，促进德育、智育、体育、美育有机融合，着力培养学生的社会责任感、创新精神和实践能力，提高学生综合素质，使之成为德智体美全面发展的社会主义建设者和接班人。

② 从学校对个体的功能来看——学校的使命在于促进个体的个性化、社会化。

学校教育需要促进个体的个性化和社会化。学校教育应认真发掘学科中所蕴含的健全人格教育资源，将显性教育与隐性教育结合起来，使学生在获取知识的同时，得到人格的滋养与涵育。高度重视对学生的人文关怀，营造良好的师生关系、同学关系，为培育学生健全人格提供良好氛围。要焕发学生的生命活力，把学生发展从知识层面提升到生命发展层次。

③ 从学校对社会的功能来看——学校的使命在于促进社会各方面的变迁。

学校教育对社会的经济、政治、文化、科技、人口等具有重要的作用。学校教育应立足于人的培养，通过培养合格的社会公民，促进社会的变迁和发展。

(2) “教育的任务不能只留给学校”体现出的是协同育人的重要性。

学生的成长是一个漫长的过程，它受家庭、学校、社会综合环境的影响、引领和培育。学生的心智在家庭、社会和学校共同营造的氛围中潜移默化地生成，并在不断地体验和感悟中健全。除学校外，家庭和社会对教育发展起着不容小觑的作用。

① 家庭对学校教育的支持作用。

学生在和谐的家庭、社会环境的感染和驱动下，在教师的引领、指导和学习同伴的互助过程中逐步积累、优化、更新，并生成智慧，产生解决问题的能力，达成德、智、美、体等综合素质的全面提升。因此，家庭教育要立足于“为学生终身发展、终身学习、终身幸福奠基”的发展性、高效性和生命性成长观，以学生未来的发展与幸福为目标，以学生的健康成长为责任，以学生的智慧生成和能力提升为期盼。家庭教育应与学校教育和社会教育协调一致，指导学生理顺学习关系，形成有效的学习方法，养成良好的学习习惯，坚持以学校内学习为主，以教师引领下的课堂学习和自主学习为主。

② 社会对学校教育的支持作用。

积极的社会支持是通过外部力量对个体施加正面影响，从而改变个体的心理状态。社会支持的积极运用促进学生全面发展的效果是显著的。社会支持在学校教育中的参与可以帮助学生获得来自各方面的有关自己的反馈信息，认识自我能力与现实的距离、现实自我与理想自我的关系。因此，应在达成课堂高效学习目标的基础上，鼓励学生参加一些必要的社会实践、课外读书、课外文体等活动，使学生在社会生态学习状态下达成德、智、体、美、劳诸方面的和谐发展。

综上，学生的健康成长不仅需要教师的教育引领和指导培育，还需要汲取家庭、学校和社会生态环境中的营养，更离不开家长的言传身教、精心呵护和亲情感染，这几个方面的因素是学生成长的必要条件。任何因素的缺失，都会影响、阻碍学生的健康成长和正常发展。因此，应充分发挥学校、家庭和社会的合力，共同为学生的全面发展贡献力量。

第四章 教育目的与培养目标

第一节 教育目的

真题典例

一、单项选择题

1.【答案】A 人的全面发展指在人的劳动能力全面发展的基础上，人的社会关系、体力、智力、道德精神面貌、意志、情感、个性及审美意识和实践能力等各方面的和谐统一发展。

马克思从大工业生产的要求提出人的全面发展，人的全面发展是指适应大工业的劳动变换、职能更替、工人全面流动所要求的人的劳动能力或才能的全面发展，这是马克思主义人的全面发展的基本含义。马克思把劳动力或者劳动能力理解为“人的身体即活的人体中存在的、每当人生产某种使用价值时就运用的体力和智力的总和”。故选 A 选项。

2.【答案】B 关于“教育目的”的常见学说有教育准备生活说和教育适应生活说。以斯宾塞为代表的教育准备生活说强调教育是为未来生活做准备。教育适应生活说以杜威为代表，强调教育是为了适应现在的生活，而不是为未来生活做准备。题干强调教育即生长，属于杜威的教育思想，即教育适应生活说。

3.【答案】C 题干所指的文献是《中华人民共和国教育法》。

4.【答案】C 斯宾塞是教育准备生活说的代表人物，杜威是教育适应生活说的代表人物。

5.【答案】A 20 世纪 50 年代末我国确立的教育方针强调教育必须与生产劳动相结合。

6.【答案】C 杜威的教育目的价值取向不是完全个人本位论，也不是社会本位论，而是二者之间的调和。A 选项和 D 选项是纯个人本位论，B 选项没有体现价值取向，C 选项既体现了个人取向，又体现了社会取向。

7.【答案】C 小学 1~2 年级的识字目标属于语文课程目标。如果精确到每节课需要学习的汉字，则属于教学目标。

8.【答案】A 杜威所谓教育的内在目的即教育过程中的目的，这个目的就是“生长”。

9.【答案】D 确定教育目的的首要依据是政治制度。

10.【答案】B　A 选项和 D 选项是偏向理解层面的，C 选项是分析层面的，B 选项是评价层面的，故本题选 B。

11.【答案】D　本题考查的是新时代我国教育目的的主要内容。新时代我国教育目的在于培养德智体美劳全面发展的社会主义事业建设者和接班人。

12.【答案】D　坚持社会主义性质是我国教育目的的应有之义。中华人民共和国成立以来，我国教育目的的表述充分体现了这一点，如“有社会主义觉悟”“社会主义事业建设者和接班人”等。A、B、C 选项是各时期关于教育目的的具体表述，D 选项属于对教育目的的概括性表述。

二、分析论述题

【解析】教育功能有对个体的功能，也有对社会的功能。本题需要先分析材料中的教育目的是什么。

【参考答案】

(1) 材料提出教育的目的应该着眼于社会，改变只重视个人的传统。20 世纪以来国贫民弱，须通过培养人的社会意识和能力来影响当时的经济、政治和文化的发展，改变积贫积弱的现象，论者在 20 世纪初就认识到了这一点，实属难能可贵。

(2) 论者在教育目的上具有鲜明的社会本位的价值取向。

论者强调教育的目的在于谋求社会进步，定位的道德标准也是看人是否对社会发展有促进作用。其实质上是主张社会价值高于个人价值的。教育目的的确立不应从个人本位出发，而应从社会需要出发。个人只是教育加工的原料，个人的发展必须服从于社会需要。教育的目的在于把受教育者培养成符合社会准则的公民，使受教育者社会化，保证社会生活的稳定与延续。

(3) 现实意义。

① 在学校德育目标上：教育目标不仅包括培养学生作为个体需要的基本品质，让学生遵守基本的个人道德准则，而且要考虑到学生作为社会人的身份，使学生认同社会的基本原则和基本准则。

② 在学校德育内容上：教育内容不仅包括个人的诚实、守信等基本做人原则，也包括社会主义核心价值观，社会主义的基本指导思想，马克思主义政治经济学、哲学基本观念等。在加强个人道德教育的同时，加强社会公德教育。

③ 在学校德育原则上：要坚持集体主义教育和个人教育相结合的原则。

模拟练习

单项选择题

1.【答案】A　杜威是个人本位和社会本位的调和者，他既没有坚持个人中心，也不认为社会是唯一的目的，D 选项属于斯宾塞的观点，因此只有 A 选项符合题意。

2.【答案】B　题干中的观点属于 B 选项教育适应生活说。该观点强调儿童和成人都是发展中的个体,需要根据各自的情况和阶段选择适合的生长方式,而不是简单地将成年期作为固定的标准来看待儿童期。这种观点强调个体在不同阶段需要适应生活的不同要求和方式,以促进其全面发展。

3.【答案】A 涂尔干把教育视为社会的工具,教育的目的在于造就社会化的人,按照社会需要来培养人,体现的是社会本位的价值取向。

4.【答案】B 题干的意思是人是为了社会而活,人要促进社会生活的保存和改善,体现的是社会本位的价值取向。这种观点认为教育目的是以社会为本的,这样社会才能得以稳定延续并使其利益得以实现和维护。

5.【答案】B 题干问的是说法错误的选项。B选项人的自由发展不仅仅指人性的发展,而且指社会关系中的自由发展。

6.【答案】A 题干表达的教育的价值取向是社会本位。这种观点强调个人在教育中的地位相对较低,将个人视为教育的原料,认为个人的价值在于为社会服务和发展。因此,教育的目的和决定方面主要以社会的需求和目标为导向。

7.【答案】A 明确规定教育为谁培养人体现了教育目的对教育活动的定向功能。教育目的明确规定教育为特定社会或阶层培养人才,旨在指导教育活动朝着特定方向发展,具有明确的目标和导向。

8.【答案】A 题干中"教育目的常常带有社会不同时期的特点"体现了教育目的的时代性。故此题选A。

9.【答案】A 本题考查的是教育本位论中的个人本位论。A选项,个人本位论强调从个体本能需要出发,强调教育要服从人的成长规律和满足人的需要;注重教育对个人的价值;主张教育的目的是培养"自然人",发展人的个性,增进人的价值,促使个人自我实现。题干中,"书中自有颜如玉,书中自有黄金屋,书中自有千钟粟"这句话强调教育为个人带来了各种利益,符合个人本位论的观点,故A选项正确。

10.【答案】A 题干所述体现了教育目的的导向功能。教育内容、教育活动形式和教育方法的选择都必须以教育目的为最高准则,即教育目的引导和指导教育实践的方向和发展。因此,正确答案是A选项。

11.【答案】B 社会本位论认为真正的个人是不存在的,只有人类才存在。个人的一切发展都有赖于社会,因此社会处于发展的中心,个人只有从属于社会才有价值,教育是实现社会目的的手段。B选项是社会本位论的看法。

12.【答案】C 这一表述属于教学目标。教学目标是指在具体的教学活动中,为学生设定的具体、可实现的目标,如在10分钟内正确完成3道四则混合运算题。这个目标是为了指导和衡量教学过程中学生的学习表现和成就。因此,正确答案是C选项。

13.【答案】A 我国全面发展教育的基本内容始终强调把德育放在最优先位置。故本题正确答案为A选项。

14.【答案】D "进入信息化时代",是社会生产力发展的结果,所以体现了教育目的受社会生产力发展水平的制约。

第二节 培养目标

真题典例

无

模拟练习

材料分析题

【参考答案】

(1) 坚持全面发展,育人为本

构建德智体美劳全面培养的课程体系。贯彻新时代党对教育的新要求,坚持德育为先,提升智育水平,加强体育、美育,落实劳动教育。九年一贯设置课程,完善课程类别与结构,优化科目的课时比例,确保"五育"并举,促进学生健康、全面发展。

(2) 面向全体学生,因材施教

为每一位适龄儿童、少年提供适合的学习机会。把握学生身心发展的阶段特征,注重幼儿园、小学、初中、高中各学段之间的衔接,体现不同学段目标要求的层次性。打好共同基础,关注地区、学校和学生的差异,适当增加课程选择性,提高课程适宜性,促进教育公平。

(3) 聚焦核心素养,面向未来

依据学生终身发展和社会发展需要,明确育人主线,加强正确价值观引导,重视必备品格和关键能力的培育。精选课程内容,注重培养学生的爱国情怀、社会责任感、创新精神和实践能力,奠基未来。

(4) 加强课程综合,注重关联

加强课程内容与学生经验、社会生活的联系,强化学科内知识整合,统筹设计综合课程和跨学科主题学习。加强综合课程建设,完善综合课程科目设置,注重培养学生在真实情境中综合运用知识解决问题的能力。开展跨学科主题教学,强化课程协同育人功能。

(5) 变革育人方式,突出实践

加强课程与生产劳动、社会实践的结合,充分发挥实践的独特育人功能。突出学科思想方法和探究方式的学习,加强知行合一、学思结合,倡导"做中学""用中学""创中学"。优化综合实践活动实施方式与路径,推进工程与技术实践。积极探索新技术背景下学习环境与方式的变革。

第五章　教育制度

第一节　教育制度

真题典例

单项选择题

1.【答案】D　本题属于对识记性知识的考查。学校教育制度是指一个国家各级各类学校的系统及其管理规则。学校教育制度是现代教育制度的核心。

2.【答案】A　学校教育属于正规教育。正规教育是由专门的教育人员、机构及运行制度所构成的教育形态。非正规教育是指没有能够形成相对独立的教育形式的教育，与生产生活高度一体化。本题的迷惑性在于"半工半读"，即便是半工半读，只要是学校教育，就属于正规教育。

3.【答案】C　本题属于对识记性知识的考查。双轨制包括"大学—中学系统"和"小学—初等职业学校系统"两轨。

4.【答案】B　根据《中华人民共和国教育法》(1995 年)，我国学校教育制度包括学前教育、初等教育、中等教育、高等教育。

5.【答案】B　根据《中华人民共和国教育法》的规定，成人教育制度属于我国基本教育制度。我国基本教育制度有：学校教育制度、九年制义务教育制度、职业教育制度和继续教育制度(成人教育制度)、国家教育考试制度、学业证书制度、学位制度、教育督导制度和学校及其他教育机构评估制度。

6.【答案】C　双轨学制中的一轨是"学术性"轨道，是自上而下形成的，其结构是大学、中学、家庭教育，主要面向贵族阶层的子弟；另一轨是"职业性"轨道，是自下而上形成的，其结构是小学及其后的职业学校，不进入高等学校，主要面向贫民阶层的子弟。

7.【答案】C　《学会生存——教育世界的今天和明天》系统论述了"学习化社会"。A 选项《科尔曼报告》由美国科尔曼教授主导，其核心内容是强调美国白人学生和黑人学生的差距不是由于他们学校的物质条件不同，而是黑人学生对自身的评价认知以及他是如何适应新环境的。他认为教育无法帮助他们改变生存环境。B 选项《一个称作学校的地方》是一本关于教育领域的书籍，由塔拉·韦斯特弗所写。这本书主要描绘了韦斯特弗在学校学习的经历，以及她是如何适应这个新环境的。同时，这本书也进行了家庭教育和正式教育的对比，探讨了教育对个体成长的重要性。D 选项是美国 1983 年颁布的法案。

8.【答案】B B选项公立学校与宗教组织分离是近代以来欧洲教育在学校教育制度中表现为世俗化的重要特征之一。在欧洲的近代化过程中，教育逐渐从宗教机构中独立出来，成为国家公共教育体系的一部分，出现了公立学校。

近代以来欧洲教育还表现出其他特征。例如，教育的对象扩大到了平民阶层，大众化的教育开始得到发展；教育开始与生产劳动相结合，工业革命给教育带来了新的内容和形式；逐渐实现了义务教育的普及，社会普及教育的程度不断提高。

9.【答案】C C选项学校的类型、级别和结构是学制的基本构成要素。

学校的类型指学校按照性质和任务特点不同所具有的区别，如普通中小学、职业中小学、高等教育机构等。

学校的级别指学校按照教育阶段和年限的不同划分，如幼儿园、小学、初中、高中、大学等。

学校的结构指学校内部按照不同学科、专业或专业领域实行的管理和组织形式，如学制、教学计划、教学进度、课程结构和考试内容等。

10.【答案】C 学前教育不属于义务教育，但属于基础教育，同时也属于终身教育和国民教育。

11.【答案】A A选项制度化教育的弊端是导致“社会拒绝使用学校的毕业生”现象的根源。

联合国教科文组织在《学会生存——教育世界的今天和明天》中指出，“教育先行”和“教育预见”指的是教育不能脱离社会和生产力的发展方向，应当预见潜在工作岗位和社会的需求，将教育与经济发展相结合；而“社会拒绝使用学校的毕业生”现象则是制度化教育的弊端。

制度化教育的特点是按照固定的课程和教学进度进行教学，强调对标准化考试的应付能力，制度性的程度较高。这种教育体系通常忽略学生的自主性、创造性和解决实际问题的能力，使学生毕业后在实际应用中遇到困难，无法胜任工作。因此，造成了“社会拒绝使用学校的毕业生”的现象。

模拟练习

无

第二节 我国学制和学制改革

真题典例

单项选择题

1.【答案】A A选项《中共中央关于教育体制改革的决定》颁布于1985年，提出加强基础教育，有步骤地实施九年义务教育，且基础教育管理权属于地方，省、市（地）、县、乡分级管理的职责划分由省、自治区、直辖市决定。

B 选项《中国教育改革和发展纲要》颁布于 1993 年，其重点内容是基本普及九年义务教育，基本扫除青壮年文盲；全面贯彻党的教育方针，全面提高教育质量；建设好一批重点学校和一批重点学科。

C 选项《中共中央、国务院关于深化教育改革，全面推进素质教育的决定》颁布于 1999 年，其重点内容在于加大教育投入，逐步实现国家财政性教育经费支出占国民生产总值 4% 的目标。

D 选项《国务院关于基础教育改革与发展的决定》颁布于 2001 年，提出完善农村义务教育管理体制，实行在国务院领导下，由地方政府负责、分级管理、以县为主的体制。

2.【答案】B 义务教育中三个“义务”的主体是：国家和社会的义务、家长的义务、儿童个人的义务。义务教育的特点是强制性、免费性、普及性。

3.【答案】C 本题属于对识记性知识的考查。我国高等教育实行中央、省（自治区、直辖市）、中心城市三级办学的体制。

4.【答案】B 马丁·特罗关于高等教育发展阶段的分类：当一个国家的大学适龄青年中接受高等教育者的比例低于 15% 时，属于精英高等教育阶段；15%~50%，属于大众化高等教育阶段；50% 以上，属于普及化高等教育阶段。

5.【答案】D 本题考查学制的定义，学制规定了各级各类学校的性质、任务、入学条件、修业年限以及学校之间的关系。学校之间的关系是衔接和分工的关系，因为在教育中不提倡重点学校的开设，所以不可能是从属、竞争、主导之类的关系。

6.【答案】C 内涵式发展主要指的是素质教育的发展。

7.【答案】D 我国仿照苏联，实行分支型学制。

8.【答案】A 进入 21 世纪，培养学生的创新精神和实践能力以应对时代的发展、知识经济的挑战尤为重要。

9.【答案】B 终身教育包括人一生中各阶段所受各种教育的综合，不是只为了发展人的职业能力和素质。

10.【答案】A 本题可结合实际情况作答，我国现在的中学有普通中学、职业中学和综合中学。

我国没有“实科中学”的说法，也没有单纯的文科中学和理科中学。在新高考背景下，中学开始实行一些选科制，力图打破文科和理科之间的壁垒。D 选项不是“培养目标”维度下中学的区分方式。

11.【答案】A 我国 1958 年确立的教育方针强调教育必须与生产劳动相结合。

12.【答案】C 终身教育并不是基础教育、高等教育的延续，终身教育是包括基础教育与高等教育在内的。D 选项终身教育并不是否认学校教育，而是拓宽了学校教育的内涵，社会化教育的含义比学校化教育广，包含学校教育在内。

13.【答案】B A 选项学校教育制度包括职业教育；C 选项学校教育制度是国家基本教育制度；D 选项学校教育制度由教育部颁布实施。

14.【答案】C 《国家中长期教育改革和发展规划纲要（2010—2020 年）》提出在普通高

中建立学生发展指导制度,加强对学生理想、心理、学业等多方面的指导。

模拟练习

单项选择题

1.【答案】C 本题考查现代学制的类型。现代学制包括单轨制、双轨制和分支型学制。
A 选项,单轨制的特点是所有的学生在同样的学校系统中学习,从小学、中学到大学,各级各类学校相互衔接。单轨制最早产生于美国。
B 选项,双轨制的一轨自上而下,其结构是大学(后来也包括其他高等学校)、中学(包括中学预备班);另一轨自下而上,其结构是小学(后来是小学和中学)及其后的职业学校(先是与小学相连的初等职业教育,后发展为和初中连接的中等职业教育)。
C 选项,多轨制不属于现代学制的类型。
D 选项,分支型学制是 20 世纪上半叶苏联建立的一种学制。这是一种在初等教育阶段强调共同的基础性教育,到中等教育阶段分职业教育和普通教育两个分支的学制。

2.【答案】B 不属于终身教育特征的是 B 选项民族性。终身教育的特征包括民主性、连贯性和自主性,并不包括民族性。

第六章　课程

第一节　课程与课程理论

真题典例

单项选择题

1.【答案】A　赫尔巴特的三中心是教师、教材和课堂。与之对应的杜威的三中心是学生、活动和经验。B 选项属于凭空捏造,C 选项和 D 选项属于杜威的三中心。

2.【答案】B　A 选项“经验主义课程论”以杜威为代表人物,强调活动,不主张学习具体的教材和课程。C 选项“存在主义课程论”和存在主义哲学有关系,强调学生的自我生成(存在先于本质)。D 选项“后现代主义课程论”反对传统的课程论,提倡解构和建构,但其本质上更多是一种解构。B 选项“学科中心课程论”类似赫尔巴特的思想,强调具体的课程,采用分科教学。

3.【答案】B　本题考查的知识点是古德莱德的课程观,按照美国学者古德莱德的观点,课程可分为理想的课程、正式的课程、领悟的课程、运作的课程和经验的课程。

4.【答案】A　布鲁纳是结构主义课程论的代表人物。他主张“把任何知识教给任何儿童”。

5.【答案】A　A 选项学科中心课程符合“自由教育”的教学法。

自由教育是指以人为本,培养人的多方面能力和素质,鼓励学生自由思考和创造性思维的教育模式。因此,在自由教育的观念下,学生应该接受广泛的教育,以便能有更加广博的知识面和更加理性的思考能力。这一观点认为,只有通过广泛涉猎各种学科,才能够从多个角度看待问题,并能够进行综合性的思考和判断。

在课程类型上,学科中心课程更加符合自由教育的教学法,因为这种课程强调学科知识的广度和深度,可以帮助学生建立扎实的基础,并掌握更加广泛的知识。同时,学科中心课程也能够帮助学生充分发展自己的创造性思维和综合能力,让他们能够更加独立地思考和解决问题,最终成为有实际应用价值的优秀公民和劳动者。

B 选项学生中心课程强调学生的主体性和自主性,注重培养学生的能力和素质。但是,相较于自由教育来说,学生中心课程的涉及范围和深度可能较窄,而且不同学生的学习进程和效果可能不同,也缺乏相对统一的评价标准,不能保证学生掌握的知识和能力的全面性和广度。

C 选项社会中心课程的关注点在于社会的需求和实际问题，更加注重学生与社会的联系。但是，社会中心课程可能会忽略传统的文化和知识的传承，也不能保证学生掌握其他学科的知识，无法提供广泛的知识面和多角度的思考方式。

D 选项活动中心课程强调的也是学生的自主性和主体性，注重学生的实践能力和价值观。但是，活动中心课程往往更侧重于实操和拓展，对基础知识和理论知识的传授可能不足，而理论知识和基础知识互相补充是学生全面发展的必要条件，同时学生的实践能力和价值观的培养需要基于扎实的理论知识和基础知识。

6.【答案】D　本题可采用排除法，A 选项为斯宾塞的思想，B 选项为古德莱德的课程观，C 选项为泰勒的观点。

7.【答案】D　本题的关键词是李老师“用更加精确的语言重述学生不甚清晰或不甚完整的发言”以及“那就是自己的意思”，这表明题目强调的主体是学生而非教师，意在强调学生在课堂学习过程中所获得的个体经验。A 选项强调的主体是教育行政部门；B 选项强调的主体是教师；C 选项强调的主体是教育研究机构、学术团体和课程专家。

模拟练习

单项选择题

1.【答案】A　B 选项教学科目，这是一个较为狭隘的视角，仅将课程视为教学的科目或内容，而没有提到课程与人的学习生命和社会文化的关系。

C 选项有计划的教学活动，这也是从教学实施的角度来看课程，强调课程是按照一定计划进行的教学活动，没有涉及课程与学习和文化的本质关系。

D 选项社会改造的过程，这是从社会发展的角度来看课程，将课程视为改变社会的一种手段，而题目更多是从课程与人的学习内涵的关系来定义课程，所以这一选项不太符合题意。

题目中提到“课程作为进入教育领域的特殊文化，实质就是人的学习生命存在及其优化活动”，这是把课程看作人的学习生活和潜能实现的过程，是社会文化的再生产。A 选项符合题意。

2.【答案】C　A 选项“实施者”，教师作为课程的实施者，主要按照规定的教学大纲和课程标准，采用适当的教学方法给学生讲授课程内容。实施者更强调教师在课程执行过程中的作用。

B 选项“设计者”，教师作为课程的设计者，参与课程设置、教材编写、教学大纲制定等课程规划工作。设计者更关注教师在课程设计阶段的角色。

C 选项“研究者”，教师作为课程的研究者，通过反思和探究不断优化课程。本选项是正确答案。

D 选项“评价者”，教师作为课程的评价者，对学生学习效果和课程实施质量进行评估和检测。评价者侧重教师在课程评价方面的角色。

3.【答案】B　布鲁纳是结构主义课程论的代表人物。

4.【答案】B　本题考查杜威的教育思想。实用主义代表人物杜威强调教育的本质：教育即生活、教育即生长、教育即经验的改组或改造。题干强调目标与手段的统一，即在教育的过程中经验的改组与改造。

A 选项，把课程看作知识的传授，属于知识中心课程理论的观点。

C 选项，把课程看作文化再生产，属于文化教育学的观点。

D 选项，把课程看作社会改造，属于社会改造课程理论的观点。

A、C、D 选项均与题意不符合，故本题选 B。

5.【答案】D　经验主义课程论是以经验为中心的课程理论，强调教学要顺应学生的心理因素，发挥学生学习的主动性，发展学生的个性，并且强调学校与社会联系，以社会生活的实际来组织课程教材。因此，A、B、C 选项均符合经验主义课程论的观点。D 选项，给学生提供分化的、有组织的经验，即按照学科固有的逻辑顺序组织课程，不属于经验主义课程论的观点，而是学科课程的观点。

6.【答案】B　本题考查的是古德莱德的课程分类。美国著名课程专家古德莱德认为课程分五个层次：理想的课程、正式的课程、领悟的课程、运作的课程、经验的课程。

B 选项，理想的课程即由研究机构、学术团体和课程专家提出的应该开设的课程。

A 选项，经验的课程指的是学生在课程学习过程中实际体验到的东西。

C 选项，理解的课程是指任课教师对正式的课程所领悟而形成的课程。

D 选项，文件课程又叫作正式课程或官方课程，主要是由中央和地方教育行政组织制定、颁布和实施的课程。一般包括课程政策、课程计划(教学或教育计划)、课程标准(教学或教育大纲)和课本或教科书等，主要规定主流课程理念、教育目的和培养目标、教育内容和主要教学材料。

A、C、D 三项均与题意不符，故本题选择 B 选项。

7.【答案】A　这种观点属于经验主义课程论。经验主义课程论强调学生的兴趣和体验，注重学生的实践探究，将课程资源作为解决问题的工具，以促进学生的全面发展和培养实践能力。

8.【答案】C　本题考查的是课程的含义。

A 选项，课程即学习经验：杜威依据实用主义经验论，反对课程是活动或预先决定的目的这类观点，认为手段和目的是同一过程中不可分割的部分，课程不是预先决定的目的，而是学生的学习经验。学生被视为有很大潜力的、独特的学习者，学生的经验是最为重要的。学生的学习取决于他自己做了什么，而不是教师做了什么。此选项与题干不符，排除。

B 选项，课程即文化再生产：鲍尔斯和金蒂斯认为，任何社会文化中的课程，事实上都是该种社会文化的反映，学校教育的职责是要再生产对下一代有用的知识和价值。也就是说，课程是“从一定社会的文化里选择出来的材料”。此选项与题干不符，排除。

C 选项，课程即教学科目：把课程等同于教学科目，在历史上由来已久。我国古代课程有礼、乐、射、御、书、数“六艺”，欧洲中世纪的课程包括文法、修辞、辩证法、算术、几何、音乐、天文学“七艺”。在近代，斯宾塞在《什么知识最有价值》一书中最早提出“课程”一词，其义即为指导人类活动诸方面的诸多学科。此选项与题干符合，故本题选 C 选项。

D 选项,课程即社会改造的过程:巴西的弗莱雷认为,课程不是要使学生适应或顺从于社会文化,而是要帮助学生摆脱社会制度的束缚。他建议将课程的重点放在当代社会的主要问题和主要弊端、学生关心的社会现象,以及改造社会和社会活动规划等方面。此选项与题干不符,排除。

综上所述,A、B、D 三项均与题意不符,故本题选择 C 选项。

第二节 课 程 类 型

真题典例

单项选择题

1.【答案】D 本题解题的关键在于学科课程难以重视到儿童的兴趣,活动课程更为关注儿童的兴趣。A 选项综合课程和 B 选项核心课程是立足于学科课程的,它们试图打破学科之间的界限,在兴趣的关注点上不如活动课程。C 选项选修课程仍会出现一些学科类课程,仍注重书本知识。

2.【答案】C 本题解题的关键是"不打破学科界限"。活动课程本身与学科课程是相对的,不是学科的整合,而核心课程和融合课程打破了学科界限。

3.【答案】D 图中显示的是以问题为中心,围绕问题相关的社会知识、技能、自然知识和其他边缘学科等开展的课程,属于核心课程。

4.【答案】D 综合课程是指把相关或相邻领域的几门学科的教育内容组织在一门综合的学科之中的课程,按照综合程度由高到低可以分为核心课程、广域课程、融合课程和相关课程。

5.【答案】A 综合课程的分类有相关课程、融合课程、广域课程和核心课程,所以选 A 选项。B 选项的各个课程是可以交叉的,拓展型课程可以是研究型的,也可以是基础型的,不是严格按照某一维度做出的划分。C 选项根据课程内容组织方式的不同,课程可分为综合课程与分科课程。其中活动课程不是同一维度。D 选项根据学生选择课程权限的不同,课程可分为必修课程与选修课程。其中活动课程不是同一维度。

模拟练习

单项选择题

1.【答案】C 本题解题的关键是"没有打破学科界限",只有相关课程符合这一要求,故选 C 选项。A 选项活动课程本身与学科课程是相对的,不是学科的整合。而 B 选项核心课程和 D 选项融合课程打破了学科界限。

2.【答案】C 本题考查的是隐性课程的表现形式。隐性课程是学校情景中以间接的、内隐的方式呈现的课程。主要表现形式:

(1) 观念性隐性课程。包括隐藏于显性课程之中的意识形态,学校的校风、学风,有关领导与教师的教育理念、价值观、知识观、教学风格、教学指导思想等。

(2) 物质性隐性课程。包括学校建筑、教室的布置、校园环境等。

(3) 制度性隐性课程。包括学校管理体制、学校组织机构、班级管理方式、班级运行方式。

(4) 心理性隐性课程。主要包括学校人际关系状况,师生特有的心态、行为方式等。

A、B、D 三项均属于观念性隐性课程,C 选项班级管理方式属于制度性隐性课程,故此题选 C。

3.【答案】C 本题考查的是校本课程的优点。校本课程是由学生所在学校的教师编制、实施和评价的课程,其主导价值在于通过课程展示学校的办学宗旨和特色,不一定有利于通识性知识的学习,在知识的系统性上也不如国家课程。因此,① ③ ⑤ 正确。

4.【答案】D A 选项教育理念属于观念性隐性课程;B 选项学校建筑属于物质性隐性课程;C 选项班级管理方式属于制度性隐性课程。D 选项教科书是教师有意识、有目的、有计划地传授给学生的内容,属于显性课程。

5.【答案】B 本题考查的知识点是课程的分类。

A 选项,学科课程是以文化知识为基础,按照一定的价值标准,从不同的知识领域或学术领域选择一定的内容,根据知识的逻辑体系,将所选出的知识组织为学科的课程。

B 选项,活动课程也称经验课程,是从学生的兴趣和需要出发,以学生的主体性活动或经验为中心组织的课程。活动课程的主导价值在于使学生获得关于现实世界的直接经验和真切体验。

C 选项,综合课程是指打破传统的学科课程的知识领域,组合两门以上学科领域而构成的一门学科。根据课程内容的组织形式,课程可分为分科课程和综合课程。

D 选项,融合课程属于综合课程,是将有关学科融合为一门新的学科,融合之后,原来学科之间的界限不复存在。

题干描述“以直接经验为主的课程”,其典型的表现形式是活动课程,故本题选 B 选项。A、C、D 三项均不符合题意。

6.【答案】A 本题考查的知识点是课程的分类。根据课程设计开发主体的不同,可将课程分为国家课程、地方课程和学校课程(校本课程)。根据课程呈现形式,可将课程分为显性课程和隐性课程。

题干所述课程开发的主体是学校,开发的课程旨在展示学校特色,属于校本课程,故本题选 A 选项。

7.【答案】D 本题考查的知识点是课程的类型。

A 选项,国家课程是由国家教育行政部门负责编制、实施和评价的课程。

B 选项,学科课程又叫“分科课程”,它以有组织的学科内容作为课程组织的基础。是一种主张以学科为中心,根据知识的逻辑体系,将所选出的知识组织为学科的课程。

C 选项,隐性课程指学生在学校情景中无意识地获得经验、价值观、理想等意识形态内容和文化影响的课程。

D 选项，校本课程是由学生所在学校编制、实施和评价的课程。它是学校在确保国家课程和地方课程有效实施的前提下，针对学生的兴趣和需要，结合学校的传统优势及办学理念，充分利用学校和社区的课程资源，自主开发或选用的课程。

题干中藏区的学校为保护和传承民族文化，在学校开设的课程，属于校本课程。故本题答案为 D 选项。

8.【答案】C 本题考查的知识点是课程的类型。

A 选项中的国家课程的主导价值在于通过课程体现国家的教育意志，确保所有国民的共同基本素质。

B 选项中的学校课程，从狭义理解，是指在国家关于义务教育课程设置方案的框架内，于国家课程和地方课程之外的“预留地”里，学校结合自身传统和课程资源优势、针对本校学生的兴趣和需要而自主开发并实施的课程；广义的学校课程既包括学校自主开发的校本课程，又包括学校对于国家课程和地方课程的校本化实施，并整合建构出真正适合本校学生发展的个性化课程体系。

C 选项中的地方课程对该地区的中小学课程实施具有重要的导向作用，它的主导价值在于通过课程满足地方社会发展的现实需要。

D 选项中的校本课程指学校在确保国家课程和地方课程有效实施的前提下，针对学生的兴趣和需要，结合学校的传统和优势及办学理念，充分利用学校和社区的课程资源，自主开发或选用的课程。校本课程的主导价值在于通过课程展示学校的办学宗旨和特色。

综上，本题选择 C 选项。

9.【答案】A 综合课程是一种多学科的课程组织模式，它强调学科之间的关联性、统一性和内在联系，其课程的主导价值在于通过相关学科的整合，促进学生认识的整体性发展，并形成把握解决问题的全面的视野与方法。艺术课程以音乐、美术为主，融入舞蹈、戏剧、影视相关内容，表明艺术课程是一门综合课程。

第三节 课 程 开 发

真题典例

单项选择题

1.【答案】A A 选项“目标评价模式”由泰勒提出，主要内容是确定什么样的目标，选择什么样的经验，如何组织这些经验，怎样确定目标是否达成。B 选项“目标游离评价模式”更注重实际效果，不讲求最初的目标。C 选项“背景、输入、过程、结果评价模式”即 CIPP 评价模式。D 选项“差距评价模式”旨在揭示计划标准与实际表现之间的差距。

本题容易错选 D 选项，但是题干已经明确指出是泰勒的课程评价模式，而泰勒的课程评价属于专有名词，即“目标评价模式”，可直接选 A 选项。

2.【答案】A 泰勒课程原理的主要内容是“确定什么样的目标—选择什么样的经验—

如何组织这些经验—怎样确定目标是否达成”,强调的是课程目标的主导作用。

3.【答案】A 布卢姆目标分类学把学习目标分为三大领域:认知领域、情感领域和动作技能领域。按照布卢姆目标分类学,教学目标应当细化,A 选项过于笼统和抽象。

4.【答案】B 泰勒的评价模式属于目标评价模式,其主要内容是确定什么样的目标,选择什么样的经验,如何组织这些经验,怎样确定目标是否达成。但题干强调的是由“课程计划预期的结果”转向“课程计划实际结果”,这属于目标游离评价模式。

5.【答案】B 泰勒提出组织课程内容时必须遵循的三条基本原则是连续性、顺序性和整合性。

6.【答案】C 课程实施取向有忠实取向、创生取向和相互适应取向。强调“教学过程作为课程开发的过程”属于创生取向。

7.【答案】D 布卢姆教育目标分类学把教育目标分为认知、情感和动作三大领域。其中,认知领域的目标包括知识、领会、应用、分析、综合和评价。写七律诗的作业在认知目标的分类中属于综合。

8.【答案】C 泰勒享有“现代课程理论之父”“当代教育评价之父”之称。其主要成果就是关于课程编制的“泰勒原理”和有关课程评价的“目标模式”。

模拟练习

单项选择题

1.【答案】A 在各学科教材版本不同的情况下,课程标准对命题更具有参考价值。课程标准是规范教育教学活动的重要依据,可以提供统一的教学目标和要求,帮助确保教学内容的一致性和质量。因此,在中考省级统一命题中,课程标准可以作为参考依据,以确保命题的合理性和公平性。

2.【答案】C 题干所述体现了义务教育课程修订的目的导向。有机融入社会主义先进文化、革命文化和中华优秀传统文化,全面落实有理想、有本领、有担当的时代新人培养要求,强化课程思想性,旨在实现特定的教育目标和培养特定类型的人才。因此,这体现了义务教育课程修订的目的导向。

3.【答案】C 题干所述体现了课程组织时的整合性原则。泰勒提出的观点强调了学生学习经验的整合,使学生能够逐渐形成统一的观点,并将所学习的课程要素与自己的行为统一起来。这种整合性原则有助于提高学生对知识的理解和应用能力。

4.【答案】B 题干所述体现的课程组织形式是螺旋式组织。在道德与法治课程中,以“独立和相互依赖”为主题,从家庭成员间的相关内容开始,逐步拓展到学校、社区、国家和国际情境,不断深化探讨的深度,呈现了一种螺旋上升的学习路径,反复回顾和深化主题,使学生在不同层次上逐渐理解和应用相关概念。

5.【答案】A 题干所述的课程组织形式属于螺旋式。在这种组织形式下,道德与法治课程以“成长中的我”为原点,逐步扩大学生的生活和交往范围,围绕我与自身,我与自然、家庭、他人、社会,我与国家和人类文明等主题编制课程,呈现出一种螺旋上升的学习路径，不断回顾和深化主题，促使学生在不同层次上逐渐理解和应用相关概念。

6.【答案】A 行为目标取向突出强调学生的行为。生成性的意思是不提前设定目标，而在教育过程中自然形成。表现性注重表演、展示。结果目标取向注重成绩。

7.【答案】A 本题的解题关键在于“相互调整、改变”，创生取向强调创造，忠实取向强调遵守。

8.【答案】C 实践模式强调课程的实践价值和动态过程，追求课程的实践性，重视课程开发中结果与过程、目的与手段的统一，主张用集体审议的方式解决课程问题，同时把教师和学生视为课程的主体和创造者。

9.【答案】D 1918 年，博比特出版了《课程》，这是教育史上第一本课程论专著。博比特主张用科学的方法确定教育目标。

博比特对成人生活活动做了大规模调查，将社会生活活动分为 10 大类：语言活动、健康活动、公民活动、一般社交活动、休闲娱乐活动、维持个人心理健康的活动、宗教活动、家庭活动、非职业性的实际活动、个人的职业活动。

10.【答案】C 题干所述体现了课程逻辑规则的整合性。在课程内容组织中，强调保持课程内容之间的横向关系，帮助学生获得统一的观念并将行为与所学课程内容统一起来，体现了课程内容的整合性。这种整合性有助于学生更好地理解和应用所学知识，形成统一的认知框架。

11.【答案】B 本题考查的知识点是泰勒原理。泰勒在《课程与教学的基本原理》中，提出了关于课程编制的四个问题，即泰勒原理：① 确定教育目标；② 根据目标选择学习经验；③ 根据目标组织学习经验；④ 评价学习结果。因此，B 选项正确。A、C、D 三项均不属于泰勒原理的内容。

12.【答案】B 本题考查的知识点是课程目标价值取向。美国课程理论专家舒伯特认为，课程目标的形式取向主要有四种类型：普遍性目标、行为性目标、生成性目标和表现性目标。

A 选项，行为性目标是以设计课程行为结果的方式对课程进行规范和指导的目标，它指明了完成课程后学生自身应发生的行为变化，目标具体，可操作性强。

B 选项，生成性目标又称“形成性目标”，是在教育情境中随教育过程的展开而自然生成的课程目标。它注重过程，强调目标的生成应该视课堂教学的实际情况来定。

C 选项，表现性目标指学生在教育情境中产生的个性化表现，它强调学生的个性发展。表现性目标关注的是学生在活动中表现出来的某种程度上首创反应的形式，而不是事先规定的结果。它只是为学生提供活动的领域，至于结果则是开放的。

D 选项，普遍性目标是根据一定的哲学和伦理、意识形态、社会政治的需要，对课程进行规范与指导的总括性和原则性的目标，它对各门学科都有普遍的指导意义。

题干中的刘老师后半节课就围绕学生突然提出的一个很有意思的问题展开教学，是在教育情境中随教育过程的展开而自然生成的课程目标，属于生成性目标。故本题选择 B 选项。

第四节 课程改革

真题典例

一、单项选择题

【答案】B　我国普通高中课程改革由学习领域、科目和模块三个层次构成，这属于课程结构的改革。当然，其他选项也是与教育改革密切相关的。

A 选项课程管理的改革：针对学校和教师对于课程的管理方式进行改革，建立更加科学、合理、严谨的课程管理制度，提高课程管理的水平，保证教育教学的质量。

C 选项课程内容的改革：着重强调对课程内容进行审视和调整，把重点放在教育教学内容的规划、设计和实施等方面，促进教育教学的内涵式发展，提高课程质量、教育教学效益。

D 选项课程组织的改革：着眼于教育教学的全面发展，从课程组织的角度全面审视和调整教育教学的结构、方式、方法、过程和评价体系，寻求更加符合社会需求、更加科学、更加有效的课程组织模式。

二、分析论述题

1.【解析】本题考查的基本逻辑是第(1)问为“是什么”，第(2)问为“有什么问题”，第(3)问为“怎么做”。作答第一问，概括观点时，可先画出几个关键的词句。比如文中“我说”“我只是说明现在的语文教学是这样的情形”这类词语，代表的是作者的观点。作答第二问时，首先要明确教育学的基本理论有哪些。可以从教育目的、教育对象、教育方法和教学过程中应处理好的几对基本矛盾入手，分析“变相的语文教学”的局限性。第三问的作答需要在第二问的基础上进行。课程改革是从目前语文教学的局限性出发的。

【参考答案】

(1) 基本观点：叶圣陶先生这篇文章认为现在的中学课程虽然五花八门，但本质上都是一种“变相的语文教学”，一切知识与技能的教学、训练和陶冶都是通过文字来进行的。

主张：叶圣陶先生主张教学应通过搜集、观察、比较、综合和试验等能引发学生主动学习的活动进行，学习设计教学法、道尔顿制等好的教学组织形式。

(2) 首先，教育的目的应该是多方面的，不仅要包括知识的传授，还应该提高学生的能力，培养学生正确的思想感情。“变相的语文教学”只从学生获得知识和技能出发，没有考虑教育目的的多维性。

其次，教育的对象是人，教育应从具体的人出发。变相的语文教学把学生当作空瓶子，而没有把他们当作有思想的人，这是它最大的局限性。

再次，应改变传统的教育方法，改变传统的以教师为中心的教学方式，强调教师和学生的互动,重视学生的兴趣和经验。"变相的语文教学"忽略了这一点。

最后,教学应处理好直接经验和间接经验的关系。直观性教学原则是一条行之有效的重要的教学原则。"变相的语文教学"忽略了学生的直接经验。

(3) 当前我国基础教育领域正在进行的与"变相的语文教学"相关联的课程改革:

中小学普遍设置"综合实践活动"课程(包括研究性学习、社区服务与社会实践、劳动与技术教育、信息技术教育)。小学以综合课程为主,初中以综合课程和分科课程相结合为主,高中以分科课程为主。

2.【参考答案】

(1) 设置讨论课的必要性:

1) 教育受生产力的影响和制约

① 生产力制约人才的培养规格和教育结构。培养什么样的人与生产力发展水平密切相关,不同的生产力发展水平对教育所培养的人提出不同层次的要求。目前我国已转向新质生产力的快速发展,以高科技、高效能、高质量为特征,强调创新的主导作用。生产力的转型升级也推动教育培养目标的转变,对人才的需求从以往的传统模仿转向主动创新,学生需要掌握表达自我观点、勇于创新、善于批判性思考的能力,讨论课有助于发展学生的表达能力、创新与批判性思维。

② 生产力制约教学内容、教学方法和教学组织形式的变革。生产力发展要求更多高素质人才,教学形式越来越多样,如讨论教学等。

2) 科学技术对教育的影响和制约

科学技术影响教育观念、教育结构和教育的内容、方法和技术。具有大科学、高科技、国际化等特点的现代科学技术,使现代教育也呈现出大教育、大系统、国际化的特点,教学内容也不断更新。因此,传统的讲授书本知识的教学方式已不能满足科技创新时代的人才需求,采用案例组织课堂讨论是知识更迭快速情况下必然路径,可促使学生跟上学科前沿,形成自我思考,不断知识创新与生产。

3) 当前社会发展对教育的需求与挑战

① 知识经济是指建立在知识和信息生产、分配和使用基础上,以脑力劳动为主体的经济。要求教育培养学生的创新精神,调整专业结构和教学内容,改变传统的教育职能和教育形式。相比传统的讲授课,讨论课有助于发展学生创新知识的素养,从而顺应知识经济时代对知识的需求。

② 教育的民主化要求教育活动、教育方式的民主化,讨论课有助于发挥学生在课堂中的主体地位,充分表达自我,给予学生更多自由发挥的空间。

(2) 学生不适应讨论课的因素主要受到课堂教学的目的和观念、实施、组织、评价几方面的影响。

① 缺少以学生为主体和促进学生全面发展的教学观念。传统的教学以教师为主体,单方面追求学生知识的增长和成绩的提高,忽视学生能力素养、情感价值观的培养。在这样教学观念的引导下,学生自我也缺少主体意识和全面发展的需求,期望教师能够帮助自己单方面的提高知识素养,而忽略自己批判思维、创新意识、表达能力等的全面提升。

② 教学实施采用单一的讲授法。讲授法是教师通过语言系统向学生传授科学文化

知识,并促进他们的智能、品德和审美发展的方法。运用讲授法时,需要精炼讲授内容,注重讲授的策略与方式,讲究语言艺术。学生大学前接受的教育基本采用讲授法,学生被课堂秩序所规训,只被要求全程听讲即可,大学的讨论课促使他们要扭转学习方式,增加了他们的困难。

③ 班级授课的教学形式阻碍了学生独立性的发展和个别差异的形成。班级授课制指把一定数量的学生按年龄与知识程度变成固定的班级,根据周课表和作息时间表,安排教师有计划地向全班学生集体上课。班级授课制有利于提高教学效率,系统传授知识,但是单一的班级授课制不利于发挥学生学习的独立性和内在差异,不利于培养学生的创造性,因此学生不适应讨论课。

④ 传统的以成绩为导向的评价方式。传统教学评价以分数为唯一衡量标准,注重甄别和选拔,强调正确答案,易导致学生的焦虑心理,使学生期望得到固定的准确答案,快速学习知识以应付考试。在这种评价方式下学习的学生会对强调开放性思维的讨论课产生不适应感。

(3) 帮助学生适应课堂讨论的方法有:

① 课程目标上由注重知识传授向获得基础知识和基本技能转变。教师和学生都应注重提升学习者的核心素养,核心素养包括文化基础、自主发展、社会参与三个维度,其中社会参与包括责任担当和实践创新,学生应在教师引导下有意识地提升自己的社会参与能力,提高表达、创新和批判意识。

② 课程结构应由分科为主向分科和综合课程转变。教师应改变以往的分科教学模式,采用以社会问题为中心的案例讨论等形式增强与学生生活的联系,强调跨学科和应用性,提升学生的课堂参与和知识的灵活性。

③ 课程内容由繁、难、偏、旧向注重兴趣和经验转变。教师设计讨论课题时应考虑学生兴趣,将学生生活与课堂知识相联系,使学生愿意说、有的说。

④ 课程实施由死记硬背、机械训练向合作学习转变。教师应在课堂讨论前为学生提供合作学习的材料,提升他们合作学习的意愿与能力,进而适应讨论学习。

⑤ 课程评价由甄别和选拔向改进和导向转变。教师和学生都应树立正确的评价观念,提升评价素养,将评价用于自我能力提升,而不是以单一的成绩分数提高作为评价标准,能够从开放式的讨论中接受同伴、教师和自我的评价,提升全方位的能力。

模拟练习

一、单项选择题

1.【答案】A 题干所述体现了劳动教育的鲜明的思想性。新版《义务教育课程方案》强调劳动课程不应停留在表层的活动设计,而是要注重活动过程中的思想教育,通过活动引导学生感悟劳动的价值,培养劳动精神。这种做法强调了劳动教育的思想性,旨在通过劳动活动激发学生的思考和认知,培养他们的价值观和精神品质。

2.【答案】D 不属于劳动课程的特点的是严密的理论性。劳动课程通常强调实践性、思想性和社会性，旨在培养学生的实践能力、思想品质和社会责任感。虽然理论性在某种程度上也可以包含在劳动课程中，但相对于其他选项，严密的理论性并不是劳动课程的主要特点。

3.【答案】B 本题考查的知识点是新课改背景下的教学观。新课改的教学观强调：教学从"以教育者为中心"转向"以学习者为中心"；教学从"教会学生知识"转向"教会学生学习"；教学从"重结论轻过程"转向"重结论的同时更重过程"；教学从"关注学科"转向"关注人"。B 选项从重理论学习转向重实践操作与教学观的内容不符。

4.【答案】D 本题考查的知识点是新课改背景下的教师观。新课改背景下的教师观强调教师是学生学习的促进者；新课改教学行为的转变强调教师在教学上的帮助和引导。"② 控制者"和"③ 支配者"过于强调教师的支配地位，不符合新课改下的教师观，错误。因此，排除 A、B、C 选项。故本题选择 D 选项。

5.【答案】C 本题考查的知识点是中国学生发展核心素养。中国学生发展核心素养以培养"全面发展的人"为核心，分为文化基础、自主发展、社会参与三个方面，综合表现为人文底蕴、科学精神、学会学习、健康生活、责任担当、实践创新六大素养。

A 选项，健康生活主要是学生在认识自我、发展身心、规划人生等方面的综合表现。具体包括珍爱生命、健全人格、自我管理等基本要点。

B 选项，实践创新主要是学生在日常活动、问题解决、适应挑战等方面所形成的实践能力、创新意识和行为表现。具体包括劳动意识、问题解决、技术应用等基本要点。

C 选项，人文底蕴主要是学生在学习、理解、运用人文领域知识和技能等方面所形成的基本能力、情感态度和价值取向。具体包括人文积淀、人文情怀和审美情趣等基本要点。

D 选项，学会学习主要是学生在学习意识形成、学习方式方法选择、学习进程评估调控等方面的综合表现。具体包括乐学善学、勤于反思、信息意识等基本要点。

"在全市小学开展国学经典诵读系列活动的实施意见"目的是让学生学习人文领域的知识，形成正确的情感态度和价值取向。故本题选 C 选项。

6.【答案】D 本题考查的是新课改的具体目标。我国新课程改革的具体目标包括：(1) 实现课程功能的转变；(2) 体现课程结构的均衡性、综合性和选择性；(3) 密切课程内容与生活、与实际的联系；(4) 改善学生的学习方式；(5) 建立与素质教育理念相一致的评价与考试制度；(6) 建立三级课程管理体系。

A 选项，改变学科本位的课程结构是指改变课程结构过于强调学科本位、科目过多和缺乏整合的现状，整体设置九年一贯课程门类和课时比例，并设置综合课程，以适应不同地区和学生发展的需求，体现课程结构的均衡性、综合性和选择性。

B 选项，改变过于注重知识传授的倾向是指强调形成积极主动的学习态度，引导学生学会学习、学会生存、学会做人。新课程的教学目标为三维目标，即知识与技能、过程与方法、情感态度价值观，新课程背景下的课堂教学就是要把原来目标单一（知识与技能）的课堂转变为目标多维的课堂。

C 选项，改变过于强调接受学习的现状是指改变课程实施过于强调接受学习、死记硬背、机械训练的现状，倡导自主学习、探究学习、合作学习的学习方式。

D 选项，改变课程管理过于松散的状况，与目前课程管理的现状恰好相反，当前课程管理的主要问题是过于集中而非松散。对此,新课改的目标是改变课程管理过于集中的状况,实行国家、地方、学校三级课程管理,增强课程对地方、学校及学生的适应性。D 项表述不正确,故本题选 D 选项。

二、材料分析题

【参考答案】

(1) 根据材料反映的情况,当前中国教育存在以下几个问题:

① 应试教育仍然盛行,教育过于注重升学和考试成绩,忽视学生的个性发展。

② 教育目的单一,仅仅为应试和仕途服务,而非全面发展。

③ 教育存在功利性,只是为满足某种社会标准而非学生需求。

④ 教育缺乏创新,仍保守传统教学模式,无法适应社会发展。

⑤ 教育欠缺人文关怀,忽视学生个性,可能培养利己主义者。

(2) 要解决这些问题,我认为可以从以下几个方面着手:

① 改革考试招生制度,减少应试教育成分,评价学生全面发展。

② 转变教育理念,注重学生兴趣和特长,提供个性化教育。

③ 优化课程设置,合理配置必修课和选修课,留有自主空间。

④ 改进教学方法,加强师生互动,促进学生主体性。

⑤ 加强德育和人文教育,培养社会责任感和价值观。

⑥ 完善家校沟通,形成合力促进学生成长。

⑦ 增加教育投入,改善教学环境和师资队伍建设。

这需要政府、学校、教师、家长的共同重视和参与,从根本上优化教育理念和实践,使教育真正服务于学生成长和社会进步。

第七章　教学

第一节　教学及教学理论

真题典例

单项选择题

1.【答案】A　A 选项强调学术标准，注重教学内容的现代化不正确。
《教育过程》一书主张注重对学生的学习过程和学习方法的培养，而非只是强调教育内容的现代化。书中提出了探究性学习、问题解决和个性化学习等教育理念，秉持以学生为中心的教育思想。同时，该书也支持多样化的教育内容和学习方法的运用，而非完全注重学术标准。
B 选项强调学科基本结构的学习和发现教学法的运用是正确的。
布鲁纳在《教育过程》中提倡"学科形态"的观念，即教育应该根据学科的现有形态组织课程，将学科的基本结构和概念系统的学习作为课程中心，同时也强调向学生呈现知识体系的合理性和系统性。他认为学生更应该学习现有学科的方法和技能，而不仅仅是知识和技术。
C 选项强调中小学教师和课程专家在课程改革中的作用是正确的。
布鲁纳主张教师和教育专家参与到教育课程改革的过程中来，他们能够帮助提高教育的有效性，提高教育质量和学生学习成果。布鲁纳强调了课程改革是一个发展性的过程，需要有广泛的参与者贡献自己的经验和知识。
D 选项主张任何学科都能以某种方式教给任何年龄阶段的任何儿童是正确的。
布鲁纳认为学习某种学科应该以"主题模块"的形式进行，这意味着任何学科都应该由一系列方便理解和学习的主题构成，并且应该把课程导向问题解决和知识体系理解方面，而非单纯强调知识点的死记硬背。此外，他主张将不同科目的知识在学习和教学中相互融合，这也暗示了任何学科都能以某种方式教给任何年龄阶段的任何儿童。

2.【答案】C　人本主义教学理论主张废除直接教学，重视学生自学；主张废除考试，重视自我评价。

3.【答案】A　本题属于对识记性知识的考查。布鲁纳认知主义教学理论提出的教学原则有动机原则、结构原则、程序原则和强化原则。

B 选项赞科夫提出的教学原则为高难度原则、高速度原则、理论知识起主导作用原则、使学生理解学习过程原则和使全体学生包括最差的学生都得到一般发展的原则。
C 选项夸美纽斯提出的主要教学原则有直观性原则、激发学生求知欲望原则、巩固性原则、量力性原则、系统性原则和循序渐进性原则。
D 选项斯金纳提出的教学原则有及时反馈原则、小步子原则、自定步调原则和积极反应原则。

模拟练习

单项选择题

1.【答案】C 本题考查的知识点是形式教育论的内涵。形式教育论认为,教学的主要任务在于通过开设希腊文、拉丁文、逻辑、文法和数学等学科发展学生的智力,至于学科内容的实用意义则是无关紧要的,形式教育以官能心理学为基础。题干中张老师注重培养学生的思维、想象和记忆能力,而不是灌输知识,说明张老师注重培养学生的能力,而不是传授知识,体现了形式教育论的观点,故答案为 C 选项。

2.【答案】C 本题考查的知识点是罗杰斯的非指导性教学理论。C 选项,非指导性教学理论中的非指导性教学法又叫促进教学法,是美国著名心理学家卡尔·罗杰斯首倡的。所谓非指导性教学法,就是创造一种有利于学生学习的气氛,教师(促进者)充分地信任学生、了解学生、尊重学生,从而使学生在整个学习过程中都感到安全与自信,充分显露自己的潜能,朝向自我实现。罗杰斯强调学生的情感、个性、直觉等非认知要素的发展,主张教学过程是认知与非认知、理性与非理性的统一,教学不仅仅局限于学生"颈部以上",而应致力于完整的人的培养。因此,C 选项正确。

第二节 教学原则和教学方法

真题典例

单项选择题

1.【答案】D 量力性原则,又称可接受性原则或发展性原则,是指教学的内容、方法和进度要适合学生已有的发展水平,既是学生能够接受的,又要有一定的难度,激励他们经过努力才能掌握,以便有效地促进学生的身心发展。

2.【答案】B 当学生明知故犯时可以使用适度惩罚的方法。针对认知错误和作业错误,教师需要加强教育引导。学生情绪失控需要教师帮助学生进行心理疏导和情绪调节。

3.【答案】C"讲授元素周期表"属于"科学性","鼓励学生勇于探索真理"属于"思想性”，该老师遵循的是思想性与科学性相统一的原则。

4.【答案】B B选项角色扮演法、讨论法、情境模拟法是正确的。

首先，这个活动使用了角色扮演法，老师让学生在模拟同伴冲突的情境中，扮演不同的角色，更深入地理解问题，并且在演练中逐渐发掘和掌握解决冲突的方案。

其次，这个活动使用了讨论法，各组学生登台演出，相互评议，在讨论中形成最佳调解方案。

最后，这个活动使用了情境模拟法。通过模拟同伴冲突的情境，学生们得以更深入地了解问题的细节和背景，更好地理解他人需求，进而提高他们在类似情境下解决问题的能力。

实践锻炼法指的是采用实践操作的方法，让学生在实践中探索、体验、反思并总结经验。虽然这个活动有一部分是通过模拟情境实践操作，并且在活动中进行经验总结，但是这个活动并不需要学生参与到实际冲突的处理中去，并非采用具体的实践方式。因此实践锻炼法并不是这个活动的明显特点。

模拟练习

一、单项选择题

1.【答案】C 张老师利用多媒体播放钱塘江涨潮的景色，为学生创设真实、具体、生动的场景，这属于情境教学法。通过创设具体的情境，让学生置身于真实的场景中，有助于提高他们的学习兴趣和理解能力。在这种情境下，学生更容易将所学知识与实际情境联系起来，加深对内容的理解和记忆。

2.【答案】B 张老师在讲授散文《落花生》一课时，通过多媒体播放作者及其姐弟几个种植花生的过程，并引导学生讨论做人的选择，运用的教学法是讨论法、情境教学法。讨论法有助于激发学生的思考和表达能力，而情境教学法则通过创设具体场景让学生更好地理解和体验所学内容。结合讨论和情境创设，有助于提高学生的参与度和理解深度。

3.【答案】D 学生围绕人物形象讨论，使用的是讨论教学法。学生扮演人物对话，使用的是角色扮演法。模拟人物对话情景，使用的是情境教学法。

4.【答案】D 本题考查的知识点是教学方法。

A选项，实验法是指学生在教师的指导下，使用一定的仪器和设备，在一定条件下使某些事物和现象产生变化，进行观察和分析，以获得知识和技能的方法。

B选项，演示法是指通过展示实物、直观教具，进行示范性的实验或采取现代化视听手段等指导学生获得知识或巩固知识的方法。

C选项，练习法是学生在教师的指导下运用所学知识独立地进行实际操作，以巩固知识、形成技能的方法。

D选项，参观法是教师根据教学目的和要求，组织学生对实物进行实地观察、研究，从而在实际中获得新知识或巩固、验证已学知识的方法。

老师带学生去看花,并讲解如何区分雄蕊与雌蕊等知识,采用的是参观法。故本题选择D选项。

5.【答案】D 本题考查的知识点是教学原则。D选项,科学性与思想性统一原则是指以马克思主义为指导,把现代先进科学的基础知识和基本技能传授给学生,同时要结合知识、技能中内在的道德因素,对学生进行政治、思想教育和道德品质教育。题干中张老师在教授圆周率的同时,结合了祖冲之的成长过程以及他与圆周率的故事,挖掘了知识背后的德育因素,体现了科学性与思想性统一原则。故D选项正确。

6.【答案】B 本题考查的知识点是理论联系实际教学原则。B选项,理论联系实际原则是指教学要以学习基础知识为主导,从理论与实际的联系上去理解知识,注意运用知识去分析和解决问题。本题中的老师把除法与实际生活中的分馒头联系起来,帮助学生理解知识,是贯彻了理论联系实际的教学原则,B选项正确。

7.【答案】C 直观性教学原则是指教师运用学生的多种感官与已知经验,通过各种形式的感知,丰富学生的直接经验和感性认识,使学生获得生动的表象,从而全面的掌握知识。题干中老师让学生从不同角度观察长方体的盒子,理解什么是"棱""长""宽""高",是教师利用学生的感官,丰富学生的直接经验和感性认识,从而全面的掌握知识的表现,让学生在大脑里面对"棱""长""宽""高"有一个清晰的表象认识,满足直观性教学原则的定义。

8.【答案】C 题干中,语文老师通过一个简单的现象演示,使学生通过观察获得了对"灭"字的形象认识,属于演示法。本题易错选B项,题干中的实验由教师完成,目的是体现"灭"字的特点,不存在对实验现象、实验原理的分析,不属于实验法,故排除B选项。A、D两项与题意无关,排除。故本题答案为C选项。

9.【答案】B 题干中"盈科而进"的原意是流水在前进的过程中,要填满每一个坑洼后才能继续向前,比喻要想进步、提高,必须打好坚实的基础,体现的教学原则是循序渐进,故本题选择B选项。

10.【答案】D 科学性与思想性相结合的原则指既要把现代先进科学的基础知识和基本技能传授给学生,同时要结合知识、技能中内在的德育因素,对学生进行政治、思想教育和道德品质教育。中学生物老师在讲到"遗传与进化"这一部分时,讲述了袁隆平的事迹,使同学们深受"教育",体现了科学性与思想性相结合的原则。

二、材料分析题

【参考答案】

(1) 李老师的"画廊漫步"方法与传统的教学方法主要有以下不同:

① 在传统教学法中,学生需要在教室前对全班同学做课题报告,这种站在台上单方面讲解的方式枯燥乏味,容易让学生感到压力和无聊。而"画廊漫步"则是让学生把作品贴在教室或走廊的墙上,以展览的形式展示,其他同学可以漫步观赏、审视,更有趣也更轻松。

② 传统教学法大量占用教师讲解的时间,教师主导性弱,学生参与度不高。而"画廊漫步"是学生自主观看作品,老师只需要进行必要地组织和引导,学生可以最大程度发

挥自主性。

③ 站在台上做报告，无论学生的演讲能力多强，坐着被动地接受讲解都容易产生疲劳和厌烦。“画廊漫步”使每个学生都能积极投入，保持新鲜感和好奇心。

④ 传统教学法缺乏学生之间的交流互动。而“画廊漫步”要求学生在审阅后给作品写下反馈，增加了同学之间的互动和交流。

(2)“画廊漫步”方法达到了很好的教学效果：

① 充分调动了学生的学习兴趣和主动性，结束后学生会急切取回作品，仔细阅读同学的反馈，自发修改和完善作品。

② 在观看和评论过程中锻炼了学生的观察力、思考力和评论表达能力。

③ 活泼有趣的形式使学习过程不再枯燥，学生能高度专注，时间过得很快。

④ 同学之间互相观看、评论启发了思维，加强了交流互动，展现多样性。

⑤ 教师只需组织引导，减轻了讲解压力，带动了互动，将主动权交给学生，课堂气氛活跃。

总体上讲，“画廊漫步”强调学生的自主参与，达到了激发学习兴趣，促进主动探索的目的，是一种非常有效的教学方法。

第三节 教学模式

真题典例

单项选择题

1.【答案】C C选项“掌握学习教学模式”由布卢姆提出，该教学模式强调以各种方法帮助每一个学生掌握知识，使每个学生都能达成学习目标。

A选项“程序教学模式”由斯金纳提出，其基本操作程序是解释—提问—解答—确认。B选项“发现教学模式”由布鲁纳提出，该教学模式强调由学生自己发现学科的基本结构。D选项“非指导性教学模式”由罗杰斯提出，该教学模式强调教学要以学生个人为中心。

2.【答案】C C选项“范例教学模式”认为教学过程是由“个”案到“类”案，掌握规律，获得经验的过程。

A选项“发现教学模式”强调由学生自己发现学科的基本结构。B选项“掌握学习模式”强调通过一定方法，让每个学生掌握知识。D选项“非指导性教学模式”强调教学要以学生个人为中心，教师促进学生学习，而非“教”学生学习。

3.【答案】C 学习者中心课程理论强调以学生的活动为中心，培养其社会实践能力。在教学模式上，它更倾向于选择探究教学模式。

4.【答案】C 由题干中强调“例子”可知，此为范例教学模式。

模拟练习

单项选择题

1.【答案】A　左右脑分工不同，学习新内容时，左右脑并用，是为了利用暗示教学，进行潜移默化的影响。

2.【答案】C　目标教学法体现的思想观点是行为主义。这种教学方法强调通过设定明确的教学目标来引导学生的学习，激发他们的学习兴趣和积极性，促使他们为实现这些目标而努力学习。行为主义认为学习是对外部刺激做出反应的过程，目标教学法正是基于这一观点设计的教学方法。

3.【答案】B　根据题干描述，布卢姆主张的学习类型是掌握学习。这种学习类型强调以明确的学习目标为基础，通过诊断性评价了解学生的差异，开发个性化的教学材料和手段来促进学习，同时通过形成性评价来掌握学习进展，以满足不同学生的学习需求。

4.【答案】A　本题考查的是建构主义理论的应用。抛锚式教学也称情景教学、实例式教学，要求教学内容建立在有感染力的真实事件或问题的基础上，确定这类真实事件或问题的过程被形象地比喻为"抛锚"，因为一旦这类事件或问题确定了，整个教学内容和教学过程也就被确定了，就如同轮船被锚固定一样。根据题干描述，本题答案为 A 选项。

B 选项，认知学徒式教学是指教师和学生的关系类似于传统作坊中的"师徒"关系，学习者像手工业中徒弟跟随师傅那样在实际情境中进行学习，因此称为"认知学徒式教学"。题干描述没有体现师徒式教学，故 B 选项错误。

C 选项，随机进入教学就是随机通达教学。随机通达教学理论认为，对同一内容的学习要在不同时间多次进行，每次的情景都是经过改组的，而且目的不同，分别着眼于问题的不同侧面，这将会使学习者对概念知识获得新的理解。题干没有涉及多次教学，故 C 选项错误。

D 选项，自上而下的教学。传统教学设计是自下而上的，把知识分为一个个小单元，学生一步一步地学习，最终理解并掌握整体知识。建构主义者主张自上而下的教学设计，首先向学生呈现整体性的教学任务，让学生自己发现完成整体学习任务所应该首先完成的基本任务，以及完成各级任务所需要掌握的各级知识和技能，探索解决问题的办法，最终解决问题。这种教学设计适用于探究性学习，有利于培养学生的自学能力和解决问题的能力。题干中并没有体现出来，故 D 选项错误。

综上所述，B、C、D 三项均不符合题意，本题答案为 A 选项。

5.【答案】B　本题考查的是常见的教学模式。引导—发现教学模式又叫问题—探究教学模式，是指教学活动以解决问题为中心，学生在教师指导下发现问题、提出问题并通过自己的活动找到答案的一种教学模式。该模式多见于数理学科的教学，由美国认知学派心理学家布鲁纳提出。故本题正确答案为 B 选项。

A 选项，奥苏伯尔提出有意义学习的观点，认为有意义学习的实质是将新知识与已有知识建立起非人为(内在的)的和实质性(非字面)的联系。

C 选项,苛勒提出完形—顿悟说。他认为学习是通过顿悟过程实现的,学习是个体利用本身的智慧与理解力对情境及情境与自身关系的顿悟,而不是动作的累积或盲目的尝试。学习的实质是在主体内部构造完形。

D 选项,德国教育家瓦·根舍因创造了范例教学法。范例教学法是指教师通过对教材中的典型事例进行分析,使学生掌握科学知识和科学方法的一种教学方法。

6.【答案】B 本题考查的知识点是布卢姆的掌握学习理论。

掌握学习是在学习新内容之前,确保所有的或几乎所有的学生对某一确定技能的学习都达到预定的掌握水平。题干中,要求学生的正确率达到 80%,且没达到的还会为其提供额外的练习,符合掌握学习模式。因此 B 选项符合题意。

第四节 教 学 过 程

真题典例

一、单项选择题

1.【答案】D 教学设计是为了达到一定的教学目的,对教学内容、组织、方法及媒体的使用等进行的系统规划。其实质是备课的过程,备课要备学生、备教材、备教法。

2.【答案】C 形式教育论强调教育应发展人的理性思维能力;实质教育论强调教育应引导学生掌握知识。

二、分析论述题

【解析】第一问是存在的问题,可以从多角度进行分析,如作业的数量、质量、目的、形式和结果等。第二问是问题导致的后果,同样可以从多角度进行分析,如对学生的身体、智力和心理等方面的影响。第三问是改进建议,需要结合第一问的内容,从作业的数量和质量等角度进行分析。

【参考答案】

(1) 存在的问题:

① 作业量大、消耗时间长,学生课业负担重。

② 作业的目的狭隘,仅仅为巩固书本知识、应试而做作业。

③ 作业的内容大多以书本知识为中心,过分强调具有标准答案的封闭式作业。

④ 作业的形式过于单一,大多表现为书面类的作业。

⑤ 相当多的作业意义不大。

(2) 可能的后果:

① 学生厌学,求知欲下降。

② 不仅没有促进学生智力的发展,反而阻碍学生智力的发展。

③ 养成迷信权威、迷信书本的习惯,学生批判性思维能力下降。

④ 用一个模子塑造学生，束缚了学生的个性发展。

⑤ 学生长期伏案作业，缺乏体育锻炼，导致身体健康受损。

(3) 改进建议：

① 精选作业，做到“少而精”。

② 既可以为巩固书本知识而布置作业，也可以为学习新知识、发现和探索知识布置作业。

③ 多布置一些应用型、拓展型作业，引导学生将书本知识在生活情境中加以应用。

④ 布置具有适度挑战性的作业。

⑤ 布置动手操作、调查研究、表演和自主探究型的作业。

模拟练习

单项选择题

1.【答案】C “心何以知？曰：虚壹而静”这句话强调要使心平和、专一，通过静心来认识事物，反映了智力因素和非智力因素之间的关系，指的是智力发展不能脱离情感、意志、态度等非智力因素的调控和支撑。

2.【答案】D 先确定结果，再进行教学设计，属于逆向设计教学。

3.【答案】C 本题考查的知识点是教学过程的基本规律。传授知识与思想教育相统一又称教学的教育性规律，教学是知、情、意统一的过程的规律。该规律强调知识是思想品德形成的基础；学生思想品德的提高又为他们积极地学习知识奠定了基础。赫尔巴特提出教育性教学原则，体现出该原则的名言“我想不到有任何无教学的教育，正如在相反的方面，我不承认有任何无教育的教学。”即强调将知识传授与思想品德教育相统一。因此，该名言体现了教学是知、情、意统一的过程，本题正确答案为C选项。

4.【答案】C 题干所述的教学目标属于布卢姆认知目标中的分析水平。要求学生辨别一段文字是否符合逻辑，涉及对信息进行分析、比较和推理的能力，属于较高层次的认知技能。在布卢姆的认知目标中，分析水平要求学生能够将信息进行分解、分类、比较和推理，以便更深入地理解和应用所学内容。

第五节 教学组织形式

真题典例

一、单项选择题

1.【答案】A 将全校学生一分为二，上午一部分在教室上课，另一部分则在体育场、图书馆、工厂、商店以及其他场所活动，下午对调，这种方式属于二部制。工读制指的是半工半读的方式，而题干中学生在工厂、商店这些地方，并不是以员工的身份活动，更多的是一种实习实践活动。一般缺少教师的贫困山区会采用复式教学的方式，该教学方式将两个或两个以上年级的学生合编成一班由一位教师用不同的教材在同一节课里对不同年级的学生进行教学。合作教学指的是小组合作。

2.【答案】B 本题可以用排除法。C 选项和 D 选项本质是一个意思，选 C 就能选 D，根据单项选择题答案唯一性原则可以直接排除 C 选项和 D 选项。

如果是完成不同的课业，那么属于作业分组制，但题目是完成相同的课业，故排除 A 选项作业分组制，只能选 B 活动分组制。

3.【答案】C 题干描述的教学方式是复式教学，负责一个年级全部或主要课程教学的教师属于级任教师。

4.【答案】B 围绕订立的契约开展自学和独立作业的教学组织形式是道尔顿制。道尔顿制的关键词有自由和合作、公约、各科实验室。

5.【答案】A 人的发展存在个体差异，为了针对这种差异开展教学，可以采用个别辅导、分层教学和小组合作学习的教学方法。班级授课制容易忽略个体差异，故排除。

6.【答案】D 本题解题的关键在于了解班级授课制的局限性和优越性分别是什么。其局限性是不能做到因材施教，优越性是相对于个别教学而言的，较为便捷、高效。本题可使用排除法，直接排除“个别教学”即可，答案为 D 选项。

二、分析论述题

1.【解析】教学组织形式是教育学原理部分多次重复考查的知识点。传统的教学组织形式是班级授课制。材料中涉及的教育机会公平的问题，是班级授课制的一个缺点。这个题既考查对教育公平的理解，又考查课堂教学组织形式。论述题经常通过一个教学实际中产生的问题切入，对考生的理论思维水平进行考查。所以，拿到题一定要学会分析，看清楚题上有几问，要按照它所问到的点一个一个地回答，不可遗漏。如这个论述题就问到了问题、原因、教学组织形式和机会均等四个点。

【参考答案】

(1) 材料所揭示的问题是：在集体教学实践过程中，尤其是班级授课制的组织形式下，教师没有为所有学生提供均等的学习机会。

(2) 造成上述问题的原因有：

① 组织形式上：现行的教学组织形式是班级授课制。班级授课制是传统的课堂教学组织形式，是教师在特定的时间、地点对特定的以班级为单位的学生进行授课的一种方式。这种教学组织形式的优点在于可以较大规模地培养学生，省时省力，具有较高的效率，还可以发挥集体的作用，通过集体间的竞争合作来促使学生更高效地学习。

但是班级授课制也存在缺陷，在教学过程中，由于班级人数的限制，教学进度的安排等，不可避免地使教师忽略甚至遗忘部分学生。

② 教学原则的贯彻上：虽然教师能意识到给学生提供均等的机会，在教学中贯穿因材施教的原则，但是在实际中运用起来还是存在困难。

③ 教学评价上：评价标准以成绩为主，对教师教学质量的考查目前也以分数为导

向，这使教师习惯性地偏向于成绩较为优异的学生。

⑶ 改进策略

教育公平是我们永恒的追求。教学过程中的机会均等是体现教育公平的重要方面。为克服班级授课制的局限性，使每位同学都能积极参与课堂互动，可以考虑改进教学组织形式，如：

① 加强个别辅导与个别化教学。可以利用程序教学、掌握学习的方式对学生进行因材施教。

② 采用分组教学的教学方式。教师可以根据学生的能力或学生的成绩，将学生分成不同的小组进行教学。

③ 开展小组合作学习。教师可以将学生划分学习小组，明确学生的责任分工，调动学生的积极性。

④ 利用现代化的设备，合理使用慕课、翻转课堂、混合教学等方式，突破班级授课制的时空限制，进行更好地针对性教育。

2.【解析】第一问，教例中采用的教学组织形式是小组合作学习形式，需结合案例简单阐述。第二问，教育效果可以从多方面考虑，如从知识、能力、情感等方面考虑。第三问，教学与德育的关系可以转化为培养知识和进行道德教育之间的关系。

【参考答案】

⑴ 教例中采用的教学组织形式学习模式是小组合作学习。教师给阅读小组布置任务，每位同学负责不同的任务部分，通过沟通与交流，最后进行小组之间的讨论汇报。在学习过程中，每位同学都需要参与其中，这是典型的小组合作学习模式。

⑵ 教例中的教育效果是多方面的。第一，在学习任务方面，提高了学习效率，提升了学生的阅读技能。第二，在人际关系方面，改善了学生之间的关系，增强了班级和小组的内部凝聚力。第三，对于卡洛斯而言，提高了其沟通能力，使他更加轻松和自在，重建了自我概念，树立了自尊和自信，激发了他的学习动机。

⑶ 教学与德育既有联系，又有区别。德育主要是通过教学来完成的，是教育的重要组成部分，但教学不等于德育，教学也是进行智育、美育、体育和劳动技术教育的途径。

同时，德育也需要通过课外活动等才能全面实现。

教例表明小组合作学习是学校实施间接德育的有效途径。教师在课堂教学中虽然几乎没有对学生进行过直接的道德教育，但是通过布置阅读量大的学习任务和设置合作型课堂学习目标，构建了一种合作学习的课堂结构，营造了共同进步的课堂氛围，使学生在课堂学习中逐渐形成合作技能，培养其团结友爱的品德。如果课堂教学像教例所显示的那样，遵循教学的教育性原则和科学性与思想性统一的原则，促成智力因素与非智力因素的良性互动，在传授知识的过程中培养学生的思想品德，课堂教学就能够发挥德育的功能，学校的德育目的就可以通过教学来实现。

3.【参考答案】

⑴ 小组合作学习是以合作学习小组为基本形式，学生在小组或团队中为了完成共同的任务，有明确的责任分工的互助性学习。

教例中的小组合作学习主要有四步：第一，确定学习任务。教师在课堂上运用问答法调动学生学习的兴趣，引导其了解公共场所的功能，对公共场所进行分类，确定小组探究学习的任务。第二，组内分工。各学习小组必须在调查七种公共场所的基础上总结出维护公共秩序的规则，任务复杂，作业量大，从而引发小组内部进行作业分工。第三，组间合作。各小组承担相同任务的学生结成调查小组，通过现场参观和访问有关人士，调查某种公共场所，通过讨论总结出该公共场所的行为规范。第四，组内合作。每个学生带着调查结果回到自己的学习小组，作为某方面的专家与同伴交流、讨论，共同总结出维护公共秩序的一般规则。

(2) 教例显示学生受到多方面的教育，教育效果明显，具体表现在：

第一，知识与技能方面。学生完成了课堂任务，培养了学生进行生活实践、小组分工与合作的能力。

第二，过程与方法方面。学生学会了如何制订一个合理的计划。

第三，情感态度与价值观方面。促进了学生间的相互了解及其情感的培养，有利于建立良好的班集体，增强班级的凝聚力。

第四，德育方面。学生在实践中学会了遵守规则。

第五，激励和自我觉悟方面。小刚获得了激励，更愿意自觉地调整自己的行为表现。

第六，效果反馈方面。通过小组合作学习，小刚发挥了重要作用，并获得同伴的认可。通过家长的反馈，教师意识到小刚的问题所在，并开始计划帮助小刚。

(3) 教育概念的内涵就是教育的本质属性，即教育究竟是什么。尽管历史上对教育的解说各不相同，但存在着共同的基本点，即教育是一种有目的、有意识地培养人的活动，教育是促人向善的。这是教育区别于其他现象的根本特征，是教育的质的规定性。本次小组合作的调查活动由班级老师有目的、有计划地引导、开展，学生通过参加活动，得到了多方面的教育。

教育概念的外延是教育概念的内涵所反映的本质属性的对象的总和，即教育所指的对象范围。根据不同的标准可以进行不同的分类。例如，根据教育的正规化程度，可将教育分为正规教育和非正规教育，正规教育一般指的是学校教育，学校之外的教育称为非正规教育；根据教育的实施机构，可将教育分为学校教育、家庭教育和社会教育。在这次调查活动中，同学们不仅有学校老师的指导，还通过小明姑妈的讲解了解了剧院的规则，并通过对其他公共场所的调查得出了结果。整个学习活动既包括学校教育又包括社会教育，既包括正规教育还包括非正规教育。

综上，有效教学应该以学校教育为主导，善于利用教育的外延，渗透到家庭教育和社会教育中，促进家庭教育、社会教育和学校教育形成教育的合力，共同落实于学生的发展之中。

模拟练习

一、单项选择题

1.【答案】A “君子深造之以道，欲其自得之也。自得之，则居之安；居之安，则资之深；

资之深，则取之左右逢其原”这句话强调一个人要自主地去学习和探索，真正地理解和掌握知识，才能运用自如。自主学习是学生凭借自己的能力，积极主动地进行学习的过程。B 选项“合作学习”是学生在小组环境中相互合作，实现共同学习目标的学习方式。C 选项“小组学习”是在小组环境中进行的学习方式。D 选项“实践学习”是在实践中获得经验的学习方式。综上，这句话体现了自主学习的重要性。因此，答案为 A。

2.【答案】D 本题考查班级授课制的优缺点。大班授课是教师中心的体现，与班级授课制的优缺点相同。班级授课制的优点：① 有严格的制度保证教学的正常开展，达到一定质量；② 有利于大面积培养人才；③ 能够充分发挥教师的主导作用；④ 有利于发挥集体教育的作用。班级授课制的不足：① 难以因材施教；② 难以形成学生的探索精神、创造能力和实践能力；③ 缺乏灵活性。因此，大班授课不利于学生个性发展，也不属于开放的教育潮流，而且因为学习者众多，教师与学生交流的时间和次数是有限的，有时很难顾及全体学生，故本题答案为 D 选项。

3.【答案】B 本题考查的知识点是教学组织形式。特朗普制又称“灵活的课程表”，由教育学教授劳伊德·特朗普提出。其基本做法是，把大班上课、小班讨论、个人独立研究结合在一起。大班是所有学生一起上课；小班是把大班的学生分为 20 人左右的小组，研究和讨论大班授课材料；个别教学是由学生独立完成作业也就是选项中的独立研究。特朗普制既具有班级授课制的优点，也有个别教学的长处，但管理起来比较麻烦。

A、C、D 三项属于干扰项，均与题意不符合。

4.【答案】C 本题考查的知识点是教学组织形式。

A 选项，复式教学是把两个或两个以上不同年级的学生编在一个教室里，由一位教师分别用不同的教材，在一节课里对不同年级的学生进行教学的一种特殊组织形式。

B 选项，小组合作学习是以异质小组为基本形式，以小组为主体，以小组成员合作性活动为机制，以小组目标达成为标准，以小组成绩为奖励依据的教学组织形式。

C 选项，分层教学是按学生的能力或学习成绩把他们分为水平不同的组或班级进行教学的教学组织形式。

D 选项，小班教学指每班学生人数通常在 15~25 人的班级授课形式。

题干中“按照智力测验或学业成绩”分班属于分层教学，A、B、D 三项均不符合题意，本题选 C 选项。

二、材料分析题

【参考答案】

(1) 案例中通过螺旋式综合实践活动课程“我们的节日——端午节”的设计与实施，让不同年级段的学生，在不同学段通过不同进阶的活动目标、活动内容、活动方式，不同程度地感知中华民族的传统节日，认同和喜爱我们的节日，深度体验我国传统文化，不断增强文化传承的使命感与责任感，活动中学生的动手能力、探究能力、创新能力、协作意识递进发展。

此做法适应了不同学段学生的发展水平，满足了不同学段学生对活动层次的不同需要，减少了低水平重复活动，为综合实践活动课程实施提供了新的范式，提升了综合实践活动课程的开发水平。

(2) 螺旋式综合实践活动课程目标是一个分层次、多维度的目标体系。应遵循纵向贯通、横向统合、循序渐进、螺旋式上升的原则，从小学、初中到高中，分维度进阶设计主题活动目标，使活动目标能按照学段与年级螺旋式递进。也可以按照情感与体验、过程与能力、知识与理解三个维度设计进阶式活动目标。

① 活动内容的螺旋式设计。根据不同的线索或主题划分活动内容，结合学生的学段水平、年级特征、年龄特点重组、统合活动内容，“螺旋式”构建相对丰富、完整的课程内容，为学生提供系列综合实践活动的主题及内容。

② 活动方法的螺旋式设计。综合实践活动课程的主要活动方式可大致分为考察探究、社会服务、设计制作和职业体验，也可细分为经历、体验、参观、考察、调查、实验、设计、制作、探究、服务、劳作等。螺旋式活动方法的建构要结合中小学综合实践活动的领域，考虑学生实践活动经验和活动能力的阶段性特点，呈现出活动方法的进阶性。

③ 活动评价的螺旋式设计。综合实践活动课程螺旋式评价就是以与儿童思维方式相符合的形式，对不同层次学生的综合实践活动进行评价。低年级学生以具体形象思维为主，可采用活动表演，发小红花、五角星等评价方式。中年级学生的抽象思维开始展现，独立性增强并能进行自我自评，可通过学生的活动记录、教师的针对性评语进行评价。随着学生年级的提升和经验的拓展，高年级学生的思维开始走向形式化、符号化，需要扩充评价内容和方式，可以采用档案袋记录、质性评价、成果展示等评价方式。

第六节 教学评价

真题典例

单项选择题

1.【答案】B 本题解题的关键在于班主任虽然评价了小明的表现，但更指出了其改进学习方法有助于未来的发展，评价的目的是鼓励小明后续的学习，属于过程中的评价，为形成性评价。

2.【答案】D 根据评价在教学过程中作用的不同，教学评价可分为诊断性评价、形成性评价和终结性评价。发生在教学过程中的评价属于形成性评价。

3.【答案】D 档案袋评价是对学生的追踪性评价。

4.【答案】A 诊断性评价、形成性评价和终结性评价是根据评价在教学中的作用（评价目的）不同进行划分的。诊断性评价是为了评估学生现有的知识和能力发展情况；形成性评价是为了使教师与学生都能及时获得反馈信息，促进学生当前的学习，提高教学质量；终结性评价是为了评价一定阶段学生的学习成绩。

5.【答案】A 学生小组成绩分工法（STAD）是由美国约翰逊·霍普金斯大学的斯莱文教授创设的，其基本教学程序是：导学入境，呈现教学目标；小组学习；达标测验；计算分数；小组得到认可。通过教学实践，小组合作学习不仅能改善课堂教学气氛，提高教学成绩，而且能促进学生形成良好的非认知品质。

(1) 导学入境，呈现教学目标。

在小组合作学习之前，先由教师向学生讲授基础知识，提供给学生小组合作学习所需要的背景知识材料以及需要解决的问题及本小组所要承担的任务等。

(2) 小组学习。

在 STAD 中，小组是最主要的特征和最主要的组织形式，一般宜采用 4 人小组，STAD 在进行小组组建时，应注意小组构成成员应是一个班级集体的缩影，每个小组通常包括一名成绩好的学生、一名成绩差的学生和两个成绩中等的学生，基本保证全班各小组的学生平均成绩大致相同。每一个小组成员都分担一定的学习任务，承担对本小组团体成绩高低的责任，即每一个小组成员的成绩都将决定团体成绩的高低。

(3) 达标测验。

测验学生对所学内容的掌握情况，要及时对学生应掌握的课程内容进行强化，并通过测验反馈出教师在课堂讲授和小组合作学习中的不足之处。

(4) 计算分数。

每次测验结束后，要计算每个学生的提高分和小组得分，以便对那些得分高的小组进行奖励。

(5) 小组得到认可。

教师对取得好的成绩的小组及时给予表扬与奖励。

模拟练习

一、单项选择题

1.【答案】C　听取不同人的意见的教学评价模式为应答模式。

2.【答案】A　不属于教学评价的教育性功能的是 A 选项“具有鉴别质量、区分优劣、选拔安置的作用”。教学评价的教育性功能主要包括为教学活动提供反馈信息（B 选项）、激发教师和学生的行为动力（C 选项），以及本身具有教学和发展性（D 选项）。

虽然教学评价可以帮助鉴别质量和区分优劣，但这种选拔和安置的作用并不是教学评价的主要教育性功能。

3.【答案】B　本题考查的知识点是教学评价的类型。

A 选项，绝对评价又称为目标参照性评价，是运用目标参照性测验对学生的学习成绩进行的评价。它主要依据教学目标和教材编制试题来测量学生的学业成绩，判断学生是否达到了教学目标的要求，而不以评定学生之间的差异为目的。

B 选项，相对评价又称为常模参照性评价，是运用常模参照性测验对学生的学习成绩进行的评价。它主要依据学生个人的学习成绩在该班学生成绩序列或常模中所处的位置来评价和决定他的成绩的优劣，而不考虑他是否达到教学目标的要求。

C 选项，内部评价也就是自我评价，指由课程设计者或使用者自己实施的评价。

D 选项，个体内差异评价是对被评价者的过去和现在进行比较，或将评价对象的不同方面进行比较。

“陈浩期中语文测试成绩在班上属于中等水平”属于运用常模参照测验对学生的学习成绩进行的评价，故本题选择 B 选项。

4.【答案】A A 选项，诊断性评价是在学期开始或一个单元教学开始时，为了了解学生的学习准备状况及影响学习的因素而进行的评价。题干描述的摸底考试就是一种诊断性评价。

B 选项，形成性评价也称为过程性评价，是在教学过程中为改进和完善教学活动而进行的对学生学习过程及结果的评价。

C 选项，总结性评价是在一个大的学习阶段、一个学期或一门课程结束时对学生学习结果的评价，也称为终结性评价。

D 选项，过程性评价是在教育、教学活动的计划实施的过程中，为了解动态过程的效果，及时反馈信息，及时调节，使计划、方案不断完善，以便顺利达到预期的目的而进行的评价。

5.【答案】C A 选项，教育评价的导向功能认为，教育评价是根据教育方针和教育目标的要求，编制出各种评价的指标，较为全面地衡量学校和地区的教育工作，目的在于保证教育工作不至于偏离方向，使教育方针和教育目标得以全面的贯彻和实现。

B 选项，教育评价的选择功能认为，通过教育评价能对学生在知识掌握和能力发展方面的程度做出区分，从而分出等级，根据一定的目标做出选择。

C 选项，教育评价的反馈功能是指教育评价可以判断教学目标的正确性、可行性和实现的程度，从而对整个教学实践活动进行必要的调节，使之在新的目标引导下运行。教师可以从中发现自己在教育、管理学生和教学过程中存在的不足，总结经验，吸取教训，转变教育观念，完善教学措施，优化教学手段，调控教育教学过程，进行教育教学研究，在反思与改进的过程中达到更好的教育教学效果。

D 选项，教育评价的强化功能认为，教育评价应从调动学生的内在积极因素出发，中肯地提出改进意见，有意识地把舆论评价与学生自我评价结合起来，引导学生自觉地进行自我反思，自觉提高。

题干中，吴老师通过分析试卷发现学生在某一知识点上失分较多，随即对自己的教学进行反思并做出调整，这说明教育评价具有反馈功能，即教师可以根据学生的反馈及时有效地改进自己的教学方式和教学措施。因此，本题答案为 C 选项。

6.【答案】D 本题考查的知识点是教学评价。

A 选项，绝对性评价又称为目标参照性评价，是运用目标参照性测验对学生的学习成绩进行的评价。A 选项不符合题意。

B 选项，综合评价是指综合多种评价方式进行的评价。B 选项不符合题意。

C 选项，诊断性评价是在学期开始或一个单元教学开始时，为了了解学生的学习准备状况及影响学习的因素而进行的评价。C 选项不符合题意。

D 选项，个体内差异评价是对被评价者的过去和现在进行比较，或将评价对象不同方面进行比较。D 选项正确。

7.【答案】B “双减”政策的含义是有效减轻义务教育阶段学生过重作业负担和校外培训负担。“双减”政策明确规定：提高作业设计质量。发挥作业诊断、巩固、学情分析等功能，将作业设计纳入教研体系，系统设计符合年龄特点和学习规律、体现素质教育导向的基础性作业。鼓励布置分层、弹性和个性化作业，坚决克服机械、无效作业，杜绝重复性、惩罚性作业。杨老师布置的课后作业是“到文具店买文具”，符合“双减”政策的具体要求。

二、材料分析题

【参考答案】

(1) 教育评价的功能包括：

① 诊断教学问题：教育评价可以帮助老师判断存在哪些教学问题，如教学内容设置是否合理、教学方法是否恰当等。

② 提供反馈信息：通过教育评价可以让教师、学生及管理部门了解教与学的真实情况，看到存在的差距和不足。

③ 调控教学方向：教育评价结果可以帮助教师调整教学计划和方式，使之更好地达成教学目标。

④ 检验教学效果：教育评价可以检查教学达成的具体效果，看教学活动是否达到预期目标。

(2) 在终身教育理念下，教育被看成一个连续的过程，而不仅仅是某些阶段中的关键考试。这需要教育评价进行相应地改革：

① 更加注重过程性评价，不仅有定期考试，也需要对平时的学习过程进行评价，以便及时发现问题并改进。

② 评价要强调个人成长，不应仅以某次考试成绩断定一个人的教育结果。要看到每个人从不同起点出发，取得的进步。

③ 失败不应被污名化，还有改正的机会。评价不能简单地淘汰失败者，而应鼓励其进步。

通过这些改革，教育评价才能在终身教育过程中更好地发挥诊断、反馈、调整和鼓励的作用。

(3) 在教学过程中，教师应该：

第一，关注每个学生的个别起点，而不进行简单的结果对比；

第二，重视过程评价，及时了解学生在学习过程中的问题和进步；

第三，使用多种评价方式，不仅仅依赖考试结果；

第四，提供个性化指导和鼓励，帮助每个学生进步；

第五，发挥评价的诊断和反馈功能，及时调整教学策略。

只有做到这些，教师才能让评价真正帮助每位学生成长，而不是简单地淘汰。

第八章　德育

第一节　德育与德育过程

真题典例

单项选择题

【答案】A　科尔伯格主张用“道德两难法”来促进学生的道德认知发展。道德两难是指一个人在决策中面临两个或两个以上的道德准则或价值观之间的冲突,无论做出什么样的决定都有可能侵犯某个价值观。

模拟练习

单项选择题

1.【答案】C　本题考查的知识点是德育过程的基本规律。学生的思想品德是知、情、意、行的统一体。C 选项,道德意志是个体自觉地调节道德行为、克服困难,以实现预定道德目标的心理过程。胖虎忍不住吸烟的原因在于道德意志的薄弱。故 C 选项正确。

2.【答案】B　题干中,“唯仁者能好人,能恶人”的意思是只有那些有仁德的人能够公正地喜欢别人,能够公正地厌恶别人。这句话指的是人因自己的认识而产生对其他人的喜欢或厌恶的体验,属于道德情感。故本题选 B 选项。

3.【答案】A　题干中,“今教童子”必须“讽之读书,以开其知觉”的意思是教导儿童应用读书为内容来劝告他们、开拓他们的智能。这表明在德育过程中,教师要重视学生道德认识的提高。因此,A 选项正确。

第二节 德育原则与德育方法

真题典例

单项选择题

1.【答案】B 本题解题的关键在于小明看到了不同行为的后果，选择了其中好的行为进行学习。这属于观察学习和间接强化。

A 选项“亲历学习”注重的是学生的直接经验。C 选项“迁移学习”指的是一种学习对另一种学习的影响。D 选项“试误学习”由桑代克提出，是指学习的过程是一种渐进的尝试错误的过程。

2.【答案】A 本题解题的关键在于“如果他不这样做，别人会骂他的”，证明儿童在意他人对自身行为的评价，这属于以人际和谐或“好孩子”为定向的阶段。

3.【答案】A A 选项注重自我省察，强调的是自我教育。B 选项强调实践的重要性。C 选项强调环境的重要性。D 选项的原意是桃树和李树不主动招引人，但因人们都来看它们开出的花和采摘它们的果实，在树下面走来走去，走出了一条小路。比喻一个人只要诚实、正直，就自然能受到人们的尊重和景仰，强调示范性。

模拟练习

一、单项选择题

1.【答案】A 对中小学生来说，通过群体规定比个别劝说更有助于其培养良好的态度和品质，这体现的德育方法是集体教育法。通过群体规定和约束，学生在集体中形成共同的行为准则和规范，从而促进他们培养良好的态度和品质。集体教育法强调集体的力量和规范对学生行为和品德的影响，通过集体的力量引导学生形成正确的行为习惯和品德观念。

2.【答案】D 本题考查的知识点是德育原则。知行统一原则是指德育既要重视思想道德的理论教育，又要重视组织学生参加实践锻炼，把提高认识和行为养成结合起来，使学生做到言行一致、表里如一。综上所述，知行统一原则要求理论与实践相结合，故本题答案选择 D 项。

3.【答案】C 本题考查的知识点是德育原则。知行统一原则指既要重视思想道德的理论教育，又要重视组织学生参加实践锻炼，把提高认识和行为养成结合起来，使学生做到言行一致、表里如一。“论先后，知为先；论轻重，行为重”指的是知道与行动之间，若考虑其先后顺序的话，应先知道；若考虑谁更重要的话，则行为、实践更加重要。这与知行统一原则的观点一致。因此，本题正确答案为 C 选项。

4.【答案】A “夫子循循然善诱人，博我以文，约我以礼，欲罢不能”的意思是老师善于一步步引导和教育我们，用渊博的文献知识来使我们有文采，用礼仪制度来约束教导我们，使我们想停止都不可能。符合疏导原则的含义。故本题选择A选项。

5.【答案】A 本题考查的知识点是德育原则。A选项，疏导原则是指在进行德育时要循循善诱、以理服人，从提高学生认识入手，调动学生的主动性，使他们积极向上。李老师跟学生谈心，肯定阿亮对电脑技术学习的积极性，借此了解了阿亮的内心世界，这是贯彻疏导原则的体现。故A选项正确。

6.【答案】B 题干中，老师对学生只做了严格要求而没有尊重学生。因此违背了严格要求与尊重学生相结合的原则。故本题选B选项。

7.【答案】D 发扬积极因素，克服消极因素的原则(长善救失原则)是指在德育工作中，教育者要善于依靠、发扬学生自身的积极因素，调动学生自我教育的积极性，克服消极因素，实现品德发展内部矛盾的转化。

8.【答案】B 本题考查的知识点是德育方法。B选项，榜样示范法是教育者以他人的高尚思想、模范行为和卓越成就影响学生，促使其形成优良品德的方法。题干中班主任号召大家向做好事的小张学习，是为其他学生树立了榜样。

9.【答案】C 本题考查的知识点是德育方法。情境陶冶法又称陶冶教育法，是指教师利用高尚的情感、美好的事物和优美的环境感染和熏陶学生的方法。该方法主要运用以境染情、以境触情、以境陶情的原理对受教育者进行耳濡目染、潜移默化的影响，使受教育者在认识上和情感上逐渐完善。情感陶冶包括人格感化、环境陶冶和艺术陶冶等。题干中利用花坛、草坪影响学生的品德，属于情感陶冶法。因此本题正确答案为C选项。

10.【答案】C 本题考查的知识点是德育方法。C选项，德育的情境陶冶法是指教育者利用高尚的情感、美好的事物和优美的环境感染和熏陶学生的方法。秦老师通过卡通画的方式潜移默化地影响学生是利用了环境感染的方式。故本题选C选项。

11.【答案】B 本题考查的知识点是德育方法。B选项，榜样示范法是以他人的高尚品德、模范行为和卓越成就来影响学生品德的方法。题干中“身教重于言教”表明了教师的道德行为对学生的重要影响，强调了榜样的力量，属于榜样示范法。故B选项符合题意。

12.【答案】C 本题考查的知识点是德育方法。C选项，榜样示范法是用榜样人物的高尚思想、模范行为、优异成就来影响学生的思想、情感和行为的方法。用来示范的榜样主要有家长和教师、同学、英雄人物、革命领袖、历史伟人和文艺形象。题干中，班主任利用有针对性的人物和事例鼓励学生，从而提高学生修养，是运用了榜样示范法。因此，C选项正确。

13.【答案】D 题干的教师通过奖励娜娜小红花强化她乐于助人的行为，体现了品德评价法，故选D选项。

14.【答案】C 题干中，“论学取友”的意思是：根据在学术上的见解，对朋友进行选择。“择其善者而从之”的意思是：选择别人好的方面向他学习。这体现的是选择好学习的榜样对人品德的发展和形成有着重要的影响，选好榜样是学习的前提。故本题答案选择C选项。

15.【答案】D 榜样示范法是用榜样人物的高尚思想、模范行为、优异成就来影响学生的思想、情感和行为的方法。用来示范的榜样主要有家长和教师、同学、英雄人物、革命领袖、历史伟人和文艺形象。在学校德育中运用榜样示范法应注意以下几点:(1) 选好学习的榜样;(2) 激起学生对榜样的敬慕之情;(3) 引导学生用榜样来调节行为,提高修养。题干中,杨老师组织学生拜访抗美援朝老兵,听老兵爷爷讲述抗战事迹,使学生产生了对老兵爷爷的敬佩之情,属于榜样示范法的体现。故本题答案为 D 选项。

二、材料分析题

【参考答案】

(1) 首先,材料中的老师把劳动当成“惩罚手段”,忽略了劳动教育的价值和意义。

老师以“打扫教室来惩罚学生,是一种错误的惩罚方式。劳动最光荣是一种积极的价值观,也是一种正向的社会理念,让学生树立热爱劳动、热爱劳动人民的理念是劳动教育所要追求的目标,而材料中的老师却把劳动作为一种惩罚方式,歪曲了劳动本身的意义,同时与学生一直以来接受并内化的价值观不符,不仅不利于培养学生的品德,甚至会起到反向作用。

其次,材料中的老师没有对学生进行正确的引导,班级管理存在问题。

当小男孩因迟到被罚打扫教室时,其他同学发出讥笑,老师并没有制止,没有告诉学生讥笑他人是不对的行为,没有对此进行集体教育,这就会让学生误以为讥笑别人是没有关系的,会助长这种行为的出现,不利于良好班集体的形成。

再次,材料中的老师存在“师道尊严”的现象,没有建立民主的师生关系。

材料中的老师仅仅在以自己的“威严”要求学生,但是并不尊重、信任学生。老师对学生的不尊重与不信任主要体现在以下方面:老师在小男孩迟到后,没有询问原因,直接惩罚;小男孩以日记的形式发出“劳动可耻吗?”的疑问后,老师当着全班同学的面狠狠地批评了他,还命令他当众撕掉日记。这种不尊重与不信任会严重伤害小男孩的自尊,甚至会导致不良品德的形成。

(2) ① 老师应坚持严格要求与尊重信任相结合原则。

在德育过程中,要把对学生的思想和行为的严格要求与对他们个人的尊重和信赖结合起来,使教育者对学生的影响与要求易于转化为学生的品德。

当小男孩犯错误时,老师应给予他耐心,倾听他的说法。

② 老师应坚持集体教育与个别教育相结合原则。

在德育过程中,教师要依靠集体、通过集体去教育学生个人,同时要注意对学生进行个别教育,进而影响集体。把教育集体和教育个人辩证统一起来。

当小男孩受到其他同学的嘲笑时,老师应及时制止这种行为。

③ 老师应坚持知行统一原则。

在德育过程中,以学生的现实生活为基点,联系学生生活,引导学生把思想政治观念和社会道德规范的学习同参与实际生活的实践结合起来,把提高道德思想境界与养成道德行为习惯结合起来,达到言行一致的目的。

老师不应用劳动的方式惩罚小男孩,可以采用其他的方法,如约定好以后不迟到可以获得什么奖励或者让小男孩自己和老师“签订契约”，帮助他养成守时的习惯。

④ 老师应坚持正面引导与纪律约束相结合原则。

正面引导与纪律约束相结合原则又称疏导原则、循循善诱原则，是指在德育过程中，以事实、道理、榜样等对学生进行启发诱导，同时制定必要的规章制度进行约束。

在学生犯错时，老师应该首先进行说理教育，再考虑其他方法。

第三节 德育途径与德育模式

真题典例

一、单项选择题

1.【答案】B A选项“前习俗水平”出现在幼儿园及小学中低年级，包括服从与惩罚的定向阶段和工具性的相对主义定向阶段。C选项“后习俗水平”包括社会契约的定向阶段和普遍道德原则的定向阶段。D选项说法不存在。B选项“习俗水平”出现在小学中高年级及初中，包括人际关系和谐（或“好孩子”）的定向阶段和维护权威或秩序的定向阶段。

2.【答案】B 道德认知发展模式采取道德两难法和公正团体法促进学生的道德发展。公正团体法是科尔伯格倡导的德育方法，其最根本的含义是利用公正的机制在创设公正团体中培养学生的公正观念，促使学生达到更高的道德发展水平。它强调的是团体的教育力量和民主机构的教育作用。

3.【答案】D 体谅模式的实质是让学生学会换位思考。题干中“作出了成熟反应的学生”，实质是会换位思考的学生。本题如果不确定乙的说法是否是换位思考的话，可用排除法，甲不考虑认识的人的立场，选择躲开；丙选择告诉老师让老师批评他，都不是换位思考，故排除甲和丙，答案为D选项。

4.【答案】C 本题是对识记性知识的考查。A选项皮格马利翁效应即罗森塔尔效应，也称为教师期望效应；B选项俄狄浦斯效应指恋母情结；D选项布朗效应是物理学的知识点，和教育学没有关系，描述的是分子的热运动。题干内容属于布莱特效应。

5.【答案】A 体谅模式把道德情感的培养放在中心地位。道德认知发展模式将道德认知放在中心地位。班杜拉的社会学习模式关注道德行为的获得。价值澄清模式注重道德价值观念的获得。

6.【答案】A 道德两难法和公正团体法是道德认知发展模式所采取的教育方法。儿童在不同的发展阶段有不同的道德发展水平，体现了发展的阶段性；儿童的道德发展具有一定的顺序性，比如从前习俗水平到习俗水平再到后习俗水平，是顺序发展的过程；不同个体的儿童道德发展水平不同，具有一定的差异性。

7.【答案】A 体谅模式注重学生的道德情感，以问题情境激发学生道德情感的发展。

8.【答案】D 20世纪80年代，英国以麦克菲尔《生命线》教材为蓝本，开发了面向中学生的学校德育课程。在第一部分设置了敏感性、后果和观点三个单元。后果单元由71张情境卡构成，相比敏感性单元的情境卡，这些情境卡包含更复杂的情况，涉及更多的人物和方面，激发学生思考第三者及其他客观因素，即引导学生采取旁观者的立场客观地思考诸多事件的各种“后果”，以增强学生对行为后果的想象、理解和推测的能力。故本题选择D选项置身事外，从旁观者的立场预估人际行为后果。

9.【答案】B 《生命线》是麦克菲尔(又译为麦克费尔)针对体谅模式编写的教材。A选项《学会关心》是内尔·诺丁斯在关心伦理与教育方面的一本重要著作。

10.【答案】A 《生命线》这套教材包括三部分:“设身处地”“证明规则”“你怎么办?”。

11.【答案】A A选项价值澄清模式是让学生在不同的价值观念中进行选择;B选项认知发展模式是皮亚杰所强调的儿童道德的发展是经历他律到自律的转化过程,或指科尔伯格的三水平六阶段理论;C选项体谅模式的本质是强调换位思考;D选项班杜拉的社会学习模式强调他人、团体的作用。

12.【答案】B 角色扮演对应体谅模式和价值澄清模式,排除A选项和D选项。价值澄清模式是针对多种价值观的选择而提出的;体谅模式是为了与人友好相处。本题是引导学生站在师生角度进行考虑,因此是体谅模式。

13.【答案】C A选项说服教育法是通过摆事实、讲道理,使学生明辨是非、提高认识、形成正确观点的德育方法。B选项情感陶冶法是通过创设良好的情境,对学生进行积极感化和熏陶,潜移默化地培养学生品德的德育方法。D选项榜样示范法是以他人的高尚思想、模范行为和卓越成就来影响和引导学生以培养其良好品德的德育方法。题干中组织学生进行模拟市政和模拟法庭活动,属于组织学生开展实践活动。

14.【答案】A 题干中爸爸给小丁提出了解决问题的方案。从德育途径上说,这属于指导育人。

二、分析论述题

【参考答案】

(1) 讨论法是学生在教师指导下为解决某个问题进行探讨、评析,以辨明是非真伪、获取知识、锻炼思维和培养能力的方法。道德认知发展模式采取道德两难法和公正团体法来促进学生的道德发展。

讨论在道德认知发展的过程中扮演着重要的角色,其作用如下:

① 课堂讨论可以通过道德两难故事法进行。比如丘吉尔用少数人的生命换取更多数人的生命的做法是否正确使学生形成道德认知冲突,引发学生的思考,使学生达到更高的道德发展水平。

② 课堂讨论能够保持学生学习的主动性与自主性。教师通过构建积极、主动的讨论环境,培养学生进行道德思考的兴趣,在道德思想与观念的碰撞之间提高学生的道德发展水平。

③ 课堂讨论能够尊重学生道德认知发展的个体差异,使教师了解学生的道德认知结构和认知发展水平,帮助教师在学生已有道德认知发展水平的基础之上借助布莱特效应促进学生的道德认知发展。

④ 课堂讨论能使教师及时获得关于学生道德认知发展状况的反馈信息，对教学过程进行调整，如老师在得到了大家无声的回应后继续追问，从而加强道德教育的时效性与针对性，提高教学质量。

(2) 材料虽为历史课，但老师注重了对学生的思想引导，体现了学科德育的特点。课程思政，即将思想政治教育元素，包括思想政治教育的理论知识、价值理念以及精神追求等融入各门课程中去，潜移默化地对学生的思想意识、行为举止产生影响。课程思政的特点主要包括以下几个方面：

① 课程思政的本质是立德树人。

课程思政在本质上是一种教育，目的是实现立德树人。“育人”先“育德”，在教学过程之中必须注重传道授业解惑、育人育才的有机统一。材料中老师在历史课的教学之中从小马关于丘吉尔的观点出发，对学生循序渐进地进行引导，在不断地追问之中引发学生的思考，从而提高学生的道德认知发展水平，引导学生树立正确的国家观、民族观、历史观与文化观。

② 课程思政的理念是协同育人。

课程思政的目的是实现各类课程与思想政治理论课的同向同行，实现协同育人，把立德树人内化到学校的各领域，使思想政治教育至柔至刚、滋润万物的精神力量融通教师的每一个课堂、贯穿学生的每一步成长。材料中小马在语文课的读书笔记的撰写中形成对二战历史的思考，而语文课与历史课的联动发挥了协同育人的作用，形成了教育合力，共同促进学生道德认知发展水平的提高。

③ 课程思政的结构是立体多元。

课程思政本身就意味着教育结构的变化，即实现知识传授、价值塑造和能力培养的多元统一。材料中的教师将历史教学与学生当前的人生遭际和心灵困惑相结合，有意识地回应学生在学习、生活、社会交往和实践中所遇到的真实问题和困惑，真正触及他们默会知识的深处，从而对其产生积极的影响。

④ 课程思政的方法是显隐结合。

课程思政必须将政治认同、国家意识、文化自信、人格养成等思想政治教育导向与各类课程固有的知识、技能传授有机融合，实现显性与隐性教育的有机结合，促进学生的自由全面发展，充分发挥教育教书育人的作用。材料中的教师以小见大，通过对丘吉尔在二战期间的历史抉择进行剖析，改变了课程教学以知识传授为主要目的的原有路向，使思想政治教育融入教育教学的各个要素之中。

⑤ 课程思政的思维是科学创新。

在当前国际社会意识形态领域风云变幻，各种社会思潮观念激烈交锋的背景下，我们必须提高课程思政的科学化水平，用马克思主义的立场、观点和方法教书育人，为学生构筑起牢固的思想防线，抵制各种错误思潮、错误言论对学生的危害。同时也需要以新思维催生新思路、以新思路谋求新发展、以新发展推动新方法，以新方法解决新问题，从而实现课程思政的创新发展。

模拟练习

1.【答案】B 根据题目中的“利用课程中传统文化、历史地理等丰富的思想道德因素，潜移默化地对学生进行世界观、人生观和价值观的引导”可知，这属于通过教学内容来进行德育，体现的是课程育人这一德育途径。

2.【答案】D 妈妈通过口头教导，启发小明学会表达自己的想法和需求，与小菲坦诚沟通，属于指导育人的方式。所以答案为D选项。

3.【答案】B 体谅模式基于人本主义和行为主义，强调个性发展，反对简单的道德说教，主张通过体谅、耐心、情感等促进道德发展。而道德认知发展模式强调道德推理的发展。价值澄清模式强调理性的价值分析。社会学习模式强调环境的模仿。综上所述，题目描述的观点反映了体谅模式的理念。

第九章　教师与学生

第一节　教　师

真题典例

单项选择题

1.【答案】A　教师有教育教学自主权、指导评价权、专业发展权以及其他属于劳动者的合法权利，如休息休假、取得劳动报酬等。其余选项本身表述存在问题。B选项本身不对，教师享有的是参与管理权，不是直接管理学校。C选项中，教师没有选择教材的权利，教材的编写和选择是由国家负责的。现在有校本教材体现了教师选择教材的自主权，但是这没有在法律层面进行规定。D选项中，教师没有评价学生身体的权利。

2.【答案】A　教师劳动的专业性是指专业理想、专业知识、专业能力和专业自我。Ⅲ和Ⅳ反而是教师职业专业化程度不够的体现。

3.【答案】C　通过正规的培训获得学科知识和教育知识，属于知识取向模式；通过实践促使教师反思自己，属于实践取向模式；通过同伴互助或学校文化陶冶获得专业知识和技能，属于生态取向模式；通过教师自我提高获得专业发展，属于自我更新取向模式。

4.【答案】A　教师职业倦怠是指教师在长期压力下出现的情感、态度和行为的衰竭状态。

B选项教师职业迷茫表现为教师对自己的职业生涯目标不清晰、认识不够深刻，对自己的职业方向缺乏明确的规划和定位，并且缺乏必要的职业发展策略。

C选项教师职业逃避表现为教师对教育工作失去兴趣、工作态度消极，对学生缺乏责任心和投入感。

D选项教师道德失范表现为教师对学生不尊重，待遇不公平，甚至存在贪污受贿、滥用职权等行为，这些行为不仅会严重危害学生的身心健康和教育权益，也会严重影响教师的职业形象和声誉。

5.【答案】A　舒尔曼关于教师的知识分类如下：

① 内容知识：学科本位的知识基础，教师必须对所任教的学科有专业的和深刻的认识。

② 学科教学知识：教授这些知识所需要的教学技巧。

③ 学习者的知识：认识学习理论和学习者的特征，如教育心理学、发展心理学和学生辅导等。

④ 一般教学法知识：针对所有课堂的管理与组织的理念和战略，如讨论法、讲授法（适用

于所有学科)。

⑤ 课程知识:课程的基本理论以及对学校课程的认识。

⑥ 教育脉络知识:了解教师群体的文化特征,学校、社区及政府政策之间的关系。

⑦ 目的、价值、哲学和社会背景知识:即教育哲学、教育社会学、教育价值的知识。

本题中“过程作文教学法”为学科英语或学科语文独特的教育学教法,应为学科教学知识。

6.【答案】A 教师在意他人对自己的评价属于关注生存阶段。

7.【答案】A 教师享有的社会权利,除一般的公民权利外,还包括职业本身特点所赋予的专业方面的自主权、专业发展权等。向教师赋权能有效提高教师的专业地位。

8.【答案】A 限制教师的讲课时间侵犯了教师的教育教学权。

9.【答案】B 教师的实践性知识源自教师的经验积累,未能达到应用科学的范畴。如果已经达到应用科学的高度,就可以通过直接教授而获得。

10.【答案】D 按照舒尔曼的教师知识分类框架,师范生学习“20 世纪数学思想史”课程的核心功能是要增进未来教师的内容知识。

内容知识指教师对所教授学科领域内知识结构、范畴划分、概念组织、理论框架、发展历程和前沿问题等深入并全面的理解,是教师的核心知识。只有具备了深刻的内容知识,教师才能对学科知识深入研究,分析知识的内在逻辑以及相互联系和支持的思想和方法,并在教学实践中因材施教,培养学生的学科素养和创新能力。

11.【答案】B “给学生上语文课”中宋老师扮演的角色是知识的传授者,“对学生进行生活与心理指导”中宋老师扮演的角色是学生心灵的培育者。“组织学生开展课外活动和社会实践”强调的是教育者在教育活动中的组织与管理职能,因此宋老师所扮演的角色是教育管理者。

12.【答案】C 为贯彻落实党的十九大精神,培养高素质教师队伍,按照国家教育事业发展“十三五”规划工作要求,推进教师教育质量保障体系建设,提高师范类专业人才培养质量,教育部印发《普通高等学校师范类专业认证实施办法(暂行)》。该实施办法对师范生的毕业要求作出了规定,强调专业制定的毕业要求应涵盖以下内容:践行师德、学会教学、学会育人、学会发展。

模拟练习

单项选择题

1.【答案】B 教师应争做“有理想信念、有道德情操、有扎实学识、有仁爱之心”的四有好教师,体现了教师劳动的示范性。这种要求意味着教师不仅要具备专业知识和技能,还要成为学生的榜样,通过自身的言行和品德影响学生,引导他们树立正确的人生观、价值观和行为准则。示范性是教师劳动中非常重要的一部分,因为教师的行为和品德往往会对学生产生深远的影响。

2.【答案】A 根据题意,新时代的教师除了承担教书育人的角色外,还要承担研究者的角色，即不断关注自己的教学效果，反思提高教学水平。

新时代教师的多重角色包括：教师角色——承担教书育人任务；研究者角色——关注教学效果，不断反思和提高；管理者角色——组织班级活动，维护班级秩序等；家长代理人角色——代行部分家长责任；示范者角色——以身作则，成为学生榜样。

3.【答案】B 教师的专业能力包括：教学设计能力、组织实施教学的能力、教学评价能力、学生管理和帮助的能力、与家长和社会合作的能力等。题干“教师能与家长进行有效沟通合作”体现的是对教师的专业能力方面的要求。

4.【答案】D 教师的劳动不同于其他劳动，其结果往往体现在学生长期发展的未来，而不仅是当下就能看到。题干所述体现了教师劳动的长期性。

5.【答案】D 本题考查中小学教师的形态知识。按照知识的形态划分，教师的形态知识可划分为显性知识和隐性知识。其中教师的隐性知识又称缄默知识，由英国科学家、哲学家迈克尔·波兰尼于1958年最早正式提出。波兰尼认为缄默知识就是存在于个人头脑中的，存在于某个特定环境下的，难以正规化，难以沟通的知识，是知识创新的关键部分。故选项A、B、C错误。但缄默知识可以通过实践活动而习得。D选项正确。

6.【答案】A 题干中的说法说明每一个学生都是不一样的，体现出教师的劳动对象的差异性，反映了教师劳动的复杂性。故此题选A选项。

7.【答案】C “当学生遇到成长的烦恼时，经常能得到老师的指导和帮助”，这说明老师是学生的领路人，应选C选项。老师在学生成长过程中扮演着引导和帮助学生解决问题的角色，指引他们走向正确的道路，促进他们健康成长。作为学生的领路人，老师不仅传授知识，还承担着引导、关心和支持学生的责任。

8.【答案】B 教育机智是指教师能根据学生新的特别是意外的情况，迅速而正确地做出判断，随机应变地采取及时、恰当而有效的教育措施解决问题的能力。李老师面对学生的恶作剧没有生气，而是巧妙化解，是教育机智的体现。

第二节 学　生

真题典例

单项选择题

1.【答案】D D选项努力学习，完成规定的学习任务是与学习活动直接相关的义务，属于《中华人民共和国教育法》(1995年)明确规定的学生义务。

2.【答案】A 学生的受教育权指的是学生有参加教育教学计划安排的各种活动，使用教育教学设施、设备、图书资料的权利。其他选项不属于受教育权的内涵。

3.【答案】B 学校泄露学生的信息，损害了儿童的权利和尊严，同时也违背了教育研究的伦理性原则。

4.【答案】B 根据赫伯特·科尔在著作《36个小孩》中的总结：“学校里所有重要的事

情，都发生在课与课之间。”这意味着学生非正式群体的影响巨大。学生在课堂之外的非正式的群体中进行着各种互动和交流，彼此之间互相影响和塑造。因此，在学校中需要重视学生的非正式群体，为学生提供良好的成长环境和社交平台。

模拟练习

一、单项选择题

【答案】D 这句话暗示着教育应该像农业生产一样耐心呵护学生的成长，而不是像工业生产一样简单地对学生进行加工改造。这强调要尊重学生的独特性、发挥学生的主体性和认识到学生是具有生命活力的人。

二、材料分析题

【参考答案】

(1) 张老师引导班级“非正式群体”发展的三个阶段：

第一阶段：建立学习小组。张老师利用已有的非正式群体，让学生自由组合成学习小组，使之成为正式认可的班级小组。

第二阶段：引导小组活动。张老师根据每个小组的特点，提出不同的期待要求，开展谈心活动，帮助学生树立集体荣誉感。

第三阶段：小组竞赛活动。通过组间竞赛活动，磨合、增进小组间团结，使小组融入班集体。

张老师使用的德育方法主要有：

第一，榜样示范法：张老师深知核心人物具有威信高、影响力大的特点，通过重点进行十个小组长的思想转化工作，让他们成为班级中的领导者和榜样。这些小组长具有较高的威信和影响力，能够影响和带动其他同学，引领他们朝着正确的方向发展。

第二，自我教育法：张老师通过引导学生开展“谈心活动”，让他们自我审视、自我批评，形成互相帮助、关心集体、团结一致的学风，从而实现自我教育和自我管理的目的。

第三，实践锻炼法：张老师通过组建学习小组，让学生们在实践中学习，锻炼团队合作能力、领导能力和解决问题的能力，从而提高他们的综合素质。

(2) 该案例显示出的主要教育效果：

① 有效转化了学生的非正式群体，促进了班级集体意识的培养。

② 通过个体引导带动群体，提高了学生的责任感和荣誉感。

③ 引导学生主动参与，形成班级建设的积极氛围。

④ 采取循序渐进的策略，取得了班风和学习成绩的明显改善。

⑤ 充分体现了教师引导和学生主体作用的有机结合。

第三节 师生关系

真题典例

一、单项选择题

【答案】A 帕克是进步主义教育的代表人物，他提出了昆西教学法；布拉梅尔德是改造主义教育思潮的代表人物；赫钦斯是永恒主义教育思潮的代表人物；梅伊曼是实验教育学的代表人物。在师生关系上倾向于“学生中心说”的是进步主义教育。

二、分析论述题

【参考答案】

(1) 教育内容方面

① 知识层面：华老师通过组织班级讨论，给学生讲解小儿麻痹症患者动作困难的原因，使同学们正确认识小儿麻痹症的症状。

② 情感层面：让同学们以体谅模式，理解张亮同学的情况，引导学生设身处地地感受他的处境和心情，启发学生改正取笑、捉弄残疾同伴的习惯，学会理解、同情、善待弱小，帮助张亮顺利融入班集体。

(2) 教育方法方面

① 说服教育法：华老师向学生具体解释了张亮动作笨拙的原因，但没有直接对学生进行道德劝诫，而是循循善诱。

② 情感陶冶法：华老师通过移情性理解，鼓励和启发学生站在张亮的立场看问题。

③ 讨论法：华老师通过讨论的方式，让学生自由交流各自的看法和感受。

④ 自我教育法：华老师没有做任何总结就结束了讨论，是在让学生展开自我教育，结果确实取得了好的效果。

(3) 师生关系

课堂中呈现出一种民主、平等的师生关系。师生之间是平等的关系，双方均有独立的人格，在道德上是相互影响、相互促进的。

民主平等的师生关系体现在：华老师发现班级中存在的问题，并没有运用权威教训学生，纠正学生的错误行为，而是运用学生可以理解的知识启发学生，让学生通过独立思考和自由讨论解决问题。

模拟练习

单项选择题

1.【答案】D 本题考查的知识点是良好师生关系的基本特征。良好师生关系的基本特征主要包括尊师爱生、相互配合；民主平等、和谐亲密；共享共创、教学相长，故 D 选项不包括在内。

2.【答案】A 本题考查的知识点是影响师生关系的因素。师生关系的建立与发展有赖于教师、学校、学生的共同努力以及学生家长乃至社会的配合，但从根本上说，取决于教师本人的教育观念和专业水平与素养。因此，影响师生关系的核心因素是教师的素养。A 选项正确。

3.【答案】B 本题考查的知识点是罗森塔尔效应。罗森塔尔效应又称期望效应，该效应认为教师期望或明或暗地被传送给学生，学生会按照教师所期望的方向来塑造自己的行为。故此题选 B 选项。

A 选项，从众效应也称乐队花车效应，是指当个体受到群体的影响，会怀疑并改变自己的观点、判断和行为，朝着与群体大多数人一致的方向变化。

C 选项，马太效应源于《圣经》中的一句名言："凡有的，还要加给他，叫他有余；凡没有的，连他所有的，也要夺去"，泛指强者愈强、弱者愈弱的现象。

D 选项，晕轮效应，指在人际交往中，人身上表现出的某一方面的特征掩盖了其他特征，从而造成人际认知的障碍的现象。

4.【答案】C 题干中王教师通过表现自己对学生的期望与赞许，让学生朝着更好的方向发展，体现的是教师期望对学生学习产生的促进作用，即罗森塔尔效应。

第二部分 中国教育史

第一章　官学制度的建立与“六艺”教育的形成

第一节　西周的教育制度

真题典例

单项选择题

1.【答案】C　本题为对识记性知识的考查。西周时期在王都所设的大学和小学，总称为国学。

2.【答案】B　西周时期在家庭教育的最初阶段，会教小孩子如何使用筷子之类的基本生活技能。A、C、D 选项都是生活技能教学后才学习的内容。

3.【答案】C　本题为对识记性知识的考查。西周时期，天子所设的大学称为“辟雍”，诸侯所设的大学称为“泮宫”。

4.【答案】C　译文：幼儿会说话了，就要教他们学习答话，男孩用“唯”，女孩用“俞”。男女在答话上的不同要求体现了西周贵族家庭在儿童教育方面的男女性别意识。只从题目提到的内容，无法推断出强调要培养儿童从小形成男尊女卑意识。

模拟练习

单项选择题

1.【答案】A　西周时期，教射、比射选士的场所是辟雍。成均是教乐的地方，序是进行射箭训练的地方。庠最初是养老的地方，后来成为教育的场所。

2.【答案】A　本题 B、C、D 选项表述没有问题，但是不符合题意。题干突出的是春夏和秋冬学习的内容是不同的，表现出学习的计划性特点，故本题选 A。

3.【答案】D

A 选项，西周时期，“刑不上大夫，礼不下庶人”，礼制是不用于奴隶的。

B 选项，学在官府确实是西周文化教育的历史特征。

C 选项，根据《礼记·内则》的记载，西周家庭教育根据儿童年龄的发展划分教育阶段，如“六年，教之数与方名。七年，男女不同席，不共食”等，都可以看出家庭教育按照年龄划分，具有计划性的特点。

D 选项，西周小学教育首先强调的是德行教育。而家庭教育，首先强调的是基本生活技能的教育。注意家庭教育之后，才是小学教育，不要弄混。

4.【答案】A 六艺教育包括礼、乐、射、御、书、数，其中书、数为小艺，在小学学习。礼、乐为大艺，在大学学习，射、御次之。

B、C、D 本身的表述都是错误的，故选 A。

5.【答案】C A、B、D 说法错误，应改为：

A 选项，南面为成均，是学乐的地方，由大司乐主持。

B 选项，北面为上庠，是学书的地方，由诏书者主持。

D 选项，东边为东序，是学干戈羽籥的地方，由乐师主持。

6.【答案】A 西周时期是官师合一的，教师由政府职官来兼任。“师”最初就是军官的称号。

第二节 六艺教育

真题典例

单项选择题

1.【答案】D 本题为对识记性知识的考查。西周“六艺”包括礼、乐、射、御、书、数。小学阶段学习的是书数。

2.【答案】A “六艺”教育是西周学校教育的主要内容。B 选项表述错误，礼乐是六艺教育的中心，而不是射御。C 选项表述错误，西周时六艺教育还没有表现出贵族内部的等级性，教育都是针对奴隶主贵族子弟而言的，未进行分化。D 选项表述错误，国学指的是设在王都的学校，分为大学和小学两个阶段，小学注重的是书数教育，大学注重的是礼乐教育。A 选项正确，相对乡学，国学的大学小学设置要更为完善，对六艺的要求更为深入。

模拟练习

单项选择题

1.【答案】D 西周不论国学还是乡学，不论小学还是大学，都以六艺为基本学科，只是在要求上有层次的不同。A、B、C 选项的表述是正确的。

2.【答案】A 本题为对识记性知识的考查，《汉书·艺文志》中记载，《史籀篇》为周时史官的教学童书。这是中国历史上记载最早的儿童识字课本，现已失传。

第二章 私人讲学的兴起与传统教育思想的奠基

第一节 私人讲学的兴起与诸子百家私学的发展

真题典例

单项选择题

【答案】A 选项 A“学术自由”是稷下学宫最突出的特点,是稷下学宫的精神内核。选项 B 虽然也是稷下学宫的特点,但不是最突出的特点。C 选项“不治而议论”是“学术自由”的体现。选项 D“政教合一”是西周时期教育制度的特征,不属于春秋战国时期。

模拟练习

单项选择题

【答案】D 官学的教学内容局限于六艺,私学的教学内容则突破了传统六艺的限制,传授各学派的政治观点、道德思想,以至新的知识、新的技能,其教育内容与大变革时期的现实生活有比较密切的联系。所以 D 选项的说法是错误的。其他选项均为春秋时期官学和私学的不同。

第二节 孔丘的教育实践与教育思想

真题典例

一、单项选择题

1.【答案】D 孔子的教学方法为启发式教学,主张“不愤不启,不悱不发。举一隅不以三隅反,则不复也”。朱熹《论语集注》说:“愤者,心求通而未得之意。悱者,口欲言而未能之貌”。A 选项“达其辞”是朱熹对“发”的解释。B 选项“口欲言而未能之貌”是朱熹对“悱”的解释。C 选项“开其意”是朱熹对“启”的解释。

2.【答案】D 孔子主张“有教无类”。A 选项体现了孔子的人性论观点。B 选项不属于教育对象的内容。C 选项“仕而优则学”是孔子对教育目的的提法。

3.【答案】B 译文：孟懿子问孔子何为孝？孔子说：“不违背即是孝。”孟武伯问孔子何为孝？孔子说：“除生病不能避免外，不要让父母担忧子女的任何事情。”子夏问孔子何为孝？孔子说：“（当子女的要尽到孝，）最不容易的就是对父母和颜悦色，仅仅是有了事情，儿女需要替父母去做，有了酒饭，让父母吃，难道能认为这样就可以算是孝了吗？”

在“何为孝”这个问题上，孔子对孟懿子、孟武伯以及子夏三人分别给出了不同的答案，这是因材施教原则的体现。

二、分析论述题

【解析】本题可以按照题目要求，先分别阐述三者的教师观，再结合春秋战国和唐代的时代背景进行论述。

【参考答案】孔丘是中国古代伟大的思想家、教育家，儒家学派的创始人。荀况是先秦儒家最后一位大师，也是先秦思想的集大成者。韩愈是唐代著名的文学家、思想家和教育家，在思想上倡导儒学、反对佛道，以儒学卫道者自居。在教师观上他们都形成了自己独特的见解。

(1) 三者的教师观。

孔丘被誉为“至圣先师”，是我国古代伟大的教育家，是后世教师的典范，其丰富的教师观包括：① 学而不厌。孔丘自身能做到“发愤忘食，乐以忘忧，不知老之将至云尔”。他认为教师应当掌握广博的知识，不断提高自身修养。② 诲人不倦。教师应当以教为业，以教为乐，孜孜不倦地教育学生。③ 温故知新。教师既要了解、掌握过去的政治历史知识，又要借鉴有益的历史经验认识当代的社会问题，找出解决问题的办法；要知道新旧知识之间的关系，及时复习旧知识，积极探索新知识。④ 以身作则。教师应做好表率，因为“其身正，不令而行；其身不正，虽令不从”。⑤ 爱护学生。教师应当关心、爱护学生。⑥ 教学相长。教师要以教为学，不断提升自我，后引申为教师的教和学生的学相互促进。

荀况十分重视教师的作用，尊崇教师的地位，其教师观包括：① 荀况认为教师为治国之本，将教师地位提高到和天地、祖宗并列的位置——天地君亲师。② 主张教师通过施教参与治理国家。“国将兴，必贵师而重傅。”③ 荀况强调学生对教师的服从，主张“师云亦云”。④ 荀况认为为师之道在于有尊严而令人起敬，德高望重，讲课有条理而不违师法，见解精深而表述合理。

韩愈十分重视教师的作用，其关于教师的思想体现在《师说》一文中，其教师观包括：① 由“人非生而知之者”肯定“学者必有师”。韩愈主张每个人不是生下来就懂得道的，肯定向教师学习的必要性。②“传道、授业、解惑”是教师的基本任务。韩愈认为“句读者不足为师”，教师是弘扬道、传授知识、解答学生疑惑的人。③ 主张以“道”为求师的标准，认为“学无常师”。韩愈提出“弟子不必不如师，师不必贤于弟子”，主张向有道者学习。④ 提倡“相师”，建立民主性的师生关系。韩愈强调要不耻相师，主动学习，尊敬教师，形成良好的师生关系。韩愈关于教师的思想十分丰富，直到今天仍具有很强的启发意义。

(2) 教师观随时代背景不同而体现出不同的侧重点。

孔丘生活的春秋末期，在经济上，奴隶制的生产关系向封建生产关系变革；在政治上，王权已经衰落，政权下移，旧贵族没落，建立在宗法制基础上的周礼遭到破坏，社会动荡不安；在思想意识上，传统观念动摇，“人道”“民本”“尚贤”的思想得到发展。这种社会环境和文化，对他的思想观念产生了一定的影响。因此他的教师观侧重对教师良好职业道德的追求，强调师生之间的关系是平等、民主的。

荀况最提倡尊师。这与他当时所处的社会环境和“外铄论”的教育主张相关。他生活在战国末期，社会正大踏步地向统一迈进。国家的统一客观上要求加强对人的思想意识的控制，这种控制是通过教育实现的，而教师是教育的具体实施者，因此尊师在荀子教育思想中格外重要。

韩愈生活在唐朝，处在儒、佛、道争夺思想统治地位，科举考试冲击学校教育的时代。唐朝的文教政策是崇儒兴学、兼用佛道、发展科举、任立私学。韩愈主张复兴儒学以维护国家统一，以“卫道者”自居，他所追求的“道”是孔孟之道，因此，他的教师观与孔丘的观点十分相近，且追求教师“传道授业解惑者”的形象。

由此，我们可以看出，教育与时代背景密切相关，不同的时期，社会背景不同，思想观念也产生相应的变化。我们要吸收借鉴以往的教育观念，吸收发展与我们时代相适应的观念。当代，我们在教师观上提倡尊师爱生、相互配合、民主平等、和谐亲密、教学相长、心理相容。

模拟练习

单项选择题

1.【答案】C A 选项，孔子根据鲁国、周国的史料，整理成《春秋》，记载了上起鲁隐公元年（前 722 年），下至鲁哀公十四年（前 481 年）共 242 年的历史。《春秋》作为历史教材，是我国现存第一部编年史，具有重要的历史价值，说法正确。

B 选项，《书》为《尚书》，是古代历史文献的汇编，说法正确。

D 选项《诗》是中国最早的诗歌选集。孔子的教学往往从《诗》入手，说法正确。

C 选项，“乐”不单指音乐教育，而是各种美育教育形式的总称，内容广泛，与诗歌舞曲等密切结合在一起。孔子重视乐教，编辑了教材《乐》。所以 C 选项的说法是错误的。

2.【答案】A 孔子的德育原则为“立志、克己、力行、中庸、内省、改过”。孔子提出“过则勿惮改”“过而不改，是为过矣”。

3.【答案】D A 选项，孔子“述而不作”，对六经做的是整理汇编的工作，并未显示极大的创造精神。

B 选项，《尚书》是历代历史文献的汇编，而非《春秋》。

C 选项，孔子认为“礼”为立国之本。

D 选项表述正确。

4.【答案】A 本题为对识记性知识的考查。孔子主张有教无类的办学方针，提出“自行束脩以上，吾未尝无诲焉”。

5.【答案】A 本题为对识记性知识的考查。孔子的六艺也被称作孔子的六经，为《诗》《书》《礼》《乐》《易》《春秋》。

6.【答案】B 在孔子看来，《诗》之教使人态度温和，性情柔顺，为人敦厚朴实，而不至于是非不辨；《书》之教使人上知自古以来历史，通晓先王施政之理，而不至乱做评论；《礼》之教使人恭敬严肃，知道道德规范，而不至于做事没有节制；《乐》之教使人心胸宽畅，品性善良，而不至奢侈无度；《易》之教使人知道人事正邪吉凶，事物之理的精微，而不至于伤人害物；《春秋》之教使人知道交往用辞得体，褒贬之事有原则，而不至于犯上作乱。

所以，本题选 B。

7.【答案】C 孔子虽然主张从政人才文武兼备，但在教学内容的安排上偏重文事，有关军事知识技能的教学居于次要地位。C 选项不属于孔子教学内容的特点。

8.【答案】D A 选项是孔子学思行相结合的主张；B 选项是孔子启发诱导的教学思想；C 选项是孔子由博返约的教学主张；D 选项是孟子深造自得的教学主张。故本题选 D。

第三节 孟轲的教育思想

真题典例

单项选择题

1.【答案】B 本题为对识记性知识的考查。孟子认为人性本善，主张教育的作用在于引导人保存、找回和扩充其固有的善端，即“学问之道无他，求其放心而已矣”。

2.【答案】A 孟子曰：“恻隐之心，仁之端也。”孟子强调四心，认为恻隐之心，仁之端也；羞恶之心，义之端也；辞让之心，礼之端也；是非之心，智之端也。

3.【答案】B 选项 B 是孟子关于人性论的主张。在人性论上，孟子主张“性善论”。

选项 A 中的“食色，性也”是告子关于人性论的主张；“涂之人可以为禹”是荀子关于人性论的主张。

选项 C 中的“牛之性犹人之性”是孟子关于人性论的主张；“圣人之性，不可以名性”是董仲舒关于人性论的主张。

选项 D 中的“凡性者，天之就也”是荀子关于人性论的主张；“名性者，中民之性”是董仲舒关于人性论的主张。

模拟练习

单项选择题

1.【答案】A 孟子主张深造自得的教学方法,题干正是深造自得的体现。

2.【答案】B 孟子认为人性本善,但是这种善端是人的某种可能性,将可能性转变为现实,需要依靠教育等诸多因素的共同作用。所以 A 选项错误,B 选项正确。C 选项非孟子观点,更接近墨子对人性如素丝的看法。D 选项是孔子的观点。

3.【答案】A 孟子注重的是孝悌这两种关系,孝为父子之间,悌为兄弟之间,故本题选 A。

4.【答案】A 题干中句子的意思是读书时不需要拘泥于文字和词句,而应通过思考去体会深层意蕴。这是孟子“深造自得”主张的体现。故本题选 A。

5.【答案】A 引号中句子的意思是,对学生,有的应及时点化,有的应成就其德行,有的要发展其才能,有的可答其所问,不能及门者可以间接受教。这体现的是孟子的“教亦多术”的观点。所以本题选 A。

6.【答案】A 认为“人皆可以为尧舜”的思想家是孟子,提出“涂之人可以为禹”的思想家是荀子。

第四节 荀况的教育思想

真题典例

单项选择题

【答案】D 荀子主张外铄论,重学;孟子主张内发论,重思。题干古文出自《荀子·劝学》。

模拟练习

一、单项选择题

1.【答案】A 荀子区分了“性”和“伪”,其中“性”指的是人性,是天生的,不是通过学习或努力获得的,通过后天获得的是“伪”。

2.【答案】B 荀子认为教育应把培养大儒作为理想目标。儒者可以分为俗儒、雅儒和大儒。

(1) 俗儒:徒然学得儒者的外表,宽衣博带,但只会教条式地诵读《诗》《书》。人格低下,谄谀当权者。

(2) 雅儒：言行已能符合《诗》《书》的精神，不侈谈先王，懂得取法后王。在法典没有记载的和自己未见的问题前拙于对策，但能承认自己的无知，不自欺欺人，能使千乘之国安。

(3) 大儒：能“以浅持博，以古持今，以一持万”。

俗儒只会教条式地读书，雅儒能迎合现在的统治者，大儒才是博通古今的真正的思想家和学问家。

3.【答案】B 荀子认为培养人才的标准是德才兼备、言行并重。“德”指忠于君主，保持自身的独立人格；办事公正，是非清楚，不追求物欲的满足。“才”指能运用礼法，自如地治理国家。荀子把人才分为国宝、国器、国用、国妖。

(1) 国宝：言行俱佳者。(2) 国器：拙于言而擅于行者。(3) 国用：长于言而拙于行者。

(4) 国妖：口言善，身行恶者。

荀子主张治国者应敬其宝、爱其器、任其用、除其妖。

4.【答案】A 荀子强调闻、见、知、行，其中知的部分，主张学习并善于运用思维去把握事物的本质和规律。

5.【答案】A 荀子认为不要偏执于某一事物，对事物应作全面、广泛的比较、分析和综合，全面认识事物，做到“兼陈万物而中悬衡”。

二、论述题

1.【参考答案】

荀子提出了“闻、见、知、行”的学习过程，有着丰富的内涵。

(1) 闻、见：闻、见是学习的起点、基础和知识的来源。人的学习开始于耳、目、口、形等感官对外界的接触。不同感官与不同种类的事物或事物的不同属性相接触后，就形成了不同的感觉，使进一步的学习活动成为可能。“闻见之所未至，则知不能类也。”

(2) 知：知是在闻见基础上的发展。荀子认为，“知通统类，如是则可谓大儒矣”，主张学习并善于运用思维去把握事物的本质与规律。荀子主张“兼陈万物而中悬衡”，即认知时不偏执于某一事物和事物的某一方面，对事物做全面、广泛的比较、分析和综合，从而做到“虚壹而静”，最终达到大清明的状态，即在积极活动的同时在更高水平上清醒地把握知识。

(3) 行：行是最后的落脚点，是学习必不可少的也是最高的阶段。荀子主张，“君子之学也，入乎耳，著乎心，布乎四体，形乎动静”。由学、思得到的知识还带有假设的性质，最终是否切实可靠，唯有通过行才能得到验证。荀子所说的行，同样也是指人的社会实践。

2.【参考答案】

孟子和荀子都是儒家学派的主要代表人物，他们的思想既有共同点，也有不同之处。

(1) 相同点：

一是他们都注重教育的作用：孟子和荀子对人性有着不同的看法，但是都重视教育的作用，认为人的发展离不开教育。

二是他们都主张对儒家经典的学习：孟子和荀子都是儒家学派的代表人物。

(2) 不同点：孟子和荀子的不同之处主要体现在人性论、教育作用、教育目的、教学内容、教学方法这五个方面。

在人性论方面：孟子主张人性本善，认为恻隐之心、羞恶之心、恭敬之心、是非之心人皆有之，“人皆可以为尧舜”。荀子则认为人性本恶，但不是绝对的恶，主张“性伪之分”。“伪”指人为，先天人性是恶的，但是可以通过教育促成人为，使之向善，达到“性伪之合”。

在教育作用方面：孟子认为教育的作用在于引导人保存、找回和扩充其固有的善端；荀子则认为教育的作用是“化性起伪”。

在教育目的方面：孟子认为教育是为了明人伦；荀子的教育目的在于培养大儒。

在教学内容方面：孟子认为“尽信《书》，则不如无《书》”；荀子则十分重视儒家经典的学习。

在教学方法方面：孟子注重自发，强调“深造自得”“盈科而进”“教亦多术”“专心致志”；荀子则主张“闻、见、知、行”，强调闻、见是学习的起点、基础和知识的来源，而知是在闻见基础上的发展，强调“兼陈万物而中悬衡”，做到“虚壹而静”，强调学习最终要体现在行上，即“君子之学也，入乎耳，著乎心，布乎四体，形乎动静”。

第五节 墨翟与墨家的教育思想

真题典例

单项选择题

1.【答案】C 相对于儒家而言，墨家重视科技教育，轻视礼乐教育。A、B、D 选项是儒家教育的特点。

2.【答案】B 科技教育是墨家教育的重要特色。除此之外，注重训练和形成逻辑思维能力的教育也是墨家教育的一个特色。

3.【答案】D 墨家教育思想的突出特点主要体现在科学技术教育和训练思维能力的教育上。相对于儒家，墨家不重视文史教育，排除 B 选项；A 选项和 C 选项也是墨家教育的内容，但不是其特色，故排除。

模拟练习

一、单项选择题

1.【答案】B 儒家和墨家是两个著名的学派，在春秋时期被称为显学。

2.【答案】D 墨子认为，贤士有三条标准：“博乎道术”“辩乎言谈”“厚乎德行”，即在知识技能、思维论辩、道德品行等方面都有要求。而D选项则为荀子所提。

3.【答案】A 光学是墨家科学教育中最出色的部分,墨家最早发现光是直线行进的这一基本原理。

4.【答案】B 墨家提出了三表法。(1)有本之者:"上本之于古者圣王之事",即在提出论点的时候,要考虑历史经验和知识。(2)有原之者:"下原察百姓耳目之实",即在论辩的时候,要依据民众的经历,以广见闻。(3)有用之者:"发以为刑政,观其中国家百姓人民之利",即必须在社会实践中检验思想与言论的正确与否。

5.【答案】B 墨家强调必须掌握思维和论辩的法则,即形式逻辑。

6.【答案】B 墨家不满意儒家不扣不鸣的做法,主张"强说人",认为教师的职责是主动、积极地向人们宣传、推行自己的主张。

7.【答案】B A选项和C选项均为儒家所提,D选项为董仲舒的观点,B选项是墨家的观点。

8.【答案】B 墨家主张对学生"深其深,浅其浅,益其益,尊其尊",是中国教育史上首先明确提出"量力"这一教育方法的思想流派。

二、论述题

1.【参考答案】

(1) 在人性论上,孔子主张"性相近也,习相远也","性"指先天素质,"习"指后天习染。

从"习相远"的观点出发,孔子认为人要发展,教育条件很重要。特别是人的早期教育是很重要的,即所谓"少成若天性,习贯之为常"。同时,人的生活环境也十分重要,他主张"里仁为美""就有道而正焉"。人的先天素质没有多大差别,只是由于后天教育和社会环境的影响,才造成人的发展的差别,所以教育非常重要。

(2) 在人性论上,孟子主张"性善论","恻隐之心,人皆有之;羞恶之心,人皆有之;恭敬之心,人皆有之;是非之心,人皆有之"。孟子认为,仁义礼智这些人的"良知""良能"是人所固有的。

孟子主张人性本善,教育的作用在于引导人保存、找回和扩充其固有的善端。孟子的"性善论"是一种有限定的"性善论",强调了善的社会习得和对教育的依赖。

(3) 荀子认为人性是恶的,但是这种恶不是绝对的性恶。

他认为,性与伪是区别乃至对立的,但也是联系与统一的。性和伪是素材和加工的关系,没有素材,就没有办法加工文饰。缺乏加工文饰,素材永远是原始的和不完善的。只有素材与加工的结合,才能实现对人的改造,实现对社会的改造。"化性起伪"要注意环境、教育和个体努力。

教育的作用在于"化性起伪",即通过教育改变先天不好的人性,形成后天好的人为。

2.【参考答案】

儒家创始人孔丘和墨家创始人墨翟都是伟大的思想家,儒家与墨家都重视教育问题,提出了许多重要的教育思想,两者既有相同之处,也有不同之处。

(1) 儒家和墨家教育思想中的相同之处

① 教育作用方面：都肯定教育必须为社会政治服务。孔子认为，“道之以政，齐之以刑，民免而无耻”，不如“道之以德，齐之以礼”，使民众做到“有耻且格”。他指出只有重视道德修养与教育，才能形成良好的社会风气和社会秩序，百姓才能安居乐业，国家才能昌盛繁荣。墨子代表小生产者的利益，他希望通过教育提高民众的觉悟和素质，实现社会的完善，使大家“兼相爱，交相利”，共同建设一个公平正义、诚信友爱、安定有序的理想社会。

② 人性论方面：都认为教育和环境能够改变人性。孔子明确提出“性相近也，习相远也”。“性”指的是人先天的素质，“习”则指的是后天教育与社会环境的影响。孔子认为人的本性是很接近的，后来有较大差别，这主要是教育和学习的结果。人的聪明才智不是先天的，是后天学习的结果，任何人只要接受教育，努力向学，就一定能获得成功。因此，孔子特别重视教育。墨子也重视环境和教育的作用，他发展了孔子“性相近，习相远”的思想，认为人的本性如素丝，“染于苍则苍，染于黄则黄”，人们所处的环境和所受的教育使人们形成了不同的人性。墨子以染丝为例，说明环境和教育对人的作用及影响。

⑵ 儒家和墨家教育思想中的不同之处

① 教育目的不同：孔子提出培养德才兼备的从政君子，同时孔子还主张“仕而优则学，学而优则仕”，将学优和仕优联系起来，以学优保证仕优，赞成“任人唯贤”，反对当时统治阶级内部“任人唯亲”的世袭制度，以培养统治阶级所需要的治术人才。墨子代表小生产者的利益，主张培养“以兼易别”的兼士或贤士，就是“必兴天下之利，除天下之害”的人。墨子认为只有兼士才能做到“爱人若爱己”，才能清除社会弊端，使天下太平。

② 教育内容不同：孔子从培养治国安民的治术人才的教育目的出发，学习《诗》《书》《礼》《乐》《易》《春秋》六经，特别强调思想品质和伦理道德教育。总体来说，孔子忽视自然科学知识的传授，轻视生产劳动知识、技能的教育，偏重文事。墨子在教育内容上，注意自然科学、生产技能、军事知识和技能以及论辩和思维能力的培养，使他们具有说服他人、推行自己政治主张的才能。总体来说，墨子的教育内容突破了六艺的范围，具有自己的特色。

③ 教学方法不同：孔子提出因材施教、启发诱导、学思行并重和好学与实事求是的教学方法。重行，要求人“行有余力，则以学文”，但儒家所强调的行主要指道德实践，而且十分强调思想动机的问题。墨子则提出“合其志功而观焉”，实际上，墨家更着眼于“功”的效果，讲效果也就是讲实践。墨子不赞成儒家不叩则不鸣的被动施教的态度，他主张强说人的精神。不同于孔子“述而不作”，墨子认为对于古代的好东西应当继承，但是在今天应当创造出新的东西，使好的东西越来越多。这既反映了墨翟对于文化遗产的态度，也表现了他的学习和教育方法——重创造。墨子在中国教育史上首先明确提出“量力”这种教育方法，他十分注意在施教时考虑学生的力之所能及。

④ 教育对象不同：孔子提出了“有教无类”的主张，扩大了受教育对象的范围，打破了少数奴隶主贵族对文化教育的垄断，扩大了教育的社会基础，满足了平民入学受教育的愿望，适应了社会发展的需要。但孔子又认为上智和下愚不用接受教育，这是一种局限的教育平等。墨子则在孔子的基础上进一步拓宽了受教育对象的范围。他主张每个

人都要接受教育，将受教育的群体扩大至下层劳动者。墨子对不来请教者也主动施教，他发挥“强说人”的主动精神，送教上门，以教人为己任，希望用“上说下教”的方法实现自己的政治主张。

儒家和墨家的教育思想都包含有很多的合理主张，对后世有十分深远的影响，至今对我们仍有重大的启发和借鉴意义。

第六节 战国后期的教育论著

真题典例

一、单项选择题

1.【答案】B 《白鹿洞书院揭示》是朱熹为白鹿洞书院写的学规，其中的“为学之序”——“博学之，审问之，慎思之，明辨之，笃行之”出自《中庸》。因此，选B。

2.【答案】B 《学记》提出学习完七年称为“小成”，学习到第九年，考试合格称为“大成”。A选项博士与C选项翰林是古代的官名，D选项大儒是荀子的培养目标，均不符合题意。

3.【答案】D A、B、C选项均是《学记》里的原文。D选项“盈科而后进”为孟子所提。

4.【答案】B “大学之道，在明明德，在亲民，在止于至善。”《大学》的终极目标是“止于至善”。

二、分析论述题

【解析】注意要辩证分析春秋战国时期的教育思想，要分析其体现平等精神的部分，也要分析其违背平等精神的部分。在阐述时可以从人性论、教育作用、教育对象、教育方法等角度展开。

【参考答案】平等精神是指人与人之间在社会各方面享有同等地位、同等权利的思想追求。春秋战国时期不少教育家的思想确实体现了平等精神，但是也存在违背平等精神的部分。

(1) 春秋战国时期教育思想的平等精神表现在如下几个方面。

① 在人性论方面：春秋战国时期的教育家都肯定人性的平等。如孔子主张“性相近”；墨家主张“素丝说”，强调人性“染于苍则苍，染于黄则黄”。

② 在教育作用方面：春秋战国时期的教育家都认为教育对人的发展具有必要性和可能性。孟子认为人性本善，应通过教育来引导、保存、扩充人固有的善端，“人皆可以为尧舜”；荀子认为人性本恶，教育通过“化性起伪”使“涂之人可以为禹”。

③ 在教育对象方面：春秋战国时期的教育家主张普通民众也有受教育的机会。孔子主张“有教无类”，认为不分贵贱、种族，人人都可以接受教育；墨子主张“兼爱”，且其

一贯代表“农与工肆之人”。

④ 在教学方法方面：孔子主张“因材施教”；孟子主张“教亦多术”。

(2) 春秋战国时期的教育思想与平等精神的相违背之处。

在教育对象和教育作用问题上仍有等级观念甚至性别歧视。孔子认为“唯上智与下愚不移”“唯女子与小人为难养也”；孟子认为，兴办学校可以使“人伦明于上，小民亲于下”。

当然，平等这个概念的合理内涵还有待考证，春秋时期的教育思想大都只体现出一种原始的平等主义精神。

模拟练习

一、单项选择题

1.【答案】A 格物是学习儒家“六德”“六行”“六艺”之类；致知是在格物基础上的提高。格物致知即探究事物原理，从而从中获得智慧，是对客观准则的体会与把握。这二者是《大学》八条目的起点。

2.【答案】B 《学记》提出“一年视离经辨志，三年视敬业乐群，五年视博习亲师，七年视论学取友，谓之小成。九年知类通达，强立而不反，谓之大成”。

3.【答案】A 《学记》提出了七项主要的教学原则。

(1) 预防性原则：主张“禁于未发之谓豫”，否则“发然后禁，则扞格而不胜”。

(2) 及时施教原则：主张“当其可之谓时”，否则“时过而后学，则勤苦而难成”。

(3) 循序渐进原则：主张“不陵节而施之谓孙”，要“学不躐等”。

(4) 学习观摩原则：主张“相观而善之谓摩”，否则“独学而无友，则孤陋而寡闻”。

(5) 长善救失原则：提出“学者有四失，教者必知之。人之学也，或失则多，或失则寡，或失则易，或失则止。此四者，心之莫同也。知其心，然后能救其失也。教也者，长善而救其失者也”。

(6) 启发诱导原则：提出“故君子之教，喻也。道而弗牵，强而弗抑，开而弗达。道而弗牵则和，强而弗抑则易，开而弗达则思。和易以思，可谓善喻矣”。

(7) 藏息相辅原则：认为“时教必有正业，退息必有居学”。

4.【答案】D D选项是荀子对教师地位的看法，和《学记》无关。

二、论述题

1.【参考答案】

《学记》提出了七项主要的教育教学原则。

(1) 预防性原则：主张“禁于未发之谓豫”。

(2) 及时施教原则：主张“当其可之谓时”。

(3) 循序渐进原则：主张“不陵节而施之谓孙”。

(4) 学习观摩原则：主张“相观而善之谓摩”。

(5) 长善救失原则：提出“学者有四失，教者必知之。人之学也，或失则多，或失则寡，或失则易，或失则止。此四者，心之莫同也。知其心，然后能救其失也。教也者，长善而救其失者也”。

(6) 启发诱导原则：提出“故君子之教，喻也。道而弗牵，强而弗抑，开而弗达。道而弗牵则和，强而弗抑则易，开而弗达则思。和易以思，可谓善喻矣”。

(7) 藏息相辅原则：认为“时教必有正业，退息必有居学”。

2.【参考答案】

《中庸》是《礼记》中的一篇，与《大学》《论语》《孟子》合称为“四书”。《中庸》着重阐明了儒家的人生哲学与休养之道，具有丰富的内涵。

(1) 性与教：《中庸》集中探讨了天性与教育的关系，提出了“天命之谓性，率性之谓道，修道之谓教”。

(2) 中庸：《中庸》主张人们应保持中正的态度，以恰到好处为处事原则，杜绝过激的行为，即“喜怒哀乐之未发，谓之中；发而皆中节，谓之和”。

(3) 修养之道：在修养之道上，《中庸》提出了两条途径。“自诚明，谓之性”，强调“尊德性”，即发掘人的内在天性，从而达到对外界的认知；“自明诚，谓之教”，强调“道问学”，即通过向外部世界的求知，发扬人的内在本性。

(4) 为学之序：《中庸》提出“博学之，审问之，慎思之，明辨之，笃行之”的学习顺序，把学习过程具体概括为学、问、思、辨、行五个前后相继的步骤，高度概括了知识获得过程的基本环节与顺序。

3.【参考答案】

《大学》是《礼记》中的一篇，与《中庸》《论语》《孟子》合称为“四书”。

《大学》着重阐明大学教育的纲领，提出了“三纲领、八条目”的主张。

(1) 三纲领

“大学之道，在明明德，在亲民，在止于至善。”

① “明明德”：发扬每个人天生的善性。

② “亲民”：朱熹认为应改作“新民”，解释为推己及人，使人们向善。

③ “止于至善”：每个人都应在诠释不同身份时做到尽善尽美。

(2) 八条目

“八条目”包括“格物、致知、诚意、正心、修身、齐家、治国、平天下”。

① “格物、致知”：探究事物的原理，从中获得智慧，是对客观准则的体会与把握。

② “诚意、正心”：意必真诚而不自欺，心要端正而不存邪念，是对意识、情感、情绪的把握。

③ “修身”：是“齐家、治国、平天下”之本，是“八条目”的中心环节。

④ “齐家、治国、平天下”：是“修身”的扩大化，是在更高层次上的实现。八条目配合“明明德、亲民、止于至善”的三纲领，对后世文人起着重要的指引作用，直至今天仍有现实意义。

4.【参考答案】

《学记》是中国古代最早的一篇专门论述教育、教学问题的论著。其作者是思孟学派，具体为孟子的学生乐正克。《学记》集中探讨了教育作用与教育目的、教育制度、教育教学原则、教学方法、教师等问题。

(1) 教育作用与教育目的方面：

《学记》提出“玉不琢，不成器；人不学，不知道。是故古之王者，建国君民，教学为先”，强调教育对于开启民智、建设国家的重要作用。

(2) 在教育制度中，探讨了学制与学年、视学与考试的问题：

① 学制上提出“古之教者，家有塾，党有庠，术(遂)有序，国有学”。

② 学年上认为一、三、五、七学年完毕为小成，九学年完毕为大成。

③ 主张天子视学，威严为主，有严格的开学仪式。

④ 在考试中提出“一年视离经辨志，三年视敬业乐群，五年视博习亲师，七年视论学取友，谓之小成。九年知类通达，强立而不反，谓之大成。”

(3) 在教育教学原则上，提出了七大教学原则：

① 预防性原则：主张“禁于未发之谓豫”。

② 及时施教原则：主张“当其可之谓时”。

③ 循序渐进原则：主张“不陵节而施之谓孙”。

④ 学习观摩原则：主张“相观而善之谓摩”。

⑤ 长善救失原则：提出“学者有四失，教者必知之。人之学也，或失则多，或失则寡，或失则易，或失则止。此四者，心之莫同也。知其心，然后能救其失也。教也者，长善而救其失者也”。

⑥ 启发诱导原则：提出“故君子之教，喻也。道而弗牵，强而弗抑，开而弗达。道而弗牵则和，强而弗抑则易，开而弗达则思。和易以思，可谓善喻矣”。

⑦ 藏息相辅原则：认为“时教必有正业，退息必有居学。

(4) 在教学方法层面，提出讲解、问答、练习法等。

① 讲解法：主张“善歌者，使人继其声；善教者，使人继其志。其言也，约而达，微而臧罕譬而喻，可谓继志矣”。

② 问答法：主张“善待问者如撞钟，叩之以小者则小鸣，叩之以大者则大鸣，待其从容，然后尽其声”。

③ 练习法：主张对所学知识多加练习。

(5) 在教师方面：

① 主张尊敬教师，认为“凡学之道，严师为难。师严然后道尊，道尊然后民知敬学”。

② 主张教学相长，“虽有嘉肴，弗食不知其旨也；虽有至道，弗学不知其善也。是故学然后知不足，教然后知困。知不足，然后能自反也，知困，然后能自强也。故曰：教学相长也”。教学相长的本意是教的一方以教为学，而不是教师的教和学生的学相互促进。

以上可见，《学记》内涵丰富，是我国传统文化中的一颗璀璨明珠。学界一些学者已经注意到对《学记》的校本研究、现实意义研究等，对我们具有很强的借鉴意义。

第三章　儒学独尊与读经做官教育模式的初步形成

第一节　汉代的文教政策

真题典例

单项选择题

【答案】D　太学的正式成立，标志着以经学教育为基本内容的中国封建教育制度正式确立。A 选项中的博士作为一种官职，在太学出现之前就有；B 选项“守师法家法”是传授经书的方式；C 选项“建立察举制”是人才选拔制度。

模拟练习

1.【答案】A　设立太学是在汉武帝时期，汉初主要是汉高祖刘邦和汉文帝、汉景帝时期。其余选项说法是正确的。

2.【答案】A　A 选项体现了推明孔氏，抑黜百家的观点。B 选项是设立太学的主张，C 选项是设立察举制的内容，D 选项属于董仲舒的义利观。

第二节　汉代的学校教育制度

真题典例

单项选择题

1.【答案】C　本题可使用排除法，《千字文》和《三字经》都是汉朝之后出现的。可直接排除 A、B、D 选项，正确答案为 C。

2.【答案】C　文翁兴学发生在汉景帝时期（前 157 年—前 141 年），在汉武帝之前。召开白虎观会议是在东汉章帝时期（公元 75 年—公元 88 年）。汉武帝时期（前 141—前 87 年）设立了太学。建立鸿都门学是在东汉灵帝时期（公元 168 年—公元 189 年）。本题可使用排除法，文翁兴学是汉武帝即位后推广的，在太学设立之前，排除 B 选项和 D 选项。鸿都门学的建立又在太学之后，排除 A 选项，故正确选项为 C。

模拟练习

一、单项选择题

1.【答案】A 公元前 124 年，汉武帝采纳董仲舒的建议，为博士置弟子，标志着太学的正式设立，也意味着以经学教育为基本内容的中国封建教育制度的正式确立。

2.【答案】D 太学的教学组织形式里没有班级授课，有个别或小组教学、次第相传、大都授等教学组织形式。在我国，班级授课制最早出现于近代京师同文馆。

3.【答案】D 鸿都门学是最早的文学艺术的专门学校，以社会所需要的尺牍、书画、辞赋为教育内容，经书不属于鸿都门学的教学内容。

4.【答案】B 汉代书馆教育的第二阶段重心开始转到学生的思想观念和伦理道德上。使用的教材有《孝经》《论语》和《尔雅》。

5.【答案】C 直接聆听老师的教诲，甚至和老师一起辩论经义、商讨学术的学生被称为及门弟子或授业弟子。慕老师之名而来，留下名字，老师承认其为弟子，可在有需要的时候来请教的学生被称为著录弟子。汉代太学里的学生跟随博士学习，叫博士弟子。

6.【答案】D 在统治者中不受重视的是古文经学，其余选项都为今文经学的特点。

7.【答案】A 更注重师法、家法是今文经学的特点，不是古文经学，B 选项错误。不论是古文经学和今文经学，都属于章句之学和儒家经学，C 选项和 D 选项错误。

8.【答案】A 统治者的目的是加强思想控制，而不是进行学术研讨，D 选项错误。不论是制造石经还是规范教材，都属于手段，最终都是为了达到统一思想的目的。所以选 A 选项更为合适。

二、论述题

【参考答案】

经学教育是以儒家经典及对经书的阐发为内容的教育。汉朝经学教育的基本特点如下：

(1) 今古文经学呈融合趋势

今古文经学之争带来学术上的繁荣，在争论中，不同学派的学者积极了解对方的学说，以便在经学讨论和争辩中扬己之长，攻彼之短，这样便打破了学术上固执己见，互不交流的封闭局面。在两汉交替之际，一些学者已不再限于一师一家之说，广泛求师和涉猎各家著述。到东汉，出现了众多兼通数经，包括兼通今古文经学的学者，促使今古文经学最终走向融合。

(2) 重视师法、家法

汉朝经学教育中多采用章句的形式教学，章句实际上是经师教学所用的讲义。章句之学表现了不同经师的学术风格，所谓师法、家法，正体现在不同的章句之学之中，是和章句之学联系在一起的。重视师法、家法是汉朝经学教育，特别是今文经学传授的特点之一。

(3) 师法、家法起阻碍作用

师法、家法体现于章句之中，今文经学者多擅长章句之学，一方面，后学者既要严守先师的经说，又要力争自立成家，于是在继承先师章句的基础上极力扩充自己的经说内容；另一方面，由于章句的形式便于经师旁征博引，阐释发微，因此章句的篇幅便越来越长。章句之学和师法、家法的结合，严重地阻碍了学术的交流，导致经学教育中宗派性和封闭性加强，浩繁的章句也成为学者沉重的负担。

(4) 儒学与政治关系密切

儒学内部思想的多元化，必然影响政治思想的稳定，因此，两汉皇帝往往召集一些著名学者对儒学进行讨论，借此达到统一经学的目的。为了统一经学教材，东汉熹平四年在蔡邕等人的倡议下镌刻石经，立于太学门外。

第三节 汉代的选士制度

真题典例

单项选择题

1.【答案】A 汉代察举有孝廉和茂材两科。孝廉为考查德行的科目，发展到后期，弊端显现，形成“举秀才，不知书。举孝廉，父别居”的局面。B 选项“达于教化”科属于唐代科举的制举科目。C 选项“贤良方正”科是汉文帝时期选拔人才的方式，虽然注重德行的考查，但是在察举制之前实行的，不符合题意。D 选项“茂材”科注重的不是德行而是知识。

2.【答案】A 汉代推崇儒家经术，量材录用，“材”指经术之材。本题易错选 B 选项，但实际上任何一个朝代选官，都希望选拔有一定吏治之才的人。B 选项不是汉代的特色，也不是此处“材”的含义。C 选项“辞章之材”讲的是写文章时的言语能力。D 选项“货殖之材”指经商的能力。

3.【答案】A 束脩礼：学生初次见老师为表示尊敬所送的礼物。释奠礼是用酒食等祭品来祭奠先师孔子的礼仪；释菜礼则是用蔬菜等物品来祭奠先师。乡饮酒礼是乡人的宴饮风俗。题目所说的是拜现在的老师，故选束脩礼。

模拟练习

无

第四节 汉代的教育思想

真题典例

单项选择题

1.【答案】C 本题属于对识记性知识的考查。王充是唯物主义者，曾提出“效验”和“有证”，质疑师长。

2.【答案】B 本题属于对识记性知识的考查。“三纲”指“君为臣纲，父为子纲，夫为妻纲”，“五常”指“仁、义、礼、智、信”。

3.【答案】B 王充注重教育对社会的作用，提出“人有知学，则有力矣”。

4.【答案】C 本题属于对识记性知识的考查。鸿儒对应的是“兴论立说”。

5.【答案】B 本题考查的是董仲舒关于“志”和“功”的看法。在“志”与“功”的关系上，董仲舒强调“志”，主张“本其事而原其志，志邪者不待成”，认为动机不善就可以惩罚，不必等到酿成事实，行为的动机大于行为的效果。因此选择B选项。A、C、D选项均与董仲舒的思想内容相悖，故排除。

模拟练习

单项选择题

1.【答案】C 王充的代表作是《论衡》。

2.【答案】A 王充认为正性秉五常之性。“五常”即仁、义、礼、智、信，是社会人应具有的五种道德品质，是人类区别于其他物种的标志。

3.【答案】C 王充认为人性由正性、随性、遭性三种构成，其中遭性是最易受人为控制的因素。他强调胎教，孕妇应保证胎儿发育阶段内外环境的和谐。

4.【答案】A 题干所述为王充博通百家的教育观点。

5.【答案】A 王充认为，经验和知识是形成个体分析解决问题能力的第一性因素，但是要使经验知识转为分析解决问题的能力，少不了理性的思考，故其主张“必开心意”。

6.【答案】A 王充认为，要做到问难和距师，打破崇拜古人、崇拜权威的心理。

第四章　封建国家教育体制的完善

第一节　魏晋南北朝时期的教育

真题典例

单项选择题

【答案】A　本题属于对识记性知识的考查。西晋时期的国子学是专门培养贵族子弟的学校。

模拟练习

单项选择题

【答案】A　本题属于对识记性知识的考查，西晋专门创办的培养贵族子弟的学校是国子学。

第二节　隋唐时期的文教政策和学校教育

真题典例

单项选择题

1.【答案】A　本题属于对识记性知识的考查。南朝宋时期的四馆有玄学馆、儒学馆、文学馆、史学馆。

2.【答案】B　本题考查的是唐代中央官学设置的依据。国子学是三品以上的官僚子弟准入，太学是五品以上的官僚子弟准入，四门学是七品以上的官僚子弟准入，崇文馆和弘文馆是皇亲及三品以上的官僚子弟才可准入。规定之外，很少有人能够破格入学的。一般庶族子弟只能进地方官学或实科学校学习。可见，唐代中央官学的设立依据是教育对象的身份，体现了教育的等级性。A 选项和 C 选项，无法根据“同类性质的学校”推导出来。D 选项是唐代书学、算学、律学体现的特点。

3.【答案】C 广文馆是专门面向备考进士科者设立的学校，表明唐代政府重视科举考试。当时来唐代的留学生，统一在国子监学习，排除 A 选项；加强教育的等级性体现在国子学、太学、四门学的设立上，排除 B 选项；D 选项没有体现在唐代教育中。

4.【答案】B 日本大化改新时期的贵族学校制度是仿照唐代教育制度建立的。

5.【答案】A 唐代的中央官学为“六学一馆”，即国子学、太学、四门学、书学、算学、律学和广文馆。其中国子学、太学、四门学的教育内容为儒家经典。中书学是北魏时的中央教育机构。

6.【答案】D 唐代的中央官学为“六学一馆”，即国子学、太学、四门学、书学、算学、律学和广文馆。广文馆是面向备考进士科者设立的学校，入学年龄最为宽松。

7.【答案】B 本题考查的是蒙学识字教材中的《千字文》。南北朝时期梁朝周兴嗣所作的《千字文》中指出，“天地玄黄，宇宙洪荒。日月盈昃，辰宿列张。寒来暑往，秋收冬藏”。

A 选项《急就篇》为西汉人史游所著。第一部分列举了 396 个姓，全部为单姓，三字成句，句意贯通，而且大部分姓氏多不常见，以便学童识字学习、开阔见识；第二部分“言物”，依次叙述了锦绣、饮食、衣物、臣民、器物、虫鱼、服饰、音乐、形体、兵器、车马、宫室、植物、动物、疾病、药品、丧葬等方面，七字一句，有韵，读来顺口；第三部分写的是职官方面的字。全书最后用四字句歌颂汉代的盛世。

C 选项《历代蒙求》是元代陈栎在家乡教书时为童蒙而作。用四字韵语的形式，简述从开天辟地到元代的历朝兴衰，每个朝代皆述其开国与亡国之君，再提及其间有作为的皇帝，简单扼要地介绍了历史的梗概，易于掌握，是一部较好的童蒙读物。

D 选项《笠翁对韵》是一本关于声律启蒙的蒙学读物。全书按韵分编，包罗天文、地理、花木、鸟兽、人物、器物等的虚实应对；也从音律上教授了对一、二、三、五、七乃至十一字对的方法，声韵协调，可以让儿童从中得到语音、词汇、修辞方面的训练。

8.【答案】D 广文馆和科举制度有关，是面向备考进士科者设立的学校，入学不受年龄限制。C 选项弘文馆负责校正图书、教授生徒、参议朝廷制度及礼仪。

模拟练习

一、单项选择题

1.【答案】C 唐代官学的学习内容并非都是单一的儒家经典。如书学、算学、律学，学习的内容有唐律令、算经等。地方官学还学习医学等。

2.【答案】A 本题属于对基本历史史实的考查，广文馆以进士科三场考试的帖经、杂文、时务策为主要学习内容。

3.【答案】C 医药学由太医署管理，其他选项对应正确。

4.【答案】D 唐代中央官学有国子学、太学、四门学、书学、算学、律学。地方官学有经学、医学、崇玄学。

5.【答案】A 隋以前，中央政府没有专设管理学校教育的机构，由负责管礼乐的太常寺兼管学校。隋代以后,中央官学由附设机构转为独立机构。

二、论述题

【参考答案】

(1) 学校体系的形成

隋代在学校设置方面有些创新,中央官学已有五学,地方官学也有州县学,但时起时落,并未组成一个全面稳定的学校体系。

到了唐代,官学得以恢复,并有了较大发展,逐渐形成了一个全面稳定的学校体系。地方官学向中央官学选送学生,使地方官学与中央官学相衔接。私学与官学并存,私学承担基础教育与专业教育两个层次的教育任务。在教育行政上,官学是教育的主干,私学是官学的重要补充。这一古代学校教育体系的形成,对中国封建社会后期的教育产生了重要影响。

(2) 教育行政体制分级管理的确立

隋以前,中央政府没有专设管理学校教育的机构,都由负责管礼乐的太常寺兼管学校。隋代开始,中央官学从太常寺分离,由附属机构转为独立机构,国子学后来改称国子监,既是高级教育学府,也是教育行政机关,从此实行分级管理的教育行政体制。

(3) 学校内部教学管理制度及法规的完善

隋唐时期对过去学校教学的规定和惯例加以梳理,按现实的需要,做了新的规定,使入学资格、学校礼仪、专业教学、成绩考核、违规惩罚、休假处理等方面都纳入法治轨道,此后可依法制对学校教学进行管理。

(4) 专业教育的重视

隋以前的中央官学,多重视五经的传授,至于科学和技术,则被忽视,没有独立设置专业进行人才培养。到了隋唐时期,开始添设算学、医药等专科,以培养专门人才。从教育制度发展过程来考察,这是实科教育的首创。

(5) 学校教育与行政机构及事务部门的结合

中央政府的管理机构,为履行某方面服务的职责,下设一些事务部门,这些具体部门为开展服务工作,集中了一批专业人才,并拥有必需的物质设备。隋唐时期,这些事务部门负起双重任务,既为政府进行专业服务,又担负起培养专业人才的任务,学生在这种条件下学习,可以更好地把专业知识学习与专业实践密切结合起来。

第三节 隋唐时期的选士制度

真题典例

单项选择题

【答案】C 科举制度的最大特点是“自愿报名,逐级考选”,而察举制度的特点则是考察德行和孝廉之类。A 选项不是“根本”区别；B 选项说科举制度的防弊措施完备是不准确的；D 选项属于察举的特点，不是科举制度与察举制度的根本区别。

模拟练习

单项选择题

1.【答案】A 明经科和进士科是科举常科中最为盛行的，其中最具代表性的为进士科。

2.【答案】C 科举考试选才的基本原则是以文才出众为标准，打破了九品中正制以出身门第为标准的局面，也区别于察举制注重德行的特点，更没有注重实用技能。

第四节 魏晋南北朝与隋唐时期的教育思想

真题典例

单项选择题

1.【答案】C 韩愈认为“传道”是传授儒家的仁义之道，讲求仁义既注重个人修养，又可以达到治国平天下的目的。A 选项是西周六艺的内容，B 选项的“法”没有依据。D 选项“天理”是宋儒朱熹等人的主张。

2.【答案】A 本题为对识记性知识的考查，颜之推主张儿童应该学习通用语言。

3.【答案】D “青出于蓝而胜于蓝”是荀况的观点，出自《劝学》。韩愈“相师”的意思是向教师学习。其他三项都在《师说》中有提及。

模拟练习

一、单项选择题

1.【答案】A 此为颜之推对人性论的看法，出自《颜氏家训》。B 选项为韩愈的著作，C 选项为王充的著作，D 选项为朱熹所写，均不符合题意。

2.【答案】B 颜之推认为教育应改革，要培养的既不是难于应世经务的清谈家，也不是空疏无用的章句博士，而是对国家有实际效用的治国人才。

3.【答案】D 颜之推主张以德和艺为主要教育内容。其中艺除了经史百家等书本知识外，还应包括杂艺，即琴、棋、书、画、数、医、射、投壶等。在教育内容方面，颜之推还提出注重农业生产知识。科举制隋唐时期才出现，魏晋南北朝时期为九品中正制，颜之推为魏晋南北朝时期的思想家，所以教育内容不包括 D 科举应试。

4.【答案】A 颜之推认为早期教育的效果最佳，幼儿期是教育的最佳期。

5.【答案】C 颜之推强调家庭教育，提出为了达到教育目的，不论是怒责还是鞭笞都是可行的。

6.【答案】C 此为颜之推的学习方法，“钝学累功，不妨精熟”是勤学的意思。

7.【答案】C 此为颜之推的学习方法“勤学、切磋、眼学”中的“眼学”方面。

8.【答案】A 在韩愈看来，教师的基本任务是“传道、授业、解惑”，其中最重要的是传道。不论是授业还是解惑，都需要贯穿传道，为传道服务。

二、论述题

【参考答案】

（一）颜之推的儿童教育思想

1. 重视儿童早期教育，强调及早施教。

颜之推认为幼年时期是奠定基础的重要阶段，长辈应利用好这个最好的教育时机，及早对幼儿进行教育，而且越早越好，理由是：

(1) 幼年时期的儿童，心理纯净，各种思想观念还没有形成，可塑性很大。

(2) 幼儿时期的儿童受外界干扰少，精神专注，记忆力也处于旺盛时期，能把学习的材料牢牢记住。

2. 主张严与慈相结合的教育原则：不善于教育子女的父母，往往重爱轻教，对幼儿一味溺爱，任其为所欲为，在子女面前没有威信。为了达到教育目的，不论是怒责还是鞭笞，只要是有效的手段都是可以采用的。

3. 强调教育切忌偏宠：不管子女聪慧与否，都应以同样的爱护与教育标准来对待。

4. 重视学习通用语言，不强调方言：父母对儿童学习正确的语言负有重要的责任，不可轻视。

5. 注重儿童道德教育：儿童道德教育应包括以孝悌为中心的人伦道德教育和立志。

（二）颜之推儿童教育思想的启示

1. 理论上的启示

(1) 家庭教育的重要性：颜之推强调家庭教育对于培养孩子品德和修养的重要性，这一观点在当今依然适用。家庭是孩子最早接触到的社会环境，家庭教育对孩子的成长起着决定性的作用。

(2) 父母的责任：现代父母要认识到自己的责任，积极参与孩子的教育，成为良好的榜样。

2. 实践上的启示

(1) 培养孩子的自主性：现代家庭教育应注重培养孩子的自主性，鼓励他们独立思考、解决问题和做出决策。

(2) 培养孩子的品德和道德：颜之推注重培养孩子的品德和道德修养，强调孝道、仁爱和诚信等价值观。现代家庭教育也应注重培养孩子的品德和道德素养，帮助他们成为有责任感和正确价值观的人。

3. 之前和当今的启示

(1) 传统文化的传承：颜之推注重对传统文化的传承，他的家庭教育思想与中国传统文化相契合。在当今社会,传承和弘扬传统文化仍然具有重要意义,可以帮助孩子树立正确的价值观、增强文化认同。

(2) 现代教育的创新:尽管颜之推的家庭教育思想有其独特的价值,但在现代社会,我们也需要根据时代的变化和教育的需求进行创新。现代家庭教育需要结合科技、社会变革和全球化的趋势,为孩子提供更全面、多元化的教育。

总的来说,颜之推的家庭教育思想给我们提供了许多有益的启示,包括家庭教育的重要性、父母的责任、培养孩子的自主性和品德修养等。这些启示在现代家庭教育中仍然具有指导意义。

第五章　理学教育思想和学校的改革与发展

第一节　科举制度的演变和文教政策的发展

真题典例

单项选择题

1.【答案】B　科举考试的方法中，帖经类似于填空题，策论类似于论述题，经义是解释儒家经义，诗赋是对诗赋创作能力的考查。题干中测试考生综合运用知识、分析和解决问题的能力，主要为策论。

2.【答案】C　宋代兴学时有过“罢帖经、墨义”的举措，因此排除A、B、D选项。从唐末到清末，最常用的考试方法是策论和诗赋。

3.【答案】B　本题为对识记性知识考查。“三经”包括《诗》《书》《周礼》。

4.【答案】C　明朝推崇程朱理学，明确规定“国家取士，说经者以宋儒传注为宗”。元朝以朱熹（宋代儒者）的著作《四书章句集注》作为科举考试的标准答案后，明代延续。因此，明代朝廷明确规定士子在考试中对经文的解读必须依据宋儒传注。

模拟练习

一、单项选择题

1.【答案】A　庆历兴学的主要内容有三项，一是普遍设立地方学校；二是改革科举考试；三是创建太学，并在太学中推行著名教育家胡瑗创立的分斋教学制度。

2.【答案】A　A选项属于王安石的熙宁兴学的内容。

3.【答案】A　苏湖教法分设经义斋和治事斋，实行分科教学，治兵、治民、水利、算数等实用学科正式被纳入官学体系，取得了与儒家经学同等的地位。

4.【答案】B　宋代科举考试扩大了科举名额，设置恩科及第和特奏名。

5.【答案】A　B选项锁院制是封闭贡院。C选项糊名法是将试卷上的姓名、籍贯等密封起来。D选项誊录制是在誊录官的监督下，由书吏用朱笔誊抄试卷。

6.【答案】B　元朝规定从《大学》《论语》《孟子》《中庸》中出题，并以《四书章句集注》作为标准答案，《四书章句集注》从此成为广大士人和各类学校的必读教科书，影响中国封建社会后期的文化教育达百年之久。

7.【答案】B 本题属于对识记性知识的考查。王安石领导的熙宁兴学提出了恢复和创设武学、律学和医学。

8.【答案】A 明朝科举考试的科目：

科目	别名	场地	中式后的称谓
童试	童生试	府州县的入学考试	生员（俗称秀才、相公）
乡试	秋试	省城举行	举人（孝廉，第一名为解元）
会试	春试	礼部举行	贡士（第一名为会元）
殿试	廷试	皇帝举行	三甲： 一甲：进士及第（状元、榜眼、探花）； 二甲：进士出身； 三甲：同进士出身

9.【答案】A 博学鸿词科为清代科举制科中，影响最大的科目。

二、论述题

1.【参考答案】

科举制度是我国封建社会最重要的选士制度，其与学校的关系较为复杂，表现在：

首先，学校和科举是育才与选才的关系。

学校教育制度是培养人才的制度，是科举赖以发展的基础。科举考试成为国家政权选拔优秀人才的重要渠道，也为学校培养的人才开辟了政治出路。

其次，科举影响学校的培养目标。

科举考试选才的基本原则是以文才出众为标准，不是以德才兼备为标准，这对于学校的培养方向产生了极深刻的影响。

再次，科举影响学校的教育内容。

科举考什么，学校教什么。科举考试不考的，也就不教不学，科技实用知识根本不接触，造成学生知识面狭隘。

最后，科举直接影响学校的考试方法。

学校在平时或阶段考核中，都尽量仿照科举考试帖经、口问大义的方法。

对统治集团而言，学校培养人才需要一定的条件，要有人力、物力、财力的投入。而科举考试可以依靠行政权力选拔人才，在短时间内取得成效。所以，科举制度逐步受到重视，居于主导地位，学校逐渐沦为科举的附庸。

2.【参考答案】

我认为应实事求是、辩证地评价科举制度的影响。

(1) 科举制度的积极意义

科举制度是继世卿世禄制、察举制和九品中正制之后的一种新的选拔制度，是中国封建王朝通过设立科目进行考试、用以选拔官吏的制度。其实行了 1 300 多年，虽然也伴有举荐、荫庇、捐纳等不同谋官之途，但科举制始终占据主导地位。主要原因在于，科举制作为选拔官员的一种制度，调动了社会人士读书的积极性，使得他们通过考试重新确定自己的身份和地位，实现阶层间的流动。

① 对统治者而言：科举制度有利于加强中央集权，通过选拔人才为封建统治服务。

② 对学校而言：科举制度使选士和育士紧密结合，为学校培养的人才提供了出路。

③ 对个人而言：相对于只注重出身和门第的九品中正制和最后流于形式的察举制度而言，科举制度的特点是个人自愿报考，县州逐级筛选，全国举子定时集中到京都，按科命题，同场竞试，以文艺才能为标准评定成绩，限量选优录取，这样使选拔人才较为公正客观。

(2) 科举制度的消极发展和影响

宋代以来的科举考试内容，虽屡有变化，但均以“经义”为主，自元代开始还把朱熹等著名理学家对《四书》《五经》的注释作为法定标准。考试的文体也越来越程序化，到明代中叶以后“八股文”成为固定的格式，不允许有任何逾越。无论科举考试的内容还是科举考试的形式，就其演化趋势来说都存在着远离以才学取士目标的倾向。

① 对社会而言：科举制度束缚思想、败坏学风，使很多学子读书只为了做官、求取功名，为此不惜舞弊。

② 对学校而言：对于统治集团而言，学校培养人才需要一定的条件，要有人力、物力、财力的投入。而科举考试可以依靠行政权力选拔人才，在短时间内取得成效。所以，科举制度逐步受到重视，居于主导地位，学校逐渐沦为科举的附庸。

③ 对个人而言：科举制度具有欺骗性，很多人将终生献于科举，以获取功名。

(3) 评价科举制应坚持的态度

无论后人如何评价科举，对它进行何种批判，我们都应该理性地看待这些批判意见，毕竟科举与我国 1300 年间的政治、文化、教育密切相关。

在史学界实事求是思想的指导下，我们应该对科举有公正的认识。科举制度虽有其历史的局限性，但与以往包括察举制在内的封建社会的其他选举制度相比，确有其明显的进步性和合理性。它使应考者获得了公平竞争的机会，调动了读书人的积极性，对于人才流动发挥了重要的作用，今天我们仍有批判继承的必要。

因此，我们应该辩证地、全面地看待科举制度，在批判过程中，要吸取其合理的成分，以便完善和丰富当今社会的人才选拔制度，促进社会的整体发展。

第二节 学校教育制度的发展

真题典例

单项选择题

1.【答案】B A 选项“分斋教学”指苏湖教法。C 选项“注重考试”不属于书院的特点。D 选项“藏书读书”属于书院最初的基本职能之一。书院萌芽于唐末,最初主要是私人藏书的场所。而书院最基本的精神是自由,即自由办学,自由就学,自由讲学。

2.【答案】C C 选项《童蒙须知》为朱熹所写,主要是为了培养学生的道德行为习惯。A 选项《蒙求》是历史教科书。B 选项《名物蒙求》类似于百科全书。D 选项《三字经》是识字类教材。

3.【答案】B 本题属于对识记性知识的考查。“三舍法”是王安石在“熙宁兴学”中改革太学时创立的一种考核方法。王安石将太学分为外舍、内舍、上舍三个程度不同、依次递升的等级。

4.【答案】C 书院的教学方式是讲论讲会。其他三个选项都是太学中曾出现的教学方式。

5.【答案】D 《急就篇》为西汉史游编写;《千字文》为南北朝南朝周兴嗣编写,他摹写了王羲之 1 000 个不同的字;《百家姓》为宋初农家子弟在冬学中的识字课本;《三字经》相传为宋末王应麟撰。

6.【答案】D 本题为对识记性知识的考查。明朝的社学是地方上设立数量最多、范围最广的学校。

7.【答案】B 本题考查蒙学教材的特点,A、B、D 选项并非宋代蒙学教材的特点。蒙学教材文字简练、通俗易懂,采用韵语形式,是其编写的主要特点。

8.【答案】C 本题属于对识记性知识的考查。明朝社学是设在城镇和乡村地区,以招收 8~15 岁儿童为教育对象的一种地方官学。A 选项“书馆”指古代教授初学之所;B 选项“精舍”本为儒家所设,是汉代经师讲学的地方;D 选项“私塾”是中国古代社会一种开设于家庭、宗族或乡村内部的民间幼儿教育机构。

9.【答案】B 本题属于对识记性知识的考查。“六等黜陟法”的基本特点是对生员进行动态管理,使他们的升降与学业成绩紧密挂钩。

10.【答案】A 监生历事制是明朝开始实行的。“苏湖教法”是由宋朝胡瑗创立的,在北宋第一次兴学中得到推行。专门画学是北宋第三次兴学的创举。

模拟练习

一、单项选择题

1.【答案】C 升入高级后使用积分法。

2.【答案】C 明朝社学是设在城镇和乡村地区,以民间子弟为教育对象的一种地方官学。

3.【答案】D 井学是清代设在云南边疆地区的学校。社学是地方官学。义学最初设在京师,后各省、府、州、县纷纷设立,义学成为孤贫生童,或苗族、黎族、瑶族等子弟优异者接受教育的机构。

4.【答案】B 漳南书院是颜元主持的实学书院,反对理学和帖括。A 选项为讲求理学的书院,C 选项和 D 选项为学习经史词章的书院。

二、论述题

1.【参考答案】

书院产生于唐代，发展于五代，繁荣和完善于宋代，作为封建社会集藏书、育人、研究于一体的教育组织形式，承担了培育人才和传播、发展中华文化的双重任务，在中国教育发展史上具有里程碑的意义。我国古代著名的书院有白鹿洞书院、东林书院、诂经精舍、学海堂、漳南书院等。

Ⅰ. 书院的产生

书院萌芽于唐代。“安史之乱”后，官学日趋衰落，士人大量失学，这是书院萌芽的直接原因。其次，我国有源远流长的私人讲学传统，私学一直是一种重要的教育组织形式。最后，受佛教禅林影响，禅宗的内容和讲学方法对书院的教学活动也产生了影响。

Ⅱ. 书院的发展

(1) 宋代书院的发展

宋代著名的书院有白鹿洞书院、岳麓书院、应天府书院等。

① 书院的制度化

宋代朱熹撰成《白鹿洞书院揭示》，明确了书院的教育宗旨、教育教学原则等根本问题，标志着书院作为一种教育制度正式形成。

② 书院官学化倾向出现

所谓书院官学化，就是书院受制于政府，被纳入官学体系。这种倾向在宋代已经明显出现。

(2) 明代书院的发展

① 明代书院由于受统治阶级文教政策及其内部矛盾的影响，其发展经历了沉寂—勃兴—禁毁的曲折过程。

② 明代著名的书院有东林书院，它形成了一套完备的讲会制度，将讲学活动与政治斗争结合起来。

(3) 清代书院的发展

清代书院从沉寂走向复苏，但是书院官学化的倾向日趋严重，政府加强了对书院的控制。清代著名的书院有注重学术研究的诂经精舍和学海堂，后又出现了主张“实学”“真学”的漳南书院。

Ⅲ. 中国古代书院有以下特点

(1) 教学和研究紧密结合：书院既是教学机构，又是学术研究机构，教学活动和学术研究紧密结合，相互促进。

(2) 盛行讲会制度：讲会是书院讲学的重要组织形式。

(3) 教学上实行门户开放：求学者不受地域、学派的限制均可前来听讲、求教，教学人员不限于书院内部。

(4) 书院的师生关系：师生关系融洽，书院的师生彼此间感情非常深厚。

(5) 教学形式多样，注重学生自学：书院教学以学生读书钻研为主，注重培养学生的自学能力，发展学生的学习兴趣。

2.【参考答案】

Ⅰ.“三次兴学”的内容

⑴ 第一次兴学运动是范仲淹在宋仁宗庆历四年主持的，史称“庆历兴学”。兴学的内容主要有三：

① 令州县立学；

② 改革科举制度内容，罢帖经和墨义，着重策论和经学；

③ 振兴太学，将“苏湖教学法”引进太学，创立分科教学和学科的必修、选修制度。

⑵ 第二次兴学运动是王安石在宋神宗熙宁年间主持的，史称“熙宁兴学”。其具体内容主要包括以下几个方面：

① 改革太学，创立“三舍法”；

② 扩建和整顿地方官学；

③ 恢复与创立武学、律学、医学等专门学校，以培养具有一技之长的人才；

④ 编撰《三经新义》，作为统一教材。

⑶ 第三次兴学运动是蔡京在宋徽宗崇宁年间主持的，史称“崇宁兴学”。其内容主要包括以下几个方面：

① 全国普遍设立地方学校；

② 建立县、州、太学三级相联系的学制系统；

③ 扩建太学；

④ 罢科举，改由学校取士。

Ⅱ.宋朝官学制度的特点

宋朝建立了从中央到地方的官学教育体制，其特点主要表现在以下几个方面：

⑴ 管理体制进一步完备。不仅在中央设立国子监，管理中央官学，而且在诸路设置提举学事司，它的设立，在中国教育史上具有创新意义。从此，从中央到地方建立起了专门的教育行政管理机构。

⑵ 官学类型多样化。宋朝中央官学除设置儒学(包括国子学、太学、四门学等)、律学、医学、算学、书学之外，还创设武学和画学。在地方官学中，除儒学之外，也分别设置武学、医学和道学。在中央设立武学和画学，在州县建立武学与道学，这是唐朝官学中所没有的，它将自唐朝开始的突破儒学一统的格局又向前推进了一大步，在中国古代学制发展史上具有重要意义。

⑶ 中央官学的等级限制放宽。书学甚至取消了限制，这是学校教育的一大进步。

⑷ 学田制度的确立。五代时已有关于学田的记载，但学田作为一种制度被确定下来，实始于宋朝。在这以后，宋朝地方学校一般均有学田，作为学校经费的主要来源。这一制度为后来的元、明、清三朝长期沿用。

第三节　宋明时期的教育思想

真题典例

单项选择题

1.【答案】C　A选项和B选项既不是“小学”教育阶段的特点，也不是“大学”教育阶段的特点。D选项“穷理为主”属于“大学”教育阶段的主要任务。朱熹把教育分为“小学”和“大学”两阶段。小学“教人以洒扫、应对、进退之节”，大学重在探究“事物之所以然”。

2.【答案】C　王守仁提出的道德修养方法有静处体悟、事上磨炼、省察克治和贵于改过。所谓“事上磨炼”，指结合具体事物进行磨炼。其中“事”是指“人事”。

3.【答案】D　“致良知”可以分为“致知”和“良知”两部分。格物、致知的观点出自《大学》，良知良能属于人性本善的范畴，出自《孟子》。

4.【答案】C　“性日生日成”强调人性的生成变化性。

5.【答案】A　孟轲主张内发论，王守仁也主张内发论。孟轲认为人性本善，是内发。

6.【答案】D　本题属于对识记性知识的考查。题目涉及的古文是王守仁的观点。他认为理在心中，无须外求。

7.【答案】A　“朱子读书法”包括循序渐进、熟读精思、虚心涵泳、切己体察、着紧用力、居敬持志。“涵泳”指的是读书要反复咀嚼，细心玩味。

8.【答案】C　本题属于对识记性知识的考查。“居敬持志”是指精神专一，注意力集中，树立远大志向。

9.【答案】D　本题属于对识记性知识的考查。“切己体察”是指身体力行。A选项指的是“居敬持志”，B选项指的是“循序渐进”，C选项指的是“虚心涵泳”。

模拟练习

一、单项选择题

1.【答案】B　朱熹认为父子有亲、君臣有义、夫妇有别、长幼有序、朋友有信，此为人之大伦，教育的目的在于明人伦。朱熹没有提及学校教育与科举和书院之间的关系，存养本心属于孟子和王阳明的观点，朱熹从理学的角度对其进行了继承和发展。故本题选B。

2.【答案】C　朱熹认为对儿童的教育，需要先入为主，及早施教。同时重视用“须知”“学则”的形式培养儿童道德行为习惯。朱熹亲自制订《童蒙须知》，按照三纲五常封建道德追求，对儿童生活、学习各个方面作出了详细的条文规定。

3.【答案】B　B选项不属于“朱子读书法”的内容。A选项和B选项之间其实是互斥的。循序渐进强调要按照一定次序，而不是随心所欲。

4.【答案】A 朱子读书法中提出熟读精思，朱熹强调读书从无疑到有疑再到解疑的过程，即发现问题和解决问题的过程。无论是发现问题还是解决问题，都是精心思考的结果。

5.【答案】B 王阳明主张以六经为主要学习内容，但对于六经，他认为学习经书不是为了讲学记诵，而是因为它可以帮助明白吾心之常道，即普遍永恒的道理。

6.【答案】B 王阳明认为儿童的性情总是爱好嬉游而厌恶拘束，就像草木开始萌芽，顺应它就发展，摧残它就衰萎，因此教育要必须顺应儿童的性情。

7.【答案】D 王阳明认为儿童教育的内容是“歌诗”“习礼”和“读书”，主张“诱之歌诗”“导之以礼”“讽之读书”。

8.【答案】B 王守仁即王阳明，他认为教育应量力施教，留有余地。

9.【答案】A 朱熹认为读书要切己体察，将所学知识与自身实际联合起来进行理解。

二、论述题

1.【参考答案】

朱熹认为“为学之道，莫先于穷理；穷理之要，必在于读书”，因此他十分强调读书的重要性。对于读书他提出了很多精辟的见解，他的弟子将其概括为“朱子读书法”。

第一，读书要循序渐进：读书应按照一定次序，不可颠倒；读书要按照自己的实际情况和能力安排；读书要打好基础，不可囫囵吞枣。

第二，读书要做到熟读精思：读书既要熟读成诵，又要精于思考。

第三，读书要虚心涵泳：所谓“虚心”，是指读书时要虚怀若谷，静心思考；所谓“涵泳”，是指读书时要反复咀嚼，细心玩味。

第四，读书要切己体察：读书所学的知识不能仅仅停留在书本上，要见之于自己的实际行动。

第五，读书要着紧用力：必须抓紧时间，发愤忘食；抖擞精神，反对松松垮垮。

第六，读书要居敬持志：精神专一，注意力集中，树立远大志向。

“朱子读书法”对我们今天的读书学习仍然不乏借鉴意义，对我们的学习与生活有很大启发。

(1) 循序渐进启示我们要根据自己的实际水平与能力，扎扎实实，一步一个脚印地发展阅读能力。

(2) 熟读精思启示我们要多读书、多思考，通过阅读可以受到思想的教育，情感的熏陶，可以获得所需要的种种知识。

(3) 虚心涵泳启示我们在阅读中应该反复咀嚼、品味、领悟、思考，与作者进行平等的对话，设身处地地去感受体验，了解与作品相关的作家经历、时代背景、创作动机以及作品的社会影响等。

(4) 切己体察启示我们要身体力行，结合自己的思想实际，从文本中汲取人文思想的精华，将外在的阅读转化为内在的思想修养和道德水准的提高。

(5) 着紧用力启示我们要积极奋发，拥有坚持不懈的意志和刚毅果断的精神。

(6) 居敬持志启示我们要精神专一、持之以恒。

2.【参考答案】

(1) 内容：

① 对当时儿童教育的批判：王守仁揭露和批判传统儿童教育不顾儿童的身心特点。

② 儿童教育必须顺应儿童的性情：王守仁主张儿童教育必须顺应儿童的身心特点。

③ 儿童教育的内容：王守仁认为儿童教育的内容是“歌诗”“习礼”“读书”。

④ “随人分限所及”的原则，即量力施教。

(2) 意义：

王守仁的儿童教育思想，虽然其目的是向儿童灌输封建伦理道德，但是他反对“小大人式”的传统儿童教育方法和粗暴的体罚等教育手段，要求顺应儿童性情，根据儿童的接受能力施教，使他们在德育、智育、体育和美育诸方面都得到发展等主张，反映了他教育思想的自然主义倾向，具有历史性的影响。

第四节 理学教育思想的批判与反思

真题典例

单项选择题

1.【答案】A 王守仁认为教育的任务在于“存天理，灭人欲”。王守仁和朱熹都主张灭人欲，但是，王守仁主张心即理，只需存养；而朱熹则主张格物、致知，理要通过实践获得。B 选项“获取天理”更符合朱熹向外求理的主张。

2.【答案】B 漳南书院在性质上属于实学书院。

3.【答案】A 本题属于对识记性知识的考查。颜元强调实学，主张学校应该培养“实才实德之士”。

4.【答案】B “习行”教学方法强调在教学过程中要联系实际，要坚持练习和躬行实践。

5.【答案】A 朱熹和王阳明分别属于理学家和心学家，都主张灭除人欲，追求天理。

6.【答案】D A 选项出自《孟子·万章章句上·第四节》。强调不要拘泥于文字而误解词句，也不要拘泥于个别词句而误解作品完整的意思；能以自己的切身体会去推测作者的本意，这才是懂得了阅读作品的正确方法。

B 选项出自《荀子·劝学》。强调君子的学说，要听到耳朵里，记在心中，举止要有礼仪，言行要合乎道德标准。

C 选项出自《颜氏家训·勉学》。强调所谓读书学问，本来就是要开阔自己的胸襟，提高自己的鉴别力，从而有利于自己的行动。

D 选项出自王守仁的《尊经阁记》。强调六经的实际内容，具备在我们内心。

模拟练习

一、单项选择题

1.【答案】D 主张“习行”教学法的是颜元。

2.【答案】C A 选项为帖括斋教育的内容；B 选项为理学斋教育的内容；D 选项为文事斋教育的内容。题目中的“艺能斋”教育内容为 C 选项。

3.【答案】A 反对程朱理学的思想家是颜元。

4.【答案】A 在颜元看来，义和利两者并非截然对立，而是能够统一起来的。主张利是义的基础，利离不开义，利也必须符合义。

二、论述题

【参考答案】

(1) 颜元“真学”“实学”的内容

文事斋：课礼、乐、书、数、天文、地理等科；武备斋：学习兵法、射御、技击；经史斋：《十三经》等科。艺能斋：深水、火、工学等科。理学斋：课程、朱、陆、王之学。帖括斋：课八股举业。

(2) 习行的教学法

颜元主张教学过程应联系实际，坚持练习和躬行实践，认为只有如此，学得的知识才是真正有用的。

颜元注重“习行”教学法，一方面同他朴素的唯物主义认识论有密切的联系，另一方面是为了反对理学家静坐读书、空谈心性的教学方法。但也并非排斥通过读和讲学习书本知识。而是强调学习书本知识后，要接触实际，重视练习，从亲自躬行实践中获得知识。

(3) 积极意义

颜元“真学”“实学”的教育内容不仅同理学教育有着本质的区别，而且无论是在广度上，还是在深度上，都大大超越了“六艺”教育。

除了经、史、礼、乐等知识之外，颜元还把诸多门类的自然科技知识、各种军事知识和技能正式列入教育内容，并且实行分科设教。这在当时确实是别开生面的，已经蕴含近代课程设置的萌芽，将中国古代关于教育内容的理论推进到一个新的发展阶段。

第六章　近代教育的起步

第一节　教会学校在中国的举办

真题典例

单项选择题

【答案】D　早期教会学校招生很难，主要是教会所教的内容和中国传统思想格格不入。教会学校为了吸引更多的学生，开设了儒家经典课程，但教会教育意味着当时教育主权的沦丧，因此教会学校从根本上不可能在意士大夫子弟或者当时中国政府的需求。教会本身也不在意儒家文化是否能被批判地继承。因此不选 A、B、C 选项。

模拟练习

单项选择题

1.【答案】B　早期教会学校程度低、规模小，不是从兴办大学起步。其余的说法均正确。

2.【答案】A　早期教会学校的办学就是为了传教。

3.【答案】D　教会学校的办学规模要比洋务教育的办学规模更大，洋务学堂反而比较零星。其余说法均符合教会学校的特点。

第二节　洋务运动时期的教育

真题典例

一、单项选择题

1.【答案】A　本题属于对识记性知识的考查。京师同文馆是洋务学堂的开端，是中国近代新教育的开端，也是近代中国第一所实施班级授课制的官办新式学堂。B 选项“湖南时务学堂”是 1897 年中国近代资产阶级维新派创办的新式学堂；C 选项“福建船政学堂”创办于 1866 年，是中国第一所近代海军学校，也是中国近代航海教育和海军教育的发源地；D 选项“上海广方言馆”成立于 1863 年，是上海建立的第一所外国语专科学校，也是带有明显上海特色的新式学校。B、C、D 选项都晚于京师同文馆的创办时间。

2.【答案】B 中国近代最早设立于企业中旨在培养技术人才的教育机构是 1866 年创办的福建船政学堂。福建船政学堂分前学堂和后学堂。前学堂学习制造技术，后学堂学习驾驶和轮机技术。A 选项“江南制造局操炮学堂”是清同治十三年(1874 年)上海江南制造局附设的军事工程学堂；C 选项“湖北矿务局工程学堂”于清光绪十八年(1892 年)在武昌开办；D 选项“福州电报学堂”于 1876 年创办。

3.【答案】B 洋务学堂的最大特点是新旧杂糅，教授内容不仅有“西文”“西艺”，还有中国的“四书”“五经”。洋务学堂的培养目标就是造就专门的人才，因此 A 选项符合洋务学堂的特点。C 选项和 D 选项是洋务学堂进步性的体现。京师同文馆是最早实行班级授课制的新式学堂。

4.【答案】A 京师同文馆是最早采用班级授课制的新式学堂。B 选项“京师大学堂”创办于 1898 年；C 选项“上海广方言馆”成立于 1863 年；D 选项“湖北自强学堂”创办于 1893 年。

5.【答案】A 福州船政学堂里有艺圃，为在职培训学校，实行半工半读，开创了我国近代职工在职教育的先河。B 选项“江南制造局操炮学堂”是清同治十三年(1874 年)上海江南制造局附设的军事工程学堂；C 选项“北洋大学”创办于 1895 年；D 选项“南洋公学”创办于 1896 年。

6.【答案】B 不论是洋务学堂的设立，还是清末学制的颁布，或者洋务运动时期的幼童留美，本质上都是近代国人在探寻中国的出路，是一种相对来说自觉主动的改变。而在半殖民地半封建社会中，教育主权受到侵害，被动接受的只有教会学校的设立。

7.【答案】D A 选项“中体西用”的思想最早由冯桂芬提出，张之洞在《劝学篇》中全面阐述了“中体西用”的观点；B 选项“体用一致”的文化教育观是严复系统阐述的；C 选项《京师大学堂章程》是维新派梁启超草拟的；D 选项“癸卯学制”是由张之洞主持制定的。

8.【答案】D 在早期改良派中，将西方近代教育明确概括为“无事不学，无人不学”的是郑观应。

9.【答案】B 冯桂芬的思想为“中体西用”。

10.【答案】D 当时留美幼童求学最多的两个省份是广东和江苏。

广东	江苏	安徽	浙江	山东	福建
84 人	20 人	2 人	9 人	1 人	4 人

二、分析论述题

【解析】中国洋务教育与日本明治维新教育改革的相同点和不同点可通过以下表格

进行记忆。

		中国洋务教育	日本明治维新教育
指导思想		“中学为体，西学为用”	“文明开化”“和魂洋才”
相同点		都立足于本国文化传统的基础上引进和兴办西式近代教育	
不同点		保留封建教育的同时，兴办西式近代教育	以否定封建教育为前提，兴办西式近代教育
改革措施		—	—
相同点		(1) 都采取了向海外派遣留学生的措施 (2) 都聘请了洋教员执教，开办西式近代学校	
不同点	实质上	未能使教育改革和社会改革同步进行	教育改革和社会改革同步进行
	地位上	只是当时中国教育体系中的一小部分，且集中于专门教育	对教育进行了全面而系统的改革，涉及各级各类教育
	影响上	主体是部分具有危机和开放意识的官员，未能获得全国统一教育领导机构的有力支持，力量薄弱	确立了以文部省为首的中央集权式的教育管理体制，是通过政府动员全国力量进行的，力量强大

【参考答案】

(1) 指导思想。

洋务运动的指导思想是“中学为体，西学为用”；明治维新教育改革的指导思想是“文明开化”和“和魂洋才”。

① 相同点：

都重视引进和兴办西式教育，又希望不丢掉本国文化传统的根本。

② 不同点：

A. 洋务教育旨在保留封建教育的同时，兴办西式近代教育；

B. 明治维新教育改革以否定封建教育为前提，兴办西式近代教育。

(2) 改革措施。

① 相同点：都采取了向海外派遣留学生的措施；都聘请洋教员执教，开办西式近代学校。

② 不同点：

A. 洋务教育未能使教育改革与社会改革同步进行；明治维新教育改革则使教育改革与社会改革同步进行。

B. 洋务教育只是当时中国教育体系中的一小部分，且主要集中于专门教育；明治维新教育改革则对教育进行了全面而系统的改革，涉及各级各类教育。

C. 兴办洋务教育的主体是部分具有危机和开放意识的官员，未能获得全国统一教育领导机构的有力支持，力量薄弱；明治维新教育改革确立了以文部省为首的中央集权式的教育管理体制，是通过政府动员全国力量进行的，力量强大。

模拟练习

一、单项选择题

【答案】B 此为对清末洋务运动时期幼童留美事件的描述。“再遣终无期”表达的是对清政府召回留美幼童的不满。

二、论述题

【参考答案】

(1) 发展概况

洋务学堂分为外国语学堂(方言学堂)、军事学堂(武备学堂)、技术实业学堂。

① 外国语学堂如京师同文馆、上海方言馆、湖北自强学堂。

② 军事学堂如福建船政学堂、天津水师学堂、湖北武备学堂。

③ 技术实业学堂如福州电报学堂、天津西医学堂。

(2) 特点

洋务派所兴办的洋务学堂，具有明显的新旧杂糅的特点。

“新”主要表现在培养目标、教学内容、教学方法和教学组织形式上。

① 培养目标：造就洋务事业需要的专门人才，如外交、律例、军事机械制造、电报等领域的人才，不同于传统学校培养科举入仕的人才。

② 教学内容：以学习“西文”“西艺”为主，课程包括外语、数学、格致、化学等，不同于传统学校经史义理和八股文章。

③ 教学方法：按照知识的接受规律由浅入深、循序渐进地安排教学内容，重视理解，一定程度上改变了偏重死记硬背的传统学风。实践性课程不像传统学校完全把学生禁锢在书斋之中。

④ 教学组织形式：普遍制定学年课程计划，确定学制年限，采用班级授课制，突破了传统的进度不一的个别教学形式。

“旧”主要是因为洋务学堂依托传统封建教育体制办学，导致：

① 零散：洋务大臣们各自为政办学，零星分散，缺乏全国性的整体规划和学制系统，学校与学校之间相互孤立。

② 陈旧：在中体西用的原则下，洋务学堂在传授西文西艺的同时，不放弃四书五经的学习。

③ 官僚：洋务学堂为洋务大臣举办，作为封建官僚，对洋务学堂的管理沾上了封建官僚习气。

总之，洋务学堂以西方近代科技文化为主要课程，在形式上引进了资本主义因素，初步具备了近代教育的特征。在其产生之初，并非有意与以科举为核心的旧教育体制对抗，但是产生后，逐渐动摇和瓦解了旧的教育体制，实际启动了近代中国教育改革的进程。

第七章　近代教育体系的建立

第一节　维新派的教育活动

真题典例

一、单项选择题

1.【答案】B　维新运动的措施：变科举、发报刊、兴学堂、译外文书籍。对于民众启蒙而言，维新教育采取的区别于洋务教育的一项重要措施是发行报刊。

2.【答案】C　百日维新时期清政府提出设立经济特科。

3.【答案】C　A 选项是维新运动时期梁启超与经元善创办的女学堂。作为近代第一所国人自办的女学，其开创了中国女子教育的先河。

B 选项是维新运动时期盛宣怀所创，最早采取西方近代学校体系的形式，具有现代三级学制的雏形，寓维新观念于其中。

D 选项是由改良派创办的学习西学的学堂，严复曾在这里讲学，寓维新观念于其中。

C 选项由两广总督张之洞创办，是晚清洋务派创办诸多书院中最具影响的一个，不符合题意。

二、分析论述题

【解析】本题本质上为洋务派和维新派教育运动的对比。可以从教育目的、教育内容、教育思想、实践等方面概括说明。

【参考答案】洋务派的教育主张主要有：兴办洋务学堂、派遣学生留美和留欧。维新派的教育主张有：设立京师大学堂；废除八股考试，改革科举制度，设立经济特科；讲求西学，普遍建立新式学堂，主张将传统的书院改为学堂；兴办学会，如兴办北京强学会、上海强学会；发行报刊，如发行《万国公报》《时务报》。

(1) 维新派的教育主张

① 在教育目的上，维新派带有资产阶级意识，反对维护封建统治，主张建立君主立宪制。

② 在教育内容上：维新派提倡全面学习西学，尤其是思想方面的学习。

③ 在教育思想上：维新派更加重视儿童教育、女子教育和男女平等。

④ 在教育实践上：维新派采取了更多的教育改革措施，如发行报刊、创办京师大学

堂等。

⑤ 在教育制度上：维新派促进了近代学制的建立。

(2) 维新派的教育影响

① 在教育实践上：维新派采取了许多教育措施来推行新式教育，一定程度上传播了西方的知识和思想，推动了当时的教育变革，也促进了中西方的交流。

② 在教育制度上：促进了我国的近代学制的建立。

③ 在教育思想上：重视男女平等，开创了女子教育之先河；提出“鼓民力”“开民智”“新民德”，传播了民主思想。

④ 在社会影响上：形成了“人人谈时务，家家言西学”的局面，激起了一股思想解放的潮流，促进了资产阶级思想在我国的传播。

模拟练习

单项选择题

1.【答案】A 经正女学是近代第一所国人自办的正规女子学校。

2.【答案】A A 选项经正女学是维新派创办的。B 选项爱国学社和 C 选项爱国女校是资产阶级革命派创办的学校。D 选项京师同文馆是洋务派创办的学校。

第二节 维新派的教育思想

真题典例

单项选择题

1.【答案】C 本题属于对识记性知识的考查。梁启超主张教育的目的是培养新民。

2.【答案】A 本题属于对识记性知识的考查。严复受斯宾塞“三育论”的影响，提出“鼓民力、开民智、新民德”的“三育论”。

3.【答案】C 本题属于对识记性知识的考查。中国近代史上第一次专门讨论师范教育问题的论著是梁启超的《变法通议·论师范》。

4.【答案】C 1898 年，梁启超参与创办了中国第一所国人自办的女学——经正女学。

模拟练习

单项选择题

1.【答案】B 梁启超认为应从编写儿童教科书入手改革儿童教育。

2.【答案】B 梁启超根据当时西方心理学研究成果中的年龄与身心发展的关系理论，列出一份《教育期区分表》，将受教育者划分为5岁以下（幼儿期——家庭教育与幼稚园期）、6~13岁（儿童期——小学校期）、14~21岁（少年期——中学校期）、22~25岁（成人期——大学校期）四个年龄阶段，分别介绍了各个年龄阶段的学生在身体、知、情、意、自观力（自我意识）等方面的发展情况和基本特征。他同时详细介绍了日本学者根据上述分期理论设计的《教育制度表》，其中幼稚园2年、小学8年、中学8年、大学3至4年，分别对应《教育期区分表》中的四个阶段。根据学生身心发展的阶段性特征来确定学制的不同阶段和年限，是近代西方教育心理研究的成果。梁启超是中国近代最系统介绍和倡导这一理论的人物。

3.【答案】C 严复提出"鼓民力"，就是提倡体育，包括禁止鸦片和女子缠足等陋习，使国民有强健的身体，他认为体育和智育是相辅相成的，题干正是他对于体育和智育的看法。

4.【答案】B 康有为认为中学院是人生的关键时期，"人生学问之通否，德性之成否，皆视此学龄。"

5.【答案】A 康有为认为小学教育应遵循的原则是"以德育为先""养体为主而开智次之"。

6.【答案】A 在严复看来，愚是最基本的问题。开民智可以直接治愚，间接可以鼓民力和新民德。

7.【答案】D 本题为对识记性知识的考查，D选项为凭空捏造。

第三节 清末新政时期的教育

真题典例

单项选择题

1.【答案】A 本题属于对识记性知识的考查。壬寅学制是中国近代第一个以中央政府名义制定的全国性学制系统，于1902年颁布，也称《钦定学堂章程》。

2.【答案】C A选项"壬子癸丑学制"于1912—1913年制定，属于南京临时政府时期。B选项"确立男女同校制度"在壬子癸丑学制中有所体现。D选项"创设京师大学堂"是百日维新中的措施。

3.【答案】B 百日维新时期的教育措施包括：废八股，改革科举；设立京师大学堂；讲求西学，设立新式学堂。近代学制包括：1902年壬寅学制；1904年癸卯学制；1912—1913年壬子癸丑学制；1922年"新学制"（六三三学制、壬戌学制）；1928年戊辰学制。百日维新期间没有颁布近代学制，近代学制是清末新政时期颁布的。

4.【答案】C 本题为对识记性知识的考查，最早兼顾升学和就业双重需要的学制是壬戌学制。因为它是最早在高中阶段设普通科和职业科的学制。

5.【答案】A 我国最早规定义务教育阶段的学制是壬寅学制。

6.【答案】B 本题为对识记性知识的考查。成立清华学堂的经费主要来自美国退回的部分赔款，和“庚款兴学”有关。

7.【答案】D “壬寅学制”规定蒙学堂和寻常小学堂共 7 年，为义务教育性质。

模拟练习

一、单项选择题

1.【答案】B 癸卯学制分为三段七级。第一阶段为初等教育，包括蒙养院 4 年、初等小学堂 5 年和高等小学堂 4 年。蒙养院是幼儿教育机构，招收 3~7 岁的幼儿，将其纳入学制系统标志着我国学前幼儿教育进入国家规划发展的新阶段。

2.【答案】C 癸卯学制设立的通儒院，属于研究院性质，以“能发明新理以著成新书，能制造新器以利民用”为宗旨。

3.【答案】A 清末学制中，最早涉及义务教育的是壬寅学制。

4.【答案】B 本题为对识记性知识的考查，王国维是中国近代史上第一次提出德、智、体、美四育并重的思想家。

5.【答案】A 本题为对识记性知识的考查，中国教育会创办的著名革命学校是爱国女校和爱国学社。经正女学和维新派有关，格致书院为官绅共办的学堂。

6.【答案】A 本题为对识记性知识的考查。1901 年后，民主与革命的思想在上海南洋公学学生中日益增长，校方却采取专制的手段予以压制。1902 年 11 月，终因一桩小小的“墨水瓶”事件引发学生与校方公开对抗，经特班总教习蔡元培等调解无效，全校 200 多名学生集体愤然罢学离校。中国教育会为南洋公学罢学学生组建、开我国近代学生罢学并另行设校的先河的学校是爱国学社。

二、论述题

1.【参考答案】

清末新政是晚清政府为了挽救自身统治进行的一场自救运动。清末新政的内容涉及晚清社会的方方面面，比如预备立宪、编练新军、改革官制等，其中的教育改革主要表现在：

(1) 建立清末学制

清末新政时期颁布壬寅学制和癸卯学制。壬寅学制是中国近代第一个以中央政府名义制定的全国性学制系统，学制主系列分为三段七级。主系列之外有实业学堂和师范学堂。癸卯学制是中国近代第一个以中央政府名义颁布并实施的全国性学制系统，学制主系列划分为三段七级。

清末学制是近代以来学习西方教育的系统性成果，是近代中国教育改革的承前启后之作。但是，清末新政是封建王朝在垂亡时的自救性改革，学制不可避免地具有一些封建性因素。

(2) 废科举、兴学堂

1905 年光绪帝上谕"著即自丙午科(1906 年)为始,所有乡会试一律停止,各省岁科考试亦即停止",科举废除后,许多新式学堂由传统书院改造而来。

(3) 改革教育行政体制,厘定教育宗旨

1905 年,清政府设立学部,作为统辖全国教育的中央教育行政机关,将原来的国子监并入;地方教育行政上,设立提学使司管理教育;教育宗旨确定为:忠君、尊孔、尚公、尚武、尚实。

(4) 留学教育的勃兴

留日高潮下充实了学堂师资,翻译了日文书籍,传播了资本主义思想观念,形成了资产阶级革命群体,促成了辛亥革命的爆发。1908 年,美国提出从 1909 年开始,将所得庚子赔款的一部分以"先赔后退"的方式退还给中国,用来发展留美教育,后被部分国家仿效,这就是所谓的"庚款兴学",为了实施庚款兴学计划,中国政府专门在北京设立"游美学务处"。游美学务处在选派留学生的同时,着手建立留美预备学校——清华学堂,即清华大学的前身。

清末新政的教育改革最终导致中国传统教育制度的解体,近代教育在形态上得以确立。

2.【参考答案】

清末学制主要指的是壬寅学制和癸卯学制。壬寅学制是中国近代第一个以中央政府名义制定的全国性学制系统。癸卯学制是中国近代第一个以中央政府名义颁布并实施的全国性学制系统。清末学制是近代以来学习西方教育的系统性成果,是近代中国教育改革的承前启后之作,直接参考日本,间接吸收欧美,反映了近代资本主义教育的诸多特点。

(1) 在学制系统上:仿照三级学制系统模式,分初等、中等、高等三级。

(2) 在学制目的上:规划了义务教育的目标、确立了"三育"模式。

(3) 在学制内容上:设置了众多的实业学堂,以适应和推动近代资本主义工商业的发展;重视师范教育。

(4) 在学制组织管理上:将分年课程规划、班级授课制作为基本的教学管理和教学组织形式。

(5) 在对待儿童方面:要求尊重儿童个性,禁止对 13 岁以上儿童施行重于罚站之类的体罚。

(6) 在课程比重上:西学占主导地位。

但是,清末新政是封建王朝在垂亡时的自救性改革,学制不可避免地具有一些封建性因素。

(1) 学制的指导思想:仍是洋务教育"中学为体,西学为用"的延续,首要任务是培养学生效忠封建王朝。

(2) 学制的课程内容:读经讲经课比重过大,中西兼学,既要学习西学,又不肯稍减中学,导致学制偏长。

(3) 学制的等级性:各级各类学堂没有明确的等级限制,但是进入学堂需要有保人,客观上限制了普通民众进入高等教育的机会;广大妇女被排斥在学校教育之外。

(4) 学制的管理:《各学堂管理通则》中对教职工和学生规定了许多旨在维护封建统治秩序的禁令,并根据学生的表现和学业程度奖励相应的科举功名。

从以上可以看出,清末学制包含了资本主义和封建性因素,是传统性和近代性综合的产物,具有新旧杂糅的特点。

第八章　近代教育体制的变革

第一节　民国初年的教育改革

真题典例

单项选择题

1.【答案】A　本题考查的是南京临时政府时期的课程标准。南京临时政府时期废除了癸卯学制中的“读经讲经”课，突出近代学科和资本主义文化在教育中的地位，对传统文化采取批判继承的态度。比如修身课中突出孝悌、亲爱、信实等传统德目，中学修身课要求注意“本国道德之特色”；提高唱歌、图画、手工、农业等课程的地位，关注对学生的美感和情感教育，注意课程的应用性、平民化和手脑协调发展的特色。B 选项和 C 选项为 1922 年“新学制”的课程标准的提法；D 选项在癸卯学制中已经提出，不能充分体现资产阶级民主精神。

2.【答案】C　壬子癸丑学制的特点：(1) 缩短了学制年限；(2) 女子享有与男子平等的法定教育权；(3) 取消对毕业生奖励科举出身，废止清末高等教育中的保人制度；(4) 规定一学年度为三个学期；(5) 文、实不分科，只设大学预科。

3.【答案】D　戊辰学制颁定后越来越重视职业教育的发展。

4.【答案】B　本题考查的是壬子癸丑学制颁布时期的课程标准。根据 1912 年 11 月颁布的《小学校教则及课程表》，初等小学校开设修身、国文、算术、手工、图画、唱歌、体操共 7 门课程，女子加缝纫课。如因故不能开设手工、图画、唱歌、缝纫之一科或数科，应增加其他科目的教学时数。

模拟练习

一、单项选择题

1.【答案】A　南京临时政府教育部成立之初，即将制定民国新学制作为工作的重点，召集了一批留学日本和欧美的归国人员，分别草拟各级学校规程。最初意向是以欧美学制为蓝本，但因感到欧美学制不适合中国国情，且欧美归国人员中缺少专习教育之人，最终在参照日本学制的基础上，结合中国实际经验，形成了民国新学制草案。

2.【答案】C 壬子癸丑学制取消对毕业生奖励科举出身，废止清末高等教育中的保人制度，大学不设经科，有利于消除教育中的封建等级性、科举名位思想和复古气息。

3.【答案】C 壬子癸丑学制主系列划分为三段四级，大学分为预科、本科、大学院三个层次，以教授高深学术、养成硕学闳材、应国家需要为宗旨。

4.【答案】C 壬子癸丑学制的师范学校以造就小学教员为目的，并专为女子设立女子师范学校，女子师范学校兼培养蒙养园教师。

5.【答案】C 废止读经讲经课的学制是民国初年的壬子癸丑学制。

二、论述题

1.【参考答案】

晚清学堂发展经历了起步阶段、发展阶段和普及阶段。

(1) 起步阶段是从鸦片战争到洋务运动时期。鸦片战争的失败使清政府意识到必须学习西方，开始出现新式学堂——洋务学堂，包括外语学堂、军事学堂、技术学堂。其中，京师同文馆、上海广方言馆即当时的外语学堂，福州船政学堂为最早的军事学堂，天津电报学堂为著名的技术学堂。这些学堂均中西兼学，引入物理、数学、外语等西学，以“中体西用”为指导方针。

(2) 发展阶段是在1894—1898年甲午战争和百日维新时期。戊戌变法推进了新政，各地新式学堂数量迅速增加。“百日维新”的教育政策之一即为废八股改试策论，在全国范围内首次废除八股文这一无实无用、无助于国计民生的陈腐文体，科举制的合法性也遭到质疑，西式教育首次在较大范围内引进。废八股改试策论也成为“废科举”的先声。

(3) 普及阶段是在清末新政时期。由于壬寅学制及癸卯学制的颁行，20世纪初出现兴办新式学堂的热潮，全国遍设小学堂、中学堂、大学堂、实业学堂、师范学堂等。1905年废除科举后，新学堂迅速普及。

2.【参考答案】

第一，“废科举、兴学堂”的做法冲击了封建社会旧的教育制度。从洋务运动起，封建社会教育制度的板块逐渐松动。经学琐碎与空疏的弊端暴露无遗，加之陈腐的科举取士制度、禁锢知识精英阶层的八股文，使中国的思想、教育日益落后于西方的民主、自由、平等、博爱的教育理念，造成中国的长期落后及百年国耻。晚清“废科举、兴学堂”虽未完成“立新”，却完成了“破旧”。此后教育界的封建复古主义虽时有反弹，但最终未能成功。

第二，“废科举、兴学堂”的做法促进了西学的引进和传播。清末翻译出版了许多政治、法律等类的社会科学著作。学堂学生人数激增，接触学习西方知识，推动了西学在中国的引进和传播。

第三，“废科举、兴学堂”的做法培养了新式人才。“废科举、兴学堂”培养出许多具有新思维的人才，他们毕业后从事政治、军事、科技、教育、新闻等新兴行业，为中国近现代发展作出了应有贡献。

第四，“废科举、兴学堂”的做法培育了参与革命的力量。一些革命思想学校培养学生，使他们接受民主共和的思想，反对腐败专制，加入革命力量，最终发动辛亥革命，推翻了清朝政府。

第五，“废科举、兴学堂”开启了中国教育近代化进程，其后数次教育改革均以此为基础。

综上，“废科举、兴学堂”具有进步启蒙意义，是中国教育近代化的重要历史步骤，我们应继承其精华，使之更好地服务于国家发展。但也应认识到教育现代化是一个循序渐进的过程，不能一蹴而就，需要在实践中不断深化和完善。

3.【参考答案】

(1) 学制的内容

壬子癸丑学制体系分为三段四级。三段为初等教育阶段、中等教育阶段和高等教育阶段。

① 初等教育阶段：分为初等小学校和高等小学校两级，不设男校女校。初等小学校4年，高等小学校3年。

② 中等教育阶段：中学校4年，不分级，专为女子设立女子中学校。

③ 高等教育阶段：不分级，设立大学。大学分预科、本科、大学院三个层次。

主系列外有师范类学校和实业类学校。壬子癸丑学制还特设有补习科、专修科、讲习所之类的旁支。

(2) 学制的性质

壬子癸丑学制是中国第一个资产阶级性质的学制。

(3) 学制特点

① 缩短了学制年限。

② 女子与男子享有平等的法定教育权。

③ 取消对毕业生奖励科举出身，废除清末保人制度。

④ 规定一学年为三个学期。

⑤ 文、实不分科，取消高等学堂，只设大学预科。

第二节 蔡元培的教育思想

真题典例

一、单项选择题

1.【答案】C 四个选项都是蔡元培提出的教育思想内容。A选项是教育独立的主张；B选项是教育管理的内容；D选项是学科体制改革方面的主张。题干“大学者，‘囊括大典，网罗众家’之学府也”体现的是思想自由、兼容并包的思想。

2.【答案】C A选项是梅贻琦(曾任清华大学校长)所说；B选项是《大学》篇中“三纲领”的内容；D选项是复旦大学校歌里的内容。

3.【答案】D 蔡元培认为教育的最终目的是造就“完全人格”。

4.【答案】C 主张“尚自然”和“展个性”的是蔡元培。

5.【答案】A 蔡元培等人提议试行的大学院和大学区制借鉴的是法国的大学院和大学区制。

6.【答案】C 世界观教育和美感教育以追求实体世界之观念为目的，为超轶政治之教育。

二、分析论述题

【解析】第一问，反映的是以儿童为中心的教育观念；第二问，结合题干要求，利用所学的相关史实展开论述即可。

【参考答案】

(1) 蔡元培“教育者非以吾人教育儿童，而吾人受教于儿童之谓也”的说法和陶行知主张“大人要向小孩子学习”有异曲同工之妙。他们的主张是“儿童中心观”的生动写照。“儿童中心观”强调重视儿童的学习主体地位，充分了解儿童的身心发展特点，关注儿童的切实需要，发挥儿童的主动性、创造性，尊重儿童的个性。

传统教育观重视教师的权威，教师所思、所言都成为儿童的范本，学习方式局限于师传生，教师与学生之间是教与被教的关系。而自卢梭喊出“把孩子当作孩子”的观点开始，“儿童中心观”逐渐被人重视，尤其是杜威所提倡的“儿童中心”，“教育即生活，教育即生长，教育即经验的改造”深刻影响了20世纪20年代我国的教育家们。蔡元培此言正是受这一观点的影响。

(2) 蔡元培所说的“新教育”是指重视儿童，追求民主、自由、平等的教育。与传统的教育“谋求功名”不同，“新教育”在于造人，在于造就健全人格，培养独立自主的新国民，其在我国20世纪20年代前后教育变革中的表现有：

① 在全国教育联合会的努力下，我国效仿美国，结合自身国情，于1922年建立“新学制”，也称“壬戌学制”“六三三学制”。该学制遵循“发扬平民教育精神，谋个性之发展”等七项原则，缩短了小学教育年限，中学实行选科制和分科制相结合，建立了独立的职业学校和专门学校，取消大学预科，注重天才教育和特种教育。1922年“新学制”的出台，为“新教育”的发展提供了坚实的制度保障。

② 在教学内容上：新式教学内容“百花齐放”。

蔡元培提出“五育”并举的教育，主张教育应从军国民教育、实利主义教育、公民道德教育、世界观教育和美感教育入手；陈鹤琴在南京创设了我国第一所实验幼稚园——鼓楼幼稚园，提出“五指活动”，注重教学内容的整体性；晏阳初提倡用“文艺教育、生计教育、卫生教育、公民教育”来改变当时我国“愚、穷、弱、私”的状态。这些教学内容的主张都体现了新教育中“新”的内涵。

③ 在教学方法上：新式教学方法“琳琅满目”。

道尔顿制、设计教学法、文纳特卡制等新教学法传入我国，在学校里引起了一系列教学法的试验。陶行知提出“教学做合一”，在活动中进行教学，教学方法的革新为新教育的实施提供了基本手段、途径。

模拟练习

一、单项选择题

1.【答案】D 京师大学堂是百日维新期间创办的,蔡元培并未参与。其余选项均为蔡元培的教育实践活动。

2.【答案】B 题干描述的是蔡元培对实利主义教育的看法,他认为实利主义教育可以发挥提高国家经济能力和改善人民生活的作用。

3.【答案】D 世界观教育为蔡元培所独创并将其称为教育的最高境界。所谓世界观教育,就是要培养人们立足于现象世界但又超脱现象世界而贴近实体世界的观念和精神境界。

4.【答案】D 美感教育是世界观教育的主要途径,利用美感这种超越利害关系、人我之分界的特性去破除现象世界的意识,陶冶、净化人的心灵。

5.【答案】B 1927 年,蔡元培任大学院院长期间,提出了要使教育“科学化、劳动化、艺术化”的方针,影响了全国教育会议的教育宗旨:提高国民道德,锻炼国民体格,普及科学知识,培养艺术兴趣。

6.【答案】A 蔡元培认为,北京大学教师不热心学问,学生把大学当作升官发财的阶梯,这是北京大学腐败的总因,因此他改革北京大学的第一步就是明确大学的宗旨,为师生研究创造高深学问的条件和氛围。

7.【答案】B 蔡元培认为,北京大学学生应抱定为求学而来的宗旨。1917 年,蔡元培发表就任北京大学校长的演说时,对学生提出三点要求:一曰抱定宗旨,二曰砥砺德行,三曰敬爱师长。在他看来,三点要求中抱定宗旨应放于首位。

8.【答案】C 蔡元培在教师的聘任上,坚持学诣第一的原则,对于有真才实学、热心教学、有研究学问的兴趣和能力的学者,不管他的国籍、资格、年龄、思想倾向,都加以聘任。

9.【答案】A 蔡元培任校长后,当年即组织了评议会,从全校每 5 名教授中选举评议员 1 人,校长为评议长。评议会为全国最高的立法机构和权力机构,凡学校重大事务都必须经过评议会审核通过。

10.【答案】A 蔡元培认为没有基础学科的发展,应用学科的发展绝不会有后劲。突出文理两科,强调基础理论的地位,是蔡元培“大学为纯粹研究学问之机关”观点的延伸。

二、论述题

1.【参考答案】

洪堡与蔡元培分别是德国和中国历史上著名的教育家和改革家,他们都对两国大学的发展作出了卓越的贡献,深深地影响了两国教育现代化的进程。比较和分析两者的大学观、人才培养观、科研观、办学观,通过认识到其中的优点和不足有助于我们更加全面地了解、学习和借鉴他们的思想。

(1) 大学观

① 洪堡认为，首先，大学是一个享有一定自治和自由的由探索高深学问的学者组成的社团。其次，大学是带有研究性质的高等学术机构，是学术机构的顶峰。再次，大学是受到国家保护但又享受完全自主地位的学术机构。

② 蔡元培在《就任北京大学校长之演说》中提出了他的大学理想："大学者，研究高深学问者也。"他认为，大学是研究高深学问的场所，不是养成资格、贩卖文凭的地方，更不是升官发财的阶梯。

③ 在大学观上，洪堡和蔡元培都将大学看作是研究学问的机构。认为学生应该充分利用大学的资源致力于科学研究，在科研中培养学习兴趣，提高自主分析问题的能力，发挥创新精神和创造能力，完善人格，升华人性。

(2) 人才培养观

① 洪堡将教育目的表述为：培养"完全的人"或"全面发展的人"。洪堡所指的"完人"，即有修养的人，一个人格完善、个性和谐的人。拥有"永恒不变的理智和至上至善"的人。

② 蔡元培将培养目标论述为完全人格或"健全人格"的培养。首先，完全人格是指人在德、智、体、美各方面的和谐发展。其次，完全人格包括三个方面：认知、情感和意志。要形成完全人格，三者缺一不可。

③ 简而言之，蔡元培认为教育的目的是使学生在道德、智慧、身体、审美和世界观上和谐发展，完善他们的人格，促进个性与群性的全面发展。可以看出，洪堡和蔡元培都主张培养和谐发展的"完人"。

但是两者论述的角度又是不一样的。洪堡是基于个人本位的角度，更加关注人内在精神世界的发展。蔡元培则是基于个人利益与国家利益相统一的角度。在他看来，培养具有健全人格的"完人"是国家繁荣兴盛的前提。

(3) 科研观

① 洪堡提出，教学应该与科研相结合。他反对传统大学只注重知识的传授，认为大学应该专注于学术研究和追求真理，而不是教学和考试。

② 蔡元培也强调了学术的非功利性，他认为大学是研究纯粹学问的地方，大学的任务在于创新知识、学术研究，而不是实现学生的功利性目的。同时他认为教师如果在学校中没有从事科学研究，难免会陷入照本宣科、不思进取的状态。

(4) 办学观

① 洪堡认为，大学应该摆脱政府的不恰当干预，保持自己的独立性和自主性，有自己的目标追求。柏林大学拥有充分的自治权，教师除了可以进行自由的学术研究之外，还可以自由地选择教学内容和方法。学生也享有充分的学习自由，可以自由地选择科目、教师和转学。

② 与洪堡"学术自由"的主张相似的是，蔡元培提出了"思想自由，兼容并包"的办学原则。他认为，大学应该广泛接受来自世界各地的人才。

与洪堡的不同之处在于，在大学与政党的关系上，为了实现教育的真正独立，蔡元培还制定了教育经费独立、教育行政独立、教育学术和内容独立、教育脱离宗教而独立等具体措施。

2.【参考答案】

蔡元培主要的教育活动包括成立“中国教育会”，创办爱国女学、爱国学社，担任教育总长，组织“勤工俭学会”，改革北京大学。

(1) 蔡元培的教育思想

① 提出“五育并举”的教育方针

蔡元培在《对于教育方针之意见》中提出“五育并举”的教育方针，包括军国民教育、实利主义教育、公民道德教育、世界观教育和美感教育，主张“五育”不可偏废。

第一，在军国民教育上，蔡元培主张将军事教育引入学校和社会教育中，强调学生生活的军事化，特别是体育的军事化；第二，在实利主义教育上，蔡元培主张“以人民生计为普通教育之中坚”，加强职业技能的培训；第三，在公民道德教育上，蔡元培主张从儒家传统文化入手进行公民道德教育，其内涵和资产阶级追求的自由、平等、博爱的精神是相通的；第四，在世界观教育上，将世界分为“现象世界”和“实体世界”，主张人们立足于现象世界而追求实体世界；第五，在美感教育上，蔡元培认为美感教育是世界观教育的主要途径，主张以美感教育代宗教。

② 提出教育独立思想

1922 年 3 月，蔡元培发表《教育独立议》一文，阐明教育独立的基本观点：

教育经费独立：政府指定固定的款项，专作教育经费，不能移作他用；教育行政独立：设立专管教育的行政机构，不附设于政府部门；教育学术和内容独立：教育方针应保持稳定，能自由编辑、出版、选用教科书；教育脱离宗教独立。

(2) 蔡元培的教育实践

蔡元培的教育实践集中体现在对北京大学的改革上。1916 年，蔡元培在孙中山等人的支持下，对北京大学进行了全面改革，主要表现在以下几个方面：

① 抱定宗旨，改变校风

蔡元培认为大学应为“研究高尚学问之地”，改革北京大学的第一步是明确大学的宗旨，并为师生创造研究高深学问的条件和氛围。

第一，改变学生观念，让学生抱定为求学而来的宗旨；第二，整顿教师队伍，延聘积学热心的教员；第三，发展研究所，广积图书，引导师生研究兴趣；第四，砥砺德行，培养正当兴趣。

② 贯彻“思想自由，兼容并包”的办学原则

蔡元培认为“大学者，‘囊括大典，网罗众家’之学府也”。在学术上“循‘思想自由’原则，取兼容并包主义”。在教师的聘任上，罗致各类学术人才，使北京大学的教师队伍一时呈现出流派纷呈的局面。

③ 教授治校，民主管理

蔡元培设立评议会、教授会，评议会通过学校内部组织章程，决定设立行政会议、教务会议及教务处、总务处。新的管理体制的建立，改变了京师大学堂遗留下来的封建衙门作风，提高了工作效率。

④ 学科与教学体制改革

第一，扩充文理，改变“轻学而重术”的思想；第二，沟通文理，废科设系；第三，改年

级制为选科制。

⑤ 蔡元培还在1920年实行了女生旁听制度，开我国公立大学招收女生之先例。北京大学还开办了不少平民学校和夜校，努力服务于社会，提高了大学的开放性和平民化程度。

蔡元培的教育思想对民国教育的大政方针和宏观布局有重大影响。他的教育思想贯彻着民主、科学、自由、个性的追求，充满了爱国激情。他在民国初期改革封建教育，建立资产阶级民主教育制度反映的是新时代对教育的要求，他对北京大学的改革，规模恢宏、影响深远，对我国近现代的教育具有不可磨灭的作用。

第三节 新文化运动时期和20世纪20年代的教育思潮与教育改革运动

真题典例

一、单项选择题

1.【答案】A 4个选项都属于新文化运动时期的教育思潮，但其中集中体现民主追求的是平民教育思潮。

2.【答案】A 黄炎培在对“癸卯学制颁布以来的中国教育，尤其是普通教育进行考察后，于1913年在《教育杂志》上发表《学校教育采用实用主义之商榷》一文，提出必须要改革普通教育。1917年，中华职业教育社成立后发表的《中华职业教育社宣言书》，标志着以黄炎培为代表的职业教育思潮的形成。

3.【答案】D 五段教学法是在赫尔巴特的四段教学法（明了、联想、系统、方法）的基础上发展而来，包括预备、提示、联想、总结、应用，是最早传入中国的西方近代教学法。

4.【答案】C 具有共产主义思想的知识分子，主张先改造社会，才可以有好的教育。A选项“倡导工学主义的知识分子”，基本主张是“以工兼学、勤工俭学、工人求学、学生做工、工学结合、工学并进，培养朴素工作和艰苦求学的精神，以求消除体脑差别”。B选项“倡导国家主义的知识分子”，认为国家应该重视和管理教育，应该普遍设学，并对学校教育进行管理，培养合格的国家公民。D选项“具有平民主义思想的知识分子”，倡导平民教育，是新文化运动中的民主思潮在教育领域里的反映和重要组成部分。

5.【答案】C 蔡元培教育独立思想的内容包括教育经费独立、教育行政独立、教育脱离宗教独立、教育学术和内容独立。

6.【答案】B 题干属于对勤工俭学运动的评价。

7.【答案】C 1919年，新文化运动主张使用白话文，不再使用文言文。1920年，教育部规定，凡国民学校都废止文言文教材，代之以现代语体文。1922年，国民学校停止使用文言文教科书。这一时期属于北洋政府时期。

8.【答案】D 初步具有共产主义思想的知识分子强调“使工不误读，读不误工，工读打成一片，才是真正人的生活”。

9.【答案】B 本题属于对识记性知识的考查。题干的说法是纯粹的“工读主义”观点。纯粹的“工读主义”观点，以胡适与张东荪为代表。

10.【答案】C A、B、D 选项是戊辰学制和 1922 年“新学制”所共有的原则。戊辰学制实行的原则有：根据本国国情；适应民生需要；增高教育效率；提高学科标准；谋个性之发展；使教育易于普及；留地方伸缩之可能。其中特别提出的是根据本国国情。

11.【答案】A “以自由、合作与时间预算为原则”，即道尔顿制。

12.【答案】A 恽代英主张实施的是自学辅导法。

二、分析论述题

【解析】本题指向明确，教育思想方面，有陶行知、陈鹤琴等人的教育思想；制度方面，主要是 1922 年“新学制”；实践层面，可以从乡村教育运动或者教学方法改革等方面进行阐述。

【参考答案】

新文化运动时期高举“民主”和“科学”两面旗帜。在文化、教育、社会等方面发生了深刻变革。教育思想方面以陶行知、陈鹤琴为代表，教育制度方面以 1922 年“新学制”为代表，实践方面有乡村教育运动。

(1) 教育思想中的民主思想光芒。

在教育思想层面上，以陶行知“生活教育”理论和陈鹤琴“活教育”理论为代表，其民主思想主要体现在重视、关注儿童，从儿童的角度出发关注教育。

① 陶行知重视教育和生活的联系，他师从杜威，深受杜威教育思想的影响，提出“生活教育”理论。主要内容包括：A.“生活即教育”是其理论的核心：生活含有教育的意义，过什么生活便是在受什么教育，生活伴随人的始终；实际生活是教育的中心；生活决定教育，教育改造生活。B.“社会即学校”是“生活教育”思想在学校与社会关系问题上的具体化，是关于学校教育的本质看法，即社会含有学校的意味，学校含有社会的意味。C.“教学做合一”是其理论实施的方法：要求在“劳力上劳心”，是因为“行是知之始”，要求“有教先学”和“有学有教”，否定注入式教学法。

② 陶行知非常重视儿童和儿童教育，他创办了南京晓庄学校，推行“科学下嫁”活动，创办了山海工学团，提倡“艺友制”师范教育和“小先生制”。

③ 陈鹤琴“活教育”思想也受到杜威教育思想的影响。“活教育”思想体系具体包括“活教育”的目的论、课程论和教学论。A. 目的论。即“做人，做中国人，做现代中国人”。B. 课程论。即“大自然、大社会都是活教材”。C. 教学论。即“做中教，做中学，做中求进步”。陈鹤琴批判教育忽视儿童生活和主体性，提出了体现儿童生活整体性和连贯性的“五指活动”。

(2) 教育制度中的民主思想光辉。

在教育制度层面上，1922 年“新学制”破土而出。在全国教育联合会的努力下，我国仿效美国，结合自身国情，建立 1922 年“新学制”，也称“壬戌学制”或“六三三学制”。学制改革注重中国国情，为培养新国民、进行国民教育提供了制度保障，体现了民主思想。

① 该学制遵循“发扬平民教育精神、谋个性之发展、注意国民经济力、注重生活教育”等7项原则。

② 缩短了小学教育年限，以中等教育为改制的核心，中学实行选科制和分科制相结合。

③ 师范教育方面设立专门的师范院校。

④ 注重职业教育，建立职业教育系统。

⑤ 取消大学预科。

⑥ 注重天才教育和特种教育。

(3) 教育实践中的民主思想光彩。

从教育实践层面来看，以晏阳初、梁漱溟为代表主持的乡村教育运动轰轰烈烈地展开，以及新的教学方法的涌现，都体现了民主思想。

① 晏阳初把中国问题归结为“愚、穷、弱、私”，提出要进行文艺教育、生计教育、卫生教育、公民教育。在河北定县，他通过“化农民”与“农民化”开展教育实验，并提出了学校式、社会式、家庭式的教育。

② 梁漱溟主张进行乡村改造，提出“政教养卫合一”，主张建立乡农学校，以乡村教育的方式改造国民。

③ 道尔顿制、设计教学法、文纳特卡制等新教学法传入我国，在学校里引起了一系列教学方法的实验。

民主作为永恒的价值追求，不仅体现在20世纪20年代中国教育思想、制度、实践的方方面面，而且对今天我国的教育建设也颇有启发与借鉴意义。

模拟练习

一、单项选择题

1.【答案】A 持马克思主义立场的知识分子强调将教育与政治斗争相结合，主张先革命后教育。

2.【答案】D 新文化运动中1922年学制中学阶段实行了选科制，D选项不符合史实。

3.【答案】D 新文化运动没有主张读经，而是要废除袁世凯复辟时期的读经讲经。

4.【答案】C 1922年学制即壬戌学制中，幼稚园纳入了初等教育阶段，使幼儿教育和小学教育得以衔接，确立了幼儿教育在中国教育史上的地位。

5.【答案】B 壬戌学制建立了比较完善、自成体系、从初级到高级的职业教育系统，用职业教育替代清末民初的实业教育。新学制实施职业教育的机构有两种，一种是独立的职业学校和专门学校，一种是附设在高小、初中、高中的职业科和大学的专修科。

6.【答案】A 根据儿童身心发展规律划分教育阶段，是1922年新学制最显著的特点。学制分为三段，即初等教育阶段、中等教育阶段和高等教育阶段，将学制阶段的划分建立在对我国儿童身心发展阶段的研究上，这在中国近代学制发展史上还是第一次。

7.【答案】A 壬戌学制颁布后，课程标准在小学阶段取消了修身课。

8.【答案】C 在高级中学设普通、农、工商、师范、家事等科的学制是壬戌学制。

二、论述题

1.【参考答案】

(1) 对教育思想的影响

① 教育的个性化：要求在教育上"使个人享有自由平等之机会而不为政府、社会、家庭所抑制"。要求在教育中尊重个人，尊重儿童。

② 教育的平民化：教育平民化观念的形成是民主思潮在教育领域里的回响。以平民为教育对象，教育形式和内容都要考虑生产、生活和环境改造的需要。

③ 教育的实用化：认识到教育对个人生活能力的培养，对社会生产发展的适应的重要意义，从观念上解决了改革教育结构、发展职业教育的问题。

④ 教育的科学化：提倡理性的怀疑精神，追求科学方法。

(2) 对教育实践的影响

① 废除读经，恢复民国初年的教育宗旨：废除了袁世凯时期的读经课程，确立"养成健全人格，发展共和精神"的国民教育宗旨。

② 教育普及有所发展：义务教育得到不断发展，中等教育的规模也有所扩大。

③ 学校教学内容的改革：学校中推行白话文和国语，中等教育注重科学和实用。

2.【参考答案】

(1) 清末新政引入近代学制

清末，在八国联军的大举进攻下，清政权岌岌可危，1901 年，慈禧太后以光绪帝名义发出上谕，揭开清末新政的序幕。

1902 年，在张百熙的主持下颁布了壬寅学制，这是中国近代第一个以中央政府名义制定的全国性学制系统。学制主系列分为三段七级，主系列之外，还有实业学堂和师范学堂。

壬寅学制公布后未及实行，很快被癸卯学制所替代。1904 年，在张之洞的主持下颁布了癸卯学制。癸卯学制是中国近代第一个以中央政府名义颁布并实施的全国性学制系统。学制主系列划分为三段七级。主系列之外的学堂主要有实业类学堂和师范类学堂。

(2) 民国初期的学制改革

民国成立，政体变更，彻底废除清末学制势在必行。1912 年南京临时政府教育部成立，蔡元培任教育总长。1912 年 9 月，正式颁布壬子癸丑学制。该学制参照日本学制，1913 年得以充实和具体化，又称为 1912—1913 年学制。学制主系列划分为三段四级。三段为初等教育阶段、中等教育阶段、高等教育阶段。主系列外有师范类学校和实业教育类学校。

(3) 新文化运动时期的学制改革

第一次世界大战引发了世界性民主改革的浪潮，唤起了中国社会对建立现代民主国家的强烈渴望，并通过 1919 年发生的五四运动广泛扩散。

1922 年"新学制"在全国教育会联合会的倡导下产生，效仿美国学制，也称为"壬戌学制”“六三三学制”。

该学制体系分为初等、中等、高等教育三段。初等教育中，初级小学4年，高级小学2年。中等教育中，初级中学3年，高级中学3年。高等教育分为大学、大学院。

(4) 南京国民政府时期的学制

1927年，南京国民政府成立。1928年颁布的“戊辰学制”相较1922年学制，没有显著变化，只是为适应20世纪30年代经济的增长，政府的教育决策明显向职业教育倾斜，使职业教育得到一定的发展。

3.【参考答案】

(1) 近代中国向西方学习的历程

近代中国向西方的学习经历了西学东渐—器物层面的学习—制度层面的学习—思想和文化层面的学习历程。

① 西学东渐

明清之际，西方一批传教士来中国，把西方的天文、宗教、数学等方面的著作介绍给中国，我们把儒学、道学介绍给西方。中西文化直接进行了交流和碰撞。

传教士东来，真实目的是传播天主教，向东方扩张势力。

② 器物层面的学习

19世纪中期，列强发动了旨在强占殖民地、原料产地和销售市场的两次鸦片战争。在战争中，“天朝上国”被一个西方岛国打得一败涂地。林则徐、魏源等一批地主阶级知识分子从迷梦中惊醒，“向西方学习”的新思想萌发。

19世纪60至90年代，清政府内有太平天国运动等一系列农民起义，外有列强对中国的全方位侵略，处于内忧外患的困境。为了挽救风雨飘摇的清政府，以李鸿章等一批封建官僚为核心，在“中学为体、西学为用”的思想指导下，形成洋务派，发动了一场“师夷长技以自强”的洋务运动。

③ 制度层面的学习

甲午中日战争中国战败后，19世纪末至20世纪初，以康有为、梁启超为代表的资产阶级维新派登上了历史舞台，发动“维新变法”。

以孙中山、黄兴等为代表的资产阶级革命派，学习西方“共和制道路”，组建资产阶级的政党“中国同盟会”，发表“三民主义”政治纲领，发动了武昌起义，1912年建立“中华民国”，成立南京临时政府，颁布《中华民国临时约法》，推翻了清政府，结束了两千多年的封建君主专制。

④ 思想和文化层面的学习

新文化运动的初期以宣传西方资本主义的民主、科学、新道德、新文学为核心，后期随着马克思主义传入中国，马克思主义逐渐得到广泛的传播。李大钊第一个举起社会主义大旗。“五四运动”标志着中国进入新民主主义革命时期，此后，马克思主义广泛传播，逐渐走上了与工人运动相结合的道路，成为思想界主流。

(2) 教育领域中的变化

① 教育目的

传统的“学而优则仕”“伦理纲常”的教化让位于实用人才的培养。从最开始洋务派培养懂西学的实用人才，到维新派的资产阶级新民的培养，到培养具有民主、科学思想的新人，教育目的的变化是渐进而鲜明的。

② 教育内容

由传统的儒家经书，主要是四书五经的学习，到学习西方的实用技术、政治制度、西方语言、西方书籍，教学内容呈现愈加丰富之势。

③ 教育组织机构

从私塾、书院到学堂、学务处，从个别教学到班级授课制的演变。

④ 教育方法

从传统的惩罚、私塾的教棍到近代尊重学生、遵循儿童发展的阶段性特征。

4.【参考答案】

(1) 教育思潮

① 平民教育思潮

倡导平民教育，是新文化运动中民主思潮在教育领域的反映和重要的组成部分。平民教育思潮批判传统的"贵族主义"的等级教育，破除千百年来封建统治者独占教育的局面，使普通平民百姓享有教育权利，获得文化知识，改变生存现状。

② 工读主义教育思潮

工读主义教育思潮的基本内涵为："以工兼学、勤工俭学、工人求学、学生做工、工学结合、工学并进，培养朴素工作和艰苦求学的精神，以求消除体脑差别"。

③ 职业教育思潮

中国最早阐述职业教育思想的是陆费逵，他认为"职业教育则以一技之长可谋生活为主"。1917年，黄炎培发起组织中国近代第一个研究、倡导、实验和推行职业教育的专门机构——中华职业教育社。进一步从理论上探讨，在实践中推行职业教育，职业教育思潮由此达到高潮，并出现全国性的职业教育运动。1918年，中华职业教育社创立中华职业学校，通过学校教育的形式开展职业教育实验。

④ 科学教育思潮

科学教育思潮在新文化运动期间形成并盛行一时。中国教育与近代科学联姻，始于洋务教育家所倡导的"西艺"教育。当时中国学者中最具有科学教育观的当数严复，他曾主张西方科学技术、社会学科和社会制度的基础是"实验的学术"，主张将实事求是的治学精神普及于社会。

科学教育的基本内涵：一是物质上之知识的传授，二是应用科学方法于教育研究和对人的科学精神、科学态度的训练。

⑤ 国家主义教育思潮

国家主义教育思潮是一种具有强烈资产阶级民族主义色彩的社会思潮，于20世纪初在中国兴起，是政治上的国家主义在教育领域的反映。

(2) 教育改革运动

① 勤工俭学运动

1915年，蔡元培、李石曾、吴玉章等人在法国创立"勤工俭学会"，明确提出"勤于工作、俭于求学、以进劳动者之智识"的宗旨，创造了半工半读的形式，产生了最初的工读主义教育思想。1916 年，蔡元培、吴玉章等人在法国创立“华法教育会”，以勤工俭学的方式吸引贫苦有志青年赴法留学。1919 春到 1920 年底，留法勤工俭学运动形成高潮。

② 各项教学法在中国的传播

1919 年 4 月底，杜威来华讲学，在华两年时间，演讲汇编出版图书《杜威五大演讲》《杜威三大演讲》《平民主义与教育》《教育哲学》等。

1920 年 8 月，杜威访华期间，罗素也来到了中国。1921 年孟禄来华。1925 年，柏克赫司特来华。1927 年克伯屈来华。

从新文化运动到 20 世纪二三十年代，在中国广泛传播的各种教学理论和方法主要有：自学辅导法、分团教学法、设计教学法、道尔顿制、文纳特卡制及中小学各种单项教学实验。

5.【参考答案】

1922 年“新学制”在全国教育会联合会的倡导下产生，又称“壬戌学制”。由于采用的是美国式的六三三分段法，又称“六三三学制”。

(1) 学制提出了七项标准：① 适应社会进化之需要；② 发扬平民教育精神；③ 谋个性之发展；④ 注意国民经济力；⑤ 注意生活教育；⑥ 使教育易于普及；⑦ 多留各地伸缩之余地。

(2) 学制体系分为初等、中等、高等教育：初等教育中，初级小学 4 年，高级小学 2 年；中等教育中，初级中学 3 年，高级中学 3 年；高等教育分为大学校、大学院。

(3) 新学制的特点：

① 根据儿童身心发展规律划分教育阶段：童年期(6~12 岁)为初等教育阶段，少年期(12~18 岁)为中等教育阶段，成年期(18~22 岁)为高等教育阶段。

② 初等教育阶段趋于合理，更加务实：缩短小学年限，改 7 年为 6 年，有利于初等教育的普及，幼稚园也纳入初等教育阶段，使幼儿教育和小学教育得以衔接，确立了幼儿教育在中国教育史上的地位。

③ 中等教育阶段是改制的核心，是新学制中的精粹：延长了中学年限，改 4 年为 6 年，提高了中学教育的程度；中学分为初高两级，不仅增加了地方办学的伸缩余地，而且也增加了学生选择的余地；在中学开始实行选科制和分科制。

④ 建立了比较完善的职业教育系统：职业教育代替实业教育；专门的职业学校，附设于高小、初中、高中的职业科和大学的专修科。

⑤ 改革师范教育：高级中学设师范科，旧制高等师范学校升格为师范大学。

⑥ 高等教育阶段缩短高等教育年限，取消大学预科。

附则：注重天才教育、注重特种教育。

(4) 课程标准：小学取消修身课，增加公民、卫生课；高中分普通科和职业科。

(5) 评价：1922 年“新学制”受实用主义影响较大，但是也有结合我国国情进行的调整；有利于课程普及，有利于职业教育发展。

第四节 收回教育权运动与教会教育的变革

真题典例

单项选择题

1.【答案】A 本题属于对识记性知识的考查。为了收回教育权，1925 年中国政府公布了《外人捐资设立学校请求认可办法》。注意收回教育权运动和国家主义教育思潮有关。

2.【答案】D 收回教育权运动是一个渐进的过程。北洋政府没有直接禁止外国人在华办学，学校也可以继续开设宗教课程。外国人所办学校没有收归国人办理，而是需要向政府立案。

3.【答案】B A 选项错在校长如果原先为外国人，应该由中国人做副校长。C 选项错在不是向地方行政官厅请求认可，而是向教育部行政官厅请求认可。D 选项错在不是三分之二，而是一半以上。

4.【答案】C 所谓"更基督化"，即教会学校的基督教特点主要表现在其精神与目的上，而不是宗教课程开设多少、礼拜仪式是否强制等形式上。

模拟练习

一、单项选择题

1.【答案】B 收回教育权运动后，宗教科目依旧存在，只是由必修改为了选修。

2.【答案】C 教会学校没有不使用外文教科书，其余选项均为教会学校本土化和世俗化的表现。

3.【答案】B 率先提出"收回教育权"口号的是余家菊。

二、论述题

【参考答案】

(1) 主要措施

第一，发表文章进行宣传。

1922 年 3 月，蔡元培在《新教育》杂志上发表《教育独立议》，率先举起反基督教教育的大旗；1923 年 9 月，余家菊在《少年中国》月刊上发表《教会教育问题》，率先提出"收回教育权"的口号。

第二，成立学生组织进行抗议。

1924 年 6 月成立"广州学生收回教育权运动委员会"。

第三，社会范围内表明收回教育权的立场。

社会名流、民间团体、学生组织、报纸刊物等发表通电与宣言，表明收回教育权的立场。

(2) 最大实质性成果——《外人捐资设立学校请求认可办法》

该办法内容包括：外国人捐资设立的各种学校，要向教育部行政官厅请求认可；学校名称上应写上“私立”字样；学校的校长要由中国人担任，如果之前已经有了外国人担任校长，那么中国人必须担任副校长；学校的董事会，中国人要占一半以上；学校不能以传布宗教为宗旨；宗教科目不能成为学校的必修科。

(3) 影响

收回教育权运动虽然没有在中国终结教会教育的历史，但是淡化了教会学校的宗教色彩，强化了真正的教育职能，成为教会教育走向本土化和世俗化必不可少的前奏，具有深远的历史意义。

第九章 国民政府时期的教育和中国共产党领导下的革命根据地教育

第一节 国民政府时期的教育

真题典例

单项选择题

1.【答案】D 著名的西南联合大学是由北京大学、清华大学、南开大学西迁合并而成。

2.【答案】C 本题属于对识记性知识的考查。南京国民政府时期的教育管理措施包括:(1) 整饬学风,建立训育制度;(2) 施行导师制;(3) 开展童子军训练和军训;(4) 颁布课程标准,实行教科书审查制度;(5) 实行毕业会考制度。

3.【答案】D 本题可采用排除法。A、B 选项都是 1922 年新学制中提及的内容。“系统混杂”的现状无法通过文理分科来改变。故本题选 D 选项。

4.【答案】C 试行大学院和大学区制的目的是实现教育行政机构的学术化,但实际上导致了教育的官僚化。

5.【答案】C 1922 年新学制缩短了小学年限,延长了中学年限,目的是提高师范教育的水平,使职业教育单成系统,取消了大学预科,课程设置方面无男女校之别。

6.【答案】A 《大学组织法》《大学规程》规定了大学的办学目标是研究高深学问,培养专门人才。

7.【答案】C 西北联合大学是由国立北平大学、国立北平师范大学、北洋工学院组成的。

8.【答案】A 1932 年,教育部开始整顿全国教育,认为中学系统混杂,目标分歧,导致中学的普通教育无从发展,师范教育和职业教育难以保证。12 月,教育部相继公布《师范学校法》《职业学校法》《中学法》,废止综合中学,将普通中学、师范学校、职业学校分别设立,而高中不分文理科。

模拟练习

单项选择题

1.【答案】D D选项国立中央大学迁往了重庆，不属于西北联合大学的组成院校。

2.【答案】B A选项，大学的办学目标应为“研究高深学术，培养专门人才”。C选项，全国大专院校分为国立、省立、市立、私立四种。D选项，大专院校的培养目标是“教授应用科学，养成技术人才”。

第二节 中国共产党领导下的革命根据地教育

真题典例

单项选择题

1.【答案】C 本题属于对识记性知识的考查。中国共产党领导的抗日民主根据地的教育工作政策是干部教育第一，国民教育第二。

2.【答案】D 本题属于对识记性知识的考查。抗日军政大学的校训是“团结、紧张、严肃、活泼”。A选项“陕北公学”的校训是“忠诚、团结、紧张、活泼”；B选项“延安大学”的校训是“立身为公学以致用”；C选项“华北联合大学”的校训是“团结、前进、刻苦、坚定”。

3.【答案】A 抗日民主根据地发展教育坚持的是干部教育第一，教育和生产劳动、生活实际相结合的政策，坚持教育为长期的战争服务的基本精神。

4.【答案】D 本题属于对识记性知识的考查。抗日民主根据地的办学政策是民办公助。

5.【答案】A “抗大”的教育方针是“坚定正确的政治方向，艰苦朴素的工作作风，灵活机动的战略战术。”该方针把“政治方向”放在了首位。

6.【答案】A 国民政府实行“战时须作平时看”的教育政策，在中等教育阶段采用的主要措施是设置国立中学。

7.【答案】D 抗日根据地的社会教育以成人教育为重心，其组织形式有：冬学、民众学校(民校)、夜校、半日校、识字班(组)、读报班，以及剧团、俱乐部、救亡室等。其中，冬学和民校适应分散的农村群众生产和生活实际，是最受欢迎、最普遍、最广泛的社会教育形式。A选项和B选项是干扰项，C选项“列宁学校”是湖南省茶陵县最早的小学，创办于1930年。

8.【答案】A 中国人民抗日军事政治大学的课程在创立初期体现了军事、政治、文化并重的特点。

9.【答案】A 1922年7月中共二大召开，会上制定了党的新民主主义革命纲领。中共二大通过的《中国共产党第二次代表大会宣言》提出了七项具体奋斗目标，在第七项"制定关于工人和农民以及妇女的法律"之下，明确提出："(5) 废除一切束缚女子的法律，女子在政治上、经济上、社会上、教育上一律享受平等权利；(6) 改良教育制度，实行教育普及。"

10.【答案】C 毛泽东在《新民主主义论》中提出了民族的、科学的、大众的新民主主义文化教育方针。

模拟练习

一、单项选择题

1.【答案】A A 选项表述错误，应为干部教育第一，群众教育第二。

2.【答案】D D 选项表述错误，教育要为长期的革命斗争服务。

二、论述题

【参考答案】

(1) 教育为政治服务

① 教育安排：在成人教育中，坚持"干部教育第一、群众教育第二"；在群众教育中，坚持"成人教育第一、儿童教育第二"。

② 教育内容：始终服从战争需要，以革命战争所需要的内容为主。

③ 教育形式：灵活多样。

(2) 教育与生产劳动相结合

① 教育内容紧密联系当时当地的生产和生活实际，进行劳动习惯和观点、劳动知识和技能的教育。

② 教育教学的组织形式和时间安排注意适应生产需要。

③ 要求学生参加实际的生产劳动。

(3) 依靠群众办教育

① 群众教育由群众自己办。

② 依靠群众力量创办普通小学。

③ 干部教育不脱离群众。

第十章　现代教育家的教育理论与实践

第一节　杨贤江与马克思主义教育理论

真题典例

单项选择题

1.【答案】D　本题属于对识记性知识的考查。杨贤江属于马克思主义者，他认为教育是观念形态的劳动领域之一。A 选项和 C 选项本身错误，不属于杨贤江对教育本质的看法。B 选项表述不完整，应既是上层建筑，又是劳动力再生产的手段。

2.【答案】A　本题属于对识记性知识的考查。杨贤江的《新教育大纲》提出，教育为观念形态的劳动领域之一。

模拟练习

一、单项选择题

1.【答案】B　杨贤江主张青年要参与政治革命，B 选项本身表述错误。

2.【答案】A　指导青年树立正确的人生观是杨贤江青年教育思想的核心。

3.【答案】D　杨贤江认为教育难以超脱政治独立，教育不是神圣的、中正的。因此 A、B、C 选项都是其批判的。杨贤江认为教育是具有阶级性的，因此没有批判教育阶级说。

4.【答案】D　杨贤江认为教育难以超脱政治独立，教育不是神圣的、中正的，因此 A、B、C 选项都不可能是杨贤江的观点。而 D 选项，杨贤江认为不能只讲教育，不问政治，属于其观点。

二、论述题

【参考答案】

1928 年，杨贤江撰成第一部用历史唯物主义分析世界教育历史的著作《教育史 ABC》，1930 年撰成第一部运用马克思主义观点论述教育原理的专著《新教育大纲》。

(1) 关于教育本质的观点

教育是观念形态的劳动领域之一，即社会的上层建筑之一。教育既是上层建筑，又是劳动力再生产的手段。原始社会，教育是社会所需要的劳动领域之一，教育起源于人类实际生活的需要。私有制的产生，教育发生了变质，教育成为社会的上层建筑之一。

(2) 对各种流行教育观点的批驳

杨贤江运用马克思主义的观点，批驳了“教育万能”论、“教育救国”论、“先教育后革命”论，批驳了教育神圣、教育清高、教育中正、教育独立四种说法。

(3) “全人生指导”

杨贤江对青年问题进行了分析。他认为，青年问题指的是青年生活中所发生的困难，比如人生观、价值观、经济、社交、职业等方面的困难。杨贤江主张对青年进行“全人生指导”。

所谓“全人生指导”，就是对青年进行全面关心、教育和引导，即不仅关心他们的文化知识学习，同时对他们生活中各种实际问题给以正确的指点和疏导，使之在德、智、体诸方面都得以健康成长，成为一个“完成的人”，以适社会改进之所用。

指导青年树立正确的人生观，是杨贤江青年教育思想的核心。他主张青年要干预政治、投身革命，主张青年必须学习，对青年的健康生活、劳动生活、公民生活、文化生活提出了指导性意见。

第二节　黄炎培的职业教育思想与实践

真题典例

单项选择题

1.【答案】C　黄炎培职业道德教育的基本要求是“敬业乐群”。

2.【答案】C　黄炎培认为不能单纯就职业教育而谈职业教育，要重视职业教育与外部环境的关系。

3.【答案】B　黄炎培提出职业教育的目的为“使无业者有业，使有业者乐业”。职业教育的办学方针是社会化和科学化。职业教育的教学原则为手脑并用、做学合一、理论与实际并行、知识与技能并重。职业道德教育的基本要求是敬业乐群。

模拟练习

一、单项选择题

1.【答案】D　D选项属于黄炎培职业教育科学化教育方针的内容，不属于职业教育社会化的内容。

2.【答案】A　黄炎培在中国率先利用心理测验的手段进行招生。

3.【答案】D　黄炎培认为在选择教师时要理论和经验并重，难以两全则宁重有经验者。

二、论述题

【参考答案】

黄炎培是中国近现代著名的爱国主义者和民主主义教育家，是我国近代职业教育的创始人和理论家。他以毕生精力奉献于中国的职业教育事业，为改革脱离社会生活和生产的传统教育，建设中国的职业教育，作出了重要的贡献。

1. 黄炎培的职业教育思想体系

(1) 职业教育的作用

① 理论价值：谋个性之发展；为个人谋生之准备；为个人服务社会之准备；为国家及世界增加生产力作准备。

② 对教育和社会的影响：国无不教之民，民无不乐之生。

③ 对当时中国社会的作用：有助于解决中国最大、最急需解决的人民生计问题。

(2) 职业教育的地位

① 一贯的：应建立起从初级到高级的职业教育系统，并贯彻于全部教育过程和全部职业生涯，建立起职业陶冶—职业指导—职业训练—职业补习和再补习这样一个职业教育的系统。

② 整个的：不仅学校教育体系中应有一个独立的职业教育系统，而且其他各级各类教育也要与职业教育相互沟通；不仅普通教育要适应职业需要，而且职业教育也要防止偏执实用的片面。

③ 正统的：应破除以为升学做准备的普通教育为正统，而以为就业做准备的职业教育为偏系的传统观念，职业教育的地位应与普通教育等量齐观。

(3) 职业教育的目的："使无业者有业，使有业者乐业"。

(4) 职业教育的方针

① 社会化：办学宗旨的社会化；培养目标的社会化；办学组织的社会化；办学方式的社会化。

② 科学化：物质和人事两方面，两者都必须以科学方法解决或管理。

(5) 职业教育的教学原则：职业教育必须遵循"手脑并用""做学合一"的原则，做到"理论与实际并行""知识与技能并重"。

(6) 职业道德教育：敬业乐群

(7) 评价：

黄炎培作为中国近现代职业教育的先行者，其职业教育思想开创和推进了中国的职业教育事业，其"平民化、实用化、科学化和社会化"的特征也丰富了中国教育理论，并对20世纪20年代的中国教育改革产生了巨大影响。

2. 对我国现在职业教育的启示

(1) 职业教育观念的开放性

观念的问题是根本的问题。当前我国社会普遍对职业教育存在着不客观的认识，认为职业教育只是职业技术学校的事、是教育的事、是个人的事。

而黄炎培提倡的职业教育目的论对以上三种误区进行了纠正：职业教育关乎教育整

体；职业教育关乎教育内外；职业教育关乎国民生计。

（2）职业教育体系的通融性

我国当下职业教育的地位依然边缘化，而黄炎培则启示我们要将职业教育看作一贯的、整个的、系统的，贯穿于学习全过程和就业全过程，促进职业教育与普通教育的融通、学校教育与在职教育的融通。

（3）职业教育方法的针对性

黄炎培的思想启示我们要将职业教育的培养方式实践化、培养目标多样化，并且要树立正确的职业观。

第三节 晏阳初的乡村教育实验

真题典例

单项选择题

【答案】D 本题属于对识记性知识的考查。在乡村教育运动中，晏阳初提出解决"愚、穷、弱、私"四方面问题的对策是实施"四大教育"，其中公民教育最为根本。

模拟练习

单项选择题

【答案】A 晏阳初进行的是河北定县实验，梁漱溟是在山东邹平开展的乡村教育实验。

第四节 梁漱溟的乡村教育建设

真题典例

一、单项选择题

1.【答案】B 本题属于对识记性知识的考查。梁漱溟是立足文化传统来思考中国乡村改造和乡村教育的教育家。

2.【答案】C 本题属于对识记性知识的考查。乡农学校的原则是"政教养卫合一""以教统政"。

3.【答案】A B选项为陶行知的教育思想；C选项为黄炎培的教育思想；D选项属于晏阳初的教育思想。

二、分析论述题

【解析】作答本题首先需要点明材料的含义，然后分别叙述晏阳初和梁漱溟的乡村教育方案，接着比较相同点，最后比较不同点。

【参考答案】材料提到了20世纪二三十年代的乡村教育运动。20世纪二三十年代，学者们认为解决中国的问题在于教育，而教育的突破点在乡村。于是，在全国范围内广泛兴起了以改革农村和农民现状为宗旨的乡村教育运动。晏阳初主持的河北定县试验和梁漱溟在山东邹平进行的教育改革是乡村教育运动中的典型示例。

晏阳初认为，中国乡村存在四大基本问题，即"愚、穷、弱、私"。"愚"指绝大多数人民是文盲；"穷"指绝大多数人民生活极度贫困；"弱"指缺乏医疗保障，人民健康水平低下；"私"指绝大多数人民缺乏合作精神和公民意识。

梁漱溟认为，上述问题只是中国社会的表面现象，其深层原因是文化失调。中国文化的根在乡村，解决中国问题必须要从乡村建设入手，从中国旧文化里转变出一个新文化来，创造新文化来救活旧乡村。

(1) 二者的乡村教育方案。

① 晏阳初的乡村教育方案。

提出"四大教育"：以文艺教育攻愚，培养知识力；以生计教育攻穷，培养生产力；以卫生教育攻弱，培养强健力；以公民教育攻私，培养团结力。

提出"三大方式"：学校式教育，以青少年为主要对象，设置初级平民学校、高级平民学校和生计巡回学校；社会式教育，以一般群众和农民团体为对象开展读书、演讲等活动；家庭式教育：以家庭中各成员为对象的生活、生产常识教育。

② 梁漱溟提出建立行政系统与教育机构合一的乡农学校。

第一，学校由学众、教员、学董、学长组成。

第二，学校按自然村落和行政级别分村学与乡学两级。

第三，实行"政教养卫合一""以教统政"，将学校式教育与社会式教育"融合归一"。

第四，学校课程分两类：一类是以普通课程和精神讲话为内容的共有课程；一类是各校根据自身生活环境需要而设置的课程。

(2) 二者乡村教育理论的异同。

① 相同之处。

晏阳初与梁漱溟均注重乡村教育在乡村建设中的作用，并主张将教育与乡村经济、文化、道德等方面结合起来共同建设，在方式上均注意学校教育与社会教育的结合。

② 不同之处。

二者对中国问题的认识不同。晏阳初对中国农村问题的分析更多的是对中国"社会病"具体表象的归结；梁漱溟着力从中国文化寻找中国乡村问题的根源。

二者乡村教育的理论和方案设计的指导思想不同。晏阳初更注重乡村具体问题的解决，并引进了现代民主意识和西方社会治理模式；梁漱溟主要借鉴中国古代乡约制度并加以改造，更注重弘扬传统道德。

模拟练习

单项选择题

1.【答案】C 在梁漱溟看来,中国社会是一个“理性早启,文化早熟”的社会,既不像西方崇尚科学方法、崇尚人的个性伸展和社会性发达,取一种“意欲向前”的积极进取态度,也不像印度社会那样处于强烈的宗教情绪,致力于人生问题的解决。

2.【答案】D D 选项不属于梁漱溟认为的乡农学校的组织原则。其余都属于他对乡农学校组织原则的看法。

第五节 陈鹤琴的“活教育”探索

真题典例

单项选择题

1.【答案】B “五指活动”强调尽量运用儿童的手、口、耳、眼睛、脑,强调儿童生活的整体性和连贯性。

2.【答案】B 陈鹤琴“活教育”的教学论包括实验观察、阅读思考、创作发表、批评研讨四个步骤。

3.【答案】B “活教育”中的课程论认为“大自然、大社会都是活教材”。陈鹤琴并不摒弃课本,也不反对间接经验;认为学科课程体系是可以被打破、自由组织的;课程内容需要有一定的组织性,不能完全按照儿童的兴趣组织。

4.【答案】C “现代中国人”要有健全的身体、建设的能力、创造的能力、能够合作的态度、服务的精神。

模拟练习

一、单项选择题

1.【答案】D 陈鹤琴提出的儿童五指活动包括健康活动、社会活动、科学活动、艺术活动、文学活动,不包含职业活动。

2.【答案】C 陈鹤琴认为儿童需要能够合作,活教育的四个步骤是实验观察、阅读思考、创作发表和批评研讨。儿童从学习中得到的结论不可能完全正确,需要通过集体和小组讨论的方式共同研究、批评研讨。

3.【答案】A 陈鹤琴认为大自然、大社会都是活教材,是真正有用的书。

二、论述题

【参考答案】

（一）陈鹤琴“活教育”思想

陈鹤琴是我国著名的儿童教育家，提出了“活教育”思想体系，具体包括以下内容。

1.“活教育”的目的论：①“做人，做中国人，做现代中国人”是陈鹤琴“活教育”的目的论。②对“现代中国人”提出五方面的要求，要有健全的身体、要有建设的能力、要有创造的能力、要能够合作、要服务。

2.“活教育”的课程论：“大自然、大社会都是活教材”是陈鹤琴对“活教育”的课程论的概括表述。但是陈鹤琴并不摒弃课本，也不反对间接经验。

3.“活教育”的教学论：①教学原则为“做中教，做中学，做中求进步”。陈鹤琴强调以做为基础，确立学生在教学活动中的主体性，鼓励学生积极“做”的时候，教师要进行有效的指导。②“活教育”教学的四个步骤：实验观察、阅读思考、创作发表、批评研讨。

陈鹤琴批判传统教育忽视儿童生活和主体性，力图去除以学校和课堂为中心而脱离社会生活、以书本为中心而脱离实际和实践、以教师为中心而漠视学生的存在等弊端，充分考虑了中国的时代背景和国情。

（二）现代价值意义

“活教育”思想的提出，为我国近代教育事业带来了一片光明前景，对现代社会的发展，有着重要价值和意义。

1.“活教育”思想开创了对新型教育模式探索的先河

“活教育”思想无论是在教学目的、教学内容、还是教学方法上，都是陈鹤琴先生长期教育研究与教育实践的总结。针对中国传统教育，他能够去其糟粕、取其精华。将学生学习带向社会，融入自然，一方面拓宽了学生视野，教会他们如何做人。另一方面，改变了以往毫无生气的课堂面貌，更有利于学生身心发展和智力提升。这种新型教学模式开创了我国教学改革的先河。

2.“活教育”思想确立了儿童在教学中的重要地位

“活教育”思想的提出，首次将儿童的重要性摆在了教育的首位。陈鹤琴认为，幼教工作的开展，应当以尊重儿童、热爱儿童和了解儿童为前提，将他们视为具有独立人格的个体，而不是成年人的附属品。只有这样，在开展“活教育”的过程中，才有利于培养儿童自尊自信的良好品格，满足个性发展需求。这种进步的理念，被日后我国的幼教事业广泛接受并采纳。

3.“活教育”思想明确了我国的教学目的和教学理念

“活教育”思想明确强调，教育目的是教会国人如何做一名现代中国人，这是一种带有鲜明爱国特色且符合中国国情的教育理念，它不同于传统盲目的教育学习，也不是照搬别国忽略本国历史文化与社会现实的教学，它的提出更激发了国人学习的热情。在教学理念上，“活教育”思想明确表示，幼儿的教育工作是极为复杂的，并非仅仅依靠幼稚园一方努力就可取得良好效果，对幼儿的培养还离不开家庭和社会的关注。只有三方相互协调配合，才有助于儿童身心更健康地发展。这一理念的提出，大大引发了社会和家庭对儿童的关注。

4. “活教育”思想为中国推行素质教育打下基础

“活教育”思想是我国目前推行素质教育理念的缩影，素质教育要求尊重学生身心发展特点，重视学生德智体美全面发展，力图为国家培养出富有理想、创造力和伟大民族精神的社会主义建设者和接班人。可见，素质教育理念源自对“活教育”思想精髓的提取，“活教育”思想为素质教育的推行奠定了坚实的思想基础。

三、材料分析题

【参考答案】

“他”为陈鹤琴先生。

20 世纪 20 年代，陈鹤琴在南京鼓楼幼稚园进行课程实验，提出了适合中国幼稚园学生学习的“五指活动”课程，其特点表现在：

(1) 课程观的国际化

生活主义课程、自然主义课程、整个主义课程、单元主义课程是当时欧美幼儿园课程改革发展的几大特点和趋势。陈鹤琴认为，生活是整体的，因此课程必须是综合的。生活化的幼儿园课程，其组织形式也应该是综合的。他通过“单元教学”的课程形式，实现他的“整个教学法”思想，关注不同课程之间的综合和相互渗透。在课程环境的选择上，陈鹤琴崇尚自然，极为强调环境的自然性。在他看来，“大自然、大社会都是活教材”，社会环境和自然环境构成了儿童生活的天然，儿童在与环境的作用过程中，可以以最自然的方式获得大量直接经验并且掌握一些必要的与环境互动的方式和方法。陈鹤琴的这些课程思想及其实践与当时世界上许多国家的幼儿教育课程改革发展趋向是同步一致的，反映出极强的国际化特色。

(2) 课程观的综合化

陈鹤琴的“五指活动”课程本质上为综合课程，打破了旧教材的分裂状态，打破惯常按学科组织的课程体系，采用活动中心和活动单元的形式，体现了儿童生活的整体性和连贯性。

(3) 课程观的本土化

陈鹤琴的课程观受到杜威教育思想的影响，批判教育忽视儿童生活和主体性，力图去除以学校和课堂为中心而脱离社会生活、以书本为中心而脱离实际和实践、以教师为中心而漠视学生的弊端，充分考虑了中国的背景和国情。

(4) 课程观的兴趣化

陈鹤琴的课程观本质上属于儿童中心论，注重儿童的兴趣，在此基础上选择课程内容、教学方法。

(5) 课程观的生活化

“大自然、大社会都是活教材”是陈鹤琴对课程论的概括表述。“活教材”是指取自大自然、大社会的“直接的书”，即让儿童在与自然、社会的直接接触中，在亲身观察中获取经验和知识。

第六节 陶行知的“生活教育”思想与实践

真题典例

一、单项选择题

1.【答案】D 陶行知的生活教育理论将生活视为教育的中心，教育不是生活的中心，除了教育，生活还有诸多需要关注的点。

2.【答案】A 陶行知提倡“即传即知”的“小先生制”，即小孩也能做大事。这是在教师缺乏的情况下提出来的，主要目的是解决普及教育的师资问题。

3.【答案】A 陶行知提出的教师培养模式是艺友制，他主张用朋友之道教人学做教师，主张“小孩也能做大事”，要向小孩学习。

4.【答案】C 陶行知先生曾说，教师要进行自我教育就要请“第一流的教授”，即有真知灼见，肯说真话、敢驳假话、不说诳话的人。因此，在所有的老师中，有“两位最伟大的老师”，一是老百姓，二是孩子们。

二、分析论述题

【解析】可以采用两种方式作答，一种是先把两位教育家的思想罗列出来，再进行比较；另一种是直接比较，然后在每一次比较的维度后分别罗列教育家的思想，推荐第二种方式。

【参考答案】

民国时期伟大教育家们灿若星河。其中，“捧着一颗心来，不带半根草去”的陶行知和创办鼓楼幼稚园、通过日记记录法对长子进行追踪研究的陈鹤琴实为教育家的代表。两位虽分别为“生活教育”理论和“活教育”理论的代表人物，但他们在思想上存在诸多共同点。

(1) 思想渊源方面：都源于杜威的教育思想。

1919 年杜威访华，给中国教育思想界注入了新鲜空气。杜威对教育本质的认识——“教育即生活，教育即生长，教育即经验的改造”，以及其儿童中心观点，极大地触动了中国教育界的知识分子。

① 陶行知主张教育与生活的关系为“生活即教育、社会即学校、教学做合一”，就是受到了杜威思想的影响；

② 陈鹤琴主张“活教育”理论，其目的论——“做人，做中国人，做现代中国人”，课程论——“大自然、大社会都是活教材”，教学论——“做中教，做中学，做中求进步”，也都受到了杜威教育思想的影响。

(2) 课程观方面：都打破了传统的“书本课程”。

与传统教育“课程即学校书本上的知识”相比，两位都具有灵活的课程观，而不仅仅局限于课本。

① 陶行知主张“社会即学校”,社会含有学校的意味,从社会中学习,这就在实质上打破了学校课程与社会生活的界限。

② 陈鹤琴主张“大自然、大社会都是活教材”。

(3) 教学观方面:都突破了传统的“讲授式”教学。

与传统的“讲授法”教学法不同,两位更强调学生主动参与、从做中学的重要性。

① 陶行知主张“教学做合一”,在劳力上劳心,行是知之始,有教有学,反对注入式教法;

② 陈鹤琴主张“做中教,做中学,做中求进步”。

(4) 思想本质方面:都以儿童为中心,都强调通过教育来改造当时的中国社会。

两位都以儿童为中心,从儿童的角度来思考教育、论证教育,同时民国时期的教育思想家们都有一个共同的愿景,即期望通过改造教育、改造国民性而达到治理社会的目的,以改变中国积贫积弱的落后面貌。

陶行知和陈鹤琴的教育思想不仅对中国的教育理论上产生了重要影响,对当时的教育实践的影响也不可小视,其思想精髓对于我们反思我国现在的教学、师生关系同样有借鉴意义。

模拟练习

一、单项选择题

1.【答案】C 陶行知主张将教授法改为教学法,认为教的方法需要根据学生学的方法来进行。

2.【答案】C 开展科学下嫁运动的思想家是陶行知。

二、论述题

1.【参考答案】

陶行知重视教育和生活的联系,从裴斯泰洛齐的思想中受到启发。陶行知师从杜威,受到杜威思想的深刻影响。在陶行知的生活教育理论中,“生活即教育”是其实质,“社会即学校”是其课堂,“教学做合一”是其实施的方法。

(1) 生活教育理论的内容

1) 生活教育理论的内涵

从定义上说,生活教育是给生活以教育,用生活来教育,为生活向前向上的需要而教育。从生活与教育的关系上说,是生活决定教育。从效力上说,教育要通过生活才能发生力量成为真正的教育。

2) 生活即教育

“生活即教育”是陶行知生活教育理论的核心。

① 生活含有教育的意义:横向来看,过什么生活也便是受什么教育;纵向来看,生活伴随人的始终,所谓“出世便是破蒙,进棺材才算毕业”。

② 现实生活是教育的中心：生活教育是生活所原有，生活所自营，生活所必需的教育。

③ 生活决定教育，教育改造生活：教育的目的、原则、内容、方法都为生活所决定；教育能改造生活，推动生活进步。

3）社会即学校

"社会即学校"是"生活即教育"思想在学校与社会关系问题上的具体化，是关于学校教育的本质看法。

①"社会即学校"是指"社会含有学校的意味"，或者说"以社会为学校"。主张鸟儿回归自然，让小鸟任意翱翔。

②"社会即学校"是指"学校含有社会的意味"，主张对传统学校根据社会的需要进行改造。学校要依据社会的需要进行改造。

4）教学做合一

① 含义：教的方法根据学的方法，学的方法根据做的方法。做是教和学的中心。

教学做合一要求在"劳力上劳心"；

教学做合一是因为"行是知之始"，所谓"行动是老子，知识是儿子，创造是孙子"；

要求"有教先学"和"有学有教"；

否定注入式教学法。

② 课程观：一切课程都是生活，一切生活都是课程。注意培养学生的生活力。"教材是用碗呈上的饭，知识是饭粒"。教材是必需的，教材的编写要破除传统的以文字为中心的缺陷。

(2) 生活教育理论的价值和意义

1）"生活即教育"突出了教育与生活的联系，重视学生的经验。

2）"社会即学校"扩大了学校教育的内涵和作用，使传统的学校观、教育观有所改变。还可以使被传统学校拒之门外的劳苦大众受到起码的教育，贯穿了普及民众的苦心。

3）陶行知先生的教育思想理念及教育实践对于幼儿教育有现实性指导意义，体现在平民化、大众化、适应化。

① 他认为中国之幼儿园就要有中国的样子，无须效仿国外。

② 对于幼儿教育他强调解放儿童的眼脑手，做到身体各部位全面发展。

③ 我国的幼儿园呈现学费高、起点高的现象，针对这种现象，他积极解决，为中国乡村幼儿教育作出了贡献，对后世的幼儿园建设及幼儿教育的发展提供了借鉴。

④ 生活教育理论还启示我们要根据国家的实际国情，来探索具有中国特色的教育道路，而不是简单效仿和照搬西方。

2.【参考答案】

杜威是美国著名的实用主义教育家，提出了"教育即生活"理论，陶行知师从杜威，对他的思想有继承也有发展，并基于中国社会的状况提出了"教育即生活"理论。

(1) 陶行知和杜威教育思想的基本内涵

"生活即教育"是陶行知生活教育理论的核心。首先，生活含有教育的意义：横向来看，过什么生活也便是受什么教育；纵向来看，生活伴随人的始终，所谓“出世便是破蒙，进棺材才算毕业”。其次，现实生活是教育的中心：生活教育是生活所原有，生活所自营，生活所必需的教育。最后，生活决定教育，教育改造生活：教育的目的、原则、内容、方法都为生活所决定；教育能改造生活，推动生活进步。“生活即教育”的优点在于强调教育以生活为中心，反对传统教育中脱离生活而以书本为中心的现象，但是它忽视了生活与教育的区别和系统知识的传授。

杜威认为教育是生活的过程，学校是社会生活的一种形式，即学校生活也是生活的一种形式。首先，学校生活应与儿童自己的生活相契合，满足儿童的需要和兴趣。其次，学校生活应与学校以外的社会生活相契合。最后“学校即社会”意在使学校生活成为一种经过选择的、净化的、理想的社会生活，使学校成为一个合乎儿童发展的雏形的社会。

(2) 陶行知和杜威教育思想的比较

二者思想既有区别又有联系。

① 相同点：首先，两人都强调教育与生活的联系，都认为教育与生活是密切相关的，二者不能割裂。其次，两人都强调学校与社会的联系，认为教育中学校与社会不能分离，学生要在学校和社会中学习。

② 不同点：

第一，理论提出的社会背景不同。杜威的思想是19世纪60年代产生的，时代背景是美国进步主义教育运动的发展；而陶行知的生活教育理论是为了探求中国教育的出路提出的，目的是改革中国教育。

第二，对生活的理解不同。杜威说的生活是儿童生活和体现社会精神的学校生活；陶行知说的生活是指社会生活。

第三，对教育的理解不同。杜威侧重的是学校教育；陶行知强调的是社会意义上的教育。

第四，理论的历史影响不同。杜威的理论促进了美国民主主义和进步主义教育运动的发展，成为现代教育理论的代表；陶行知的理论推进了中国的教育改革，为中国教育近代化奠基。

以上即为陶行知“生活即教育”和杜威“教育即生活”的基本内涵及其异同。

三、材料分析题

【参考答案】

(1)“形态迥异”——异在组织、理念

其一，成立不同形式的教育社团作为组织机构。

如黄炎培主持的中华职业教育社、陶行知主持的中华教育改进社、晏阳初主持的中华平民教育促进会总会和梁漱溟创办的乡村建设研究院等。

其二，乡村教育运动中形成了特色各异的乡村教育理念。

如黄炎培把职业教育作为改进乡村的根本途径，陶行知把乡村学校和教师当作改造乡村的核心和灵魂，晏阳初把平民教育与乡村改造结合起来，以达“除文盲、做新民”之目的，梁漱溟则从文化伦理本位的高度谋求乡村整体建设的和谐与统一。

① 陶行知抱着强烈的教育救国思想，把毕生精力奉献到改造中国的教育之中，真正做到了“鞠躬尽瘁、死而后已”。曾留学美国的他，深受老师杜威的实用主义教育的影响，他的乡村教育思想中亦有着浓厚的实用主义色彩。他改造乡村的理论结构是：以乡村学校作为改造乡村生活的中心；以乡村教师作为改造乡村生活的灵魂；以乡村自治作为改造乡村组织的保证。由于他把乡村改造的重任寄托在学校和教师身上，认为培养足够的校长和教师，才是改造乡村、实现理想的关键，故致力于创办乡村师范学校，以便能让那些带着理想、激情、知识的青年教师奔赴各个乡村，去完成那“普罗米修斯”般的神圣职责——建造中国乡村的“乌托邦”。

② 晏阳初乡村教育理论的思路是：通过“平民教育加乡村改造”，实现“除文盲、做新民”之目的。他从实际的农村调查出发，认为中国农村问题虽千头万绪，但归根结底有四个病根——愚、贫、弱、私，他主张用“四大教育”（文艺教育、生计教育、卫生教育、公民教育）加以攻克，并采用“三大方式”（学校式、生活式、家庭式）进行推动。

③ 梁漱溟认为，中国是一个“伦理本位、职业分途”的社会，人与人之间的伦理关系和血缘关系是维系社会和谐的基本理念与结构。近代以来，由于西方的入侵，传统文化自身失调，破坏了伦理本位的礼俗秩序，从而导致农村混乱。改造的具体途径有二：其一，利用中国传统制度中的“乡规民约”形式，赋予文化以新的时代内涵，使之成为自发产生、自愿维持、共同遵守的信条，从而达到改造和稳定乡村之目的，实现家庭化、家族化、伦理化的和谐社会；其二，建立村学、乡学和乡农学校。

(2)“殊途同归”——归于“改造乡村、再造民族”的目的

1911年爆发的辛亥革命推翻了清王朝的封建统治，但积淀在中国人头脑中长达两千余年的封建思想并没有随“大清帝国”的覆没而烟消云散。袁世凯的“洪宪帝国”、张勋的“辫子军”复辟、封建军阀的割据……无不在向世人说明：仅推翻一个封建帝国是不能立即把中国人民带进民主自由的国度的，更无法使中华民族很快走上繁荣富强之路。先进的中国人在不断地探索着救国救民的道路。

尽管20世纪20年代的乡村教育家们的试验方法和教育理念互不相同，但他们都抱着一个共同的信念和追求，即通过乡村教育达到“改造乡村、再造民族”之目的，最终实现民族复兴之大业，本质上是教育救国论的实践。

他们的“大乡村教育观”中，也不同程度地体现出现代教育应具有的先进理念和特色：一是教育地域的扩大，学校、课堂、田间、地头、工厂、车间、炕头等都可作为教育的场所；二是受教、从教人员的增加，男女老少、农民、教师、官员等既是受教对象，亦都可作施教人员；三是教育内容的拓宽，读书、识字、乡政、自卫、农、工、商、贸等都是教育的内容；四是教育方式的灵活，课堂教学、课后活动、乡规、民约、劳动、陶冶、示范等多种方式灵活运用。

第七节 恽代英和李大钊的教育思想

真题典例

无

模拟练习

一、单项选择题

1.【答案】D 马克思主义教育家，如李大钊、恽代英、杨贤江等人，主张的是革命救国而非教育救国。

2.【答案】B 主张在中学阶段推行自学辅导法的是恽代英。

二、论述题

【参考答案】

早期的马克思主义教育家为我国近代教育的发展走向和我国教育现代化的进程作出了重要贡献。杨贤江、李大钊、恽代英的教育思想具有一定的共同点，主要如下：

(1) 他们都认为教育具有阶级性。杨贤江是我国最早的马克思主义教育理论家，他指出教育由经济政治决定，具有阶级性；李大钊是伟大的马克思主义者，他运用历史唯物主义的观点透视教育，认为教育具有阶级性；恽代英深刻阐述教育与经济、革命的关系，用马克思主义世界观指导教育实践。

(2) 他们都反对教育救国论。杨贤江在揭示教育的本质问题之后，对“教育万能论”“教育救国论”“教育神圣说”和“教育独立论”进行了批判；李大钊强调“经济构造是社会的基础构造”，坚持以马克思主义为指导，反对教育救国论；恽代英反对夸大教育的作用，他在马克思主义的指导下认识到改造教育必须与改造社会相结合。

(3) 他们都关心青年问题。杨贤江对青年问题进行分析，并提出要对青年进行全人生指导；李大钊非常重视青年的世界观教育；恽代英十分重视青年教育，在 1923 年作为创始人和主编创办了《中国青年》，希望通过文字传播马克思主义，引导学生学习马克思主义。

(4) 他们都主张教育与生产劳动相结合。杨贤江指出教育是“社会所需要的劳动领域之一”，教育要和劳动真正地结合，产生真正平等的教育；李大钊坚持用马克思主义理论指导青年的教育，主张教育与生产劳动相结合；恽代英提出的“养成健全的公民”思想将民众由“臣民”转化成为“公民”，强调教育要与生产劳动相结合。

第三部分

外国教育史

第一章　东方文明古国和古希腊的教育

第一节　东方文明古国的教育

真题典例

单项选择题

1.【答案】B　本题属于对识记性知识的考查。古印度婆罗门教育创办的是古儒学校，教师被称为“古儒”。“拉比”是古希伯来对教师的称呼。培养“书吏”是古巴比伦的教育目的。古巴比伦将泥板书舍中的校长称为“校父”。

2.【答案】C　古代东方文明古国的教育内容较为丰富，教师地位较高，教育具有鲜明的等级性和阶级性。到后期，这些文明古国的教育皆有中断。

3.【答案】C　题干中的四种学校是古代埃及的学校。古巴比伦学校主要是泥板书舍。古印度学校的主要类型是古儒学校、寺庙学校。

4.【答案】A　二者最主要、最根本的区别就是婆罗门教育具有贵族性，佛教教育具有平民性。二者的教育目的都是使人减少世俗的迷惑，所以B选项错误；C选项不是二者的主要区别；二者的教育内容多为消极遁世的，所以D选项错误。

5.【答案】D　A选项为古巴比伦时期的教育。B选项属于古埃及的教育。C选项属于古印度婆罗门时期的教育。

6.【答案】D　种姓制度是古印度特有的一种阶级压迫制度，它把当时从事不同社会分工的人群划分成4个等级，从高到低分别是婆罗门、刹帝利、吠舍和首陀罗。
A选项首陀罗种姓被剥夺教育权。B选项吠舍种姓的子弟有学习《吠陀》经等经典的任务，但是主张减少学习《吠陀》经的数量，留出较多的时间跟随父辈学习有关军事、农作、手工方面有用的实际知识。C选项刹帝利种姓享有受教育权。

模拟练习

一、单项选择题

1.【答案】A　古埃及有四种学校类型，分别是宫廷学校、文士学校、职官学校和僧侣学校，A选项的说法正确。B选项属于古印度教育的内容，C选项的《塔木德》属于古希伯来的学习内容，D选项属于古巴比伦的教育。

2.【答案】B A选项为古巴比伦的学校，C选项和D选项为古埃及的学校。B选项为古印度婆罗门的学校。

3.【答案】A 古埃及的僧侣学校进行科学技术教育，被视为学术交流中心。

4.【答案】C 古希伯来的教师为拉比。A选项为古印度婆罗门教育中教师的称谓，B选项为古巴比伦教育中泥板书舍负责人的称谓。D选项为古埃及文士学校中教师的称谓。

5.【答案】B 婆罗门教育中的古儒学校是设在家庭里的，不是以学校教育为主。

6.【答案】A 在古巴比伦教育中，泥板是学校的主要学习工具，学习楔形文字。

7.【答案】A 考古挖掘最早的学校在古巴比伦，20世纪30年代法国考古学家在两河流域一个叫马里城的地方挖掘出学校遗址。

8.【答案】A 古巴比伦的奴隶没有接受教育的权利。

二、论述题

1.【参考答案】

斯巴达和雅典作为古希腊古风时期两个重要的城邦，其教育有各自突出的特点，雅典教育与斯巴达教育相比的基本特点在于：

(1) 斯巴达为巩固统治特别重视军事教育，而雅典重视体育、智育、德育、美育的和谐发展；

(2) 斯巴达教育旨在培养公民成为身体强壮、保家卫国的士兵，而雅典教育不仅培养保家卫国的士兵，也要求培养多方面发展的商人、政治家；

(3) 斯巴达的教育完全由国家控制，雅典的教育不完全由国家控制，盛行私人办学；

(4) 斯巴达学校教育的主要内容是军事体育和五项竞技，而雅典的学校除了五项竞技外，还教授音乐、舞蹈、游泳、体操等，教育内容更加丰富；

(5) 斯巴达非常重视女子教育，女子通常和男子接受同样的军事、体育训练，而雅典的女孩7岁以后在家中由母亲进行教育，学习纺织和缝纫的技能。

以上即为与斯巴达相比，雅典教育的基本特点。

2.【参考答案】

智者不仅在古希腊文化史上占有重要地位，作为西方最早的职业教师，他们对古希腊教育实践和教育思想的发展同样作出了重大的贡献。

(1) 智者授徒讲学，以钱财而不以门第作为教学的唯一条件，既推动了文化的传播，又扩大了教育对象，促进了社会的流动。

(2) 智者确立了西方教育“七艺”中的“前三艺”，即文法、修辞、辩证法，适应了时代对辩论、演讲的广泛需要，抱着实用的目的研究与辩论、演讲直接相关的文法、修辞、哲学等科目，并传授他人，既拓宽了学术研究的领域，又扩大了教育内容的范围。

(3) 智者最关心的是道德问题和政治问题，并把系统的道德知识和政治知识作为主要的教育内容，既丰富了教育内容，又提供了一种新型的教育——政治家或统治者的预备教育。

以上即为智者在古希腊教育发展中的贡献。

第二节 古希腊的教育阶段

真题典例

单项选择题

1.【答案】C 西方“七艺”为文法、修辞学、辩证法、算术、几何、天文、音乐。确立“前三艺”的是智者派；确立“后四艺”的是柏拉图。苏格拉底将几何、天文、算术列为学习科目。

2.【答案】B 柏拉图提出“学习即回忆”，指人出生前已经具有一切事物的知识，当灵魂依附于肉体时，这些知识被遗忘。认识就是回忆，学习就是不断地回忆灵魂中已经有的知识。

3.【答案】B 斯巴达的公民子弟，7 岁进入体育馆学习，18 岁进入青年军事训练团“埃弗比”学习。C 选项“体操学校”是雅典设立的学校；D 选项“角力学校”可以独立运行，也可以作为体育馆的一部分。

4.【答案】B 本题属于对识记性知识的考查。雅典公民子弟在 13 岁左右，除了在文法学校和弦琴学校学习外，还会进入体操学校学习游泳、舞蹈、赛跑、跳跃、摔跤、投铁饼、掷标枪。

5.【答案】C 雅典教育以和谐教育、文雅教育为主，斯巴达教育以军体教育为主，古罗马教育注重培养顺民。

6.【答案】D 雅典教育以和谐教育、文雅教育为主，斯巴达以军体教育为主。

7.【答案】A 智者是以收费授徒为职业的巡回教师，确定了“七艺”中的“前三艺”（文法、修辞学、辩证法）。在教育实践方面，智者以钱财而不以门第作为教学的唯一条件，扩大了教育对象的范围。

8.【答案】C 智者以钱财而不以门第作为教学的唯一条件，扩大了教育对象的范围。A 选项确立了“四艺”的是柏拉图；B 选项创办学园的是柏拉图；智者派淡化了教育的等级性，所以 D 选项错误。

9.【答案】C A、B、D 选项是雅典和斯巴达的教育的共同点。

模拟练习

单项选择题

1.【答案】B A 选项斯巴达相对于雅典更注重军事体育的训练。C 选项斯巴达相对雅典更注重女子教育。D 选项斯巴达和雅典都注重对自由民的教育，排斥对奴隶和非公民的教育。

2.【答案】C　斯巴达教育的主要内容是五项竞技(即赛跑、跳跃、摔跤、掷铁饼和投标枪),骑士七技是中世纪骑士教育的内容。

3.【答案】D　修辞学校是古罗马教育学校的类型。体操学校就是角力学校,除此之外,雅典还有文法学校和弦琴学校。

4.【答案】A　西方七艺为文法、修辞、辩证法、算术、几何、天文、音乐。其中前三艺是智者派确立的,后四艺是柏拉图确立的,所以A选项说法错误。

5.【答案】C　C选项表述错误,正确的应为中等教育机构体育馆被文法学校取代。其余选项都属于希腊化时期教育的变化。

第三节　古希腊的教育思想

真题典例

单项选择题

1.【答案】D　本题属于对识记性知识的考查。西方“七艺”是“文法、修辞学、辩证法、算术、几何、天文、音乐”。智者派确立了“前三艺”(文法、修辞学、辩证法)。

2.【答案】D　苏格拉底向青年提出的要求和期望是“认识自己”。

3.【答案】C　亚里士多德主张实施“三育”(体育、德育和智育),对应的人的灵魂是营养的灵魂、感觉的灵魂和理性的灵魂。

4.【答案】A　“七艺”为“文法、修辞学、辩证法、算术、几何、天文、音乐”。“前三艺”由智者派确立,“后四艺”由柏拉图确立。

5.【答案】A　亚里士多德从“灵魂论”出发,将教育分为体育、智育和德育三个部分。

6.【答案】B　亚里士多德主张体育优先于智育,A选项表述错误;家庭教育是教育中的一部分,但学校教育是城邦最为适宜的教育形式,C选项错误;亚里士多德不主张自由民学习职业技能,D选项错误。

模拟练习

一、单项选择题

1.【答案】A　苏格拉底在德育上探求普遍有效的“一般”。

2.【答案】B　苏格拉底法中归纳的过程就是寻找“一般”的过程。

3.【答案】A　主张智慧即德行(知识即道德)的思想家是苏格拉底。

4.【答案】A　B选项为苏格拉底论智育的内容,C选项和D选项为亚里士多德的主张。

5.【答案】A　苏格拉底认为教育的目的是培养治国人才。他是专家治国论者,认为治国者必须有德有才,深明事理,具有各种实际知识。

6.【答案】B 苏格拉底认为教育的首要任务是培养道德。

7.【答案】C 西方七艺为文法、修辞、辩证法(此为前三艺,由智者派确立)、算术、几何、天文、音乐(此为后四艺,由柏拉图确立)。第一次将几何、天文、算术列为必修科目的思想家是苏格拉底,如果加上音乐就选柏拉图。

8.【答案】B 柏拉图在《理想国》中提到对哲学王的培养,第一次将考试作为选拔人才的手段之一。

9.【答案】A 亚里士多德曾说,正如蜡块只把带印的金戒指的印记接纳到自己身上,不取黄金本身,而只纯粹取其形式。他又说,人的灵魂(意识)正如什么也没有写上的一张白纸,或一块白板,它能接受对象的知识。这种观点确认知识是从外面经过感觉进入意识的,与柏拉图知识即回忆的理论相对立,这是古希腊在认识论上的一个成就。后世的哲学家、教育家(如夸美纽斯、洛克)往往引用"蜡块说"与"白板说"来说明教育在人的形成中的巨大作用。

10.【答案】B 亚里士多德认为需要重视人的天性,在良好的环境和正当的行为中养成良好的习惯,并通过教育发展人的理性,使天性和习惯受理性的领导,人就能成为有德行的人。

二、论述题

【参考答案】

苏格拉底在讲学中形成了由讥讽、助产术、归纳和定义四个步骤组成的独特的方法,称为苏格拉底法(或称产婆术、问答法)。

讥讽是指对对方的发言不断提出追问,迫使对方自陷矛盾,无言以对,承认自己的无知;助产术是指帮助对方自己得到问题的答案;归纳是指从各种具体事物中找到事物的共性、本质,通过对具体事物的比较,寻求"一般";定义是指把个别事物归入一般概念,得到关于事物的普遍概念。

苏格拉底法的优点在于不将现成的结论硬性灌输或强加给对方,而是与对方共同讨论,通过不断提问诱导对方认识并承认自己的错误,自然而然地得到正确的结论。这种方法遵循从具体到抽象、从个别到一般、从已知到未知的规则,为后世的教学法所借鉴。但是这种教学方法不是万能的教学法,只能在一定条件下和适度范围内使用。

第二章　古罗马的教育

第一节　古罗马的教育阶段

真题典例

单项选择题

1.【答案】D　修辞学校是以培养演说家或雄辩家为目标的学校。A、B、C 选项均为古希腊的学校。

2.【答案】A　B 选项是共和时期高等教育的主要内容；C 选项由古希腊时期亚里士多德提出的，指针对自由民的教育，本质上属于学科中心课程理论，强调自由民学习广博的知识；D 选项是中世纪世俗教育的重要形式之一。

模拟练习

单项选择题

1.【答案】B　古罗马帝国时期要培养的是效忠帝国的官吏。

2.【答案】A　古罗马帝国时期的教育目的应该是由培养顺民改为培养效忠国家的官吏，而非雄辩家。

3.【答案】A　罗马共和时期的教育基本上是农民—军人的教育，其主要的教育形式是家庭教育。

第二节　古罗马的教育思想

真题典例

单项选择题

1.【答案】C　班级授课制是夸美纽斯正式提出并命名的，但这个理念不是他最先提出的。昆体良曾提出过班级授课制的设想。

2.【答案】B 西塞罗的著作是《论雄辩家》。A 选项《雄辩术原理》(《论演说家的教育》)的作者是昆体良；C 选项《忏悔录》的作者是奥古斯丁；D 选项《论灵魂》的作者是亚里士多德。

3.【答案】D 西塞罗、昆体良重视培养雄辩家、演说家，他们的思想更具有实践性取向。A 选项和 C 选项属于古希腊教育思想的特点，B 选项为智者派的特点。

4.【答案】A 昆体良坚持把高尚品质的培养放在教育任务的首位。

5.【答案】C 在教育目的上，昆体良提出教育应培养善良且精于雄辩的人，他认为德行是雄辩家的首要品质，善良的德行是第一位的，完美的雄辩技能是第二位的。A 选项应改为学校才是培养雄辩家的理想场所；雄辩术和知识掌握应是一样重要的，是德行的培养要重于二者，B 选项表述错误；D 选项应改为雄辩家的主要任务正是对正义和道德进行宣扬。

6.【答案】A 昆体良提倡的是双语教学，拉丁语和希腊语都应该学习，故 B 选项错误；昆体良认为最初的教育就应该是一种娱乐，C 选项表述错误；昆体良认为 7 岁之前的儿童是可以学习认字的，D 选项表述错误。

模拟练习

一、单项选择题

1.【答案】D 昆体良认为德行是雄辩家的首要品质。

2.【答案】B 昆体良认为学校教育优于家庭教育。学校教育可以起到激励学生的作用，还可以提供多方面的知识，培养学生适应公共生活的习惯和能力。

3.【答案】D 提出学习即回忆的是柏拉图，而非昆体良。其余选项均为昆体良的教学思想。

二、论述题

【参考答案】

昆体良是古罗马最有成就的教育家，代表著作《雄辩术原理》，他的教育思想在教育史上的贡献主要有：

(1) 在教育目的上：他的教育理论和实践都以培养雄辩家为宗旨。

(2) 在教育作用上：他高度评价了教育在人成长中的巨大作用，一般的人都是可以通过教育培养成人的。

(3) 在教育内容上：德行是雄辩家的首要品质；重视学前教育，他在教育史上第一次提出了双语教育问题，儿童应学习希腊语和拉丁语。

(4) 在教育方法上：主张因材施教，教育必须遵循儿童的年龄特点，提出启发诱导和提问解答的教学方法。

(5) 在教育形式上：主张学校教育优于家庭教育。学校能为儿童提供多方面的知识，还能养成学生适应社会公共生活的习惯和参与社会活动的能力。

(6) 在教学理论上：他关于教学理论的见解是班级授课制思想的萌芽；主张专业教育应建立在广博的普通知识基础上。

(7) 在对教师的要求上：主张教师应是德才兼备的；教师对学生应严宽相济；教师应懂得教学艺术，教学简明扼要、深入浅出；教师要注意因材施教。

昆体良的教育思想是比较全面和丰富多彩的，他所论述的教育教学原理、原则和方法，在 1~5 世纪为整个罗马帝国的学校和教师所重视和效法，并在文艺复兴时期对人文主义教育家产生了深刻的影响。教育家夸美纽斯在构建自己的教育理论时也从中汲取了营养。

以上即为昆体良的教育思想在教育史上的贡献。

第三章　西欧中世纪的教育

真题典例

单项选择题

1.【答案】B　本题属于对识记性知识的考查。骑士教育是一种特殊形式的家庭教育，同时也是一种特殊形式的世俗教育。

2.【答案】A　本题属于对识记性知识的考查，西欧中世纪大学所设的学科是文、法、神、医，目的是进行职业训练。

3.【答案】B　本题属于对识记性知识的考查。骑士教育是一种特殊的家庭教育形式。

4.【答案】C　侍从教育阶段学习"骑士七技"，即骑马、游泳、投枪、击剑、打猎、弈棋、吟诗。

5.【答案】A　西欧中世纪的教育在性质上可分为基督教教育和世俗教育。其中，基督教的教育机构以修道院学校、主教学校、堂区学校为代表。世俗教育包括宫廷教育、骑士教育，以及中世纪大学以及城市学校开展的教育。尽管中世纪存在世俗教育，但整个西欧依然处于基督教的黑暗统治中，所以最具有典型性特征的还是基督教教育。B、C、D 选项不属于西欧中世纪教育的典型特征。

模拟练习

一、单项选择题

1.【答案】B　城市学校为新兴的市民阶层开办，而非贫民阶层。

2.【答案】B　在礼文教育阶段，骑士跟随贵族领主中的贵妇进行学习，学习上流社会的礼仪生活。

3.【答案】C　宫廷学校的主要教学内容是西方七艺，也称为自由七艺，即文法、修辞、辩证法、算术、几何、天文、音乐。

4.【答案】B　早期中世纪学校的科目有文、法、神、医四科，其中神学是全部学科的"王冠"。

5.【答案】B　选项 A 骑士学院是德意志各邦国为了培养文武官员、巩固政治，面向上层贵族子弟设立的学校，实际上是一种培养新贵族即资产阶级人才的特殊学校。

选项 C 青年学校是 1958 年苏联为了解决升学和就业之间的矛盾在完全中等教育阶段最

主要的学校类型，包括青年工人学校和农村青年学校。

选项 D 实科学校是以实科知识为主要教学内容的学校，德国的实科教育因工商业的发展和城市生活的日渐丰富而走在欧洲各国的前列。

6.【答案】D 中世纪大学是西欧社会发展到一定阶段的产物，教会自身不具备创造大学的能力，也不存在发展这种教育的动机。

二、论述题

【参考答案】

(1) 产生

① 社会经济发展推动了中世纪大学的产生和发展。西欧社会趋于稳定，农业和手工业的发展，经济的复苏和城市的复兴，对文化提出了新的要求，中世纪大学逐渐形成和发展。

② 新兴市民阶层的兴起推动了中世纪大学的产生和发展。

(2) 地位与作用

① 中世纪大学是近代西方大学的直接渊源。在现代西方高等教育的诸多方面，我们仍能清晰地看到中世纪大学所具有的文化精神和教育特征。

② 中世纪大学以文、法、神、医四大学科为主要教学内容，为当时的西欧社会培养了大批的文人学者和医生。

③ 中世纪大学自治的特点为之后西方教育的自治权发展提供了范本。

④ 中世纪大学唤醒了人们对世俗教育的重视，使教育内容不仅局限于宗教教义，打破了封建社会教育闭塞的局面，推动了教育的发展。

⑤ 中世纪大学的形成和发展为欧洲文艺复兴做了准备。

以上即为中世纪大学的产生及其在教育史上的地位与作用。

第四章　文艺复兴与宗教改革时期的教育

第一节　人文主义教育

真题典例

一、单项选择题

1.【答案】A　本题属于识记性知识的考查。西塞罗主义是意大利人文主义教育实践形式主义化的标志。B 选项是北欧人文主义教育实践形式主义的标志。C 选项是以托马斯主义为基础的教育哲学。出现于 19 世纪末的一种天主教哲学。D 选项是古希腊文化末期最重要的哲学流派,对西方中世纪中的基督教神学产生了重大影响。

2.【答案】C　人文主义教育反对禁欲主义、蒙昧主义和宗教神学,肯定人的力量、价值和潜能,注重个性发展,其实质是文雅教育,是古典主义特征的表现。

3.【答案】A　教育目标侧重个性发展属于人本取向的特征。B 选项重视古典人文学科的学习是古典主义的特征; C 选项偏重上层子弟是贵族性的特征; D 选项关注现实生活是世俗性的特征。

4.【答案】A　A 选项人文主义教育具有贵族性、精英性,而新教教育具有群众性与普及性。古典性是二者共同的特征。其他选项的特点没有依据。

二、分析论述题

【解析】做对比题时,可以从相同点和不同点的角度展开对比。

【参考答案】文艺复兴最早发生于意大利。意大利文艺复兴以古罗马文化的复兴为先导,继之以古希腊文化的复兴,这种复兴迅速影响到教育界。一些教育家的理论和实践活动进一步促进了意大利人文主义教育的发展,代表人物有弗吉里奥、维多里诺等。

北欧的文艺复兴运动是受意大利的影响而出现的,人文主义教育也随之发展起来,代表人物主要有伊拉斯谟、莫尔、拉伯雷、蒙田等。

(1) 不同点:

① 意大利人文主义教育具有较强的世俗性,北欧人文主义教育则十分强调宗教与道德的价值。

② 因政治背景的不同,教育的政治功能亦差别很大。意大利实行城市共和制,教育的目的是培养富于自由、平等精神的公民。北欧人文主义教育家崇尚君主制,因此更重

视对统治者的教育。

(2) 相同点：

① 古典科目均构成人文主义课程的基础和主体。

② 都强调教育与社会的联系，力图通过教育来改造社会，至于自然的改造，自然科学的研究尚未受到重视。

③ 都重视古典语言教学，忽视了本族语教学。

④ 后来都走向了形式主义。

模拟练习

一、单项选择题

1.【答案】C 创办快乐之家的是维多里诺。

2.【答案】A 弗吉里奥是率先阐述人文主义教育的学者，其思想大大受益于昆体良。

3.【答案】B 伊拉斯谟是一位基督教人文主义教育理论家，在古典文化和宗教的关系上，他并不像意大利人文主义者那样过于偏重古典文化，而是基督教与人文主义并重，主张人文主义基督教化，基督教人文主义化。

二、论述题

【参考答案】

人文主义教育在不同地域和不同发展阶段具有不同特色，但在基本特征上有共通之处：

① 人本主义。人文主义教育在培养目标上注重个性发展，在教育教学方法上反对禁欲主义，尊重儿童天性，通过教育力量重塑个人、改造社会。

② 古典主义。人文主义教育思想吸收了很多古人见解，人文主义教育实践尤其是课程设置具有古典性质，这种古典主义含有古为今用、托古改制的内涵。

③ 世俗性。无论从教育目的还是课程设置来看，人文主义教育洋溢着浓厚的世俗性，教育更关注今生而非来世，这是人文主义教育与中世纪教育的根本区别。

④ 宗教性。人文主义教育仍具有宗教性，他们虽然抨击天主教的弊端，但不反对宗教更不打算取消宗教，他们希冀以世俗和人文精神改造中世纪陈腐专横的宗教以造就更富有人性色彩的宗教。

⑤ 贵族性。这是由文艺复兴运动的性质决定的，人文主义教育的对象主要是上层子弟，教育形式多为宫廷教育和家庭教育而非大众教育，教育目的主要是培养上层人物。

以上即为人文主义教育的一般特征。

第二节 新教教育

真题典例

单项选择题

1.【答案】B 人文主义教育、天主教教育和耶稣会教育具有贵族性，新教教育具有平民性。

2.【答案】A 宗教改革使欧洲国家的教育管理走向世俗化、国家化。B选项是人文主义教育的特点，宗教改革虽然具有一定的古典性，但这一古典性对欧洲教育发展的影响并不大。其他选项没有依据。

模拟练习

一、单项选择题

1.【答案】D 宗教改革促进了教育的国家化、世俗化和普及化。没有加强教育的古典性。

2.【答案】A 马丁·路德认为教育的管理权应归国家，而不是教会。

3.【答案】A 本题为对识记性知识的考查，普及教育之父、免费学校的创始人是加尔文。

二、论述题

【参考答案】

宗教改革运动产生于16世纪初，其矛头直指天主教会，实质是企图以一种新的宗教去取代原有的旧的宗教。宗教改革运动与文艺复兴中的人文主义运动相比，是一场更广泛、更深刻的社会改革运动，它的意义绝不仅在于宗教的改革，而是触及社会生活的各个主要层面。宗教是西方文化的核心，而教育是传播文化的工具，宗教的变革势必会导致教育的变革。

(1) 宗教改革的主要教育思想

① 路德派的教育主张

路德认为教育的首要目的是宗教性的，在于使人虔信上帝，同时强调教育的世俗目的，认为兴办学校有利于国家的安全和兴旺。路德主张教育权由国家而不是由教会掌握；主张男女儿童教育权利平等；主张国家普及义务教育。

② 加尔文派的教育主张

加尔文提出普及、免费教育的主张，要求国家开办公立学校，实行免费教育；强调教育对人的宗教生活和现实生活的意义；重视人文学科的价值，注意将宗教科目与人文科目的学习相结合。

③ 英国国教的教育主张

教育具有强烈的人文主义色彩，学校的教学内容基本上是古典主义的；教育规模扩大，重建和创办学校；学校课程发生变化，更有益于世俗生活；教育目标更加注重培养在社会生活中能有所作为的绅士。

(2) 影响

① 持续不断的宗教冲突和战争给欧洲社会带来了极大的破坏，给教育带来了厄运，教育长时间难以复苏。

② 宗教改革导致教育世俗性的增强。政府对宗教持中立态度标志着国家世俗权力的增强，预示着政教分离原则的最后胜利。这对教育而言意味着教育势必成为一种民族的教育，一种由国家控制领导权的教育，一种避免宗教争端的世俗性、公共性的教育。

③ 尽管宗教改革是由人文主义引发的，但宗教改革对近代教育转折的历史意义远远高于人文主义。人文主义教育、新教教育和天主教教育三种教育势力相互之间的冲突与融合，奠定了近代西方教育的基本格局。尽管三种教育皆有不足之处，服务目的也大相径庭，但它们都对西方教育的发展作出了贡献。

以上即为宗教改革运动对西方教育的发展的影响。

第三节 天主教教育

真题典例

单项选择题

【答案】B 人文主义教育、新教教育、天主教教育的共同点是都重视古典人文学科。人文主义教育、天主教教育更为注重"贵族式精英教育"。新教教育更为注重世俗性的义务教育，更为注重教育的群众性和普及性。

模拟练习

一、单项选择题

【答案】D 耶稣会教育的教育目的不可能是非宗教的。

二、论述题

【参考答案】

(1) 三者的区别

① 尽管人文主义运动导致了宗教改革，但大多数人文主义者都反对宗教改革造成

的教会分裂，而主张在教会内部实行不流血的改革，人文主义和天主教都是反对宗教改革的。

② 新教教育与天主教教育都是宗教教育，尽管人文主义教育也带有一定的宗教性，但新教和天主教还是共同反对人文主义教育中的异教因素。

③ 人文主义教育具有贵族性，天主教教育尤其是耶稣会的教育出于其控制社会精英的政治目的而重视上层社会子女的教育因而带有强烈的贵族性，新教教育则具有较强的群众性和普及性。人文主义教育的贵族性是由人文主义运动的性质（并非大众运动）所决定的，其与耶稣会教育的贵族性在性质上是不同的。

④ 这三种教育的根本差异主要在于它们服务目的的不同。新教教育为新教服务，天主教教育为天主教服务，教育在新教和天主教中主要是作为一种宗教的工具而被运用。渗透于新教教育和天主教教育中的古典人文教育主要是作为一种技术性的语言工具而被利用，它为个人发展考虑、为世俗利益考虑，一直被放在次要地位。

(2) 三者的联系

① 三者都很重视古典人文学科。人文主义教育重视古典人文学科自不待言，新教教育和耶稣会教育也以古典人文学科为学校课程的主干。

② 三者都信仰上帝，具有宗教性。

③ 三者教育中的世俗性都在不断增强。

以上即为文艺复兴时期人文主义教育、新教教育和天主教教育的区别和联系。

第五章　欧美主要国家和日本的近代教育

第一节　英国近代教育

真题典例

单项选择题

1.【答案】B　洛克主张绅士教育，重视家庭教育，认为家庭教育比学校教育优越。A 选项夸美纽斯重视学校教育，他主张“将一切事物教给一切人”。C 选项赫尔巴特和 D 选项第斯多惠主张的也是学校教育。

2.【答案】D　本题属于对识记性知识的考查。19 世纪中后期，英国全日制大学以校内或校外讲座的形式，向社会中下层及女子提供更多接受高等教育的机会，称为“大学推广运动”。

3.【答案】C　本题属于对识记性知识的考查。斯宾塞主张教育准备生活说，认为教育是“为了完满生活做准备”。杜威主张教育适应生活说，主张教育是为了现在的生活。A 选项和 D 选项的培根和赫胥黎虽然也注重科学教育，但没有提出教育准备生活说。B 选项洛克注重的是绅士教育。

4.【答案】D　公学是由公众团体集资兴办的以培养公职人员为主要目的的学校，大部分公学其实都是私立的。A、B、C 选项为公立学校的特点。

5.【答案】A　本题属于对识记性知识的考查。洛克在《教育漫话》中提出“健康之精神寓于健康之身体”。

6.【答案】A　洛克主张“健康之精神寓于健康之身体”。他认为身体的养育是前提和基础，之后是德行的塑造和培养，最后是知识的学习。

7.【答案】B　城市学院纷纷兴起，科学教育步入大学的讲坛，高等教育从此向中产阶级子弟开放。在 19 世纪上半叶，科学知识只是进入了大学，还没有达到和神学并重的地位，且城市学院更注重的是偏向实用一些的知识，A 选项错误。此时的城市学院还是偏向古典学科，现代科学地位并不是特别高。城市学院没有体现社会团体和政府之间的合作，C 选项和 D 选项表述错误。

8.【答案】A　17~18 世纪，英国的初等学校主要有贫儿学校、免费学校、流动学校等。这些学校的主要教育对象是贫民子弟。

9.【答案】C　牛津大学、剑桥大学的特点是注重古典文化。而苏格兰等地的大学受培根的唯物主义哲学和牛顿等人的影响，更注重自然科学和实用科学。

10.【答案】D 洛克强调品德重于学问。他认为合格绅士最重要的品质是品德高尚。

11.【答案】A 《福斯特法案》(《初等教育法》)标志着英国初等国民教育制度的形成。双轨制确立的标志是英国公学和文法学校的出现，B选项错误。没有明确的法案标志高等教育体系完善，C选项错误。1902年《巴尔福教育法》的颁布标志着以地方教育当局为主的教育行政体制的确立，D选项错误。

12.【答案】C 古老的牛津大学、剑桥大学重视古典人文学科。苏格兰大学更重视自然科学和实用学科教育。

13.【答案】B 本题属于对识记性知识的考查。新大学运动的开始以伦敦大学学院的创立为标志。

模拟练习

一、单项选择题

1.【答案】B 洛克重视家庭教育，认为教育发挥其正面作用的场所并不在学校，他认为当时的学校是集合了形形色色被教育坏了的、满身毛病的一群学童的机关，教师也不可能认真顾及每一个儿童，所以只有在家庭中聘用优良的教师，才能避免"毒害的传染"，并得到适合儿童个性的个别指导。

2.【答案】B 洛克认为教育在人的形成中有重大作用，人的"十之八九都由他们所受的教育决定"。

3.【答案】A 《教育漫话》中第一个加以论述的教育是体育。

二、论述题

【参考答案】

(1) 17~18世纪欧美主要国家教育发展的不同特点

① 英国的教育特点：

17~18世纪英国教育的发展是十分缓慢的，学校教育主要还是沿袭了文艺复兴和宗教改革形成的传统，初等教育一直由国教会掌管；中等教育主要是富家子弟的升学预备教育，以文法学校和公学为主；高等教育始于中世纪后期牛津大学的设立，到17世纪，学校规模扩大，经济宽裕，学术氛围浓厚，中下层学生人数增加，科学研究成果渗入教学内容，逐渐重视自然科学和实用学科。

② 法国的教育特点：

17~18世纪法国的教育掌握在教会手中，主要为基督教学校兄弟会；耶稣会所办的学校在中等教育方面占统治地位；高等教育排斥新思想，发展缓慢；由于法国的重商政策，专业技术的实用价值受到重视，一些技术专门学校得以建立。

③ 德国的教育特点：

这一时期德国教育的特点主要是国家办学和普及义务教育，如泛爱学校的创办；德国的中等教育分为文科中学、实科中学和骑士学院；德意志各邦国为了培养文武官员、巩固政治，面向上层贵族子弟设立“骑士学院”；1694 年建立的哈勒大学，是欧洲第一所新式大学，哥廷根大学于 1737 年建立，注重科学研究，设藏书丰富的图书馆和各种研究所，这两所大学为 19 世纪柏林大学成为欧洲的最高学府，奠定了思想基础，积累了实践经验。

④ 俄国的教育特点：

俄国教育从一开始就比较重视实用知识的传授。创办实科学校、改善初等教育，开展义务教育、创办科学院、创办莫斯科大学。

⑤ 美国的教育特点：

17 世纪的北美殖民地教育以移植欧洲教育模式为主，宗教是教育的主要出发点和归宿。数量少、水平低是学校的明显特点；18 世纪初，北部和中部殖民地城市私人教学兴盛；18 世纪 40 年代到 60 年代，北美殖民地大学迅速增加；建立学区教育制度；建国初期规定所有教育权归各州所有。

(2) 17~18 世纪欧美主要国家教育发展的共同特征

① 教育逐渐普及化。欧洲各主要国家逐渐改变了教育是贵族的特权这一现象，无论是教会学校还是国家开办的学校都开始普及初等教育，使平民也能接受教育。

② 教育逐渐世俗化。欧洲各主要国家随着社会的进步，逐渐减少了宗教在教育中比重，更加重视实用知识和实科教育，使教育逐渐世俗化。

③ 教育逐渐制度化。欧洲各主要国家开始着手建立系统的教育制度，如杰斐逊设想了一个单轨制和筛选性的学校阶梯。

以上即为 17~18 世纪欧美主要国家教育发展的不同特点和共同特征。

第二节 法国近代教育

真题典例

单项选择题

1.【答案】A 在法国启蒙教育思想的影响下，主要是在卢梭的教育思想影响下，18 世纪德国巴西多开设了泛爱学校，主张“适应自然”的教学方式，重视儿童兴趣。

法国的文科学校、实科学校、国民学校均属于法国中学教育阶段，是法国教育体系中三种类型的中学教育，它们的不同之处在于教授的课程和普及的范围。文科学校主要培养学生的人文素养，为大学教育铺垫基础，涵盖文学、历史、哲学、外语等领域。实科学校主要培养学生的科技素养，为职业技能教育做铺垫，涵盖技术、工程、管理、贸易等领域。国民学校是法国人人都要接受的基础教育，是为 11~15 岁的学生提供的初级教育，涵盖数学、科学、语言、文学、历史等领域。

2.【答案】D 法国大革命时期教育改革的特点是国家化、世俗化、平民化。D 选项“教育实施的终身化”即终身教育，是在 20 世纪 60 年代提出的。

3.【答案】A 法国帝国大学的设立标志着中央集权式教育管理体制的形成。

4.【答案】A 帝国大学的建立标志着法国中央集权制教育管理体制的形成。帝国大学是法国最高教育领导机构。

5.【答案】C 《雷佩尔提教育方案》提出，国家应举办“国民教育之家”。

法国的儿童之家、青年之家、劳作教育之家，是法国政府设立的一些机构，旨在提供服务、教育和庇护。儿童之家是接收儿童的机构，通常由公共或私人机构管理。这些机构为未成年人提供住宿，教育和医疗保健服务，有时也可能提供法律支持和心理治疗。青年之家是为年轻人提供服务的机构。这些机构包括住宿、职业培训、文化活动、体育运动等在内的各种服务。劳作教育之家是专门为青少年提供职业教育和培训的机构，旨在为青少年提供各种技能，以便他们将来能够成为合格的劳动者。

6.【答案】D 巴黎理工学校被喻为“能下金蛋的母鸡”。

7.【答案】B 狄德罗强调天才、才能和美德出自茅舍的要比出自宫廷的多得多。

8.【答案】A 本题属于对识记性知识的考查。法国实施中等教育的主要机构为国立中学和市立中学。

9.【答案】A 1896 年法国《国立大学组织法》的颁布与实施标志着法国传统意义上的“大学”复办。B 选项法国现代“大学校”的起源可以追溯到 1794 年法国大革命时期，当时成立了“国立理工学院”和“高等师范学院”。而将大学校的概念完全明确化并赋予其现代意义，则可以追溯到 19 世纪初的拿破仑改革时期。C 选项法国高等教育国立化进程的开端可以追溯到 1794 年，当时法国大革命政府颁布了一项法令，规定成立了三所高等师范学校。D 选项法国中央集权式高等教育管理体制的确立始于 1808 年的教育法，该法将法国所有的大学都纳入国家中央管理。

模拟练习

单项选择题

1.【答案】A 《康多塞方案》提出了设立国家科学与艺术研究协会。

2.【答案】A 提出“教育万能论”口号的思想家是爱尔维修。

3.【答案】B 狄德罗认为人民中存在大量的天才，而封建专制的教育剥夺了人民受教育的机会，主张剥夺教会的教育管理权，把教育交给国家政府管理。

4.【答案】C 拉夏洛泰设想了按照年龄划分的三级教育制度，提出各阶段的学习都要注重本国语和科学学科。

第三节 德国近代教育

真题典例

单项选择题

1.【答案】B 本题属于对识记性知识的考查。洪堡是柏林大学的校长。A 选项哈勒大学和 C 选项哥廷根大学是德国 17—18 世纪的代表性大学。D 选项慕尼黑大学始建于 1472 年。

2.【答案】B 洪堡推动德国新大学运动，创建了柏林大学办学模式，为大学增添了科学研究功能。

3.【答案】B 18 世纪后期在德国出现的注重教学内容的实用性、寓教学于游戏和活动之中的新式学校是泛爱学校。

4.【答案】C 19 世纪后半期，德国中等教育的发展主要集中在实科中学的发展上。实科中学是一种注重实用技能和科学技术教育的中等教育学校，主要教授数学、自然科学、工程技术等应用性较强的学科，旨在培养实用型技术人才。作为德国实用主义和科技进步的象征，实科中学得到政府和社会的广泛支持和赞誉。A 选项皇家中学是国家控制的中等教育机构，教学内容以经典语言和文学、人文学科为主，旨在培养有文化修养的高级公务员和知识分子。B 选项文实中学是将实科和文科相结合的中等教育机构，注重教授文学、历史、语言等文科学科和自然科学、数学、应用技术等实用性学科。D 选项综合中学综合了皇家中学和文实中学的优点，教授全面的文科和实科课程，旨在培养拥有广泛知识背景和多才多艺的人才。

模拟练习

单项选择题

1.【答案】C 1694 年建立的哈勒大学，是欧洲第一所新式大学。新大学的特征之一是积极吸收最新的哲学和科学研究成果，排除宗教教条。为此，哈勒大学大胆选用了崇尚理性、善于思考和具有冒险精神的学者任教，为大学注入了新的生机并奠定了高水平的科研和教学基础。

哈勒大学的另一特色是提倡“教自由”和“学自由”，为摆脱传统的束缚和促进科学进步提供了宽松的条件。

2.【答案】A 德国教育家第斯多惠提出教育为真善美服务。

3.【答案】D 骑士学院不属于家庭教育，为学校教育。中世纪的骑士教育才属于特殊的家庭教育性质。

4.【答案】D 实科中学教授的是自然科学知识。

5.【答案】A 受马丁·路德思想的影响,从巩固自己小王朝统治的目的出发,德意志各邦国从16世纪中期起先后颁布了有关国家办学和普及义务教育的法令,表明较早由世俗政权掌管教育事业的国家是德国。

6.【答案】A 18世纪后期德国的泛爱学校,是在夸美纽斯和卢梭等人的教育思想影响下出现的新式学校。

第四节 俄国近代教育

真题典例

单项选择题

1.【答案】A 题干所说的主要内容是"设立教育系",而选项中强调教育学重要作用的只有乌申斯基;B选项苏霍姆林斯基强调全面发展;C选项凯洛夫是传统教育学的代表人物;D选项赞科夫进行了一系列教学和发展试验,追求人的一般发展,提出五项教学原则。由此可知,题干中的话是由乌申斯基提出来的。

2.【答案】C 本题属于对识记性知识的考查。在乌申斯基看来,教育是一门艺术,而不是一门科学,其艺术性表现在了解人和培养人的方面。

模拟练习

单项选择题

1.【答案】D D选项文实中学是美国富兰克林创建的。其他选项均为彼得一世改革时创立。

2.【答案】B 乌申斯基认为教育的目的是培养全面和谐发展的个人。

第五节 美国近代教育

真题典例

单项选择题

1.【答案】C 本题属于对识记性知识的考查。"美国公立学校之父"是贺拉斯·曼。D选项亨利·巴纳德是19世纪美国著名的教育家、教育改革家和历史学家,美国公立学校改革运动的重要领袖之一。他主张推广公立学校普及教育，提倡为女性、黑人和残疾人提供教育机会。他还倡导创立师范学校，提高教师素质，改善教育教学质量。

2.【答案】C 《美国宪法修正案》第10条规定："凡是宪法未曾给予联邦而又未曾限制给予各州的权力，都是保留给各州或人民的。"这完全符合地方分权制的特点。

3.【答案】C 1862年，林肯总统批准实施《赠地法案》(又称《莫里尔法案》或《莫雷尔法案》)。该法案规定，联邦政府根据各州在国会的议员人数，按每位议员3万英亩的标准向各州拨赠土地，各州应将赠地收入用于开办或资助农业和机械工艺学院。大多数州利用这笔拨赠，专门创办了农业和机械工艺学院，有的州则在已有大学内附设农业和机械工艺学院。这在很大程度上推动了农工教育的开展，开创了高等教育为社会服务的先河。

4.【答案】A 贺拉斯·曼和巴纳德等人发起的公立学校运动，在19世纪30年代主要是兴办公立小学，在19世纪50年代以后是兴办公立中学。

5.【答案】C 贺拉斯·曼主张设立公立学校，认为公立学校的作用是正面的、积极的，因此社会机器的平衡轮、社会人才的锻造炉、社会意识的均衡阀的理解契合贺拉斯·曼的想法。

6.【答案】B 贺拉斯·曼与巴纳德等人组织的公立学校运动，主张建立地方教育税与强迫入学制度。A选项美国进步教育运动是于19世纪末20世纪初兴起的；C选项"回归基础"和"生计教育运动"的开展是20世纪70年代美国教育的主题；D选项赫尔巴特教学法在小学教育实践中得以推广发生在19世纪末。

模拟练习

单项选择题

1.【答案】A B选项和D选项主要是英国中等教育的学校类型，C选项主要是法国中等教育的学校类型。

2.【答案】B 贺拉斯·曼将师范教育看作提高公立学校教育的重要手段。

第六节 日本近代教育

真题典例

单项选择题

【答案】D 1886年，日本颁布《中学校令》，规定中学分为寻常中学和高等中学两类。在初等教育方面，日本于1886年颁布《小学校令》，规定初等小学分为寻常小学和高等小学。寻常小学阶段为义务教育，高等小学阶段实行收费教育。《小学校令》的颁布加强了政府对教育的管理，督令家长送儿童入学，规定对于不遵照学制令要求的家长予以惩罚。

在中等教育方面，日本于 1886 年颁布《中学校令》，规定中等教育承担实业教育和升学教育两类，中学分为寻常中学和高等中学。

在高等教育方面，日本于 1886 年颁布《帝国大学令》，将东京大学改为帝国大学。

在师范教育方面，日本于 1886 年颁发《师范教育令》，将师范学校分为寻常师范学校和高等师范学校。

模拟练习

无

第六章　西欧近代教育思想与教育思潮

第一节　夸美纽斯的教育思想

真题典例

单项选择题

1.【答案】D　B选项教育性教学原则是赫尔巴特提出来的。A、C、D选项都是夸美纽斯提出的教育原则，其中根本性指导原则是D选项教育适应自然原则，正是因为要使教育适应自然的发展，才需要做到教学直观和循序渐进。

2.【答案】B　夸美纽斯在其教育代表作《大教学论》中提出泛智教育思想，探讨"将一切事物教给全人类的无所不包的艺术"。

3.【答案】B　本题属于对识记性知识的考查。夸美纽斯从感觉论出发论证了直观教学的重要性和实施方法。他认为教学应当从实际事物开始，使用图片或者模型；应该呈现教具，并将其放在合理的范围内；学生应先观看整体再分辨部分。

4.【答案】A　夸美纽斯根据教育适应自然原则，将母育学校比喻为春季，国语学校比喻为夏季，文科中学比喻为秋季，大学比喻为冬季。

5.【答案】B　夸美纽斯把道德教育从宗教教育中分离出来，他强调道德教育应成为学校教育的重要任务。

6.【答案】B　直观性教学与感觉论相联系。

7.【答案】D　《大教学论》以自然类比教育，理论论证尚未达到学科成熟的水平。

8.【答案】C　学校变成"才智屠宰场"，即学校教学工作没有顺应儿童的天性，根本原因在于教学工作违背了适应自然原则。

9.【答案】C　夸美纽斯认为管理教育的权力应交给国家，而不是教会，A选项错误；B选项表述错误，夸美纽斯虽然主张一切男女都应该进学校接受教育，但他主张男女受教育的程度不同，不同阶级的人接受教育的目的不同；夸美纽斯没有抛弃引证《圣经》的做法，D选项错误。

10.【答案】D　"泛智教育思想"的内涵是将一切事物教给一切人类。A选项是感觉论；B选项夸美纽斯认为实现教育普及具有可能性；C选项是教育适应自然原则的体现。

模拟练习

一、单项选择题

1.【答案】D 夸美纽斯要求把教育普及于一切男女儿童的思想无疑是进步的。但受历史条件的局限，他又认为一切男女青年受教育的目的和程度应是不同的：权贵和富人的子女受教育是为了成为领袖人物；地位较低的人受了教育才能自愿地服从长上；至于妇女们受教育，主要是使她们能够照料家庭，增进她的丈夫和家庭的幸福。

2.【答案】B 夸美纽斯把世俗道德的培养从宗教教育中分离出来，成为一个独立的部分，A 选项是错误的。在道德教育的方法方面，夸美纽斯认为严格的纪律是必要的，C 选项是错误的。在道德教育的内容方面，夸美纽斯把"谨慎、节制、刚毅、正义"作为道德教育的基本内容，他把这四种品德称为基本德行，D 选项是错误的。夸美纽斯把培养德行看作学校的主要任务之一，甚至认为德育比智育更重要，"把道德教育放在首位"，因此 B 选项是正确的。

3.【答案】C "不强迫智力接受任何它的自然爱好所不喜爱的东西"体现的是量力性教学原则。

4.【答案】A 夸美纽斯提出把一切事物教给一切人，寻找教学的方法。

5.【答案】B 世界观具有两面性，体现出矛盾的思想家是夸美纽斯。

6.【答案】A 夸美纽斯的教育思想是矛盾的，题干体现的正是这一点。

7.【答案】D 夸美纽斯主张将劳动教育纳入德育内容。

二、论述题

1.【参考答案】

卢梭和夸美纽斯都是自然主义教育思想的代表人物，二人的思想既有相同点又有不同点。

(1) 相同点

① 都强调教育要遵循自然的原则：夸美纽斯提出了教育适应自然这一根本的指导性原则，提出要依据人的自然本性和儿童年龄特征进行教育，并在教学中主动寻找教育规律。卢梭也提出了教育回归自然的思想，主张教育要在远离城市的乡村中进行，教育的目的是培养独立自主、平等、自由、自食其力的自然人。

② 都主张教育要遵循儿童身心发展的规律：卢梭和夸美纽斯都认为人和自然一样，有着自身的生长规律，教育也要遵循这一规律，促进儿童的自由成长。

(2) 不同点

① 时代背景不同：夸美纽斯所处的时代仍处于教会统治的阴影之中，他引证自然，将教育上升到理论的层面，推动了教育学科的发展，但由于时代所限，难免有片面、机械的局限性；卢梭所处的时代正值封建统治衰亡的末期，他强烈反对旧的社会秩序，倾其所有设想并呼唤新时代的到来，因而他的自然教育思想存在诸多激进的地方。

② 对“自然”的理解不同：夸美纽斯主张的是外在、客观的自然规律，以此来引证教育规律；卢梭主张的自然指的是儿童的自然天性和发展规律。

③ 教育对象不同：夸美纽斯提出泛智主义教育，号召将一切事物教给一切人；卢梭主张教育要培养自然人，这一主张所针对的是资产阶级的子女。

④ 教育目的不同：夸美纽斯将教育分为宗教性的目的和现实性的目的，宗教性的目的在于为永生做准备，现实性的目的则是培养能力、德行和虔诚的信仰。卢梭认为教育的目的是培养独立自主、平等、自由、自食其力的自然人。

⑤ 年龄划分不同：夸美纽斯在《大教学论》中把人从出生到成年分为四个阶段，分别是：婴儿期 1~6 岁、儿童期 6~12 岁、少年期 12~18 岁、青年期 18~24 岁。卢梭在《爱弥儿》中设想了四个教育阶段，分别是：幼儿期 0~2 岁、儿童期 2~12 岁、青年期 12~15 岁、青春期 15~20 岁。

2.【参考答案】

(1) 历史背景：夸美纽斯认为当时的社会没有完善的学校，且学校存在种种弊病，归根结底是因为学校的教育不符合事物的自然规则和秩序，以致学校被孩子们看作恐怖的场所和才智的屠场。基于这样的教育情况，夸美纽斯提出了教育必须适应自然的原则。

(2) 主要特征：夸美纽斯主张宇宙万物和人的活动中存在着一种规则，是这个规则保证了宇宙万物的和谐发展。人的教育活动也应该遵循这些普遍的原则。教育适应自然原则要求教育要模仿自然并遵循自然的规则和秩序，同时教育必须依据人的自然本性和儿童的年龄特征循序渐进地进行。

(3) 重要意义：夸美纽斯的教育适应自然原则主张主动去自然界寻找教育的规律，教育必须遵循儿童身心发展的规律，从而将教育经验上升为理论论述，实现了教育理论的突破性进展。但是他没有完全抛弃引证《圣经》的做法，采用与自然或社会现象类比的方法论述教育问题，难免片面、呆板，结论有的牵强附会。

以上即为夸美纽斯提出教育适应自然原则的历史背景、主要特征及其重要意义。

3.【参考答案】

(1) 历史贡献

普及教育思想的历史贡献：基于教育的崇高目的，夸美纽斯提出了“将一切事物教给一切人”的泛智主义教育观，并由此大力主张普及教育于全体儿童和民众。普及教育的思想使民众挣脱宗教神学的桎梏，通过普及教育，使人认识和研究一切事物，培养能力、德行，有利于整饬混乱的社会，唤起人们接受教育的意识，同时也为之后教育的发展提供了理论、实践、精神上的准备。

班级授课制理论的历史贡献：夸美纽斯正式提出班级授课制，主张学生按年龄和程度划分班级，教师对全班同学进行教学。班级划分小组，每组 10 人，选择组长，帮助教师管理。班级授课制的出现打破了传统的个别教学形式，扩大了教育对象，提高了教学效率，促进学生集体的形成，为学校教学管理的制度化、标准化提供了可能，也推动了普及教育的发展。

(2) 二者之间的逻辑关系

普及教育思想与班级授课制既是因果关系，也是相互促进、相辅相成的关系。首先，因为普及教育思想的提出，使人们正视传统的个别教学形式无法满足普及教育发展的弊端，而班级授课制能够扩大教育对象，提高教学效率，促进普及教育的规模发展，因此，班级授课制取代个别教学成为主要的教学形式，普及教育因班级授课制而得以实现，班级授课制因为普及教育的思想得以运行，二者相互促进，相辅相成。

以上即为夸美纽斯的普及教育思想与班级授课制理论的历史贡献及二者之间的逻辑关系。

4.【参考答案】

(1) 主要内容：

首先，夸美纽斯主张国家加强对教育的管理。国家要设置督学，培训将成为教育管理者的人。督学应管理各级学校人员、检查学校的教学工作、监督学校规章制度的执行、到社会上了解学生家长和监护人是如何教育和指导孩子的。

其次，夸美纽斯提出建立全国统一学制的主张。他把一个人从诞生到成年划分为婴儿期（1~6 岁）、儿童期（6~12 岁）、少年期（12~18 岁）、青年期（18~24 岁）四个时期。主张每个家庭设母育学校，每个村庄设国语学校，每个城市设文科中学，每个王国设一所大学。

此外，夸美纽斯提出了统一的学年制度，各年级在同一时间开学和放假。并正式提出了班级授课制度，主张学生按年龄和程度划分班级，教师对全班同学进行教学。班级划分小组，每组 10 人，选择组长，帮助教师管理。

(2) 历史贡献：

夸美纽斯提出加强国家对教育的管理，将教育从教会学校中解放出来，由专门的教师、教育场所进行教育，有效地促进了教育的发展；夸美纽斯提出建立统一学制的主张，划分教育阶段对学生进行教育，遵循了教育适应自然的原则，遵循了儿童的身心发展特点，使教育更趋向科学；夸美纽斯正式提出了班级授课制，扩大了教育对象，提高了教学效率，促进学生集体的形成，为学校教学管理的制度化、标准化提供了可能，也推动了普及教育的发展。

以上即为夸美纽斯教育管理思想的主要内容和历史贡献。

第二节 卢梭的教育思想

真题典例

单项选择题

1.【答案】B 本题属于对识记性知识的考查。卢梭将教育分为自然的教育、事物的教育、人为的教育。事物的教育和人为的教育要服从于自然的教育。

2.【答案】C 卢梭认为理想的工作是干净且自食其力的工作，他反对为法国政府服务的工作。

3.【答案】D 消极教育不是不教育，只是强调避免教育的外在强制干涉，遵循儿童天性，防范外界的不良影响。

4.【答案】A 卢梭自然主义教育理论影响了德国的泛爱教育运动。

5.【答案】B 卢梭认为自然的教育即儿童自身的成长和身体器官发展的教育，这是一种不可控制和决定的教育。他认为事物的教育和人为的教育应该配合自然的教育，因为在儿童的成长过程中，事物的教育和人为的教育只有与自然的教育协调一致，才能对儿童有良好的教育效果。

6.【答案】A 本题属于对识记性知识的考查。卢梭认为自然的教育不受人的控制，所以事物的教育和人为的教育需要配合自然的教育。

模拟练习

一、单项选择题

1.【答案】D 卢梭认为12~15岁是儿童体力发展最旺盛的时期。经过前一阶段的教育，儿童已经有了好奇心，也能进行思索了。所以，这一时期是可以和必须学习的时期。在学习知识的问题上，卢梭把培养兴趣和提高能力放在首位，并注意通过学习知识陶冶情操。

2.【答案】B 宗教教育也是卢梭的道德教育的内容之一。

3.【答案】D 卢梭提及了自爱心、怜悯心、良心，没有提及童心。

4.【答案】C 12~15岁的教育中，在学习内容方面，卢梭只提自然科学，不主张儿童学习历史、哲学等社会学科。

5.【答案】A 卢梭的消极教育不是对儿童放任自流，而是要防范外界不良影响，尊重儿童自然发展。

二、论述题

1.【参考答案】

(1) 主要特点：

① 从性善论和感觉论出发阐释教育。卢梭关于自爱心、怜悯心、良心的论述，具有反禁欲主义的启蒙作用，也提供了教育顺从天性的理论基础；卢梭承认感觉是知识的来源，所有一切都是通过感官而进入人脑的，通过感性理解作基础，理性理解才能形成。

② 强调教育“回归自然”。一方面，他强调15岁之前的教育必须在远离城市的农村中进行；另一方面，卢梭认为每个人都是由自然的教育、事物的教育、人为的教育三者培养起来的，三种教育结合才能达到预期的目的。但由于自然的教育不受人的控制，所以事物的教育和人为的教育需要符合自然的教育。卢梭主张“回归自然”、遵从天性是开创新教育的目标和根本原则，教育的最终目标是培养“自然人”。

③ 提出了教育划分阶段的教育结构。卢梭将自然主义教育的实施分为四个阶段，分别是婴儿期、儿童期、青年期、青春期，应分阶段进行不同程度、不同类型的教育。

④ 提出消极教育的方法原则。卢梭提出消极教育的主张，消极教育指的是成人的不

干预、不灌输、不压制，儿童遵循自然率性发展，尊重儿童主动地位，反对灌输和强迫，其依据是人性本善。教师需要创造学习环境，防范不良影响，把教师在教育中的中心位置让给儿童的自主发展，儿童不再被动受教，教师不再主宰一切。消极教育不等于不教育，不等于教师什么都不做，不等于放任自流的教育。除此之外，卢梭还提出正确认识儿童、因材施教等教育方法。

(2) 形成原因：

① 封建专制制度和宗教思想的束缚。封建社会的思想专制和长期以来宗教在教育上的统领严重束缚了教育的发展，儿童在成人的干预、灌输、压制下发生畸变，不像儿童。这促使卢梭积极传播新知识、宣扬新思想、揭露社会黑暗，展开了对封建社会的批判，表达了建立新社会的革命愿望，孕育了教育“回归自然”的光辉思想。

② 新兴资产阶级及民主性对教育的影响。随着社会的经济发展，新兴资产阶级对教育也提出了新的要求，原本的旧教育已经不能适应社会发展，因此卢梭等人积极建立新的教育。

以上即为卢梭教育思想的主要特点及其形成原因。

2.【参考答案】

(1) 自然主义教育理论的主要内容

卢梭自然主义教育的核心是“回归自然”。一方面，他认为善良的人性存在于纯洁的自然状态之中，只有远离喧嚣社会的教育，才有利于保持人的善良天性。因此，15 岁之前的教育必须在远离城市的农村中进行。另一方面，卢梭认为每个人都是由自然的教育、事物的教育、人为的教育三者培养起来的，三种教育结合才能达到预期的目的。但由于自然的教育不受人的控制，所以事物的教育和人为的教育需要符合自然的教育。

卢梭主张“回归自然”、遵从天性是开创新教育的目标和根本原则。他在《爱弥儿》中表示，自然教育的最终培养目标是“自然人”。自然人具有以下特征：

自然人是能独立自主的人；在自然的秩序中，所有人都是平等的；自然人又是自由的人，而国家公民常常是某种专业化的职业人；自然人是自食其力的人。总之，自然人相对于专制国家的公民来说是独立自主、平等自由、道德高尚、能力和智力极高的人。

在自然主义教育的教育方法上，卢梭主张：① 正确认识儿童。卢梭提出，在万物的秩序中，人类有他的地位；在人类的秩序中，儿童有他的地位。应当正确认识儿童，把孩子看作孩子，孩子不是等待管教的奴仆，也不是成人的玩物。② 消极教育。卢梭提出消极教育的主张，消极教育指的是成人的不干预、不灌输、不压制，儿童遵循自然率性发展，尊重儿童主动地位，反对灌输和强迫，其依据是人性本善。教师需要创造学习环境，防范不良影响，把教师在教育中的中心位置让给儿童的自主发展，儿童不再被动受教，教师不再主宰一切。消极教育不等于不教育，不等于教师什么都不做，不等于放任自流的教育。③ 因材施教。卢梭强调要注意儿童的个体差异，因材施教，按每个人心灵的形式去指导他。

(2) 意义

卢梭自然主义教育理论的基本内容是高度尊重儿童的善良天性，倡导自然教育和儿童本位的教育观。卢梭自然主义教育理论的著名实践成果是德国巴西多开办的“泛爱学校”；其思想也影响了裴斯泰洛齐，裴斯泰洛齐在卢梭注重儿童价值和地位的基础上，进而提出了教育心理学化的主张；除了巴西多和裴斯泰洛齐之外，卢梭的自然主义教育理论也影响了福禄培尔、赫尔巴特和杜威等人。卢梭的自然主义教育理论对新教育的设想具有划时代的意义，对整个欧洲和后世的教育也产生深刻的影响。卢梭提出的研究学生、研究儿童的号召，已经成为教育研究的永恒课题。

(3) 局限性

作为18世纪的一个历史人物，卢梭的思想在今天看必然存在时代的局限性，如过分强调宗教教育的重要性；在人性论上他把自爱、良心归之于天赋，并将之普遍化为超阶级的抽象物等。

以上即为卢梭自然主义教育理论的主要内容、意义和局限性。

第三节 裴斯泰洛齐的教育思想

真题典例

单项选择题

1.【答案】A 本题属于对识记性知识的考查。裴斯泰洛齐认为道德教育最基本的要素是儿童对母亲的爱。

2.【答案】A 本题属于对识记性知识的考查。裴斯泰洛齐是第一个提出“教育心理学化”口号的学者。赫尔巴特提出将心理学作为教育学的基础学科之一。

3.【答案】D 裴斯泰洛齐提出要素教育理论，主张从最简单要素开始，逐渐到复杂的要素，循序渐进地促进人的和谐发展。

4.【答案】D 在西方教育史上，裴斯泰洛齐是首位将教育与生产劳动相结合的思想付诸实践的教育家。

模拟练习

单项选择题

1.【答案】D 裴斯泰洛齐认为教育的首要功能和最终目的是促进人的发展，尤其是人的能力的发展。

2.【答案】A 裴斯泰洛齐认为道德教育任务的实现应首先是家庭教育，再进行学校教育。

3.【答案】B 裴斯泰洛齐认为数字1是最简单的要素。

第四节 赫尔巴特的教育思想

真题典例

一、单项选择题

1.【答案】B 本题属于对识记性知识的考查。赫尔巴特的教学形式阶段理论将教学分为“明了、联合(联想)、系统、方法”四个阶段。其弟子将四个阶段拓展为“预备、提示、联合(联想)、总结、应用”五段教学法。

2.【答案】D 赫尔巴特在《普通教育学》中把教育过程分为教学、管理和训育三个部分。

3.【答案】C 赫尔巴特认为教育目的包括“可能的目的”和“必要的目的”。“可能的目的”是与儿童未来所从事的职业有关的目的,教育目的就是需要发展多方面的兴趣,“必要的目的”是与儿童养成内心自由、完善、仁慈、正义和公平五种道德观念有关的目的。

4.【答案】A 学生的兴趣表现为“注意”时,教学阶段是“明了”。

5.【答案】A 赫尔巴特根据统觉原理,提出了相关原则和集中原则。

6.【答案】D 伦理学说明教育的目的,排除前三个选项。心理学说明教育的途径、手段和障碍。

二、分析论述题

【解析】本题考查的角度非常巧妙,以“兴趣”作为线索,考查赫尔巴特的整体思想。赫尔巴特的统觉观、教育目的、课程观、教学观都有涉及兴趣的观点。

【参考答案】

(1)赫尔巴特的兴趣观。兴趣是一种将思维的对象保留在意识中的内心力量,是一种智力活动的特性,并具有道德的力量。赫尔巴特把人类的多方面兴趣分为两类:经验的兴趣和同情的兴趣。把人类的兴趣活动分为四个阶段:注意、期待、要求和行动。

(2)兴趣观在其教育理论体系中的作用。

①兴趣是统觉的条件:兴趣可以使意识阈上的观念处于高度活跃的状态。

②兴趣是教育的目的:教育要达到的教育目的可分为两种,即“可能的目的”和“必要的目的”。“可能的目的”指与儿童未来所从事的职业相关的目的,这个目的是要培养多方面的兴趣,使人的各种潜力得到和谐发展。“必要的目的”指教育所要达到的最高和最为基本的目的,即道德,这个目的就是要养成内心自由、完善、仁慈、正义和公平五种道德观念。培养儿童多方面的兴趣是赫尔巴特为教学所确立的直接的、近期的目的,而教学又是实现道德教育目的的基本手段。

③兴趣观是赫尔巴特设置课程的基本依据之一。他认为,课程内容的选择和编制应

该与儿童的兴趣保持一致。赫尔巴特将兴趣分为经验的兴趣和同情的兴趣。

经验的兴趣包括经验的、思辨的、审美的兴趣。经验的兴趣对应的课程有自然、物理、化学和地理等；思辨的兴趣对应的课程有数学、逻辑和文法等；审美的兴趣对应的课程有文学、绘画等。

同情的兴趣包括同情的、社会的、宗教的兴趣。同情的兴趣对应的课程有本国语、外国语等；社会的兴趣对应的课程有历史、政治、法律等；宗教的兴趣对应的课程有神学等。

④ 兴趣观是赫尔巴特确立教学形式阶段论的重要依据。赫尔巴特从心理学角度出发，将学生的兴趣活动分为四个阶段：注意、期待、要求、行动。与之对应，他提出了教学形式阶段理论：明了、联合（联想）、系统、方法。在教学的明了阶段，儿童的兴趣表现为注意，他们处于静止的专心活动，教师通过提示来使学生获得清晰的表象；在教学的联合阶段，儿童的兴趣表现为期待，他们处于动态的专心活动，此时教师要运用分析的教学方法；在教学的系统阶段，儿童的兴趣处于要求阶段，他们处于静止的审思活动，此时教师要采用综合的教学方法；在教学的方法阶段，教师要求儿童自己活动，此时儿童处于动态的审思活动，教师要引导他们通过练习来巩固新学到的知识。

模拟练习

一、单项选择题

1.【答案】A 赫尔巴特指出，不存在“无教学的教育”，不承认任何“无教育的教学”。教育（道德教育）是通过，而且只有通过教学才能真正产生实际作用，教学是道德教育的基本途径。这首先要求教学的目的与整个教育的目的保持一致。正因如此，他认为，教学工作的最高目的在于养成德行。但他又认为，为了实现这个最终目的，教学还必须为自己设立一个近期的、较为直接的目的，这个目的就是“多方面的兴趣”。

2.【答案】C 赫尔巴特认为儿童管理具有独立的价值，并非依附于教育。

3.【答案】A 赫尔巴特认为教学工作的最高目的在于养成德行。

4.【答案】A 根据统觉的原理，赫尔巴特把数学和历史视为科目的中心。

二、论述题

1.【参考答案】

道德和知识之间的关系是赫尔巴特思想体系中的重要部分。

(1) 道德和知识的关系

赫尔巴特认为，知识与道德具有直接的和内在的联系。人只有了解了道德规范，才能产生服从道德规范的意志，从而形成符合道德规范的行为。

(2) 教育性教学原则

赫尔巴特明确提出了教育性教学原则，并把它当作教育的基本原则。教育（道德教育）是通过，而且只有通过教学才能真正产生实际作用，教学是道德教育的基本途径。这首先要求教学的目的与整个教育的目的保持一致。正因如此，他认为，教学工作的最高目的在于养成德行。但他又认为，为了实现这个最终目的，教学还必须为自己设立一个近期的、较为直接的目的，这个目的就是“多方面的兴趣”。

(3) 评价

赫尔巴特的突出贡献在于具体阐明了教育与教学之间存在的内在的本质联系，使道德教育获得了坚实的基础。但他把教学完全从属于教育，把教育和教学完全等同起来，具有机械论的倾向。

2.【参考答案】

赫尔巴特是德国哲学家、心理学家、教育家。在道德教育上，赫尔巴特主张以道德品格的养成作为教育的根本目的，提出教育性教学原则，强调通过知识教学促进学生道德品格的形成。其道德教育理论主要有以下几方面内容：

(1) 教育目的

赫尔巴特的教育目的分为“可能的目的”和“必要的目的”。

1)“可能的目的”指与儿童未来所从事的职业有关的目的，教育需要发展多方面的兴趣。

2)“必要的目的”指的是养成内心自由、完善、仁慈、正义和公平的五种道德观念。

(2) 教育性教学原则

1) 教学是道德教育的基本途径

赫尔巴特主张“不存在无教学的教育，反过来，不承认任何无教育的教学”。道德教育是通过，而且只有通过教学才能真正产生实际作用，教学是道德教育的基本途径。

2) 教学的目的

教学的目的与整个教育的目的保持一致，教学的最高目的在于养成德行，近期目的在于发展多方面的兴趣。

3) 评价

“教育性教学原则”阐明了教育和教学之间的本质联系，但是把教育和教学完全等同起来，具有机械论倾向。

(3) 道德教育

赫尔巴特提出儿童管理和训育。

1) 儿童管理

儿童管理的目的是培养一种守秩序的精神。

2) 训育

① 训育是指有目的地进行培养，其目的在于形成性格的道德力量。

② 训育可以分为四个阶段：道德判断、道德热情、道德决定和道德自制。

③ 训育有六种基本的措施和方法：

维持的训育：它的作用主要在于巩固儿童管理所取得的结果，使儿童懂得行为的界限和对权威的服从。

起决定作用的训育：它的主要作用是“引起学生做出选择”。

调节的训育：它的主要作用是说服学生，使他回忆以往的经历，预言未来，剖析自己的内心世界，从中找到与他的行为同根源的联系。

抑制的训育：它旨在使学生保持情绪的平静和头脑的清晰，以克服狂热的冲动，从而培养审美的判断和道德品质。

道德的训育：它的作用在于以上述四种训育为基础，向学生说明真理，进行真正的道德培养。

提醒的训育：它的作用在于及时提醒学生，并纠正他们的错误。

3.【参考答案】

心理学是赫尔巴特教育思想的理论基础。赫尔巴特认为心理学指出了教育的途径、手段和障碍。在西方历史上，赫尔巴特是第一位把心理学作为一门独立学科加以研究并努力把它建设成为一门科学的思想家。同时他提出了统觉和兴趣的理论。

(1) 心理学基础

① 统觉：赫尔巴特统觉理论的基本含义是，当新的刺激发生作用时，感觉表象就通过感官的大门进入到意识阈中；如果它具有足够的强度能唤起意识阈下已有的相似观念的活动，并与之联合，那么，由此获得的力量就将驱逐此前在意识中占据统治地位的观念，成为意识的中心，新的感觉表象与已有观念的结合，形成统觉团（即认识活动的结果）；如果与新的表象相似的观念已经在意识阈上，那么，二者的联合就进一步巩固了它的地位。

② 兴趣：赫尔巴特指出，"统觉或内在感觉，只有在条件允许的时候才会发生。"所谓统觉的条件，主要是指兴趣。而兴趣是观念的积极活动状态，是一种好奇心和智力活动的警觉状态，正因如此，兴趣赋予统觉活动以主动性。赫尔巴特认为，当观念活动对事物的特性产生兴趣这样一种活动时，意识阈上的观念就处于高度活跃状态，因而更易唤起原有的观念，并争取到新的观念。

(2) 赫尔巴特的教育思想

① 教育性教学原则：赫尔巴特指出，不存在无教学的教育，不承认任何无教育的教学。教育（道德教育）是通过，而且只有通过教学才能真正产生实际作用，教学是道德教育的基本途径。这首先要求教学的目的与整个教育的目的保持一致。正因如此，他认为，教学工作的最高目的在于养成德行。但他又认为，为了实现这个最终目的，教学还必须为自己设立一个近期的、较为直接的目的，这个目的就是"多方面的兴趣"。

② 课程理论：赫尔巴特课程理论的一个基本主张是课程内容的选择必须与儿童的经验和兴趣相一致。他指出，儿童在日常生活中，通过与自然的接触和与人的交往，获得了经验和同情，这是教学活动赖以进行的基础。

③ 教学理论：根据统觉过程完成的三个环节，赫尔巴特相应地提出了三种不同的教学方法——单纯提示的教学、分析教学和综合教学。这三种教学方法的联系，就产生了他所谓的"教学进程"。赫尔巴特提出了教学形式阶段的理论，包括明了、联合、系统、方法四个阶段。

(3) 赫尔巴特心理学与其教育思想的关系

赫尔巴特的教育思想均是在其心理学的基础上提出的，统觉理论与兴趣理论贯穿赫尔巴特教育思想的全部内容，为其教育思想奠定了心理学的科学基础。

以上即为赫尔巴特心理学与其教育思想的关系。

4.【参考答案】

(1) 主要内容

赫尔巴特认为,知识与道德具有直接的和内在的联系。人只有了解了道德规范,才能产生服从道德规范的意志,从而形成符合道德规范的行为。他明确提出了教育性教学原则,并把它当作教育的基本原则。

赫尔巴特指出,不存在无教学的教育,不承认任何无教育的教学。教育(道德教育)是通过,而且只有通过教学才能真正产生实际作用,教学是道德教育的基本途径。这首先要求教学的目的与整个教育的目的保持一致。正因如此,他认为,教学工作的最高目的在于养成德行。但他又认为,为了实现这个最终目的,教学还必须为自己设立一个近期的、较为直接的目的,这个目的就是"多方面的兴趣"。

(2) 意义

赫尔巴特的突出贡献在于具体阐明了教育与教学之间存在的内在的本质联系,使道德教育获得了坚实的基础。

以上即为赫尔巴特教育性教学原则的主要内容和意义。

5.【参考答案】

(1) 主要内容

赫尔巴特所提出的教学形式阶段,实际上就是课堂教学的完整过程,是一个包括教学方法、教学形式等在内的规范化的教学程序。赫尔巴特认为,兴趣活动可以划分为四个阶段:

① 注意。由于心智活动"使一种表象比较突出并对其余表象发挥作用",这就使兴趣活动对它产生一种倾向。

② 期待。新引起的表象活动往往并不能立刻出现在意识中,兴趣活动因而转向对它产生期待。

③ 要求。从兴趣中产生欲望,它通过向对象提要求显示出来。

④ 行动。

赫尔巴特指出,儿童在学习活动中的思维状态主要有两种:专心与审思。专心是指集中于任何主题或对象而排斥其他的思想活动;审思是指追忆和调和意识内容,即对由专心而得到的知识进行同化作用。他认为,由于专心活动是相互隔绝的,因而需要使专心活动与审思活动不断地相互转化,并使之在审思活动中结合起来。在此基础上,赫尔巴特提出了教学形式阶段的理论。他指出,任何教学活动都必须是井然有序的,都经历以下四个阶段:

① 明了(或清晰):当一个表象由自身的力量突出在感官前,兴趣活动对它产生注意;这时,学生处于静止的专心活动;教师通过运用直观教具和讲解的方法,进行明确的提示,使学生获得清晰的表象,以做好观念联合,即学习新知识的准备。

② 联合(或联想):由于新表象的产生并进入意识,激起原有观念的活动,因而产生新旧观念的联合,但又尚未出现最后的结果;这时,兴趣活动处于获得新观念前的期待阶段;教师的主要任务是与学生进行无拘束的谈话,运用分析的教学方法。

③ 系统：新旧观念最初形成的联系并不是十分有序的，因而需要对前一阶段由专心活动得到的结果进行审思；兴趣活动正处于要求阶段；这时，需要采用综合的教学方法，使新旧观念间的联合系统化，从而获得新的概念。

④ 方法：新旧观念间的联合形成后需要进一步巩固和强化，这就要求学生自己进行活动，通过练习巩固新习得的知识。

(2) 意义

赫尔巴特教学形式阶段理论的突出贡献，是在严格按照心理过程规律的基础上，对教学过程中的一切因素和活动进行高度抽象，以建立一种明确的和规范化的教学模式。从这个意义上讲，教学形式阶段理论不仅反映了人类对教学过程和教学活动本质认识的发展，而且具有广泛的实践意义。正因如此，教学形式阶段理论对 19 世纪后期、20 世纪前期世界许多国家和地区师范教育的发展，发挥了重要的推动作用。

以上即为赫尔巴特教学形式阶段理论的主要内容和意义。

第五节 福禄培尔的教育思想

真题典例

单项选择题

1.【答案】B 福禄培尔强调游戏是儿童创造性自我活动的表现。

2.【答案】D 福禄培尔认为游戏是儿童创造性的自我教育活动。

模拟练习

一、单项选择题

1.【答案】D 纸笔工作不属于福禄培尔设定的幼儿园的课程体系。

2.【答案】A 本题为对识记性知识的考查，第一次把手工训练作为学校正式科目的教育家是福禄培尔。

二、论述题

【参考答案】

(1) 幼儿园工作的意义与任务

福禄培尔把幼儿园教育作为家庭教育的“补充”而非“代替”，强调幼儿园是家庭生活的继续和扩展。两者的一致性，乃是完善教育的首要条件。福禄培尔的幼儿园采取半日制，正是这一思想的体现。

幼儿园工作的任务是通过各种游戏和活动，培养儿童的社会态度和民族美德，使他们认识自然与人类,发展他们的智力与体力以及做事或生产的技能和技巧,尤其是运用知识与实践的能力,从而为下一个阶段的发展做好准备。

此外,幼儿园还应担负起训练幼儿园教师、推广幼儿教育经验的任务。

(2) 幼儿园的教育方法

福禄培尔认为自我活动是一切生命最基本的特性,也是人类生长的基本法则。

他重视儿童的亲身观察。要求教育工作者有意识地把有关联性的事物呈现在儿童面前。

他高度评价游戏的教育价值,把游戏看作儿童内在本质向外的自发表现。

他深切感受到儿童之间社交关系的重要性,认为由自我活动促使个性自我实现,必须经由"社会化"的历程才能达到。他把"社会参与"作为重要的幼儿园教育方法。

(3) 幼儿园的课程

福禄培尔建立起了一个以活动与游戏为主要特征的幼儿园课程体系,包括游戏与歌谣、恩物游戏、手工作业、运动游戏、自然研究,以及唱歌、表演和讲故事等。

① 游戏与歌谣:福禄培尔关于游戏与歌谣的思想反映在1843年出版的《母亲与儿歌》中。这本书后来也是福禄培尔用来训练幼儿园教师的主要教材。

② 恩物

恩物是福禄培尔创制的一套供儿童使用的教学用品。他认为,恩物的教育价值就在于它是帮助儿童认识自然及其内在规律的重要工具。自然界的万物虽统一于上帝的精神,但在发展中又显出外在的差异性、多样性。恩物作为自然的象征,能帮助儿童由易到难、由简到繁、循序渐进地认识自然。真正的恩物应满足三个条件:第一,能使儿童理解周围的世界,又能表达他对于这个客观世界的认识。第二,每种恩物应包含一切前面的恩物,并应预示后继恩物。第三,每种恩物本身应表现为完整的有秩序的统一观念,即"整体由部分组成,部分可形成有秩序的整体"。

③ 手工作业

手工作业与恩物游戏的关系十分密切,它主要体现福禄培尔关于创造的原则。实际上,手工作业是要求将恩物游戏的知识运用于实践。

手工作业与恩物游戏的明显区别如下:

其一,从安排顺序上说,恩物游戏在先,手工作业继后。

其二,恩物游戏的作用主要在于接受或吸收,手工作业则主要在于发表和表现。

其三,恩物游戏不改变物体的形态,手工作业则要改变材料的形态。

④ 运动游戏

福禄培尔认为,幼儿园必须拥有一个供游戏用的宽敞而明亮的大房间,并与一个花园相连。只要天气许可,孩子们可随时转移到花园里去开展运动游戏活动。

运动游戏的根本原则是"部分—整体",这有助于儿童了解个体与团体的关系,运动游戏建立在儿童模仿自然界和日常生活中所观察到的各种动作的基础上。

⑤ 自然研究

受裴斯泰洛齐的影响,福禄培尔幼儿园的课程中设有"自然研究"。他认为自然研究不但可使儿童养成爱护花木禽兽之品性,还有助于满足儿童的好奇心,培养自制力和牺牲精神，促进知识的学习与智力的发展，培养对自然科学研究的兴趣。

(4) 从幼儿园到学校的过渡

福禄培尔认为，儿童在离开幼儿园进入普通学校之前，必须有所准备，介于幼儿园和普通学校之间的“中间学校”的任务，是帮助儿童顺利地实现从感觉直观到抽象思维的转折。

以上即为福禄培尔的学前教育理论。

第六节 马克思和恩格斯的教育思想

真题典例

单项选择题

【答案】D 马克思主义教育学强调教育与生产劳动相结合，认为劳动创造了人，劳动是实现人的全面发展的基本途径。

模拟练习

无

第七节 西欧近代教育思潮

真题典例

分析论述题

【解析】本题作答逻辑为指出自然主义教育思想的代表人物——分维度介绍自然主义教育思想的历史意义——指出西方教育思想的局限性。介绍意义时，可以从教育对象、教育方法、教育实践、教育理论等多方面进行分析。

【参考答案】

(1)西方自然主义教育思想的历史意义。

近代西方自然主义教育思想产生于 17 世纪，形成于 18 世纪，在 19 世纪仍有所发展。其代表人物主要有夸美纽斯、卢梭、裴斯泰洛齐等。

夸美纽斯根据教育适应自然原则，提出了“将一切事物教给一切人”的教育；卢梭的教育思想被称为教育史上“哥白尼式”的革命，他提出事物的教育和人为的教育要遵循自然的教育;裴斯泰洛齐的教育思想彰显了他作为一代教育家的情怀。他们的共同点是强调教育要遵循自然,适应儿童的身心发展顺序。西方自然主义教育思想在教育史上具有重大的历史意义,具体表现在:

① 在教育对象上:西方自然主义教育思想把儿童作为教育对象,改变了教育中"无人"的现象;把儿童真正当作儿童,确立了儿童在教育中的主体地位。

② 在教育方法上:西方自然主义教育思想强调教育适应自然原则,强调采取直观性教学原则、自然后果法,这些都在教育实践中发挥了重要的作用。

③ 在教育实践上:西方自然主义教育思想不仅影响了当时的教育实践,也启发了后来新教育运动和进步主义教育运动。

④ 在教育理论上:西方自然主义教育思想为西方近代教育理论的科学化奠定了基础。

(2) 西方自然主义教育思想的局限性。

任何一种理论都有其局限性,西方自然主义教育思想的局限性主要表现在:

① 自然主义教育思想的核心概念"自然"不甚清晰,缺乏严谨性。

② 自然主义教育者对自然的理解,存在机械类比的情况,因此教育思想过于理想化和简单。

③ 自然主义教育家用类比论证、思辨演绎、经验推理的方式论述儿童教育,缺乏科学依据。

模拟练习

材料分析题

1.【参考答案】

(1) 内容

1) 斯宾塞的教育科学化思想

① 科学教育的必要性

斯宾塞认为,在英国学校教育中,学生所学的知识内容除了读、写、算外,大部分都同生产活动无关。斯宾塞在外国教育史上第一次明确提出了"教育预备说"的观点,即所学知识应为未来做准备。

② 科学知识的价值

知识的价值就是知识给人所带来的功利的大小,给人带来幸福的程度,为人完满生活做准备的效果。斯宾塞从完满生活的目的出发,把知识的比较价值确定为:

第一,关于直接保全自己的知识;

第二,关于获得生活必需品养活自己的知识;

第三,关于家庭幸福所需要的知识;

第四,关于社会福利的知识;

第五,关于培养各种艺术爱好的知识。

③ 以科学知识为核心的课程体系

斯宾塞认为，人类生活存在五种主要活动，按其重要性程度依次为：

第一，与自我生存直接有关的活动；

第二，与自我生存间接有关的活动；

第三，养育子女的活动；

第四，维持正当的社会及政治关系的活动；

第五，填补休闲生活的零散活动，旨在满足情感及爱好。

与此相对应，要进行五种类型的教育，即健康教育（准备直接保全自己的教育）、职业教育（准备间接保全自己的教育）、养育子女的教育、公民教育和休闲教育。

2）赫胥黎的教育科学化思想

① 批判古典教育

② 强调科学知识的价值，提倡科学教育

为了使学生真正掌握科学知识，赫胥黎呼吁普及和发展科学教育。同时，赫胥黎也反对单纯的自然科学的学习，主张科学教育与人文教育相互渗透。

③ 阐述科学教育的目标和教学手段

第一，赫胥黎指出，学校的教育目标是要让学生获得一般的科学知识，并且要能使学生掌握和运用科学的方法。

第二，学生在科学方法上受到一定训练，就可以使自己的心智直接与事实接触，并从直接的自然观察所知道的特殊事物中概括出一般的结论，培养学生理智思考的习惯。

（2）意义

1）斯宾塞和赫胥黎所提倡的科学教育思想适应了当时工业革命后资本主义经济迅速发展的需要，也适应了社会发展和时代进步的客观要求，有力地推动了学校教育的改革，促进了近代教育实践和教育思想的发展。

2）由于科学教育思想的传播，科学课程在英国学校教育领域中逐渐占据主导地位，推动了英国教育的改革。

3）教育科学化思想对20世纪各国的科学教育产生了一定影响。

2.【参考答案】

西方教育心理学化思潮的代表人物有裴斯泰洛齐、赫尔巴特、福禄培尔、第斯多惠等。

诚如裴斯泰洛齐所阐述的，所谓“教育心理学化”，即要求将心理学融入、渗透到一切教育和教学活动之中，各种教育和教学活动都应从心理或心理学角度来观察、分析、阐述、设计和实施，真正遵循人类学习和发展的心理法则。

（1）树立正确的儿童观

儿童与生俱来的本性、潜能具有接受教育和发展的需求和可能，教育者应以儿童的本性和潜能为基础、为依据、为起点。儿童的发展是依循像自然规律一样的秩序和法则进行的。

教育心理学化提倡者强调儿童的发展既需要一定的外部条件，但更必须基于儿童自身的身心特点及其发展水平，天资、教育和人的自由自主是人的发展不可或缺的因素；强调只有了解、尊重、关爱儿童，才能在教育中充分调动和发挥儿童的主体性和主动性。

⑵ 教育目的心理学化

教育心理学化提倡者强调，在考虑儿童教育的目的时，不能只注意适应社会的需要而片面地制定某种教育目的，还必须重视儿童本性上就具有和谐发展的需求和可能性，必须通过教育使人在能力、智慧、情感、德性等心理素质上得到和谐的发展。

裴斯泰洛齐认为，人有“心、脑、手”三种天赋的基本潜能，这些潜能具有发展的内在动力，具有从不活动状态到充分发展的倾向，具有预定均衡、和谐发展的要求，渴望得到有序的、充分的发展，这是人的自然本性。

赫尔巴特认为，教育心理学化首先要考虑的是学生的多种可塑性，不只是考虑继续发展的天赋，还有在各年龄阶段上获得的能力。

⑶ 教育教学过程心理学化

儿童的生长、发展与成熟，儿童的体力、智力与道德精神的发展，都是按照一定的秩序、法则而进行的过程，所以教育教学也要按照儿童身心发展的自然法则和程序来决定自己的进程。

教育家和心理学家对儿童的身心发展提出了各种不同的年龄分期，但都指出儿童心理发展进程具有连续性和阶段性。

教学过程必须顺应人类认识的自然进程。首先应引导学生感知事物，帮助学生形成对事物的表象的感知，再引导学生把模糊的感性观念上升为清晰的理性认识。

赫尔巴特根据他的统觉理论和兴趣学说，首次将课堂教学程序（或教学步骤）划分为“明了、联合、系统、方法”四个阶段，提出著名的“教学形式阶段”理论。

⑷ 教学内容心理学化

教学内容首先应符合儿童不同年龄阶段的心理发展。教材应合乎儿童的心理需要、兴趣、经验与能力。

⑸ 教学方法心理学化

赫尔巴特明确提出在不同的教学阶段应分别运用提示教学、分析教学和综合教学三种不同的教学方法。

西方教育心理学化思潮不仅对深入揭示和把握教育教学的规律性具有重要意义，而且直接为具体的教育教学活动提出了各种“心理学化”的意见和建议，值得珍视。但其中也存在某些缺陷或不足，甚至是片面或缺乏科学根据的论断。

真正的教育心理学化，不能像激进的“儿童中心论”者所宣扬的那样，教学只能围绕儿童个体转，而是强调教学必须正确引导学生学习人类的科学知识，使学生的个体经验与公共知识结合起来。因此，在课程和教材的编排中要体现心理的和逻辑的统一，使教学过程真正符合科学的规律。

第七章　19 世纪末至 20 世纪前期欧美教育思潮和教育实验

第一节　新教育运动

真题典例

单项选择题

1.【答案】C　卢梭强调自然后果。福禄培尔强调游戏。蒙台梭利虽然也注重工作和作业，但在教育方法上更强调感官教育。

2.【答案】B　本题属于对识记性知识的考查。凯兴斯泰纳是劳作教育思潮的主要代表人物和推动者。

3.【答案】B　本题属于对识记性知识的考查。1889 年，英国教育家雷迪在英格兰创办了阿博茨霍尔姆学校，这标志着新教育运动的开启。

模拟练习

一、单项选择题

1.【答案】D　本题属于对识记性知识的考查。

新教育运动的七项原则：(1) 增进儿童的内在精神力量；(2) 尊重儿童个性发展；(3) 儿童的天赋自由施展；(4) 鼓励儿童自治；(5) 培养儿童为社会服务的合作精神；(6) 发展男女儿童教育的节奏；(7) 要求儿童尊重他人也保持个人尊严。

进步教育运动七项原则：(1) 儿童有自由发展的自由；(2) 兴趣是全部活动的动机；(3) 教师是指导者，而不是布置作业的监工；(4) 注重学生发展的科学研究；(5) 对于儿童身体发展给予更大的关注；(6) 适应儿童生活的需要，加强学校与家庭的合作；(7) 进步学校在教育运动中具有领导作用。

2.【答案】D　D 选项不属于劳作学校的三项任务之一，其余选项即为劳作学校的三项任务。

3.【答案】D　主张进行单元教学的思想家是德可乐利。

二、论述题

1.【参考答案】

新教育运动亦称新学校运动，是指19世纪末20世纪初在欧洲兴起的教育改革运动。“进步教育”是指产生于19世纪末并持续到20世纪50年代的美国的教育革新思潮，亦称“进步主义教育运动”。二者的对比如下：

(1) 相同点

① 二者发生的时间大致相同。

② 二者都开办新式学校、采用新式教学方法进行教育实验。

③ 二者都成立协会、办杂志来宣传教育思想。

④ 二者的目的都是反对传统教育的弊端，提出新教育目标、原则、方法；二者都以儿童为中心，重视儿童的自由和个性等。

(2) 不同点

① 办学方式不同。新教育运动的学校多为乡村私立办学，采用寄宿制，学校环境优美；进步教育运动的学校多为城市公立学校。

② 重点不同。新教育运动重视学校管理和自治；进步教育运动更重视儿童需要、自由活动和个体经验，更关心民众教育，更强调教育与社会的联系，更重视做中学，更注重教育的民主化。

2.【参考答案】

蒙台梭利和福禄培尔是学前教育史上非常著名的两位教育家。他们的儿童教育思想既有相同点，又有不同点。

相同点：

(1) 都重视对儿童的学前教育：主张从关注儿童、发现儿童的角度对儿童进行教育。

(2) 都主张发挥儿童的自主性：主张给儿童以充分的自由。

(3) 都重视对儿童的感官教育：认为儿童的感官是学习发展的重要来源，注重对儿童的感官教育。

(4) 都开发了一系列学前教具：福禄培尔的“恩物”注重统一的原则，强调由简到繁，由易到难；蒙台梭利也针对人的各种感官，专门设计了各种有独创性的教具。

不同点：

(1) 对游戏的看法不同：福禄培尔非常重视游戏在儿童发展中的重要性，认为游戏是儿童创造性的自我活动；相比游戏，蒙台梭利则更重视对儿童的读、写、算等方面的练习。她认为，3~6岁儿童已具备学习文化知识的能力，这种能力是与具有吸收力的儿童心理特点一致的；教育者应当利用这种能力，为儿童准备适当的教材、教具，并提供正确的学习途径。

(2) 对儿童的约束不同：虽然二者都强调儿童的自我活动，但是相对于福禄培尔，蒙台梭利更为强调纪律在儿童自由活动中的重要性，她认为真正的纪律对于儿童来说必须是主动的，只能建立在自由活动的基础上。而幼儿期的各种感觉练习及日常生活技能的练习等自发的活动都是工作。工作可以将“自由”与“纪律”有机联系与统一起来。

总而言之，蒙台梭利和福禄培尔虽然在学前教育思想上有细微的差别，但都是著名的学前教育家，为幼儿教育理论和实践作出了重要的贡献。

第二节 进步教育运动

真题典例

单项选择题

1.【答案】A 本题属于对识记性知识的考查。B 选项“葛雷制”由沃特提出。C 选项“昆西制度”由帕克提出。D 选项“文纳特卡制”由华虚朋提出。1920 年，美国教育家帕克赫斯特在马萨诸塞州的道尔顿中学开展了一场名为“道尔顿实验室计划”（简称“道尔顿制”或“道尔顿计划”）的教育改革实验。

2.【答案】D 本题属于对识记性知识的考查。克伯屈创立了设计教学法。

3.【答案】A 1920 年，美国教育家帕克赫斯特在马萨诸塞州的道尔顿中学开展了一场名为“道尔顿实验室计划”（简称“道尔顿制”或“道尔顿计划”）的教育改革实验。帕克赫斯特批判传统的班级授课制使学生处于被动地位，主张建立基于自由与合作两大原则的个性教学制度。

4.【答案】B A 选项“昆西制度”是帕克主张的教育革新措施。C 选项“道尔顿制”的关键词是自由与合作、实验室、公约。D 选项“文纳特卡制”指个别教学和集体学习相结合。

5.【答案】D 20 世纪 30 年代，美国进步教育运动从重视初等教育转向重视中等教育，从重视儿童自由发展转向重视发挥教育的社会职能。

6.【答案】C 道尔顿制的关键词为自由、合作、公约、实验室代替教室。

7.【答案】C 本题属于对识记性知识的考查。道尔顿制主张以公约或合同式的学习代替课堂教学和课程表以及年级制。

模拟练习

一、单项选择题

1.【答案】C 设计教学法主张放弃固定的课程体制，取消分科教学，取消现有的教科书，把学生有目的的活动作为所设计的学习单元。根据不同的目的，克伯屈将设计教学法分成四种类型：生产者设计、消费者设计、问题设计、练习设计，以生产者设计为重点，它最能体现教育的社会化。同时，这四种设计的分类并不是固定的。一个具体的学习单元经常可以包含两个或两个上的设计。

2.【答案】A 沃特是美国教育家，葛雷制的创始人。葛雷制解决了葛雷地区学校少、供不应求的矛盾。沃特的葛雷制曾被认为是美国进步教育思想的最卓越的例子。

二、论述题

1.【参考答案】

(1) 历史背景

① 社会发展：19 世纪末欧美国家工业和经济迅速发展，新的科学技术广泛使用，促使整个社会生活发生重大变化。人们以乐观主义的态度寄希望于教育，试图通过教育的改进来解决各种社会矛盾，实现社会重建。

② 学科基础：实验科学尤其是实验心理学的诞生和发展，为教育革新提供了科学依据和方法论的基础。人们热心地开展各种教育研究与实验，力图建立“科学的教育学”。

③ 思想渊源：卢梭及其追随者们的教育主张成为教育革新运动的主要思想渊源。他们抨击旧教育的不切实际，主张一种社会生活与儿童生活紧密联系的新教育。

(2) 共同特征

① 重视儿童自身在教育过程中的主体地位。

② 重视儿童研究和教育调查，并运用定性研究和定量研究结合、思辨与经验结合，以及比较和测量等新方法，力图使教育研究科学化。

③ 重视儿童的创造性活动、社会合作活动和劳动在儿童身心发展中的作用。

④ 在儿童研究中，有着严重的生物化倾向。

⑤ 极端的个人主义性质，过高地估计了儿童自由、个性和创造性的意义；片面强调实用、适应，只顾眼前利益而忽视长远利益，忽视基本知识的传授和一般智力的发展，降低了教育质量，因而引起了传统派思想的回潮。

(3) 意义

19 世纪末至 20 世纪前期欧美教育思潮重视儿童自身在教育过程中的主体地位，认为儿童先天具有善性和自我发展的能力，因而不再把儿童视为强制行为的对象；重视儿童研究和教育调查，并运用定性研究和定量研究结合、思辨与经验结合，以及比较和测量等新方法，力图使教育研究科学化；重视儿童的创造性活动、社会合作活动和劳动在儿童身心发展中的作用。这些思想在很大程度上构成了西方现代教育理论的最初形态，并对 20 世纪欧美国家的教育发展产生了广泛而深刻的影响。

以上即为 19 世纪末至 20 世纪前期欧美教育思潮产生和发展的历史背景、共同特征及其意义。

2.【参考答案】

德可乐利教学法、葛雷制、道尔顿制、文纳特卡制和设计教学法都是 19 世纪末至 20 世纪初欧美新教育思潮的产物，它们既有相似之处，又有各自的特点。

(1) 不同点

在课程论方面：

① 德可乐利教学法有四种主要的兴趣中心：食物、躲避自然灾害、防御敌人以及劳动和相互依赖。

② 沃特的葛雷制将课程分成四个方面：学术工作、科学、工艺和家政、团体活动以及体育和游戏。

③ 道尔顿制在学校里废除课堂教学，废除课程表和年级制，代之以“公约”或合同式的学习；将各教室改为各科作业室或实验室，按学科的性质陈列参考用书和实验仪器，供学生使用。

④ 华虚朋的文纳特卡制将课程分为两个部分：共同知识或技能（包括读、写、算等工具性学科）和创造性的、社会性的作业（如木工、金工、商工、织布、绘画、雕刻等）。

⑤ 克伯屈的设计教学法主张放弃固定的课程体制，取消分科教学，取消现有的教科书，把学生有目的的活动作为所设计的学习单元；根据不同的目的，他将设计教学法分成四种类型：生产者设计、消费者设计、问题设计、练习设计。

在教学方面：

① 德可乐利教学法根据单元学习分为三段：观察、联想和表达。

② 沃特的葛雷制在教学中采用二重编法，即将全校学生一分为二，一部分在教室上课，另一部分则在体育场、图书馆、工厂、商店以及其他场所活动，上下午对调。

③ 道尔顿制用“表格法”来了解学生的学习进度，既可增强学生学习的动力，也可使学生管理简单化。

④ 华虚朋文纳特卡制将课程分为两部分，一部分按学科进行，并以学生自学为主，教师适当进行个别辅导；学习按计划进行，平时有进度记录，最后以考试来检验学习结果。另一部分则为创造性的、团体性的活动，以小组为单位开展或施教，不考试。

⑤ 根据杜威的“思维五步法”，克伯屈提出了设计教学法的四个步骤：决定目的、制订计划、实施计划和评判结果。教学以学生为主，由他们自己找材料，自己研究。

(2) 相同点

① 都强调教育要尊重儿童的主体地位，遵循儿童的身心发展规律和年龄发展特点，循序渐进地促进儿童的发展。反对传统的压迫儿童的学校制度和教学方式，打破了传统学校以教师为中心的教育模式。

② 都强调以儿童自由活动为中心，重视学生的直接经验，主张个人的直接经验与系统知识的间接经验相结合，反对以课本为中心的传统教学形式。

以上即为德可乐利教学法、葛雷制、道尔顿制、文纳特卡制和设计教学法的异同。

第八章　欧美主要国家和日本的现代教育制度

第一节　英国教育的发展

真题典例

单项选择题

1.【答案】B　本题属于对识记性知识的考查。《巴尔福法案》是英国进入20世纪后制定的第一部重要的教育法。它促成了英国中央教育委员会和地方教育当局的结合，形成了以地方教育当局为主的英国教育行政体制。

2.【答案】A　A选项《巴特勒法案》确立和完善了中央和地方相互合作的“伙伴关系”。B选项《巴尔福教育法》提出设立地方教育当局，形成了以地方教育当局为主的英国教育行政体制。C选项《费舍教育法》提出初等教育不收费。D选项《初等教育法》即《福斯特教育法》标志着英国初等国民教育制度正式形成。

3.【答案】C　本题考查的是英国20世纪六七十年代的中等教育改革。1965年，工党在执政期间，决定在保留文法中学和公学的前提下，把其余中学全部改造成综合中学。

4.【答案】B　《哈多报告》第一次从国家角度阐明“中等教育应面向全体儿童”。A选项《斯宾斯报告》把《哈多报告》中的双轨扩展为三轨，即文法中学、现代中学和技术中学。D选项《诺伍德报告》论证不同的儿童应进入不同的学校。C选项《雷沃休姆报告》是高等教育的报告。

5.【答案】B　本题属于对识记性知识的考查。“罗宾斯原则”的含义是为所有有能力和成绩合格并愿意接受高等教育的人提供高等教育课程。

6.【答案】A　1902年，英国通过《巴尔福教育法》，确立了以地方教育当局为主体、中央教育行政机构与地方教育当局相结合的教育行政领导体制。

7.【答案】D　20世纪60年代英国设立综合中学，是为了改革以文法中学、技术中学和现代中学为主体的“三分制”中等教育体系。

8.【答案】D　《詹姆斯报告》是关于师范教育的报告。

9.【答案】D　A选项是英国《学习社会中的高等教育》中的内容。B选项是《1988年教育改革法》中的内容。C选项是法国《富尔法案》的主要内容。

10.【答案】B　本题属于对识记性知识的考查。《哈多报告》主张中等教育面向所有儿童实施，从而改变双轨制的弊端，促进教育公平。

模拟练习

一、单项选择题

1.【答案】D 提出设立新型城市技术学校的英国法案是《1988年教育改革法》。

2.【答案】A 法国的统一学校运动和英国的《哈多报告》都是为了改变之前的双轨制教育,促进小学和中学的衔接。

3.【答案】C 提出废除英国高等教育“双重制”的法案是《1988年教育改革法》,而在《1992年继续教育和高等教育法》中,“双重制”才被彻底废除。

4.【答案】B 《詹姆斯报告》提出了一项全新的教师职前教育和在职培训计划,即著名的“师资培训三段法”,把师资培训分成由个人高等教育、职前教育专业训练和在职进修三个阶段构成的统一体。

报告引起了政府的重视,其中一部分建议被采纳。师范教育由“定向与非定向相结合”的体制转变为“非定向”体制。经过几年的调整,非定向型的师范教育体系最终确立。

5.【答案】A 本题为对法案识记性知识的考查,提出在同一所中学设立兼有文法、现代和技术学科的多科性学校设想的法案是《斯宾斯报告》。

二、论述题

【参考答案】

(1) 内容

1988年,在保守党大臣贝克提交的一份议案的基础上,英国国会通过了一项重要的教育改革法案,即《1988年教育改革法》。

第一,规定实施全国统一课程,确定在5~16岁的义务教育阶段开设三类课程:核心课程(英语、数学、科学)、基础课程(现代外语、技术、历史、地理、美术、音乐、体育)和附加课程(古典文学、家政、经营学、保健知识、信息技术应用、生物、第二外语、生计指导等)。核心课程和基础课程合称为“国家课程”,为中小学必修课程。

第二,关于考试制度,规定在整个义务教育阶段学生要参加四次全国性考试,分别在7、11、14、16岁时进行,作为对学生进行评估的主要依据。

第三,关于学校管理体制,规定地方教育当局管理下的所有中学和学生数在300名以上的规模较大的小学,在多数家长要求下可以摆脱地方教育当局的控制,直接接受中央教育机构的指导。这一政策称为“摆脱选择”政策。

第四,该法还规定建立一种新型的城市技术学校,以培养企业急需的精通技术的中等人才。

第五,关于高等教育管理和经费预算,该法废除了已实施20余年之久的高等教育“双重制”(各类学院由地方管理,大学由中央政府管理)。多科技术学院和其他学院在内的高等院校将脱离地方教育当局的管辖,而成为“独立”机构,并获得与大学同等的法人地位。成立“多科技术学院基金委员会”,负责多科技术学院的发展规划和拨款事项。同时，以“大学基金委员会”取代“大学拨款委员会”，其任务是向国务大臣提供咨询，为各大学分配经费。

(2) 影响

该法案对英国教育体制全面进行改革，主要内容涉及普通中小学教育、高等教育、职业技术教育、教育管理和教育经费等。该法的颁布开启了英国第二次世界大战结束以来规模最大的一次改革。

《1988 年教育改革法》不仅涉及问题广泛，涉及主题重要，并且在较大程度上动摇了英国教育的一些传统，被认为是 1944 年《巴特勒教育法》以来英国历史上又一部里程碑式的教育改革法，对英国教育发展产生了长期的历史影响。

第二节 法国教育的发展

真题典例

单项选择题

1.【答案】A 本题属于对识记性知识的考查。《阿斯蒂埃法案》是法国职业教育的法案，有“技术教育的宪章”之称。B 选项《费里法案》针对的是法国基础教育，该法案由法国教育部部长费里于 1881—1882 年制定，提出“义务、免费、世俗化”三项基本原则。C 选项《富尔法案》针对的是高等教育，确立了法国高等教育“自主自治、民主参与、多科性结构”三条办学原则。D 选项《教育改革法》于 1959 年提出，针对的主要是基础教育。

2.【答案】B 20 世纪前半期法国为实现民主教育和择优录取而推行的教育改革运动是统一学校运动。A 选项“新学校运动”也称新教育运动，指 19 世纪末 20 世纪初在欧洲兴起的一场反对传统教育理论和方法，采用新的教育形式、内容和方法的教育改革运动。C 选项“公立学校运动”是在美国推动的教育运动。D 选项“大学推广运动”是在英国推动的教育运动。

3.【答案】A 《富尔法案》确立了法国高等教育发展的“自主自治”“民主参与”和“多科性结构”原则，规定大学享有教学、行政和财政自主权。

B 选项《哈比改革法案》是法国 20 世纪 70 年代提出的，主要内容包括：加强法国的职业教育；在教育管理体制上，规定学校成立各种组织，参与学校的行政管理、教育与教学工作；在教育内容上，强调内容的现代化，加强与实际生活的联系；在教学方法上，实施“三分制教学法”，即把教学内容分为工具课程、启蒙课程、体育课程。

C 选项《阿斯蒂埃法案》是法国的阿斯蒂埃于 1919 年提出的关于职业技术教育的法案，被誉为法国的“技术教育宪章”。

D 选项《郎之万－瓦隆教育改革方案》是法国 20 世纪 40 年代颁布的，以实现教育现代化和民主化为目标。

4.【答案】D 《高等教育方向指导法》又称《富尔法案》，确立了法国高等教育“自主自治、民主参与、多科性结构”3 条办学原则。

5.【答案】D 法国“新大学同志会”的教师发起“统一学校运动”,解决了民主教育和择优录取的问题,目的是衔接初等教育和中等教育。

模拟练习

单项选择题

1.【答案】B 20 世纪 90 年代,法国《课程宪章》规定法国今后的教育管理体制依旧是中央集权制。

2.【答案】C 法国统一学校运动要解决的是教育的双轨制带来的教育不平等现象。

3.【答案】D 《法国学校体制现代化建议》又叫《哈比改革》,其中没有提到国家课程的划分。

第三节 德国教育的发展

真题典例

无

模拟练习

无

第四节 美国教育的发展

真题典例

单项选择题

1.【答案】C 美国研究型大学发展借鉴的是德国的洪堡大学。

2.【答案】B 20 世纪 70 年代美国教育改革的主题是“生计教育”和“返回基础”。

3.【答案】A 20 世纪 70 年代,美国教育改革的主题是“生计教育”和“返回基础”。

4.【答案】D A 选项是 20 世纪 70 年代的教育改革主题。B 选项是《国防教育法》的主要内容。C 选项为《史密斯—休斯法案》的内容。

模拟练习

单项选择题

1.【答案】C 本题属于对法案识别的考查,《中等教育的基本原则》肯定了六三三制和综合中学的地位,提出中学面向所有学生并为社会服务。

2.【答案】B 美国“初级学院”运动的特点有:(1)招收高中毕业生,传授比高中稍广一些的普通教育和职业教育方面的知识;(2)初级学院由地方社区以及私人团体和教会开办,不收费或收费较低;(3)学生就近入学,可以走读,无年龄限制,也无入学考试;(4)初级学院课程设置多样,办学形式灵活,学生毕业后可以直接就业,也可以转入四年制大学的三年级继续学习;(5)初级学院也有自身的问题,比如,学业标准不如四年制大学或学院那样严格,学生缺少离家生活的成长经验。

3.【答案】A 美国《中等教育的基本原则》提出的是实行“六三三”学制。B选项为《国防教育法》所提,C选项为进步教育运动中的八年计划,D选项为美国70年代的教育改革。

4.【答案】A A选项为1983年《国家处在危机之中:教育改革势在必行》的内容。

第五节 日本教育的发展

真题典例

单项选择题

1.【答案】D 《教育基本法》和《学校教育法》是二战后日本两部重要的法案。《学校教育法》是《教育基本法》所提原则的具体化。A选项和B选项属于二战前的法案,C选项强调的是职业教育。

2.【答案】A 1984年,日本成立了临时教育审议会。

3.【答案】B 临时教育审议会是20世纪80年代日本的教育领导机构。

4.【答案】C 德国的洪堡所创立的柏林大学很重视大学的研究职能,日本明治维新时期创办的新式大学主要是研究型大学,所以其学习与借鉴的主要对象国是德国。

5.【答案】B 《学校教育法》规定废除中央集权制式的教育管理体制,实行地方分权制。A选项是1872年的《学制令》里的内容,D选项是1886年的《中学校令》里的内容。

模拟练习

单项选择题

【答案】D 日本战后《教育基本法》提出国立、公立学校应禁止宗教教育,故D选项不属于此法案的内容。

第六节 苏联及俄罗斯联邦教育的发展

真题典例

一、单项选择题

1.【答案】D 本题属于对识记性知识的考查。20 世纪 20 年代,苏联的“综合教学大纲”主张取消学科界限,主张以劳动为中心。20 世纪 30 年代,苏联重新提倡学科教学,20 世纪 50 年代重新强调劳动教育,20 世纪 60 年代强调知识教育。注意强调的是劳动不是活动。本题容易错选 A 选项。

2.【答案】C 苏联建国初期主张建立统一劳动学校,20 世纪 20 年代注重劳动,20 世纪 30 年代注重知识的传授。题干涉及的是 20 世纪 30 年代的教育改革。

3.【答案】A 本题属于对识记性知识的考查。赞科夫提出教学过程要使所有学生包括差生都能得到一般发展。

4.【答案】C 本题考查的实质是苏联 20 世纪 50 年代的教育弊端。苏联在 20 世纪 20 年代重视劳动教育,20 世纪 30 年代重视基础知识教育,20 世纪 50 年代又重视劳动教育,20 世纪 60 年代重视知识教学。

5.【答案】B 赞科夫在多年的教育实验过程中逐渐形成了实验教学论体系。

6.【答案】C 20 世纪 30 年代苏联关于教育改革的纲领性文件是《关于小学和中学的决定》。

7.【答案】B 20 世纪 30 年代苏联《关于小学和中学的决定》确定教育发展的主要任务是恢复班级授课制度。

8.【答案】C 20 世纪 30 年代,苏联注重的是系统知识的教学。

二、分析论述题

【参考答案】

(1)《国家学术委员会教学大纲》。

主要内容包括:① 打破学科界限,以劳动为中心;② 实施“劳动教学法”,主张废除教科书,甚至提出“打倒教科书”的口号;③ 推行“工作手册”“活页课本”“杂志课本”等;④ 在教学组织形式上,主张取消班级授课制,实行道尔顿制和设计教学法。

评价:《国家学术委员会教学大纲》力图打破学科界限,加强教学内容同生活的联系,其出发点是好的,但其破坏了各学科之间的内在逻辑,导致教学质量下降,削弱了学校中系统的基础理论知识的学习和基本的读、写、算能力的训练。《国家学术委员会教学大纲》虽然并未普遍实行,但是对苏联学校的教学工作还是产生了较为深远的影响。

(2)《关于小学和中学的决定》。

主要内容包括:① 强调系统知识的传授和传统讲授式的教学方法;② 在普通教育阶段,一定要使学生具备一定的读、写、算的能力;③ 学校依据严格制订的教学计划、教学大纲等进行各科教学;④ 恢复班级授课制度。

评价:《关于小学和中学的决定》促进了学生对系统文化知识的学习与掌握,提高了学校教育教学质量。然而,其又过分强调知识教育,忽视了劳动意识、劳动习惯的形成和劳动技能的训练,使教学工作走上了另一个极端。

20 世纪二三十年代苏联的教育存在过分强调知识教育或过度强调劳动意识、劳动习惯的形成和劳动技能的训练的极端,这导致苏联教育质量的起伏以及教育政策的变化。在今后教育政策的制定过程中,我们必须吸取苏联教育发展的经验和教训,寻求系统知识教学和劳动教育之间平衡的最佳水平点,将二者共同落实于个体的有机发展之中。

模拟练习

一、单项选择题

1.【答案】A 世界教育史上第一次贯彻了非宗教的社会主义教育原则的立法是《统一劳动学校规程》。

2.【答案】C 苏联 20 世纪 20 年代强调以劳动教育为中心,30 年代强调知识,50 年代强调劳动,60 年代强调知识,故本题只有 C 选项是正确的。

二、论述题

1.【参考答案】

(1) 通过改革教育管理体制,成立了国家教育委员会,阐明了教育方针与原则,收回了教会对学校的领导权,废除了旧的国民教育管理体制,保证了教育权利公平,彻底消灭社会生活方面的封建性。

(2) 建立统一劳动学校制度,颁布了《统一劳动学校规程》和《统一劳动学校基本原则》。在世界教育史上第一次贯彻了非宗教的、民主的和社会主义的教育原则,尖锐地批判了旧学校的形式主义、脱离实际的倾向,要求把教育与生产劳动紧密地结合起来;强调全面发展儿童个性,充分发挥儿童学习的主动性和创造性等。

(3) 通过改进学校的教育教学工作,废除了宗教教学和宗教仪式,力图根据科学原理来阐明自然界和社会生活中的各种现象,揭穿教会的欺骗行为;大大扩充数学、物理、化学等自然科学的教学内容;强调"个性化的教学",促进了学生的个性发展;重视集体主义和爱国主义教育。

(4) 为团结、教育和改造教师,成立了国际主义教师联合会;举办讲习班和政治学习小组,组织教师学习和参加各种现实的政治斗争与生产实践活动,提高了教师的政治觉悟和教育工作水平;在教育和改造原有教师的同时,还大力发展了师范教育,培养了新的教师。

以上即为苏维埃俄国建立初期教育改革的意义。

2.【参考答案】

20世纪20年代苏联普通教育改革,主要是综合教学大纲的实施。

(1) 在教学内容上,公布《国家学术委员会教学大纲》(通称综合教学大纲或单元教学大纲)。它完全取消了学科界限,将指定要学生学习的全部知识,按自然、劳动和社会三方面的综合形式来编排,而且以劳动为中心;在教学方法上,采用劳动的教学法,即在自然环境中,在劳动和其他活动中进行教学。一些教育学者还主张废除教科书,甚至提出"打倒教科书"的口号。广泛推行"工作手册""活页课本""杂志课本"等;在教学形式上,主张取消班级授课制而代之以道尔顿制和设计教学法等。

(2) 经验:综合教学大纲试图通过单元教学的形式,把学校的教学工作同现实生活紧密地联系起来,彻底克服旧学校教学与生活完全脱离的缺点,并加强各门学科之间的联系,培养儿童自己掌握知识的能力和自觉的劳动态度,激发儿童对改造周围生活的兴趣,充分发挥他们学习的主动性和创造性。

(3) 教训:综合教学大纲实际上破坏了各门学科之间的内在逻辑,曲解了教学活动与现实生活之间的联系,因而削弱了学校中系统的基础理论知识学习和基本的读、写、算能力的训练。

以上即为对20世纪20年代苏联普通教育改革经验教训的评述。

第九章　现代欧美教育思想

第一节　杜威的教育思想

真题典例

一、单项选择题

1.【答案】B　《民主主义与教育》系统地阐述了杜威的教育理论，是杜威教育理论成型的标志性著作。

2.【答案】A　杜威的“思维五步法”也叫作反省思维，其步骤是：设定一个情境，提出一个问题，寻求解决问题的多种方法，选择一个方法，检验方法。

3.【答案】B　教育即生活，指教育不是未来生活的预备，而是儿童生活的过程。斯宾塞提出的“教育是未来生活的预备”，排除A选项；C选项和D选项与杜威“学校生活应与学校以外的社会生活相契合”的观点相违背。

二、分析论述题

【解析】本题作答思路较为明晰。首先，分别论述陶行知“生活即教育”和杜威“教育即生活”的基本内涵；其次，分析其相同点；最后，分析其不同点。相同点一般可以从其背后的价值追求方面进行分析，不同点可以从其背景、具体观点、影响等方面进行分析。

【参考答案】

杜威是美国著名的实用主义教育家，提出了“教育即生活”理论，陶行知师从杜威，对他的思想有继承也有发展，并基于中国社会的状况提出了“生活即教育”理论。

(1)“生活即教育”是陶行知生活教育理论的核心。

① 生活含有教育的意义。从生活的横向展开来看，过什么生活便是在受什么教育；从生活的纵向发展来看，生活伴随人生始终。

② 实际生活是教育的中心。陶行知指出，生活教育是生活所原有，生活所自营，生活所必需的教育。

③ 生活决定教育，教育改造生活。一方面，教育的目的、原则、内容、方法都为生活所决定；另一方面，教育能改造生活，推动生活进步。“生活即教育”的优点在于强调教育以生活为中心，反对传统教育中脱离生活而以书本为中心的做法，但是它忽视了生活与

教育的区别和系统知识的传授。

(2) 杜威"教育即生活"的内涵。

杜威认为教育是生活的过程，学校是社会生活的一种形式，即学校生活也是生活的一种形式。

① 学校生活应与儿童自己的生活相契合，满足儿童的需要和兴趣。

② 学校生活应与学校以外的社会生活相契合。

③ "学校即社会"意在使学校生活成为一种经过选择的、净化的、理想的社会生活，使学校成为一个合乎儿童发展的雏形的社会。

模拟练习

一、单项选择题

【答案】D　杜威认为，经验不再是通过感官被动获得的一些散乱的感觉印象，而是机体与环境相互作用的过程，机体不仅受环境的塑造，同时也对环境加以若干改变，故 B 选项是错误的。经验不再被视为感觉作用和感性认识，而是一种行为、行动。经验不再仅仅是与认识有关的事情，认识的、情感的、意志的等理性、非理性的因素皆涵盖在内，故 C 选项是错误的。理性不是凌驾于经验之上，而是寓于经验之中，并在经验中不断修正，经验的过程就是一个实验的过程、运用智慧的过程、理性的过程，故 A 选项错误，D 选项正确。

二、论述题

1.【参考答案】

赫尔巴特的教学论和杜威的教学论代表了传统教育和进步主义教育的不同理念，存在明显的差异。但它们在某些方面也有共通之处。

(1) 不同点

① 理念基础不同：赫尔巴特的教学理念属于传统教育理念，他认为教育的目的是传授知识和技能给学生，学校教育是知识和技能的储存库。因此，他强调课堂上教师要通过系统有组织地教学，让学生掌握正确知识，学会规定的技能。而杜威的教学理念属于进步主义教育理念，他认为教育的目的是培养学生的思考能力、创新精神和解决问题的能力，让学生适应社会发展。因此，他强调学校教育要注重培养学生的思维能力和实践能力。

② 教学过程不同：赫尔巴特强调教师在教学中起主导作用，教师根据预设的教学目标和进度讲授知识，学生被动地听讲并记忆知识。教学过程是教师的知识传输。而杜威强调在教学中以学生为中心，教师根据学生的兴趣和经验设计教学活动，引导学生主动参与学习、探究和实践，在这个过程中学习知识和能力。教学过程是学生主动学习的过程。

③ 教学方法不同：赫尔巴特主张采用讲授法，教师通过讲解来传输知识，学生通过重复记忆来掌握知识。而杜威主张采用讨论法、问题法、实践法等，教师提出问题，组织

讨论和实践活动，学生在思考和实践中获得知识。杜威强调学习要从“做中学”。

④ 教学评价不同：赫尔巴特主张通过各种测试来检查学生对知识的掌握程度，以评判教学效果。测试强调对学生记忆、理解和应用规定知识能力的检测。而杜威主张通过观察学生的思考过程、学习态度以及解决问题的能力来评价学生，强调过程评价。杜威反对用测试结果来评判学生。

⑤ 教师角色不同：赫尔巴特认为教师是知识和技能的传授者，教学中的主导者。教师负责设计教学进度和目标，控制课堂教学。而杜威认为教师是学习的组织者、指导者和促进者。教师根据学生需要设计学习活动，引导学生主动参与，激发学生的学习兴趣和动机。

(2) 相同点

① 都重视教学方法，强调科学的教学方法对提高教学效果的重要性。赫尔巴特提出了“明了、联合、系统、方法”四个教学阶段，强调教学要循序渐进，层层深入。杜威也强调要采用能激发学生主动学习的科学教学方法。

② 都重视学生的个别差异，主张教学要因材施教。赫尔巴特和杜威都认为学生个体之间存在差异，教师应该使用不同的方法帮助不同程度的学生达到学习目标。

③ 都强调教学要注重学生的兴趣。赫尔巴特依据兴趣划分了课程和教学阶段，杜威依据兴趣选择教学内容，注重学生发展。

2.【参考答案】

杜威认为教育即生活、教育即生长、教育即经验的改组或改造，这三个命题贯穿杜威的整个教育思想，是一种崭新的教育观。

(1) 教育本质论的内容

① 教育即生活。杜威认为教育是生活的过程，学校是社会生活的一种形式，即学校生活也是生活的一种形式。首先，学校生活应与儿童自己的生活相契合，满足儿童的需要和兴趣；其次，学校生活应与学校以外的社会生活相契合；另外，“学校即社会”意在使学校生活成为一种经过选择的、净化的、理想的社会生活，使学校成为一个合乎儿童发展的雏形的社会。

② 教育即生长。“教育即生长”要求摒除压抑、阻碍儿童自由发展之物，使一切教育和教学符合儿童的心理发展水平和兴趣、需要的要求。然而这种尊重绝非放任自流，任由儿童率性发展，杜威所理解的“生长”是机体与外部环境、内在条件与外部条件交互作用的结果，是一个持续不断的社会化的过程。“教育即生长”所体现出的儿童发展观也是杜威民主理想的反映。尊重儿童身心发展特点是使儿童充分生长和发展的重要条件，而儿童的充分生长和发展亦有助于社会目的的达成。

③ 教育即经验的改组或改造。首先，克服了经验与理性的对立。理性不是凌驾于经验之上，而是寓于经验之中，并在经验中不断修正，经验的过程就是一个实验的过程、运用智慧的过程、理性的过程。其次，拓宽了经验的外延。经验不再被视为感觉作用和感性认识，而是一种行为、行动，含有认知的因素。再次，强调经验过程中人的主动性。经验的过程是一个主动的过程，不单是有机体受环境塑造，还存在着有机体对环境的主动改造。

(2) 现实意义

① 杜威的教育理论着意要解决三个重要问题：教育与社会的脱离；教育与儿童的脱离；理论与实践的脱离。他提出的各种理论、各种设想从某种程度上可以说都是为了克服这三种根本弊端。他提出的这些问题以及他提出的解决这些问题的思路直到今天依然是有启发意义的。

② 杜威的社会理想是民主主义，杜威要求教育为社会进步服务，为民主制度的完善服务。杜威认为教育是社会进步及社会改革的基本方法，学校是社会进步和改革的最基本和最有效的工具，杜威的“教育即生长”本身体现了民主主义这一社会原则对教育的要求，对当今建设社会仍有现实意义。

以上即为杜威教育本质论的内容与现实意义。

3.【参考答案】

杜威批评传统课程的标准超出了儿童的现有能力，割裂了儿童经验的完整性，社会精神匮乏，因此他主张活动课程，从做中学。

(1) 杜威的课程理论

① 以经验性的主动作业取代传统教材。以其经验论为基础，杜威要求从做中学、从经验中学，要求以活动性、经验性的主动作业来取代传统书本式教材的统治地位。在杜威看来，这些活动既能满足儿童的心理需要，又能满足社会性的需要，还能使儿童对事物的认识具有统一性和完整性。

② 杜威主张“教材心理化”，这就需要把各门学科的教材或知识各部分恢复到原来的经验，恢复到它所被抽象出来的原来的经验。这种心理化就是把间接经验转化为直接经验，即直接经验化。

(2) 评价

① 杜威的课程理论忽视了理解直接经验需要一定的系统知识为条件。杜威意在通过直接经验去理解系统知识，但却在一定程度上忽视了理解直接经验需要一定的系统知识为条件。

② 并非所有的系统知识都可还原为直接经验。系统知识的存在形式是逻辑的，其根本特点是具有很强的概括力和包容性，有些系统知识所反映的内容根本不可能还原为儿童个人的直接经验，即使能还原，在数量和程度上也是很有限的。

③ 组织原则的贯彻存在困难。学生的个人直接经验是非常有限的，这就使“组织”立在一个不甚宽厚的基础上；将个人直接经验组织成较为系统的知识是要花费相当长的时间的，但学校教育的时限却是短暂的；杜威过高地估计了儿童本人的组织知识的能力和教师指导的能力。以经验来组织教材和以系统知识联系生活经验，二者极为不同，对此杜威并无深刻的洞察。学校教育应取后者而非前者。

以上即为对杜威的课程理论的评价。

4.【参考答案】

(1) 杜威的教学方法理论

杜威所力倡的思维是反省思维，意指对某个经验情境中的问题进行反复的、严肃的、持续不断的思考，其功能在于求得一个新情境，把困难解决、疑虑排除、问题解答。因此，思维或反省思维的方法是一种解决经验中存在的问题的方法，一种使人明智地经验与行动的方法。他将思维的五步法直接运用到教学方法上：

第一，学生要有一个真实的经验的情境，要有一个对活动本身感兴趣的连续的活动；

第二，在这个情境内部产生一个真实的问题，作为思维的刺激物；

第三，他要占有知识资料，从事必要的观察，应对这个问题；

第四，他必须负责有条不紊地展开他所想出的解决问题的方法；

第五，他要有机会和需要通过应用检验他的观念，使这个观念意义明确，并且让他自己发现它们是否有效。

这五个阶段的顺序不是固定的，在实际思维过程中，有时两个阶段可以合二为一。杜威做这种强调，意在使教学方法具有灵活性，使之不像赫尔巴特教学法那样成为呆板机械的程式。

(2) 评价

① 知识的地位问题。杜威也强调知识的重要性，但将知识的获得、发展从属于智慧的培养，从属于探究的过程。杜威认为智慧重于知识，但智力发展或智慧地解决问题是需要系统知识为基础的，没有知识为素材、原料，思维和智慧只能是空谈。

② 问题存在的普遍性问题。我们认为，问题的情境不论经过多么精心的设计，情境中的"问题"对广大无边的知识的包容度、涵盖力都是很有限度的，将知识的获得，将儿童的充分全面的生长只寄托于、只依赖于"解决问题"的过程，是远远不够的。

5.【参考答案】

赫尔巴特是传统教育理论的代表人物，被誉为"科学教育学的奠基人"。他所著的《普通教育学》被公认为是第一部具有科学体系的教育学著作。杜威是现代教育理论的代表人物。他立足于现代社会讨论教育问题，建立起一座宏伟的教育理论大厦。杜威的《民主主义与教育》最集中、最系统地表述了杜威的教育理论。赫尔巴特和杜威的教育理论既有相通性又有明显的差异性。

(1) 相通性

① 在教育实践活动上，二者都积极投身教育实践，总结教育经验。

赫尔巴特曾担任贵族的家庭教师，任哥廷根大学教授，担任柯尼斯堡大学哲学教授，有大量的教育经验；杜威曾在芝加哥大学讲授哲学、伦理学、心理学、教育学等课程，创办"芝加哥大学实验学校"，对教育问题进行实验研究。

② 在理论基础上，二者都深受哲学、生理学和心理学的影响。

赫尔巴特的教育思想具有双重理论基础，即伦理学基础和心理学基础。他认为伦理学为教育指明目的，而心理学则指出教育的途径、手段和障碍；杜威研究教育问题的明显特点就是起点高，他的哲学理论的形成早于其教育理论的形成，他的教育思想搭建在哲学和心理学之上。

③ 在教育目的上，二者都强调教育的个人目的和社会目的。

赫尔巴特将教育的基本目的划分为可能的目的和必要的目的。可能的目的是指与儿童未来所从事的职业有关的目的，教育的目的就是要发展多方面的兴趣，使人的各种能力得到和谐发展。必要的目的是要养成内心自由、完善、仁慈、正义和公平五种道德观念，成为优秀的社会公民。杜威认为教育的本质目的是生长。同时，杜威希求通过教育来实现民主主义社会的理想，这是教育的社会目的。

(2) 差异性

① 在课程方面，赫尔巴特强调分科课程，杜威主张活动课程。

赫尔巴特提出兴趣与课程、统觉与课程。赫尔巴特将兴趣划分为两大类，并根据兴趣的分类，对课程内容进行了相应的划分：经验的兴趣包括经验的兴趣、思辨的兴趣和审美的兴趣；同情的兴趣包括同情的兴趣、社会的兴趣和宗教的兴趣。每一类中又有具体的课程种类。

杜威批判传统课程的弊端，要求从做中学、从经验中学，要求以活动性、经验性的主动作业来取代传统书本式教材的统治地位；主张教材心理化，把各门学科的教材或知识各部分恢复到原来的经验，恢复到它所被抽象出来的原来的经验。

② 在教学方面，赫尔巴特提出教学形式阶段理论，杜威提出思维五步法。

赫尔巴特的教学形式阶段，实际上就是课堂教学的完整过程，是一个包括教学方法、教学形式等在内的规范化的教学程序。他将兴趣分为四个阶段：注意、期待、要求、行动，与此对应，将教学也分为四个阶段，即明了、联合、系统、方法。

杜威倡导反省思维，意指对某个经验情境中的问题进行反复的、严肃的、持续不断的思考，其功能在于求得一个新情境，把困难解决、疑虑排除、问题解答。他根据反省思维提出思维五步法：第一，学生要有一个真实的经验的情境，要有一个对活动本身感兴趣的连续的活动；第二，在这个情境内部产生一个真实的问题，作为思维的刺激物；第三，他要占有知识资料，从事必要的观察，应对这个问题；第四，他必须负责有条不紊地展开他所想出的解决问题的方法；第五，他要有机会和需要通过应用检验他的观念，使这个观念意义明确，并且让他自己发现它们是否有效。

③ 在道德教育上，二者对德育的目的与德育的方法有不同的论述。

在德育的目的上：赫尔巴特更重视培养个人的道德观念，杜威更重视个人与社会关系的协调。赫尔巴特指出，道德普遍地被认为是人类的最高目标，因此也是教育的最高目标。也就是说，教育的根本目的就是要养成内心自由、完善、仁慈、正义和公平五种道德观念。杜威认为道德教育的主要任务是协调个人与社会的关系。要求为新时代培养新的个人，这种个人既不为个人私利而不顾公益，也不固守陈规而对变化的社会熟视无睹。

在德育的方法上：赫尔巴特强调儿童管理与儿童训育；杜威则主张道德教育应在社会性情境中进行，注重潜移默化与道德实践，不能只停留于口头说教。

④ 在教师与儿童的地位上，赫尔巴特主张教师中心论，杜威主张儿童中心论。

赫尔巴特是传统教育的代表，主张教师中心、系统知识中心和课堂中心论，强调教师在教学上的主导地位，学生处于被支配的地位，教师可运用管理和惩罚的方式，重视学生纪律的形成。

杜威是现代教育的代表，主张儿童中心、直接经验中心和活动中心论，强调学生在教学中的主体地位，教师是帮助者、指导者，注重学生的创造力的培养，强调学生的主动性的发挥。

以上即为赫尔巴特和杜威的教育理论的比较分析。

第二节 现代欧美教育思潮

真题典例

一、单项选择题

1.【答案】A　B选项“改造主义教育”强调通过教育来改造社会。C选项“存在主义教育”强调学生的自我生成。D选项“结构主义教育”强调教授学科的基本结构。

2.【答案】B　本题属于对识记性知识的考查。A选项“要素主义教育”思潮讲求“新三艺”,对美国1958年《国防教育法》影响很大;C选项“永恒主义教育”思潮则强调阅读经典名著的重要性;D选项“存在主义教育”思潮则重视个人的自我生成,强调品格教育。

3.【答案】D　本题的关键词是“学科的基本概念和原理”“发现学习”,这是布鲁纳提出的结构主义教育的内容。

4.【答案】A　本题属于对识记性知识的考查。新传统教育包括要素主义教育、永恒主义教育、新托马斯主义教育。

5.【答案】C　20世纪60年代美国课程改革运动注重用结构主义教育思想指导编制课程结构,这场运动体现的是结构主义教育思潮。

6.【答案】D　蒙台梭利认为,儿童的心理发展具有四个存在着内在联系的显著特点,即具有独特的心理胚胎期、心理具有吸收力、发展具有敏感期、发展具有阶段性。

7.【答案】D　“八年研究”的指导思想是进步主义教育思想。

8.【答案】B　本题属于对识记性知识的考查。A选项盛行于17至18世纪的德国,以巴西多的泛爱学校为代表。C选项是19世纪末在美国兴起的致力于教育革新的思潮运动。D选项源于亚里士多德的思想,夸美纽斯“教育适应自然原则”的提出标志着其形成,卢梭、裴斯泰洛齐与福禄培尔进一步推动了其发展。

9.【答案】A　本题属于对识记性知识的考查。A选项为改造主义教育家的基本主张。B选项为要素主义教育家的基本主张。C选项为永恒主义教育家的基本主张。D选项为新托马斯主义教育家的基本主张。

二、分析论述题

【参考答案】

新传统教育思潮是20世纪30年代出现于欧美国家,与现代教育相对应的教育思潮。以复苏赫尔巴特的教育思想和批评杜威的实用主义教育思想为特征。

(1) 新传统教育思潮的主要观点。

新传统教育思潮代表人物有巴格莱、里科弗、科南特、赫钦斯、马里坦。代表学派有要素主义教育、永恒主义教育、新托马斯主义教育。

要素主义教育思潮主张把人类文化的“共同要素”传给下一代，认为教学过程必须是一个训练智慧的过程，强调教师在教育和教学中的核心地位，强调学生在学习上必须努力和专心，重视学业考核和天才教育，主张必须划定标准，对学生予以考核。

永恒主义教育主张教育的性质永恒不变，认为教育的目的是要引出人类天性中共同的要素—理性，主张永恒的古典学科应该在学校课程中占有中心地位，提倡学生通过教师的教学进行学习。

新托马斯主义教育是以托马斯主义为理论基础，大力主张宗教教育的一种教育理论。

新传统主义教育思潮重视学科知识的系统性和内在联系，强调教育的整体性和个性化，注重传统文化的传承，重视教育与社会的联系，强调教育活动中教师的作用。

(2) 新传统主义教育思潮对教育的影响主要体现在以下几个方面：

① 把教育的重点从知识传授转向了个性发展。这种转变在很大程度上启发了后来的人文主义教育理论。

② 把教育放在了更广泛的社会背景下进行研究，这对强化教育与社会之间的联系，推进教育社会化具有重要意义。

③ 确立了教师的权威性。新传统主义教育思潮增强了教师在教育活动中的地位，使教师成为占主导地位的教育者，从而增强了教育的效果。

④ 重视传统文化的传承。新传统主义教育思潮的出现和传播对于弘扬传统文化，恢复传统文化对教育价值的探讨都起到了积极的促进作用。

总的来说，新传统主义教育思潮通过回归传统，使得教育更加贴近现实生活和社会问题，对满足当时的教育需求起到了积极的作用。

模拟练习

一、单项选择题

1.【答案】A　改造主义教育思潮被誉为“危机时代”的教育理论。

2.【答案】A　布鲁纳的结构主义教育重视儿童的早期学习，主张任何一门学科的基础知识都能以一定的形式教给任何阶段的任何儿童。

3.【答案】A　布鲁纳的结构主义教育重视儿童的早期学习。

4.【答案】A　存在主义教育思潮认为教育的目的在于使学生实现自我完成。

5.【答案】A　要素主义教育思潮主张进行天才教育，其思想影响到美国的《国防教育法》。

6.【答案】B　巴格莱为要素主义教育思潮的代表人物。

二、论述题

1.【参考答案】

本质上，要素主义教育是作为实用主义教育和“进步教育”的对立面而出现的，属于新传统教育思潮。改造主义教育思潮是在20世纪30年代从“实用主义”和“进步主义”教育思潮中分化出来的。二者的不同点居多。

(1) 在教育目的上：要素主义教育思潮主张把人类文化的“共同要素”传给下一代，重视系统知识的传授；改造主义教育思潮主张教育应以改造社会为目标，注重教育的社会职能。

(2) 在教育方法上：要素主义教育思潮主张教学过程必须是一个训练智慧的过程；改造主义教育思潮主张重新考虑编排教材的新方法、组织教学过程与学习过程。

(3) 在课程教学方面：要素主义教育思潮主张教学过程必须是一个训练智慧的过程；改造主义教育思潮主张课程、教学应以社会问题为中心。

(4) 在教师地位上：要素主义教育思潮强调教师在教育和教学中的核心地位；改造主义教育思潮主张教师的主要职责是进行民主的、劝说的教育。

二者的相同点在于，都没有完全解决系统知识的传授和尊重儿童兴趣、发挥教育社会职能之间的关系，没有完全处理好教师主导和学生主体的关系等。

2.【参考答案】

要素主义教育思潮在新传统教育思潮中占据了最重要的位置，也产生了最大的影响。其具体内容如下：

(1) 产生

要素主义教育是作为实用主义教育和“进步教育”的对立面而出现的，其形成的标志是1938年“要素主义者促进美国教育委员会”的成立，之后在20世纪50年代中期、60年代初达到发展的顶峰。

(2) 代表人物：主要代表人物是巴格莱、科南特和里科弗。

(3) 主要观点

① 学校课程的核心是人类文化遗产的共同要素。

要素主义教育家认为，在人类的文化遗产中，存在着永恒不变的、共同的、超时间和空间的要素，它们是种族文化和民族文化的基础。为了使社会中绝大部分人群都有共同的思想、共同的理解、共同的准则、共同的精神，在学校课程中、特别是普通学校的课程计划中，就需要有相当大范围的共同因素。通过这样的学习，使每一代人拥有足以代表人类文化遗产的最宝贵的共同要素。在20世纪60年代美国的教育改革中，要素主义教育家特别强调“新三艺”，即数学、自然科学和外语。

② 教学过程必须是一个训练智慧的过程。

要素主义教育家认为，蕴藏在儿童身上的智力和道德力量的资源不应该被浪费，这是学校教育的真正的根本利益之所在。因此，学校必须加强严格训练，让学生系统地和连贯地学习一个民族付出了很大代价才学到的课程。学校要提高“智力标准”，注重思维力的严格训练。

③ 强调教师在教育和教学中的核心地位。

从强调系统的学习和智慧的训练出发，要素主义教育家反对“儿童中心主义”，认为应该“把教师放在整个教育体系的中心”，充分发挥教师的核心地位的作用，确立教师的权威。在他们看来，在学生学习过程中，没有教师的指导和控制是绝对不行的。

④ 强调学生在学习上必须努力和专心。

要素主义教育家指出，学习不能像实用主义教育和进步教育那样只强调儿童个人的兴趣和自由，只有强调努力，才能实现最有价值的学习。他们认为，对学生的学习应该坚持严格的学业标准，促使学生刻苦和专心地学习。

⑤ 重视学业考核和天才教育。

要素主义教育家还认为，要特别注重对"天才"的发掘和培养，学校的社会责任是发现最有能力的学生，制定一个教育天才学生的计划，最大限度地激发他们的潜力和发展他们的特有才能。

要素主义教育家提出的一些建设性意见被美国政府采纳，为有关部门制定教育政策提供了决策参考。但要素主义关于学习人类文化的"共同要素的思想"缺乏科学依据和哲学基础，对如何科学地界定学校所需传授的"共同要素"并没有明确的原则。

(4) 启示

① 利用"共同要素"来连接传统文化和现代文明，保持民族文化传统。

要素主义的课程与教学一直主张传承"文化中的共同要素"，这些共同要素在任何时候都不能被抛弃。我国的教育改革在学习西方先进思想时，更应该在汲取传统文化精华的基础上发展，而不是一味地求新立异，因为教育本身也有着一些共同的要素，将这些传统的共同要素与先进思想进行很好的融合并加以改造创新以适应现实状况才是上上之选。我们应该更多地传递我国几千年来积淀下来的核心知识和文化要素。

② 尊重关爱学生，提升教师素养，创建和谐师生关系。

我国当前教育现状中所出现的师生关系对立，有很大一部分原因是受传统的"师道尊严"文化的影响，这和要素主义中所提倡的思想有相似之处，它不可避免地流露出对学生的忽视，对此，我们应该持批判的态度。尊重教师是固然的，但教师不应该以"权威"自居，不能搞"一人堂"，应尊重学生，对学生一视同仁，以亲切的态度、饱满的情绪关爱学生，缩短师生之间的心灵差距。

③ 把握好"社会"与"个人"之间的关系。

如何把握好"社会"与"个人"之间的关系一直是教育改革甚至可以说是教育应该解决的问题。要素主义教育过分功利性的目的必然是不可取的，因为过分追求教育目的的社会功能必然会带来对人的价值的忽略，这样培养出来的不完整的"工具人"不仅不利于社会的发展，更加不利于整个人类的进步。

3.【参考答案】

在现代欧美教育思潮中，改造主义教育是一种把"社会改造"作为教育的主要目的和强调学校成为"社会改造"的主要工具的教育思潮。它产生于20世纪30年代的美国，独立于20世纪50年代。

(1) 主要理论观点

① 教育应当以"改造社会"为目标

改造主义教育家提出，教育的职责就是要设计并实现这样一种理想社会：具有美国式的民主政治制度、富裕的经济、发展的教育、繁荣的科学和艺术。通过教育建立"世界民主制度"，以实现全世界范围内的和谐的人类秩序。

② 教育应当重视培养“社会一致”的精神

改造主义教育家不同意实用主义教育只满足于眼前的生活,也不同意实用主义教育只重视“教育即生长”的个人目的,而强调教育应该有一个清楚明白而又切合实际的社会目的,培养一种社会一致的精神。

③ 教育工作应当以行为科学为依据

改造主义教育家高度评价行为科学,认为行为科学中正在出现的革命要求教育重新考察它原来的整个结构,确定学校目的和原则,并考虑编排教材的方法,以及组织教学的途径。因此,行为科学应该成为改造教育的重要基础。

④ 课程教学应当以社会问题为中心

基于社会改造这个目标,改造主义教育家强调首先应将课程与教学的目标统一于所谓理想社会这一目标,并把社会问题作为中心;主张课程以人文社会科学为主,教学应以问题为中心,重视科学之间的联系。

⑤ 教师的主要职责是劝说教育

改造主义教育家反对灌输式的教育和学习,强调教师应该通过民主的讨论和劝说教育,培养学生的社会一致的精神。在改造主义教育家看来,劝说教育是使绝大多数学生相信并愿意去改造社会的一种更有效的简便方法。

(2) 评价

改造主义教育在美国教育界曾产生过一定的影响,但在美国教育实践中的影响不大。20 世纪 60 年代后改造主义教育受到冷落和批评,其根本原因就在于它往往停留在空泛的理论上,而没有提出切实可行的方案。

以上即为对改造主义教育的主要理论观点的评述。

4.【参考答案】

(1) 新行为主义教育

① 含义:早期行为主义试图以自然科学的严格标准来界定心理学的研究范围和方法,用客观的方法研究可观察的行为。20 世纪 30 年代,新行为主义逐渐取代了旧行为主义的地位。从理论的性质来说,新行为主义是在批判旧行为主义的基础上发展起来的,是对旧行为主义的继承和发展。

② 心理学基础:新行为主义教育以行为主义心理学为基础,新行为主义教育家认为,人的一切行为几乎都是操作性条件反射和积极强化的结果,任何行为也都是能够设计、塑造和改变的,因此,在教学过程中要注重操作性作为。

③ 主要观点:教育就是塑造人的行为;学生的学习行为可以运用教学机器来强化;确立程序教学理论;构建新行为主义的学习理论。

④ 特点:新行为主义教育思想在美国和其他一些国家产生了很大的影响,不仅促进了教学技术和手段的发展,而且推动了学习理论的研究。其主要特点如下:试图运用新行为主义心理学来解决教育和教学问题;其思想核心是学习理论和教学技术,并没有涉及诸如教育本质、教育目的等问题;凸显出较强的操作性。

(2) 结构主义教育

① 含义:结构主义是将语言学中使用的结构主义方法应用于其他学科的研究而形

成的一种研究方法，结构主义教育是在结构主义的基础上产生和发展起来的。结构主义方法论运用于教育研究领域就形成了结构主义教育。

② 心理学基础：结构主义教育是现代欧美国家一种强调认知结构的研究和认知能力的发展的教育思潮。它以结构主义心理学为理论基础，侧重研究课程教学改革问题。

③ 主要观点：教育应重视学生的认知能力发展；注重掌握各门学科的基本结构；尽早教授学科的基础知识；倡导发现法和发现学习；教师是结构教学的主要辅助者。

④ 特点：具有创新性的结构主义教育引起了教育界人士的关注和兴趣，并对现代教学与课程的发展产生了深远的影响。其主要特点如下：将现代信息社会的系统科学概念和方法引入教育领域；将现代心理学和教育学相结合；以课程和教学改革为核心推动了教育改革。

(3) 人本主义教育

① 含义：人本主义教育就是促进人的自我实现、完美人生的形成以及人的潜能的充分发展的教育。人本主义教育试图通过挖掘人类理智与情感诸多方面的整体潜力来确立人的价值。

② 心理学基础：人本主义教育的思想基础是人本主义心理学，人本主义教育是人本主义心理学在教育领域中的直接应用。人本主义心理学家从反对行为主义和精神分析心理学出发，主张通过研究人的创造性和自我实现来揭示人的真正本性，从而提高人的尊严和价值，这为人本主义教育的产生提供了理论基础。

③ 主要观点：教育的目的是培养自我实现的人；构建人本课程，实施“一体化”课程和情感教育；学校应该创设自由学习和发展的氛围。

④ 特点：人本主义教育是围绕人的“自我实现”这一教育目标来展开论述的。其主要特点如下：凸显人的主体性是教育的出发点和归宿；强调人的理智和情感的和谐一致；注重课程和教学的改革。

以上即为对 20 世纪西方课程论的心理学走向的论述。

第四部分

教育心理学

第一章　心理发展与教育

第一节　心理发展的一般规律与教育

真题典例

无

模拟练习

单项选择题

【答案】C　本题考查的知识点是个体身心发展的一般规律。人的发展的规律性主要表现为人的发展的顺序性、不平衡性、阶段性、互补性、个别差异性和整体性。题干中根据学习能力分组进行教学，就是根据学生的差别因材施教，体现了儿童身心发展的差异性。故本题选择 C。

第二节　认知发展理论与教育

真题典例

单项选择题

1.【答案】C　本题属于对识记性知识的考查。7~11 岁，个体开始获得守恒概念，其思维发展处于具体运算阶段。

皮亚杰认知发展阶段理论中“感知运动阶段”容易考查的知识点是儿童通过手的抓取和嘴的吮吸探索世界，儿童获得客体永恒性。“客体永恒性”即当某一客体从儿童视野中消失时，儿童知道该客体并非不存在，这表明儿童开始在头脑中用符号来表达事物，但是还不能用语言和抽象符号为事物命名。

“前运算阶段”容易考查的知识点是泛灵论、自我中心、集体的独白、思维的不可逆性和刻板性、尚未获得物体守恒的概念、思维集中化、不能理顺整体和部分的关系。

“具体运算阶段”容易考查的知识点是思维获得守恒，会分类、排序，思维可逆性形成，去集中化，学会处理整体和部分的关系。

“形式运算阶段”容易考查的知识点是儿童思维发展到抽象逻辑推理水平，用语言文字在头脑中表达事物。

2.【答案】C 本题在变相考查“最近发展区”的概念。最近发展区是维果茨基提出的。所谓的“最近发展区”指的是儿童现有的发展水平和在成人或他人指导下所能达到的发展水平之间的差距。教学创造着最近发展区，第一个发展水平与第二个发展水平之间的动力状态是由教学决定的。根据上述思想，维果茨基提出教学应当走在发展的前面，所以本题应选C。

关于怎样发挥教学的最大作用，维果茨基强调了“学习的最佳期限”。如果脱离了学习某一技能的最佳年龄，从发展的观点来看这是不利的，它会造成儿童智力发展的障碍。因此，开始某一种教学，必须以成熟与发育为前提，但更重要的是教学必须建立在正在开始形成的心理机能的基础上，走在心理机能形成的前面。

3.【答案】A 题干中“会动的东西都是有生命的”属于图式，“月亮会动→月亮有生命”，是把会动的月亮纳入已有的认知图式中的过程，属于同化。如果认为“月亮会动，月亮没有生命→不是所有会动的东西都是有生命的”，这种建构知识的方式属于顺应的过程。

皮亚杰的认知发展理论包括图式、同化、顺应等基本概念。

图式是认知结构的基本单位。如鸟会飞、会飞的东西是鸟。

同化是把外界事物纳入已有的认知结构中。如会飞的东西是鸟，飞机会飞→飞机是鸟。

顺应是改变已有的认知结构去适应新的事物。如会飞的东西是鸟，飞机会飞，但飞机不是鸟→不是所有会飞的东西都是鸟。

4.【答案】A 小明不偷东西是为了避免挨打，属于避免惩罚，是科尔伯格前习俗水平的第一阶段，即“服从和惩罚的定向阶段”。

科尔伯格三水平六阶段理论模型：

水平	阶段	特点
前习俗水平（0～9岁）（具有关于是非善恶的观念，但观念是纯外在的，是从行动结果及自身的利益关系来判断的）	阶段一：服从和惩罚的定向阶段	儿童只根据后果来判断行为的好坏。为了免遭惩罚而听从权威人物的命令，尚未具有真正意义上的准则概念
	阶段二：工具性的相对主义定向阶段	以个人的最大利益为出发点来考虑是否遵守规则，通常是为了获得奖赏或满足自己的需要而尊重规则
习俗水平（9～15岁）（个体着眼于社会及其希望考虑问题，遵从道德准则和社会习俗，维护传统的社会秩序）	阶段三：人际协调的定向阶段，又称“好孩子”定向阶段	儿童在进行道德评价时总是考虑到他人和社会对一个“好孩子”的期望和要求，并以此为标准开展思维和行动
	阶段四：维护权威或秩序的定向阶段	儿童更加广泛地注意到维护普遍的社会秩序的重要性，履行个人责任，尊重权威，强调对法律和权威的服从
后习俗水平（15岁以后）（超越现实道德规范的约束，本着自己的良心做出道德判断，达到完全自律的境界）	阶段五：社会契约的定向阶段	个体认识到规则是人为的、民主的、契约性的东西，当社会习俗或法律不符合公众利益时就应该修改
	阶段六：普遍道德原则的定向阶段	个体已经意识到社会规则和法律的局限性，开始基于自己的良心或人类的普遍价值标准判断道德行为

5.【答案】D 本题属于对识记性知识的考查。皮亚杰用来说明儿童认知发展的概念有图式、同化、顺应、平衡。

图式是皮亚杰理论中的核心概念,是指动作的结构或组织,即认知系统的组织结构。同化是指有机体把外界刺激纳入已有的图式中,不改变已有的认知结构的过程。顺应是指有机体受到外界刺激时,改变已有的认知结构,以适应新的刺激的过程。平衡是个体通过自我调节机制使认识的发展从一个平衡状态向另一个较高平衡状态过渡的过程。

6.【答案】D 在具体运算阶段向形式运算阶段过渡的时期需要培养学生的抽象思维能力。

皮亚杰将儿童认知发展阶段分为感知运动阶段(0~2 岁)、前运算阶段(2~7 岁)、具体运算阶段(7~11 岁)、形式运算阶段(11 岁至成人)。

具体运算阶段的特点:① 思维获得守恒;② 会分类、排序,思维可逆性形成;③ 去集中化,学会处理整体和部分的关系。

形式运算阶段的特点:① 儿童的思维发展到抽象逻辑推理水平,能进行假设—演绎推理;② 能用语言文字在头脑中表达事物。

7.【答案】C 最近发展区的定义是儿童现有的水平和在成人或他人指导下所能达到的水平之间的差距。实际就是正处于掌握边缘的解决问题水平。

8.【答案】D 面对问题,把问题考虑清楚后再做出反应属于沉思型;面对问题即刻做出反应,属于冲动型。

根据个体知觉时受环境因素影响的不同,可将认知方式分为:① 场独立型——个体较多依赖自己内部的参照,不易受外来因素的影响和干扰,习惯独立对事物做出判断,更擅长自然科学;② 场依存型——个体较多地受到周围环境信息的影响,对人文社会科学更感兴趣。

根据个体认知速度的差异,可将认知方式分为:① 冲动型——倾向于很快地检验假设,根据问题的部分信息或未对问题做透彻的分析就仓促作出决定,反应速度较快,但容易发生错误;② 沉思型——在碰到问题时倾向于深思熟虑,用充足的时间考虑、审视问题,权衡各种解决方法,然后从中选择一个满足多种条件的最佳方案,因而错误较少。

根据信息加工的深浅,可将认知方式分为:① 深层加工——能够深刻理解所学内容,并建构起概念框架,以获取内容的深层意义;② 表面加工——只是记忆学习内容,难以建构起概念框架。

9.【答案】B 根据个体知觉时受环境影响的不同,认知方式分为场依存型和场独立型。场依存型倾向于合作学习,场独立型倾向于自主学习。C 选项探究学习是指通过探索和发现来获得知识和经验。这种学习方式通常在没有指导的情况下进行,人们自己探索和试错,从而获得新的知识和技能。探索学习强调实践和经验,因此可以激发个人的创造力和创新精神。更偏向场独立型。D 选项有意义学习是指在有意识地学习、理解和应用的过程中获得知识和技能。这种学习方式通常由老师或其他指导者指导,学习者需要积极参与和思考。有意义学习强调对知识的理解和应用,因此可以帮助学习者建立自己的知识结构和认知模式。这种学习方式场独立型与场依存型都会采用,不符合题目所说的"偏好"。

10.【答案】A 题干中某学生受周围环境影响较多，这属于场依存型认知风格。认知风格只是个体对信息处理的一种偏好方式，没有好坏之分。冲动型和沉思型涉及的是反应速度，不是依赖老师的表情而做出改变。

11.【答案】A 6~12 岁儿童的人格发展矛盾解决后，有助于展现出的优秀品质是能力，即胜任力的实现。

埃里克森的心理社会发展理论可用下表记忆：

时间	发展危机	发展阶段实现的目标
0 ~ 1.5 岁	信任对怀疑	希望
1.5 ~ 3 岁	自主对羞怯	意志
3 ~ 6 岁	主动感对内疚感	价值
6 ~ 12 岁	勤奋感对自卑感	能力
12 ~ 18 岁	角色同一性对角色混乱	忠诚
18 ~ 30 岁	友爱亲密对孤独	爱
30 ~ 60 岁	繁殖对停滞	关心和创造力
60 岁以后	完美无憾对悲观绝望	智慧

12.【答案】D 题目中在一段主题思想不明确的短文之前加上主题标题是为了形成整体性理解和把握，构建图式，故本题选 D。A 选项同化论是把外界事物纳入已有的认知结构之中。B 选项生成论是一种认为人类思维是通过不断地生成和检验假设来完成的理论。它认为，通过大量的经验和知识，人类大脑可以在不断地生成和检验假设的过程中，找到最优的解决办法，从而实现推理和创造。C 选项联想论是一种认为人类思维是通过联想和类比来完成的理论。它认为，人类大脑在处理信息的过程中，通过联想和类比，将已有的知识和经验应用到新的问题上，从而完成思考和解决问题的过程。A、B、C 选项与题意不符，故排除。

13.【答案】D 题干表明儿童可以正确理解浮力的概念，不是依据日常生活经验，而是依据对理论的抽象思维能力。形式运算阶段的儿童具有了抽象思维能力。

14.【答案】C 中学时期的学生年龄为 12~18 岁，其人格发展的基本冲突为“角色同一性对角色混乱”，主要任务是获得自我同一性。

15.【答案】B 题目中小莉认为所有物体都有生命是泛灵论的表现，属于皮亚杰认知发展阶段理论的前运算阶段。

16.【答案】D 本题考查的是知识提取机制的主要内容。激活扩散模型认为知识是以语义相似性或联系为中介组织起来的。不同概念之间通过它们的共同特征的数量形成联系，它们之间具有的共同特征越多，概念间的关系就越密切，回忆时就更容易相互激活。也就是说，知识之间的内在关联越多，就越容易提取。所以本题选择 D 选项。A、B、C 选项无法对知识的提取机制作合理解释。

17.【答案】D 维果茨基的心理工具主要强调人和社会之间的互动。微信表情包属于一种人与人之间交往的工具。

维果茨基强调工具在儿童心理发展中的作用。他认为工具有两种,一种是人与自然交往的工具,即物质生产工具;另一种是人与人交往的工具,即精神生产工具。

18.【答案】A 本题的关键词为“同一种早莺的鸣叫”“感受却不一样”,正是情境的不同使人们对客观事物的感受性发生差异。很多考生可能会误选D选项主动性,人们对客观事物的理解是基于主观认知的,每个人的认知和经验不同,对客观事物的理解和解释也可能不同,因此我们说人们对客观事物的理解具有主动性。而题干中只出现了白居易一人,说明本题不是强调不同人之间的差异,而是强调同一个人在不同情境中对事物理解的变化。

模拟练习

单项选择题

1.【答案】D 根据皮亚杰的认知发展阶段理论,影响惯性的因素是一个较为抽象和复杂的物理概念,需要有逻辑推理和演绎能力才能理解并解决相关的问题。

能够独立解决这类问题的儿童应该已经达到了皮亚杰认知发展理论中的形式运算阶段(大约11岁以后)。在这个阶段,儿童可以进行抽象思维,不依赖具体情境,通过逻辑进行演绎和推理。而感知运动阶段、前运算阶段和具体运算阶段的儿童都还不能进行抽象逻辑思维,难以独立解决这类需要形式思维的问题。因此,能独立解决这类问题的儿童属于皮亚杰的认知发展理论中的形式运算阶段。

2.【答案】D 图式是认知系统的组织结构,在头脑中形成的关于猫的整体认识属于图式。

3.【答案】C 前运算阶段的儿童,以自我为中心,抽象逻辑思维能力发展不足,可以简单辨别自己的左右手,无法辨别他人的左右手。

4.【答案】D 题干中老师通过提供教学支架的方式,帮助学生完整表达自己的观念。

5.【答案】B 本题考查皮亚杰的认知发展阶段理论。前运算阶段的儿童由于已经掌握了口头语言,开始从具体动作中摆脱出来,凭借表象在头脑中进行“表象性思维”。他们使用的语词或其他符号还不能代表抽象的概念,他们的思维仍受具体直觉表象的束缚,思维具有单向性、不可逆性、刻板性。题干描述表明妙妙思维不可逆,属于前运算阶段。因此B选项正确。

6.【答案】A 同化是指有机体面对一个新的刺激情景时,把刺激整合到已有的图式或认知结构中。题干中,虹虹认识并喜欢玩夹子,看到飞机尾翼上的燕子图标时,他指着说“夹夹”,即面对一个新的刺激情景时,把刺激整合到已有的图式或认知结构中,属于同化。

7.【答案】C 计算概率问题需要学生具有抽象逻辑思维,所以,能够计算概率问题的学生最有可能处于形式运算阶段。故本题选择C选项。

8.【答案】B 本题考查的知识点是皮亚杰的认知发展阶段理论。皮亚杰认为儿童认知发展可以分为感知运动阶段、前运算阶段、具体运算阶段和形式运算阶段。其中前运算阶段的儿童不具备守恒概念,具体运算阶段的儿童具备了守恒概念。题干中小楠认为两杯果汁不一样多,处于前运算阶段;小董认为两杯果汁一样多,具有守恒概念,处于具体运算阶段。故 B 选项正确。

9.【答案】B 本题考查皮亚杰的建构主义发展观。皮亚杰认为,个体通过同化和顺应达到有机体与环境的平衡,如果失去了平衡,需要改变已有的认知结构以重建平衡。个体在平衡与不平衡的交替中不断建构和完善认知结构,实现认知发展。故知识结构形成的方式为同化和顺应,B 选项正确。

10.【答案】B 本题考查维果斯基的最近发展区理论。最近发展区指的是现有水平和即将达到的水平之间的差距。也就是说,儿童在有指导的情况下,借助成人帮助所能达到的解决问题的水平与独自解决问题所达到的水平之间的差距。题干中"现有水平""可能达到的水平"等词体现出最近发展区。所以 B 选项正确。

11.【答案】A 本题考查的知识点是皮亚杰的认知发展阶段理论。皮亚杰将儿童和青少年的认知发展划分为四个阶段:感知运动阶段、前运算阶段、具体运算阶段和形式运算阶段。A 选项,前运算阶段的儿童由于已经掌握了口头语言,开始从具体动作中摆脱出来,凭借表象在头脑中进行"表象性思维"。处于前运算阶段的儿童具有以下特征:① 泛灵论;② 一切以自我为中心;③ 思维具有单向性、不可逆性、刻板性;④ 没有守恒概念;⑤ 作出判断时只能运用一个标准或维度。自我中心的语言有三种表现形式:重复、独白、集体独白。题干中每个儿童都在谈论事情,但是彼此之间没有交流,反映了一切以自我为中心的特征,说明个体处在前运算阶段。因此,A 选项正确。

12.【答案】A 本题考查的知识点是皮亚杰的认知发展阶段理论,他认为人在认识周围世界的过程中,形成自己独特的认知结构,也就是图式。他把认知发展分为感知运动阶段、前运算阶段、具体运算阶段和形式运算阶段。B、C、D 都符合皮亚杰的主张,他并未表明过知识教育不重要。

13.【答案】A 最近发展区理论认为教学应着眼于学生的最近发展区,把潜在的发展水平变成现实的发展水平,并创造新的最近发展区。维果斯基特别提出:"教学应当走在发展的前面"。利用最近发展区理论合理确定教学目标,能够符合学情,提升教学效果。

14.【答案】B 题干中的儿童认为世界上所有的事物都是有生命的,思维具有泛灵性,说明这一阶段的儿童可能处于前运算阶段,故本题选 B。

15.【答案】C 本题考查的知识点是皮亚杰的建构主义发展观。皮亚杰认为个体在平衡与不平衡的交替中不断建构和完善认知结构,实现认知发展。心理结构涉及图式、同化、顺应和平衡等概念。顺应是指有机体不能利用原有图式接受和解释新刺激时,其认知结构发生改变来适应刺激的影响。题干中亮亮开始认为麦苗是韭菜,通过妈妈的讲解之后,能够区分麦苗和韭菜的不同,自身已有的认知结构发生了改变,体现了顺应,故答案选择 C。

16.【答案】B 题干中的关键信息是丽丽"拿了自己最喜欢的巧克力给奶奶",她认为自己吃了巧克力会高兴,奶奶吃了巧克力也会高兴,体现的是前运算阶段的儿童的思维具有自我中心的特点。故本题选择 B 选项。

17.【答案】A 本题考查皮亚杰的认知发展阶段理论。A 选项，能够进假设—演绎推理的儿童处于形式运算阶段(11 岁之后)，其思维已超越了对具体的可感知的事物的依赖。假设—演绎推理指个体的思维不仅能够运用经验—归纳的方式进行逻辑推理，而且能够运用假设—演绎推理方式来解决问题，这种行为一般不可能出现在小学三年级学生的身上。

18.【答案】B 在前运算阶段，儿童思维的特点有：① 表象性思维；②“万物有灵论”，又称“泛灵论”，认为外界的一切事物都是有生命的；③ 一切以自我为中心(自我中心言语：重复、独白、集体独白)；④ 思维具有单向性、不可逆性；⑤ 思维的集中化与刻板性；⑥ 没有守恒概念。题干中，东东给墙壁洗脸，体现了“泛灵论”，说明东东的认知处于前运算阶段。因此 B 选项符合题意。

19.【答案】C 维果斯基的思想体系是当今建构主义发展的重要基石，其中值得注意的是支架式教学。这种教学方式的要点在于：首先，强调在教师指导的情况下学生的发展活动；其次，教师指导成分将逐渐减少，最终要使学生达到独立发展的水平，将监控学习和探索的责任由教师向学生转移。维果斯基的理论对于合作学习、情境学习等教学模式也有一定的指导性。

第三节 社会化与人格发展理论与教育

真题典例

单项选择题

1.【答案】C 本题属于对识记性知识的考查。根据埃里克森的心理社会发展理论，6~12 岁儿童的主要发展任务是获得勤奋感，克服自卑感，体验能力的实现。本阶段儿童开始进入学校学习，面临来自家庭、学校以及同伴的各种要求和挑战，产生勤奋感。随着社交范围的扩大，儿童在不同社交活动中获得的经验以及完成任务和从事集体活动的成功经验，助长了儿童的胜任力(能力)，其中的困难和挫折则导致了自卑感。

2.【答案】D 青少年时期指的是 12~18 岁，此阶段人格发展的主要任务是获得自我同一感，需要注意此阶段教师不能在青少年同龄群体面前过分批评学生，会影响其自尊，影响自我同一感的形成。

3.【答案】B 中(间)系统 * 指各微(观)系统之间的联系或相互关系。小星的家、学校对小星而言均属于微(观)系统，而在家的任性影响了在学校和同桌的相处，则属于微(观)系统之间的联系——中(间)系统。

生态系统理论是由布朗芬布伦纳提出的关于个体发展模型的理论，分为四个层次，分别

---

* 2020 年真题试卷中将微观系统、中间系统、外层系统、宏观系统表述为微系统、中系统、外系统、宏系统。

是微(观)系统、中(间)系统、外(层)系统和宏(观)系统。

微(观)系统,指个体活动和交往的直接环境,它是环境层次的最里层。如学生的家庭和学校。

中(间)系统,指各微(观)系统之间的联系或相互关系,如家庭和学校之间的相互影响。

外(层)系统,指那些儿童并未直接参与但却对他们的发展产生影响的系统。如父母的工作环境。

宏(观)系统,指存在于以上三个系统中的文化、亚文化和社会环境。

4.【答案】B 在惩罚与服从定向阶段和相对功利定向阶段,个体没有什么创造性行为。在遵守法规和秩序定向阶段,个体的创造性行为会减少。到社会契约定向阶段,个体的创造性行为会增加。

模拟练习

单项选择题

1.【答案】A 根据题意,儿童处于工具性相对主义的定向阶段,以个人的最大利益为出发点来考虑是否遵守规则。学生认为如果妻子对海因兹好就去偷药,不好就不去,这是典型的功利主义,属于前习俗阶段。

2.【答案】A 小明不偷东西是为了避免挨打,属于避免惩罚,处于科尔伯格前习俗水平的第一阶段,即"服从和惩罚的定向阶段"。

3.【答案】C 处于社会契约阶段的儿童认识到规则是人为的、民主的、契约性的东西,当社会习俗或法律不符合公众利益时就应该修改。根据题意,儿童认为法律需要加以修改,这表明儿童的发展属于社会契约定向阶段。

4.【答案】B 3岁至6、7岁的儿童属于学前期,面临的主要矛盾是主动感对内疚感。本阶段的矛盾在于儿童即要保持对活动的热情,又要控制那些会造成危害或可能被禁止的活动。成年人应该是监督而不是干涉儿童的主动性和创造性的活动。过多的干涉可能会造成儿童缺乏尝试和主动性缺失的性格。因此本题选择B项。

5.【答案】B 本题考查的知识点是埃里克森的心理社会发展理论,根据埃里克森的心理社会发展理论,两三岁的儿童的主要冲突是自主对羞怯。儿童在这一阶段的发展任务是培养自主感,故B选项正确。

A选项,勤奋感是学龄期(6、7岁至12岁)儿童的主要发展任务。C选项,信任感是婴儿期(0~18个月左右)儿童的主要发展任务。D选项,角色同一性是青年期(12~18岁)儿童的主要发展任务。

6.【答案】A 本题考查对埃里克森的心理社会发展理论的理解。埃里克森认为婴儿期个体面临的发展任务是获得信任感,克服不信任感,体验希望的实现。如果在婴儿期没能获得对外部世界的信任感,将会对个体的心理发展产生消极影响,对世界缺乏信任。A选项正确。

7.【答案】C C选项,角色同一性对角色混乱(12~18岁):这一阶段大体相当于少年期和青春初期。个体此时开始体会到自我概念问题的困扰，也即开始考虑“我是谁”这一问题，体验着角色同一与角色混乱的冲突。

第四节 心理发展的差异与教育

真题典例

单项选择题

1.【答案】D 本题属于对识记性知识的考查。抑郁质的人敏感，细心，行为孤僻，不善交往，易多愁善感，反应迟缓，适应能力差，容易疲劳，性格具有明显的内倾性。

不同的气质类型及特点：

(1)多血质——活泼好动，反应迅速，热爱交际，能说会道，适应性强，但粗枝大叶，具有明显的外向倾向。

(2)胆汁质——直率热情，精力旺盛，好冲动，但是暴躁易怒，脾气急，热情忽高忽低，喜欢新环境带来刺激的学习。

(3)黏液质——安静、沉稳、踏实，反应性低，交际适度，自制力强，话少，适于从事细心、程序化的学习，表现出内倾性，可塑性差，有些死板，缺乏生气。

(4)抑郁质——敏感，细心，行为孤僻，不善交往，易多愁善感，反应迟缓，适应能力差，容易疲劳，性格具有明显的内倾性。

注意气质类型没有好坏之分。

2.【答案】C 认知方式包括场依存型和场独立型、冲动型和沉思型、分析型和综合型。C 选项“内控型与外控型”属于归因方式，不是认知方式。

3.【答案】C A 选项“统觉团”由赫尔巴特提出，B 选项“认知地图”由托尔曼提出，D 选项“编码系统”由加涅提出。它们都属于心理学概念，涉及个体的认知结构。只有 C 选项“学科基本结构”强调的不是认知结构，而是知识之间的基本结构。

所谓学科基本结构，是指构成学科的基本概念、基本公式、基本原则、基本法则等，以及它们之间的相互联系与规律性。布鲁纳认为，学生理解了学科基本结构，就更容易掌握整个学科的具体内容。

4.【答案】B 聚合思维是学生根据已知信息、利用熟悉的规则解决问题的思维方式。A 选项直觉思维是指基于直接感觉、经验和直觉形成的思维方式。它通常涉及情感、直觉和感知，没有逻辑或推理。C 选项抽象思维是指基于逻辑、推理和符号系统形成的思维方式。它通常用符号和概念来表达和处理信息，而不依赖于感觉和经验。例如，当你在解决一个数学问题时，你需要运用符号和公式来推导。D 选项发散思维表现为思维沿着不同的方向扩展，发散到各个有关方面。

5.【答案】D 用不同的方法解决同一问题属于发散思维。“曹冲称象”反映了曹冲的创新思维，属于发散思维。

聚合思维表现为搜集或综合信息与知识，运用逻辑规律，缩小解答范围，直至找到最恰当的唯一正确的答案。发散思维表现为个人思维沿着不同的方向扩展，使观念发散到各个有关方面，最终产生多种可能的答案而不是唯一正确的答案，因而容易产生有创意的新颖观念。

模拟练习

一、单项选择题

1.【答案】C 加德纳的多元智能理论包括语言智能、逻辑—数学智能、空间智能、音乐智能、身体—运动智能、人际关系智能、自我认识智能。不同的人有不同的智能优势，加德纳强调的是人的智力的差异性。

2.【答案】C 本题考查的知识点是认知加工方式。根据认知的反应速度，认知加工方式可分为沉思型加工与冲动型加工；根据对学习内容的理解深度，认知加工方式可分为表层加工与深层加工。

A 选项深层加工强调对知识的理解，这类型的学生适合理解类的考查题目。

B 选项表层加工强调对知识的记忆，这类型的学生适合识记类知识的考查。

C 选项冲动型加工的个体常常以很快的速度形成自己的看法，在解决问题时往往强调速度而非精度。

D 选项沉思型加工的个体在问题解决时常常不急于说出自己的看法，而是先对各种可能的答案进行分析，解决问题时往往强调精度而非速度。

题干中的学生在回答问题的时候速度快而不够全面，符合冲动型认知方式的特征，故本题选 C。

3.【答案】B 题干中，"镶嵌图形测验" 可用来区分场独立与场依存的认知风格。在测验中，能排除背景因素的干扰从复杂图形中迅速地知觉到指定的简单图形者为场独立型，而完成该项任务较为困难者为场依存型。故本题选择 B。

二、材料分析题

【参考答案】

(1) 针对年龄差异的提问策略

学生的年龄阶段不同，其心理反应和行为表现存在明显差异，教师应针对不同年龄段群体间的差异采取相应的提问策略。例如对低年级学生，提问的内容应具体化，引导学生结合自身经验来进行回答；对于高年级学生，提问的内容应注意引导学生的抽象思维、概括能力。

(2) 针对学习动机的不同类型进行提问教学

学生的能力差异可能与其学习动力有关，也可能与其对学业成败的归因倾向有关。另外，学习能力不同的学生对教师个性的要求也不同，因而需要教师采取相应的提问策略。如：对于表现目标型的学生，提问往往伴随着正向的反馈进行；对于掌握目标型的学生，提问往往伴随着改进性的建议进行。

(3) 针对学生认知方式的差异进行提问教学

认知方式是指知觉、记忆和思维模式上的个体差异，是描述人在感知、储存、转化和提取信息时习惯采用的不同方式，一般分为场独立型和场依存型两种类型。针对场依存型的学生，教师提问后，可以引导学生利用合作学习、讨论等方式寻求问题的答案。针对场独立型的学生，教师提问后，可以允许学生通过独立思考寻求问题的答案。

第二章　学习及其理论解释

第一节　学习的概述

真题典例

单项选择题

1.【答案】B　本题属于对识记性知识的考查。辨别学习能识别多种刺激的异同之处，并作出对应的反应。辨别学习有两种，单一辨别学习与多重辨别学习。

加涅按照学习水平，把学习分为：

(1) 信号学习：这类学习属于经典性条件作用，个体学习对某种信号做出某种反应。这是最简单的一种学习，其先决条件是有机体先天的神经组织结构。

(2) 刺激—反应学习：指学习使一定的情境或刺激与一定的反应相结合，并得到加强，学会以某种反应获得某种结果。

(3) 连锁学习：指一系列刺激—反应的联合。

(4) 言语联想学习：由言语单位所联结的一系列刺激—反应的联合。

(5) 辨别学习：能识别多种刺激的异同之处，并做出对应的反应。

(6) 概念学习：在对刺激进行分类时，能识别它们之间的抽象特征，对同一类别的刺激做出相同的反应。

(7) 规则(或原理、法则)学习：指多种概念之间的联合。

(8) 解决问题学习：运用已学习过的规则或原理解决问题，以获得更高级的规则或原理。

2.【答案】A　本题属于对识记性知识的考查。按照学习结果，加涅将学习分为了五类：言语信息的学习、智慧技能的学习、认知策略的学习、动作技能的学习、态度的学习。智慧技能按照由低到高依次是：辨别、概念、规则、高级规则。其中概念包括B选项的具体概念和C选项的定义概念。D选项问题解决属于高级规则。言语信息属于和智慧技能平行的层级，不属于智慧技能。

3.【答案】D　高级规则学习也称为解决问题的学习，指运用已学习过的规则或原理来解决问题，以获得更高级的规则或原理。学生根据已有的规则“生成”新的计算公式，属于高级规则学习。

4.【答案】B　学习是由练习所引起的经验持久的变化。A、C、D选项都属于生理现象。B选项是由后天的经验引起的。如果一个人从来没有尝过梅子的味道，在他面前提“梅子”，是不会分泌唾液的。

对学习基本含义的科学理解，需要把握以下几点：第一，学习是一种经验的获得过程，在此过程中通过相应行为或态度的变化来体现；第二，学习需要学习者通过练习等方式获得，是学习者对环境的能动适应过程；第三，学习的实质是行为的持久改变，是学习者心理结构的质变、重建的过程。

5.【答案】A　儿童学习游泳属于一系列动作的结合，其实质是连锁学习。

6.【答案】B　学习是通过练习所引起的经验持久的变化。“蜜蜂采蜜”是动物的本能活动，未发生学习的现象。“杯弓蛇影”是因为知道蛇的恐怖，才会害怕蛇。“望梅止渴”是因为尝过梅子的味道，才会一提起梅子，就分泌唾液。“老马识途”是因为马走过这段路后，才会记住。

模拟练习

单项选择题

1.【答案】D　本题考查的知识点是加涅的学习水平的分类。加涅根据学习的复杂程度，将学习分为了从低到高的 8 个层次，依次为信号学习、刺激—反应学习、连锁学习、言语联结学习、辨别学习、概念学习、规则学习或原理学习和解决问题学习。题目选项中复杂程度概念学习高的是规则学习，故选 D。

2.【答案】B　本题考查学习的分类。态度学习指对人、事物及事件所采取的行动，包括对家庭、社会关系的认识，对某种活动产生的情感等。题干中萌萌的这种见了陌生人就躲的行为的消失属于态度学习。因此 B 选项正确。

A 选项，言语信息的学习即掌握以言语信息传递的内容，学习结果是以言语信息表现出来的，帮助学生解决“是什么”的问题。比如“北京是中国的首都”。

C 选项，智慧技能分为辨别、概念、规则、高级规则（解决问题）等，而辨别技能是最基本的智慧技能。智慧技能的学习帮助学生解决“怎么做”的问题，用以对外界的符号、信息进行处理加工。比如，怎样把分数转换为小数。

D 选项，认知策略是学习者用以支配他自己的注意、学习、记忆和思维的内在组织的才能，这种才能使得学习过程的执行控制成为可能。

3.【答案】A　本题考查学习的分类。奥苏伯尔根据学习材料与学习者原有知识的关系，将学习分为机械学习和有意义学习。机械学习是指当前的学习没有与已有知识建立某种有意义的联系。有意义学习是指当前的学习与已有知识建立起实质性的、有意义的联系。由相关知识可知机械学习与有意义学习划分的主要依据是新旧知识间是否建立非人为的实质性联系。因此 A 选项正确。

B 选项、C 选项以及 D 选项均不属于机械学习与有意义学习划分的主要依据，属于干扰项。

4.【答案】A　本题考查的知识点是奥苏伯尔关于学习的分类。奥苏伯尔依据学习材料与学习者原有知识的关系将学习分为机械学习和有意义学习。A 选项，机械学习是指当前的学习没有与已有知识建立某种有意义的联系。题干中学生的表现说明他们只是记住了地球深层是熔岩这一信息，获得字面意思，并没有与其他信息建立起实质性的联系，属于机械学习。故本题选 A。

5.【答案】A　本题考查的知识点是加涅关于学习策略的分类。

选项 A，智力技能又称心智技能或智慧技能，智慧技能分为辨别、概念、规则、高级规则（解决问题）等，而辨别技能是最基本的智慧技能。智慧技能的学习帮助学生解决“怎么做”的问题，用以对外界的符号、信息进行处理加工。学习电子白板必须要理解电子白板的一些功能，比如擦除、剪切、复制等功能代表的意义和区别，涉及一些辨别和概念学习，而不是要仅靠练习就能学会的，需要动脑思考怎么做，因此属于智力技能的学习。

选项 B，认知策略是学习者用以支配他自己的注意、学习、记忆和思维的有内在组织的才能，这种才能使得学习过程的执行控制成为可能。认知策略与智力技能的不同在于智力技能指向学习者的外部环境，而认知策略支配着学习者在应对环境时其自身的行为，即“内在的”东西。材料中未涉及“学习方法”的问题，故排除 B 选项。

选项 C，言语信息的学习即掌握以言语信息传递的内容，学习结果是以言语信息表现出来的，帮助学生解决“是什么”的问题。比如“北京是中国的首都”。题干倾向的是“怎么做”，而不是“是什么”，故排除 C 选项。

选项 D，动作技能又称运动技能，如体操运动、写字技能，它也是能力的一个组成部分，更倾向的是怎么动手做，需要反复操作练习提高的技能。使用电子白板上课更多需要用脑去分析处理电子信息技术的问题，故排除 D 选项。

6.【答案】D　A 选项，科学家探索新材料，是利用已有的知识点来发现，属于有意义的发现学习，不符合题意，A 选项排除。

B 选项，儿童尝试错误走迷宫，没有知识之间的相互联系，属于一种机械的发现学习，不符合题意，B 选项排除。

C 选项，小学生编打油诗背诵圆周率，是自己编造关联，属于人为建立的联系，不属于有意义的接受学习。

D 选项，听讲座是老师直接传递的，属于接受学习，其次学生还理解了概念之间的关系，属于有意义学习，故 D 选项为有意义的接受学习。

7.【答案】C　态度影响个体对人、事和物采取行动的内部状态。态度可以从各种学科的学习中得到，但更多的是从校内外活动和家庭中得到。题干中小童讨厌大灰狼体现了态度的学习。故 C 选项正确。

8.【答案】B　发现学习是指学生在学习情境中通过自己的探索来获得问题答案的学习方式。布鲁纳认为，学习了解一般的原理原则固然重要，但尤其重要的是形成发现的态度和方法。学习者应该有一种探索新情境的态度，喜欢去做出假设、推测关系，发挥自己的能力去发现新事物，解决新问题。

9.【答案】D　按学习水平分类，加涅提出了八类学习。

① 信号学习：学习对某种信号作出某种反应。经典性条件反射是一种信号学习。这是一种最简单的学习，其先决条件主要取决于有机体先天的神经组织。

② 刺激—反应学习：主要指操作性条件作用或工具性条件作用。其中强化在该类学习

中起非常关键的作用。

③ 连锁学习：是一系列刺激—反应的联合。个体首先要习得每个刺激—反应联结，并按照特定的顺序反复练习，同时还应接受必要的及时强化。

④ 言语联想学习：其实质是连锁学习，只不过它是语言单位的连接，如将单词组合为合乎语法规则的句子。

⑤ 辨别学习：能识别各种刺激特征的异同并做出相应的不同的反应。它既包括一些简单的辨别，如对不同形状、颜色的物体分别作出不同的反应，也包括复杂的多重辨别，如对相似的、易混淆的单词分别作出正确的反应。

⑥ 概念学习：对刺激进行分类，并对同类刺激作出相同的反应。这种反应是基于事物的某些特征而作出的，如圆的概念和质量的概念的学习。

⑦ 规则的学习：亦称原理学习，指了解概念之间的关系，学习概念间的联合。自然科学中的各种定律、定理的学习即是规则学习。

⑧ 解决问题的学习：亦称高级规则的学习，指在各种条件下应用规则或规则的组合去解决问题。题干中能够解决“相遇问题”“追赶问题”等都属于问题解决的学习。

第二节 行为主义学习理论

真题典例

一、单项选择题

1.【答案】B 为了避免父母的斥责而认真完成家庭作业，属于避免不想要的刺激，为负强化。

强化与惩罚的含义与示例：

类型	含义	示例
正强化	呈现愉快刺激，加强反应发生频率	小明考得好后，父母奖励他，买了一双鞋给他。小明受到正强化，将来还会努力考好
负强化	消除厌恶刺激，加强反应发生频率	小明考得好后，父母不再让他参加他讨厌的补习班。小明受到负强化，将来还会努力考好
正惩罚	呈现厌恶刺激，减少反应发生频率	小明偷懒没有好好学习，考试失败，父母打了小明。小明之后不再偷懒，努力学习
负惩罚	撤销愉快刺激，减少反应发生频率	小明偷懒没有好好学习，考试失败，父母没收小明的零花钱。小明之后不再偷懒，努力学习

2.【答案】A 题干“身教重于言教”突出的是榜样的力量，和班杜拉提出的社会学习理论有关。B 选项“操作条件反射理论”和斯金纳有关，强调通过强化进行行为的塑造。C

选项“认知学习理论”和布鲁纳有关，主张发现学习。D 选项“人本主义学习理论”和罗杰斯有关，主张重视学生的情感等整体发展。

观察学习是指人们通过观察他人（榜样）的行为及其结果学会某种复杂行为，又称替代学习、无尝试学习。班杜拉认为，人的一切社会行为都是在社会环境影响下，通过对他人的示范行为及其结果的观察学习而形成的。

3.【答案】D 强化程式分为连续强化和间歇强化。间歇强化包括定时强化、变时强化、定比强化和变比强化。间歇强化下，反应建立慢，消退也慢。连续强化下，反应建立快，消退也快。

强化的类型：

连续强化：给予每个反应强化，反应建立迅速，强化一旦终止，反应迅速消失。

定时强化：存在扇贝效应，在时间间隔的末端反应率上升，表现突出，但持续性短，强化过去后反应速度迅速降低。

变时强化：反应建立缓慢，行为建立后持续时间长。

定比强化：反应建立迅速，强化后反应暂停，持续性较强。

变比强化：反应建立速度快，强化后不会暂停，持续时间最长。

4.【答案】B 学生不想回答问题，发现坐在教室后排并趴在桌子上这一行为可以避免老师点名。老师不点名的行为是对学生坐在教室后排并趴在桌子上这一行为的负强化。这属于消除学生的厌恶刺激，促使学生趴在桌子上的频率越来越高。

5.【答案】C 观察学习的效应包括习得效应、情绪唤起效应、抑制效应和社会促进效应。本题解题的关键在于“违纪行为暂时很少表现出来”，属抑制效应。抑制效应是指观察者在社交环境中，为了避免被社交群体否定或惩罚，通过抑制本能或冲动而产生的一种长期的行为改变。这种行为改变可能是暂时性的，也可能是持续性的。一个经常违纪的学生被调到风气良好的班级后，该学生在周围学生严格守纪行为的影响下，产生了对违纪行为的抑制效应，从而暂时减少了违纪行为的表现。

A 选项习得效应是指通过观察他人的行为并从中学习知识、技能、态度等的一种学习方式。

B 选项情绪唤起效应是指情绪状态（如愤怒、焦虑、兴奋等）对行为和思维的影响。情绪唤起可能会导致注意力、反应速度和判断偏见等方面的变化。题干没有体现。

D 选项社会促进效应是指当一个人在团体中时，他的表现能力会因为团体的支持或激励而得到提高。这个效应通常用于描述集体合作或竞争对于个体表现的影响。题干没有体现。

观察学习的实质是人们可以通过观察他人的行为及行为的后果而间接地产生学习。行为的结果不影响新行为的习得，而影响新行为的表现。

6.【答案】B 桑代克认为试误学习成功的条件有三个：准备律、效果律、练习律。A、C 选项属于环境的影响；D 选项体现的是反例。

准备律是指学习者在学习开始时的预备定式。练习律是指学习要经过反复的练习。效果律是指当建立了联结时，导致满意后果（奖励）的联结会得到加强，而带来惩罚的行为则会被削弱或淘汰。

概念的正例和反例是指在一个概念范畴内，具有代表性和典型性的实例（正例），以及不属于该概念范畴的例子（反例）。通过引用正例和反例，可以帮助人们更好地理解和掌握某一概念的含义和范围。

例如，在概念“动物”中，狗、猫、老虎、狮子等都是正例，因为它们是典型的动物，而植物、石头、机器等则是反例，因为它们不是动物。在学习和理解新概念时，通过引用正例和反例可以帮助我们更好地理解概念的内涵和外延，同时也可以避免对概念的误解和混淆。

7.【答案】B 题干描述的是系统脱敏法的内容。系统脱敏法是按照刺激强度由弱到强、由小到大逐渐训练心理的承受力、忍耐力的方法。

A 选项行为塑造法是通过刺激反应来塑造个体行为的一种方式。

C 选项松弛训练法是一种压力缓解技巧，通过放松肌肉来减轻身体和心理的紧张状态。

D 选项认知疗法是一种心理治疗方法，旨在通过改变不健康的思维模式和信念来帮助人们解决不良情绪和行为问题，在认知疗法中，治疗师与患者一起分析患者的思维方式，找出并挑战那些导致负面情绪和行为的错误信念和思维模式。通过学习新的合理的思维方式和技能，患者可以改变他们的态度和行为，从而改善他们的情绪状态和生活质量。

8.【答案】B 负强化是避免了厌恶刺激，正惩罚是提供了厌恶刺激。儿童改正了不认真做作业的行为后，父母取消了厌恶刺激，属于消除厌恶刺激加强行为反应发生频率的做法，为负强化。

9.【答案】C 题目涉及的是桑代克的效果律。效果律即情境与反应的联结因获得积极的结果而增强，因获得消极的结果而减弱。

10.【答案】B “风声鹤唳，草木皆兵”是指听到风声和鹤鸣声，都疑心是追兵，把草和树木都当作了敌人的兵将。属于条件作用的泛化。

强化理论中常见的概念：

概念	定义	示例
强化	通过给予奖励或惩罚，增加某一行为发生的概率	奖励学生好成绩，以鼓励他们继续努力
泛化	将一个条件反应在不同的情境或刺激下推广或扩散到其他类似刺激上	一个孩子被一条黑狗吓到后，在以后看到其他黑色的狗时也会感到害怕
消退	某一行为或条件反应逐渐消失或减弱	孩子在商场为了要自己喜欢的玩具而哭闹，家长没有理睬，孩子通过哭泣而来获得东西的行为日后会减少
分化	将不同的刺激或条件区分开，以便区分何时应该做出不同的反应	一个婴儿学会了分辨出不同的面孔，并开始对不同的人做出不同的反应，比如父母和陌生人

二、分析论述题

1.【解析】例一中教师运用的是消退法，例二中教师运用的是隔离法，例三中教师运用的是惩罚法，例四中教师运用的是过度满足法，例五中教师运用的是强化法。

行为主义强调在学校教育过程中，运用正强化的手段塑造学生的良性行为，运用消退的方法消除或矫正不良行为，用惩罚让学生明白什么不可以做。

【参考答案】

上述五个实例中对学生不当行为的处置措施，集中体现了行为主义学习观点在学校教育中的运用。行为主义学习理论把个体行为改变的过程视为条件反射的形成与消除过程，影响这一过程的重要条件是强化、惩罚和消退等外部条件。

例一中教师运用的方法是消退法。依据行为主义学习观点，一种行为若不予以强化就会消退。教师对学生“做鬼脸”的行为采取不理睬、忽视的态度，最终使其消退。如果教师对学生的错误行为做过激的反应，反而会成为一种强化。

例二中教师运用的方法是隔离法。他对违规的学生采取“孤立”的措施，目的是将其与其他学生“隔离”开来，防止其不当行为因部分学生的支持、赞赏而得到强化。

例三中教师运用的方法是惩罚法。该学生错误行为的性质较严重，予以忽视是不恰当的，教师采用严肃批评、写情况说明等惩罚性措施，消除其错误行为，或使错误行为发生的概率降低。

例四中教师运用的方法是过度满足法。他在采用其他方法无法终止学生违规行为的特殊情况下，让学生过量地重复其原有行为，使其行为因得不到强化、失去意义而自动消退。

例五中教师运用的方法是强化法。他对平时在课堂上经常讲闲话的学生“不再讲闲话”的表现，及时予以表扬，实际是通过强化与学生原有错误行为不相容的行为，来制止学生的错误行为，培养其良好的行为习惯。

2.【解析】本题考查班杜拉的社会学习理论，强调榜样的作用。

【参考答案】

(1) 这种做法最初易引起学生习得的行为是受到老师表扬的具体的利他行为，这种选择学习源于替代学习及替代强化的作用。班杜拉的社会学习理论指出，儿童可以通过观察榜样行为而习得行为，榜样行为的后果是个体是否表现该行为的关键。榜样法和当众表扬都使儿童受到了一种替代强化，即因为看到了榜样的行为受到表扬，进而自己也倾向于表现该行为。

(2) 要使学生将这一行为发展为利他习惯所需要的外部条件是让学生多次看到榜样行为及其后果，并对学生本人所表现出的利他行为做出强化，这将有助于增加学生利他行为再发生的可能性。

内部条件是学生逐步形成利他的信念。利他行为是个人自愿而不计较利益的去帮助他人的行为，从一次行为到利他习惯的养成需要经历遵从、认同到内化的过程；信念的确立是利他习惯形成的心理实质，是成为稳定而自觉行为的强大动力；以信念为基础的行为通常能带来一种自我满足感，获得一种“内部奖励”的自我强化。

(3) 这一过程需要使用到外部强化、替代强化与自我强化。个体对社会规范的遵从需要外部强化的作用，从遵从到认同需要替代强化的作用，从认同到内化需要自我强化的作用。

模拟练习

一、单项选择题

1.【答案】A　班杜拉将强化分为的直接强化、替代强化和自我强化。

2.【答案】D　消退指的是对不希望强化的行为不进行强化，符合题干现象。

3.【答案】D　负强化指的是通过撤销厌恶刺激，加强反应发生频率，题干中是消退的原理，符合行为主义、避免了对错误行为的强化。

4.【答案】B　本题考查的知识点是桑代克的试误说。桑代克的试误说有三个重要的学习定律，分别是准备律、效果律、练习律。其中准备律是指在进入某种学习活动之前，如果学习者做好了与相应的学习活动相关的预备性反应（包括生理的和心理的），学习者就能比较自如地掌握学习的内容。题干中的提前预习，正符合准备律的定义，故本题选择B项。

5.【答案】C　本题考查的知识点是学习理论。认知派的学习理论认为学习不是在外部环境的支配下被动地形成S—R联结，而是主动地在头脑内部构建认知结构；学习不是通过练习与强化形成反应习惯，而是通过顿悟与理解获得期待；当有机体当前的学习依赖于他原有的认知结构和当前的刺激情境时，学习受主体的预期所引导，而不是受习惯所支配。C选项“原有知识结构对学习十分重要”，属于认知学习理论的观点，不属于联结学习理论的观点，故本题选择C项。

A选项，桑代克的试误说认为学习的过程是刺激与反应之间建立联结的过程。选项B，桑代克认为联结是通过盲目尝试，逐步减少错误（试误）而形成的，因此他把自己的观点又称为试误说。

D选项，桑代克的效果律认为奖惩对联结效果有重要影响，奖励则联结增强，惩罚则联结削弱。因此，他认为学习的成效影响着后继学习。

6.【答案】D　本题考查巴甫洛夫的经典性条件作用理论。刺激分化指的是通过选择性强化和消退使有机体学会对条件刺激和与条件刺激相类似的刺激做出不同的反应。题干中狗对圆形和椭圆形产生不同的反应，就是分化的过程，故本题选择D项。

7.【答案】D　本题考查班杜拉的观察学习理论。D选项，班杜拉认为由直接经验导致的所有学习现象，都可以在替代的基础上发生，即都可以通过观察他人行为及其结果而实现。观察学习，又称替代学习，是指通过对他人及其强化性结果的观察，一个人获得某些新的反应，或者矫正原有的行为反应，而在这一过程中，学习者作为观察者并没有外显的操作。老师在全班同学面前表扬做好事的学生，是为了让全班同学了解到做好事可以获得表扬，从而强化全班同学做好事的行为，在这个过程中全班同学作为观察者并没有外显的操作，这体现了班杜拉的观察学习理论。故本题选择D选项。

8.【答案】B　本题考查的知识点是操作条件反射实验。斯金纳认为，人和动物的行为有两种：应答性行为和操作性行为。应答性行为是由特定刺激所引起的，是经典条件作用的研究对象。而操作性行为则不与任何特定刺激相联系，是有机体自发作出的随意反应,是操作性条件作用的研究对象。操作性行为主要受强化规律的制约。所以,得出学习即强化的观点的实验是操作条件反射实验。

A 选项,经典条件反射实验得出学习是通过中性刺激与无条件刺激反复结合变成条件反应的过程的观点。

C 选项,榜样学习得出观察学习是人的学习的最重要的形式的观点。

D 选项,问题表征,也就是要理解问题的意思,澄清问题到底是什么。问题表征不是问题的客观描述或存在形式,而是学习者自己主动地"建构"起来的心理表征。

9.【答案】C 本题考查的知识点是操作性条件作用理论。C 选项,消退是一种无强化的过程,有机体做出以前曾被强化过的反应,如果在这一反应之后不再有强化物相伴,那么,此类反应在将来发生的概率便降低。对学生不理睬是常用的一种消退方式。故 C 选项正确。

A 选项,正强化指给予一个愉快刺激,从而增强其行为出现的概率。B 选项,负强化指摆脱一个厌恶刺激,从而增强其行为出现的概率。D 选项,惩罚指当有机体做出某种反应以后,呈现一个厌恶刺激(如体罚、谴责等),以消除或抑制此类反应的过程。

10.【答案】D 本题考查的知识点是观察学习。观察学习又称为替代学习,是指通过对他人及其强化性结果的观察,一个人获得某些新的反应,或者矫正原有的行为反应。小芳通过观察妈妈而学习到了乐于助人的行为,属于观察学习。故 D 选项正确。

11.【答案】D 本题考查的知识点是班杜拉的强化分类。班杜拉把强化分为直接强化、替代性强化和自我强化。

A 选项,直接强化是观察者因表现出观察行为而受到强化。

B 选项,替代强化是观察者因看到榜样的行为被强化而受到强化。

C 选项,自我强化是人能观察自己的行为,并根据自己的标准进行判断,由此强化或处罚自己。A、B、C 选项均属于班杜拉对学生行为强化的方式。

D 选项,榜样强化不属于班杜拉对学生行为强化的方式。故此题选 D。

12.【答案】B 本题考查的知识点是斯金纳的强化原理。B 选项,负强化强调摆脱厌恶刺激,增加行为发生的频率。题干教师通过撤销额外作业这一厌恶刺激从而增加学生认真听课的反应,属于负强化。

A 选项,正强化强调给予一个愉快刺激,增加行为发生的频率。C 选项,惩罚强调呈现一个厌恶刺激从而减少行为发生的频率。D 选项,消退是指有机体做出以前曾被强化过的反应,如果在这一反应之后不再有强化物相伴,那么,此类反应在将来发生的频率便降低。

13.【答案】A 本题为对识记性知识的考查,A 选项是班杜拉社会学习理论关于学习过程的四个基本环节的正确表述。

14.【答案】A 本题考查的知识点是操作性条件反射作用理论中的强化程式。强化程式是指反应受到强化的时机和频次。强化程式可分为连续强化程式和间隔强化程式。间隔强化程式根据时间和比率、固定和可变两个维度组合出四种强化程式:

A 选项,变时强化是指强化的时间间隔是不固定的。

B 选项,变比强化是指强化和反应次数之间的比例是变化的。

C 选项，定时强化是指强化的时间间隔是固定的。

D 选项，定比强化是指强化和反应次数之间呈现一定的比例。

题干中教师不定期安插随堂小测验，表明其进行强化时的时间间隔是不固定的，属于变时强化，故本题选 A。

15.【答案】A 本题考查的知识点是桑代克的尝试—错误学习的基本规律。桑代克认为学习有三条主要定律，即准备律、练习律、效果律。因此排除 D。

A 选项的效果律是指学习者在学习过程中所得到的各种正或负的反馈意见会加强或减弱学习者在头脑中已经形成的某种联结。效果律是最重要的学习定律。

B 选项的练习律是指对于学习者已形成的某种联结，在实践中正确地重复这种反应会有效地增强这种联结。

C 选项的准备律是指在进入某种学习活动之前，如果学习者做好了与相应的学习活动相关的预备性反应（包括生理的和心理的），学习者就能比较自如地掌握学习的内容。

16.【答案】D 负强化是指个体在做出某种反应之后，令其摆脱厌恶刺激（撤销惩罚），从而提高其类似行为出现的概率。题干中李老师以消除违纪记录来强化学生积极发言的行为，属于负强化。故本题选择 D。

17.【答案】C 替代强化指观察者因看到榜样的行为被强化而受到强化。题干中“周老师在班上表扬了小秀”，对其他同学来说，小秀的行为就是榜样行为，体现了替代强化。

二、材料分析题

1.【参考答案】

（1）材料表明，当今学校榜样教育主要存在两方面的问题，一是榜样教育没有关注学生的身心发展阶段特征。既没有考虑低年级学生对榜样的可接受性，也没有加强高年级学生的榜样教育的深入性。二是榜样树立的标准单一化，以成绩和是否“听老师话”作为榜样树立的标准。

（2）班杜拉的观察学习理论指出，人们可以通过观察他人的行为及行为的后果而间接地产生学习。观察学习的过程有注意、保持、动作再现、动机。

在注意过程中，学习者会注意和知觉榜样情景的各个方面。

在保持过程中，学习者记住了他们从榜样情景中了解的行为，储存他们所看到的感觉表象，并使用言语编码记住了这些信息。

在复制过程中，学习者复制从榜样情景中观察到的行为。

在动机过程中，学习者因表现所观察到的行为而受到激励。

观察者因看到榜样受到强化而受到的强化为替代强化。社会向个体传递某一行为标准，当个体的行为表现符合甚至超过这一标准时，他就对自己的行为进行自我奖励。

树立榜样的必要性就在于促进学生的观察学习，加强学生的替代强化，帮助塑造学生良好的学习行为。榜样选择是多样的，不论是职业榜样还是朋辈榜样，都可以促进学生的观察学习，有利于学生的全面发展，因此榜样对于学生而言，是必要的。

(3) 结合加德纳的多元智能理论,不同的学生在智力结构和表现上有差别。我作为班主任,不会以单一的成绩和是否“听话”作为榜样树立的标准,我会以榜样群的方式,为学生树立符合他们自身实际的榜样。比如对于在音乐方面擅长且感兴趣的同学,我愿意为她们树立在音乐上的榜样。

结合马斯洛的需求层次理论,学生在学校中容易缺失的需要有尊重的需要、归属和爱的需要。我作为班主任,不会只关注那些“榜样”同学,我会帮助每个同学发觉自身的闪光点,让他们学会做自己的“榜样”。

2.【参考答案】

(1) 李老师设置学生每读完 2 本书,可以获得奖励,属于定比强化。通过定比强化建立起的学生行为,建立较慢,消退也较慢。

(2) 一段时间后,李老师按照预期发现学生养成了好的阅读习惯,体现的是教育的正向显性功能。

而李老师没有想到的是,学生为了获得奖励进行欺瞒,这体现的是教育的负向隐性功能。

李老师想帮助学生养成阅读的习惯,更好的方式是促进学生阅读的内部动机的形成。李老师在学生阅读完几本书后,可以考虑以创办分享会的方式,请学生分享自身的阅读心得体会,促进学生合作学习。李老师应多鼓励认真阅读的同学,树立榜样,促进其他同学的观察学习。

3.【参考答案】

(1) 过度炒作状元带来的不利影响是多方面的:

首先,对“状元”自身有不利影响:过于强调和渲染之前数年学业的成就,可能短时间能提升其成就感,但也在无形中“强化”了“成功者”的身份,不利于其关注学业本身的内部成就和动机,也不利于形成抗压能力。

其次,对其他考生带来不利影响:传递了状元“成功者”的身份,隐喻其他同学为“失败者”,在某种程度上是对其他学生自我价值的否定,不利于其树立积极的自我概念和自我意识。

再次,对教育资源分配造成不利影响:会造成学校之间的攀比,出了状元的学校更能吸引优势的师资,造成教育资源的分配不均。

最后,对社会风气的不利影响:在社会上形成利益链条,媒体的渲染和炒作引起教育焦虑。

(2) ① 从学习理论的角度看评价改革的必要性:

人本理论认为学习应促进学生知情方面的统一,不能只关注和评价学生的成绩。不过度渲染中高考“状元”,改为综合性的评价方式,避免传递给学生“失败者”的焦虑情绪,有利于促进立德树人,培养完人。

强化理论认为学习应关注学生内部动机的培养,不能只通过利益去强化学生的外部动机,不过度渲染中高考“状元”,让师生、家长、社会的关注点放在知识本身的学习和探索中,有利于激发学生持续学习、终身学习的动机和意识。

观察学习理论强调榜样的重要性,但是榜样应和观察者之间有较多的相似性,在差距较大时,反而不利于学生自身的期待。在全社会形成尊重知识、尊重创造的良好风气,而不是渲染中高考"状元"的成功,对社会风气有更好的影响。

② 从学习动机的角度看评价改革的必要性:

不以学生中高考成绩为标准对学生进行奖励,从学习动机的角度来看,有利于激发学生的内部学习动机。

归因理论认为教育应引导学生对成败进行正确的归因,过度渲染中高考"状元",可能会使"成功者"更倾向于将自己的"成功"归因于能力,而失败者也会将失败归因于自己的能力,觉得自己"天生不是学习的料"。不过度渲染中高考"状元",可以不过度把学习和自我概念、自尊联系在一起,有利于学生树立积极的自我概念,帮助其形成良好的自我同一性。从学习习惯、学习态度等方面引导学生归因。

目标定向理论认为,任务卷入的学习者比个体卷入的学习者有更高的认知水平。评价方式由结果导向的评价转变为综合性的评价,有利于学生关注学习过程,而不以考试成绩的结果论英雄。

第三节 学习的认知理论

真题典例

一、单项选择题

1.【答案】B "先行组织者"是先于学习任务本身呈现的一种引导性材料,是由奥苏伯尔提出的。奥苏伯尔提倡接受学习,但是接受学习不等于被动学习,而是通过呈现学习材料,与学生已有的认知结构之间形成有意义的、实质性的联系。

认知相关概念定义:

理论名称	定义	代表人物
认知发现理论	认为学习是一个发现和探索的过程,依赖于个体积极寻找和理解信息	布鲁纳
认知接受理论	认为学生可以通过已有的知识和经验来解释新的信息,新信息只有在学习者意识到其重要性并与已有的知识相关联时才能被有效地学习和记忆	奥苏伯尔
认知目的理论	认为学生的行为和学习背景与学习认知的目的密切相关,并将其放在一个不断变化的学习环境中	托尔曼
认知建构理论	认为学生基于他们的经验和感受主动构建知识,新的学习在先前学习的基础之上,知识被不断调整、升级和扩展	皮亚杰

2.【答案】A 派生类属,即新的学习内容仅仅是学生已有的、包容面较广的命题的一个例证,或是能从已有命题中直接派生出来的。学生在理解"力"的概念的基础上,再来学

习“重力”的概念，这种学习属于派生类属学习。
常见的学习类型：

学习类型	定义	示例
派生类属学习	新的学习内容仅仅是学生已有的、包容面较广的命题的一个例证，或是能从已有命题中直接派生出来的	学生在理解“力”的概念的基础上，再来学习“重力”的概念
相关类属学习	学习关于某个类别以及该类别与其他类别之间的关系的信息	学习关于狗和猫之间的相同之处和不同之处
并列结合学习	同时学习两个或多个类别的信息，以便将它们一起记忆和理解	同时学习数学和科学
总括学习	学习某个主题或领域中所有相关的信息，并将它们组合起来以形成一个全面的理解	学习历史的大事件，以便理解这些事件是如何影响某个国家发展的

3.【答案】C 教师要求学生通过实验测量圆柱体体积，属于发现学习。如果教师直接给学生讲授圆柱体体积的计算方法，属于接受学习。
接受学习、操作性条件学习、发现学习和观察学习的定义及示例：

学习类型	定义	示例
接受学习	学习者被动地接受信息、观念或技能，最常见于传统的教学方法	学生被教授新单词或概念
操作性条件学习	学习行为和结果之间的联系并形成条件反射	训练一只狗学习按下一个按钮以获得奖励
发现学习	学习者通过实验、探究和自我寻找发现问题的解决方案	儿童通过建塔桥的试错过程学习物理原理
观察学习	学习者观察和模仿其他人的行为和结果	学生通过观察其他人在跳舞时的步伐和动作学会跳舞

4.【答案】B 正确答案是B选项使用了双重编码。双重编码是指将信息以两种或多种方式表示和加工，以便更容易地将其存储在记忆中。例如，将文字与图片或图表结合使用，将会激活两个不同的信息加工过程：一个是通过看到图片或图表形成的视觉图像信息加工，另一个是通过阅读文字形成的语义信息加工。
A选项中的信息组块是指将单个的信息综合起来，形成一个新的、更大的信息单位，以便更容易存储在工作记忆或长期记忆中。
C选项中的工作记忆是指短期内存储和处理信息的能力。

二、分析论述题

【参考答案】

加涅根据学习的复杂程度将学习分成由低到高的八个层级：信号学习、刺激—反应学习、连锁学习、言语联想学习、辨别学习、概念学习、规则学习和解决问题学习。并指出低一层级的学习是其高一层级学习的前提和基础，学习具有层级性或累积性。

根据加涅的学习层级理论，该生目前只理解了简单的数的概念，没有理解相邻数的概念，未达到辨别学习层级。也没有真正理解运算规则，自然没有达到规则学习和解决问题的学习层级。

（1）建议：

① 利用相关类属学习和总括学习进行知识的扩展。教师可以帮助学生将"8加1"与其他一系列相关的计算题目联系起来，例如"9加1""7加1"等。通过这种扩展，学生可以更好地将已有的知识进行归纳总结，理解类似计算的通用方法。

② 采用多种媒介和多种教学方法展示知识。教师可以利用课件、游戏、数字手表等媒介工具，采用多种教学方法来展示知识。例如，可以将计算题目制成卡片让学生学习，或者设计数字媒体互动教学，让学生在趣味和互动中学习和掌握知识。

（2）启示：

要使教学能积极、有效地展开，教师不能只关注当下的特定任务，更不能简单地重复教学，还应该分析和明确任务目标所需的前提知识、技能及其层级关系，以及学生在学习该任务时实际所处的层级水平。学习是一个过程，需要在多种层面、通过多种方式进行，教育者应具有耐心并用多种方法引导学生，为其提供多视角学习的可能性，让学生在一种充满活力的、融合的教育生态中学习和成长。

模拟练习

单项选择题

1.【答案】D 本题考查奥苏伯尔有意义学习的类型。奥苏伯尔将有意义学习分为表征学习、概念学习和命题学习。

表征学习是最低层次的一种学习方式，指学习一个符号或一组符号所代表的事物和意义；概念学习的实质是掌握同类事物的共同关键特征；命题学习是指学习以命题形式表达的观点的新意义。

2.【答案】C 本题考查的知识点是加涅的信息加工理论。加涅基于信息加工理论的有关研究，提出了学习过程的基本模式，具体说明了学习过程中的信息流程。在这个信息加工过程中，一组很重要的结构就是"执行控制"和"期望"这两个部分。"执行控制"即已有的经验对现在学习过程的影响，"期望"即动机系统对学习过程的影响，整个学习过程都是在它们的影响下进行的。C选项正确。

A选项，构造"完形"的过程是苛勒的观点。B选项，主动形成认知结构是布鲁纳的观点。D选项，形成刺激与反应之间联结的过程是行为主义理论的核心观点。

3.【答案】C 本题考查认知主义学习理论中布鲁纳的认知结构论。布鲁纳的认知结构学习理论中学习观强调三方面的内容：① 教学的目的在于理解学科的基本结构；② 提倡发现学习；③ 掌握学科基本结构的教学原则。他主张学习的目的在于以发现学习的方式，使学科的基本结构转变为学生头脑中的认知结构。

4.【答案】D A 选项的动机阶段是整个学习的开始阶段。

B 选项的领会阶段。有了学习动机的学生,必须注意与学习有关的刺激。当学生把所注意的刺激特征从其他刺激中分化出来时,这些刺激特征就被进行知觉编码,贮存在短时记忆中。最初的注意往往是因刺激的突然变化引起的。为此,教师应采用各种手段来引起学生的注意,如改变讲话的声调、手势动作等。同时,外部刺激的各种特征本身必须是可以被分化和辨别的。学生只有对外部刺激的特征做出选择性知觉后,才能进入其他学习阶段。

C 选项的习得阶段。在习得阶段,学生对新获得的刺激进行知觉编码后贮存在短时记忆中,然后再把它们进行编码加工后转入长时记忆中。

D 选项的概括阶段。学生提取信息的过程并不始终是在与最初学习信息时相同的情境中进行的。同时,教师也总是希望学生能把学到的知识运用于各种类似的情境中去,以达到举一反三的目的。因此,为了促进学习的迁移,教师必须让学生在不同情境中学习,并提供在不同情境中运用提取过程的机会。同时,更为重要的是,要引导学生概括和掌握其中的原理和原则。

5.【答案】A 本题考查布鲁纳的教学观。布鲁纳强调学习的主动性和认知结构的重要性,他主张教学的最终目标是促进学生对学科基本结构的一般理解。所谓学科的基本结构,是指学科的基本概念、基本原理及其基本态度和基本方法。学生理解了学科的基本结构,就容易掌握整个学科的具体内容,就容易记忆学科知识,就能促进学习迁移。

6.【答案】A 本题考查加涅的信息加工理论。加涅在信息加工理论中将学习过程分为八个阶段:动机阶段、领会阶段、习得阶段、保持阶段、回忆阶段、概括阶段、作业阶段和反馈阶段。其中动机阶段是指教学情境中,首先要考虑的是激发学生学习活动的诱因动机,即学生力图达到某种目的的动机。它是借助学生内部产生的心理期望过程而建立起来的。因此,在教学过程中,教师应帮助学生确立学习动机,形成学习期望。题干中李老师运用两个鹌鹑蛋放在液体中出现不同现象的实验巧妙地引发了学生的好奇心和求知欲,使学生展开了热烈地讨论,说明教师激发了学生的学习动机,属于动机阶段,故 A 项正确。

B 选项,领会阶段,即学生接受刺激,把所注意的刺激特征从其他刺激中分化出来,贮存在短时记忆中。

C 选项,习得阶段,即学生对新获得的刺激进行知觉编码后贮存在短时记忆中,然后再把它们进行编码加工后转入长时记忆中。

D 选项,概括阶段,即学生将学到的知识运用到各种类似的情境中去,达到举一反三的目的。

7.【答案】C C 选项属于人本主义理论的主张。人本主义的非指导性教学法是美国著名心理学家罗杰斯首倡的,建立在他的人本主义教育价值观的基础上。所谓非指导性教学法,就是创造一种有利于学生学习的气氛,教师(促进者)充分地信任学生,了解学生、尊重学生,从而使学生在整个学习过程中都感到安全与自信,充分显露自己的潜能,朝向自我实现。

8.【答案】D 组织者一般呈现在新知识的讲授之前,但也可放在新知识学习之后呈现。

它既可在抽象和概括水平上高于新学习材料,也可低于原学习材料。组织者可根据它的作用而分为两类:一类是陈述性的组织者,它的作用在于为新知识的学习提供适当的起固定作用的旧知识,提高有关旧知识的可利用性;另一类是比较性组织者,它的作用在于比较新知识与认知结构中有关相似知识的区别和联系,从而增强似是而非的新旧知识之间的可辨别性。由此可知,"组织者"这一技术的实质在于强调新旧知识的相互联系。

9.【答案】C 所谓"先行组织者",是先于学习任务本身呈现的一种引导性材料,它要比学习任务本身有较高的抽象、概括和综合水平,并且能够清晰地与认知结构中原有观念和新任务关联起来。也就是,通过呈现"组织者",在学习者已有知识与需要学习的新内容之间架设一道桥梁,使学生能更有效地学习新材料。由此可知,题干中"地形"是先出现的引导性材料,抽象概括水平高于"平原"等知识,可以帮助学生在学习中建立联系,属于先行组织者策略的运用。

第四节 建构主义学习理论

真题典例

单项选择题

1.【答案】D 加涅的信息加工理论主张"知识是外部现实在人脑中的表征",认为对知识应采用信息加工的方式。

2.【答案】C 建构主义强调复杂情景和真实学习任务。

四大常见的学习理论:

理论	理论主张	学习角色	教育实践
联结理论	学习基于联结,通过反复训练巩固联系	学习者应该是被动接收内容的对象	重视对基础知识的灌输和强化
认知理论	学习是积极的、自我调节的过程,需要注意控制和元认知的监控	学习者是知识与技能的主人,需要了解自己的学习过程	注重学生的个体差异和学习策略的培养
建构主义理论	学习是一种积极的、构建性的活动,建立在学生已有的知识和经验基础上	学习者是知识的建造者,需要建立个体化的学习路径与场景	强调启发式教学和学生自主学习,提倡基于问题的学习
人本主义理论	学习是全人的发展,需要体验和实践交融	学习者是人类发展的核心,需要受到尊重与关注	基于个人中心的学习,注重学生情感与自我认知,反对标准化教育

3.【答案】B 教师提供提示和指导,促进学生的理解,是典型的支架式教学。程序化教学是斯金纳提出的,主要原则有小步子、自定步调、及时反馈、积极反应。

常见的教学方法：

教学方法	定义	优点	缺点
程序化教学	以一系列事先规定好的步骤和过程来教授知识或技能	教学过程逻辑清晰易于掌握，有效避免遗漏或错误	学习者容易出现机械化、缺乏创造性的特点，可能无法适应应用环境的复杂性
支架式教学	提供特定的学习支架，帮助学生在新领域中获得知识并解决问题	有助于学生进行自主探究，帮助师生合作完成复杂任务	可能会限制学生个体差异和创造性的发挥
合作式学习	学生一起加入小组，分工合作处理任务并分享学习成果	提高学习效果和学习质量，增强团队合作和沟通能力	学习成果可能受到一些小组的依赖或控制，对于细节准确性的考虑会被忽略
讨论式教学	教师引导学生讨论特定的问题、观点或文章内容	提高学生思维的深度和广度，激发学生兴趣	学生可能会占据过多的时间，出现谈话不够深入、效果不显著等情况

4.【答案】D 社会建构主义强调在他人帮助下或采用合作学习的方式进行学习。根据题干，此题应选 D 选项。

常见的建构主义类型：

建构主义类型	定义	理论重点	实践策略
个人建构主义	学习者是知识的建构者和主人，建立在已有知识和经验的基础上进行学习，注重个体差异和个性差异	知识的本质、个体差异、建构过程的个体式反思	个性化学习路径、经验分享、自我评价
认知建构主义	学习者利用认知策略建立知识结构，注重知识的意义与价值，重视元认知过程的控制和监控	知识建构的基本规律、元认知机制的调整	反思概念、合作学习、问题导向的学习
心理建构主义	学习过程中的情感和情绪对于知识建构和发展有着重要影响，强调关注情感和情绪因素在知识构建和认知过程中的作用	情感与学习、社会环境、情感状况的识别和管理	激活情感体验、情感调节、自我控制技能的培养
社会建构主义	学习是一种社会化过程，语言、交流和社会文化环境影响着知识建构和认知过程，注重多元文化背景的融入和社会意义价值	语言、社会文化和社会环境的影响，个人主义和共同体主义	合作学习、社区学习、项目制教学

5.【答案】D 社会建构主义学习理论认为，学习是一个文化参与的过程，学习者通过参与到某个共同体的实践活动中，建构有关的知识。

6.【答案】C 题干中教师变化不同的情境，促进学生对浮力的理解，使用了随机通达教学。随机通达教学要求在教学中促进学生在多个情境中从多个角度对问题进行建构。

常见教学方式的定义及优缺点：

教学方式	定义	优点	缺点
支架式教学	提供一定的学习支持和指导，帮助学生掌握新知识和解决问题	有助于学生建立自信，激发学生探究和发现新知识的兴趣和潜力	可能不够适应复杂和多变的学习环境，学生可能会出现对学习指导的依赖性
认知学徒制	师生共同参与学习过程，激发学生的自主性，强调认知转移能力的培养	有助于学生形成对知识的深层理解和批判性思维，强化学生的元认知能力	需要较长的时间才能看到学习成果，需要较好的学习环境和学习氛围
随机通达教学	学生在探究问题的过程中，不断通过自主学习和反思获取知识和技能	有助于学生通过自主学习和探究掌握新知识和技能	学生需要很强的自我管理和控制能力，学习成果难以量化
互惠式教学	教师和学生交流合作，以协作和互助为核心进行教学活动	有助于培养学生的合作精神和团队协作能力，提高知识的分享欲和凝聚力	需要学生与教师有较好的沟通和信任基础，需要教师具有较好的教学设计和运作能力

模拟练习

一、单项选择题

1.【答案】D 本题考查的知识点是一般学习理论中的建构主义学习理论的基本观点。建构主义学习理论是新课程改革的理论基础之一，强调学习的主动建构性、社会互动性和情境性，故 D 选项正确。

2.【答案】A 本题考查的知识点是支架式教学的概念。支架式教学首先强调在教师指导的情况下学生的发展活动；其次，教师指导成分将逐渐减少，最终要使学生达到独立发现的水平，将监控学习和探索的责任由教师向学生转移。题干中，教师与学生共同学习，并为学生提供支持，帮助他们独立完成任务，符合支架式教学的特点。

3.【答案】C 本题考查的知识点是建构主义学习理论的学习观。建构主义学习观的主要观点：① 学习具有主动建构性。学习不是由教师向学生传递知识的过程，学习者不是被动的信息吸收者，而是主动的信息建构者。② 学习具有社会互动性。学习是通过对某种社会文化的参与而内化相关的知识和技能、掌握有关工具的过程，这一过程常常通过一个学习共同体的合作互动来完成。③ 学习具有情境性。建构主义者强调学习、知识和技能的情境性。知识是不可能脱离活动情境而抽象存在的，学习应该与情境化的社会实践活动结合起来。

4.【答案】C 本题考查的知识点是建构主义学习理论的知识观。建构主义的知识观包括：① 知识并不是对现实的准确表征，也不是最终答案，而只是一种解释、一种假设。

② 知识并不能精确地概括世界的法则，在具体问题中，并不能拿来就用，一用就灵，而是要针对具体情境进行再创造。③ 尽管我们通过语言符号赋予知识一定的外在形式，甚至这些命题还得到了普遍的认可，但并不意味着每个学生都对这些命题会有同样的理解，因为这要基于学生自己的经验背景而建构，取决于特定情境下的学习历程。题干中从“地心说”到“日心说”，是知识的变化，并且知识在未来很有可能被推翻，说明了知识是动态的，知识并不是对现实的准确表征，也不是最终答案，体现了建构主义的知识观，故答案选 C。

二、材料分析题

1.【参考答案】

(1) 首先，情境创设提高了作业的趣味性，可以激发学生的学习兴趣。

其次，情境创设可以提高作业的综合性，促进综合性学习。

最后，情境创设可以增加作业的实践性，有利于提高学生的问题解决能力。

(2) 从行为主义理论看，学习是在刺激与反应之间建立联结的过程。

跨学科学习可以将不同学科知识整合，提供丰富多样的刺激源，让学生建立对知识点之间关系的联结。情境性作业通过模拟真实情境，也可以增加学习刺激的多样性。这有助于加强刺激与反应之间的联结，使学习更有效。

从认知主义理论看，学习是学生内部建构意义的过程。跨学科学习强调各学科之间的内在联系，可以帮助学生形成系统化的知识网络，整合信息，促进意义建构。情境性作业要求学生运用所学知识解决实际问题，可以促进知识的动态关联和深度加工。

从建构主义理论看，学习是学生主动构建意义的过程。跨学科学习需要学生整合各领域知识，主动建构新认知模式。情境性作业需要学生主动分析情境、发现问题、探究解决方案，可以促进学生主动学习。这与建构主义强调学习者主体地位的理念一致。

从人本主义理论看，教学应关注学生的需求和发展。跨学科学习能满足学生对完整世界观的需求，情境性作业贴近生活，可促进学生的全面发展。跨学科学习和情境性作业都重视学生的主体地位，体现了以学生为中心的理念。

(3) 语文课上，老师可以设置这样一个情境——学校规划建设校园电视台，制作节目，面向全校师生播出。让学生结合语文知识，运用语言组织能力，策划并撰写一期校园电视台节目的方案。这需要学生综合运用语文知识比如文体特征、语言表达等，也需要结合其他学科知识，思考如何策划吸引观众的节目内容和形式。这样的情境作业，既可以培养学生的语言表达能力，也可以激发学生的学习兴趣。

2.【参考答案】

(1) 第一，组建小组，形成真诚自由的交流氛围。

第二，提供问题，促进者提供基于真实情境的复杂问题。

第三，明确目标、确定学习要点，促进者进行引导，学习者逐渐加强主动性。

第四，小组合作交流、汇报。

第五，共同反思，促进概括迁移。

(2) ① 问题教育符合建构主义强调的主动性和情境性。

以皮亚杰和维果茨基为代表的建构主义理论认为知识是一种暂定性的解释和假设，学习者并不是空着脑袋进入学习情境中的。在日常生活和以往各种形式的学习中，他们已经形成了有关的知识经验，他们对任何事情都有自己的看法。

建构主义认为学生的学习具有主动建构性、活动情境性、社会互动性。学习不是由教师把知识简单地传递给学生，而是一个学生积极、主动参与的过程。学生不是简单被动地接收信息，而是主动地建构知识的意义，这种建构无法由他人来代替。学习需要创设一些具体的教育情境，教师通过情境教学的方式，可以帮助学生更好地理解知识。建构主义，尤其是社会建构主义，特别注意强调在他人帮助或者合作学习的方式下进行学习。

学习是学习者主动建构的过程。我们应该树立新的知识观、学习观和教学观，根据儿童身心发展的水平选择适合其身心发展特点的教育内容。学生积极、主动地参与活动非常重要。

教师在教学过程中，要引导学生从旁观者逐渐转变为教学活动的参与者，在社会性互动中获得知识和技能。

② 问题教学符合人本理论的“非指导性教学原则”。

以罗杰斯为代表的人本理论认为，在传统教育中，“教师是知识的拥有者，学生只是被动的接受者，教师可以通过讲演、考试甚至嘲弄等方式来支配学生的学习，而学生无所适从；教师是权力的拥有者，而学生只是服从者。”罗杰斯主张废除“教师”这一角色，代之以“学习的促进者”，进行“非指导性教学”。

人本主义心理学家主张的“做”中学和在学习过程中学习者如何学习的观点有利于在教育教学中消除老师与学生、学和做、目的和手段之间的对立，使学习成为乐趣。

第五节 学习的人本主义理论

真题典例

无

模拟练习

单项选择题

1.【答案】B 根据题意，强调以儿童为中心的教育理论，会偏向于采用让学生主动学习、教师起指导作用的教学模式，只有 B 选项“非指导性教学模式”满足这一要求，故选 B。

2.【答案】C 本题考查人本主义的学习理论。人本主义的学习理论认为,教育应重视知识和情感的培养,培养学生的生活能力。“教学内容以知识为主”不属于人本主义学习理论的观点,故选 C 项。

3.【答案】B 人本主义学习理论倡导非指导性教学,在实施过程中,过分强调以学生为中心,忽视了教师的指导作用,这是人本主义存在的明显不足。C 选项,行为主义学习理论强调的是行为和反应之间的联结,强调强化的重要性。D 选项,掌握学习理论认为只要给学生足够的时间,学生就可以掌握绝大多数的知识。A、C、D 均未强调以学生为中心。

第三章　学习动机

第一节　学习动机的概述

真题典例

单项选择题

1.【答案】A　A 选项“内部动机”,指为了学习而学习,为了求知去学习。B 选项“外部动机”,表现为个体因外部因素如奖励、惩罚、压力等进行学习。C 选项“社会交往动机”表现为个体想在符合群体要求的情况下得到发展,否则就会感到孤独、别扭或焦虑。D 选项“自我提高动机”可以理解为自我提高内驱力,是为了提高个体的社会地位。

题干表达的是“对于学习,了解怎么学习的人,不如喜爱学习的人;喜爱学习的人,又不如以学习为乐的人”,这强调的是学生学习内在动机的重要性。

2.【答案】C　根据阿特金森的研究,成就动机高者倾向于选择难度“中等”的任务。对于成就动机高者来说,任务难度过低不能满足他们获得成就感的需求,而任务难度过高则可能让他们在挑战中体验到失败和挫折,降低他们的成就动机。相比之下,选取“中等”难度的任务可以在挑战和成功之间达到平衡,既有挑战性又有成功的成就体验。

模拟练习

单项选择题

1.【答案】A　本题考查的知识点是学习动机的功能。

A 选项,引发功能(激活功能),即学习动机能激发或引发有机体产生某种活动。B 选项,定向功能(指向功能),即学习动机像指南针一样指引着活动的方向。

C 选项,维持功能(激励功能),即动机对活动具有维持和加强的作用,强化活动以达到目的。

D 选项,调节功能,即动机可以调整人们活动的方式方法以到达目的。

题干中的教师通过“分蛋糕”激发了学生浓厚的兴趣,促使学生产生进一步的学习行为,这说明学习动机对学习活动具有引发作用。故本题选择 A 项。

2.【答案】D 本题考查的知识点是奥苏伯尔成就动机的分类。奥苏伯尔等人认为成就动机包括三方面的内驱力：认知内驱力、自我提高内驱力和附属内驱力。附属内驱力是指个人为了保持长者们或权威们的赞许或认可，而表现出来的一种把学习或工作做好的动力。随着儿童年龄的增长和独立性地增强，附属内驱力不仅在强度上有所减弱，而且附属对象也从家长和教师转移到同伴身上。故 D 选项正确。

3.【答案】B 题干中，杨艺渴望掌握与消化吸收相关的生物学知识，这种学习动机属于认知内驱力；之后，她因渴望受到生物老师的表扬而学习，这种学习动机属于附属内驱力。杨艺因知识本身而引起的学习动机属于内部动机，但该动机不属于奥苏伯尔的学习动机分类。

4.【答案】C 根据动机产生的诱因来源不同，学习动机可分为内部动机和外部动机。内部动机指的是由个体内在需要引起的学习动机。外部动机往往由外部诱因引起，与外部奖励相联系。

A 选项，外部动机与成绩和环境刺激有关，外部动机是由外部诱因引起的。

B 选项，外部动机对学生内在需求的作用既可能是激活促进也可能是减弱，这取决于外部奖励的形式和程度。

D 选项，教师对课堂掌控能力提高后应该更多地促进内部动机而非外部动机。

第二节 学习动机的主要理论

真题典例

一、单项选择题

1.【答案】B 目标定向包括掌握目标定向和表现目标定向两类。掌握目标定向以获取知识为主，主要依靠内部动机，相信努力带来成功。表现目标定向以证明自己为主，主要依靠外部动机，相信能力是重要的。

目标定向理论又称成就目标理论，是在德维克的能力理论基础上提出的。

德维克认为，人们对于能力有不同的内隐观念：一是能力实体观，认为能力是稳定的，是不可改变的特质；二是能力增长观，认为能力是不稳定的，可以随着知识的学习和技能的培养而提高。持能力实体观的学生倾向于建立表现目标，从而避免被人看不起；持能力增长观的学生则更多设置掌握目标，并寻求那些真正锻炼自己的能力、提高自己技能的任务。

2.【答案】D 设置表现目标的学生会更在乎自我价值，认为向他人求助等于承认自己的能力不足，无法表现自我。

目标定向理论：

名称	特点
表现目标（也叫作成就目标）	学习是为了取得成就，展示自己。如果失败，容易产生一种无助感。归因易从外部原因着手，在意外界的看法
掌握目标（也叫作任务目标）	学习是为了掌握真正的知识，不畏惧失败，更愿意寻找方法。归因更多地考虑自己的学习方法和努力程度，更多地关注自身

3.【答案】C 自我效能感是指个体对自己能否做成某一件事的期待。学生认为自己的瘦身计划难以落实进而放弃了，这属于自我效能感低的表现。

A 选项“结果期望低”指的是个体对任务完成后所能得到的利益或奖励的预期程度较低，但这个因素与本题中学生放弃瘦身计划的原因不相符。学生并没有对瘦身的效果持悲观态度或缺乏期望，而是认为自己无法坚持长期的运动。

B 选项“结果期望高”指的是个体对任务完成后可获得奖励或利益的预期程度较高，既与题干不相关，也与学生选择放弃瘦身计划不一致。

D 选项“效能期望高”指的是个体对自己能够完成任务的自信程度高，而学生放弃瘦身计划恰恰表明了他对完成任务的信心不足，因此 D 选项也不符合题意。

自我效能感是班杜拉提出来的，是指人们对自己能否成功地进行某一行为的主观判断。影响自我效能感的因素有直接经验、替代经验、言语说服、情绪唤起。提高学生自我效能感的方法有：传授具体的学习策略；指导学生制定相应的学习目标；考虑学生对学习内容的真实掌握水平；将策略训练同学习目标相结合，及时反馈；确保不要过度激起学生的情绪；为学生树立成人或同伴的正面榜样。

4.【答案】B 马斯洛的需要层次理论包括：生理需要、安全需要、归属和爱的需要、尊重的需要、求知与理解的需要、美的需要、自我实现的需要。前四种是缺失性需要，后三种是成长需要。在学校中的学生，缺失性需要表现得更为明显。

马斯洛的需要层次理论表明，学生缺乏学习动机，在一定程度上可能是某种缺失性需要没有得到充分满足而引起的。例如，家境贫寒使得温饱不能满足；父母离异让孩子丧失归属感并缺乏爱等。因此，教师不仅要在学业方面主动帮助学生，也要在生活与情感方面积极地关心学生、爱护学生，让学生感受到教师对他们的尊重和爱护。

5.【答案】A 儿童早期，附属内驱力最为突出；少年时期，附属内驱力的强度减弱，更加关注同伴的赞许；青年时期，认知内驱力和自我提高内驱力成为主要驱力。

附属内驱力指学生想要得到家长、教师等的认可；自我提高内驱力是学生想要提高自身的地位；认知内驱力是学生想要学习知识。

6.【答案】A “自己不是学这科的料”是认为自己的能力不够。能力是内部、稳定性的归因。人们倾向于将活动成败的原因归结于六个因素：能力高低、努力程度、任务难度、运气好坏、身心状态、外界环境；三个维度：内部与外部、稳定与不稳定、可控与不可控。

7.【答案】B 运气、任务难度属于外部因素。能力和努力属于内部因素，此题还有一个解题的关键在于“害羞”，一个害羞的人是很难直接在他人面前承认自己的成功是来自能力的，更偏向于认为成功是因为自己认真地准备。

8.【答案】C 工作圆满完成就是对这份工作的奖励属于典型的内在强化。
内在强化强调事情本身的价值，外在强化一般强调金钱、其他奖励等。

9.【答案】C 交往动机是指个体由于需要与他人建立、维护和发展关系而产生的内在动力，例如在学校里和同学、老师相处，企业中的同事和领导相处等。学生为了自己喜欢的老师努力，这属于交往动机。
成就动机是为了获得成功；认知动机是为了学习知识；自我提高动机是为了获得地位和自尊心。

10.【答案】A 成长性需要包括求知与理解的需要、美的需要、自我实现的需要。

11.【答案】D "容易放弃"表明此学生具有的是表现目标取向，不是掌握目标取向。在表现目标取向中，任务失败后会对自我价值造成威胁、放弃学习任务以保护自我的学生，属于逃避表现目标取向。C选项具有趋于表现目标取向的学生关注如何考得好、超越他人来表现自己。

12.【答案】A 具有掌握学习目标取向的学生往往持有增长观。增长观指的是相信智力和能力都可以通过努力和持续地练习来发展和提高的观念。这种观念认为，我们的能力固然有限，但是我们不断学习和尝试新的事物可以让我们变得更聪明、更有能力。掌握学习目标取向的学生认为自己可以通过不断地努力和学习来提高自己的能力，而不是将智力视为不可改变的实体。
B选项实体观则相反，它认为智力是不可变的固定量，人们只能发挥天生具有的才智。
C选项多元观认为智力是可以在不同的领域展现的，存在多种方式来表达智力。
D选项三元观认为智力是由天赋、动机和努力三个因素共同决定的。

13.【答案】B 自主需要指个体能感知到做出的行为是出于自己的意愿的，是由自我决定的，即个体的行为是自愿且能够自我控制的。因此B选项小王希望自己规划假期活动最能反映学生自主需要。A选项跟马斯洛的需要层次理论有关。C选项是认知内驱力，D选项是外部的物质需求。
自我决定理论：
(1) 代表人物：美国心理学家德西和瑞安。
(2) 基本假设：人是积极的有机体，具有与生俱来的心理成长和发展动力，使其努力掌握环境中的挑战，并将其整合到自我概念中。自我决定就是一种关于经验选择的潜能，是在充分认识个人需要和环境信息的基础上，个体对行动所做出的自由的选择。
(3) 三个基本需要：自我决定理论涉及人的三个基本需要，分别是胜任需要、归属需要和自主需要。
(4) 三种动机：自我决定理论把动机分为三类，即内部动机、外部动机和无动机。

二、分析论述题

1.【参考答案】
(1) 韦纳成败归因理论的主要内容。
① 六因素三维度：
人们倾向于将活动成败的原因归结于六个因素：能力高低、努力程度、任务难度、运

气好坏、身心状态、外界环境。这六个因素可以归为三个维度：内部与外部、稳定与不稳定、可控与不可控。

② 归因：

A. 内外维度：将成功归因于内部因素，会有自豪感；归因于外部因素，会有侥幸感。将失败归因于内部因素，会感到羞愧；归因于外部因素，会生气，会感到不公。

B. 稳定性维度：将成功归因于稳定因素，会感到自豪；归因于不稳定因素，会有侥幸心理。将失败归因于稳定因素，会感到绝望；归因于不稳定因素，会生气。

C. 可控性维度：将成功归因于可控因素，会积极争取；归因于不可控因素，不会产生过多动力。将失败归因于可控因素，会继续努力；归因于不可控因素，会感到绝望。

D. 习得性无助：将失败归因于内部、稳定、不可控的因素时，即学生认为自己的能力有问题时，会陷入习得性无助。

(2) 利用成败归因理论来激发学生的学习动机。

教师可以使用以下策略，利用韦纳的归因理论激发学生的学习兴趣和动机：

① 提供充足的反馈信息。给学生及时和详细的反馈信息，以帮助他们正确地归因。例如，当学生作业做得好时，不仅仅要称赞他们的能力，还可以指出他们之前花费的时间和努力是成功的关键。

② 帮助学生发展内在归因。教师可以提醒学生他们的成功与自己的努力和技能有关，对学生的学习做出自己的贡献，而失败可以看作是一种反馈，为他们提供发展和进步的机会。

③ 帮助学生发展稳定的归因。教师可以鼓励学生将自己成功或失败的原因归咎于一些稳定的外部因素，而不是看成偶然成功或失败的事件。

④ 帮助学生发展可控的归因。教师可以组织与学生息息相关的课程或活动，以激发学生的学习兴趣和动机。

通过这些策略可以培养学生的内在动机，吸引学生深度、长期参与学习过程。激发学生的学习兴趣和动机，同时运用归因理论与反馈机制，帮助学生在学习过程中取得更好的成绩。

2.【解析】常见的学习动机理论：

理论	代表人物	主要观点
需要层次理论	马斯洛	人有七种基本需要，分别为生理需要、安全需要、归属与爱的需要、尊重的需要、求知与理解的需要、美的需要、自我实现的需要
成就动机理论	阿特金森	力求成功的人选择中等难度的任务，避免失败的人选择很简单或很难的任务
归因理论	韦纳	六因素：能力高低、努力程度、任务难度、运气好坏、身心状态、外界环境 三维度：内外维度、稳定性维度、可控性维度
自我效能感理论	班杜拉	个体对自己是否具有完成某项任务能力的知觉与信念。影响因素：直接经验、替代经验、言语说服、情绪唤起
自我价值理论	科温顿	高趋高避型、高趋低避型、低趋低避型、低趋高避型
目标定向理论	德维克	掌握目标定向与表现目标定向

【参考答案】

小明的厌学情绪、弃学行为可以用多种学习动机理论来解释。

(1) 归因理论。归因理论认为，学生对自己学业成败原因的推断，通过影响其情绪感受和对未来学习结果的预期，从而影响后续的学习动机。

小明进入高中后，在几次年级统考中名次后移，虽经努力但未见成效，便将自己的学业失败归因于能力低下，这一消极归因使其陷入习得性无助，对未来学习结果的预期也很不乐观，因而降低了学习的坚持性。

(2) 自我效能感理论。自我效能感指个人对自己是否具有完成某项任务能力的知觉与信念。该理论认为，人总是愿意在自己有成功把握的事情上投入精力。

小明进入高中后几次考试连续失利，其消极的归因模式导致自我效能感降低，对学习成功的期望降低。当“改变失败结局”的目标一再受挫后，他体验到更多的紧张、焦虑，因而产生厌学情绪。

(3) 需要层次理论。需要层次理论认为学生在学校里最重要的缺失需要是爱和尊重的需要。学生如果感到没有被人爱，或自认为无能，就不可能有强烈的动机去实现较高的目标。学生努力学习的动机是获得自我价值需要的满足，维护自尊。

小明进入高中后几次考试成绩不理想，很容易将其归因于自己能力水平低。此时如果继续努力学习而成绩仍然不能提高，小明就不得不因承认自己的“无能”而面临丧失自尊的威胁；如果放弃学习，便可将学业失败归因于“没有学习”“没有努力”，从而避免自尊的丧失。因此，放弃学习是小明保护自我价值、避免自尊丧失的一种策略。

3.【参考答案】

(1) A：复述　B：提取　C：编码　D：精致、组织　E：编辑

(2) 复述：指为在工作记忆中保持信息而对信息进行多次重复的过程，这是信息进入长时记忆的关键。

提取：指从长时记忆中激活或回忆知识的过程。对陈述性知识而言，提取可使知识在工作记忆中活跃起来；对程序性知识而言，提取可使某些行为自动执行。

编码：指准备将信息存入长时记忆中的过程。包括对信息进行精致与组织。

精致、组织：精致指将获得的信息与已有的知识联系起来，以促进理解与记忆；组织指以某种符合逻辑的方式将信息按一定的层次关系组织起来，以促进学习和记忆。

编辑：指通过练习使工作记忆中的陈述性知识转化为程序性知识。

(3) 启示：① 在学习过程中会获得两类不同的知识。② 对工作记忆中的陈述性知识进行编辑，可以在长时记忆中创建新的程序性知识。这表明两类知识之间可以实现转化。

4.【参考答案】

(1) 自我效能感的含义：

自我效能感指人们对自己是否能成功地进行某一行为的主观判断，这通常与具体的情境或任务有关。

(2) 有效的切入点：

① 帮助学生形成“能力是可以获得和改进的”这种想法。

② 减少不必要的社会性比较及学业竞争，多强调与自我进行比较。

③ 向学生传授一些能够改进自己学习的认知策略和元认知策略，使其通过努力可以获得学习的成功。

④ 对学生的进步提供经常性的反馈。

⑤ 提供只具有中等难度的学习材料或采用“小步子”策略逐步增强任务的难度。

⑥ 给学生提供学什么及如何学的选择机会，以提高学生的自主控制感。

(3) 从社会认知的观点来看，自我调节的学习通常涉及以下活动：

① 自我监视：学生可以使用不同的策略来监视和引导自己的学习，并且不断修正和改进自己的学习方式、方法和目标设定。

② 自我评估：学生可以学习和使用不同的方法和技巧来检查自己的学习成果和进展，识别自己的优点和不足之处，并根据自己的需要和情况进行调整。

③ 自我反思：学生可以使用不同的策略来回顾自己的学习经验，并从经验中学习和提取知识，以改进自己的学习策略和方法。

④ 目标管理：学生需要设计好自己的学习目标并且根据目标，适时地调整自己的学习行为和习惯。

5.【参考答案】

(1) 美国著名社会心理学家马斯洛提出了需要层次理论，将个体的需要分为七种，分别是生理需要、安全需要、归属与爱的需要、尊重的需要、求知与理解的需要、美的需要以及自我实现的需要。学校根据前次考试成绩给全年级学生安排考场这种做法试图通过刺激学生的自尊心，激起学生的“尊重的需要”，进一步激发学生的学习动机，激励学生努力学习、提高成绩，从而获得靠前的考场座位安排。

(2) 学习动机具有加强学习效果的作用：高动机水平的学生，其成就也高；反之，高成就水平，也能引起学生高的动机水平。

学习动机强度和学习效率不成正比：学习动机存在一个最佳水平，在一定范围内，学习效率随学习动机强度的增大而提高，达到最佳程度后，学习效率随学习动机强度的进一步增大而下降。

学习动机的强度与学习效果的关系会受到学习者的个性、课题性质或课题材料难易程度等因素的影响。耶克斯－多德森定律曲线解释了动机强度和学习材料难易程度之间的关系：从事比较容易的学习活动，动机强度的最佳水平点较高；从事比较困难的学习活动，动机强度的最佳水平点较低；从事难度适中的学习活动，动机强度的最佳水平点较为适中。

(3) 采取这样的方式，对有些学生可能具有一定的促进作用，但对那些比较内向的、学习水平偏低的学生，可能会使其处于过度紧张的状态中，反而限制了他们正常的智力活动，从而引发部分学生出现自暴自弃、学业自我妨碍等问题。

6.【参考答案】

(1) 自我效能感是人们对自己是否能成功地进行某一行为的主观判断。路易斯认为“自己笨”“付出了努力也没有作用”，说明他的自我效能感比较低。影响自我效能感的因素有直接经验、替代经验、言语说服、情绪唤起。路易斯在四年级时学习碰到麻烦，产生无助感，认为自己笨，努力也没用，因此就不努力，成绩也越来越差。老师也因此忽视他，他更加难受，产生了不好的亲身体验，因此，他的自我效能感水平比较低。

(2) 路易斯把他的哥哥姐姐作为“榜样”，认为他们辍学后找到了工作，有钱花，可以到处玩，与他之前认为辍学会带来麻烦不同，他觉得辍学对他没什么影响，反而可以不再担心学业带来的问题。他的哥哥姐姐辍学后的结果强化了他想辍学的念头。

戴莎老师找来一些曾经成绩不好，但接受过学校帮助，现在发展很好的学生和路易斯交流，让他重新树立“榜样”，让路易斯看到如果不辍学，接受一定的职业技能培训，会拥有更多的机会、更好的工作和更高的收入。这些“榜样”强化了路易斯不再辍学的想法。

(3) 培养学生的自我效能感可以传授具体的学习策略；指导学生制定相应的学习目标；考虑学生对学习内容的真实掌握水平；将策略训练同学习目标相结合，及时反馈；为学生树立成人或同伴的正面榜样；确保不要过度激起学生的情绪或焦虑。

文中戴莎老师采取了以下策略来帮助路易斯提高其自我效能感：① 指导学生制定相应的学习目标。戴莎老师为路易斯制定了适合他的目标——下周每天都要来上学，并且使用日程表记录。② 为学生树立成人或同伴的正面榜样。戴莎老师让路易斯把曾经成绩不好，但接受过学校帮助和职业技能培训后，现在发展很好的学生作为正面榜样，鼓励路易斯继续上学。③ 确保不要过度激起学生的情绪或焦虑。戴莎老师与路易斯进行交流，认真倾听他的想法，并耐心劝说。

7.【参考答案】

(1) 归因是人们对自己或他人活动及其结果的原因所作出的解释和评价。韦纳将活动成败的原因归结于六个因素：能力高低、努力程度、任务难度、运气好坏、身心状态和外界环境。

他把这六个因素归为三个维度，即内部归因和外部归因、稳定归因和非稳定归因、可控归因和不可控归因。依据这三个维度，他把成败行为归因于能力、努力、任务难度和运气好坏四个有代表性的原因。

在这四个有代表性的原因中，能力是稳定的不可控的内部因素，努力是不稳定的可控的内部因素，任务难度是稳定的不可控的外部因素，运气是不稳定的不可控的外部因素。

(2) 失败归因可能产生的效果：

① 对失败的运气归因可能产生的情绪反应是不确定的，对未来的期待是不确定的，对未来行为的影响是不确定的。

② 对失败的难度归因可能产生的情绪反应是消极或生气、有挫败感，对未来的预期是再次失败，对未来行为的影响是逃避类似的情境。

③ 对失败的能力归因可能产生的情绪反应是消极或羞耻、自我效能感低下，对未来的预期是再次失败，对未来行为的影响是逃避类似情境。

④ 对失败的努力归因可能产生的情绪反应是消极或愧疚，对未来的期待是通过努力来改善，对未来行为的影响是在类似情境中付出更多的努力。

(3) 学生最终将成败归因为何种因素，受以下几种变量影响：

① 他人操作的有关信息，即个体根据别人的行为结果的有关信息来解释自己的行为。如班上大部分人得高分，则易产生外部归因（教师判卷松）；少数人得高分则产生内

部归因(能力、刻苦)。

② 先前的观念,即个体以往的经验或行为结果的历史。如果学生经过努力成功了,则归因为稳定因素;经过努力还是失败,则归因为不稳定因素,如运气不佳。

③ 自我知觉,即个体对自己能力的看法。自认为有能力者,易将成功归因为能力,将失败归因为教师的不公、偏见。此外,教师或权威人物对学生行为的期待、奖惩和归因、学生的性格类型、教育训练等都可以影响学生的归因。

因此,教师应该对学生进行归因训练,引导其进行正确归因:

① 帮助学生了解自己的优点和缺点,并为他们制定切实可行的目标。

② 改变他们的归因倾向,让他们将失败归因于缺乏努力,而不是缺乏能力,使他们明白,只要付出努力便会成功的道理。

③ 教学生学会如何完成他们的计划,并对学生的学习行为及时给予反馈。

8.【参考答案】

(1) 根据材料,教师反馈效果不理想的五方面原因如下:

① 教师的反馈面向群体而不是个体,教师口头的反馈更多的是针对班级群体学生。

② 教师的反馈多是利用等级和分数,等级和分数影响学生对反馈的充分理解,不利于激发学生学习的内部动机。

③ 教师反馈的时间和频率没有到位。

④ 教师的反馈没有帮助学生迁移应用,学生没能够理解反馈内容却自认为理解了,即使理解了,也不知道如何运用到自己的学习中。

⑤ 教师的反馈不够具体化,学生收到反馈后抱怨老师的反馈令人困惑,不够合理。

(2) 这一要求具有现实必要性。

① 学习理论。

A. 从学习的联结理论出发,教师对作业的批改、反馈与讲解符合斯金纳的强化理论以及程序教学的原则,通过有效的反馈来对学生的学习进行强化,利用正强化塑造学生良好的行为,利用消退法对不良行为进行矫正。

B. 从学习的认知理论出发,布鲁纳认为强化原则是掌握学科基本结构的重要保障,教师对学生作业的批改与反馈有利于对学生的学习进行强化。奥苏伯尔强调有意义学习,教师对学生作业的及时反馈、面批讲解、学情分析以及答疑辅导能够帮助学生将新知识与认知结构中已有的适当概念建立积极的联系,促进学生的有意义学习。

C. 从学习的建构理论出发,教师对学生作业的反馈能够帮助学生从已有的经验中生长出新的知识,符合学生学习主动建构性的要求。

D. 从学习的人本理论出发,教师及时做好反馈与答疑辅导有利于贯彻非指导性教学观,使教师真正成为学生学习的促进者。

② 学习动机理论。

A. 从学习动机的强化理论出发,教师对作业的批改、反馈与讲解能够使学生的学习得到强化,从而使学生产生较强的学习动机。

B. 从学习动机的人本理论出发,教师认真批改作业,及时做好反馈能够满足学生归属与爱的需要以及尊重的需要，让学生感受到教师对他们的尊重和爱护，鼓励其不断追寻更高层次的需要，从而提高学生学习的内在动机。

C. 从学习动机的认知理论出发，教师对学生作业的及时反馈、面批讲解、学情分析以及答疑辅导能够帮助学生更好地进行成败归因，找准“病因”，有的放矢地进行的修正，促进学生的进步。教师也能通过反馈向学生传递学习的标准，帮助学生进行自我强化，提高学生学习的自我效能感，从而提高学生学习的自主性与能动性。

(3) 假如我是一位中学数学教师，我将从以下几个方面对其数学作业情况提供反馈：

① 从学习动机的强化理论出发，通过表扬学生完成情况优秀的数学题目或每日作业对该生进行强化，增强其在数学方面的学习动机及自信心。

② 针对学生内向的特点，以书信的形式或利用网络工具与学生进行反馈和沟通交流，帮助学生对数学学习进行正确的成败归因，在避免其习得性无助的基础上引导学生继续努力。

③ 举办数学故事会、趣味数学大赛等活动使学生感受数学的魅力，产生对数学的兴趣，激发学生学习数学的内部动机。

④ 采用系统脱敏法，帮助学生进行系统脱敏，消除其对数学的恐惧情绪。

⑤ 进行反馈时淡化等级、分数的呈现，注重质性反馈，着重反馈数学作业中的可改进之处。

模拟练习

一、单项选择题

1.【答案】C 本题考查的知识点是替代性强化。C 选项，替代性强化是指观察到榜样的行为或行为结果而受到的强化。一般学生看到优秀学生获得了奖励自己也会努力学习，故 C 选项正确。

2.【答案】D 本题考查的知识点是成就动机理论。根据阿特金森的成就动机理论，成就动机由两种具有相反倾向的部分组成，一种称之为力求成功，即人们追求成功和由成功带来积极情感的倾向性；另一种称之为避免失败，即人们避免失败和由失败带来的消极情感的倾向性。避免失败型的人倾向于选择非常容易或者非常难的任务，回避有 50% 把握的工作。选择非常容易的任务可以避免失败；选择过难的任务，即使失败也能找到借口以减少失败感。这种选择能防止自尊心受到伤害和产生心理烦恼，因此本题选择 D 项。

3.【答案】A 本题考查的知识点是韦纳的归因理论。习得性无助是当个体感到无论做什么事情都不会对自己的重要生活事件产生影响时所体验到的一种抑郁状态。题干中的学生属于破罐子破摔的心态，这是习得性无助的典型表现，因此本题选择 A 项。

韦纳成败归因理论的三维度分析表

因素	维度					
	稳定性		因素来源		能控制性	
	稳定	不稳定	内在	外在	能控制	不能控制
能力	√		√			√
努力		√	√		√	
工作难度	√			√		√
运气		√		√		√

4.【答案】B 本题考查的知识点是韦纳的归因理论。韦纳认为人们倾向于将活动成败的原因归结为能力高低、努力程度、任务难易、运气(机遇)好坏、身心状态和外界环境六个因素。这些因素又可以分别纳入内部归因和外部归因(内、外源维度)、稳定性归因和不稳定性归因(稳定性维度)、可控制归因和不可控制归因(可控性维度)三个维度之中。

试题太难太偏,属于外部、稳定、不可控的因素。本题可使用排除法,任务难度在韦纳看来是外部的,排除 A、C 选项。同时,韦纳将难度归因为稳定的,排除 D 项。本题选 B。

5.【答案】D 本题考查影响自我效能感的因素。自我效能感是美国社会心理学家班杜拉于 1977 年提出的一个概念,指个人对自己是否具有通过努力成功完成某种活动的能力所持有的主观判断与信念。影响自我效能形成的主要因素有:

(1) 个人自身行为的成败经验:它是影响自我效能感的最主要的因素。一般来说,成功经验会提高效能期望,反复的失败会降低效能期望。

(2) 替代性经验:他人的替代经验也会影响自我效能,当个体看到与自己的能力水平相当的人在活动中取得成功时,便相信当自己处于类似活动情境时,也能获得同样成功,从而提高自我效能。反之亦然。

(3) 言语劝说:通过说理让学生相信自己具有能力,相信自己能够胜任学习活动,完成学习任务,会给学生增添学习活动的动力,增强克服困难的毅力。

(4) 情绪唤醒:高水平的唤醒使成绩降低而影响自我效能,当人们不被讨厌刺激所困扰时更能期望成功。

所以成功体验、失败体验和观察学习都是影响自我效能感的因素。焦虑水平不是影响自我效能感的因素。故本题选择 D 选项。

6.【答案】D 本题考查的知识点是韦纳的归因理论。美国心理学家韦纳对行为结果的归因进行了深入探讨,提出了系统的归因理论。人们倾向于将活动成败的原因归结为能力高低、努力程度、任务难易、运气(机遇)好坏、身心状态和外界环境六个因素。这些因素又可以分别纳入内部归因和外部归因(内、外源维度)、稳定性归因和不稳定性归因(稳定性维度)、可控制归因和不可控制归因(可控性维度)三个维度之中。运气是外部、不可控、不稳定的归因。

7.【答案】A 本题考查的知识点是奥苏伯尔的成就动机分类。奥苏伯尔认为,学校情境中的成就动机至少应包括三方面的内驱力,即认知内驱力、自我提高内驱力和附属内驱力。A 选项,认知内驱力即一种学生渴望了解和理解,要求掌握知识以及系统阐述问题并解决问题的倾向。题干中,小羽是因为对为什么钉子、铁块会沉入海底,而用钉子与铁块等原材料做成的轮船却可以浮在海面上这个问题好奇产生的学习动机,属于认知内驱力。因此,A 选项正确。

B 选项,自我提高内驱力是个体要求凭自己胜任工作的才能和工作成就而赢得相应地位的愿望。自我提高内驱力与认知内驱力不一样,它并非直接指向学习任务本身。自我提高内驱力把成就看作是赢得地位与自尊心的根源,显然是一种外部的动机。C 选项,附属内驱力是学生为了保持家长和教师等的赞许或认可而努力学习的一种动力。它是一种外部的动机。D 选项,普遍内驱力为干扰选项,故排除。

8.【答案】B A 选项,外部、稳定、不可控因素是工作难度,而题干中小果将考试成绩不佳归因于运气,运气是外部、不稳定、不可控的归因,所以不符合题意。B 选项,内部、不稳定、可控的因素是努力,题干中彤彤将考试取得进步归因于努力,符合题意。C 选项,小果将考试成绩不佳归因于运气,会自我原谅,不利于发现自身问题,不值得提倡,C 选项错误。D 选项,小果将考试成绩不佳归因于运气,不利于其发现自身的问题,这会导致其考试成绩越来越差;彤彤将考试取得进步归因于努力,这一归因会促使她继续努力。所以不同归因对学习行为存在影响,故 D 选项说法错误。

9.【答案】A A 选项,由于没有充分准备导致考试成绩不理想,体现的是归因于努力,努力属于内部的、可控的、不稳定的因素,所以符合题意,故本题选 A。

B 选项,由于不熟悉考场环境导致考试发挥失常,这是归因于外界环境,环境属于外部、不可控的、不稳定的因素。C 选项,由于命题超纲导致做不出题,这是归因于任务难易程度,任务难度属于外部、不可控的、稳定的因素。D 选项,由于突然考试导致无法把控成绩,也是外部的、不可控的因素。

10.【答案】C 本题考查归因理论。韦纳认为人们倾向于将活动成败的原因归结为能力、努力程度、任务难度、运气、身心状态和外界环境六个因素。同时,韦纳认为这六个因素可归为三个维度,内在性、稳定性、可控性。当有自卑心理的学生取得好成绩时,教师应当引导其做能力归因(内在、不可控、稳定的归因)以增强其自信心,克服自卑心理。故 C 项为正确选项。

11.【答案】A A 选项,不稳定的不可控因素包括运气、外在环境及身心状况,题干中小张生病属于身心状况因素,A 选项正确。

12.【答案】C 努力属于内部、不稳定、可控归因。

二、材料分析题

1.【参考答案】

(1) 学习动机是激发个体进行学习活动、维持已有的学习活动,并使学习行为朝向一定目标的一种内在过程或内部心理状态。

奖励主要是为了激发学生的外部动机。正确运用奖励是激发学生学习动机的重要手段之一,能有效地促进其学习,但如果奖励运用不当,很有可能会引起学生内部动机的降低。

(2) 教师在日常教学活动中要意识到，相比于指责批评，奖励更能有效激发学生的学习动机。

在运用奖励时应注意以下几个方面：

① 那些已有内部动机的活动最好不要轻易运用物质奖励，只有对那些缺乏内部动机的活动，使用物质奖励才可能产生积极的激励作用。

② 明确运用奖励的意义。当奖励不是学习活动而成为师生注意的主要目标时，学习的性质和效果就会发生与人们期望相反的逆转。因而，不论组织得多么巧妙，奖励都只是激励学生学习的一种手段，而绝不是目标，更不是学习的全部。

③ 要注意奖励的频率。教师需要经常给学生一定的奖励，以使学生尽力而为。研究表明，无论这种奖励多么吸引人，如果不能经常有可能得到的话，对行为是没有什么影响的。小的但又经常的奖励，比大的但极少的奖励更具有诱因价值。

④ 应使所有学生都有得到奖励的可能性(或使每个学生都有成功的经验)，增强其自我效能。要使每个学生都知道，只要自己尽力而为，所有人都有机会得到奖励。当然，也要注意，不能使有些学生感到不费吹灰之力就能得到奖励。因此，在采用目前的评分制度的同时，辅之以适当的奖励标准，奖励那些努力的学生，是很有必要的。

2.【参考答案】

(1) ① 自我决定理论认为，个体有三个基本需要，分别是胜任需要、归属需要和自主需要，自我决定就是在充分认识个人需要和环境信息的基础上，个体对行动所作出的自由的选择。

张海父母离异，跟着奶奶生活，学习习惯不好，这体现出他归属需要的缺失，造成他内部动机和外部动机的缺失，上课开小差、睡觉。

② 成就动机理论认为，个人成就动机分为力求成功的意向和避免失败的意向。中等难度的任务最具有挑战性，有助于个体通过努力来提高自尊心和获得更高的自豪感。

张海好高骛远，不做基础题，非去做附加题，就是因为其力求成功的倾向过低，成就动机也很低。

③ 韦纳的归因理论提出了“六因素三维度”，认为人们常将成败归于六个因素：能力、努力、任务难度、运气、身心状态和外界环境，并将这六个因素归纳为“三维度”，即内外维度、稳定性维度和可控性维度。

张海以“自己笨，学不会”为借口不做练习，体现出他将自己的失败归因于稳定、可控、内部的能力，这会使他形成“习得性无助”，从而学习动机低下。

④ 自我价值理论关注人们如何评价自身价值，自我价值是认为自己是优秀、有能力个体的一种信念。

张海属于“低趋低避型”，亦即“失败接受者”，不期待成功，对失败也不感到恐惧或羞愧。

(2) ① 归属需要。归属需要指关心他人和被他人关心，有一种从属于其他个体和团体的安全感，与别人建立起安全和愉快的人际关系。材料中的张海由于父母离异，没有安全感，导致他学习动机也随之缺失。

② 学习任务的难度。根据成就动机理论，个体对于中等难度的任务学习动机会较

高，而任务太难或太简单都可能导致学习动机的减弱。

③ 期望及抱负水平。期望是指个体对某件事情是否发生的主观预期，也是对行为是否被强化的主观感知。个体预期的结果未必与其知觉经验相符合。如果两者不相符，就产生了心理失衡，这种失衡就可能产生行为的动机。张海对自己没有期望，因此动机也低下。

④ 归因倾向。个体在失败时若归因于能力，则较易导致学习动机的缺失，产生厌学倾向，但若归因于自己不够努力，则会继续有努力学习的动力。如张海将自己不做练习归因于自己笨，便是归因于能力不足。

第四章　知识的建构

第一节　知识及知识建构

真题典例

单项选择题

1.【答案】C　本题选 C，“程序性知识”是关于“做什么”和“怎么做”的知识。A 选项“描述性知识”和 B 选项“陈述性知识”是关于“是什么”“为什么”“怎么样”的知识，是对事实、定义、规则和原理等的描述，比如知识的类型。D 选项“条件性知识”，梅耶在安德森的基础上，将陈述性知识称为语义知识，将程序性知识分为具体情境的程序性知识和有关学习、记忆、问题解决的一般方法的条件性知识。比如做笔记是一种程序性知识，什么内容写多一点，什么内容写少一点，则属于条件性知识。

2.【答案】A　本题的解题关键在于利用相关的背景知识，“超越给定的信息”，即在不改变认知结构的基础上，对新信息做进一步的推理和预期。这属于把外界事物纳入已有的认知结构中，是同化的过程。

3.【答案】A　图式是认知系统的组织结构。关于狗是什么的基本定义属于命题。如果只是了解狗的一般体形特征，则属于表象。产生式是程序性知识的主要表征方式。

模拟练习

单项选择题

1.【答案】C　本题考查的知识点是知识学习的含义及种类。奥苏伯尔根据新知识与原有认知结构的关系，提出了 3 种认知同化过程，即下位学习、上位学习和并列组合学习。下位学习（又称类属学习）指将概括程度或包容范围较低的新概念或命题，归属到认知结构中原有的概括程度或包容范围较高的适当概念或命题之下，从而获得新概念或新命题的意义。题干是先学习金属的一般特性，再学习金属铜和铁的具体特点，新学习的内容与学生认知结构中已有观念产生了一种下位关系，这属于类属学习，因此本题选择 C 选项。

2.【答案】A　本题考查的知识点是知识学习的含义及种类。根据新知识与原有认知结构的关系，可以分为下位学习、上位学习和并列组合学习。其中，下位学习又称类属学习，指将概括程度或包容范围较低的新概念或命题，归属到认知结构中原有的概括程度或包容范围较高的适当概念或命题之下，从而获得新概念或新命题的意义。题干中新学习的概念“橡皮擦”是原有“文具”这一总概念的一个特例，这种学习是下位学习。因此，本题正确答案为 A。

3.【答案】A 本题考查的知识点是知识的类型。安德森根据知识的功能将知识划分为陈述性知识和程序性知识。其中陈述性知识也叫“描述性知识”，它是个人有意识地提取线索，能够直接加以回忆和陈述的知识。主要用来说明事物的性质、特征和状态，用于区别和辨别事物。这类知识主要解决是什么、为什么、怎么样的问题。这种知识具有静态的性质。题干中所说原因是什么，关系是什么等就属于陈述性知识。因此，本题正确答案为 A。

4.【答案】B 本题考查的知识点是过度学习。过度学习又称为“过度识记”，是指达到一次完全正确再现后继续识记的记忆。实验证明，过度学习达到 50%，即学习熟练程度达到 150% 时，学习的效果最好。题干中，如果识记某材料 10 遍刚好能背诵，那么一般情况下，学习熟练程度达到 150% 效果最好，即识记 15 遍。

5.【答案】B 本题考查的知识点是陈述性知识的学习。陈述性知识的学习包括理解、巩固、运用三个彼此相互联系又相对独立的阶段。其中知识的理解是指学习者了解传递知识的语言文字符号的含义，并使其在头脑中唤起相应认知内容的过程。知识的理解一般是通过对教材的直观和概括化完成的，要求教师将重点放在如何帮助学生有效地理解、掌握这类知识上，注重学生对其符号或词语意义的获取，而不仅仅只是记住。故 B 选项说法错误。

6.【答案】D 本题考查的知识点是下位学习。D 选项，下位学习又称类属学习，是指将概括程度或包容范围较低的新概念或命题归属到认知结构中已有的、概括程度或包容范围更高的适当概念或命题之下，从而获得新概念或新命题的意义，简而言之，就是先学概括程度较高的知识，后学概括程度较低的知识。题干中，先学蔬菜的一般特性，再学萝卜、白菜等的具体特性，蔬菜的概括程度较高，萝卜、白菜的概括程度较低，所以是下位学习，因此 D 选项正确。

7.【答案】B 本题考查陈述性知识和程序性知识的区别。

A 选项，在认知心理学家看来，由于学习陈述性知识基本单位所付出的代价相对低，即我们可以比较快地获得，因而对这些基本单位作出修正也是相对容易的。例如，对于像命题表象、线性排序，我们可以毫无困难地给予完善、组织和纠正。同陈述性知识相比，程序性知识仅在其早期的获得阶段容易改变，一旦它们在人的记忆中编好了程序，且达到自动化的程度后，再要对它们作出改变就相当困难，因为一旦人的加工系统对获得的程序放弃了监控之后，人在执行这一程序时不会再去考虑其中哪一步是否正确或哪一步是否会产生预期的行为。A 选项表述正确。

B 选项，从学习速度看，陈述性知识的学习速度较快，能在短时期内突飞猛进或积累，但遗忘也较快；程序性知识学习速度较慢，需要大量的练习才会达到熟能生巧的程度。程序性知识一般属于过度学习，因而保持比陈述性知识牢固。B 选项表述错误，可选。

C 选项，陈述性知识是一种静态的知识，它只是对事件的一种描述；程序性知识是一种动态的知识，例如如何驾驶一辆汽车就包含着许多的过程。C 选项表述正确。
D 选项，从意识控制程度看，陈述性知识的意识控制程度较高，激活速度较慢，往往是有意识的搜寻过程；程序性知识的意识控制程度较低，激活速度较快。D 选项表述正确。

8.【答案】C 上位学习是指新概念、新命题具有较广的包容面或较高的概括水平，这时，新知识通过把一系列已有观念包含于其下而获得意义，新学习的内容便与学生认知结构中已有观念产生了一种上位关系。C 选项先学习“蚂蚁”“松鼠”“鲸鱼”等，再学习“动物”的概念，属于上位学习。A 选项属于并列组合学习，B 选项属于下位学习，D 选项属于并列组合学习。

第二节 知识的理解

真题典例

无

模拟练习

无

第三节 知识的整合与应用

真题典例

一、单项选择题

1.【答案】B 横向迁移的知识之间是并列关系。纵向迁移的知识之间是上下位关系。“凹透镜”和“凸透镜”之间属于并列的知识关系。它们之间的迁移属于横向迁移。C 选项和 D 选项是一样的，一般迁移又称为普遍迁移，指的是概念、基本原理而不是具体知识点之间的迁移。

2.【答案】D 形式训练说指的是训练官能，认为各种官能可以像训练肌肉一样，通过练习增加能力。一般迁移是指将习得的一般原理、方法、原则和态度等进行迁移。可见，形式训练说所涉及的迁移本质上是一般迁移。

3.【答案】D 特殊迁移是具体的知识点之间的迁移，非特殊迁移也称为一般迁移，是原理之间的迁移。题目属于两个单词，即具体的知识点之间的迁移，为特殊迁移。
A 选项顺应性迁移和同化性迁移相对，顺应是改变原有认知结构来适应新知识的过程。

B 选项低路迁移是自动化技能之间的迁移，常用在动作技能学习领域。

C 选项水平迁移是属于同一层级难度知识之间的迁移，如学习直角、平角和钝角之间的迁移。

4.【答案】B “近墨者黑”只是环境对人的影响。而迁移指一种学习对另一种学习的影响。A 选项“吃一堑，长一智”指从错误中吸取教训，学习经验。这种经验可以迁移到未来的问题和挑战中，使人们更有智慧、更加成熟，属于正向迁移。C 选项“因噎废食”指由于一次不好的经验而失去了信心和动力，不再继续学习或尝试，属于负向迁移。D 选项“温故而知新”有两种解释：① 复习已学过的知识，会有新的体会和理解；② 通过回忆过去，吸取历史经验，给认识现在提供参考。这都属于学习迁移。

5.【答案】B “心理过程”是上位概念，包括认知过程。上位概念对下位概念的影响是垂直迁移。此处为具体知识点之间的迁移，不属于 C 选项一般迁移，而是具体迁移。前一学习对后一学习的影响也不属于 D 选项逆向迁移，而是正向迁移。

6.【答案】B 这种学习现象属于 B 选项纵向迁移。纵向迁移指的是在一个领域内，学习某种基础的知识或技能，然后将其迁移应用到更为高级或复杂的知识或技能上的过程。这个学生之前数学基础好，学习统计课程时，能够运用之前学习的数学知识帮助其学习统计课程，这是典型的纵向迁移的表现。

A 选项横向迁移是指在一个领域内，学习某种知识或技能，然后将其应用到另一种同样基础的知识或技能上。C 选项逆向迁移是指在一个领域内，学习某种高级的知识或技能，然后将其迁移应用到更为基础的知识或技能上。D 选项重组迁移是指将一个领域内的不同元素进行重组，以解决与学习任务相关的问题。

二、分析论述题

【参考答案】

(1) 研究者试图让学生形成图式认知结构，抽取出一类事件中共同的要素及其关系。图式认知结构属于陈述性知识，因此，本实验证明了先前的陈述性知识的学习有助于人们在随后的类似情境中采取有效行动，即陈述性知识向程序性知识的迁移。

(2) 类比教学是借助学生原有熟悉的知识来帮助他们学习和理解新知识的一种教学手段。在进行类比教学时，首先，必须确定学生拥有必要的前提知识。其次，即使提供了具有相似性的材料，学生仍可能难以发现其结构上的相似性。所以，在类比教学中，有时还必须明确地帮助学生去发现两种情境结构的相似性，即在其初始状态、目标、资源、限制、解决手段、结果等方面的相似性。

模拟练习

一、单项选择题

1.【答案】B 此类识字教材是通过把含有共同要素的汉字组合在一起来帮助学生学习，注重找到汉字之间在部首、偏旁等方面的共同点，从而实现对新的汉字的迁移和识记。

2.【答案】D 专家不太注意中间过程,更看重对问题整体的把握。相比新手,专家依赖于经验形成的问题模式,不太注意步步为营的中间过程。

3.【答案】D 本题考查的是迁移理论。贾德根据水下击靶实验提出了迁移的概括化理论(经验类化说),概括化理论主张对已有经验进行了概括,就可以完成从一个情境到另一个情境的迁移。其中水下击靶实验就说明了掌握原理有利于产生迁移,故D说法正确。

4.【答案】A 共同要素说由美国心理学家桑代克和武德沃思提出,他们认为学习迁移的产生是由于两种学习情境存在共同要素或共同成分。共同要素说对学习迁移具有重大的影响。应用在教学上,一般会收到良好的效果。例如:小学生学习了"going"的"ing..."就会拼"morning、playing、coming..."而且记忆方便。故选A。

5.【答案】B 本题考查学习迁移的定义。学习迁移也称训练迁移,是指一种学习对另一种学习的影响,或习得的经验对完成其他活动的影响,通常所说的"举一反三""触类旁通"等即反映了学习的迁移。题干中"举一隅,不以三隅反,则不复也"的意思是从一件事情类推而知道其他许多事情。比喻善于学习,能够由此及彼。符合学习迁移的定义。因此B选项正确。

6.【答案】B 本题考查早期迁移理论。桑代克在1901年的"形状知觉"实验中证实了共同要素说。在实验研究的基础上,他提出只有当两种情境中有相同要素时才能产生迁移。其后伍德沃斯把共同要素说修改为共同成分说,即两情境中有共同成分时可以产生迁移。题干中,学生训练了估计不同大小长方形的面积但是没有训练估计圆形面积,即两种情境中没有相同要素,测试结果发现学生估计长方形面积的能力提高,而估计圆形面积的能力并未提高。所以,这个实验可以支持共同要素说。

7.【答案】A 本题考查的是学习迁移的理论。A选项,共同要素说认为只有在原先的学习情境与新的学习情境有共同要素时,原先的学习才有可能迁移到新的学习中去。三角形与正方形都属于由直线构成的封闭图形,具有共同的要素。故A选项正确。

8.【答案】C 本题考查迁移的分类。顺向迁移是指先前学习对后继学习的影响;逆向迁移是指后继学习对先前学习的影响;正迁移是指一种学习对另一种学习产生积极的促进作用;负迁移是指两种学习之间相互干扰、阻碍,即一种学习对另一种学习产生消极的影响。本题中,小兰后学习的学习方法帮助她加深了对之前学过的知识的理解,属于逆向正迁移。

9.【答案】D 本题考查的是迁移的理论学说。D选项,形式训练说是最早的迁移理论,代表人物是沃尔夫。该观点认为迁移是通过对组成心的各种官能的训练,以提高各种能力如注意力、记忆力、推理力、想象力等而实现的。而且,迁移的产生是自动的。题干中强调通过做大量的应用题即通过大量的练习就能提高学生思维,从而提高正确率,体现了形式训练说的观点。

10.【答案】D 本题考查的是垂直迁移。垂直迁移,也叫纵向迁移,指处于不同抽象、概括水平的经验之间的相互影响。垂直迁移表现在两个方面:一是自下而上的迁移,即下位的较低层次的经验影响上位的较高层次的经验的学习;一是自上而下的迁移,即上位的较高层次的经验影响下位的较低层次的经验的学习。“三角形”概念比“直角三角形”“锐角三角形”等概念的抽象概括水平更高，属于垂直迁移，故D选项正确。

11.【答案】C 该题考查的是学习迁移的分类。根据迁移性质的不同，学习迁移可分为正迁移与负迁移，正迁移是指一种学习对另一种学习产生积极的促进作用；负迁移是指两种学习之间相互干扰、阻碍。根据迁移方向的不同，学习迁移可分为顺向迁移与逆向迁移，顺向迁移是指先前的学习对后来学习的影响；逆向迁移是指后继学习对先前学习的影响。

题干描述的是先学习的“1块等于10角、1厘米等于10毫米”对后学习的1分钟等于多少秒的影响，属于顺向迁移；“推算1分钟等于10秒”是一种错误的迁移，属于负迁移，所以应该是顺向的负迁移，故选C。

12.【答案】C 本题考查的是迁移的分类。学习迁移也称训练迁移，是指一种学习对另一种学习的影响，或习得的经验对完成其他活动的影响。根据迁移发生的自动化程度，可以将迁移分为低路迁移和高路迁移。首先排除B、D选项。

A选项的高路迁移是指有意识地将某种情景中学到的抽象知识应用于另一种情境中的迁移，如学生在一种学习情境中抽取了一种规则、原理、范例、图式、然后运用于新的情境。

C选项的低路迁移是指以一种自发的或自动的方式所形成的技能的迁移。这种迁移是通过在各种情景中的练习获得的，其发生几乎是不需要或很少需要意识、思维的参与。

题干关键词是“汽车驾驶技术”，这是一种技能，和技能有关的迁移是低路迁移，故本题选C。

13.【答案】A 负迁移也称抑制性迁移、消极迁移，是指一种学习对另一种学习产生消极的阻碍作用。题目中，拼音字母的读音可能会对英文字母的读音产生干扰，形成阻碍作用，产生的是负迁移。故A选项说法正确。

二、材料分析题

1.【参考答案】

(1) 以佩珀特为代表的学者推崇LOGO语言的学习，认为LOGO语言的学习可以帮助学生掌握基本的概念，同时帮助学生发展思维和提升问题解决的能力。

以加利福尼亚大学伯克利分校的林教授和银行街教育学院的皮教授为代表的学者，认为LOGO语言的学习不能帮助学生解决一般问题，促进学习的迁移。当然他们也并非完全排斥LOGO语言的学习，而是认为LOGO语言的学习只是提供了一个开端，需要通过漫长的过程才能培养解决问题的能力。

(2) LOGO语言的学习，本质上属于一般迁移。

教师可以从以下几方面提升学生的迁移能力：

第一，树立学习目标：树立明确、具体、现实的教学目标。

第二，整合学科内容：注意各门学科的横向联系。教师应该鼓励学生把某一门学科中的知识运用到其他学科中去，即横向迁移。

第三，加强知识联系：① 教师要重视简单的知识技能与复杂的知识技能、新旧知识技能之间的联系。② 教师要促使学生把已学过的内容迁移到新的学习内容上去。③ 教师通过提问或简单的提示，帮助学生利用已有知识更为轻松地学习新的、比较复杂的内容。

第四，强调概括总结：教师在教学中应注意启发学生对所学内容进行概括总结。① 在教学中注意引导学生自己总结出概括化的原理，培养和提高其概括总结的能力，充分利用原理、原则的迁移。② 在讲解原理、原则时，要列举最大范围的例子，枚举各种变式，使学生正确把握其内涵和外延。

第五，重视学习策略：教师要有意识地教学生学会如何学习，帮他们掌握概括化的认知策略和元认知策略。认知策略和元认知策略是可教的，教师在教学中有意识地教学生一些认知策略和元认知策略有助于学生学会如何学习，从而促进学习的迁移。

第六，培养迁移意识：教师通过反馈和归因控制等方式使学生形成关于学习和学校的积极态度。

2.【参考答案】

(1) 原因一：教师方面，迁移意识口号化，忽视学生学习的基本情况。

原因二：旧知识方面，旧知识出现频率不够、旧知识过于零散不成体系。

原因三：新旧知识关系方面，新旧知识之间的联系性不够。

原因四：学生方面，学生自主性和创造性不够、兴趣不强。

(2) 影响知识迁移的客观因素：

第一，学习材料的相似性。学习材料的相似性是指前后两次学习的材料之间有无共同的要素或者成分，可以是学习材料表面内容、形式上的相似，也可以是深层结构、原理原则的相似。

第二，学习情境的相似性。学习情景如学习场所、环境的布置、教学或测验人员等条件越相似，学生越能利用有关的线索，促进学习中迁移的产生。

第三，教师的指导。教师在教学过程中，有意识地引导学生发现不同知识或情境中的共同点，启发学生去概括总结，指导学生举一反三，把已学到的原理知识运用到新的问题解决中，有利于促进积极迁移的产生。

影响知识迁移的主观因素：

第一，学习者的分析概括能力。分析与概括能力高的学生，较容易发现两种学习情景之间的相同要素及其关系，概括出问题所隐含的原理原则，从而增强对新旧知识之间关系的识别，促进积极迁移的产生。

第二，原有的认知结构。认知结构一般是指个人先前的知识经验组成的心理结构。其质量，如知识经验的准确性、知识经验间的组织性等都影响学生在学习新知识、解决新问题时能否准确、快速提取已有的知识经验，从而影响迁移的发生。

(3) 如促进语文教学的迁移。

① 整合学科内容：在语文学科之中要注意不同学科之间的渗透与联结，引导学生根据不同学科之间的关系，把其他学科的知识嫁接到语文学科的知识体系中来，达到“他山之石可以攻玉”的目的。比如可以将代数中的“负负得正”的原理迁移到语法知识“双重否定”的学习与纠错中去。

② 加强知识联系：强化基础知识，注重相同因素的平行迁移。语文学习的内容中会包含一些带有普遍意义的概念、原理和规律，这些概念、原理和规律是认识和学习同类知识的基础，这些基础必须夯实夯牢，然后运用这些概念、原理和规律学习其他内容，达到"一把钥匙开多把锁"的学习效果。比如在学习文言文时，了解基本词的古义就可以将其运用到其他文言文中。

③ 重视学习策略：在教学中，教师应该注重学习方法的教学和指导，教学生学会分析问题、解决问题的方法，从而让学生自己运用正确的方法去获得新的知识和新的技能。比如在议论文写作教学后，学生掌握了议论文写作的基本方法，就能够根据不同的主题写出不同的文章。

第五章　技能的形成

第一节　技能及其作用

真题典例

单项选择题

1.【答案】D　本题属于对识记性知识的考查。阅读、写作、运算等技能属于心智技能。

2.【答案】B　A 选项“摇头”不属于技能,更多的是一种本能。C 选项“心算”和 D 选项“作文”属于心智技能。B 选项“系鞋带”属于运动技能。

3.【答案】D　运动技能的表征方式是产生式系统。A、B、C 选项都是心智技能的表征方式。

4.【答案】D　心智技能具有观念性、内潜性和简缩性;运动技能则具有物质性、外显性和拓展性。

5.【答案】C　根据加里培林对技能的分类,阅读属于心智技能。

模拟练习

单项选择题

1.【答案】B　本题考查的知识点是技能的种类。心智技能也叫智力技能、认知技能,它是一种借助于内部力量调节、控制心智活动的经验,是通过学习而形成的合乎法则的心智活动方式。如默读、心算、写作、观察和分析等技能。分析问题是在头脑中进行的智力活动,其属于心智技能,故本题选择 B 项。

2.【答案】C　本题考查心智技能。题干中,写作技能是通过学习而形成的合乎法则的心智活动方式,属于心智技能。

第二节 技能的形成与培养

真题典例

单项选择题

1.【答案】B 冯忠良把操作技能的形式过程分为四个阶段,即操作的定向、操作的模仿、操作的整合和操作的熟练。题干表述的各个动作要素之间协调性差,是处于操作模仿阶段。

2.【答案】D 操作技能的学习包括定向、模仿、整合和熟练四个阶段。"整体动作趋于协调连贯,多余动作有所减少,视觉控制逐渐让位于动觉控制"属于操作整合、熟练阶段。但"尚未达到自动化"表明技能还没有完全熟练,所以该学生的体操技能处于操作整合阶段。

模拟练习

单项选择题

1.【答案】D "见者易,学者难"这句话的意思是观看别人做某项动作技能看似很简单,但是自己实际去练习和学习却很难。这突出强调了动作技能学习中练习的重要性。动作技能的获得需要大量重复地练习,以达到熟练和自动化,仅仅通过言语指导、示范和反馈是不够的,关键在于自己反复地进行刻意练习。所以"见者易,学者难"这句话强调的是练习对动作技能学习的重要性。选择D选项。

2.【答案】A 本题考查菲茨与波斯纳的三阶段模式。菲茨与波斯纳提出了操作技能三阶段论,即认知阶段—联结阶段(即练习形成阶段)—自动化阶段。

A选项,在认知阶段,学生尝试理解操作技能的任务及这一任务提出的要求,了解需要做哪些动作,各动作的顺序怎样,从何处可以得到反馈等。此时,学生要选出原来已经掌握的部分技能,并按规定的程序将它们组合起来。这一阶段的主要结果是获得程序性知识。

B选项,自动化阶段是动作的协调和技能的完善阶段,是动作技能形成的最后阶段。在此阶段,各个局部动作联合成为一个完整的自动化的动作系统。此时,技能的执行变得日趋自动化,操作极其流畅、准确和稳定。

C选项,运动阶段不属于动作技能形成的阶段,故排除。

D选项,联结阶段是把局部动作综合成更大单位,从认知方面转向动作方面,最后形成一个连贯的初步动作系统的阶段。在这一阶段,操作技能主要发生两类变化:一是先前流畅性和节奏感较差的部分技能逐渐变得富有节奏和流畅;二是一些个别的子技能被整合为互相协调一致的、稳定的总技能。
题干中晓川在观察完教练如何游泳后，分别练习手部与腿部动作符合认知阶段的特点。因此A选项正确。

3.【答案】D 本题考查动作技能的形成理论。
A选项，联结阶段，是对各个独立的步骤进行合并或者“组块”，以形成更大的单元。在这一阶段，学习者的注意力已从认知转向动作，逐渐从个别动作转向动作的协调与组织。开始把个别动作结合起来，以形成比较连贯的动作。
B选项，巩固阶段为干扰选项。
C选项，认知阶段主要是对示范动作，或者参考书、参考图示进行观察，需要了解所要学习的动作技能的动作结构和特点，以及各组成动作之间的联系，从而在头脑中形成动作映象。
D选项，动作技能的学习进入自动化阶段，整个程序的完成不用经过刻意的注意。在自动化阶段中，学生所学习的动作技能的各个动作在时间和空间上已联合成为一个有机的整体并巩固下来，各个动作的相互协调已达到自动化。
题干中，小文“可以一边快速记笔记一边听老师的讲授”，表明记笔记的技能已达到熟练和自动化。故本题选择D选项。

第六章　学习策略及其教学

第一节　学习策略概述

真题典例

无

模拟练习

无

第二节　学习策略

真题典例

一、单项选择题

1.【答案】D　题干列举的是一种记忆术,根据学习策略的划分,属于精细加工策略。

2.【答案】A　本题属于识记性知识的考查。学习策略包括认知策略、元认知策略和资源管理策略。元认知策略包括计划策略、监察策略和调节策略。

3.【答案】A　学会如何学习的实质是学会使用学习策略。

4.【答案】D　本题容易错选B选项,其实并不是记忆力好的人就是专家,专家能再现多个位置,也不是单纯依靠记忆,更多的是依赖之前的经验,他们在头脑中贮存了大量有关棋局的知觉模式。

5.【答案】A　题干中使用的记忆术属于精(细)* 加工策略。精(细)加工策略是一种将新学材料与头脑中已有知识联系起来,从而增加新信息的意义的深层加工策略。

6.【答案】C　课文内容以列提纲、画图表的方式帮助记忆,属于组织策略。

---

* 311真题中又将精细加工策略称为精加工策略,在不同年份的真题中表述可能不同,两种表述皆正确。

7.【答案】B 过度学习是在完成了学习任务之后又在原有的任务上进行更多的练习。

8.【答案】D 组织策略是个体获取信息、解释或描述事物和把信息组织成有意义的类别，整合所学新知识之间、新旧知识之间的内在联系，形成新的知识结构的策略。常见的组织策略有画图表、列提纲等。

9.【答案】D 通过简洁的词语进行概括，写出材料中的各种观点及各观点之间的关系的学习策略属于组织策略。

10.【答案】B 过度学习指学习程度为150%的学习，即经过4次复述可以记住后，再复述2次，共6次。

11.【答案】B 谐音联想法属于精细加工策略。

12.【答案】D 列提纲、做图表、运用理论模型等属于学习策略中的组织策略。

13.【答案】C “特别注重单词运用情景”属于精细加工策略中的注意联系实际生活。

精细加工策略是一种将新学材料与头脑中已有知识联系起来，从而增加新信息的意义的深层加工策略。

精细加工策略主要有：(1) 记忆术。记忆术是一种有用的精加工技术，它能在新材料和视觉想象或语义知识之间建立联系。常见的记忆术有位置记忆法、首字联词法、谐音联想法、关键词法和视觉想象等。(2) 做笔记。(3) 提问策略。(4) 生成性学习。(5) 注意联系实际生活。(6) 充分利用背景知识。

二、分析论述题

【参考答案】

(1) 精细加工策略是指将新学材料与头脑中已有知识联系起来，增加新信息的意义，从而帮助学习者将信息储存到长时记忆中去的学习策略。

学习者运用记忆法、首字联词法、谐音联想法、关键词法和视觉想象法等方法，对要记忆的材料补充细节，举出例子、做出推论，或使之与其他观念形成联想，以达到长期保持的目的。

(2) 精细加工策略是一种将新学材料与头脑中已有知识联系起来，从而增加新信息的意义的深层加工策略。组织策略是个体获取信息、解释或描述事物和把信息组织成有意义的类别，整合所学新知识之间以及新旧知识之间的内在联系，形成新的知识结构的策略。

前者是用旧知识处理新知识，使新知识符合原有的认知结构，方便更好地记忆。后者是将旧知识和新知识组织成新的认知结构。二者是不同的。

(3) 碎片化学习是通过对学习内容进行分割，利用琐碎时间进行的学习。

① 碎片化学习产生的原因有科技进步、阅读载体的变化和人们的浮躁求快心理等。当下流行的碎片化学习模式是应运而生的而不是凭空捏造的。人们企图通过碎片化学习，用更短的时间了解更多知识。

② 它的优点是灵活性、针对性、吸收率更高。它的缺点是学习内容分散，不利于系统、深度地学习。

③ 从精细加工策略的角度来说，精细加工需要利用原有的知识对新的信息进行处理，而经碎片化学习学到的知识琐碎，不成结构，很难进行深度的加工。

④ 从组织策略的角度，碎片化学习得到的知识需要进行组织化、系统化，缺少知识结构，很难组织在一起，也就容易遗忘。

所以我们在进行碎片化学习时，要好好利用精细加工策略和组织策略，将碎片化学习得到的知识系统化。

模拟练习

单项选择题

1.【答案】C 本题考查的知识点是元认知策略的类型。元认知策略分为计划策略、监控策略和调节策略。其中调节策略是根据对认知活动结果的检查，如果发现问题、遇到困难或偏离目标时，采取相应的补救措施，及时修正、调整认知策略。调节策略能帮助小学生矫正他们的学习行为，补救理解上的不足。题干中"当遇到困难或不熟悉的材料时，能放慢阅读速度和重复阅读"属于元认知策略中的调节策略。因此C选项正确。

2.【答案】D 本题考查的知识点是学习策略的分类。D选项，资源管理策略就是帮助学生有效地管理和利用环境和资源，以提高学习效率和质量，包括时间管理、环境管理、努力管理、资源利用管理。其中环境管理策略，即要注意调节自然条件，如流通的空气、适宜的温度、明亮的光线以及和谐的色彩等。其次，要设计好学习的空间，如空间范围、室内布置、用具摆放等因素。小轩的做法属于资源管理策略中的环境管理策略，故D选项正确。

3.【答案】D 本题考查的知识点是学习策略的分类。精细加工策略包括：记忆术（如位置记忆法、缩减与编歌诀、谐音联想法、关键词法、视觉联想法），做笔记，提问，生成性学习，利用背景知识，联系实际等。记忆术是一种有用的精加工策略，它能在新材料和视觉想象或语义知识之间建立联系。"二十四节气歌"体现了缩减与编歌诀法。故D选项正确。

4.【答案】A 精加工策略是一种将新学材料与头脑中已有知识联系起来从而增加新信息的意义的深层加工策略。常用的精细加工策略有记忆术、做笔记、提问等。题干中杨毅运用做笔记的学习策略属于精加工策略，故选A。

5.【答案】D 监视策略指在认知活动中，根据认知目标不断反省和监控自己的认知活动是否在沿着正确的方向进行，正确估计自己达到认知目标的程度、水平，并根据有效性标准评价各种认知行动、策略的效果。题干中"发现有一段特别难懂……又回过头来对这一段进行理解"属于在学习过程中的监控和调节，故选D选项。

6.【答案】C 精加工策略是一种将新学材料与头脑中已有知识联系起来从而增加新信息意义的深层加工策略。常用的精加工策略有记忆术（包括缩简和编歌诀、首字联词法、谐音联想法、视觉联想法、关键词法等），做笔记，提问等。题干中通过视觉联想，创造一个故事（心理想象），将所有要记的信息编在一起来记住相关词语的方法，属于精加工策略中的记忆术。A、B、D三项不符合题干，故本题选C。

7.【答案】C 外显性是指在学习中使用的一些学习策略可以直接观察到。题干中，教师通过观察学生的学习活动来判断学生所采取的学习策略类型，体现的是学习策略的外显性。

8.【答案】C 组织策略是整合所学新知识之间、新旧知识之间的内在联系,形成新的知识结构。常用的组织策略有列提纲、利用图形和表格、归类等。题干中“思维导图”侧重的是将知识通过思维导图的形式形成相应的知识结构和网络,体现了组织策略,故本题选择C。

9.【答案】D 资源管理策略是辅助学生管理可用的环境和资源的策略,具体包括时间管理、努力管理、环境管理、学业求助等策略。其中,时间管理策略包括统筹安排学习时间、高效利用最佳时间、灵活利用零碎时间。题干中林林充分利用排队打饭、吃饭的零碎时间来给妈妈打电话,看教育新闻等,运用的是时间管理策略。故D选项正确。

10.【答案】D 资源管理策略是辅助学生管理可用的环境和资源的策略,具体包括时间管理策略、学习环境管理策略、努力管理策略、学习工具利用策略和人力资源利用策略。其中,人力资源利用策略是指善于利用老师的帮助以及通过同学间的合作与讨论来学习。题干中“和学习小组的同学一起学习”体现的是对人力资源的利用。故本题选择D选项。

11.【答案】D 精加工策略是一种通过形成新旧知识之间的联系,使新信息更有意义,从而促进对新信息的理解和记忆的深层加工策略。题干所用的是一种编歌诀的记忆术,属于精加工策略,D选项正确。

12.【答案】A 本题考查的知识点是元认知策略。元认知策略主要包括计划策略、监视策略、调节策略。

A选项,元认知的监控功能是指在认知活动中,根据认知目标不断反省和监控自己的认知活动是否在沿着正确的方向进行,正确估计自己达到认知目标的程度、水平,并根据有效性标准评价各种认知行动、策略的效果。元认知的监控策略包括阅读时对注意加以跟踪、对材料进行自我提问,考试时监视自己的速度和时间。这些策略使学生警觉自己在注意和理解方面可能出现的问题。

B选项,元认知的计划功能是根据认知活动的目标,在进行一项认知活动之前,进一步明确认知目标、确定认知过程和环节、预计认知结果、选择认知策略并评估其有效性。元认知的计划策略包括设置学习目标、浏览学习材料、分析完成任务等。给学习做计划就好比是足球教练在比赛前针对对方球队的特点与出场情况提出对策。不论是完成作业,还是为了应付测验,学生在每一节课都应当有一个一般的对策。

C选项,元认知的调节功能是根据对认知活动结果的检查,如果发现问题、遇到困难或偏离目标时,采取相应的补救措施,及时修正、调整认知策略。例如,当学习者意识到他不理解课的某一部分时,他们就会退回去重读困难的段落、在阅读困难或不熟的材料时放慢速度、复习他们不懂的课程资料;测验时跳过某个难题,先做简单的题目等。调节功能能帮助小学生矫正他们的学习行为,补救理解上的不足。

D选项,评价功能是指学习者能够对自己的学习态度、效果和策略的应用予以客观而全面的评价,并从中找出自己的优势和存在的不足,对自己的学习状态和水平有全面的了解。

题干表述可以理解为自我提问,属于监控功能。

13.【答案】B　在简单知识的教学中，精加工策略主要是指导学生对要记忆的材料补充细节、举出例子、做出推论，或使之与其他观念形成联想，以达到长期保持的目的。在复杂知识的教学中，可采用指导学生释义、写概要、创造类比，用自己的话写出注释、解释，自问自答等具体技术。

第七章 问题解决能力与创造性的培养

第一节 问题解决的实质与过程

真题典例

一、单项选择题

1.【答案】D 结构良好的任务的特点是问题和答案具有明确性，D 选项完成考试单选题符合这一特点。A 选项即便写命题作文，确定了主题和范围，答案也是不唯一的。B 选项和 C 选项更需要充分发挥主观能动性，寻找解决问题的方法，均为结构不良的任务。

2.【答案】A “如何培养学生的责任感”这一问题并没有明确的解决途径，属于结构不良问题。

C 选项一般性问题是指不需要经过深入思考和分析，只能得到一般性答案的问题，如常识性问题、简单的事实性问题等。例如，“1+1 等于几？”“世界上最高山峰是什么？”。

D 选项认知性问题是指需要经过思考和分析，且不同的人可能得出不同的答案或解释的问题，如推理性问题、复杂的问题等。例如，“社交媒体对人们社会交往的影响是什么？”“如果你是一个公司的 CEO，你会如何回应全球环境的恶化？”。认知性问题通常需要发挥创造力、运用逻辑分析和批判性思维等高级认知能力来解决。

3.【答案】D 结构不良问题是没有明确的结构或解决途径的问题。A、B、C 选项都可以根据科学的方法来得出精确的答案。D 选项属于开放性问题，没有唯一的标准或答案，评价结果因人而异。

问题的分类：

结构良好问题与结构不良问题	(1) 结构良好问题：问题的初始状态、目标状态以及解决问题的方法都是明确的，如代数题。 (2) 结构不良问题：没有明确的结构或解决途径。如让学生考察当地城市的污染状况并写出一篇论文。
常规问题与真实性问题	(1) 常规问题：单学科和跨学科问题合称为常规问题。学生在学校中大量遇到的问题属于常规问题。 (2) 真实性问题：即生活实际问题。真实性问题属于结构不良问题。
一般领域的问题与专门领域的问题	(1) 一般领域的问题：解决问题所需要的特定领域的专业知识相对较少。 (2) 专门领域的问题：包含大量特定学科领域的专业知识。

二、分析论述题

【参考答案】

(1) 问题解决的基本过程：

① 理解和表征问题阶段：解决问题的第一步要理解和表征问题，搞清楚问题到底是什么，即从哪些角度看待问题，包括问题的目标、条件和可用的操作。这一阶段需要完成的工作：一是识别有效信息；二是理解信息的含义；三是整体表征（理解问题的整体情境）；四是问题归类。

② 寻求解答、确定认知操作阶段：运用一定的问题解决策略来解决问题。问题解决策略主要有两种类型：算法式和启发式。启发式主要有手段—目的分析法、爬山法、逆向反推法、类比思维四种。

③ 执行策略阶段：当表征某个问题并选好某种解决方案后，下一步就要执行计划，尝试解答。

④ 评价结果阶段：当选择并完成某个解决方案后，应对结果进行评价，以确定对问题的分析是否正确、选择的策略是否合适、问题是否得到解决等。评价结果的方法之一就是寻找能够证实或者证伪这种解答的证据。

(2) 影响问题解决的因素包括个体的知识经验、智能和动机、问题情境与表征方式、思维定势和功能固着以及原型启发和酝酿效应。

① 个体的知识经验能够影响一个人的问题解决能力。一个拥有大量相关知识和经验的人，可能会更加容易理解和解决特定类型的问题。例如，一个在心理学领域有深厚知识的人，可能更容易理解某个心理学的问题，从而更容易解决问题。

② 个体的智能和动机也会影响一个人的问题解决能力。具有较高智力水平的人，可能具有更好的分析和判断能力，从而更容易解决复杂问题。同时，一个高度动机的人也可能会更容易找到解决问题的办法。例如，一个热爱艺术的艺术家可能会比不热爱艺术的人更容易发现绘画中的问题并解决它们。

③ 问题情境与表征方式也会影响一个人的问题解决能力。不同的问题情境和表征方式可能需要不同的思维方式和解决方法，因此一个人需要具备适应不同情境的能力。例如，一个艺术家在面对颜色组合问题时，可能需要对不同的颜色和色彩搭配有深刻的理解，从而能够更好地解决问题。

④ 思维定势和功能固着也可能会影响一个人的问题解决能力。如果一个人将自己的思维定势固定在特定的模式上或者固着于特定的功能，可能会影响其解决问题的能力。例如，一个程序员可能会更容易陷入所有问题都可以通过编写代码来解决的想法，从而忽略了其他可能的解决方法。

⑤ 原型启发和酝酿效应也可以影响一个人的问题解决能力。原型启发可以帮助人们快速产生和识别相关概念，并从中找到问题的解决方法。酝酿效应则是指人们在经过一段时间的沉思和深入思考之后，思路变得更加清晰，并找出一些可能的解决方案。

模拟练习

无

第二节 问题解决的训练

真题典例

单项选择题

【答案】B 本题属于基础概念的考查。功能固着指只看到一物体某方面常见的功能,忽视了其他方面的用途。思维定势则是以熟悉的方式做出反应的倾向,它影响着问题解决的倾向性。

模拟练习

单项选择题

1.【答案】C 本题考查影响问题解决的主要因素。原型启发是指从其他事物或现象中获得的信息对解决当前问题的启发。其中具有启发作用的事物或现象叫原型。题干中,科学家通过观察蜻蜓飞行而发明了直升机,是从观察蜻蜓飞行中获得的信息对发明直升机的启发。

2.【答案】B 手段—目的分析法是指问题解决者不断地将当前状态和目标状态进行比较,然后采取措施尽可能地缩小这两个状态之间的差异。当问题可分成若干个各自具有目标的更小问题时,人们常常采用手段—目的分析法。题干中将大目标分解成一个个小目标的策略属于手段—目的分析法,故本题答案选 B。

3.【答案】B 本题考查的知识点是影响问题解决的因素。

A 选项,思维定势是指用以往解决类似问题的方式来解决新问题的倾向。在日常生活、学习和工作中,我们会经常遇到类似的问题,思维定势可以帮助我们用同样的方法解决问题,这是思维定势的积极作用。但是当问题情境发生变化时,思维定势则会妨碍人们采用新的方法来解决问题。功能固着是一种特殊的思维定式,是指个体在解决问题的过程中只想到一个物体通常的功能,而想不到该物体还有其他功能的现象。功能固着会限制人们的思维,对问题解决只会起阻碍作用。A 选项错误。

B 选项,思维策略指的是个体在信息加工的过程中采用的一些解决问题的计划和方法。它是影响问题解决过程的最直接的因素,直接影响着问题解决的速度和效率。B 选项正确。

C 选项，知识总量的多少是影响问题解决的一个重要因素。解决问题实质上就是对有关知识经验的综合运用。与当前问题有关的知识越多，成功解决问题的可能性也就越大。现代心理学研究也认为，并非知识掌握得越多，解题效率就必然越高。有时组织不当的知识反而会阻碍个体正确地解决问题。C 选项错误。

D 选项，某种事物对问题的解决者是否具备原型启发作用，一是看原型与要解决的问题有无特征上的联系或相似之处，相似性越强，启发作用越大；二是看主体是否处于积极的思维状态，如果主体能积极主动地联想和类比推理，对原型与要解决问题之间的相似性进行移植和改造，那就可能产生解决问题的新方案。假若问题的解决者思维状态过于紧张，可能就不太容易发现相似点。也需指出，原型有时也可能限制人的思维的广阔性。所以，要辩证地看待原型在问题解决中的作用。D 选项错误。

综上所述，本题选择 B 选项。

4.【答案】A 算法是为达到某一个目标或解决某个问题而采取的一步一步的程序。算法策略就是在问题空间中随机搜索所有可能的解决问题的方法，直至选择一种有效的方法解决问题。简而言之，算法策略就是把解决问题的方法一一进行尝试，最终找到解决问题的答案。题干中小英在解决问题时对于可能的假设逐一进行尝试，最终找到正确答案，属于算法式。

5.【答案】C 有人反复探索一个问题的解答而毫无结果时，把问题暂时搁置几小时、几天或几星期，然后再回过头来解决，这时常常可以很快找到解决方法。许多科学家在研究工作中都报告过许多这类经历。这种现象称为酝酿效应。酝酿效应打破了解决问题不恰当思路的定势，从而促进了新思路的产生。题干中小明在完成论文时，没有写作思路，休息后突然有了思路是酝酿效应的体现。

第三节 创造性及其培养

真题典例

一、单项选择题

【答案】D 创造性思维的特征有流畅性、变通性、独特性。创造性思维不一定是严密且准确的。

二、分析论述题

【参考答案】

(1) 第一，鼓励、奖赏创造性；第二，为学生提供锻炼创造性思维的机会；第三，测验内容要灵活；第四，教师要提供创造性的示范。

(2)《中国高考评价体系》突出了对学生的创造性思维能力的考查。第一，“基础性”，要求考查学生的基本知识，这些知识是创造性思维产生的基础；第二，“综合性”，要求考查学生的跨学科分析能力，它与思维的创造性联想有关；第三，“应用性”，要求考查学生的迁移能力，关乎知识、技能的创造性运用；第四，“创新性”，要求考查学生的发散思维等创造性思维能力。

这些考查要求摒弃了传统测试中只重视学生知识识记能力的倾向，更注重学生综合创新能力的培养。

(3) 教学活动方案：

① 活动目标：发展学生的创造性应用能力。

② 活动主题：宋朝人的一天。

③ 活动步骤：

第一步：知识，师生一起学习关于宋朝人民衣、食、住、行的史料。第二步：想象，引导学生想象宋朝人民的一天。第三步：讨论，小组讨论宋朝生活情景剧剧本。第四步：创造，演绎情景剧，其他同学依据史料寻找“穿帮”镜头。

模拟练习

无

第八章 态度与品德的学习

第一节 态度与品德

真题典例

单项选择题

1.【答案】C 对于社会规范的学习包括服从、认同、内化三个阶段。本题解题的关键在于个体在"一定程度"上意识到规范的必要性和规范对个人的价值。

2.【答案】C 将社会主义核心价值观融入社会发展的各方面，转化为人们的情感认同和行为习惯强调的是个体将外在价值内化为内在的价值标准，属于性格化水平，即内化水平。

模拟练习

无

第二节 品德的形成与培养

真题典例

单项选择题

【答案】D 皮亚杰和科尔伯格的理论涉及的是道德认知；精神分析和人本主义学习理论涉及的是道德情感；班杜拉的社会观察学习理论涉及的是道德行为。

模拟练习

单项选择题

1.【答案】A 本题考查的知识点是科尔伯格的道德发展阶段理论。惩罚与服从定向阶段的学生服从权威或规则只是为了避免惩罚，认为受赞扬的行为就是好的，受惩罚的行为就是坏的。此题中学生处于科尔伯格道德发展的前习俗水平中的惩罚与服从定向阶段。

2.【答案】C　题干中“人人平等、尊重他人的尊严与权利”属于后习俗水平的普遍原则的道德定向阶段，故本题选择 C 项。

3.【答案】A　本题考查科尔伯格的道德发展阶段论。惩罚与服从定向阶段的儿童服从权威或规则只是为了避免惩罚，认为受赞扬的行为就是好的，受惩罚的行为就是坏的。他们还没有真正的道德概念。题干中小朋友认为偷东西不对是为了避免妈妈的惩罚，所以该小朋友的道德认知发展水平处于惩罚与服从定向阶段。

4.【答案】D　“路遥知马力，日久见人心”比喻经过长时间的考验才能看出人心的好坏、友情的真假。即通过他人长时间的言行来对其进行判断，所以这表明衡量一个人品德的主要标准是行。故本题选择 D 选项。

5.【答案】D　本题考查的知识点是科尔伯格的道德发展阶段论。科尔伯格提出道德发展阶段论，采用“道德两难故事法”，最经典的就是“汉斯偷药”的故事，让儿童对道德两难问题做出判断。科尔伯格认为儿童的道德判断普遍存在与其行为不一致的现象，但是，个体道德判断能力的发展水平越高，道德判断与行为的一致性程度越高。因此，科尔伯格认为道德发展的关键是儿童道德判断能力的发展。故 D 选项正确。

6.【答案】D　科尔伯格将道德发展分为前习俗水平、习俗水平和后习俗水平。D 选项习俗水平又分为“好孩子定向阶段”和“维护权威与秩序的道德定向阶段”，题干学生认为出租车司机闯红灯，违反了法律，应受到惩罚，说明已经意识到法律的效力，但是没有意识到面对生命危险的病人，救命更重要，这体现出该学生只能对法律进行刻板遵守。故处于科尔伯格的习俗水平中维护权威与秩序的道德定向阶段，该阶段处于习俗水平。所以 D 选项正确。

7.【答案】D　科尔伯格运用道德两难法，将儿童的道德认知发展分成了三水平六阶段，前习俗水平包括惩罚与服从道德定向阶段和相对功利道德定向阶段，习俗水平包括寻求认可定向阶段（“好孩子”定向阶段）和维护权威或秩序的道德定向阶段，后习俗水平包括社会契约定向阶段和普遍原则的道德定向阶段，而题目中的选项，只有好孩子取向是属于习俗水平的，因此 D 选项是正确的。

8.【答案】C　社会契约定向阶段属于后习俗水平，认为法律可以帮助人维持公正，但法律并不是绝对的，可以应大多数人的要求而改变。普遍原则的道德定向阶段，以公正、平等、尊严这些最一般的原则为标准进行思考，进行某些活动时，认为只要动机是好的，行为就是正确的。题干中，张阳认为李明帮助别人是对的，不应该处罚他，说明张阳能够根据行为的动机来对别人的行为作出判断，因此他的道德发展水平处于“普遍原则的道德定向阶段”，即“后习俗水平”，符合题意。

9.【答案】C　处于遵守社会秩序取向阶段的儿童，其道德价值以服从权威为导向，他们服从社会规范，遵守公共秩序，尊重法律的权威，以法治观念判断是非，知法懂法，认为准则和法律是维护社会秩序的。因此，应当遵循权威和有关规范去行动。题干中小青的观点表现出其维护权威和规则的取向，属于遵守社会秩序取向阶段，因此本题选 C。